■ 2016年卷

巴渝法学论丛

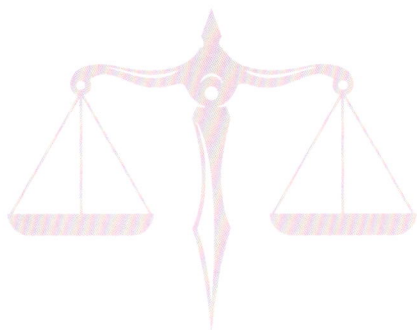

厦门大学出版社 国家一级出版社
XIAMEN UNIVERSITY PRESS 全国百佳图书出版单位

图书在版编目(CIP)数据

巴渝法学论丛.2016年卷/许明月主编.—厦门:厦门大学出版社,2017.11
ISBN 978-7-5615-6660-2

Ⅰ.①巴… Ⅱ.①许… Ⅲ.①法学—文集 Ⅳ.①D90—53

中国版本图书馆CIP数据核字(2017)第213160号

出 版 人	蒋东明
责任编辑	邓 臻
封面设计	李嘉彬
技术编辑	许克华

出版发行 厦门大学出版社

社　　址 厦门市软件园二期望海路39号
邮政编码 361008
总 编 办 0592-2182177　0592-2181406(传真)
营销中心 0592-2184458　0592-2181365
网　　址 http://www.xmupress.com
邮　　箱 xmup@xmupress.com
印　　刷 厦门市万美兴印刷设计有限公司

开本 787mm×1092mm　1/16
印张 37
插页 2
字数 746千字
版次 2017年11月第1版
印次 2017年11月第1次印刷
定价 88.00元

厦门大学出版社
微信二维码

厦门大学出版社
微博二维码

目录

国际经济法

能源危机的国际法应对论纲 ⋯⋯⋯⋯⋯⋯⋯⋯⋯⋯⋯⋯ 邓瑞平　周亚光　2

论国际金融监管领域的软法 ⋯⋯⋯⋯⋯⋯⋯⋯⋯⋯⋯⋯⋯⋯⋯ 何晖菡　14

应对气候变化与国际环境法的新发展
　　——以1992年《联合国气候变化框架公约》为视角 ⋯⋯⋯ 林　泰　22

论反垄断法实践中相关市场的法律界定 ⋯⋯⋯⋯⋯⋯⋯⋯⋯ 李雯青　36

论国际投资仲裁的反腐败功能与缺陷 ⋯⋯⋯⋯⋯⋯⋯⋯⋯⋯ 马　迅　49

GATS一般例外条款实证研究
　　——以公共道德和公共秩序为视角 ⋯⋯⋯⋯⋯⋯⋯⋯⋯ 彭致强　63

试论社会主义市场经济条件下政府与市场的关系 ⋯⋯⋯⋯⋯ 冉丹妮　79

以PPP模式助推"一带一路"沿线国家基础设施投资法律问题 ⋯ 魏洪香　89

论国际投资争端解决机制的透明度 ⋯⋯⋯⋯⋯⋯⋯⋯⋯⋯⋯ 杨洪鑫　98

论联合国《公共采购示范法》的新发展
　　——兼谈我国政府采购法律制度的完善 ⋯⋯⋯⋯⋯⋯⋯ 杨文明　107

中国-东盟自由贸易区民用核能安全保障法律机制研究 ⋯⋯⋯ 岳树梅　119

中小企业贸易便利化论 ⋯⋯⋯⋯⋯⋯⋯⋯⋯⋯⋯⋯⋯⋯⋯⋯ 张　帆　142

国际投资仲裁中"岔路口条款"的限缩适用及我国的应对之策 ⋯ 章歆翊　158

人民币加入SDR对我国对外贸易的影响 ⋯⋯⋯⋯⋯⋯⋯⋯⋯ 任婷玉　166

经济法

多边开发银行环境与社会保障的公众参与规则探究
　　——兼论对亚投行规则完善的启示　　　　　曾文革　党庶枫　174
第三方网络支付中消费者权益保护法律问题研究　　　　　何育妍　188
著作权法定许可制度的反思与重构
　　——以著作权法第三次修改为视角　　　　　　华　鹰　202
利率市场化改革中主体合作博弈的实现路径
　　——经济法理论的回应与制度构建　　　　　李瑞雪　211
"三权分置"下集体土地所有权的权能重构　　　　　刘恒科　227
论我国文化产业知识产权保护法律制度的完善　戴　萍　赵　靖　239
浅析我国银行监管法律制度的完善
　　——以世界银行监管理论的发展为契合点　　　屈淑娟　246
工业用地出让价格管制研究　　　　　　　　　　万　江　262
论证券信息披露制度的完善　　　　　　　　　　王　双　279
支持养老产业发展的财税政策工具及其应用研究　杨复卫　张新民　288
"农民集体"的理论止争与二元性解析　　　　　　杨青贵　306
论企业年度报告公示制度的公司法完善
　　——以公司债权人的保护为视角　　　　　张　琦　刘　琳　320
"热钱"对我国经济的影响及法律应对　　　　　　张晓丽　328
论股东提案制度对公司社会责任的促进　　　　　钟　颖　335
论第三方互联网支付中的消费者权益保护　　　　周　强　347
我国网络借贷平台借贷交易的法律风险及规制研究　周含玉　358

民商法

P2P网络借贷平台监管立法研究
　　——以重庆市地方立法为例　　　　　　　程　勇　肖乃双　374
虚假诉讼检察监督面临的困境及完善　　　　　戴　萍　赵　靖　383
劳动关系的认知路径　　　　　　　　　　　　　顾鲁晓　399
论派生诉讼之原告的激励与约束：基于利益平衡的考量　杭　佳　405

类别股制度功能定位及该制度移植的利弊探究　　　　　申晓玥　417

网络约租车的法律规制及其竞争性嵌入　　　　　刘乃梁　423

论我国房地产投资信托的不足与完善

　　　　——以受益凭证的证券性质为视角　　　　　綦磊　446

后民法典时代对待"司法解释之痛"的路径选择　　　　　石娟　455

我国数字出版产业版权利益失衡及平衡机制研究　　　　　谭玲　468

网购消费者反悔权的行使规则及制度完善　　　　　王俞人　476

能扣？不能扣？

　　　　——抵押关系中挂靠船舶的问题研究　　　　　王月茜　488

工伤救济与侵权救济的关系　　　　　吴晓静　497

行政主导到公益诉讼：食品安全事件大规模侵权的救济之道　　　　　叶卓　505

双重劳动关系的司法认定和责任承担　　　　　尹琳　515

相关法

论编制生态功能红线规划管理的问题与对策　　　　　曾文革　李轩锋　528

审判权运行机制的实践逻辑与改革展望

　　　　——以案件审批制改革为起点　　　　　颜倩　李雄飞　536

游离于公正与效率之间的执行权分权改革困境与方向抉择

　　　　——以某基层法院执行权分权改革的实证分析为基点　　　　　龚箭　覃辉　545

政府在中国企业海外并购中的角色问题分析　　　　　经磊　557

人民建议征集制度：民意表达走向制度化的路径　　　　　凌燕　565

农产品召回法律制度初探　　　　　王晓倩　570

妥善解决经济纠纷，充分发挥司法指引功能

　　　　——以商业特许经营合同纠纷审理为视角　　　　　徐华　577

刍议违法所得没收程序的性质　　　　　杨晓　582

国际经济法

GUOJIJINGJIFA

能源危机的国际法应对论纲

邓瑞平　周亚光[*]

摘　要：能源作为战略性资源对政治安全、经济安全与军事安全有着举足轻重的战略意义。在"能源政治化"的国际背景下，本文认为，WTO 体系下的贸易是我国在全球层面的最佳模式选择，同时应当积极对 ECT 模式进行深入研究，分析《能源宪章》的法律内容，为在 WTO 中的谈判积累经验；在区域层面，应当对能源结构不同国家采取不同战略，在上合组织层面加速推动"上合组织能源俱乐部"，同时在中日韩之间尝试进行联合采购中心；在双边层面，运用多种类型的双边合作模式进行能源合作，同时强化对非政治风险的预防保障。

关键词：能源危机；全球贸易；区域合作；双边投资

引言

能源危机在许多人看来是由于人口的爆炸式增长所带来的绝对量的减少，就是其稀缺性越来越高的一个过程。但是以美国经济学家 Simon 与生态学家 Ehrlich 论战表明，"充裕"并不是由天然禀赋决定的，而是由人类对自然世界的掌控与认知能力决定的，只要认为人的创造力无限，那么资源就是无限的，而资源的紧缺危机永远是暂时与相对的。恰如他所比喻的那样，人与动物一样的喜欢以鸡肉为食物，动物把鸡的数量越吃越少，而人则把鸡的数量越吃越多。[①]

1980 年，人们估测全球石油的储量为 6450 亿桶，今天这个数字变成了 1.3 万亿桶，而且在这 20 多年的时间内全球共消耗了 7000 亿桶石油，这些石油不是天上掉下来的，而是

---

* 作者简介：邓瑞平（1963—　　），西南政法大学教授、博士生导师；周亚光（1987—　　），西南政法大学国际法学专业 2012 级博士研究生。

① 叶玉：《石油投资与贸易措施的国际法规制》，上海人民出版社 2009 年版，第 25 页。

之前没有被人找到,现在之所以能找到它们,是因为新的勘探技术及其回报,我们永远也不会耗尽石油[②]。

因此,能源危机概念的本质并不是能源绝对量的减少,而是能源在地理分布和消费在空间上的错位,供求关系在数量上的失衡。能源危机的预防与解决应当由市场的机制解决而非单纯的节约。对我国而言应当采取不同的战略和相应策略来保证能源安全。本文试图就我国在国际法领域应对能源危机提出粗略看法。

一、全球国际法的应对

在全球多边层面,有同盟型组织(国际能源署、欧佩克组织)、对话型组织(国际能源会议、世界石油大会),还有协调型组织(世界能源理事会、独立能源输出国组织、八国集团、联合国贸发会议),但是这些组织我国或无资格参加(如国际能源署等),或者没有产生具有法律拘束力的文件和机制,因此只讨论以《能源宪章条约》(ECT)为中心的能源宪章体系和世界贸易组织体系。

当前的国际能源存在两个非均衡性特征。首先是分布的非均衡性。根据 2012 年世界能源统计报告的数据,全球石油探明储量的分布为:中国占 0.9%,俄罗斯占 5.3%,欧盟国家占 0.4%,中东 OPEC(石油输出国组织)成员国家占据了全球的 72.4%,其中沙特一个国家便占了 16.1%。[③] 其次是成本非均衡性。在 20 世纪 70 年代初,美国生产一桶油所需成本为 2.5 美元,委内瑞拉平均为 0.4 美元,而波斯湾只有 0.10 美元。[④] 由于货币贬值等因素,最近的资料则显示,沙特阿拉伯生产一桶油花费大约 3 美元,其产量为全球第一而成本则为全世界最低,而美国等 OECD 国家的海上生产,单位产量下的成本花费为沙特的 3 到 5 倍,最高的是美国墨西哥湾,需要 14.50 美元/桶。[⑤] 因此,在全球层面形成调整能源非均衡性的经贸安排对能源供求双方均有重要意义。

(一)能源宪章机制

能源宪章机制是于 1994 年 12 月达成以《欧洲能源宪章条约》为蓝本在欧洲工业国家与前东欧亚洲国家之间形成的多边机制。该条约是以《能源宪章条约》为主体,涵盖了贸易修正案、投资补充条约、能源效率议定书和能源运输议定书等多个法律文件的能源综合性法律体系。ECT 的适用看似广泛,但是其仍然是能源的地缘政治属性的反应,成员国

---

② 亚伦·M.海尔顿,安德鲁·S.托伊费尔:《能源投资》,朱晓婷译,中信出版社 2010 年版,第 101 页。

③ BP Statistical Review of World Energy 2012, p.9.

④ United States Senate, *Petroleum Companies and Foreign Policy*, January 30, 1974, Unites States Government Printing Office, Washington, 1974, p.197.

⑤ 叶玉:《石油投资与贸易措施的国际法规制》,上海人民出版社 2009 年版,第 28 页。

主要仍然是苏联国家与欧洲能源需求国在能源与资本之间的交易。因此 ECT 无法成为全球能源合作的法律机制。

第一，从 ECT 的序言中我们无法推断出其设立目的是旨在全球能源经济领域建立一个多边能源制度安排，还是建立在西方国家的市场、资金和技术与东方国家自然资源的互补关系的基础上的制度安排。⑥ 而这一点也为俄罗斯等能源大国所长期诟病，认为 ECT 体系是西方能源需求国主导的制度安排，从 ICSID 等机制"借用"过来的相关标准以及争端解决机制的缺陷无法充分平衡供求双方的利益需求。⑦

第二，在贸易方面，ECT 始终认为条约成员方最终都会成为 WTO 的成员国，其在能源贸易领域的法律机制是以 WTO 若干规则作为基础，旨在解决 WTO 成员方不允许 WTO 规则适用能源领域情况的能源法律问题，并且在非 WTO 成员方与 WTO 成员方之间使用 WTO 贸易规则。条约第 30 条规定，缔约方承诺它们将依照 1994 年 4 月 15 日乌拉圭回合多边贸易谈判达成的最终结果。在 1995 年 7 月 15 日或本条约生效日之前，开始考虑对本条约作适当的、宪章大会可能采纳的修正。因此，ETC 在能源贸易领域依旧遵循着 WTO 规则，与其在是否加入旧规则上抉择，不如在多哈回合中釜底抽薪的就能源贸易积极磋商，形成更为有利于我国的新规则。

第三，有学者认为我国当前无论从重要的投资输出国还是能源需求国考虑，都应当积极加入 ECT。⑧ 但在笔者看来，如果我国加入该条约（2001 年我国成为 ECT 观察员），在 ECT 的能源投资自由化的制度下，能源国有企业将面临重大的并购威胁、跨国能源公司利用技术优势将我国能源产业锁定在能源上游开采的低附加值水平、我国政府对能源领域的宏观调控政策执行力度将会受到严重限制，为获得短期一定数量的能源供应而将这三把"达摩克利斯之剑"置于头顶，无异于饮鸩止渴。而事实上，这也是美国基于国家安全不加入 ECT 的重要原因之一。2005 年中国中海油公司拟出价 185 亿美元收购美国优尼科石油公司，但是美国以国家安全为由最终未能成功。在法国学者洛佩兹看来，"对于美国来说，石油与国家安全同等重要，在石油市场上有时连自由主义与法律条文都无计可施，为了不让中国在美国本土获得石油资源储备，本应主宰石油市场运行规律的经济和财政因素有时不得不让位于地缘政治的考量"。⑨

---

⑥　对此，Haghighi 有着更为激烈的批评，See Energy Charter Secretariat，*Energy Security：the External Legal Relations of the European Union with Major Oil and Gas Supplying Country*，October 11，1993，pp.192～194.

⑦　Yuliavselivanova，WTO，NATFA and Energy Chaerter，Wolters Kluwer Press，2011，pp.329～331.

⑧　See Sheng Zhang，The Energy Charter Treaty and China：Member or Bystander? The Journal of World Investment & Trade，Volume 13，Issue 4，pp.597～617.

⑨　菲利普·赛碧叶·洛佩兹：《石油地缘政治》，潘革平译，社会科学文献出版社 2008 年版，第 13 页。

因此,ECT 不能成为我国在全球层面的优先选择,其只能成为我国加入或建构其他国际能源法律机制时的重要参考。同时有学者认为由于能源贸易的非全球性,应当建构一个"包括统一的法律规则框架、相应的制度体系、国际经济法属性以及争端解决机制"的世界能源组织(WEA)[10],试图通过建立全新的多边能源合作机制来代替现在的全球双边合作机制并且在管制框架、制度体系以及争端解决机制方面,借鉴 WTO 的成熟安排,另起炉灶,解决能源贸易问题。但笔者认为抛开既有的全球多边框架下的努力成果,将使国际能源法律机制重回各方利益交换的最初时代,是一种"全有或全无"(all or nothing)的激进观点。

(二)世界贸易组织

有学者指出,基于石油贸易的战略重要性,其作为特殊情况应当在更大的政治背景下进行探讨,而不是在多边贸易规则下。[11] 但是,WTO 体制中并没有任何的条款将能源排除在外,其作为贸易产品适用 WTO 规则在理论上并无问题。

2001 年多哈回合刚刚启动,美国、智利、古巴、欧共体、挪威等 8 个成员相继向服务贸易理事会特别会议提交能源服务谈判建议,对能源服务贸易谈判的必要性、能源服务的界定与分类的进一步谈判、国内管制的合法性承认、有区别的能源自由化等方面,有着相同的看法。[12] 2003 年美国、欧共体、日本、挪威等成员组成"能源之友"(Friends of Energy)成员集团,开展了一系列推动 WTO 能源服务贸易谈判。WTO 香港部长会议宣言明确了服务贸易谈判模式,除了原有"请求与报价"的双边模式外,另增加复边谈判模式。2006年 2 月,美国、欧共体、沙特等 11 个成员方正式通过 WTO 向包括中国、巴西等拉美国家,7 个 OPEC 国家等(除委内瑞拉)递交"联合请求",要求其报价开放能源服务市场,内容涵盖了油气生产、加工与销售的所有核心活动,从地图制作、钻井到零售,一应俱全。[13] 在未来的 WTO 谈判中,笔者以为我国应当积极参与诸如能源技术中立、能源来源中立、国内管制权、能源服务的界定等相关焦点事项的谈判。

(三)普遍性合作的法律应对策略

1. 加强对 ECT 的研究

虽然加入 ECT 并不是我国的最佳选择,但是这并不意味着其对我国就毫无意义。

---

[10] 岳树梅:《国际能源合作法律框架构建研究》,载《政治与法律》2008 年第 2 期,第 120 页。

[11] UNCTAD, *Trade Agreements, Petroleum and Energy Policies*, 2000, p.17.

[12] UNCTND, *Managing "Request-Offer" Negotiations Under the GATS:The Case of Energy Services*, 2003, p.22.

[13] Victor Menotti, *The Other Oil War:Halliburton's Agenda at the WTO*, June 2006, http://www.ifg.org/reports/WTO-energy-services.htm, last visited on August 22, 2012.

ECT 不仅展示了欧洲国家在全球能源领域合作的基本态度,而且有着细致的多边投资与贸易的制度建构。其代表了能源供给国与需求国之间的能源合作妥协框架。因此,对 ECT 研究的价值在于为全球能源治理(global energy governance)提供法律机制基础。

2. 在 WTO 谈判中联合发展中国家形成集团化要价

多哈回合谈判至今胶着,我国应当积极参与谈判,对能源技术中立、能源来源中立、国内管制权、能源服务的界定等相关焦点事项的谈判,联合发展中国家,增加发展中国家的能源利益。在 Evans 看来,能源服务部门谈判其实是南北谈判,由 OECD 国家主导是一个错误的模式,应当鼓励发展中国家更多地参与,考虑到能源贸易增长是大势所趋,更为细致的能源贸易规则不仅有利于发展中国家与发达国家之间的贸易,而且对发展中国家之间的贸易保障有着重要的意义。[14]

二、区域国际法的应对

在亚洲区域层面,诚然有许多有关能源的正式与非正式会议,影响较大的有"亚太经合组织"(APEC)能源部长会议,但该地区曾是典型的冷战地区,各方(特别是日本)在战略能源方面仍然对我国采取"合作中抑制"的能源策略。因此,区域内经济体对多边能源合作方式的认识和实践,目前仍然进展甚微,建立区域能源市场、共同石油战略储备以及组建国际能源开发团等深层次的合作尚未正式启动。因此,现有的对话机制中,亚洲对话和上合组织成为主要平台。

20 世纪 60 年代,联合国东南亚大陆礁层探测报告团的报告中指出,中南半岛和中国南海地区大陆架油气储量超过 210 万立方千米,相当于委内瑞拉与美国东南部、墨西哥海湾附近的总和,该地区预言为已成为"第二中东"。目前,印度尼西亚、菲律宾、马来西亚和越南等周边国家在南海地区已钻井 100 多口,查明油气资源 268 亿吨,占有 28 个油田和 25 个气田,每年开采 500 万吨以上石油和 40 亿立方米以上天然气,为中国近海油气年产量的 2.5 倍和 7 倍,基本相当于中国大庆油田的石油年产量和中国从土库曼斯坦进口的天然气全年总量。[15] 因此,在亚洲形成成员广泛与内容完整的区域能源合作机制对我国而言具有重要意义。

(一)亚洲对话机制

亚洲对话(ACD)是一个新的泛亚区域非正式的合作对话机制,该机制由泰国倡议于 2002 年创立,现有成员国 32 个,是唯一面向全亚洲的政府间对话与合作平台。ACD 能

---

[14]　Peter C. Evans, *Liberalizing Global Trade in Energy Services*, AEI Press, 2002, p.19.

[15]　胡健:《南海缘何成为问题》,载《社会观察》2011 年第 4 期。

源论坛是 ACD 框架下开展能源合作的唯一平台,该论坛对于能源合作、能源投资、能源战略储备等问题在五次非正式外长会议中都有涉及。2004 年在青岛就提高油气销售网络、基础设施利用率、煤炭、石油和天然气的发展达成了《青岛倡议》。[16] 但笔者认为,在 ACD 机制内形成具有实质内容的能源合作机制并不具有期待可能。

首先,该对话机制采用非正式的会议方式,并没有形成具有国际法律拘束力的任何法律文件。尽管对话方有阿联酋、俄罗斯、沙特、科威特等能源大国,但同时也有日本、韩国等纯进口能源国家。是否参加、在何种领域进行合作完全取决于各方的主观态度,而中东国家已经在能源供应市场形成垄断地位,"能源出口集团"已经在 WTO 层面对能源进口国形成要价,因此在区域供应与价格方面没有做出主动让步的主观需求。这种机制出现的可能性微乎其微,不管这些国家怎么做,诸如《青岛倡议》等计划,将永远停留在设计层面,永远没有付诸实施的一天,他们都最终无法摆脱对中东地区的能源依赖。[17]

其次,在能源进口大国之间,并未形成能源合作的良好氛围。中日两国是世界第二、第三大石油消费国[18],不仅面临着能源进口的"亚洲溢价"难题[19],而且在能源运输方面都高度依赖马六甲海峡。从逻辑上看,共同竞争国家的理性选择应当是如同 OECD 国家一样走向合作发展,但日本却采取了"相对获益"的能源外交策略[20]。2003 年中俄两国石油公司签署了《关于"中俄原油管道长期购销合同"基本原则和共识的总协议》,决定修建陆地石油运输管道"安大线",但是日本展开能源外交游说,最终中国管道直至 2011 年才开始输油。[21] 换言之,日本对中国的获益程度的关注超过了自己本身的获益事实以及获益程度,日本的不安全感造成了中日之间的一种没有机制约束的"零和博弈"模式。

(二)上合组织机制

上合组织是在"上海五国"(中国、俄罗斯联邦、哈萨克斯坦、吉尔吉斯斯坦、塔吉克斯坦)元首会晤机制上发展而来的区域多边合作机制。其成员国俄罗斯、伊朗,中亚的哈萨克斯坦、乌兹别克斯坦和观察员蒙古等国家是亚洲地区的能源生产大国。在 2007 年年底,上合组织成员国和观察员国中大约拥有世界 1/4 的石油储量和产量,近一半天然气储量和近 1/3 天然气产量,近一半煤炭储量和一多半的煤炭产量,以及 50% 已探明的铀矿

---

[16] 相关 ACD 的会谈成果请参见其官方网站,http://www.acddialogue.com/key_documents/key_document03.php,最后访问时间:2012 年 10 月 28 日。

[17] 菲利普·赛碧叶·洛佩兹:《石油地缘政治》,潘革平译,社会科学文献出版社 2008 年版,第 293 页。

[18] BP Group.,BP Statistical Review of World Energy,June 2011,p.6.

[19] 亚洲溢价是指,中东国家在同一时间就同一质量的石油卖给亚洲国家的离岸价格普遍高于卖给欧美国家的价格。

[20] 伍福佐:《中日能源竞争与合作之结构现实主义阐释》,载《国际论坛》2005 年第 5 期。

[21] 王春树:《中国石油管线改道风波》,载《世界知识》2007 年第 18 期,第 67 页。

储藏量。因此,上合组织无论在组织内部开展能源资源的互补合作,还是在有成员国和观察员国共同参与解决世界能源市场存在问题,都应当有充分的发言权。[22]

2004年9月,俄罗斯总理弗拉德科夫就在上海合作组织成员国政府首脑比什凯克会议上表示:"在上海合作组织框架内,能源领域可以成立消费者俱乐部和能源生产者俱乐部,并制定统一的油气和能源运输体系。"[23]2006年的上海峰会,俄罗斯总统普京就积极地提出了建立"上合组织能源俱乐部"的建议;9月,成员国政府首脑在杜尚别会议中责成能源工作组会同上合组织秘书处尽快研究建立该俱乐部的可行性,当时预计2007年6月的能源部长会议应能签署《上合组织能源俱乐部章程》并在8月的比什凯克首脑峰会宣布俱乐部的建立,但是由于个别成员国在某些问题上存有保留意见,《章程》未能如期签署以致该计划搁浅。[24]

被誉为"中国版的马歇尔计划"的"丝绸之路经济带"和"海上丝绸之路"(一路一带)的重要合作内容就是亚太地区的能源合作问题。鉴于作为合作平台的一路一带的能源合作当前并没有一个完整的对话机制,因此将其放在已经成熟的成员相对较少、利益冲突相对集中、成员方能源地位相对重要的上合组织框架下先行讨论并推出合作范本,对我国而言是一个较为务实的选择。

(三)区域合作的法律应对策略

亚洲对话机制并不能产生具有法律拘束力的若干成果,因此,我国应当考虑在上合组织和"中日韩"三个能源消费国层面采取相应的应对策略。

1. 加速推动"上合组织能源俱乐部"

当今上合组织成员国、观察员之间仍然遵循着双边谈判的合作模式,合作模式也仅仅局限于油气及部分勘探项目,没有在多边框架下进行合作。因此,虽然上合组织的能源合作取得了实质性的成就,但是仍然缺乏一个专门就能源领域的合作对话平台。笔者以为,我国应当积极加速推动由俄罗斯倡导的成立"上合组织能源合作俱乐部"的设想[25],建立一个以企业主导、政府协调的多边半官方能源合作平台。首先,为各国企业在电力、石油、天然气、煤炭等多重能源领域提供项目开发投融资与公司合作,充分利用我国在煤炭资源、电力技术方面的优势,作为在天然气与石油方面的合作议价底牌,形成区域性能源多元合作模式。其次,强化成员方之间的交通运输合作,拓展成员国之间陆路、铁路运输渠

㉒ 孙永祥:《上合组织能源合作的进展及问题》,载《亚非纵横》2009年第5期,第22页。

㉓ 马振岗主编:《稳步向前的上海合作组织专家学者纵论SCO》,世界知识出版社2006年版,第45页。

㉔ 王海运:《上合组织能源俱乐部:互利共赢的新型能源合作平台》,载《国际石油经济》2007年第12期,第8页。

㉕ 王海运:《上合组织能源俱乐部:互利共赢的新型能源合作平台》,载《国际石油经济》2007年第12期,第8页。

道,缓解我国在能源进口运输渠道对霍尔木兹海峡、马六甲海峡的战略依赖。再次,建立非诉性的纠纷解决机制,运用外交磋商解决成员方与观察员之间的矛盾冲突,避免将矛盾尖锐化。最后,一方面,有日本学者指出,应当将俄罗斯、美国、中国、日本、韩国共同纳入到"东北亚能源体系"之下,实现所谓区域能源共同安全;[26]另一方面,有中国学者也认为,基于 ECT 对各成员国在运输通道、能源进口与投资方面的成功,借此呼吁我国也应当在东亚地区建立能源共同体。[27] 事实上,ECT 的产生是在东欧剧变后,多数苏联成员国中的能源国家纷纷倒戈转向了资本主义阵营,为在国际投资浪潮下分得投资利益的一杯羹而在《欧洲能源宪章》基础上与发达国家之间达成能源协议,这与当前东亚的政治环境并不相符,不能简单套用。[28] 而我国已经在上合组织层面由于和俄罗斯达成了默契,也就有效地将日本与俄罗斯做了一定的"切割剥离",再将日本、韩国纳到多边体系搅局的设想,既不合适也不现实。笔者坚持认为,必须保证上合组织能源俱乐部成员方的稳定性与相对封闭性,由于我国与韩国、日本之间的特殊地缘政治关系,一旦日本和美国加入该组织,那么对我国与创始成员国的合作可能造成不必要的矛盾,甚至会对我国的能源安全造成严重威胁。

2. 建构中日韩的联合采购中心

中日韩三国在石油进口方面不仅都面临着"亚洲溢价"的困境,而且还面临着"竞争成本"问题,可以考虑对中东能源进口采取建立联合采购中心的方式。从经济学上看,中东石油作为垄断性产品,其利润由正常利润及垄断利润(垄断一般利润、垄断超额利润、买方竞争利润)构成,垄断一般利润是所有垄断者无差别地对买方所攫取的利润,垄断超额定价利润是对特定买方的歧视性加价利润(即亚洲溢价);而当中日韩三国就同一卖方产品存在竞争时,为产品获得而产生的向中东国家提供的低息贷款、免除债务、项目合作以及各种许诺等引起的成本。当两个能源消费国存在竞争的时候,买者竞争利润将会增加,但是,如果中日两国能够在购买中东原油时取得一致,将在很大程度上减少两国付出的买者竞争利润。因此,笔者认为,三方可以尝试建立联合采购中心,在能源运出之前不做分割,形成共同共有财产,经过霍尔木兹海峡和马六甲海峡后再按之前协议进行分割,这样做可谓一举三得:将三国在中东市场上形成的巨大消费份额转化为进口议价能力,有效地减少了成本开支;由于经过马六甲海峡之前的石油产品是共同共有产品,三方都应当提供相应

---

[26] 伊藤庄一、赵镐:《东北亚能源合作构想——中、俄、日三边能源合作前景探讨》,载《中国石油企业》2004 年第 10 期,第 40 页。

[27] 舒小昀:《东亚能源共同体建设的背景、进程与前景——基于〈能源宪章条约〉的讨论》,载《世界经济与政治》2010 年第 3 期,第 26 页;姚莹、焦扬:《东北亚能源合作法律机制研究》,载《长春市委党校学报》2012 年第 4 期,第 53 页。

[28] Julia Dore,Robert de Bauw,*The Energy Charter Treaty:Origins, Aims and Prospects*,Royal *Institute of International Affairs press*,1995,pp.5~7.

的警备力量保证海上的运输安全,从避免三方在马六甲海峡方面"以邻为壑"的困局;将三方之间的能源竞争矛盾有效转移到中东能源输出国家,对东亚稳定也不无裨益。随着近期日本试图寻求缓和与我国在国际政治与经贸方面的努力以及中韩自贸区获得实质性成果的背景下,该俱乐部的形成未必就全无可能。

三、双边投资合作机制的应对

在双边能源合作层面,我国能源获得方式既有合作开发,也有间接通过资本运作获得能源供应的模式。这里所指的能源投资不足并不是指全球在能源领域的投资资本总量的不足,而是由于能源民族主义主导下的重商主义对能源投资造成的"投资遏制"。有研究表明,由于能源分布的非均衡性,投资资本应当是从发达经济体流向资源丰富国家,但是"资源禀赋越好的国家往往经济开放程度越低,经济发达国家则反之"。[29]

这一规律非常明显地表现在油气资源大国的法律稳定性方面。2005 年以来,油气资源国为提高本国收益,实现收益最大化,不断调整能源方面的法律和税收政策,增大能源公司的控股比例,因此国际石油公司被迫出售项目股份,在各大油企上游勘探成本大幅提高、回报率有所下降的情况下,投资方向逐步地向下游炼油等业务倾斜,造成国际石油公司的油气储量进一步的减少。例如,俄罗斯将外资参与能源开发的股份比例限定在 49% 以下,2007 年壳牌被迫减少了在俄罗斯萨哈林 2 号项目中的一半股份,油气储量直接减少 10 亿桶当量。[30] 又如,因为 2005 年厄瓜多尔总统令宣布将原定与外国及私人石油企业的超额油价分成比例由 50% 提高到 99%,有人预计中国石油等中资公司至少损失 20 亿美元。[31] 此举迫使多个石油企业停止开采,退出厄瓜多尔市场。在投资准入方面,许多产油国家都对外商资本进入能源上游领域在法律上持否定态度,《墨西哥宪法》第 27 条与第 28 条禁止私人甚至是本国来源的资本参与石油、天然气、电力等战略性部门。科威特、伊朗、沙特均存在这样的准入限制。

(一)产品分成

产品分成是指在开发能源过程中,以股权合作或者非股权合作的方式安排双方的权利义务的合作方式。股权合作是以入股的方式参与开发活动,并且在产量中换取一定份

㉙　See Michael Michaely,Demetris Papageorgiou,Armeane M. Choksi,Liberalizing Foreign Trade In Developing Countries:The Lessons Of Experience,Vol.7,Cambridge,Mass.,B. Blackwell Press,1991,p.269.

㉚　余建华:《世界能源政治与中国国际能源合作》,长春出版社 2011 年版,第 236 页。

㉛　张光荣:《中国的资源能源类境外投资基本问题研究——基于中国的企业实践和政府政策的角度》,中国经济出版社 2010 年版,第 142～145 页。

额量能源的合作方式。非股权合作的方式是不拥有股权,而是为合作方提供资金、技术、管理等要素换取能源的合作方式,一般通过特许协议、销售合同、风险服务等形式完成。该种方式有利于降低各类经营风险(如征收风险)、减少投资阻力的优点,该种方式已经成为当前我国在发展中国家获取能源的重要方式之一。

(二)双边国际贷款

双边国际贷款模式也称为双边贷款换石油模式,该种模式通过给予能源东道国一定数额的贷款融资来换取一定量的出口配额。诚然,严格从国际经济法角度看,这种方式是一种进口贸易,只不过是附加了对价较大的贸易对价条件(低息高额贷款)。但是,正如Salacus指出的那样,在国际投资领域,何谓"投资"是一个仁者见仁智者见智的问题,这取决于交易的性质和目的,国际仲裁实践已经表明,更为宽泛的"投资"概念已经出现在投资协定和投资合同之中。比如,本国企业通过国际贷款的方式在本国进行的投资。㉒ 这种投资安排既能获得稳定的能源供应,又能通过将外汇资产储备(美元)通过"贷款换石油"的方式进行消化,从而降低我国的外汇贬值风险。

(三)双边并购合作

跨国并购通常为双边并购,包括兼并与收购两种行为。兼并是指两个或者两个以上具有独立法律人格的企业合并组成只有一个法律人格的新企业;收购则是指议价企业通过现金、股票购买等方式获得该企业全部或者部分控制权的行为。双边并购的合作国家可以是发展中国家,也可是发达国家。2007 年 12 月,中国五矿集团联手江西铜业股份有限公司以 4.55 亿加元成功收购加拿大上市的北秘鲁同业公司。2009 年,中国石化旗下的中国石化国际石油勘探开发有限公司以 82.7 亿加元收购加拿大 Addax Petroleum Corporation,该交易不仅可以借此控制在伊拉克 TAQ 大型油田的业务,还可以涉足勘探前景较好的尼日利亚和加蓬海上油田。2012 年,中海油斥资 151 亿美元成功收购加拿大克森公司(Nexsen)达成协议,这对我国的石油海外稳定供应有着巨大的意义。这种以双边并购为主的跨国并购,一方面能够利用外国的先进技术,提高我国能源公司核心技术的竞争力;另一方面,由于合作国家的能源公司占有富矿区位,对我国以较低价格获得稳定供应有着举足轻重的地位。

(四)双边合作的法律应对

在千禧年过后,许多能源东道国放弃了获利较少的"租让制"合同模式,并且在能源领

㉒　Jeswald W. Salacuse, *The Law of Investment Treaties*, Oxford University Press, 2010, p.28.

域采取单边措施进行国有化的案件不断出现,有学者做了不完全统计,从 2007 年到 2009 年 9 月提交 ICSID 裁决的案件共有 30 起(已决 5 起,未决 25 起)。[33] "千年浪潮"(the millennium wave)越演越烈,玻利维亚甚至动用武力强迫外国投资者接受新的天然气开发合同。[34] 在我国能源公司"走出去战略"的背景下,强化对诸如国有化、毁约、禁止汇兑等非商业风险的保障显得尤为重要。

1. 与能源国重签或新签双边投资条约,对我国海外能源投资予以充分保护

我国在海外进行能源投资的国家有尼日利亚、伊朗、委内瑞拉等国家,但是我国与南美的产油大国委内瑞拉之间仅在 2004 年 12 月 23 日签署了《中华人民共和国政府和委内瑞拉玻利瓦尔共和国政府经济技术合作协定》,至今尚无信息表明两国之间签署《双边投资保护协定》。[35] 在"利比亚"事件中,由于我国未与利比亚签订"双边投资保护协定",因此中资企业在利比亚的损失只能基于传统的外交保护原则来解决了,而不在法律框架内。尽管外国投资之能获得的保护并不是绝对的,但是就政治风险而言,外国投资者确实能获得较好的保护。[36]

2. 我国应充分利用多边投资担保机构提供的投资担保

我国于 1988 年 4 月 30 日加入了多边投资担保机构 (The Multilateral Investment Guarantee Agency,简称 MIGA),是 MIGA 的创始会员国之一。迄今为止,MIGA 的成员国达到 158 个,可以承保的投资国的投资是非常广泛的。在没有双边投资协定的情况下,由我国海外企业或者我国海外投资者利用多边投资担保机构所提供的担保,能够获得较好的保护。利比亚在 1993 年就加入了 MIGA,但至今尚未有公开信息显示我国对相关企业向 MIGA 进行了赔偿申请。

结语

英国经济学者卡列茨在 2008 年就指出:当油价每桶超过 100 美元时,就会对世界经济构成巨大威胁,引发全球性通货膨胀,这不仅会削弱中国等新兴国家的经济发展计划,而且会大大增加地缘政治风险,因为它将重新分配约 4 万亿美元的资金。[37] 能源安全在

---

[33] Peter D. Cameron, *International Energy Investment Law—the Pursuit of Stability*, Oxford University Press 2010, p.433.

[34] Mustafa erkan, *International Energy Investment Law—Stability through Contractual Clauses*, wolters kluwer press, 2011, p.273.

[35] 中国国际贸易促进会:《委内瑞拉与中国的双边关系》,http://www.ccpit.org/Contents/Channel_1654/2007/0510/37098/content_37098.htm,最后访问时间:2012 年 10 月 8 日。

[36] Jeswald W. Salacuse, *Do Bits Works? An Evaluation of Bilateral Investment Treaties and Their Grand Bargain*, Harvard International Law Journal, Vol.46, 2005, pp.67~130.

[37] 林珏:《能源价格变动与经济安全》,上海财经大学出版社 2009 年版,第 53 页。

我国崛起过程中扮演至关重要的地位,我国应当明晰当前的国际能源合作的基本立场与应对策略。在全球层面,在仔细研究 ECT 体系的基础上保持观察员身份;在 WTO 的谈判中积极参与相关议题的参与立场表达。在区域层面,将"上合组织能源俱乐部"的建立作为"一路一带"能源合作机制建构的基础与范本;在日本寻求政经关系缓和以及中韩自贸区产生实质性成果的背景下推动"中日韩能源联合采购"机制的形成;在双边层面,更新我国与非洲和拉美等能源国家的投资保护条约并充分利用既有的国际投资保险机制。

巴渝法学论丛

2016

论国际金融监管领域的软法

何晖菡[*]

摘　要:在全球治理和公民社会理念的推动下,国际金融软法正以前所未有的速度发展着。国际金融软法虽然本身不具有法律约束力,但是在实践中却有着实际的法律效果,属于特殊的法。在国际金融领域,国际金融软法弥补了该领域国际条约的缺失,对国际金融硬法进行了补充,发挥着不可替代的功能。照此趋势,国际金融软法将不断扩大其在国际社会的适用范围,并且最终成为国际习惯或者国际硬法,或者在其特有的独特空间继续发展。

关键词:国际金融软法;国际金融管制;软法

14

前言

2008 年金融危机暴露出全球金融体系的诸多问题,引起实务和理论界对于国际金融监管领域软法的讨论。在公民社会和全球治理理念日益深入人心的背景下,软法的飞速发展成为必然,软法从调整国际组织事项发展到调整国家间关系并进而发展到调整跨国管理,涵盖了国际社会的诸多领域。由于国际金融领域的特殊性,要在金融领域达成一个拥有强制约束力的国际条约非常困难,因此,跟国际贸易、国际投资等其他领域相比较,在国际金融领域,软法得到了更广阔的发展空间。

一、国际金融软法概述

(一)软法的定义

对于"软法"的定义,在学术界争议颇多,至今还未有一个权威的说法。施耐德教授在

＊　作者简介:何晖菡,西南政法大学 2013 级研究生,专业方向为国际经济法。

1994 年提出一个简洁的概念,他认为"软法总的来说是不具有法律约束力但可能产生实际效果的行为规则"。[②] 这个概念虽然被多次引用,但是对软法描述得还是不够全面。国际法学者霍夫曼认为"软法这一术语指的是不具有任何约束力或者约束力比传统的法律,即所谓硬法要弱的准法律性文件"。[③] 逊登对软法下了一个详细而全面的定义,即软法是"以文件形式确定的、不具有法律约束力但可能具有某些间接法律影响的行为规则,这些规则以产生实际效果为目标或者可能产生实际效果"。[④] 在我国,也有不少学者对软法进行了研究,罗豪才教授认为,软法是指那些效力结构未必完整,无须依靠国家强制保障实施,但能够产生社会实效的法律规范。[⑤] 从以上概念可以看出,软法是以某种文件形式存在的,不具有传统法律那样的约束力,但是却有着实际效果的行为规则。

对于"国际软法",王铁崖先生在其编著的《国际法》中则指出,国际法中的软法"是指在严格意义上不具有法律约束力,但又具有一定法律效果的国际文件。国际组织和国际会议的决议、决定、宣言、建议和标准等绝大多数都属于这一范畴"。[⑥] 因此,我们可以认为,国际软法是指,以某种没有法律约束力的国际文件形式存在的,实质上却具有某种约束力能够受到国际社会遵守的国际行为规则。

而国际金融软法,是国际软法在金融领域的具体实现,是指那些运用到国际金融法领域的软法。它通常是指政府间国际组织、金融标准制定组织与国家、非国家实体互动磋商形成的、不具有法律约束力但却可能产生实际法律效果的行为规范,如《巴塞尔资本协议》《有效银行监管核心原则》《保险业核心原则、标准、指引和评估方法》等。这些规范虽然在严格意义上不具有法律约束力,但其不仅获得了相关成员方的遵守,还获得了非成员方的遵守,在实践中具有法律效果,能够得到国际金融社会的有效执行。

(二)软法在国际金融领域的存在形式

国际金融软法的制定主体不仅仅限于国家和具有特定金融职能的政府间国际组织,如世界银行(Word Bank)、国际货币基金组织(IMF)等,它还包括一些具有专业性水准并且能够为国际金融某具体领域制定标准的组织,如巴塞尔委员会(BCBS)、国际证监会组

---

② Francis Snyder, "Soft law and Institutional Practice in the European Community", in Steve Martin (ed.), The Construction of Europe-Essays in Honour of Emile Noel, Kluwer Academic Publishers (1994), p.198.

③ Marci Hoffman& Mary Rumsey, International and Foreign Legal Research Basic Concept: A Course book, Martinus Nijhoff Publishers (2007), p.7.

④ Linda Senden, "Soft Law, Self-regulation and Co-regulation in European Law: Where Do They Meet?", Electronic Journal of Comparative law, Vol. 9 (2005), p13.

⑤ 罗豪才、宋功德:《认真对待软法——公域软法的一般理论及其中国实践》,载《中国法学》2006年第 2 期。

⑥ 王铁崖:《国际法》,法律出版社 1995 年版,第 456 页。

(IOSCO)等。软法在国际金融领域的存在形式多种多样，大部分国际金融软法都是以"一般原则"和"最佳实践"的形式存在的。国际金融软法的形式渊源多种多样，其中既有政府间国际金融组织制定的内部政策指南和操作规程，又有国际性金融标准制定组织发布的指导性文件，还有国际金融业界的自愿性承诺和最佳实践做法，其规范文本大多以宣言、原则、标准、指南、建议、准则等形式出现。当前，常见的国际金融软法规范有：巴塞尔委员会制定的银行监管规则，如《巴塞尔资本协议》《有效银行监管核心原则》；国际证监会组织制定的证券业监管规则，如《证券监管的目标和原则》《关于谅解备忘录十大原则》；国际保险监督官协会制定的保险业监管规则，如《保险业核心原则、标准、指引和评估方法》；国际结算支付体系委员会制定的支付结算规则，如《重要支付系统核心原则》《证券结算系统建议》；金融行动特别工作组制定的反洗钱规则与反恐融资规则等。

相比较于硬法，软法因为多以原则性文本的形式存在，因此语言上具有不明确性，语义模糊导致在适用时不如规则内容精确固定的硬法那般能够提供直接明确的行为指导。此外，国际金融软法缺少一个强有力的约束力，也没有拥有强制执行力的争端解决机制来要求执行。就国际金融软法本身来看，是没有约束力的，除非愿意遵守的国家将其转化为国内立法或者个人在签订合同或者协议时将其纳入协议文本，才能得到有约束力的执行。

虽然国际金融软法仅仅是建议性意见，本身并不具有约束力，因而没有法律确信，但是国际金融软法却能在实践中影响和塑造国际金融领域主体的行为，形成类似于国际法的效果。以最典型的国际金融软法巴塞尔委员会制定的巴塞尔文件为例，其在文本的前言或者篇首直接载明"不具有或不打算具有"任何法律上的强制约束力，但在实践中，由于其规定内容的专业以及实用性，其所确立的基本原则和标准逐渐在金融业界、国际组织乃至许多国家中得到接受和执行，最终在实践中得到大量的遵守，成为普遍公认的、统一的国际标准。

（三）国际金融软法性质的争议

国际金融软法的制定主体、存在形式以及执行方式都不同于传统意义上的法律，那么这样的软性规定到底有没有法律效力，是否属于法的范围，不同学者对此有着不同观点。有的学者认为软法属于法，但是不同于典型意义上的法，软法具有其独特的地方[⑦]；还有的学者认为从严格意义上来说，软法不是法，因为软法通常带有劝告性，属于建议类型的文件，软法通常没有法律约束力，只有通过其他方式的转化才能得到强制执行，因而软法

---

⑦ Edith Brown Weiss，Conclusions：Understanding Compliance with Soft Law，in Commitment and Compliance：The Role of Non-Binding Norms in the International Legal System，p 535-553，Dinah Shelton cd.，Oxford：Oxford University Press 2000.

缺乏法的一般特性。⑧

国内著名的软法研究学者罗豪才教授认为,所谓的软法没有法律上的约束力,主要是指就司法适用性来说,软法不具有此种特点。但是即使没有传统意义上的司法适用性,软法在实践过程中还是具有实际效果和非法律性的约束力的。从管制效果来说,在一些情况下,软法的实际约束力甚至有可能超过硬法。在国际法领域中,虽然软法不具有传统意义上的约束力,但其仍然对国际关系有着重大影响,并且在此领域国际法的后续制定中,也发挥着不容忽视的作用。许多这样的软法协定都可以成为未来国际硬法的制定基础,如《世界人权宣言》是软法性的宣言,而《经济、社会与文化权利国际公约》和《公民权利与政治权利国际公约》都是从《世界人权宣言》中产生的。

笔者同意罗豪才教授的观点,认为国际金融软法属于法并且具有法律效力。法律效力是指法律的保护力和拘束力⑨,从实证主义的角度看,国际金融软法不具有法律效力,但是社会法学派认为,法律的效力本质上乃是法律的实际效果,即法律对社会成员在事实上的实际约束力。因为国际金融软法在实践中对国际社会具有实际约束力,可以认为从社会法学派的角度上来看,它具有法律效力。国际金融软法虽然在设定的时候本身没有法律拘束力,但是在实践中却能得到国际社会的自动遵守,因此在实践中获得了新的性质和效力,这种效力可以被认为是法律效力。这与国际道德不同,国际道德依靠的是人们的内在信念及道义力量来维持的,并且具有不确定性,也不具备成文的形式。同时,从实行机制上来说,虽然国际金融软法没有一个以保证强制实行的机关,但是其确有"点名耻辱"制、除名等惩罚措施,这些实施措施让成员国自动习惯于遵守国际软法,从这一个意义上来说,国际金融软法具有一定的法律效力。

此外,通常法具有三个特征:第一,法是人们的行为规则;第二,法是具有外在约束力的人们的行为规则;第三,法是由一定人类共同体制定的,协商、认可的人们的行为规则。首先,国际金融软法能够对一定的社会关系进行规范,在实践中能够规范人们的行为,因此是人们行为的规则,符合法的第一个特征。其次,国际金融软法并不是通过对人们内在心理的约束而产生作用,而是对人们进行国际金融的外在行为进行外在约束,不属于意识形态范畴,而是直接对外部行为进行制约,因此符合法的第二个特征。最后,软法的产生是通过人类共同体参与政府间国际组织或者一些具有专业性的国际组织共同协商产生的,是利益平衡的结果,因此符合法的第三个特征。综上,国际金融软法具备了法的所有特征,因此国际金融软法属于法。

---

⑧　See Richard Bilder, Beyond Compliance: Helping Nation Cooperate, in Commitment and Compliance: The Role of Non-Binding Norms in the International Legal System, p.65.

⑨　付子堂:《法理学初阶》(第 3 版),法律出版社,2009 年,第 141 页。

二、国际金融软法的功能和遵守动因分析

(一)国际金融软法的功能体现

第一,国际金融软法的补缺功能。在由全球化趋势引发的全球治理热潮中,国际金融显然拥有举足轻重的地位。长期以来,由于国际金融领域的特殊敏感性,在国际金融领域治理中达成一个统一的国际协定极其艰难,国际金融法的发展举步维艰。在当前的国际金融领域,除公认的国际货币基金组织(IMF)与世界银行及其相关制度以及世界贸易组织框架下的金融服务贸易市场准入制度外,具有强制约束力的国际金融法律规范十分罕见,存在大面积的调整真空,而国际金融软法恰恰是国际社会中的全球治理主体试图引入多元化的治理主体、多样化的治理模式和多层次的治理结构的常识,迎合了国际社会新的治理高潮,试图通过这种尝试,依靠各种软法性国际金融规范来弥补目前硬法缺失的国际金融领域。

第二,国际金融软法的补充功能。首先,硬法达成困难,需要考虑各种不同的情况并且容忍成员国的多样性,因此在国际金融领域达成一致的国际条约比在其他国际领域要困难得多,而软法易于妥协,相比于硬法更容易达成,并且无须立法机关的批准,协议更容易得到执行,特别是国家旨在通过国际合作处理某一事项,但又不愿意限制它们的行动自由时,往往选择软法。例如巴塞尔协议,各国可以自行决定是否适用它所规定的一套银行监管标准。这样既保证了金融主权不被限制,又防止了银行间的恶性竞争。其次,达成硬法的难度大,因此修改硬法的难度也相当大,在情况出现变化的时候,硬法难以得到及时的更改,特别在发展变化速度很快的国际金融领域,硬法很难跟上时代的步伐。而软法则相反,软法能够迅速适应变化的国际环境,当国际环境发生变化时,缔结具有法律约束力的条约,会受到国家主权的限制,而软法则降低了国家缔结条约的成本,能迅速地适应变化的国际环境,更好地应对政治现实。例如巴塞尔协议中各种监管指标和监管数据,如果当初选择像硬法那样确定下来,并且有一套完整的机制去执行,这是不符合时代发展的需求的。委员会考虑到,如果是硬法的形式,那么一国在履行协议的时候无法结合本国情况进行变通,只能全部照搬;而若是软法形式,委员会通过建议,一国可以根据各国的具体情况进行转化。最后,软法可以增强被硬法所忽视的那部分的主体意识。软法的制定主体宽于硬法,能够让被硬法所忽略的那部分主体的意志得到表达。

第三,国际金融软法的管制功能。金融关系需要金融法来对其加以规制,而金融法本身就与软法存在着密切的关系。最典型的金融法就是经济法,而经济法中,本身就存在软法现象。行业规则、章程、专业标准、交易习惯等这些国家法之外的、指导或者要求人们遵守和执行的规定以及建议,在现实生活中实际地发生着作用。有不少国内外的学者针对

国内层面和国际层面的经济软法进行了分类,并且研究出在经济法制领域内是软硬法并存的局面,说明了软法对经济关系规制的重要性。[10] 金融法作为经济法中的部分,显然符合上述理论,因此,不管是国内层面还是国际层面,金融领域都需要软法来管制。

(二)国际软法得到遵守的动因分析

国际金融软法的实施过程一般先要在创制时得到国际社会达成的初步共识,其次在综合行业最佳实践构建起一般规范,最后通过软法框架下的技术援助、金融支持等手段,使国际社会按照软法的标准行事,朝软法指向的目标和标准共同迈进,并且国际舆论、市场约束以及国际组织的政策措施等都会对软法的实施起到一定的监督作用。对于软法得到遵守的深层次动因,国际上存在着不同的理论观点,大致可分为以下几种:

第一,国家利益选择说。国家利益选择说是以"功利主义"学说为基础的,这种理论认为,国家在国际社会是一个以本国利益为中心的主体,国家是否遵守国际法或国际上的标准习惯都是在衡量它可能对本国带来的物质利益或其他损失基础上的理性决策。[11] 造成国家遵守某项国际上的协定(无论是软法还是硬法)只能是两个动因:希望得到更多的物质利益和对可能带来的国际抵制的顾虑。因此,软法主体在适用软法规范时,是因为遵守软法会给其自身带来利益。

第二,善意履行国际义务说。这种理论的基础是"条约必须信守"的国际法原则,其认为国家和其他国际法实体既然同意了包含软法规范的文件,就表明同意受其约束,那么在签署后就应该善意地履行条约规定的义务,自觉地遵守和履行自己的承诺。"自我限制说"和"善意履行国际义务说"相类似,认为国际和非国家实体自愿签订了协定,那就应自我限制地加以履行。

第三,软法的合法合理性说。该学说认为软法之所以得到执行,主要是因为软法立法过程民主,规则公平,执行程序透明,软法规则本身产生了一种遵约推动力,吸引着更多的主体遵守其规范。此外,由于国际金融软法的制定主体都具有一定的专业性,导致国际金融软法的规定本身更加能够得到国家和其他非国家实体的认可,从而对遵守其规定。

笔者认为,软法能够得到执行的原因是多样的,但其动因不外乎两个方面:一个是内在合法性,一个是外部约束性。软法是通过国际社会民主协商而产生的,是根据国际社会发展的经验总结,是基于国际共识而建立起来的国际秩序规范,体现了国际社会追求的普遍价值,为国家以及非国家实体之间、政府间国际组织、相关行业标准制定组织就全球性金融问题的解决提供了交流信息、弥合分歧、形成共识的制度平台,因此软法被遵守,其内在的合法性是原因之一。此外就是其外部约束性,软法规范提供了信息披露、信用及风险

---

⑩　程信和:《硬法、软法与经济法》,载《甘肃社会科学》2007 年第 4 期。

⑪　张庆麟,王桂林:《国际金融"软法"获得遵守的动因分析》,载《时代法学》2014 年第 8 期。

评估等一系列的方法和制度,督促各主体对规范的遵守,并且曝光那些违犯该规范的行为,通过国际舆论和市场约束方式对违法行为进行威慑和惩戒。正是因为软法具有内在合法性和外部约束性,软法能够得到国际社会的认可并遵守。

三、国际金融软法的硬化

如今,国际金融软法的发展正呈现出更为"硬"化的走向。软法的硬化是指软法的认同率不断上升,在实践中通过运用而不断地得以完善从而变得日益精确,并通过政府和市场两方面的激励作用而在全球广泛推行,而不执行软法的行为也会越来越多地受到国际舆论谴责和国际机制监督的现象。从国际实践来看,这种趋势表现在如下两个方面:

首先是自动执行国际金融软法的现象日益普遍。软法虽然本身没有强制执行力,也不存在一个纠纷解决机制,但是成员的范围广泛,其追求的价值是国际社会所公认的。例如巴塞尔文件,自《巴塞尔资本协议》达成之后,协议里规定的国际银行资本计量和资本标准在过渡期内就已得到十国集团成员国的实施,而且也逐渐得到世界上大多数国家的认同和接受。而现在,《巴塞尔资本协议》及其修订《新资本协议》和《巴塞尔协议Ⅲ》所确立的规范,现已被各国作为国际银行监管标准引入本国的金融立法和监管规章之中,并在跨国银行甚至国内银行监管中普遍适用。再如《赤道原则》,是一系列关于识别、评估和管理项目融资所涉社会环境风险的金融业指标。在 2003 年形成发起的银行只有 10 个,然而在跨国金融机构、项目发起公司、非政府组织的共同努力下,该原则现已影响了绝大多数的世界融资信贷实践,甚至被许多国家的中央银行采纳为国家金融政策的一部分。

其次就是国际金融软法纠纷解决机制的不断发展。软法也有其特有的纠纷解决机制,虽然这种纠纷解决机制不带有强制性,但是这种纠纷解决机制和规范执行的监督机制也是软法得以发展和影响力不断扩大的原因之一。不同于硬法的强制力纠纷解决机制,软法纠纷解决机制不用考虑主权国际的管辖权问题,国际组织、非政府组织、金融机构和个人都有机会参与到机制中,启动软法的执行程序,成为法律权利的享有者和争端的申诉者。正是因为这个特点,软法纠纷解决机制的适用范围明显大于硬法,并且社会公信力和执行力也因此优于硬法。也正因为如此,许多当事人将之设定为正式的国际争端解决机制适用的前置条件,作为解决纠纷方式的首要选择。

在国际金融的领域中,主要的国际统一规范大都是软法形式,相应的,其规范的磋商、执行、纠纷解决也都采取了软法程序和机制。而软法和其解决机制都具有灵活性,能够为突发性和棘手的问题提供解决办法,从而又更加促进软法的普遍执行和执行效果,软法的硬化已经成了一个不争的事实。

四、国际金融软法的发展趋势

国际金融软法最终的发展,国际法学家韦斯认为,软法最后会向以下四个方向发展:一是以具有约束力的形式被批准,或者说进入条约规定中;二是作为国内法的一部分被通过;三是成为合作的框架和更为具体的规则制定过程中的一部分;四是成为习惯法。[12]

笔者认为,国际金融软法近期的发展趋势是不断地转化为各国国内法,而远期的发展趋势可能演化成为国际习惯,最终被硬法替代,也可能或者什么都不改变,在自己独立的空间发展。

国际金融软法自诞生以来,在实践中被适用的主要途径就是被转化成成员国的国内立法。例如巴塞尔委员会制定的监管文件、金融行动特别工作组制定的"40 + 9 项建议"等等,都已在实践中得到了充分的体现。而这样的发展趋势也不可能就此停止,国际金融软法将继续被更多的国家接受并且转化成国内法,从而使国际金融软法在实践中得到法律效果。而从长远发展的角度看,由于在国际金融领域,达成国际条约有一定的难度。因此国际金融软法转化成国际习惯的难度相对容易些,国际金融软法在国际社会实践中不断被适用,再加上全球化进程的推动,各国经济联系越来越紧密,经过对软法的磨合更改,最后加以完善,当其具备国际习惯所必需的"物质因素"和"心理因素"时,即构成国际习惯。最后,不排除未来一些被世界各国普遍认同和遵守的国际原则和规则被写入国际条约中,最终国际金融软法将被硬法取代。从这个意义上来说,国际金融软法就是国际金融硬法的一个"中转站"。当然,国际金融软法也可能在自己独立的空间内发展,软法为国际金融问题的解决提供了一个不一样的平台,具有其自身的特点。国际金融市场具有多变性和敏感性,国际金融领域以爆炸式的速度发展各种金融创新,如果规则要对行为作出一定的限制,那这样的规则必然需要跟上时代的步伐,要求这样的监管具有一定的超前性、灵活性和预见性,事前防范胜于事后救济。国际硬法的制定远远落后于金融衍生工具的发展速度和交易实践,而软法相较于硬法来说,具有一定的超前性,并且易于妥协,因此当新的金融现象出现需要调整,软法可以比硬法更快反应,然后发布相应的监管建议或标准,以弥补监管领域的空白;同时国家能迅速展开合作,并根据现实情况作出相应的调整和改变。显然,国际金融领域的特殊性决定了国际金融软法未来是可以有独立的发展空间的。

---

[12]　Edith Brown Weiss, Conclusions: Understanding Compliance with Soft Law, in Commitment and Compliance: The Role of Non-Binding Norms in the International Legal System, p 535-553, Dinah Shelton cd., Oxford: Oxford University Press 2000.

应对气候变化与国际环境法的新发展

——以 1992 年《联合国气候变化框架公约》为视角

林 泰 *

（重庆工商大学法学院）

摘 要：晚近，气候变化和环境问题成为众多国际会议的重要议题，并已经远远超过本身的含义，具有越来越多的社会、经济和政治内涵。在国际法领域，《气候变化框架公约》的框架式立法模式是国际法实践的一个成功尝试。以公约为基础的议定书正在不断的讨论制定之中，公约对国际环境法原则的发展颇具重大意义，对国际环境法发展的影响力也正在逐渐呈现出来。由公约所引起的若干国际环境法问题的发展新趋向值得引起关注。

关键词：气候变化；框架公约；共同但有区别责任原则；习惯国际法规则

近百年来，许多观测资料表明，地球气候正经历一次以全球变暖为主要特征的显著变化。[①] 目前的主流观点认为，由于人类活动所造成的大气中温室气体的增多，致使大气温室效应增强，从而导致气候变暖。随着冷战结束，环境安全保护意识的增强，国际环境NGO 的发展，以及美国发生的异常气候现象，使得这一问题开始被国际社会所关注。"事实上，科学界在人类活动改变全球气候的结论上达成了共识。科学家们绝大多数同意地球在变暖，这种趋势是人类引起的。如果我们继续把温室气体排放到大气中，全球变暖的危害将会日益增大。"[②]全球温度的上升所引起的气候变化将给地球的生态系统和人类

---

* 基金项目：2013 年度重庆市社会科学规划项目"全球治理语境下国际行政法基本问题研究"（项目主持人：林泰，项目批准号：2013YBFX113）阶段性成果。

作者简介：林泰（1980— ），男，广东汕头人，法学博士、博士后，重庆工商大学法学院教授，重庆市南岸区人民检察院副检察长、党组成员，主要研究方向：行政法、国际公法。

① 《中国应对气候变化国家方案》，资料来源：http://www.gov.cn/gzdt/2007-06/04/content_635590.htm（访问日期：2007 年 12 月 21 日）。

② ［美］阿尔·戈尔（Al Gore）著，环保志愿者译，王立礼译校：《难以忽视的真相》，湖南科学技术出版社 2007 年版，第 308 页。

的社会经济带来巨大的冲击。全球变暖的直接后果是全球海平面的上升,威胁到沿海地区和岛国的安全。全球变暖还会造成气候反常,使沙漠化和干旱状况加剧;对农业将产生巨大的影响,使农作物的生长带北移,影响传统的生产方式和生活方式。气候变暖还会使病虫害增多,直接影响人类的健康和作物的生长。全球气候变暖对人类来说将是弊远大于利,甚至可能带来灾难性的后果。"全球变暖在一个人的一生当中也许显得相当缓慢,但与地球的历史相比,这一进程的速度简直是闪电般的。"③有学者认为,人类两大灾难性危险的来源是恐怖活动和气候变化。④

晚近,从世界经济论坛、欧盟首脑会议、八国集团首脑会议到亚太经合组织领导人非正式会议和联合国大会,一系列国际会议都将气候变化作为重要议题。1990 年联合国建立了政府间谈判委员会(INC)进行谈判。谈判始于 1991 年 2 月,历经 15 个月,终于在 1992 年 5 月 9 日,INC 一致通过了《联合国气候变化框架公约》(以下简称"《气候变化公约》")文本。《气候变化公约》在 1992 年 6 月召开的联合国环境与发展大会上开放供签署,于 1994 年 3 月 21 日生效。⑤ 公约由序言、26 个条款和两个附件组成,大致可以分为介绍性条款、缔约国义务、履约机构和程序、最后条款等四个部分。该公约虽然没有对各国限排温室气体规定具体的指标,但它是第一个由国际社会的全体成员参与谈判的国际条约,它以国际立法的形式承认气候变化是一个严重的威胁,为今后采取国际行动奠定了广泛的基础。该公约以质量(而非数量)为标准确定了最终目标,即"根据本公约的各项有关规定,将大气中温室气体的浓度稳定在防止气候系统受到危险的人为干扰的水平上"。《气候变化公约》的最终目标是"将大气中温室气体的浓度稳定在防止气候系统受到危险的人为干扰的水平上"。中国是 1992 年首批签署《气候变化公约》的国家之一。关于气候变化的国际立法表明气候变化受到人们前所未有的关注,已成为人类的共同关切事项,而人类控制气候变化的共同平台,就是《气候变化公约》。这是国际社会为防止人为活动改变气候给人类带来不利影响而订立的全球性国际公约,是首个全球性的应对气候变化特别是气候变暖问题的公约。《气候变化公约》第一次确立了发达国家和发展中国家在控制温室气体上的共同但有区别的责任,对国际法的发展具有深远的影响。此外,由公约所引起的其他若干国际法问题的发展新趋向也值得引起我们的关注。

---

③ [美]阿尔·戈尔(Al Gore)著:《难以忽视的真相》,环保志愿者译,王立礼译校,湖南科学技术出版社 2007 年版,第 255 页。

④ Cass R.Sunstein, *On the Divergent American Reactions to Terrorism and Climate Change*, in Columbia Law Review, Vol.107:503, p.503.

⑤ 参见顾青峰:《气候变化与人类社会》,载《气象软科学》2005 年第 4 期。

一、通过框架式立法的形式发挥软法的作用

众所周知,公约的制定,是各国的利益斗争、妥协的结果,它往往需要一个长期而又艰难的过程。国际环境法领域更具有特殊性,环境政策会直接影响到一国的经济政策,会影响到它的政治、经济、文化等方面的既得利益,各国自身的局限性,很难让它真正意识到小我与国际社会、全人类这个大我之间的关系。国际环境条约在制定的过程中,公约往往要求成员国让渡一定的主权。环境主权是国家主权的重要内容,它表现为国家对其自然资源拥有主权,一国在不损害他国和公有地区环境的前提下,依自己的政策开发环境资源。因此,环境保护的国际化与国家环境主权在一定程度上必然存有冲突和矛盾。国际环境保护的国际化与国家环境主权的协调,致使国际环境法呈现出软法趋势。软法的出现与20世纪后期协商民主新思维的兴起有密切关系。气候变暖等全球性问题需要各国人们的努力,治理模式在公共利益的实现方式上,由一元、强制、垄断走向了多元、民主、合作。所谓的软法,诸多学者频繁引用的是 Synder 的定义,即"软法总的来说是不具有法律约束力但可能产生实际效果的行为规则"。⑥《气候变化公约》以"框架公约"的方式产生,其中的规定体现更多的是国际道德上的义务,而非具体的法律权利义务,因而具有软法的特点。"框架公约并不包含任何以可量化的方式在特定日期前减少温性气体排放的具有约束力的承诺。公约期望但并不要求更多具体协议或者议定书在未来实现这一结果。"⑦"1992年签署的气候公约之所以被称为'框架公约',是因为它除规定了公约的目标、基本原则、附件 I 和非附件缔约方应履行的不同义务、资金机制等重要内容之外,仍缺乏具有法律约束力的具体减排目标和时间表,缺乏保障各缔约方履行义务的具体操作细则,同时也缺乏针对不遵约问题的监督、执行、核查机制等关键性内容。"⑧公约之所以在短时间内就得到了各国的认可,一方面归于气候变化环境问题与人类自身的命运相关,很大程度上还归功于其框架式的立法。作为造法性公约,公约不可避免地涉及国际、国际层面的技术、资金等因素,一国在签约之前,颇有迟疑顾虑。因此,公约并不急于一蹴而就,而是就最紧要的问题,在目标与原则上让各国达成共识,并没有涉及各国的具体义务,这客观上使得大多数国家能够在短时间内加入公约。框架公约的软法特征,乃是一种不得已的妥

---

⑥ Snyder, *Soft Law and Institutional Practice in the European Community*, in S. Martin (ed.), the Construction of Europe, Kluwer Academic Publishers, 1994, p. 198. 转引自罗豪才、毕洪海:《通过软法的治理》,载《法学家》2006年第1期。

⑦ Dernbach, John C. and Kakade, Seema M., *Climate Change Law: An Introduction*. Energy Law Journal, Vol. 29. No. 1, 2008; Widener Law School Legal Studies Research Paper No. 08-02, p.9.

⑧ 陈迎:《气候变化公约的演进和中国面临的挑战》,第3页,资料来源:http://old.iwep.org.cn/chinese/workingpaper/zgygjzz/16.pdf.

协,旨在引导国际社会对该问题的广泛关注,吸引发达国家的加入。自 1990 年设立气候变化公约政府间谈判委员会至 1992 年通过公约,只用了 2 年多时间就完成了《气候变化公约》谈判;自 1995 年国际社会决定设立特设工作组启动后来被称为《京都议定书》的谈判,到 1997 年通过《京都议定书》,也只用了 2 年的时间。在如此短的时间内,国际社会很难就各种细节问题或涉及各国根本利益的高度敏感问题充分讨论并达成共识,只能在《气候变化公约》和《京都议定书》中作出较为原则性的规定,而具体问题或敏感问题留待缔约方会议进一步商定,并体现在相关会议文件中。

根据《维也纳公约》的规定,软法是由非条约性义务组成的,不具有强制执行力。框架式公约更多地体现了软法的特征,缺乏法律约束力,在涉及成员方具体义务方面的含糊笼统的语言,无法提供具体可靠的行动纲领,因而对温性气体的减排起到的作用并不明显。但是,公约关注的是就全球气候变化问题达成共识,目的就是通过软法的运用打破僵局,在国际社会控制气候变化问题上达成妥协与共识,以便进一步合作,而将其约束力留待将来再进行协商和讨论。在环境保护问题上,"软法"使各国在不想因为太严格而限制行动自由的时候可以共同处理问题。因此,在公约的制定之初,就为未来的发展留下了空间,例如第 4 条第 2 款第(a)项中的"共同执行"的规定,成为后来《京都议定书》"联合实施机制"的重要法律依据。公约这种"柔性"立法技术在国际法领域有着独特的优势:一是因有些国家无意接受刚性法之拘束,不愿意轻率承诺某项有法律约束力的文件而负担义务,而更倾向于接受没有严格要求它们遵守的规则。如此,也不必确保国内立法完全遵守该文件,特别是在国会暂时无法通过某些法律的情形之下。二是因为国家或愿接受或制定刚性法,但在此之前,可以柔性法作为适应预备时期。三是以公约的柔性法作为指导纲领,形成政策,可以指导各国根据国际公约的原则精神制定国内法,促成气候变化法律制度的国际趋同化。而且,即使是软法也可以成为国际监督与报告制度的目标。公约框架性特征是其更多地体现出法律之外的政治影响力和道德约束力,正如我国学者潘抱存所言:"国际道德对国际法的形成产生了直接的、巨大的影响。尽管国际道德不向国际法那样有一定的强制力,但它仍然对国际间的行为起着约束和规范的作用。现代国际社会的调控机制仍然是以国际道德为基础、国际法律调控为主导。"⑨国际公共事务领域的合作,如果采取"框架公约＋议定书＋附件"的模式,容易形成国际社会各方均能接受的国际法。《气候变化框架公约》的一些原则规范,正是体现了这种合作性、协调性的软法性质,但由于这些规范存在于公约之中,其规定的权利义务也有从软法转变为硬法之趋势。根据框架公约的原则未来将制定更加详细,有具体措施的议定书(通常这个议定书还包括几个附件),多是技术规范即硬法阶段,是有国际法约束力的国际环境法律规范。《气候变化公约》创

---

⑨　潘抱存:《中国国际法理论新探索》,法律出版社 1999 年版,第 13 页。

造性的"软法"立法,也是国际环境法发展的一种规律,即逐渐从"软法"向"硬法"的过程。

二、促进国际环境法基本原则的发展

(一)共同但有区别责任原则

共同但有区别责任原则(Common but Differentiated Responsibility Principle)指的是由于地球生态系统的整体性和导致全球环境退化的各种不同因素,各国对保护全球环境负有共同的但是又有区别的责任。⑩从法理上看,全球气候是一种"人类共同关切之事项"。其法律地位虽然不同于"人类公共财产"或"人类公共遗产",但它同样意味着国际社会作为一个整体对具有全球重要性的气候资源有正当的关心的权利,同时也要求国际社会共同分担有关保护全球气候的责任和义务。全球气候是一个不可分割的整体,它应成为人类共同关注的焦点,而不只是某一个国家的国内立法问题。有区别的责任的理论依据是公平原则。如果一个国家曾未经其他国家同意而不公平地对其进行利用而使其付出代价,那么受害国有权要求该侵害方承担与其此前所获利益相对应的责任,从而恢复公平。在这个问题上,正确的解决途径是适用有区别的责任,即任何国家都不应该承担不成比例的有害的环境后果和解决环境问题的成本。《气候变化公约》在序言中明确提出了"共同但有区别"的责任。⑪ "这是国际环境法的发展历史上第一次明确地使用'共同但有区别的责任'的措辞。"⑫公约第3条明确规定:"各缔约方应当在公平的基础上,并根据他们共同但有区别的责任和各自的能力,为人类当代和后代的利益保护气候系统。因此,发达缔约方应当率先对付气候变化及其不利影响。"第4条还规定对发展中国家提供资金和技术援助。该条约第4条第2款规定的承诺很不明确,因此,于1997年在京都召开的成员国第三次会议通过的《京都议定书》,要求其确保温室气体排放量不超过所承诺的数量。第12条规定,为了贯彻落实成员国会议相关规定而进行信息交流,对此所有国家均应作出承诺,但是对发达国家和最不发达国家信息交流的要求是不同的。

全球气候变化的控制对策及实施,同时也是一个复杂的全球环境、经济和国际政治问题。这一问题的根本的分歧存在于发达国家和发展中国家之间。发达国家认为,发展中国家温室气体的排放量正在增加,必须像发达国家一样制定限制指标,并采取限控措施。

---

⑩ 王曦编著:《国际环境法》(第2版),法律出版社2005年,第92页。

⑪ "承认气候变化的全球性要求所有国家根据其共同但有区别的责任和各自的能力及其社会和经济条件尽可能开展最广泛的合作,并参与有效和适当的国际应对行动。"国家环境保护总局国际合作司编:《国家环境公约选辑》,中国环境科学出版社2007年版(下同)。

⑫ 杨兴著:《〈气候变化框架公约〉研究——国际法和比较法的视角》,中国法制出版社2007年版,第133页。

例如"美国明确表示,除非中国、印度和其他发展中国家采取排放措施,否则它不情愿支持关于国际气候变化的协议。"[13]发展中国家则一直坚持,目前的全球气候变化是由于发达国家长期大量排放温室气体的结果,从现实和历史角度看,发达国家应为此承担主要责任,他们应率先采取行动,控制温室气体的排放。大多数发展中国家正处在发展的初级阶段,温室气体人均排放量低,没有义务制定限控指标,要求发展中国家承担与发达国家相同的义务,不仅是不公平的,也是不现实的。"气候变化将普遍使发展中国家的人口暴露于相对较高的风险之下。另外,贫困和其他因子使得多数发展中国家的适应能力较低。"[14]2006 年 11 月在内罗毕举行的气候变化会议上,强调发展中国家在面对气候变化时是如何的脆弱。大多数发展中国家位于对他们而言已经"很热"的低海拔地区。农业占国家收入的比重在贫困国家远远超过发达国家,因其不完善的社会机制,将更难以适应气候变化带来的挑战。[15]在全球变暖已成不争事实的形势下,人类要想有一个更好的自然和生活环境,离不开一座应对气候变化挑战的国际大厦。它不仅发布信息,更是国际社会商讨对策与合作行动的平台。这个共同的平台,就是公约以及之后一系列议定书的根基"共同但有区别的责任"原则。根据这一原则,国际社会应加大对发展中国家的支持,发达国家应履行对发展中国家的技术转让和资金支持的承诺,切实帮助发展中国家提高减缓和适应气候变化的能力。正如《气候变化公约》秘书处执行秘书德博埃尔所说,"共同但有区别的责任"原则在巴厘岛大会上将起到非常重要的作用。公约第 4 条第 7 款规定:"发展中国家缔约方能在多大程度上有效履行其在本公约下的承诺,将取决于发达国家缔约方对其在本公约下所承担的有关资金和技术转让承诺的有效履行,并将充分考虑到经济和社会发展及消除贫困是发展中国家缔约方的首要和压倒一切的优先事项。"国际社会要加强研发和推广高效利用化石燃料技术、节能技术、环保技术、可再生能源技术等,并使广大发展中国家买得起、用得上这些技术。就目前而言,共同但有区别的责任原则在控制气候变化的国际环境法领域内是有拘束力的法律原则,但仅限于在缔约国之间适用。作为历次气候变化谈判的中心线索,共同但有区别的责任原则经过公约及其议定书文件的多次重申,国际社会的反复实践,极有可能在较短时间内上升为习惯国际法规则。

（二）风险预防原则

风险预防原则(Precautionary Principle)是国际环境法的一项基本原则,它是指为了

---

⑬　Kevin A. Baumert and Nancy Kete, *the U.S*, *Developing countries*, *and Climate Protection*: *Leadership or Stalemate*? Available at :http://www.wri.org/publication/united-states-developing-countries-and-climate-protection-leadership-or-stalemate♯（世界资源研究所）.

⑭　庄贵阳:《气候变化与可持续发展》,载《世界经济与政治》2004 年第 4 期。

⑮　Scott Barrett, *Who Should Foot the Bill on Climate Change*? Yale Global,2 March 2007. Available at：http://yaleglobal.yale.edu/display.article? id=8847.

保护环境,各国应按照本国的能力,广泛适用预防措施,遇有严重或不可逆转损害的威胁时,不得以缺乏科学充分确实证据为理由,延迟采取符合成本效益的措施防止环境恶化。这一原则最初是在区域海洋环境保护领域由美国、德国等发达国家所提出的,后来其适用范围逐渐扩大到了全球海洋环境保护领域,并在1992年里约会议后开始适用于全球环境保护的各个领域。

全球变暖是不争的事实,但是,科学家唯一有确切把握的,也许就是大气系统的复杂多变性,区域和全球气候变化产生的影响,目前科学研究仍然难以具体证明。怀疑论者认为,风险防范原则无法决定何时采取措施是正确的,也无法判断何种程度上预防风险的费用是合理的。"预先防范把人类活动的不确定影响作为注意中心,强调需要考虑潜在的和未来的损害。它是一项预测技术,企图掌握没有发生、事实上可能永远不会发生的事件。"[16]由于风险预防原则是在潜在的危险没有得到科学的正式之前,推定将产生损害而采取相应的措施,如同帕斯卡赌注(Pascal's wager),[17]即权衡利弊,宁可相信危害存在,不可信其无。尽管对风险的预先防范具有模糊性,也受到科学技术、经济发展水平等条件的制约,公约还是对其给予特殊的强调。公约第3条第3款规定:"各缔约方应当采取预防措施,预测、防止或尽量减少引起气候变化的原因,并缓解其不利影响。"要求各国以风险预防为原则采取风险预防的措施以应付气候变化,这体现了公约对安全秩序的追求,"有观念认为安全已经成为20世纪90年代以来的基本价值。风险预防原则通过将谨慎制度化,施加了人类活动的限制准则;它通过降低期望值、限制增长和防止变化,达到人类生活在有序、安全的环境中的目的"[18]。"预先防范经常被认为是单方面行动的基础,但是事实上它能够,而且应当成为合作努力的基础。鉴于科学不确定性、日益复杂的相互依存和复杂情况,合作比较各行其是更为有效。合作能够促进更好地理解潜在的风险和威胁,也能找出首尾一贯的、全面的和有效率的解决办法。如果通过跨部门和国际合作制定和执行预先防范办法,所有各方都能获得最佳惠益。"[19]预先防范原则蕴含了公约对秩序价值的追求。经过1992年《里约宣言》、1992年《生物多样性公约》、1992年《东北大西洋海

---

⑯　L. Boisson de Chazournes, Le principe de précaution: Nature, contenu et limites, Le Principe de précaution, IHEI-Paris II, Pedone(forthcoming 2002). 转引自:劳伦丝·柏阿松·德·萨莱尔娜:《预先防范原则》,载《预先防范——从里约到约翰内斯堡》(文献汇编:日内瓦环境网络圆桌会议),第14页。资料来源: http://www. environmenthouse. ch/docspublications/reportsRoundtables/Precaution%20Report%20c.pdf(浏览日期:2007年12月20日)。

⑰　See Pascal's Wager, First published Sat May 2, 1998; substantive revision Tue Feb 17, 2004, Available at :http://plato.stanford.edu/entries/pascal-wager/.

⑱　杨兴:《〈气候变化框架公约〉研究——国际法和比较法的视角》,中国法制出版社2007年版,第250页。

⑲　法郎兹·派瑞兹:《从里约到约翰内斯堡讨论的预先防范:引言》,载《预先防范——从里约到约翰内斯堡》(文献汇编:日内瓦环境网络圆桌会议),第13页。

洋环境保护公约》等重要的国际环境法律文件的确认,预先防范原则成为一项正在形成中的国际习惯法规则。

(三)成本收益原则

成本效益原则也是公约设定的为实现其目标而必须遵循的基本原则之一。各国在履行限排温室气体的义务时,在讲求风险预防的前提下,也应当注重效率。公约第 3 条第 3 款在阐述风险预防原则后,规定采取预防和减少气候变化的措施应"考虑应付气候变化的政策和措施应当讲求成本效益,确保以尽可能低的费用获得全球效益"。联合履约机制、排放贸易机制和清洁发展机制等机制就是这样的符合成本效益原则的灵活机制。公约同时要求各国采取预防措施的同时考虑效益价值。西方学者一般从效率的角度考虑气候变化问题,运用经济学分析的成本—收益(cost-benefit analysis)确定政府的决策,但这往往忽视了控制气候变化中的公平问题。代际公平应该是风险预防原则的基本价值,"当代人之间利益的平衡,实质上就是预防环境风险成本由其效益的享有者承担的问题,在经济学上即外部型问题内部化的问题。即一项活动的实施者享有该活动的全部或者部分收益,他就是应该承担该活动的全部或者相应部分的成本,而不应该由未享受收益的人承担其成本或者享受部分收益的人承担不适当份额的成本"[20]。预先防范原则必然要求各国在气候变化问题上投入大量的资金,对于一些国家而言,由于气候变化尚未对其构成现实和迫切的威胁,并不愿意为温室气体的减排付出巨大的成本。如果应对气候变化主要以成本—收益为依据,那么国际合作将变得相当困难。"国际协调极其重要却相当难以做到。研究表明,气候变化给全球各地带来的经济和社会影响不均衡,有的热带国家受到巨大损失,而一些温带国家则有潜在的收益。这种分配不均衡使得国际协调特别困难。"[21]

"卡斯·森斯坦(Cass R.Sunstein)在《美国人在应对恐怖主义和气候变化上的分歧》一文中指出,美国人普遍认为,花费金钱来减少恐怖主义的威胁,可以很快地获得明显的收益,其产生的成本也是可以承受的;但花大力气应对气候变化却未必能在可见的将来让全美民众受益,美国人承担的成本也远远超出了其他国家的平均水平。而"9·11"事件更强化了人们积极应对关注恐怖主义而漠视气候变化的影响。在这种情况下,要人们积极地应对气候变化,只有通过两条途径:将应对气候变化的成本降到可以承受的水平,或者让人们明显感知到,应对气候变化非常必要,还可获益很多。[22] 可见,以成本—收益(cost-benefit analysis)确定政府的决策,并不利于国际社会共同面对全球气候变暖问题。有学

㉑　朱建庚:《风险防范原则与海洋环境保护》,人民法院出版社 2006 年版,第 73 页。

㉑　Goulder, Lawrence H. and Pizer, William A., *The Economics of Climate Change*. New Palgrave Dictionary of Economics, 2nd Edition, Macmillan Publishing, Ltd, p.9.

㉒　See Cass R.Sunstein, *On the Divergent American Reactions to Terrorism and Climate Change*, in Columbia Law Review, Vol.107:503.

者认为:"如果以市场为导向的方法和其他成本—收益国际政策体制不能促进所需的参与和遵守,那么原则上还有三个可选择方法。一是有个具有强制力量的世界政府,这样所有的国家都会被迫参加和遵守。不用说,这种方案不可能产生。二是'国际自愿主义',靠国家偏好的直接改变而避免搭便车趋向。这种情况也不像能够即将到来。三是国内政策和措施。"㉓其实,全球气候变暖和整个人类的未来忧戚相关,保护环境的法律原则只有上升为习惯国际法之后,才能弥补国际合作的不足,给各国带来共同的利益。著名的学者曾认为,在国家社会习惯国际法规则可通过国家之间的自愿互动和交流而自然产生。通常意义上习惯国际法规则源自于过去的实践,一旦被实践所确定,法律习惯就会在各国之间互惠应用。㉔

三、促进新的习惯国际法的形成

《气候变化公约》是国际社会用国际法来调整各国的行为以解决气候变化问题的一个历史性突破。为了气候变化这样的全球环境问题,进入一个可持续发展的良性循环,公约中的一些原则可能会上升成为习惯国际法。以气候变化为核心,国际环境法的新理念推动国际法的新发展。传统国际法认为,只有条约之缔约国才受条约条款的拘束,对于未签订某环境法条约之国家,则不受条约要求之拘束。1969 年《条约法公约》第 34 条规定,"条约非经第三国同意,不为该国创设义务或权利"。也就是说,条约的效力仅及于缔约国,而不能逾越此范围对第三国产生拘束力(其同意除外)。"习惯国际法要求国家遵守其缔结的条约,大多数国家大多时候也会这么做。但是习惯国际法不要求国家去缔结条约。因此,避免遵守条约的最简单做法就是不缔约。这意味着国际合作首先必须推动参与,如果做到这一点,就能保证遵守。"㉕美国在 1997 年时便签署核准了《京都议定书》,但在 2001 年小布什上台后以"缺乏可靠的科学证明"为由,单方面宣布美国退出《京都议定书》,致使《京都议定书》搁浅。一般认为,一国对于已签署的条约没有批准的义务,因此,美国拒绝批准《京都议定书》并不构成违约行为,不用承担国际法上的违约责任。那么,如

㉓ Stavins, Robert N. and Barrett, Scott, *Increasing Participation and Compliance in International Climate Change Agreements* (November 2002). FEEM Working Paper No. 94. 2002; KSG Working Paper No. RWP02-031, p.27~28.

㉔ See on, Vincy and Parisi, Francesco, *International Customary Law and Articulation Theories: an Economic Analysis*. International Law and Management Review, Vol. 2, p. , 2007; George Mason Law & Economics Research Paper No. 02-24; Minnesota Legal Studies Research Paper No. 07-28.

㉕ Stavins, Robert N. and Barrett, Scott, *Increasing Participation and Compliance in International Climate Change Agreements* (November 2002). FEEM Working Paper No. 94. 2002; KSG Working Paper No. RWP02-031, p.14.

何保证作为"人类共同关切之事项"(a common concern of humankind)的全球气候公约为非缔约国所遵守呢？国际条约的固有缺陷，即只能约束成员国，而不能约束非成员国，使得就某一事项的争端在同时包括成员国和非成员国时，条约法的可适用性只能被国际习惯法所取代。国际社会始终处在不断向前发展的过程中，构成其内容的国际关系和国家实践也将不断发展，这些实践的积累会成为国际习惯法新的"物质因素"的来源，当具备一定的国际习惯"心理要素"的时候，一些新的国际习惯法将不断产生。公约中共同但有区别责任原则等作为国际环境保护之国际合作机制的必然要求，是否可能上升为国际习惯法规则而强制适用？换言之，可否成为具有习惯国际法规则性质而拘束所有国际法主体？

当代西方国际法理论和实践方面最权威的学者之一伊恩·布朗利认为，习惯的要素为：(1)时间的持续性；(2)做法的一致性、连贯性；(3)做法的一般性；(4)法律及必要的确念。[26]《国际法院规约》第 38 条的规定指明习惯有两个主因，即一般实践的存在和法律确念。但也应当顾及一些特殊情况和因素，如《奥本海国际法》认为"关于在一项协定规则可以被认为已成为一项一般国际法规则之前经常被认为必要的其他因素，可能的是：即使经过相当长的时间，该公约有极为广泛的具有代表性的国家参加，可能就足够了，特别是包括那些利益特别受影响的国家在内"[27]。首先，就一般实践的存在而言，据统计，目前已有 191 个国家批准了《公约》，[28]可见，公约参加国家具有广泛性，从数量要求上已足以视为习惯国际法规则。其次，如果说只有国家同意才会被国际法拘束，那么同意的概念同样是国际习惯法的基础。在通常意义上，法律确念的标准表述就是国际社会普遍承认一项习惯国际法规则的存在和受影响国家的接受。[29]尚有疑问的是，公约中一些原则经历时间较短，是否会影响其被认定为习惯国际法规则呢？"虽然仅仅一个短时间的经过不一定妨碍，或者其本身不一定会妨碍在原来纯粹为协定规则的基础上形成一项基本的国际习惯法规则，但是，一个必不可少的要求是，在该时间内，虽然可能很短，国家实践，包括那些利益特别受影响的国家实践，就所援引的规定而言，应该是既广泛又几乎一致的；——而且，这

㉖　［英］伊恩·布朗利：《国际公法原理》，曾令良、余敏友等译，法律出版社 2007 年版，第 5～6 页。

㉗　［英］詹姆斯、瓦茨 修订：《奥本海国际法》(第一卷第一分册)，王铁崖等译，中国大百科全书出版社 1995 年版，第 21 页。

㉘　《联合国气候变化大会新闻背景：〈联合国气候变化框架公约〉》，资料来源：http://big5.ce.cn/xwzx/gjss/gdxw/200712/03/t20071203_13801477.shtml(访问日期：2007 年 12 月 21 日)。

㉙　See Guzman, Andrew T., *Saving Customary International Law* (April 2005). UC Berkeley Public Law Research Paper No. 708721, pp.141～142. 然而，"理性选择理论"(rational choice theory) 则认为，违反法律规则的后果仅决定于其他国家的态度，实践可能会影响国家的态度，却不会直接促成习惯国际法规则的产生。*Ibid*, at p.122. 换句话说，重要的不是行为国的信念，而是如果与之相互作用的国家认为出现违反习惯国际法规则的行为，他们会发觉行为国不是很愿意遵守该法，这种信念会给未来的互动带来负面影响。*Ibid*, at p.146. 因此，关键不是同意是否应该是要素之一，而是在理性国家中，同意在构成习惯国际法规则时没起到作用。*Ibid*, at p.148.

种实践的发展表明,所涉及的法律规则或法律义务已得到一般的承认。"㉚有的学者认为并不需要足够的时间去确立或者改变习惯国际法规则,例如郑斌相信法律确信就足以确立一条习惯国际法规则。实践也有关系,但其只是提供证明的作用。㉛ 因此,即使在非常短的时间内也可能形成新的习惯国际法规则,尤其在空间、环境等特殊领域更容易出现"即时国际法"(instant international customary law)。尽管这一概念受到了许多学者的批评,却不乏参考价值,国际法院也是倾向于把持续的时间作为一项非决定性的辅助参考因素,与广泛性和一致性结合起来加以考虑的。㉜ "长时间的实践并无必要(更不需要古老的实践),有关领空和大陆架的规则就是从相当快的成熟做法中产生的。国际法院在其实践中并不强调这方面的时间因素。"㉝李浩培教授认为,国际习惯法存在的理由在于国际社会的需要。㉞ "如果有一个机构拥有就全球环境问题建立有约束力的法律的权力,减少温室气体将是件简单的事情,虽然需要耗费一些成本。但是这在我们这个主权国家组成的世界里,这种权力是不存在的。"㉟ 国际社会的主权国家,正如哈丁《公地的悲剧》中的牧民,如果每个国家都从自己的私利出发,只顾自己从工业发展中获取收益,而不愿意投入巨大成本控制导致气候变化的因素,因为全球变暖的代价由大家负担。当每一个国家都如此思考时,"公地悲剧"就上演了,气候的极端变化将使得人类无法生存。因此,在一些新的国际法领域,比如外层空间与国际海底区域的开发与利用、核武器的使用,尤其在国际环境保护的气候变化问题上,极可能突破传统关于产生新的习惯国际法规则公式。气候变化问题所带来的环境危机正日益逼近人类社会,如不及时采取措施,人类将面临灭顶之灾,这更凸显产生新国际法规则的独立价值。此外,国家至少可运用两种"硬化"立法的方式来增强习惯法规则的遵守力度。首先,习惯成文化可作为信号引导功能(Signaling Function)。因为就直接和声誉上的制裁而言,违反条约通常成本更大,使习惯成文化可给非缔约方传达关于缔约方法律信念的有价值信号。使用条约作为信号传达工具,即允许签约方增加习惯法规则的透明度,从而推动所有的国家遵守,无论其是否加入(accede to)该条约。其次,法院可澄清国际习惯法规则的内容,也可创建违反国际习惯法规则的信息,以便推动遵守习惯国际法规则。有管辖权的国内法院在对国际习惯法规则作出论

㉚ [英]詹姆斯、瓦茨修订:《奥本海国际法》(第一卷第一分册),王铁崖等译,中国大百科全书出版社1995年版,第21~22页。

㉛ See also Bin Cheng, *United Nations Resolutions on Outer Space*:"Instant" *International Customary Law?*,5 INDIAN J.INT'L.23,36(1965).

㉜ 当然,主流观点认为至少需要一定时间的经过,才能产生习惯国际法规则。国际法院在北海大陆架案中并没有放弃实践的概念。

㉝ [英]伊恩·布朗利:《国际公法原理》,曾令良、余敏友等译,法律出版社2007年版,第5页。

㉞ 李浩培:《国际法的概念和渊源》,贵州人民出版社1994年版,第101页。

㉟ [美]罗伯特·H.弗兰克著,李绍荣等译,《微观经济学》(第5版),中国财政经济出版社2005年版,第536页。

断上比国际法院更加重要,因为国内法院更可能根据国际习惯法规则对自己的政府执行判决,可以有更多的法庭根据国际习惯法规则审理诉讼。㉟

鉴于《气候变化公约》中共同但有区别责任原则、预先防范原则等等,在本质上体现了国际合作的原则,这些原则是否会因为适用范围的广泛性,更进一步被视为国际强行法规则呢?"我们目前还无法证明存在着这样一条国际强行法规则:每个国家都必须与其他国家合作。由此,国家如果承担着合作义务的话,那么,这种合作义务或者产生于它所明确接受的条约规范,或者产生于它所明示或默示接受了的习惯法规则。所以,国家的合作义务,尽管具有法律约束力,但从性质上看,应属于约定义务,而非法定义务。"㊱然而,共同但有区别的责任原则具有维护整个人类基本利益的价值,将其局限于约定义务之内,无法如"对一切"义务那样引起一个国家同整个国际社会之间的关系,不利于人类共同利益的维护。随着人类认识能力和认识水平的提高,共同但有区别责任原则等对全人类生存至关重要的环境保护原则势必突破传统国际法的框架,不再由于国家政治利益的需要而游离于各国承认的价值之外,最终演变为一项国际习惯法。如奥本海国际法第 8 版所言:人们可以作这样的区别,即将那些即使可以普遍适用但在任何特定情况下并不产生"对一切"的权利和义务的国际法规则,和那些产生这样的权利和义务的国际法规则加以区别。㊲"随着经济全球化的进一步深入发展,国际社会的共同利益将越来越凸显出来,涉及这方面的国际法规则也必然会逐渐扩大和不断丰富,各国为维护国家主权,实现国家利益,就必须遵从和信守这些体现全人类共同利益的法律规则,否则,既无法融入国际合作,也无从获得发展本国政治、经济、文化的其他途径。"㊳可持续发展原则、共同但有区别责任原则和预先防范原则等能在国际法实践中得到很好的贯彻和遵循,根本原因不在于其具有法律拘束力——实际上没有正式的法律拘束力,关键是这些概念反映了人类普遍的

㉟　See Meyer, Timothy and Guzman, Andrew T., *Customary International Law in the 21st Century*. PROGRESS IN INTERNATIONAL ORGANIZATION, Rebecca Bratspies and Russell Miller, eds., Martinus Nijhoff Publisher, Forthcoming; UC Berkeley Public Law Research Paper No. 984581.

㊱　车丕照:《和平发展与国际合作义务》,载《法学家》2004 年第 6 期。

㊲　[英]詹姆斯、瓦茨修订:《奥本海国际法》(第一卷第一分册),王铁崖,等译,中国大百科全书出版社 1995 年版,第 1 页。

㊳　王秋玲:《论国际法基本原则的基石与核心》,载《法学杂志》2007 年第 2 期。

理性和道德,从而像习惯国际法规则一样为人们所遵守。[40] 当各国对全球气候变化是人类共同利益的观念形成统一认识,共同但有区别责任原则完全可能被视为"对一切"义务(erga omnes),适用于所有国家并且为所有国家之行的国际法规则,乃至发展成为国际强行法。这种发展趋向,实际上体现了气候变化问题对国家主权进行合法限制的要求。尽管就目前而言,共同但有区别责任是否具有国际习惯法地位仍有待研究,然而由于国际社会新显现的共同利益需求,国家所面临的唯一选择可能是给"广泛同意"的范围划定界限而不是以非缔约国为由置身之外。

结语

鉴于全球气候变暖带来的危害已日益显示出来,如何携手控制气候变化已经成为全人类的燃眉之急。从 1992 年《气候变化公约》的诞生,到 1997 年以发达国家规定具体减排目标和时间表的《京都议定书》的达成,再到 2001 年《马拉喀什协议》和 2002 年《德里宣言》的发布,以及 2007 年联合国气候变化大会通过了"巴厘岛路线图",决定在 2009 年前就应对气候变化问题的新安排举行谈判,10 多年来国际社会在控制气候变化问题上硕果累累,应对气候变化的国际机制初步建立。

《气候变化公约》以框架性立法的模式,迅速取得国际社会的广泛响应并形成共识,奠定了气候变化国际机制的基础,为今后处理全球性问题的国际合作提供了共同的平台和优秀的范本。公约的软法性特征使共同但有区别责任原则等环境保护基本原则获得了发达国家和发展中国家的普遍赞同,在气候变化这种未确定的领域建立新的法律秩序作出了重要贡献。对于关键的义务,如限制和削减二氧化碳的排放量,公约没有规定具体的指标和时间表,而将此类具体措施留到各国的国内法或缔约国在未来另行协定。公约中包含有多项国际习惯法规则,例如其序言中强调:"各国根据《联合国宪章》和国际法原则,拥有主权权利按照自己的环境与发展政策开发自己的资源,也有责任确保在其管辖或控制范围内的活动不对其他国家的环境或国家管辖范围以外地区的环境造成损害。"其目的在

---

⑩ 有学者以"理性选择理论"(rational choice theory)反对通常以"内心确信""合法性"及相关概念解释习惯国际法,认为国家的遵守不是出于道德或者法律义务,而是他们在国际舞台上追求自我利益的结果。See Goldsmith, Jack Landman and Posner, Eric A., *A Theory of Customary International Law* (November 1998). University of Chicago Law School, John M. Olin Law & Economics Working Paper No. 63, p.3. "在这种范例下,遵守只是一种选择,而非义务:国家遵守国际法义务以增进自身利益,如得不到利益则不遵守。在国际体系中,法律完全内生于政治而没有独立的力量,道德或者其他。"Hathaway, Oona A. and Lavinbuk, Ariel N., *Rationalism and Revisionism in International Law*. Harvard Law Review, Vol. 119, No. 5, p. 1416, 2006;Yale Law School, Public Law Working Paper No. 113;Yale Law & Economics Research Paper No. 339. 但是,这种观点并不能给正在发展的大量国际法法律义务提供强有力的解释。

于限制一国国内的活动对全球气候变化的负面影响。这一论述所体现的国家资源主权权利和不损害国外环境责任原则已被公认为一项国际习惯法规则。公约的影响已经涉及几乎人类活动的所有领域,公约中所明确宣布的"共同但有区别的责任原则""风险预防原则"等在国际法中的适用范围在迅速扩大,这在一定程度上将使得国际社会共同利益得到进一步的保障和促进,弥补传统国际法体系维护人类基本利益方面薄弱的缺陷。公约中重申的一些国际环境法原则在国际法领域的重大实践和发展,为其今后成为国际习惯法规则提供了充实的佐证。

论反垄断法实践中相关市场的法律界定

李雯青[*]

（兰州市中级人民法院）

摘　要： 相关市场作为反垄断执法中的一个举足轻重的前提性因素，由于其个案差异较大，国际上目前暂无统一的界定方法和标准。相关市场的界定是滥用市场支配地位行为认定的前提和基础，更是反垄断法实施的重要细节。相关市场界定的难度在于立法原则化，界定标准因案而异，因此需要研究各国反垄断法的理论发展历程，引述分析各种理论体系下的经典案例，参考借鉴其他国家界定相关市场的经典案例和方法。强调存在立法原则指导的前提下，建议最高人民法院可以就反垄断法实施中相关市场的问题制定司法解释并且发布指导性案例，以利于反垄断执法有较为明确的依据。

关键词： 相关市场；需求替代；供给替代

前言

政府与市场的关系，是现代经济社会发展中最为基本，也最具争议的一个问题。党的十八届三中全会的一个重要突破，是提出了市场在资源配置中起决定性作用，同时强调更好地发挥政府作用。这既是对国内外长期历史经验的精辟总结，更指明了深化改革的方向和目标。在新的历史条件下，如何处理好政府这只"看得见的手"与市场这只"看不见的手"的关系，面临着比以往更多的新问题、新挑战。《反垄断法》作为国家调整市场的重要部门法在处理国家与市场的关系时发挥着重要的作用。《中华人民共和国反垄断法》（以下简称"《反垄断法》"）于2008年8月1日起施行，在实施过程中相关市场作为反垄断法执行的一个基础性因素有重要意义。本文将对相关市场在具体执法和司法中的界定进行初步论述，通过借鉴其他国家的司法实践为我国《反垄断法》的实施提供参考。

---

* 李雯青，女，2014届西南政法大学经济法学院经济法学专业研究生，现就职于兰州市中级人民法院。

一、问题的提出

2008 年 9 月 3 日,可口可乐公司宣布计划以 24 亿美元收购在香港上市的汇源公司。对本次交易的相关产品市场主要包括无酒精饮料中的两大类:果汁类饮料和碳酸软饮料。从需求替代的角度来看,消费者如果无法购买果汁饮料是否会转向购买碳酸软饮料或者其他饮品? 从供给替代的角度来看,从经营者角度考察,在不需要较大投入生产改造或调整生产设备或承担较大风险的情况下,可以在短期内转而提供其他具有市场竞争力的产品的可能性。根据商务部在审查中所掌握的信息,两家公司在果汁类饮料中存在重叠,而碳酸软饮料只有可口可乐公司生产,汇源公司并不生产碳酸软饮料,本次并购的相关市场被界定为果汁类饮料,其中包括 100% 纯果汁、浓度为 26% ~ 99% 的混合果汁,以及浓度在 25% 以下的果汁饮料。理由是果汁类饮料和碳酸软饮料的替代性较低,且三种浓度不同的果汁类饮料之间存在很高的需求替代性和供给替代性。如果并购成功可口可乐有能力把其在碳酸饮料行业的支配地位传导到果汁行业。[①] 由此案例可以看出在界定相关市场时除了需求替代和供给替代外,界定相关市场的因素常常与现实生活联系紧密,从而导致自由裁量的成分非常大。基于相关市场界定的重要性和目前学术界也无统一标准来界定等因素的考虑,相关市场的界定成为研究经济法的学者普遍关注的问题,因此相关市场界定方法的探讨非常有必要。

二、相关市场的概念及界定的法律意义

《欧盟委员会关于相关市场界定的通告》中对相关产品市场和相关地域市场作出了界定:相关产品市场是指由产品特性、价格以及预定用途决定的。对消费者来说具有互换性和替代性所有产品或服务的总和。相关地域市场是指经营者参与产品的和服务的供给与需求的区域。该区域内的竞争条件充分同质并与其他区域明显不同,据此可将该区域与其他临近区域区分开来。[②]

美国《横向指南》对相关市场作了如下的定义:市场,是指一种产品或者一组产品以及生产或者销售该产品的一个地域范围。在该区域内,一个假定的无须受制于价格的限定并且是追求利润最大化的企业,作为这些产品当前和今后的唯一的生产者或者销售者,在

---

① 可口可乐公司收购汇源公司的案例出自 http://www.mof.gov.cn/preview/czzz/zhongguo-caizhengzazhishe_daohanglanmu/zhongguocaizhengzazhishe_kanwudaodu/zhongguocaizhengzazhishe_cai-wuyukuaiji/333/33/455/200903/t20090309_120408.html,2014-3-7.

② 欧盟《通告》和美国《横向指南》对相关市场的概念来自:中顾法律网《欧美界定相关市场进路比较研究及中国立法之建议》第 2 页。

所有其他产品销售保持不变的条件下,他可能会提供一个"数额不大但显著的且分暂时性的"提价,(即"SSNIP测试③")。相关市场就是刚好满足这一检验标准的一组产品和一个地域。④

根据我国《国务院反垄断委员会关于相关市场界定的指南》的规定,相关市场是指经营者在一定时期内就特定商品或者服务进行竞争的商品范围和地域范围。它包括产品相关市场、地域相关市场和时间相关市场三个方面的内容。因此,在界定相关市场时必须兼顾产品、地域和时间三个因素。

相关产品市场。相关产品市场是指可相互替代的产品所构成的特定市场。产品的替代性与产品的竞争关系十分密切。⑤ 正如美国法院在审理"布朗鞋诉美国"一案中认为的,"一个产品的相关市场范围取决于消费者选择时的合理可替代性的运用,或者对产品的本身和其替代品之间的交叉弹性的需求"。⑥ 反垄断法的实践证明,产品相关市场界定得越小,被认定垄断的可能性就越大。

相关地域市场。除了确定产品相关市场,产品的相关地域市场也是极其重要的因素。所谓地域市场是指消费者能够有效地选择各类竞争产品,供应商能够有效地提供产品的一定地理区域。⑦ 一个在市场上拥有影响力的经营者,不可能在任何地方都具有相同的影响力。例如牛奶这种新鲜不易储存的产品通常在一定地域都会有本地大众熟知的品牌。地理空间上产生的障碍将使产品的相互替代性受到限制。例如购买牛奶产品不可能去其他远离本地区的地方购买。因此,必须重视地域市场的界定。

相关时间市场。在市场实际竞争过程中,时间对于相关市场的确定是一个十分重要的因素,因为过了时令或者适当的时机,市场竞争的格局将会发生变化。尤其是知识产权等具有时间限制的交易和使用寿命比较有限的产品都必须考虑时间对市场界定的相关性。⑧ 因此,必须把"在一定时间段"这个因素放在适当的位置,同时把地域相关市场与产品相关市场等因素相互作用起来考虑,才能准确界定相关市场。

相关产品市场、相关地域市场及相关时间市场三者的关系。相关产品市场、相关地域市场和相关时间市场之间存在着异常复杂的内在关系,由于产品销售范围和地理区域内不可能只有一个经营者,因而地域市场和产品市场必定是相互包容和相互交叉的,时间对

---

③ SSNIP 的全称是 Small but Significant Non-transitory Increase in Price,意为"数额不大但显著且非临时性涨价"。

④ 欧盟《通告》和美国《横向指南》对相关市场的概念来自:中顾法律网《欧美界定相关市场进路比较研究及中国立法之建议》第 2 页。

⑤ 阮方民:《欧盟竞争法》,中国政法大学出版社 1998 年版,第 115 页。

⑥ [美]马歇尔·霍华德:《美国反托拉斯法与贸易法规》,孙南申译,中国社会科学出版社 1991 年版,第 24 页。

⑦ 李昌麒:《经济法学》,中国政法大学出版社 2011 年 6 月第 4 版,第 301 页。

⑧ 李昌麒:《经济法学》,中国政法大学出版社 2011 年 6 月第 4 版,第 301 页。

于正确界定相关市场也具有重要意义,这是因为:一方面,对产品市场和地域市场的形成具有关键作用的某些因素会随着时间的推移而发生难以估量的变化。例如,随着产品技术的发展,产品之间的替代性会发生变化,如平板电脑的出现有代替传统笔记本电脑之势。随着经济全球化的发展、关税的降低,各国之间的贸易壁垒会逐渐消除,从而相关产品市场和地域市场会潜移默化地发生变化。另一方面,时间维度可以看作是产品维度的一个延伸,因为某些产品被提供的时间也可以被视为是产品本身的特性,如前文所举的牛奶等鲜活易腐烂的商品。因此,相关产品、地域和时间市场是一个密不可分的整体,只有结合这三者对相关市场进行界定时,得出的结果才具有说服力。而最终的问题都落在考察产品之间是否具有明显的替代性从而是否会影响相互之间的市场势力与竞争地位。

相关市场的界定是滥用市场支配地位行为认定的前提和基础,更是反垄断法实施的重要细节。在已经建立起反垄断制度的国家和地区中,相关市场的界定方法的好坏往往是衡量反垄断法执法优劣的一个关键准则。因为在反垄断执法中目前通行的说法是肯定了芝加哥学派的"行为主义",即以行为对竞争的损害程度来认定行为是否违反反垄断法,相关市场的界定是对竞争行为进行分析的前提。而界定竞争的损害程度的前提首先是要确定发生竞争的领域。相关市场的界定就是要划定这种竞争领域范围的大小。通常包括产品范围和地域范围。相关市场的界定是反垄断执法工作的重要步骤,科学合理地界定相关市场,对识别竞争者和潜在竞争者、判定经营者市场份额和市场集中度、认定经营者的市场地位、分析经营者对市场竞争的影响判断经营者行为违法性以及需要承担的法律责任等关键问题有重要作用。只有首先界定了相关市场才能知晓一个市场有多少竞争者,以及他们的市场份额有多大,从而才能判断涉嫌违法企业行使其市场支配力的程度。它不仅是反垄断执法和司法活动的前提,而且在很大程度上影响相关执法和司法活动的结果。

作为反垄断法各主要制度的基础及反垄断法实施中一项最基础、最核心和最关键的工作,相关市场的界定在目前国际上并没有通用的标准和方法,同时由于很多方法的不完善及反垄断问题的复杂性,相关市场的界定往往成为世界各国司法实践中最具争议的部分,完善相关市场界定理论是《反垄断法》实施的使命。

三、我国相关市场的立法现状及存在的问题

(一)我国相关市场的立法现状

为了给相关市场界定提供指导,提高国务院反垄断执法机构执法工作的透明度,根据《反垄断法》于 2009 年 5 月 24 日制定了《国务院反垄断委员会关于相关市场界定的指南》(以下简称"《指南》")。对相关市场的作用和含义进行阐述后,该《指南》提出界定相关市

场的三个基本依据，分别是替代性分析、需求替代、供给替代。替代性分析是指在市场竞争中对经营者行为构成直接和有效竞争约束的，是市场里存在需求者认为具有较强替代关系的商品或能够提供这些商品的地域，因此，界定相关市场主要从需求者角度进行需求替代分析。需求替代是指根据需求者对商品功能用途的需求、质量的认可、价格的接受以及获取的难易程度等因素，从需求者的角度确定不同商品之间的替代程度。一般情况下，如果相关产品的替代性越高，那么它们之间的竞争关系就越强，它们同属于一个相关市场的可能性越大。供给替代是根据其他经营者改造生产设施的投入、承担的风险、进入目标市场的时间等因素，从经营者的角度确定不同商品之间的替代程度。如果经营者改造生产设备的投入越低、承担的风险越小、进入目标市场的时间越短，那么供给替代性就越高，属于同一相关市场的可能性就越大。[9] 该《指南》在提到界定相关市场的方法时讲道：界定相关市场的方法不是唯一的，在反垄断执法实践中，首先运用需求替代法，必要时进行供给替代分析，在经营者竞争的市场范围不够清晰或不易确定时，可以按照"假定垄断者测试"的分析思路来界定相关市场。目前我国的立法在方法上主要倾向于满足消费者需求的基本属性。同时对"假定垄断者测试"这一美国目前比较通用的经济学界定方法进行了引入，并介绍了基本思路和实践中的问题。

（二）存在的问题

将相关市场界定的理论与实践相结合是一个异常难操作的过程。以下通过"百度案"予以阐述。唐山人人信息服务有限公司（以下简称"人人公司"）诉北京百度网迅科技有限公司（以下简称"百度公司"）滥用市场支配地位，进行不正当的竞价排名是反垄断法正式实施以后第一个经过事实审理并得出判决的案件。该案中法院面临着相关市场界定的考验。原告认为：自己提供的搜索引擎服务相对于广大网民是免费的，免费服务不是《反垄断法》约束的范围。因此，不存在《反垄断法》意义上的相关市场。从该案的判决书来看，北京市第一中级人民法院界定相关市场时认为：搜索引擎服务商向网络用户提供的免费搜索服务并不等同于公益性服务，它仍然可以通过吸收网络用户并借助广告等营销方式来获得潜在的商业利益。与此同时，互联网技术的快速发展，网络新闻服务、即时通信服务、网络金融服务等在网络用户中也有较高的使用率，但搜索引擎的快速查找、定位和短时间内获得海量信息的特点是其他互联网技术服务所无法取代的，因此构成一个相关市场。分析中不难发现法院的内在矛盾：从消费者需求可替代的角度来界定相关市场，又从经营者收取广告费的角度否定了百度公司的抗辩理由。[10]

---

⑨　相关市场界定立法：《国务院反垄断委员会关于相关市场界定的指南》。

⑩　李剑：《双边市场下的反垄断法相关市场界定——"百度案"中的法与经济学》，载《法商研究》2010 年第 5 期。

由此可见,无论是我国《反垄断法》中的竞争规定还是《指南》中的相关市场界定方法都是一个原则性的规定,《指南》中虽然提供了界定方法,但对相关市场的界定是一个个案情况和技术性方法相结合的操作过程,仅有原则性的有限引导仍然不足以为现实生活中的案件提供可操作的借鉴和参考,从而极易导致不同案件的执法出现矛盾,削弱法律权威,引起社会不公。我国国土面积广阔,民族众多,不同地域,不同民族的消费者有着不同的消费偏好和消费习惯,另外地方保护、行政垄断时有发生,准确界定相关市场是反垄断执法的重中之重。

四、各国在反垄断执法中对相关市场的界定

(一)美国反垄断法中相关市场的界定

美国的反垄断法理论的发展经历了哈佛学派的"结构主义"到芝加哥学派的"行为主义"的演变。美国在经过长期的探索和实践后,目前主要采取临界损失分析法来对反垄断中的"相关市场"进行界定。早期美国主要采取以下几种方法来界定相关市场:

1. 合理可替代性认定法

合理可替代性认定法就是从消费者角度出发的产品功能可替代性。该方法也被认为是对相关市场界定的最基本方法。在《谢尔曼法》的案例中涉及此方法界定相关市场的最早案例是 1916 年的美国玉米深加工案。[11] 原告美国政府起诉被告违反了《谢尔曼法》,原因是被告美国玉米深加工公司成立了一个能够影响淀粉和葡萄糖产品生产和销售的公司。法院在认定相关市场时只将非常有限的产品划进了相关市场。法院认为西米、木薯粉、马铃薯粉、小麦淀粉并不都是玉米淀粉的替代品,因为上述这些产品有其独特的价值与用途,且生产成本更高。只能说这些产品对玉米淀粉的价格起到了一定的潜在约束作用,因为如果玉米淀粉的价格高到一定程度,这些产品就会起到替代作用。法院对界定相关市场作出了如下阐释:与被垄断的产品相比,物理上具有差异而功能上可替代的那部分产品必须被纳入相关市场,除非该产品在成本或者消费者偏好上有明显优势,从而可以不被纳入到该市场。

2. 供给替代性认定法

二十世纪六十年代,美国反垄断执法局和司法部门开始大量采取供给替代认定法来对相关市场进行界定。最为经典的案例当属"Telex 公司诉 IBM 公司案"。特莱克斯公司作为 IBM 的插入兼容产品的主要制造商,起诉 IBM 公司称 IBM 公司发布的"固定期限计划"和"长期租赁项目"违反《谢尔曼法》和《克莱顿法案》本案在相关市场界定时的不

---

① 李虹:《相关市场理论与实践——反垄断中相关市场界定的经济学分析》商务印书馆 2011 年版,第 243～246 页。

同观点是相关产品市场是与 IBM 公司处理设备兼容的可插入设备市场还是所有系统制造商所制造的外部设备市场。最高法院认为 IBM 中央处理器系统不相容的周边设施,只需要通过价格便宜的界面就可以与 IBM 相容,所以以供给替代性的方法认定相关产品市场界定为所有系统制造商所制造的外部设备市场。⑫

3. 需求的交叉价格弹性认定法

20 世纪 50 年代以后,美国司法部门开始逐步放弃同质产品的概念,从需求角度来对相关市场进行界定。在"杜邦玻璃纸案件"中首次使用需求替代法对相关市场作出了更为宽泛的界定。杜邦公司在美国玻璃纸市场中所占的份额越来越大,到 20 世纪三四十年代,该公司售出的玻璃纸已占美国市场的 70％以上。鉴于此,1947 年 12 月 13 日,司法部对杜邦公司提出指控,认为该公司垄断了玻璃纸的销售,违反了《谢尔曼法》第 2 条的规定。该案争议的焦点是相关产品市场是有伸缩性包装材料市场还是玻璃纸市场。最高法院认为:每家制造商都是他所生产的特定产品的唯一经营者,但是究竟他是否控制了其产品的相关市场,则取决于对买方而言替代产品的可获得性,即玻璃纸和其他包装材料之间是否存在需求交叉弹性。在此基础上,法院认为,相关市场的界定将决定杜邦公司是否拥有垄断势力,并提出两种检验:第一种是需求交叉弹性。即如果玻璃纸的价格稍微有所下降就会导致大量其他包装材料的消费者转向玻璃纸,就表明玻璃纸和其他包装材料之间存在很高的需求交叉弹性,从而这些产品就属于一个市场。第二种检验是合理可替代性。在界定相关市场时,把对消费者而言具有相同用途的、有合理可替代性的产品归于一个相关市场是最明确的规则。在这一规则下,相关市场有那些在价格、用途和质量方面有合理可替代性的产品构成。但这一检验也提出了一个现实问题:如果产品具有不同属性和价格,就必须认真分析这些差别的影响。以价格为例,具有相似用途和不同特性的产品售价可能不同,从而既可能是价格低廉的产品将价格高昂的产品逐出市场,也可能优质价高的产品在市场中更有优势。法院认定尽管玻璃纸具有优势,但他在每一用途中都面临着来自其他包装材料的竞争,而且这些产品之间在功能上存在相当程度的可替代性。玻璃纸和其他包装材料的可替代性足以使其成为伸缩性包装材料市场的一部分。⑬

4. 子市场认定法(附属市场理论)

在"布朗鞋公司诉美国政府"案中运用了附属市场理论来界定相关市场。作为全美第三大鞋业经销商准备购入全美第八大鞋业经销商,美国政府要求地区法院禁止这两家的合并,地区法院经审查认为该项合并可能会从实质上进一步限制竞争。最高法院认定地区法院正确地将相关行业界定为男鞋、女鞋、童鞋,在分析该合并的横向影响时同样适用这一界定方法。这些附属市场各有其特点,相符之间不存在竞争,并不能笼统地将它们放

---

⑫　Telex Corp. V. IBM, 367 F. Supp. 258, 347 (N. D. Okla.1973).

⑬　United States V. Du Pont & Co. , 351 U. S. 377 (1956).

在同一个市场。法院在这一案例中确立了认定附属市场的七个标准：一是本行业或者公众承认独立的附属市场的存在；二是产品存在独特的用途和特性；三是生产这种产品需要独特的设备；四是这种产品有特殊的顾客；五是产品有特殊的价格；六是产品价格在变化上的灵敏度非常小；七是附属市场包括特定的卖主。[14]

5. 集群市场认定法

在1961年的"费城国家银行合并案"中运用了集群市场理论对本案的相关市场进行界定。案件主要围绕相关产品市场的范围进行讨论，即相关产品市场是不是由商业银行提供的"商业及产业贷款""活期存款"等九种不同的银行产品和服务组成。这九种产品表面上看貌似不存在竞争关系，但消费者出于一并办理的便利性考虑，从而形成某种固定的需求嗜好，每项服务或者产品都是整体的一个必要组成部分，几乎每一项的存在都依赖于其他项，因此，它们在很大程度上与竞争隔绝。基于此，法院认为商业银行所提供的所有这些产品和服务（不包括其他金融机构提供的相同的产品和服务）构成一个相关市场，即集群市场。[15]

通过以上美国历史上运用过的界定相关市场的方法可以看出各有其优劣，虽然有一定的合理性，但是它们都存在一个共同的缺陷，即没有回答相关产品或地区供应商之间的交叉需求弹性或者合理替代性在什么程度上构成具体案件的相关市场范围。

临界损失方法作为学术概念最早是由巴里·哈里斯和约瑟夫·西蒙斯提出的，当无法获得需求的临界弹性时可用它来界定相关市场。它是SSINP检验思想应用在相关市场界定中的又一有力工具。所谓临界损失是指假定垄断者在对其相关产品或服务施加一个微幅但显著且非暂时的涨价后，能够实现有利可图所能承受的最大销售额损失。把临界损失和实际损失相比较，就可以确定某种替代产品（地域）是否应该被纳入到相关市场，如果假定垄断者可能的实际损失小于临界损失，那么涨价就是有利可图的，应该把替代产品（地域）纳入到相关市场，反之它们则不属于一个市场。临界损失法微观上是通过经济学理论数学公式表达的，此处不再赘述，通过以下几个案例来对临界损失法进行认识。

采用临界损失法界定相关市场的首个案例是"哥伦比亚州地区法院联邦贸易委员会诉西方石油公司案"1986年4月2日，联邦贸易委员会了、开始发布对西方石油公司拟收购天纳克公司的两个工厂的临时禁止令。在界定相关地域市场时，联邦贸易委员会认为相关区域市场是整个美国。当国内生产企业微幅但显著且非暂时地提价时，外国生产企业如果有足够的生产能力以提供美国消费者可以接受的价格，就会占据国内生产企业因提高价格而丧失市场的市场份额。当这种提价因为外国生产企业占据市场份额而变得无利可图时，相关区域市场应该比美国大。法院认为，相关地域市场的界定与地理结构上供

---

[14]　Brown Shoe Co. v. United States，370 U.S. 294(1962).1962年布朗鞋业公司诉合众国案.

[15]　United States. V. Philadelphia Nat'Bank，374 U. S. 321,356~357 (1963).

应商与消费者的关系有关,相关地域市场不仅应被定义为美国市场,还可能包括外国的市场和供应,相关地域市场可能是或不是全球,但必须包括一些外国市场。法院界定相关地域市场时采取的价格上涨幅度是 5%,其计算出悬浮液聚氯乙烯树脂的临界市场损失为 15%,乳化聚氯乙烯树脂的临界损失为 10%。法院最后认为,在相关产品价格上涨 5% 的情况下,参与合并的两个企业在相关产品市场上所可能遭受到的实际损失都将超过临界损失,而且国外供应商有足够能力向美国提供这么多产品。因此,联邦贸易委员会所界定的相关地域市场过于狭窄而且证据不足,最后得出不能颁布初步禁止令的结论。

另一个运用临界损失分析法界定相关的经典案例是"内东部海湾医院合并案"。被告阿尔塔贝茨医疗中心和萨米特医疗中心是内东部海湾地区两家最大的急性护理医院。内东部海湾是一个城市地区,它连接着旧金山与美国西北部、奥克兰—伯里克山脉与美国东部、人口稀少的海达德南部与北弗里蒙特。考虑到恺萨的奥克兰分部即将关闭,萨特医院系统和萨米特医疗中心会导致位于内东部海湾地区的医疗损失将近 50% 的病人。1997年,位于伯克利隶属于萨特医疗系统的阿尔塔贝茨医疗中心欲与位于奥克兰的萨米特医疗中心合并。本案争议的焦点主要是围绕如何运用临界损失分析法界定相关地域市场的问题。法院基于病人流量数据得出结论说,有足够的病人会转向内东部海湾地区以外的医院来阻止 5% 的价格上涨。尤其是对于 5% 的价格上涨,原告计算的临界损失为 4%~10.5%。法院注意到,病人流量数据显示居住在内东部海湾地区的病人之中大约有 15% 的病人会去内东部海湾地区以外的医院,从位于内东部海湾地区医院出院的病人中大约有 15% 的病人居住在内东部海湾地区之外。如果可控制的护理组织和独立实践联盟能够控制 1/3 到 2/3 的目前正从市场外或市场内到被提议的医院去的病人,使他们去市场外的医院,那么损失的病人就足够阻止 5% 的价格上涨。法院基于临界损失分析认为相关地域市场应该是一个比内东部海湾地区更大的区域,因此驳回了原告对合并实施初步禁令的请求。[⑯]

（二）欧盟反垄断法相关市场的界定

从 19 世纪 90 年代奥地利就开始了以促进经济增长和社会稳定为目的的竞争立法运动,德国也于 1923 年颁布了第一部《卡特尔条例》,"二战"后,在欧洲一体化经济背景下,以德国竞争法为基础、欧洲人保护竞争法的法律理念不断增强,且对企业通过兼并来提高市场支配地位的反竞争效应的持续关注,并制定了《欧共体理事会关于企业兼并集中控制第 EEC—4064—1989 号条例》(以下简称"《条例》")为代表的一系列对企业兼并进行监管的法律,标志着欧洲竞争法体系的逐步完善。

---

⑯ 丁茂中:《美国反垄断法中界定"相关市场"的临界损失分析法》,载《西南政法大学学报》2008 年 12 月第 10 卷第 6 期。

1. 弗莱堡学派

弗莱堡学派的代表人物欧肯在早期竞争理论的基础上,就提出了以"竞争秩序为核心的经济学"理论,该理论的主要思想是通过对开放市场、自由缔约和自由定价等条件的满足来实现完全竞争,将防止企业滥用市场支配地位扰乱市场作为保护的首要目标。在"大陆罐头案""联合商标案"中都采取了相同的司法程序,即市场份额等因素是判断企业市场支配地位的客观依据,法庭需要通过企业的市场份额等因素来判断其市场支配地位,必须先界定相关市场的范围,而在该市场范围内考察企业的市场份额才具有意义。在分析运用方面,三个案例都采取了需求可替代性认定方法。

2. 布鲁塞尔学派

欧共体委员会于1989年指定的《条例》首次直接对相关市场的界定问题进行了规定。《条例》规定了界定相关产品市场的具体操作方法。即可以依据:第一,产品特性即产品的物理性质以及产品的最终用途;第二,消费者偏好;第三,消费者转向替代品的障碍及成本;第四,价格差异;第五,价格变动的趋势;第六,需求价格弹性,即消费者对微幅但显著地提价的反应等因素来确定。该方法吸收了布鲁塞尔学派的观点,以产品功能分析为基础,综合考虑了多种因素,尤其是在相关地域市场界定方面,在界定相关地域市场时要考虑的因素包括:产品的性质特征,市场进入壁垒,消费者偏好,所涉产业在相关市场及相邻市场显著的市场份额差异及实质性的价格差异。

3. 接受借鉴美国时期

欧洲竞争法从关注欧盟一体化市场的形成转而关注有效率的竞争,不仅欧洲竞争法更加关注动态分析法的应用,而且美国的反垄断模式也逐渐被欧洲竞争法体系所吸收,欧盟1997年颁布的《欧盟委员会关于相关市场界定的通告》实现了欧洲竞争法与美国1982年《兼并指南》中提出的SSNIP市场界定方法的联姻。

4. 经济分析的成熟时期

经济的发展和经济学理论作为其依据的保护竞争法律制度的提出和完善提供了客观依据。该时期的经典案例是"通用电气公司与芬兰医疗器械公司的收购案"。欧盟委员会在对该兼并案的审查过程中,运用需求替代性分析、市场份额分析和产品功能分析等多种相关市场界定标准,将不同的病人监护器以及其他功能不同的产品界定为单独的产品市场。[⑰]

(三)日本反垄断法相关市场界定

日本反垄断法是法律移植的产物,受美国影响较大,但同时也不断形成自己的特色。

45

---

⑰ 李虹:《相关市场理论与实践——反垄断中相关市场界定的经济学分析》,商务印书馆2011年版,第48~57页。

1947 年美国帮助日本制定了第一部反垄断法——《关于禁止私人垄断和确保公平交易法》（以下简称"《禁止垄断法》"），综合来看，日本的反垄断法除了模仿美国外，更加关注消费者的权益，侧重分析需求替代因素，因此一般在考察产品替代因素时，会全面考虑产品的各方面效应。例如，不用的消费者对同种产品的不同心理认知，消费者很难转移消费时，特定商品与服务的"商标内竞争情况，也会考虑其他可能转入某一生产领域的生产者。

同时由于日本历来就存在强烈的民族主义传统，尽管战后日本与美国的经济联系非常密切，但是在界定相关地域市场时，仍然将其严格限定为日本国内市场。

日本关于相关市场界定的案例较少，较有影响的判例仅有两个。一个是东宝株式会社案，该案中公平交易委员会认为本国电影同属于电影放映业，因此可以构成同一交易领域，但是东宝株式会社则认为日本电影和外国电影在性质上存在差别，不应属于同一交易的领域。最终东京高等法院基于需求替代作出了判决，认为多数电影院相邻，且当地的观众通晓两种电影，因此日本电影和外国电影同属于一个交易领域，基于此，驳回了东宝株式会社的主张。另一个是八幡富士制铁合并案，公平交易委员会主要从需求者的角度根据产品的性质、用途、制造和销售方法将钢材划分为四个"一定的交易领域"。

纵观世界各国反垄断法中的相关市场界定，都在不同程度上较大地受到了美国反垄断法的影响。例如，都将相关市场划分为相关产品市场和相关地域市场，且都是通过需求和供给的替代性来进行相关市场的界定。经济学的分析方法在许多国家的反垄断法中都得到了采纳，最为突出的例子就是利用 SSNIP 检验方法来判断兼并对于市场竞争效率和消费者福利的影响得到了广泛的普及。虽然各国在界定相关市场上存在共性，但同时也表现出了一定的个性。由于有些国家的反垄断立法并不完善，甚至没有出现与此相适应的配套法律法规对相关市场给予明确阐释，给反垄断法的实施带来了实际困难。

五、我国反垄断法对相关市场的界定及借鉴

我国反垄断法起步较晚，自 2008 年 8 月 1 日起正式开始实施《反垄断法》以来，2009年 5 月国务院反垄断委员会为了提高反垄断执法机构执法工作的透明度及执法的有效性，根据反垄断法的相关规定发布了《关于相关市场界定的指南》。

中国第一次明确清晰地对相关市场的定义给出阐述，是在《反垄断法》第 12 条第 2 款中："相关市场是指经营者在一定时期内就特定商品或者服务进行竞争的商品范围和地域范围。"2009 年《国务院关于相关市场界定指南》第 3 条中明确指出"当生产周期、使用周期、季节性、流行时尚性或知识产权保护期限已构成商品不可忽视的特征时，界定相关市场还应考虑时间性"。由此可见，在界定相关市场时要注意对相关产品市场、相关地域市场、相关时间市场进行界定。

（一）相关产品市场

从需求者的可替代性来界定。这是以需求者对产品的需求弹性为判断标准的界定方法。欧共体委员会将相关产品定义为如果消费者对两种产品就其价格、品质和用途都认为是可替代的，则该两种产品应属于同一市场。这些产品表现出较强的竞争关系，在反垄断执法中可以作为经营者进行竞争的商品范围。可以考虑的因素包括但不限于以下各方面：(1)需求者因商品价格或者其他竞争因素的变化，转向或者考虑转向购买其他商品的证据。(2)商品的外形、特征、质量和技术特点等总体特征和用途。此点体现为需求者在商品用途方面的替代性。(3)商品之间的价格差异。一般来说替代性较强的商品价格也相差不大。(4)商品的销售渠道。销售渠道相同，流入的需求者相同，从而成为相关产品的可能性更大。(5)其他。比如消费者的偏好，产品成本、定价等。[18]

从生产者供给的可替代性来界定。生产者供给替代性的理论基础是供给弹性理论。若供给数量的增加比例十分敏感，则表示其他厂商容易转换生产，厂商价格的抬高可能不易维持。反之，若供给数量的弹性很低，则表示涉案厂商抬高价格后，可能由于高进入障碍或高转换成本，阻碍其他厂商增加相同产品的供给量。生产供给的可代性是以市场内存在的"潜在竞争"进行考虑的，如涉案产品的价格足够高时，有可能诱发其他潜在生产者转化生产，从而使市场的供给量增多，形成对产品价格的抑制。一般考虑的因素包括：其他经营者对该商品价格等竞争条件作出反应的证据，其他经营者的生产流程和工艺，转产的难易程度，转产需要的时间，转产的额外费用和风险，转产后所提供商品的市场竞争力，营销渠道等。[19]

此外，在实践中还发展出了运用假定垄断者测试方法来界定相关市场。假定垄断者测试方法即借鉴美国的"SSNIP 测试方法"，它是从一个初步确定的候选市场出发，考察一个假定的垄断者将价格进行"数额不大但很显著且非临时性"的涨价（一般假定为上涨5％～10％且维持一年）时，是否有足够多的消费者因为涨价转向了其他替代品，使得涨价无利可图。此时应该把替代品包含在相关市场中，直到涨价变得有利可图为止。我国《国务院反垄断委员会关于相关市场界定的指南》也对此方法作出了界定。

（二）相关地域市场

影响相关地域市场范围的主要因素有区域间交易障碍、潜在竞争、产品差异和产品本身的特性以及运输成本等因素。在确定相关地域市场时可以考虑的因素但不限于以下方面：(1)区域间交易的障碍。其包括交易成本障碍（最重要的影响因素是产品的运输成本）

---

[18] 孟雁北：《反垄断法》，北京大学出版社 2011 年版，第 71 页。

[19] 孟雁北：《反垄断法》，北京大学出版社 2011 年版，第 71 页。

和法律上的障碍(某些行业受限于政府的管制,必须有政府给予执照或者特许才能经营或者关税)。(2)产品的特有性质。有些产品可长期保存,适合长途运输,或运输成本相对于产品价值来说微不足道,市场的范围就可以扩大到全国,如衣服、药品等。相反,有些产品原本就以地域市场为销售目标,如地方性的报纸;有些产品不适合长时间长途运输,如鲜奶;有些产品长途运输成本高或占产品价格比例太高,如家具装修等。

(三)相关时间市场

在竞争中,时间对于相关市场有着重要的作用。如果过了适当的时机或者时令,那么相关市场的竞争状况就会发生显著的变化。特别是知识产权等具有时间限制交易和使用寿命有限的产品都需要考虑时间相关市场。界定时需要把时间因素放在适当的位置,更为重要的是要把相关产品市场与相关地域市场一起结合起来考虑,才能更为准确地界定相关市场。

结　语

由于反垄断执法或司法活动在相关市场界定这一重要问题时国际上并无同一标准和方法,特别是在经济全球化的背景下,相关地域市场与传统的界定方法还是有很大的差距。相关产品市场也日益变得丰富,相关时间市场的界定成为更重要的因素。因此笔者认为在运用时参考《国务院关于相关市场界定指南》,但切忌照搬照抄,任何因素在界定相关市场的作用都不是绝对的,要根据案件的实际情况选择适合个案的相关市场界定方法,同时着重参考借鉴国外经典案例。虽然我国并不是判例法国家,但是最高人民法院可以就反垄断法实施中相关市场的问题制定司法解释并且发布指导性案例,一方面使反垄断执法有比较明确的依据,另一方面增加执法的透明度,使当事人能够更方便地预测其行为在反垄断法上的后果。

论国际投资仲裁的反腐败功能与缺陷

马　迅[*]

（重庆工商大学法学院）

摘　要：在国际投资中，腐败行为已经成为一个严重的问题。在这种背景下，在近年来的国际投资仲裁案件中，一些当事人开始提出了腐败的指控或者抗辩。国际投资仲裁庭在处理这些案件时根据案件的不同情况，采取了不同的处理方式。有些案件直接将其排除在仲裁庭的管辖权之外，有些案件在基于管辖之后以涉嫌腐败为由裁定合同不可执行或无效，而有些案件则以证据不足为由驳回了腐败的主张或抗辩。投资仲裁庭的这些裁决的依据包括投资条约、其他国际条约、东道国国内法以及一般法律原则。虽然国际投资仲裁的反腐败功能存在着若干缺陷，如缺乏第三方参与仲裁的程序、证明标准不清等，但总体来说，反对国际投资仲裁庭对腐败问题进行审查的理由并不充分，我们对其反腐败裁决不应持反对态度。

关键词：投资仲裁；反腐败；功能；缺陷

49

一、问题的提出

跨国公司的贿赂行为已经成为国际投资中的一个颇为严重的问题。尤其是在垄断性行业和政府监管严格的行业中，如公共工程建设、房地产、能源、电信等行业的国际投资中，腐败的可能性则更大。正如 2003 年《联合国反腐败公约》所指出的，国际社会认识到"腐败已经不再是局部问题，而是一种影响所有社会和经济的跨国现象，因此，开展国际合作预防和控制腐败是至关重要的，……"[①]虽然目前国际上已经存在着一些打击跨国腐败

---

　　[*]　马迅（1977—　　），男，汉族，法学博士，研究主要领域：国际经济法。

　　本论文系重庆工商大学 2011 年博士科研启动经费项目"国际投资法中的发展问题研究"的成果之一。

　　①　《联合国反腐败公约》序言，http://www.unodc.org/pdf/corruption/publications_unodc_convention-c.pdf。

问题的国际公约,如《联合国反腐败公约》《美洲反腐败公约》《非洲联盟预防和打击腐败公约》等等,但是,对于跨国腐败的打击仍然存在着一些法律障碍。比如,虽然绝大多国家都对本国公职人员接受贿赂行为和行贿本国公职人员进行坚决的打击,但是,对于对外国官员或私营部门行贿的行为,许多国家却并未将其作为法律制裁的对象。[②]

在这种背景下,近年来,在一些国际投资仲裁案件中,一部分申请人或被申请人提出了针对腐败的指控或抗辩。仲裁庭也不得不着手处理这一棘手的问题。那么在晚近的国际仲裁庭是如何处理这些指控或抗辩的?国际投资仲裁发挥反腐败作用有哪些法律依据?通过国际投资仲裁进行反腐败是否合适?这一机制存在哪些缺陷?一部分学者对于投资仲裁庭审查纠纷中的腐败问题的合理性提出了质疑,那么我们究竟应该对此持何种态度?

二、国际投资仲裁的反腐败功能

(一)国际投资仲裁庭对涉及腐败案件的处理

在分析国际投资仲裁能否负担反腐败的功能及其效果之前,我们有必要先审视一下相关投资仲裁案例中相关仲裁庭的做法。

1. 以涉嫌腐败的合同不具有合法性而将其排除在仲裁庭管辖权之外

在这类案件中,*Inceysa Vallisoletana S.L.*诉萨尔瓦多案(以下简称 Inceysa 案)是一个典型的代表。[③] 在本案中,申请人主张萨尔瓦多政府违反了 1995 年西班牙-萨尔瓦多 BIT、萨尔瓦多 1995 年投资法以及投资合同本身。萨尔瓦多则向 ICSID 仲裁庭提出了管辖权抗辩,其理由在于申请人在获得该合同的投标过程中存在欺诈(提供虚假的、不真实的财务信息和合伙人信息等等),因此该投资不合法。由于西萨 BIT 中有投资须符合东道国法律的条款,因此该投资不受该 BIT 保护,因而仲裁庭不能依据该 BIT 获得管辖权;同时,根据萨尔瓦多法律,欺诈的合同不受法律保护,因此其也不能依据其国内投资法获得 ICSID 的管辖。而仲裁庭最终接受了萨尔瓦多的观点。Inceysa 案虽然没有直接涉及贿赂问题,但由于贿赂问题与欺诈等问题类似,都涉及投资的合法性问题,而且一些国家也是将贿赂作为一种欺诈行为来处理的,因此本案的裁决可能会被仲裁庭多次引用来排除对涉及腐败的投资合同的管辖权。

与 Inceysa 案类似的另一个案件是 *Fraport AG Frankfurt Airport Services World-*

---

② 张薇:《国际投资中的社会责任研究》,华东政法大学 2010 年博士论文,第 113~114 页。

③ See Inceysa Vallisoletana S.L. v. Republic of El Salvador (ICSID Case No. ARB/03/26), A-ward, available at http://italaw.com/documents/Inceysa_Vallisoletana_en_001.pdf.

wide 诉菲律宾案(以下简称 Fraport 案)。④ 在菲律宾埃斯特拉达政府时期,申请人与菲律宾航站楼营建公司达成协议,共同建造马尼拉阿基诺国际机场三号航站楼,然而到 2004 年阿罗约上台,菲政府终止了该合约。申请人认为菲律宾的行为构成了征收,而菲律宾针对申请人的仲裁请求提出的抗辩,主张申请人的投资存在大量违规并有欺诈和贿赂,因而违反了当地法律而不具有合法性,鉴于德国-菲律宾 BIT 中有投资须符合东道国法律的条款,因此仲裁庭没有管辖权。仲裁庭的大多数也采纳了菲律宾的抗辩。

2. 决定仲裁庭管辖权但以涉嫌腐败的合同无效为由驳回申请人的仲裁请求

这类案件的一个典型代表是 *World Duty Free* 诉肯尼亚案(以下简称 World Duty Free 案)。⑤ 在本案中申请人与被申请人缔结了一个租赁协议,该协议规定 10 年租赁期限届满时,申请人有权在相同的合同条件下续租 10 年,且被申请人只能就租金问题与申请人重新协商。但 10 年租赁期满后,被申请人单方面终止了这一协议。因此申请人向仲裁庭提起了仲裁。而被申请人则抗辩称,该协议是申请人总裁通过向当时的肯尼亚总统行贿 200 万美元订立的,因此可撤销。最终仲裁庭采纳了被申请人的观点,认为申请人的行为构成贿赂,依照英国普通法和肯尼亚法并参考了国际公共政策,裁决该合同"不可执行"(unenforceable)。

与 Inceysa 案不同,本案并不是一个投资条约下的仲裁,也并非依国内投资法提起的仲裁。本案的仲裁请求完全是依据合同本身。因此,被申请人没有以合同涉嫌腐败为由提起管辖权的抗辩。但是,即使是依据投资条约提起的仲裁,仲裁庭也有可能采取这种处理方式。一种可能是,该投资条约中根本没有投资的"合法性"条款,比如《能源宪章条约》,那么仲裁庭对于该项投资就不能拒绝管辖,但是在实体审理阶段则有可能基于国际公共政策、一般法律原则等依据裁定该投资合同无效。另一种可能则是,少数专家学者认为即使投资条约中有投资的"合法性"规定,但这一问题的审理应该是在实体审理阶段。

3. 虽然合同涉嫌腐败但由于某种原因驳回腐败之抗辩

这种情况之一是由于当事人并未提出相应的请求或者没有充足的证据来证明相应的请求。比较典型的案例是 *RSM Production Corporation* 诉格林纳达案(以下简称 RSM

---

④　See Fraport AG Frankfurt Airport Services Worldwide v. Republic of the Philippines (ICSID Case No. ARB/03/25), Award of August 16, available at http://ita.law.uvic.ca/documents/FraportAward.pdf.

⑤　See World Duty Free Company Limited v. Republic of Kenya (ICSID Case No. ARB/00/7), Award, available at http://ita.law.uvic.ca/documents/ WDFv.KenyaAward.pdf.

案）。在本案中，有关腐败的主张在该案的不同阶段都曾被提出。⑥ 作为申请人的外国投资者提出主张，被申请人拒绝了申请人的勘探许可申请并终止了双方之前签订的合同，其原因在被申请人的相关官员接受了另一家公司的贿赂。⑦ 在申请撤销裁决阶段，委员会指出，在本案仲裁的实质审查阶段，申请人的代理人并没有要求原审仲裁庭对相关的腐败事实作出裁决。⑧ 而申请人一方则请求委员会在撤销裁决阶段对所涉腐败问题进行调查，因为现阶段出现了一些新的证据。但是很显然，与原审仲裁庭相比，撤销裁决委员会的权利有限，无权对本案的事实问题进行审查。因此这一抗辩显然提出得太晚而无法得到支持。RSM 案说明，即使相关投资涉及腐败，但如果当事人并未提出请求或者证据不足，其关于腐败的主张则会被驳回。

与 RSM 案类似的一个案件是 *EDF（Services）Limited* 诉罗马尼亚案（以下简称 EDF 案）。⑨ 在该案中，申请人（英国公司）宣称，被申请人的高级别政府官员代表首相向其索贿，遭其拒绝。其后被申请人的司法、立法以及税务机构等国家机构联合起来"摧毁"了其在罗马尼亚的投资并拒绝续展申请人已到期的协议。因此，申请方以其投资遭到征收，受到不正当、不公平、武断及歧视待遇为由，依据英国-罗马尼亚 BIT 向 ICSID 提出仲裁申请，要求被申请人赔偿损失。但最终仲裁庭认为申请人提交的证据不足以证实腐败行为的存在。

另外一种可能性则是相关违法行为过于轻微，仲裁庭也有可能驳回相应的抗辩。比较典型的是 *Tokios Tokelés* 诉乌克兰案。⑩ 在该案中，被申请人主张申请人的若干投资行为违反了东道国当地法律，因此其投资不受保护，仲裁庭不具有管辖权。但是仲裁庭经审查认为，投资者的投资在某些方面确有瑕疵，但是"如果基于如此微小的错误就排除一项投资，则会违反条约之宗旨与目的"。⑪ 虽然，本案中申请人的违法行为与腐败无关，而且世界各国一般普遍认为腐败系极为严重的违法行为，但至少该案说明这样一种可能性，如果相关违法行为被认为是极为轻微而非实质性的，则仲裁庭也可能驳回该抗辩。

---

⑥ See RSM Production Corporation v. Grenada，ICSID Case No. ARB/05/14（Annulment Proceeding），Decision on RSM Production Corporation's Application for a Preliminary Ruling of October 29，2009，available at https://icsid. worldbank. org/ICSID/FrontServlet? requestType = CasesRH&actionVal=showDoc&docId=DC1350_En&caseId=C58.

⑦ See RSM Production Corporation v. Grenada，ICSID Case No. ARB/05/14，Award of March 13，2009，available at http://ita.law.uvic.ca/documents/RSMvGrenadaAward.pdf.

⑧ RSM v. Grenada，Annulment Preliminary Ruling，supra note ⑥，para. 6. See RSM v. Grenada，Award，ibid，para. 212.

⑨ EDF（Services）Limited v. Romania（ICSID Case No. ARB/05/13），Award of October 82009，available at http://ita.law.uvic.ca/documents/EDFAwardandDissent.pdf.

⑩ See Tokios Tokelés v. Ukraine（ICSID Case No. ARB/02/18），Decision on Jurisdiction of April 29，2004，（2005）20 ICSID Rev.—FILJ 205.

⑪ Ibid，para.86.

（二）国际投资仲裁庭处理腐败问题的法律依据

1. 国际投资协定

目前绝大多数国际投资仲裁都是依据投资者母国与投资东道国之间的国际投资协定（IIA）提起的。这类协定可能是双边的也可能是多边的，但其中一般都包含投资者在发生投资争议之后可以直接提起投资仲裁的仲裁条款。在这类协定中，多数也约定了仲裁的法律适用：该条约本身和可适用的国际法规则。由此可见国际投资仲裁庭处理腐败问题的首要法律依据就是国际投资协定本身。

在国际投资协定中最多被援引用来处理腐败问题的条款即上文中所提到的投资"合法性条款"。比如，前述 Fraport 案所涉德国-菲律宾 BIT 就规定："'投资'一词应指依据任一缔约方所接受的与其各自法律法规相一致的各种类型的资产，……"[12] 又如，《南方共同市场关于促进与相互保护投资的科洛尼亚议定书》中对投资的定义："投资是指缔约国一方的投资者在另一缔约国境内直接或间接投资的任何类型的资产，并且符合另一缔约方的法律法规。包括但不限于：……"[13] 按照这一定义，如果一项投资涉及腐败，那么它将会因不符合东道国法律而不受投资协定的保护。

当然，其不受保护的后果，到底是仲裁庭会拒绝管辖该案件，还是仲裁庭应该在实体审理阶段驳回当事人的仲裁请求，则有不同的观点。目前在仲裁案件中比较一致的观点是前者，即在基本原则上，"符合东道国法律"是确立仲裁庭管辖权的要件之一。[14] 比如前述 Inceysa 案的仲裁庭就认为，这种不合法的投资不受条约保护，仲裁庭无管辖权。但也有少数学者认为，即使存在这一"合法性条款"，其审查也应该是在实体审理阶段。比如前述 Fraport 案中，虽然仲裁庭的多数意见是因投资不合法而拒绝管辖，但仲裁员 Cremades 却认为，把投资者的非法行为放在管辖权阶段来审理，而把被申请人东道国的不法行为放在实体审理阶段来审理，这种做法使得东道国占有极大的优势，对投资者不公平，也不符合最基本的程序原则。[15]

除了"合法性条款"之外，国际投资协定中的"公平与公正待遇条款"也可能成为仲裁庭审理腐败问题的法律依据。对于"公平与公正待遇"，有学者归纳它包含以下一些内容：

---

⑫　Fraport Case, supra note ④, p. 129.

⑬　See Article 1(1)of the Protocol of Colonia for the Promotion and Reciprocal Protection of Investment in MERCOSUR of January 17, 1994.

⑭　于文捷：《双边投资条约投资定义条款中"符合东道国法律"要求对 ICSID 仲裁管辖的影响及其启示》，载《国际经济法学刊》，第 16 卷，第 4 期（2009），第 334 页。

⑮　Dissenting Opinion of Mr. Bernardo M. Cremades, in Fraport case, para. 37.

透明度与投资者合理期待、东道国遵守合同义务、正当程序、善意、免受骚扰和胁迫。⑯ 虽然公平与公正待遇是否包含上述全部内涵尚有争议。但从上述 RSM 案和 EDF 案可以看出,如果东道国当地政府与外国投资者的竞争对手之间存在腐败行为或者存在东道国官员向投资者索贿等腐败行为,从而损害了外国投资者的利益,那么投资者很可能以东道国违反正当程序、善意原则等为理由提起仲裁。虽然 RSM 案和 EDF 案由于证据不足,相关的指控仲裁庭没有支持,但是在有充分证据的情况下,仲裁庭可能认定该腐败行为导致东道国违反公平与公正待遇从而承担责任。

除了上述国际投资协定中的这些通用条款可以成为仲裁庭审理腐败问题的法律依据以外,不排除未来在某些国际投资协定中出现直接关涉腐败问题的条款。目前新型的国际投资条约开始关注投资和劳工、投资和环境的关系,那么,就投资和反腐败的关系而言,也不排除被纳入国际投资协定的可能。在国际社会中将反腐败任务纳入到国际投资条约的第一次的尝试是《多边投资协议》(MAI)。⑰ MAI 将《经济合作与发展组织跨国公司指南》(以下简称《指南》)作为其不具有约束力的条约附件。《指南》要求跨国公司"不得向公务人员或担任公职的人员直接或间接行贿和提供其他不正当的利益,亦不得听人教唆而有以上行为"。⑱《指南》中,第七部分专门规定了"打击行贿",不仅要求跨国公司不应向公职人员行贿和答应索贿,也要求跨国公司不应向私营部门行贿。同时规定跨国公司应确保代理商的报酬合理并只为合法服务支付报酬;提高其打击行贿与索贿活动的透明度,并公布公司为履行承诺而制定的管理制度;宣传公司政策,促进雇员了解并遵守公司政策;采用抑制行贿或腐败行为的管理控制制度,加强账目管理建设;不向公职候选人、政党或其他政治组织非法捐款。虽然,《指南》并无约束力,而且 MAI 本身也未能签订,但这种尝试为未来国际投资条约规制腐败问题提供了一种路径。

2. 与反腐败问题相关的国际公约

投资仲裁所适用的法律除了投资协定本身以外,通常还包括可适用的国际法规则。这种可适用的国际法规则首先就是投资者母国与投资东道国共同加入的国际公约。

在反腐败的国际公约方面,最近十年来缔结的数量很多。最早的公约是 1996 年《美洲反腐败公约》。1997 年,经合组织通过了《在国际商事交易中反对行贿外国公职人员公约》。欧盟分别在 1997 年通过了《欧洲委员会打击欧洲共同体官员或欧洲联盟成员国官员反腐败公约》,1999 年通过了《欧洲委员会反腐败刑法公约》和《欧洲委员会反腐败民法

---

⑯　Rudolf Dolzer & Christoph Schreuer, Principles of International Investment Law, Oxford University Press, 2008, 133.

⑰　张薇:《国际投资中的社会责任研究》,前注②,第 134 页。

⑱　OECD Guidelines for ultinational Enterprises, available at http://www.oecd.org/daf/inv/mne/oecdguidelinesformultinationalenterprises.htm.

公约》。2003 年,非盟通过了《非洲联盟预防和打击腐败公约》。2003 年,联合国又通过了《联合国反腐败公约》。虽然这些公约并不直接涉及国际投资中的反腐败问题,但是其对于如何界定腐败、各国反腐败的义务等方面,对于投资仲裁庭审理相关腐败问题仍然有重要的意义。

在前述 World Duty Free 案中,仲裁庭虽然并没有在法律适用时直接援引上述公约,但是在判断反腐败是否构成一项国际公共政策时,却非常明确地参考了《非洲联盟预防和打击腐败公约》和《联合国反腐败公约》。这两个公约被申请人均是缔约国之一。

3. 东道国国内法

按照《解决国家与他国国民间投资争议公约》第 42 条第 1 款的规定,在 ICSID 仲裁中,仲裁庭应依照双方可能同意的法律规则判定一项争端,如无此种协议,法庭应适用争端一方的缔约国的法律(包括其关于冲突法的规则)以及可以适用的国际法规则。上述规定显示,在投资仲裁中,东道国国内法显然也是仲裁庭法律适用的选项之一。一些双边投资协定也有类似的规定。如 2006 年中俄 BIT 就规定:"仲裁裁决应当基于:(一)本协定的条款;(二)接受投资的缔约方的法律和法规,包括与法律冲突相关的规则;(三)国际法的规则和普遍接受的原则。"⑲

但具体到不同案件而言,是否适用东道国国内法则要视情况而定。其一是因为不同的案件提出的基础不同,违反条约义务的案件和违反投资合同义务的案件其法律适用和可能不同;其二,也并非所有的投资仲裁案件都由 ICSID 仲裁,因此公约的上述规定也未必有约束力。

对于仲裁庭的法律适用问题,长期以来存在较大的争议,恰恰就在于东道国国内法与国际法之间的关系。具有代表性的美国 2004 年双边投资协定范本的规定具有参考价值。该范本首先规定诉被告国违反条约第 3 条到第 10 条之行为,仲裁庭根据条约及国际法规则予以裁决。当东道国被诉违反投资协定或者违反特许投资授权时,仲裁庭应当依据以下规则予以裁决:(1)在相关投资协定以及特许投资授权中确定的法律规则,或者争议方可能同意的法律规则;(2)如果不存在上述选择确定的法律规则或者双方可能同意的法律规则时,仲裁庭可以适用:一是被告国的法律,包括冲突法律规则;二是能被适用的国际法律规则。⑳

笔者比较赞同美国 BIT 范本至上述规定。首先如果该案件是起诉东道国违反了条约义务,那么当然应适用投资协定本身和国际法。但是在这种情况下,并非东道国国内法就完全没有适用的空间,因为在某些具体问题上——比如前文中提到的投资必须符合东

---

⑲ 《中华人民共和国政府和俄罗斯联邦政府关于促进和相互保护投资协定》,第 9 条第 4 款,http://tfs.mofcom.gov.cn/aarticle/h/au/201002/20100206774629.html。

⑳ US model BIT 2004,available at www.state.gov/documents/organization/117601.pdf.

道国国内法的"合法性条款"——投资协定本身就要求以东道国法律作为判断的标准。其次,如果投资者是基于东道国违反投资合同或者特许协议中的义务而提起仲裁,那么依据国际私法规则,首先应当尊重当事人意思自治,适用当事人选择的或者可能同意适用的法律,这种法律也可能是东道国国内法。在没有意思自治的情况下,按照最密切联系原则,当然应该首先适用东道国国内法,包括其冲突规则。

在涉及腐败的投资仲裁案例中,很显然,一方面在该投资是否符合东道国国内法、是否构成受条约保护的投资问题上,东道国国内法具有明显的适用空间;另一方面,对于一项涉嫌腐败的投资合同,其究竟是否构成腐败、是否无效或者可撤销等问题,按照最密切联系原则,往往也需要适用东道国国内法来解决——尤其是双方国家之间没有签订与腐败问题相关的国际公约时。

4. 一般法律原则

依照《联合国国际法院规约》第38条第1款,我们一般认为,一般法律原则也是国际法的渊源之一。因此,在仲裁庭审理投资仲裁案件时,如果既不能适用国际条约和国际习惯,又不能适用国内法时,则往往会适用一般法律原则处理案件。虽然对于一般法律原则这一概念的认识尚存在一些分歧,但学者们一般认为一般法律原则是指各国国内法中的一些共同的法律原则。

在国际投资仲裁的实践中,涉及腐败问题所适用的一般法律原则,从目前来看,一般有以下几个:

第一,国际公共政策。应该说,不论是从各国国内法立法的角度、缔结国际条约的角度、各国国内法院司法裁决的角度,还是从国际仲裁庭实践的角度来分析,都已经有比较充分的证据证明,反腐败已经初步形成为国际公共政策。[21]尽管各国由于政治社会、法律、经济乃至人文历史的国情不同,导致对普遍接受的公共政策原则的确切含义、标准和适用范围始终存在分歧,[22]但这并不影响国际社会形成这一共识。

比如在 World Duty Free 案中,仲裁庭在证明存在贿赂行为后,就通过参考与其有关的国内法、国际公约、法院与仲裁庭的实践,从而得出结论国际社会已经形成了反贿赂国

---

[21] 这一点也可以参见相关学者的论文 A. Timothy Martin, International Arbitration and Corruption: An Evolving Standard, Transnational Dispute Management, Vol.1, Issue 2, May 2004; Hilmar Raeschke-Kessler, Dorothee Gottwald, Corruption in Foreign Investment Contracts and Dispute Settlement Between Investors, State and Agents, the Journal of World Investment & Trade, Vol.9 No.1, April 2008; Florian Haugeneder, Corruption in Investor-State Arbitration, the Journal of World Investment & Trade, Vol.10 No.1, 2009;贾浪、蒋围:《涉及贿赂的跨国投资合同法律效力问题初探》,载《国际经济法学刊》第17卷第1期,2010,第209页。

[22] 张宪初:《外国商事仲裁裁决司法审查中"公共政策"理论与实践的新发展》,载《中国仲裁咨询》2005年第1期。

际公共政策,从涉及贿赂的合同中产生的请求权不能被仲裁庭支持。㉓ 在 Inceysa 案和
Plama Consortium Limited 诉保加利亚案(以下简称 Plama 案)中,仲裁庭同样也援引了
国际公共政策原则。㉔

第二,善意原则。如前所述,善意原则在国际投资仲裁的理论与实践中,各国学者和
仲裁庭均一致将其作为公平与公正待遇标准的一个重要构成要素。㉕ 实际上善意原则可
以适用于所有国际义务的履行,其本身便是国际习惯法规则并明确写明于《维也纳条约法
公约》第 31 条,因此善意原则对于作为投资争议一方的缔约国来说,既是国际习惯法上的
义务,也是投资协定中的条约义务。

但是从近年来善意原则的发展来看,其已经不仅仅针对东道国的行为,也针对投资者
的行为。由于国际习惯法和国际条约约束的对象主要是国家,那么基于善意原则对投资
者提出要求,则原因在于该原则已经构成一项各国法律中的一般法律原则。在 Inceysa
案中,仲裁庭拒绝了该案的管辖权,其法律依据之一就是申请人投资的不合法性违背了善
意原则。㉖ 在 Plama 案中,仲裁庭同样以保加利亚法和国际法中都具有善意原则作为拒
绝支持申请人仲裁请求的理由之一。㉗

第三,任何人不得从其错误中获益原则(*nemo auditur propriam turpitudinem alle-gans*)。这是民法中的一项原则,在 Inceysa 案和 Plama 案中,仲裁庭都曾援引用来作为
拒绝管辖或驳回申请人仲裁请求的依据。㉘

第四,不光彩的原因不得提起诉讼原则(*ex turpi causa non oritur actio*)。这一原则
是指原告不得以与其自己的不法行为相关的理由来提起诉讼。这一原则又被称为"违法
性抗辩",即,被告人虽然可能自己有违约或者有疏忽大意的行为,但是原告由于他自己的
行为具有违法性,被告仍然可以以此为由抗辩。在 World Duty Free 案中,仲裁庭发现,
在英国法(投资者母国法)和肯尼亚法中都有这一原则,因此仲裁庭援引该原则作为理由
之一驳回了原告的请求。㉙

㉓　World Duty Free Case, supra note ⑤, para. 157.

㉔　Inceysa Case, supra note ③, para. 249;Plama Consortium Limited v. Republic of Bulgaria,
(ICSID Case No. ARB/03/24),Award of August 27, 2008, available at http://ita.law.uvic.ca/docu-
ments/PlamaBulgariaAward.pdf, para. 143-146.

㉕　相关观点可以参见 Rudolf Dolzer & Christoph Schreuer, Principles of International Investment
Law, supra note 16;张庆麟、张晓静:《论公正与公平待遇的习惯国际法特征》,载《国际经济法学刊》第
16 卷,第 4 期(2009),第 38 页,等。

㉖　Inceysa Case, supra note ③, para. 230-239.

㉗　Plama Case, supra note 24, para. 143-146.

㉘　Inceysa Case, supra note ③, para. 240-244;Plama Case, supra note19, para. 143-146.

㉙　World Duty Free Case, supra note ⑤, para. 179.

三、国际投资仲裁在反腐败中的缺陷

众所周知,仲裁制度本身,是设计用于解决私人之间的纠纷的,然而国际法的不断发展,却使得仲裁庭现在不得不处理一些与公共利益有关的重要的公众性事项。[30] 许多学者也指出,在商事仲裁中,即使双方当事人并不希望仲裁庭这样做,但仲裁庭还是有义务去审查在合同订立或履行过程中的腐败、洗钱、严重欺诈等问题。[31] 然而,在当前的国际法律环境下,即使仲裁庭尽力去审查案件中所涉及的腐败问题,其能力也是有重大缺陷的。

(一)在涉嫌腐败的合同中拒绝保护投资者所引发的公平性和实效性问题

在本文中所讨论的好几个案件中,尤其是 World Duty Free 案,当作为申请人的投资者与作为被申请人的东道国之间的投资合同被证实存在腐败问题时,仲裁庭往往选择拒绝管辖或者认定合同无效(或不可执行)。有人认为,这种裁决实际上让外国投资者一方承担了腐败的全部责任,这对于投资者而言是不公平的,是单方面有利于东道国。因为在国际投资仲裁中,一旦被证明投资者与东道国之间的合同存在腐败,那么仲裁庭往往就不再讨论东道国的违约、违反投资协定义务等问题了。而且由于在仲裁程序中,仲裁庭不会对涉嫌腐败的官员以及东道国政府进行任何实质性处罚,因此其反腐败实效是非常有限的。因此,拒绝执行涉嫌腐败的合同,是单方面有利于投资者。[32]

这种观点表面上看起来合理,但实际上却是片面的。因为,虽然在大多数情况下,确实是投资者提起仲裁,而东道国以腐败为由进行抗辩,但从理论上说,也不排除东道国向国际投资仲裁庭提起仲裁(虽然这种可能性很小),而外国投资者以合同涉及腐败来进行抗辩。而且,即使不发生这种原被告身份的转变,在前述提到的 RSM 案和 EDF 案中,也是作为原告一方的投资者提出了关于腐败的主张。更为重要的是,不论哪一方为原告、哪一方为被告,也不论是哪一方提起关于腐败的主张,腐败都是严重违反公共政策的。在这种情况下,仲裁庭对于涉及腐败的合同不予保护并不是维护原被告双方哪一方利益的问题,而是维护整个社会公共秩序的问题。这正如 World Duty Free 案中仲裁庭所述:法律

---

⑩ Ibironke T. Odumosu, International Investment Arbitration and Corruption Claims: An Analysis of World Duty Free v. Kenya, The Law and Development Review, Volume 4, Number 3, 2011, p.117.

⑪ B. M. Cremades & D. K.A. Cairns, Transnational Public Policy in International Arbitral Decision-Making: The Cases of Bribery, Money Laundering and Fraud in Karsten & Berkeley, Arbitration: Money Laundering, Corruption and Fraud (Paris: International Chamber of Commerce, 2003), p. 80.

⑫ Supra note 30, pp.117~118.

是用来保护肯尼亚人民而不是保护原被告哪一方的利益;一项不合法的主张被驳回,是为了公共利益而不是被告的利益。③

当然,不可否认的是,仲裁庭没有任何权力去追究东道国一方腐败官员的责任,其能起到的反腐败的作用肯定是有限的。而且很可能从客观结果上说,是有利于东道国而不利于投资者的。然而,这是由于仲裁机制本身造成的。如前所述,仲裁机制只是设计来处理私人之间的私法性质的争议。反腐败的任务不可能完全通过投资仲裁机制来完成,而必须通过其他国际或者国内机制。

(二)仲裁庭权力有限不利于查证腐败问题

腐败案件的证据往往非常隐秘,在 World Duty Free 案中,申请人一方主动提供了关于行贿的一些细节,这种情况大多数涉嫌腐败的案件中是不会出现的。如何查证腐败问题往往成为一个难题。当然,仲裁庭并非完全没有主动调查收集证据的能力。比如,ICSID 公约第 43 条就允许在当事方不反对的情况下,仲裁庭要求当事方提交有关文件和证据。但是,因为仲裁制度本质上是当事人私下解决纠纷的制度,具有秘密性,因此仲裁庭的调查、强制权和执行权都是非常有限的,其权力远远少于国内法院的权力。

在国际投资仲裁中,由于一方当事人是国家,其纠纷往往涉及社会公共利益,在涉及腐败的投资问题上更是如此。正是如此,关于使用这一私下解决纠纷的机制来处理一些涉及社会公共利益的纠纷,饱受学者的质疑。而且,即使在一些国际投资仲裁中,仲裁庭按照"法庭之友"制度,允许第三方独立提交案件有关的意见或证据,也只能是基于第三方的自愿。仲裁庭,至少 ICSID 仲裁庭,是没有任何权力强迫原被告之外的任何第三方参与到仲裁程序之中的。

在 World Duty Free 案中,仲裁庭拒绝了申请人要求签发传唤肯尼亚前总统莫伊出庭作证的传票。③ 仲裁庭指出:"莫伊,作为肯尼亚前总统,不是这些仲裁程序的一方当事人,也不在这些程序作为法定代表。同时他也不是证人。本仲裁庭对于这位前总统没有任何管辖权。本仲裁庭是根据双方当事人向本庭提交的意见和举出的证据来裁决这一争端的。"③

由于仲裁庭本身没有权力开启第三方程序,也无权强迫证人出庭,又没有更多的主动调查证据的权力,那么其在查证腐败行为的能力上的确存在缺陷。这一点,凸显了仲裁制度本身私下解决纠纷的属性与其更多地被用于处理一些与公共利益有关的事项这一现实之间不可避免的矛盾。

---

③　World Duty Free v. Kenya, supra note ⑤, para. 181.

④　Ibid, para.54.

⑤　Ibid, para.3.

（三）证据规则方面的缺陷问题

如前所述，大多数涉嫌腐败的案件证据往往难以收集。在这种情况下，如何证实腐败行为是否存在，举证责任和证明标准规则就显得极为重要了。

关于举证责任问题，在有些仲裁规则中有原则上的规定，比如 UNCITRAL 仲裁规则第 24 条(1)就规定："对于自己的主张或抗辩所依据的事实，任何一方有义务举证证明。"然而更多的仲裁规则，根本没有一个专门条款来规定举证责任问题。但即使是 UNCITRAL 仲裁规则第 24 条(1)这项规定，也非常简单和抽象。关于证明标准问题，迄今为止，尚没有发现任何仲裁规则对仲裁案件的证明标准进行任何规定。[36]

因此，在涉及腐败这一关涉社会公共利益的重大问题上，如何认定腐败是否存在就成了摆在仲裁庭面前的一道难题。实际上，在大多数涉及腐败问题的投资仲裁当中，仲裁庭对于采用何种证明标准往往采取回避态度，比如前述 World Duty Free 案、Inceysa 案以及 Wena 诉埃及案（以下简称 Wena 案）。[37] 只有在最近的 EDF 案中，仲裁庭才对于何种证明标准有了明确的表态。在该案中仲裁庭认为，如果确有索贿行为存在，当然构成了不公正待遇并违反国际公共政策。这一索贿指控是非常严重的，应采用"明确而令人信服"的证明标准。而且仲裁庭还认为申请人提交的仲裁案例说明国际仲裁庭及学者们都一致认为对贿赂需要采取高度的证明标准。[38] 最终仲裁庭根据这一证明标准判定索贿指控不成立。

虽然，有一部分学者提出，在国际仲裁庭中对于腐败问题的证明标准采取了比普通民事诉讼中"优势证据"标准更高的证明标准。但笔者认为，普通的国际商事仲裁与国际投资仲裁在性质上还是有所差异，用普通国际商事仲裁的案例来判断国际投资仲裁的实践，说服力不强。在国际投资仲裁中，腐败问题证明标准究竟如何，尚没有确定性的结论。而这种认定标准的不统一可能导致错误的裁决，恰恰不利于国际反腐败。

结论——我国对国际投资仲裁庭反腐败裁决应持的态度

通过前述分析，笔者认为，在当前整个国际社会反腐败的大环境下，国际投资仲裁庭在国际反腐败的斗争中能够发挥一定的功能，而且的发挥其反腐败功能具有较为坚实的

---

[36] Florian Haugeneder and Christoph Liebscher, Chapter V: Investment Arbitration-Corruption and Investment Arbitration: Substantive Standards and Proof in Christian Klausegger, Peter Klein , et al. (eds), Austrian Arbitration Yearbook 2009, (C.H. Beck, Stämpfli & Manz 2009)p. 544.

[37] 王海浪：《论国际投资仲裁中贿赂行为的证明标准》，载《法律科学（西北政法大学学报）》2012 年第 1 期。

[38] EDF Case, supra note ⑨, para. 221.

法律依据和基础。

当然,由于仲裁制度本身是设计用来解决私人之间的私法性质的纠纷机制,其开展反腐败工作确实具有很多缺陷,甚至会招致很多质疑。国内有学者的观点就是,中国作为吸引外资的大国,在投资仲裁庭倾向于使用更高的证明标准的情况下,其裁决结果很可能对外国投资者有利,从而放纵腐败行为,因此建议中国在 BIT 中将涉嫌腐败的问题作为不可仲裁的事项加以规定,否则就要明确规定对于腐败不应采取比普通民事案件更高的证明标准。[39]

对上述学者的观点,笔者不敢苟同。理由如下:

第一,不允许国际仲裁庭审理涉嫌腐败案件,既不符合当前全球反腐败的大气候也与国内法律实践不一致。从国际反腐败的大气候来看,各国都认可尽管对反腐败行为的打击更多的由各国的刑法来完成,但是在跨国腐败的问题上,也需要国家之间的进一步合作,甚至各种非政府民间力量的共同努力,国际投资仲裁庭作为民间机构,对其反腐败的作用不能期待过高,只要能作为国家合作反腐的补充即可。而且从我国国内仲裁的实践来看,仲裁庭也是有权审理涉及腐败的合同,并对涉及腐败的合同认定为无效合同的,那么对于同为民间机构的国际仲裁庭,我们有何理由不允许其审查投资合同中的腐败问题?

第二,关于采取更高的证明标准会放纵腐败行为并对中国不利这一论断不能成立。首先,从前述案例我们可以看出,除了 EDF 案仲裁庭明确采用了更高的证明标准外,其他的仲裁庭对于证明标准这一问题主要还是采取回避态度,因此说投资仲裁庭采用更高的证明标准这一论断不能成立。其次,不论采用何种证明标准,从现存的与腐败有关的投资仲裁案例来看,看不出对投资者有利的结论。采取更高证明标准的 EDF 案,最终的结果对于投资者不利。World Duty Free 案、Fraport 案的结果都是对投资者不利。只有 Wena 案的结果是对投资者有利的,而该案仲裁庭没有明确采用何种证明标准。再次,如前所述,关于腐败的主张或抗辩既有可能是投资者提出,也有可能是东道国提出。不论采用何种证明标准,对双方都是公平的。对于腐败的审查是为了社会公共利益而非当事方哪一方的利益。最后,我国既是资本输入大国,也是资本输出大国,我国投资者在海外投资也可能遭遇到行贿之类的非难,[40]因此考虑采取何种证明标准,不应单从将我国是资本输入大国这一立场出发来考虑,而应从这一问题本身哪种标准更为合理为出发点。

第三,笔者认为,对于腐败如此严重的指控,采取较高的证明标准是合理的。因为,首

---

[39] 贾浪、蒋围:《涉及贿赂的跨国投资合同法律效力问题初探》,前注 17;王海浪:《论国际投资仲裁中贿赂行为的证明标准》,前注 27。

[40] 在近年来国内媒体的报道中,虽然多数是报道外国投资者在中国投资时行贿的问题,如 2003 年"沃尔玛"案,2009 年"大摩"案,2002—2007 年"西门子"案等,但也不乏我国企业在海外投资时遭遇行贿非难的报道,如《中兴通讯菲律宾遭遇政治法律壁垒被指行贿》,http://news.itxinwen.com/2012/0602/406233.shtml。

先越是严重指控,其发生的可能性越小,当然证明标准要求就更加严格;其次腐败的合同的结果往往是合同无效,这一结果是非常严重的,一旦错误判决合同无效,往往会给双方当事人都带来严重的损失,因为在认定上当然需要更加谨慎。所以,无论是大陆法系还是英美法系,对于贿赂这种极为重大或敏感的事项,都要求更高的证明标准。[41] 实际上,为什么在刑法上我们要采取"排除合理怀疑"这样一个很高的证明标准,也是因为刑法上指控的罪行都是极为严重的,如不谨慎,往往造成极坏的后果。

第四,不论采取何种证明标准,其实都是一个仲裁员或者法官自由心证的过程,这一过程往往还需要配合举证责任规则才能实现。某些学者担心,在投资仲裁中,大多数情况下是东道国提出腐败的抗辩主张合同无效,过高的证明标准会有利于投资者。但是,在这种情况下,双方当事人对于腐败问题的举证能力是不完全一样的。众所周知,腐败由于其本身的隐密性,如果没有国家机关的调查,很难掌握实质性证据。在这种情况下将举证责任较多地分配给东道国一方显然是合理的,因为东道国政府对于腐败问题的举证能力远远强于投资者一方。因此,这种情况下仲裁庭要求东道国更清晰地证明腐败的存在以支持其抗辩也是合理的。

综上所述,笔者认为,应当肯定国际投资仲裁庭在反腐败问题上的功能和努力。至于国际投资仲裁庭在发挥反腐败作用中的一些缺陷,是由其制度本身的缺陷造成的,国际投资仲裁在制度上确有进一步完善的空间,这些需要各国在缔结投资协定时或者在投资合同中,对于投资仲裁的程序规则进行进一步细化。甚至可以在各种类型的国际投资条约进一步强化要求缔约国履行打击跨国腐败的义务,赋予投资仲裁庭打击腐败更为坚实的法律基础。总之,国际反腐败的工作涉及整个国际社会的公共利益,而国家作为国际社会的主体,当然在这方面应当承担最为主要的责任,而国际仲裁庭最多只能在某一个方面起到一些辅助作用。如果考虑到这点,我们不应对国际投资仲裁庭的反腐败工作持反对态度。

---

[41] Alan Redfern Claude Reymond The Standards and Burden of Proof in International Arbitration, Arbitration International 1994 10(3):334.

GATS 一般例外条款实证研究[*]

——以公共道德和公共秩序为视角

彭致强

引言

外规则在世界贸易组织(World Trade Organization,以下简称为 WTO)法律体系中具有举足轻重的作用,也是 WTO 争端解决结构(Dispute Settlement Body,以下简称 DSB)处理成员间纠纷的重要依据。《关税与贸易总协定》(General Agreement on Tariffs and Trade,以下简称 GATT1994)第 20 条一般例外条款和《服务贸易总协定》(General Agreement on Trade in Services,以下简称 GATS)第 14 条一般例外条款分别在货物贸易领域和服务贸易领域列举了各成员适用一般例外条款予以抗辩的程序和条件。

在 1995 年 GATS 正式生效以前,作为多边贸易体系支柱的 GATT1994 主要还是针对货物贸易,到现在也就接近 20 年的服务贸易实践不能提供类似货物贸易的成熟经验,在客观上也无法形成一套既详尽又高效的制度体系。服务贸易不同于货物贸易。鉴于无形性是公认的服务特性,也是货物与服务最大的区别,无形性应当成为服务认定的重要标准,服务主要是指具有无形性的商品、劳动和工作。[①] 服务贸易自身的特殊性质决定了其自由化进程的曲折性。

WTO 规则并未明文确立英美法系典型判例法或案例法制度,如中国这样属于大陆法系的 WTO 成员内部并未采用判例法,然而 WTO 争端解决报告中专家组与上诉机构所作司法解释事实对此后实践起到类似先例的作用,为此后裁判者所遵循。上述过程表现出 WTO 法对争端解决实践的"路径依赖"。鉴于 GATS 作为 WTO 协议的重要组成

---

* 基金项目:司法部 2013 年度国家法治与法学理论研究项目重点课题"入世十年后中国 WTO 争端应对法律问题研究:基于新近典型案例的法解释学分析"(13SFB1007)的阶段性研究成果。

① 王衡:《服务原产地规则研究》,法律出版社 2010 年版,第 15 页。

部分,WTO 一般例外规则解释同样适用于 GATS 规则解释。

本文将以 GATS 一般例外条款中所规定的公共道德和公共秩序例外的适用为研究重点,综合运用条文分析、成案分析等方法深入分析 GATS 一般例外条款的适用程序和实体规则,力图勾画出决定 GATS 一般例外条款的核心要素及分析路径。在服务贸易一般例外规则案例研究方面,本文将紧密结合"安提瓜诉美国影响跨境提供赌博和博彩服务的措施案"(以下简称"美国博彩案")、"美国诉中国出版物与音像制品案"(以下简称"中国音像制品案")等 GATS 相关成案展开实证研究,其中重点研究公共道德和公共秩序例外条款在 GATS 一般例外条款下应如何有效地分析。

一、GATS 一般例外条款的难题与困境

在特定国内公共政策目标和多边贸易自由化目标之间,一般例外条款起着非常重要的作用。笔者认为关键在于把握住一般例外条款与自由贸易原则之间的平衡,从而使WTO 成员的例外实践不会脱离合法的轨道,即为如何区分例外的"合法使用"和"非法使用"。在 GATS 框架下,即为区分滥用一般例外条款和合法适用一般例外条款。

在"GATS 公共道德第一案"的美国博彩案中,上诉机构就对公共道德的适用进行了评论,在中国音像制品案中也涉及公共道德的讨论,但对成员方援用一般例外条款进行抗辩还存在许多争议,美国博彩案的上诉机构认可了美国以公共道德为由限制网络赌博,但针对公共道德的讨论缺乏深度,并且没有明确的界定标准,需要对该术语进行进一步的分析。因此,在肯定成员方有权援用 GATT1994 和 GATS 一般例外条款进行抗辩后,在不同的案件中,上诉机构对一般例外条款的各项具体例外情形和"序言"条款适用的讨论有不同的意见。而且,专家组和上诉机构对 GATS 一般例外条款的具体术语也没有进行有深度的探讨,比如公共道德和公共秩序。另外,从美国博彩案等争端看,公共道德和公共秩序例外存在很大的不确定性,很可能成为未来一般例外的主要争议之一。基于以上情形,本文将主要从实证研究方面对 GATS 一般例外条款中公共道德和公共秩序例外条款进行分析。

二、GATS 一般例外条款的具体规定

GATS 第 14 条一般例外条款包含了"序言"条款和其他 5 项具体例外条款。[②] 美国虾案中,上诉机构认为要证明任何措施的正当性,必须在 GATT1994 第 20 条下通过所谓

---

② 参见《服务贸易总协定》第 14 条。

的"两层分析法"。③ 由于 GATS 第 14 条具有与 GATT1994 第 20 条相类似的结构,美国博彩案的上诉机构在考察被诉方能否运用 GATS 第 14 条一般例外条款时,也运用了"两层分析法":首先要查明被诉方采取的措施所要达到的政策目标是否构成该例外条款下的某一项具体例外;其次,分析该措施是否符合第 14 条"序言"条款的要求。④ 另外,由于 GATS 的起草大量借鉴 GATT1994 规则,GATS 起草者在相当程度上从 GATT1994 中得到启发,运用了历经货物贸易多个时代考验的术语与概念。⑤ 这既可能是出于技术性考虑,使得 GATS 规则更容易为各成员所熟知,也可能是考虑到货物与服务之间的各种联系,便于规则实施。⑥ 美国博彩案上诉机构就认定 GATT1994 与 GATS 在一般例外的规定方式上相似,前者对后者的分析有相关性。因此 GATS 一般例外条款与 GATT1994 一般例外条款有着紧密联系,笔者将在分析过程中对比 GATT1994 第 20 条一般例外条款。

(一)具体例外条款

鉴于本文主要阐释公共道德和公共秩序例外条款,某项措施要符合这两个或某一具体例外情形,需要满足以下条件:第一,关于有关措施必须是意图用以保护某一例外情形下的利益;其次,对于有关措施是否为保护该例外情形下的利益所必要的。⑦ 下面笔者重点探讨公共道德和公共秩序。

1. 公共道德

首先,对该术语缺少法律文本的阐释。1945 年 11 月,美国率先提出允许国家以公共道德为由,在一定程度上对贸易进行限制。⑧ "二战"以后,现代全球贸易体制的奠基者为自由贸易原则制定了 10 项一般例外情形,第一项例外就是保护公共道德。⑨ 在相关法律文本起草的过程中,几乎没有论及公共道德例外条款。1946 年在伦敦举行的一次预备会

---

③ Report of Appellate Body, *United States—Restrictions on Importation of Certain Shrimp and Shrimp Products*, WT/DS58/AB/R, adopted on 6 November 1998, para. 147.

④ Joel P. Trachtman, "United States: Measures Affecting the Cross-Border Supply of Betting and Gambling Services." *The American Journal of International Law*, no.861(2009), p.864.

⑤ World Trade Organization, *A Handbook on the GATS Agreement*, Cambridge, UK: Cambridge University Press, 2005, p.3.

⑥ 王衡:《服务原产地规则研究》,法律出版社 2010 年版,第 37 页。

⑦ Wang Heng, "What Do Trading Rights and General Exceptions Mean for China?: Some Observations of China-Audiovisual Services." *Gonzaga Journal of International Law*, no.12(2008), p.878.

⑧ U.S. Dep't of State, Publ'n No. 2411, Proposals for the Expansion of World Trade and Employment (1945).

⑨ Mark Wu, "Free Trade and the Protection of Public Morals: An Analysis of the Newly Emerging Public Morals Clause Doctrine." *Yale Journal of International Law*, no.33(2008), p.216.

议中,谈判代表们只是认可了有保护公共健康、公共道德等一般例外的需要,⑩而没有对"公共道德"这一术语的外延进行讨论。经过三年的起草程序,最初美国的提议仍然未做改变,同时起草者也没有对其作进一步修正或澄清。最终,该条款的具体含义处于模糊状态。⑪ 于是,这一过于宏观的、模糊不清的概念就这样被保留了下来。直到谈判国决定在新拟定的 GATS 中加入类似条款时,"公共道德"例外才重新回到人们的视野中。遗憾的是,GATS 的起草者并没有借此契机彻底澄清"公共道德"的内涵,而是在第 14 条中采用了与 GATT1994 高度相似的表述。

针对这样一个重要的术语,是什么原因使当年的 GATT 创始者们忽视了其内涵的确定性,而仅仅用一种简洁、未经进一步阐释的术语置于 WTO 核心条款中呢?其实,当时 GATT 的创始者们已经意识到制定这一例外条款的重要性,仅仅因为该术语确实很难用一种简明客观的用语予以描述,更不能穷尽所有可能的情形。因此,这给后来 WTO 争端解决机构对该术语进行解释留了空间。但是,如果严格按照国际公法的解释原则进行解释,对不同国家或地区得出"公共道德"的含义可能不同,因为世界各地的宗教信仰、言论自由、教育和社会福利各不相同,都有可能构成各领域内"公共道德"的内容,但这些情形很难划分清楚。但是,对某些普遍的价值观念,比如反种族灭绝、反奴隶制、毒品、色情等等,毫无疑问,属于"公共道德"的范围。公共道德是一个历史名词,每个国家根据自己的发展历程、历史文化积淀形成了自成一体的公共道德。⑫

其次,对公共道德的判定,目前 WTO 争端解决机构还没有明确的司法界定。根据有效原则,上诉机构在条约解释实践中,非常强调"条约用语的通常含义"解释,并习惯地采用《肖特牛津英语新词典》(*The New Shorter Oxford English Dictionary*)等权威词典作为词义依据。⑬ 在美国博彩案中,专家组分析了"公共"和"道德"的字典含义,认为"公共"是指一个社会共同体或一个国家的人民整体,"道德"是指有关行为对与错的生活习惯。因此,根据字典含义,"公共道德"是指一个社会共同体或一个国家所拥有或代表的关于行为对错的标准。⑭

2. 公共秩序

相对 1947 年的原始文本,GATS 谈判过程中,谈判者将一般例外条款第一项的具体

---

⑩ United Nations Conference on Trade and Employment, Draft Report of the Technical Sub-Committee, 32, U.N. Doc. E/PC/T/C.II/54 (Nov. 16, 1946).

⑪ Mark Wu, "Free Trade and the Protection of Public Morals: An Analysis of the Newly Emerging Public Morals Clause Doctrine." *Yale Journal of International Law*, no.33(2008), p.217.

⑫ 李广辉、杨琼:《WTO 公共道德例外条款探析》,载《国际经贸探索》2010 年第 9 期。

⑬ 张乃根:《论 WTO 争端解决的条约解释》,载《复旦学报(社会科学版)》2006 年第 1 期。

⑭ Report of the Panel, *United States—Measures Affecting the Cross-Border Supply of Gambling and Betting Services*, adopted on 10 November 2004, para. 6.465.

例外作了两个细小改变:第一,在文本中明确写入"公共秩序"概念,这说明为保护公共安全的措施可以纳入一般例外予以解决;第二,增加了对"公共秩序"术语的解释脚注,即"只有在社会的某一根本利益受到真正的和足够严重的威胁时,方可援引公共秩序"。[⑤] 很显然,应诉方援引公共秩序条款的必要条件为社会某一根本利益受到了真正且足够严重的威胁,即要考虑威胁的严重性和社会利益的重要性。除了以上两项说明,谈判者并未进一步修改该条款。起于 2001 年的多哈回合谈判并未将公共道德和公共秩序条款纳入谈判议程。这样,起源于 1947 年模糊不清的条款一直存在了近 60 年。

在考察措施与正当理由有关时,关注术语的精确含义显得非常重要,特别是那些与 WTO 争端解决实践和学者们主张不一致的"政策目标"和"公共利益"。实际上,它们相互变化着。其实,在分析公共道德和公共秩序例外的范围和内容时,区分目标和利益非常关键。应诉方想适用例外条款证明争议措施必须满足:第一,争议措施为了实现政策目标而不是限制特定的货物或服务贸易;第二,涉及的政策目标是在 GATS 第 14 条和 GATT1994 第 20 条列举的公共利益范围之内。[⑥] 比如,美国博彩案中,美国采取了禁止所有网上赌博服务的措施,目的是保护未成年人和避免病态赌博的政策目标。为了判定该进口禁令是否正当,专家组和上诉机构都分析了上述提及的政策目标是否在 GATS 第 14 条第(a)款规定的公共利益范围内。理论而言,相同内容或范围的分析应当与 GATT1994 和 GATS 的一般例外条款所规定的其他政策目标相关,包括健康、自然资源或具有艺术、历史或建筑价值的国家宝藏。然而,在这些案件中,公共道德和公共秩序的定义远比以上其他政策目标的定义模糊。[⑦]

在美国博彩案中,专家组通过"秩序"的字典定义和脚注 5 得出结论,"公共秩序"是公共政策和公共法律所要保护的社会根本利益。[⑧] 然而,专家组并未详细分析美国根据脚注 5 规定的要求而援引的各种不同政策目标,并且迅速得出结论,认为美国追求的政策目标属于公共秩序范畴。尽管专家组的这种缺乏深度的分析方法被安提瓜所批评,但上诉机构仍支持了这样的分析,认为专家组援用脚注 5 证明了美国的争议措施所要追求的政

---

⑤　参见 GATS 脚注 5。

⑥　GATS 第 14 条第(a)款规定"为保护公共道德或维护公共秩序所必要的",其显然表明是措施所追求的政策目标应当在公共道德或公共秩序这样的公共利益范围内,而不是措施本身。GATS 第 14 条第(d)款也规定成员采取的措施应以公正或有效的直接征税为目标,表明是措施的目标而不是该措施本身必须在各分项规定的公共利益范围内。

⑦　Jeremy C. Marwell,"Trade and Morality:The WTO Public Morals Exception after Gambling." 81 *New York University Law Review*,no.802(2006),pp.815～816.

⑧　Report of the Panel,*United States—Measures Affecting the Cross-Border Supply of Gambling and Betting Services*,adopted on 10 November 2004,para. 6.467.

策目标满足"公共秩序"这一术语的要求。⑲ 这样受到真正且足够严重威胁的公共秩序，只有留给将来的 WTO 争端解决机构对脚注 5 进行更为具体的评估。一方面，社会的某一根本利益是否受到威胁的问题，并不需要单独的评估。"根本"这一词并不构成一个单独实质的要素，而是简单地阐述了"公共秩序"这一概念。"社会根本利益"这一术语可主要用来阐述"公共秩序"为关于公共政策的法律性质。欧洲法院（European Court of Justice，以下简称 ECJ）对法人自由成立、自由活动，以及自由服务贸易的公共政策例外使用了相同的术语，⑳ECJ 在判例法中指出，公共政策的理念是以社会某一根本利益受到真正且足够严重的威胁为前提条件。㉑ 笔者认为，ECJ 对"公共秩序"做的法理阐释可强烈地鼓励 DSB 对 GATS 第 14 条第（a）项"公共秩序"和脚注 5 进行相类似的解释。最后，"根本利益"这一术语反映了 DSB 认为成员决定其自身公共秩序的权利与该成员阻止其通过必要性测试间的矛盾。

根据以上分析，一方面具体例外情形在 GATS 一般例外条款中占据重要位置，各种具体例外相互并列且同等重要，一起构成 GATS 一般例外条款的核心条件，这也是 WTO 上诉机构在判定某项争议措施是否可以援引一般例外条款时，最先考虑的条件。

（二）"序言"条款

如同上诉机构在美国虾案中分析 GATT1994 第 20 条一般例外"序言"条款一样，㉒GATS 一般例外的"序言"条款对争议措施的适用也包括三个测试：相同情况下在成员间不构成随意的歧视，或不构成不公正的歧视，或对国际贸易不构成变相的限制。当某项措施不但根据具体例外条款的规定不为随意或不公正的行为，而且该措施虽然在表面上以公平和公正的方式予以实施，但实质上以随意或不公正的方式予以实施时，则该措施的适用被认为滥用或非法适用了 GATS 第 14 条一般例外条款。

"序言"条款关注的是争议措施的实施，并且由应诉方证明争议措施满足"序言"条款的要求，即不为随意的或不公平的歧视，不对贸易进行变相的限制。任何在案的证据（包括立法时的相关资料）都可能作为应诉方提供表面证据证明非歧视性措施的决定性因素。因此，应诉方应提供足够的证据证明争议措施满足"序言"条款的要求。

---

⑲　Report of Appellate Body, *United States—Measures Affecting the Cross-Border Supply of Gambling and Betting Services*, adopted on 7 Arpil 2005，para. 298.

⑳　Articles 39，43 and 49 ECT, see also Council Directive 64/221/EEC of 25 February 1964 on the co-ordination of special measures concerning the movement and residence of foreign nationals which are justified on grounds of public policy, public security or public health.

㉑　ECJ, Case 97/05 *Mohamed Gattoussi v Stadt Rüsselsheim* (2006)，ECR I-11917，para. 41.

㉒　Appellate Body Report of U.S., *Import Prohibition of Certain Shrimp and Shrimp Products*, *Article* 21.5-*Malaysia*，WT/DS58/AB/RW，October 22，2001.

GATS 和 GATT1994 一样,都以促进国际贸易自由化为宗旨,该宗旨体现在 WTO 成立时规定的有条件和无条件的法律义务。有条件的义务包括各成员做的对国民待遇(GATS 第 16 条)、市场准入(GATS 第 17 条)的具体承诺。对该具体承诺的法律解释有时会在不同成员间产生争议。国际自由贸易和国内规制的具体平衡在 GATS 条款中有具体体现,其中主要就是 GATS 第 14 条一般例外条款。

通过以上分析,GATS 和 GATT1994 调整的对象不同。GATS 意图调整 GATT1994 未覆盖的领域,即服务贸易。若同一措施同时受到两项协议的审查,在每项协议下该措施受到考查的具体方面不同。依据 GATT1994,焦点在于一项措施如何影响所涉货物。GATS 的关注点是一项措施如何影响服务提供或影响所关涉的服务提供者。㉓ 将 GATS 第 14 条和 GATT1994 第 20 条细化后,以下各项必须逐一区分:第一,争议措施是为了政策目标而不是为了贸易限制(目的分析);第二,应诉方所追求的政策目标属于公共利益的范围(范围定义);第三,货物或服务贸易实际上对公共利益的实现产生了风险或削弱(风险分析);第四,争议措施与每一项政策目标间的联系都达到了必要的水平(必要性测试);第五,在类似条件下,该措施在成员间不会导致随意的和不公正的歧视,或者不会对贸易形成变相的歧视("序言"条款规定的善意要求)。前三点属于事实范围定义,和第四点"必要性测试"共同构成"两层分析法"的第一步,而第五点对"序言"条款的分析构成了"两层分析法"的第二步。㉔

69

三、GATS 一般例外条款实证研究

(一)美国博彩案中的公共道德和公共秩序原则

美国和安提瓜间的纠纷对将来解释公共道德和公共秩序而言是最为重要的先例。在美国博彩案中,有三个标准特别重要,这三个标准包括采用公共道德和公共秩序抗辩的解释框架,某项措施的必要性,以及非歧视性条款的适用。前两个标准构成了临时正当性(Provisional Justification),后一个标准就是非歧视性条款(Nondiscrimination Clause)。

1. 临时正当性

(1)公共道德、公共秩序与动态解释(Dynamic interpretation)

WTO 成员想要在 GATS 下成功援引公共道德和公共秩序例外条款进行抗辩,必须提供"临时正当性"。该成员必须首先证明该争议措施是为了保护公共道德或则维护公共秩序;其次,该措施为保护公共道德或维护公共秩序所必要的。针对第一步,WTO 专家

㉓ 王衡:《服务原产地规则研究》,法律出版社 2010 年版,第 32 页。

㉔ Nicolas F. Diebold, "The Morals and Order Exceptions in WTO Law: Balancing the Toothless Tiger and the Undermining Mole." *Journal of International Economic Law*, no.11(2008), pp. 45~46.

组应当评价有关限制措施是否属于 GATS 第 14 条下的公共道德或公共秩序,比如立法文件和行政文件能用来证明该限制措施是否为了保护公共道德或公共秩序。然而,最重要的是美国博彩案的专家组解释"公共道德"是基于动态、灵活的方式。专家组在解释"公共道德"时,可以选择静态解释,即遵循 1947 年 GATT 起草者的理解,也可以动态地解释公共道德,这种解释方式允许道德的含义随着时间变化而演变。专家组选择了后种解释,认为公共道德可以随着时间和空间的变化而改变,这取决于一系列的因素,包括社会盛行的文化、伦理和宗教价值。㉕

(2)措施的必要性

"临时正当性"的第二步需要更为详细的分析。WTO 各成员如果援用 GATS 第 14 条第(a)款公共道德或公共秩序例外条款,就还需要证明措施和政策目标间的必要联系,即"必要性测试"。应诉方制定了争议措施所追求的政策目标,其必须证明该争议措施是为了实现 GATS 一般例外条款项下的目标所必要的,亦必须证明该措施满足"序言"条款规定的善意要求(the good faith requirement)。㉖ 对争议措施进行必要性测试是成员援引 GATS 一般例外条款的必经程序。应诉方应当证明其措施是必要的,或者是符合一般例外条款所规定保护的特定利益。首先,一般例外中的"必要性"标准是客观的。㉗ 其次,对"必要性"这个术语应当进行严格的解释。比如在韩国牛肉案中,上诉机构认为 GATT1994 第 20 条第(d)款中的术语"必要性"涵盖了从"不可省去"到"起一定作用"等不同程度的必要。㉘ 一方面,如果某项措施被认为不可省去或绝对必须以及不可避免,则其肯定满足 GATT1994 第 20 条第(d)款的要求;另一方面,其他某些措施也可能符合一般例外条款的要求,只要该措施符合 WTO 法所保护的普遍利益或价值。相关法规措施对法规所考虑的共同利益或价值越重要,那么其越容易被认为是必要的。㉙ 下面,笔者将从符合 WTO 法的可替代性措施和举证责任两个方面进行分析。

第一,符合 WTO 法的可替代性措施。判断某项措施是否必要,应当对一系列因素进行考察,即应当通过对相关事实因素进行"考量平衡程序"(the weighing and balancing process)。㉚ 上诉机构在巴西轮胎案中援用 GATT1994 第 20 条时,认为"考量平衡程序"包括以下三方面:第一,争议措施所要保护的公共利益或价值的重要性;第二,争议措施对

㉕　Report of the Panel, *United States—Measures Affecting the Cross-Border Supply of Gambling and Betting Services*, adopted on 10 November 2004, para. 6. 461.

㉖　Report of Appellate Body, *United States—Measures Affecting the Cross-Border Supply of Gambling and Betting Services*, adopted on 7 Arpil 2005, para. 292.

㉗　Ibid, para. 304.

㉘　Report of the Appellate Body, *Korea—Measures Affecting Imports of Fresh, Chilled and Frozen Beef*, AB-2000-8, WT/DS169/AB/R, adopted on 10 January 2001, para. 161.

㉙　Ibid para 162.

㉚　Ibid para 164.

所要达到的具体目标的贡献程度;第三,争议措施对进口或出口的限制影响。[31]DSB之后对 GATS 第 14 条分析时,也运用了相同的分析。在美国博彩案中,上诉机构也认为针对某项有争议的措施,判断是否存在合理可适用的替代性措施时,应当考虑三个方面的因素:第一,该措施所要保护的利益的重要性,这是"考量平衡程序"判断的第一步骤;第二,该措施对贸易的影响;第三,该措施对法规所考虑的利益或价值的贡献程度。[32]查明上述三方面因素,实为判断是否存在某项可替代性措施能达到同样的效果,但是对贸易限制更小,这体现了"贸易限制最小化"(least-trade-restrictiveness)原则。一项合理可替代性措施不应当仅在理论上而言,因为应诉方可能不能采取该替代性措施,或者会对其产生诸如不必要的成本或是实质上的技术困难等不合理的负担。而且,WTO 法应当为应诉方保留实现其想要保护 GATS 第 14 条一般例外条款下所规定的利益或价值目标的权利。韩国牛肉案中,上诉机构认为各成员有权利自行决定执行其与 WTO 法相一致的法律和法规。[33]判断是否存在合理可替代性措施与举证责任一起构成了 WTO 上诉机构判断应诉方能否适用 GATS 一般例外条款的重要过程,而"考量平衡程序"是关键。

第二,举证责任。援用一般例外的成员承担证明该措施不构成此类例外的滥用的举证责任。[34]在美国博彩案中,上诉机构认为作为应诉方的美国没有必要证明不存在合理可替代的措施来实现国内公共道德或公共秩序的目的,[35]美国只需要提供表面证据证明为了保护国内公共道德和公共秩序,其采取的被控措施是必要的。另外,起诉方如果提出了一项合理可替代性措施,则必须由起诉方证明该项可替代性措施是为了达到在 GATS 第 14 条项下规定的目标所必要的。起诉方需通过提出替代措施对争议措施的必要性进行反驳,以此来证明存在与 WTO 义务相符,或违法程度更低的合理可适用的替代性措施。此时,应诉方应证明与起诉方所提出的替代性措施相比,争议措施仍是必要的,或者证明该替代性措施事实上并不合理可适用,这种证明通常应考虑争议措施所要保护的利益和价值,以及成员方期望达到的保护水平。[36]

71

———

[31] Report of Appellate Body, Brazil—*Measures Affecting Imports of Retreaded Tyres*, AB-2007-4, adopted on 3 December 2007, p.142.

[32] Report of Appellate Body, *United States—Measures Affecting the Cross-Border Supply of Gambling and Betting Services*, adopted on 7 April 2005, para. 306.

[33] Report of the Appellate Body, *Korea—Measures Affecting Imports of Fresh, Chilled and Frozen Beef*, AB-2000-8, WT/DS169/AB/R, adopted on 10 January 2001, para. 308.

[34] 曾令良、陈卫东:《论 WTO 一般例外条款(GATT 第 20 条)与我国应有的对策》,载《法学论坛》2001 年第 4 期。

[35] Report of Appellate Body, *United States—Measures Affecting the Cross-Border Supply of Gambling and Betting Services*, adopted on 7 Arpil 2005, para. 309.

[36] Panagiotis Delimatsis, *International Trade in Services and Domestic Regulation: Necessity, Transparency and Regulatory Diversity*, Oxford University Press, 2007, p.221.

综上所述,应诉方承担证明其所采取的措施是必要的,起诉方证明存在合理可替代性措施为必要的,但双方都必须证明各自主张的措施是符合 GATS 第 14 条规定的例外情况的目标和"序言"条款的要求,必须对相关法律术语和事实因素进行严格考量和平衡。

2. 非歧视性条款

美国博彩案第三个重要方面是涉及 GATS 第 14 条的"序言"条款在分析公共道德时的地位。除了上述临时正当性的分析,成员必须满足"序言"条款的要求,否则采取的限制措施会构成随意的或不公正的歧视。而且,与必要性分析的举证责任相反,应诉方有责任证明其限制措施具有非歧视性的本质,即不为随意的或不公平的歧视,不对贸易进行变相的限制,进而满足"序言"条款规定的要求。

美国博彩案中,专家组认定美国采取的措施存在事实上的歧视,并且违反 GATS 第 14 条的"序言"条款,尽管在案的证据不足以使专家组得出这样的结论,[37]但上诉机构却还是支持了专家组的结论,认为美国没能证明没有针对外国服务提供商的歧视,但其法令修改后依然可以施行。许多 WTO 先前案例讨论过如何评价非歧视性,[38]"序言"条款不仅限制公然的歧视措施,而且限制某些表面上没有歧视,但其适用会导致歧视影响的措施。[39]美国博彩案中,上诉机构认为争议措施未能满足"序言"条款的要求,其做出的裁决不是基于争议措施事实上的歧视,而是基于美国未能证明该措施的适用是以非歧视的方式实施的。[40]上诉机构又一次不要求事实上的歧视,而是要求足以认为措施的适用可能产生歧视的效果。

笔者认为一方面,美国应当继续规制网络赌博业,但也应允许安提瓜在该领域的市场准入。美国应当修改相关法案,允许外国赌博服务商进入赌博和下注服务业。美国是全球赌博产业的中心,全面禁止网上赌博和下注行不通。[41]美国应当在保护国内公共道德和公共秩序的前提下,允许安提瓜的服务提供商进入美国赌博市场,只要他们遵守修正的法规,而美国的修正措施应当为了保护公共道德和公共秩序,对国内和国外远程赌博服务商进行公平的规制。另一方面,美国应当避免安提瓜的报复。虽然安提瓜这样的小国对

㊲ Ibid pp 353-357.

㊳ 比如在 European Communities—Conditions for the Granting of Tariff Preferences to Developing Countries, WT/DS246/AB/R (Apr. 5, 2001)案,United States—Import Prohibition of Certain Shrimp and Shrimp Products, WT/DS8/AB/R, WT/DS10/AB/R, WT/DS11/AB/R (Oct. 12, 1998)案,Japan—Taxes on Alcoholic Beverages, WT/ DS58/AB/R (Oct. 4, 1996)案的上诉机构报告中都有涉及。

㊴ Report of Appellate Body, United States—*Import Prohibition of Certain Shrimp and Shrimp Products*, AB-1998-4, adopted on 12 October 1998, pp. 165, 168, 172, 175.

㊵ Report of Appellate Body, *United States—Measures Affecting the Cross-Border Supply of Gambling and Betting Services*, adopted on 7 Arpil 2005, paras. 369, 371.

㊶ Caroline Bissett, " Comment, All Bets Are (Off)line: Antigua's Trouble in Virtual Paradise." *U. Miami Inter-Am. Law Review*, no.35(2004), pp. 367, 372.

WTO 成员中最强大的美国进行报复效果甚微,但在该案中,名誉对美国更为重要,另外本案的起诉方安提瓜和第三方可以在知识产权等其他部门对美国进行报复,而第三方包括了欧盟。美国采取的与 WTO 协议不一致的措施不仅会削弱其在 WTO 体制中的声誉,而且会影响 WTO 争端解决机制的可靠性,进而影响美国将来把争议诉诸 DSB 成功解决的可能。

对其他局外者而言,该案对 WTO 规则的贡献不在于裁决结果,而在于 WTO 司法机构最终详细阐述了公共例外条款的具体含义。上诉机构也注意到其裁决的历史意义,该案是上诉机构首次对公共道德例外进行解释,[42]同时也是第一次对 GATS 一般例外条款进行解释。笔者认为美国博彩案的专家组和上诉机构都非常谨慎甚至保守,其并未触及案件请求之外的根本问题,相反,将许多困难的学术问题留给将来评判。[43]然而公共道德例外条款的一般适用原则却由此确立,并深刻影响了中国音像制品案在内的其他 WTO 案件。

(二)中国音像制品案中的公共道德原则

中国音像制品案的产生是因为中国对进口文化产品采取了预先"内容审查"(content review)措施,该审查由中国国有机构进行,被美国认为是一项贸易限制程序,但中国以 GATT1994 第 20 条第(a)款公共道德例外进行抗辩。

GATT1994 第 20 条第(a)款在该争议中主要与中国进口限制措施有关。美国主张中国违反了《中国入世议定书》和《中国入世工作组报告》规定的中国贸易权义务,美国认为中国拒绝准许外国企业或外国个人进口产品,但准许部分中国国有企业进口产品的做法违反了中国的承诺。中国认为其选择进口主体的机制对保护国内公共道德而言是必要的,因为这样可以对暴力和色情等有害公共道德的信息进行有效的内容审查,因而,中国认为由国有企业限制进口的审查符合 GATT1994 第 20 条第(a)款公共道德例外条款的,并且同样满足《中国入世议定书》和《中国入世工作组报告》的规定。[44]

在提交第二次书面意见时,美国认为中国采取的通过国有主体对进口产品进行审查在 GATT1994 第 20 条第(a)款下不是为保护公共道德所必要的。美国认为中国可以采取一种与 WTO 规则相一致的合理可适用的替代性措施,比如那些有能力进行内容审查

73

---

[42] Report of Appellate Body, *United States—Measures Affecting the Cross-Border Supply of Gambling and Betting Services*, adopted on 7 Arpil 2005, para. 291.

[43] Mark Wu, "Free Trade and the Protection of Public Morals: An Analysis of the Newly Emerging Public Morals Clause Doctrine." *Yale Journal of International Law*, no.33(2008), p.222

[44] Report of the Panel, *China—Measures Affecting Trading Rights and Distribution Services for Certain Publications and Audiovisual Entertainment Products*, adopted on 12 August 2009, pp. 4.113-4.120.

的外国投资公司对有关人员进行培训后,也能够对阅读资料和家庭娱乐视听产品,以及对影院放映的电影进行内容审查。[45] 中国认为考虑到对国家公共道德保护的高水平要求,在GATT1994第20条第(a)款下,这种严格的进口规制措施是必要的。[46] 而且,中国反驳了美方认为外国企业可以进行内容审查的观点。中国担心外国主体不能完全理解中国的道德观念。另外,中国认为由于这些外国主体不是中国国内法律的调整对象,所以外国企业不会对其未能有效限制有害公共道德的产品进入中国市场承担相应的法律责任。[47]

1. 动态解释

2009年8月12日,中国音像制品案的专家组公布了第一个有关GATT1994第20条第(a)款公共道德例外条款的裁决。专家组适用了先前采取的两层分析法来分析GATT1994第20条。首先,分析中国采取的限制措施是否为了保护公共道德,并且为保护公共道德所必要的;其次,确定中国采取的限制措施是否与GATT1994第20条的"序言"条款相符。专家组在分析临时正当性的两个方面时,运用了美国博彩案中确定的公共道德定义,并且采用了相同的动态解释方法。专家组解释由于GATT1994第20条第(a)款中运用了和GATS第14条(a)款相同的概念,并且其认为没有理由背离美国博彩案专家组对"公共道德"的解释,因此,该案专家组对GATT1994第20条第(a)款采用了与美国博彩案相同的解释。

2. 措施的必要性

在必要性测试方面,专家组又一次运用了美国博彩案和韩国牛肉案的分析,认为需要考虑相关因素,特别是限制措施所要保护的利益或价值的重要性,该措施对目标实现的贡献程度,以及对贸易的限制性。如果经过分析得出该措施为必要的话,则必须将该限制措施与其他对贸易限制更少但对目标实现起相同作用的可能的替代性措施进行比较。经过仔细分析后,专家组认为美国提出让外国主体进行内容审查的意见对中国来讲是一种合理且真正可行的替代性措施,因此,中国所采取的具有更多限制的贸易措施在GATT1994第20条第(a)款下不是必要的。在上诉过程中,上诉机构认为专家组对中国援引公共道德抗辩的必要性分析是正确的,因为美国的提议对贸易限制更小,且合理可适用。显然,上诉机构并未审查专家组所采取的与美国博彩案相同的公共道德分析,实质上同意了这种分析方法。虽然中国认为该替代性措施不应当被认为合理可行,因为这仅仅从理论上而言可行,并且对中国会产生不合理且过度的负担。但上诉机构认为专家组并未忽视美国的提议会带来中国对现行机制的改变,并且这样会对中国产生额外的成本。

---

[45] Report of the Panel, *China—Measures Affecting Trading Rights and Distribution Services for Certain Publications and Audiovisual Entertainment Products*, adopted on 12 August 2009, P 4.320.

[46] Ibid paras 4.439-4.450.

[47] Ibid para 4.453.

专家组还明确承认该替代性措施会让中国为内容的审查机构投入额外的人力和财力,特别是对阅读类资料(reading materials)的内容审查。然而,专家组并未注意到中国政府在现行制度下已经对产品(products)而不是阅读资料(reading materials)做出了最终内容审查决定。另外,专家组不认为如果中国政府采取美国提出的替代性措施,一定会对其产生更高的成本。专家组认为中国未能提供足够的数据证明该替代性措施会导致不合理的高成本,并且《中华人民共和国出版物管理条例》第44条已经授权中国政府提供资金进行内容审查服务,这样会减少该替代性措施的经济负担。⑱ 上诉机构进一步强调,当然中国不是必须要采取美国提出的替代性措施,中国可以自由地选择其他任何与WTO规则相一致的或更少限制贸易的措施。⑲

中国音像制品案中,上诉机构援用了美国博彩案的谨慎分析,导致了广泛的批评,DSB应当在将来所涉及GATS的案件中改变这种做法,这将鼓励广大发展中国家参与其中,进而推动DSB对GATS进行具体而深入的解释。在美国博彩案中,如果DSB驳回了安提瓜的起诉,则会导致其他欠缺资源和专业知识的广大发展中国家不愿运用WTO争端解决机制来解决国际贸易纠纷。因此,DSB做出了对安提瓜有实质意义的裁决。相反,在中国音像制品案中,身为发展中国家的中国作为应诉方,主张其国内政策利益高于国际贸易自由化利益,但未能得到DSB的支持。DSB在这两个案件中的不同做法值得深思。

75

四、我国因应对策分析

虽然经过多年的快速发展,我国已然成为国际贸易大国,但我国仍然是一个发展中国家,与某些发达国家相比,服务业发展起步较晚,总体发展水平相对较低,国际服务贸易竞争力亟须提高。中国加入WTO以后,势必较多地需要利用WTO例外条款保护特定的国内公共政策目标和维护国家的经济安全,这一点在中国音像制品案等WTO案件中已有体现。因此,对GATS例外条款进行全面、系统和及时的研究,具有十分重要的理论和现实意义。

(一)谈判对策建议

建议在未来的谈判中有技巧地注意保留条款的明确性,以及跨协议间的适用性。在中国音像制品案中,经过严格分析,上诉机构认为在《中国入世议定书》第5条第(1)项中明文规定中国有权实施与WTO协议相一致的方式对贸易进行规制,只要中国的贸易措

---

⑱ Ibid para. 332.

⑲ Ibid para. 335.

施符合 GATT1994 规定的一般例外条件,中国就有权援引 GATT1994 的一般例外条款进行抗辩。这说明在该案中上诉机构认为《中国入世议定书》属于 WTO 规则的一部分,中国可以引用 GATT1994 的例外规则予以抗辩。但是,在中国原材料出口限制案中,上诉机构认为中国在《中国入世议定书》第 11 条第(3)款中并未明文规定与 GATT1994 一般例外条款相关,所以中国不能跨协议运用 GATT1994 第 20 条一般例外条款进行抗辩。就这点而言,中国应当在未来的谈判中注意有技巧地保留条款的明确性,以及跨协议间的适用性。

(二)争端解决对策建议

首先,中国应当熟悉并全面掌握 WTO 起诉和应诉的相关规则,不应当为了符合自身需要而对 WTO 规则断章取义,未能真正理解 WTO 相关规则。在援引一般例外条款进行诉讼时,应当按照 WTO 上诉机构的分析路径,选择符合自身主张的诉讼模式。中国在以后的 WTO 争端解决程序中,可以对专家组或上诉机构采纳的举证责任方法所达到的条件提出异议,并且按照举证责任程序提供充分的证据证明合理主张。另外,美国等 WTO 成员也会面临援引 GATS 第 14 条或 GATT1994 第 20 条的情形,比如美国在美国博彩案中就援引 GATS 第 14 条进行抗辩,中国可以借鉴其他成员的成功经验。㊿

其次,确定了诉讼重点后,中国应当充分利用举证责任等 WTO 争端解决规则,收集足够证据证明自身主张。鉴于 WTO 争端解决程序和实体规则,有时当事方应当提供足够的证据证明特定的国内规则和有争议的国内措施间的联系,中国应当收集足够的证据证明该联系,而其他相关的国际公约、有关中国的谈判文件、承诺减让表也可以作为抗辩的依据。实际上,其他国际文件也可能与一般例外条款的适用相关。比如在美国虾案中,《里约环境与发展宣言》第 12 条就被援用过。由于中国需要承担许多额外的 WTO 义务,加之 GATS 的实践和法理都很有限,一般例外条款存在许多模糊和争议。实践中会出现许多超出该条款的讨论,进而成为 WTO 判例。如果一方未能提供充分的表面证据,专家组或上诉机构会因司法经济,不会考虑具体情况的所有法律问题,从而做出不利于该方的裁决。另外,如果中国作为应诉方对一般例外条款分析时,应证明其所采取的措施是必要的;如果中国作为起诉方,则应证明存在合理可替代性措施为必要的。但无论如何,中国都必须证明其主张的措施是符合 GATS 第 14 条规定的例外情况的目标和"序言"条款的要求,必须对相关法律术语和事实因素进行严格的考量和平衡。

最后,中国应当积极地与有关成员方进行事前磋商,不通过诉讼的方式尽早将争议完全解决,或部分解决,这有利于 DSB 节约司法成本。

㊿ 龚柏华:《"中美出版物市场准入 WTO 案"援引 GATT 第 20 条"公共道德例外"的法律分析》,载《世界贸易组织动态与研究》2009 年第 10 期。

（三）国内措施实施对策建议

1. 国内立法中体现一般例外条款规定的各项具体目标利益

我国国内法的立法目的现行表述模式很难体现保护某项具体公共利益的需要以及对WTO 法律体系的衔接和融合。事实上，WTO 专家组和上诉机构在判断争议措施是否违反 WTO 规则以及是否能引用一般例外条款时，不仅考察被诉的具体条款本身，也会综合考虑该条款所处的法律法规整体的立法目的、立法背景等因素。因此，如果在立法技巧上能将国内法与 WTO 法律体系建立直接联系，对于中国援引 WTO 一般例外条款进行抗辩将会大有益处。另外，在制定相关国内法规时，应当不仅关注相关措施是否存在事实上的歧视，还要关注措施的适用是否会产生歧视的效果。这样就既尊重成员方的利益和减少贸易限制，又平衡了国内管理自治与贸易自由化的冲突。[51]

2. 遵循 WTO 透明度原则

透明度原则是 WTO 的基本原则，在 GATS 的序言部分和 GATS 第 3 条中都有明确规定。我国在相关领域实施国内规制措施时，应在相关法律文件中明确指出该国内措施所追求的政策目标利益，并将此类文件通过媒体网络平台或纸质文件尽快公开，而且注意准确翻译成各种有效的外国语言。这样在国际贸易纠纷解决时，不会因为我国国内规制措施所追求的政策目标利益不明，而由争端解决机构加以解释，导致推定的政策目标过低。政策目标越低，合理替代措施存在的可能性就越大，而国内规制措施通过 WTO 一般例外条款的必要性测试的难度相应越大，不利于我国应诉。因此，遵守 WTO 透明度义务，将与国内规制措施相关的政策目标利益、法律法规及实施程序尽快公开，对满足WTO 一般例外条款的必要性测试具有特殊意义，从而为成功援引 WTO 一般例外条款打下了基础。

3. 遵循 WTO 国民待遇原则

在中国音像制品案和中国原材料案中，美国都主张中国采取的争议措施对国内和国外相关主体有不同的标准，违反了 WTO 国民待遇原则。国民待遇原则也是 WTO 的基本原则，在乌拉圭回合谈判中，这一原则已扩大到了服务贸易等领域，在 GATS 具体承诺义务中有明确规定。简单地讲，国民待遇要求不能构成歧视，目的是保证国外产品和服务商与国内产品和服务商处于平等地位。[52] 当然，对某一具体贸易领域是否适用国民待遇，还要看该成员在 GATS 承诺表中是否有具体承诺。一旦中国在入世承诺中做出了具体承诺，就应该遵守。国民待遇原则也体现了 WTO 非歧视性原则。在一般例外条款下，

---

[51] 陈立军：《论 WTO 一般例外条款审查标准》，载《长春工程学院学报（社会科学版）》2009 年第1 期。

[52] 刘颖、邓瑞平：《国际经济法》，中信出版社 2005 年版，第 62 页。

GATS 第 14 条的"序言"条款就明确要求相类似的情况下在成员间不构成随意的或者不公正的歧视,或者不构成对国际贸易的变相限制。因此,中国要在 WTO 争端解决中成功援引 GATS 一般例外条款,就必须遵循 WTO 国民待遇原则,充分保证政策措施的非歧视性。

4. 坚持贸易限制最小化原则

从经济上看,贸易限制最小化原则的本质在于,预想目标和实现手段之间能够最优匹配,即判定有关争议措施是否为现有条件下能实现的、对贸易限制最少的措施。由于起诉方具有替代性措施的举证责任,因此必然会穷尽一切可能的替代性措施予以举证;而应诉方如果以贸易限制最小化原则制定政策,则会在现实可能性和实施成本上推翻这些举证,进而证明其措施的正当性。因此,贸易限制最小化措施将发现并消除低效率的贸易限制措施,同时也将滤除不能与预想目标完全匹配的实施途径和手段,使得应诉方很难举证不合理的替代性措施。因此,贸易限制最小化措施的关键在于对政策的可行性和成本进行量化的分析,中国应当在有关贸易措施实施前,系统论证该措施对贸易的限制是否合理可行并且符合贸易限制最小化原则。

总之,入世头十年来,中国迎接了越来越多的起诉,而争议的对象从传统的货物贸易领域演变到了知识产权和服务贸易领域。[53] 同时,文化产业的重要性在中国日益得到重视并已被提升为国家的战略性产业。[54] 既然中国要完全履行 WTO 附加义务比较困难,那么从法律和政治两方面来选择谈判路径以避免贸易摩擦实乃明智之举。因此,将来中国可以和其贸易伙伴在法律和政治两方面寻求解决方法,从而促使国际贸易的发展。

---

[53] World Trade Organization delegation for the U.S., *China—Measures Affecting the Protection and Enforcement of Intellectual Property Rights*, DS362/1 *passim* (2007).

[54] 陈卫东、石静霞:《WTO 体制下文化政策措施的困境与出路——基于"中美出版物和视听产品案"的思考》,载《法商研究》2010 年第 4 期。

试论社会主义市场经济条件下
政府与市场的关系

舟丹妮

（西南政法大学国际法学院）

摘　要：政府与市场关系处理得如何，直接关乎经济发展的好坏。西方资本主义国家经济发展的历史证明了这一点，中国经历从计划经济到有计划的商品经济再到社会主义市场经济的发展也充分认识到了这一点。从不承认市场到发展社会主义市场经济，从市场"基础性作用"到"决定性作用"，在全面推进经济体制改革的进程中，我国不断探索政府与市场的合理定位。当下，进入市场化改革的深水区、关键期，面对诸多矛盾和问题，我党提出"使市场在资源配置中发挥决定性作用和更好发挥政府作用"，为新时代政府与市场如何分工、各就其位指明了方向，更是对新时代的政府提出了更高要求。

关键词：市场经济；政府；市场；职能转变

在探索经济发展的历程中，人们始终面临着资源有限但需求无限的冲突。为了解决这一冲突，需要优化资源配置。政府和市场被视为实现资源优化配置的两种基本方式，因此，可以从某种意义上说，人类经济的演变史就是政府——市场关系的探索史和变化史。以西方资本主义国家为典型，伴随着产业革命的发生、科学技术的推进、市场范围的拓展以及商品经济的发展，政府和市场的关系相应地经历了动态的调整。人们逐渐意识到政府与市场在经济发展中都是不可或缺的角色，然而，至于二者何为主导，至今没有定论。

一、西方资本主义国家政府与市场关系的历史演进及理论沿革

回顾西方资本主义市场经济几百年的发展历程，每当经济发展陷入低迷，政府与市场的角色都会经历较大的调整。

第一阶段：政府干预的萌芽阶段（15 世纪末到 17 世纪中叶）。

伴随着封建制度的瓦解和资本主义生产方式的兴盛，倡导政府积极干预的重商主义

（Mercantilism）于欧洲起源。

15 世纪末期，西方国家的资本主义生产关系开始成长，商品资本逐渐发挥突出作用。为了保证本国在对外贸易中处于有利地位，保证财富的积累，重商主义主张国家对内全面管控，促进资本增长；对外设立贸易壁垒，保护国内市场。这一理论的实质是运用国家力量支持商业资本的发展，对于当时西方国家封建制度向资本主义制度的过渡起到了很大的促进作用。

第二阶段：自由放任阶段（17 世纪中叶至 1929 年）

1776 年，亚当·斯密发表《国富论》，阐述了著名的市场调节理论，并形象地称之为"看不见的手"。他在书中指出，每个人在自身利益的驱使下，会努力为自己的资本"找到最有利的用途"，在逐利中，他本人并没有想到贡献社会，但却"有一只无形的手在引导着他去尽力达到一个他并非有意要达到的目的"，这个"目的"即"有效地促进社会的利益"。① 这一时期，资本主义经济日渐成熟，市场机制趋于完善，资本原始积累已完成。西方国家普遍认为政府应当尽可能远离经济生活，履行好防卫、司法和服务职能（扮演"守夜人"角色），放任市场主体逐利就能实现资本主义的发展，主张"管得最少的政府就是最好的政府"。在长达一个多世纪内，这一理论引领了前所未有的繁荣，马克思说，"在它的不到一百年的阶级统治中所创造的生产力，比过去一切时代创造的全部生产力还要多，还要大"。

第三阶段：政府干预确立阶段（1929 年至 20 世纪 70 年代）

1929 年世界经济大危机爆发，终于终结了自由市场的神话。这一时期，西方自由资本主义向垄断资本主义过渡，经济出现停滞、失业率高涨，市场这一"无形之手"却在严峻挑战面前沦陷僵局。许多西方国家开始反思政府与市场的关系问题，于是，"政府干预"理论逐渐进入主流经济学殿堂。凯恩斯在《就业、信息和货币通论》中明确提出，政府必须依靠货币政策和财政政策这两只"看得见的手"对经济进行全面干预，资本主义国家才能摆脱经济萧条和失业问题。美国在 20 世纪 30 年代推行的"罗斯福新政"，成为将凯恩斯的政府干预主义理论成功运用的典型。之后，其他国家纷纷效仿，陆续摆脱了经济危机，世界经济由此进入凯恩斯时代。

第四阶段：新自由主义阶段（20 世纪 70 年代至 1998 年）

从 1973 年开始，在石油危机的冲击下，西方国家陷入经济停滞与通货膨胀结合的"滞胀"怪相，与此同时，经济危机频发，失业数字不断攀升，财政赤字扶摇直上，凯恩斯政府干预主义对此却束手无策。以货币学派和供给学派为主要代表的新兴自由主义应势崛起，他们倡导自由化、私有化和市场化，要求减少政府干预，政府只需维持市场秩序。其中，最

---

① ［英］亚当·斯密：《国富论》，唐日松译，华夏出版社 2005 年版，第 325 页。

彻底的要数哈耶克的新自由主义,他反对任何形式的政府干预,高唱"自由胜于一切"。西方资本主义国家以此理论为指导,纷纷走出"滞胀"泥淖,新兴自由主义于是成了这一时期西方国家的"官方经济学"。

第五阶段:政府干预主义回归(1998年至今)

然而,进入20世纪90年代,西方国家再次出现国内经济增速放缓、政府财政恶化、金融市场混乱等一系列问题。2008年波及全球的金融危机使美国、欧洲乃至全世界的经济遭受重创。这不得不使许多学者尤其是经济学界对经济自由主义政策进行反思。其中,2001年诺贝尔经济学奖得主约瑟夫·斯蒂格利茨对新自由主义进行了批判,认为应该承认政府在促进发展中的积极作用,"如果没有政府的干预,就不能实现有效的资源配置"[2]为了应对金融危机,各国普遍推出各种救助措施和经济刺激计划,实际上使长期退居非主流地位的凯恩斯式国家干预主义重回历史舞台。西方国家逐渐认识到,现代资本主义已进入"混合经济"阶段,单方面的市场与政府都不是完美的,两者应有适度的合作与互动。

通过考察西方国家政府与市场关系的历史演变,我们发现,政府与市场的关系就仿佛跷跷板的两头,要么此起彼伏、要么此伏彼起,难以协调和平衡,至今仍是一个没有定论的问题。我们逐渐意识到,政府与市场同为资源配置的手段,同为推动市场经济健康发展的不可或缺的重要力量。研究政府与市场的关系问题,即是研究政府与市场职能如何正确分工、各就其位、各得其所的问题,是无论任何时代、任何国家都躲不开、绕不过的话题,对此如何处理,直接关乎经济发展的好坏。

二、我国对于政府与市场关系的探索

(一)计划经济时代——政府全面管控经济

新中国成立以后,旧中国遗留下来的中国社会呈现出"一穷二白"的局面,为了尽快突破积贫积弱的"贫困陷阱"、加快工业化步伐以强大国家力量,我国形成了政府主导型经济发展的极端模式,在计划经济体制下,市场机制基本被排斥在经济运行之外。政府全面支配、控制经济社会的一切活动,社会产品的生产、分配、交换和消费在政府的统一协调下进行,社会资源按计划、有目的地配置。严格地说,当时流通中的商品价格,由政府根据生产计划决定,并不能反映其真实价值和市场供求状况,政府极大干预商品交换过程。在政府的全面管控下,整个社会显得高度统一、极为有序。而就是这样机械的体制,却也极大调动了社会力量,使人力物力资源得到充分利用。由此,我们看到政府运用行政力量最大限度集中资源的优势在计划经济中发挥得淋漓尽致,保证了资本高积累和优先发展重工业,

---

② 约瑟夫·斯蒂格利茨:《社会主义向何处去》,吉林人民出版社1998年版,第281页。

实现了中国国民经济的迅速复苏。

(二)实行经济体制改革(市场化改革)——逐步建立起社会主义市场经济体制框架

随着国际形势发生有利于我国的变化,国内经济不断迈上新台阶,政府全面管控经济这一模式对经济的负面影响逐渐显现出来,其机械式一统性与经济多样化发展要求的矛盾日益尖锐,束缚了经济的进一步发展。具体而言,政府对经济领域的长期管控与过度干预,导致商品生产、分配、交换、消费都出现了不同程度的畸形发展,导致产品无法满足广大消费者的真实需要、生产者缺乏创新产品与技术的动力、社会资源无法得到充分有效的配置、整个商品市场缺乏应有的活力,极大影响了人民生活水平的提高,经济发展的可持续性面临严峻挑战。纯粹的计划经济体制开始与生产力发展的现实要求脱节,单纯依靠政府的行政管理越来越难以调动各种因素的积极性了,为此,1978 年,我国开启了对僵化的经济体制的改革进程。

1978 年开始的经济体制改革,是以市场化为导向的。在处理政府与市场关系的探索上,一方面引入市场机制,扩大市场调节的范围;另一方面限制政府干预经济的权力,逐步促使政府职能由全能型向效能型转变。鉴于各种因素的复杂性,我国市场化改革的初始步伐是非常缓慢的,整体上循序渐进。

1982 年"十二大"提出"以计划经济为主,市场调节为辅",在计划经济基础上,开始在经济领域中给予市场一定的自主性空间。

1984 年十二届三中全会我们提出在公有制基础上"有计划的商品经济",强调既要有计划,又要适当尊重商品经济自身的发展。

1987 年十三大提出"国家调控市场,市场引导企业,计划和市场是内在统一的",进一步肯定了市场在经济运行中的作用。

到 20 世纪 90 年代初,社会上出现一些质疑和反对的声音,有人认为,进行市场化改革有违我国建设社会主义的方向,是错误的、不可行的。1992 年年初,邓小平在视察南方的谈话中,针对人们的思想障碍,强调指出:"计划多一点还是市场多一点,不是社会主义与资本主义的本质区别,计划经济不等于社会主义,资本主义也有计划;市场经济不等于资本主义,社会主义也有市场。计划和市场都是经济手段。"[③]这一论述向社会表明了"社会主义也是可以搞市场经济的"。

随之,十四大明确提出"社会主义市场经济"的概念,使我国的市场化经济体制改革的目标得到正式确认。从此,我国摆脱了计划经济和市场经济的纠葛,义无反顾地明确取向

---

③ 邓小平:《邓小平文选》,人民出版社 1994 年版。

社会主义市场经济。与过去不同的是,经济体制改革的重点由增量改革、产品市场改革为主,转向以存量改革、要素市场改革为主(即资金市场和劳动力市场)。[④] 至20世纪末,在市场化改革的有力推动下,我们基本上建立起中国特色社会主义市场经济体制的主要框架,经济发展加速,人民生活显著改善。

(三)从害怕、质疑"市场经济"到"中国特色社会主义市场经济"——市场的作用不断增强

改革开放30多年的实践证明我们进行市场化改革的方向是完全正确的。然而,结合市场经济的基本特征和内在要求来看,我们发展社会主义市场经济还有很长的路要走,市场化改革的任务还未完成。根据亚当·斯密《国富论》著名的市场调节理论,市场如一只"看不见的手"引导着经济主体去尽力达到一个他并非有意要达到的目的,这个"目的"即"有效地促进社会的利益"。[⑤] 在经济活动中,市场具有天然的优势:经济利益的刺激性、市场决策的灵活性、市场信息的有效性。市场配置资源主要通过价格、供求、竞争等来进行。市场经济的良性运行具有避免和减少直接行政控制下的低效的功能。我国的社会主义市场经济首先是市场经济。当前,中国的各项经济发展越来越呈现出市场化的趋势,因此,各项经济活动,除属于自然垄断的、具有外部性的、提供公共产品的等由政府调控以外,都应放手让市场调节。因此,当我们决定进行市场化改革的那一刻,就注定了政府转型的必然性。

三、正确处理政府与市场关系是深化经济体制改革的核心

2012年党的十八大报告提出要全面深化经济体制改革,并指出"经济体制改革的核心问题是处理好政府和市场的关系"。[⑥] 我们看到,正确处理政府与市场关系作为一个常议常新的话题,又一次引起国内各方关注。

(一)基于我国处于新的战略机遇期的现实

与10年前相比,中国经济发展战略机遇期的内涵与条件都发生了很大变化。从出口看,不仅发达国家经济增长乏力,而且中国参与经济全球化、承接国际产业转移的某些有利条件,特别是劳动力成本低廉、环境要求宽松的优势已明显弱化;从投资来看,劳动力无

---

④ 魏静茹:《新中国政府与市场关系的历史和未来——访中国社会科学院当代中国研究所副所长、研究员武力》,载《理论视野》2014年第4期。

⑤ [英]亚当·斯密:《国富论》,唐日松译,华夏出版社2005年版,第326页。

⑥ 胡锦涛.坚定不移沿着中国特色社会主义道路前进为全面建成小康社会而奋斗——在中国共产党第十八次全国代表大会上的报告[N]人民日报,2012(11).

限供给的"人口红利"正在消失,资源价格正在攀升、环境制约越来越大、产能过剩问题日益严重,房地产拉动难以为继,这些都使得经济发展成本明显上升,导致出现经济增长减速的趋势。[⑦] 实现 GDP 比 2010 年翻两番、全面建成小康社会是我国 2020 年的两大目标。然而,仅有 3 年的时间了,如何确保这两个宏伟目标如期实现? 我想,我们必须拿出更大的决心和勇气,积极探索、准确定位现阶段政府与市场的关系,尤其要实现政府职能的转变。

(二)我国完善社会主义市场经济体制的内在要求

2013 年 11 月,十八届三中全会《决定》进一步提出:"市场决定资源配置是市场经济的一般规律,健全社会主义市场经济体制必须遵循这条规律,着力解决市场体系不完善、政府干预过多和监管不到位的问题。""必须积极稳妥从广度和深度上推进市场化改革,大幅减少政府对资源的直接配置,推动资源配置依据市场规则、市场价格、市场竞争实现效益最大化和效率最优化。政府的职责和作用主要是保持宏观经济稳定,加强和优化公共服务,保障公平竞争,加强市场监管,维护市场秩序,推动可持续发展,促进共同富裕,弥补市场失灵。"

基于对过去经验的总结和对现实的清醒认识,党和政府认识到,明确政府与市场在经济生活中的地位和作用是保证我国社会主义事业顺利向前推进的前提,是我国进一步推进市场化改革的基础,是目前我国完善社会主义市场经济体制的内在要求。

(三)化解各种矛盾的必然选择

然而,我们也应该看到,随着改革进入深水区、发展进入关键期,我国出现了一些较为突出的问题和矛盾,比如"发展中不平衡、不协调、不可持续问题依然突出,科技创新能力不强,产业结构不合理",再如"形式主义、官僚主义、享乐主义和奢靡之风"问题突出,一些领域消极腐败现象易发多发,反腐败斗争形势依然严峻等。[⑧] 而这诸多问题的出现并非市场经济体制本身的缺陷,其症结主要在于政府与市场关系的不协调,具体而言:

一方面,政府的经济职能转变还没有实现,主要表现在:一是"越位"。政府没有从不该插足的领域全身而退,如对微观经济活动及生产要素配置的干预热情仍然很高,严重影响了经济的协调健康发展。二是"错位"。扩大就业渠道,创造就业机会,理应是政府的职责,但有的政府部门却分片包干企业,直接管理企业的下岗分流,至于投资主体错位的现

---

⑦ 魏静茹:《新中国政府与市场关系的历史和未来——访中国社会科学院当代中国研究所副所长、研究员武力》,载《理论视野》2014 年第 4 期。

⑧ 习近平:《关于〈中共中央关于全面深化改革若干问题的决定〉的说明》,载《人民日报》2013 年 11 月 16 日。

象也不少。三是"缺位"。经济增长"一枝独秀",社会保障却发展滞后,公共产品提供不足,教育、医疗等公共服务均等化水平亟须提高。

另一方面,市场体系还不健全,不公平竞争、畸形价格、秩序混乱等市场体制不成熟的表现仍然普遍存在;商业利益的追逐侵蚀社会公正和人文价值,食品安全事件频繁发生,社会诚信及道德缺失;市场竞争产生的垄断对产业发展造成了极大的负面影响。

四、如何正确处理中国社会主义市场经济下政府与市场的关系

从计划经济到有计划的商品经济再到社会主义市场经济,我们越来越清醒地认识到,在经济活动中,市场是第一位的,政府是第二位的。当下,随着改革进入深水区、发展进入关键期,我们更应该放开市场这只"看不见的手",用好政府这只"看得见的手"。党的十八届三中全会《决定》对现阶段政府与市场关系做了科学的定位,"经济体制改革的核心问题是处理好政府和市场的关系,使市场在资源配置中起决定性作用和更好发挥政府作用"⑨。因此,推动政府与市场关系步入正轨,必须从以下方面加以把握:

(一)"使市场在资源配置中起决定性作用",意味着什么?

首先,市场经济的一般规律是市场决定资源配置。理论和实践也都证明了,市场是实现资源配置最有效率的形式。因此,"决定性作用"首先要求我们相信市场、尊重市场,保证市场的自主性空间。

其次,从之前的"基础性作用"到现在的"决定性作用",从另一方面表明,政府要学会"收手",把原本属于市场的还给市场,并尽可能地为市场发挥作用创造良好的环境,激发市场活力。

再次,我们又必须注意到,市场作用不可能尽善尽美,不能忽视市场因失灵带来的负面效应。习近平总书记鲜明地指出:"市场在资源配置中起决定性作用,并不是起全部作用。"当市场无法发生作用或者市场失灵、市场失败时,需要政府发挥弥补性作用。

(二)"更好发挥政府作用",又意味着什么?

一是肯定政府在市场经济中的作用;二是对政府作用的发挥提出了更高要求。

计划经济体制下政府全面管控模式推动国民经济的迅速恢复、改革开放初期政府主导下中国经济一直保持高速增长、中国政府带领中国人民成功抵御了东南亚金融风暴和2008年的国际金融危机,这些历史充分证明了,中国政府能够发挥很好的作用。

---

⑨ 习近平:《中共中央关于全面深化改革若干问题的决定》,载《人民日报》2013年11月16日。

政府主导型经济模式在过去特别是改革初期有力推动了经济的发展,然而,随着我国经济体制改革进入深水区、发展进入关键期,对于政府发挥作用的方式、力度、广度等都提出了新的要求,政府需要不断改革自身的机构设置、职能安排等,以更好地扮演其作为市场调节的辅助力量、经济发展的减震缓冲和社会运行的保障托底的角色。现阶段出现的诸多矛盾和不平衡、不协调、不可持续问题等,也需要政府加强自身能力,从而更好发挥作用。

(三)具体路径上——促进政府职能转化,彰显政府的力量

历史和现实已经证明,"好的市场经济"一定是与有限政府和责任政府相联系;经济体制改革要顺利推进,必须加快政府职能转变。[⑩]

具体而言,就是要专注于"保持宏观经济稳定,加强和优化公共服务,保障公平竞争,加强市场监管,维护市场秩序,推动可持续发展,促进共同富裕,弥补市场失灵"[⑪]。也就是说,政府要着力做好"减、放、管":"减"就是要精兵简政,减少对微观经济的干预、减少行政审批。"放"就是向市场放权,其核心内容是放松管制。"管",一是加强宏观调控,实现经济持续健康发展;二是强化市场监管,为市场提供公平竞争的市场环境;三是改善公共服务,管住、管好"该管的事"。[⑫] 具体路径上,建议从以下四个方面加快政府职能转化:

1. 向市场放权

我们看到,改革与发展中出现的一些深层次矛盾和问题,都是由于政府与市场关系没有摆正导致的,由于政府的"越位""错位"或"缺位"导致的。因此,政府自身要转型,特别要做好职能转变。随着市场经济改革的深入,政府更要管好自己的"手",在相应领域"让位""归位""到位"。因此,对于市场能管的领域,特别是微观经济活动,应牢固树立"人民是创造财富的主人,政府是创造环境的主体"的理念,政府的职能要转到为市场主体服务、创造良好环境上来,通过保护市场主体的合法权益和公平竞争,激发市场主体的参与热情,增强市场活力。政府的审批事项,特别是对经济活动的审批应大量撤除,放手交给市场。

2. 加强宏观调控

与微观经济领域相对,宏观经济领域是政府能够也应当发挥好作用的领域。客观地说,经过多年的实践,我国社会主义市场经济条件下的宏观调控体系已基本建立起来,但仍存在很多不足,亟待完善。在宏观调控的目的上,应明确为了弱化市场作用可能产生的周期性波动影响、促进经济持续健康发展;在手段上,应更多运用间接调控,尽量少用行政

---

⑩ 高尚全:《市场经济条件下政府与市场关系》,载《改革与开放》2012 年第 8 期。

⑪ 习近平:《中共中央关于全面深化改革若干问题的决定》,载《人民日报》2013 年 11 月 16 日。

⑫ 刘波、王力立:《国家治理现代化及其推进路径》,载《理论探索》2014 年第 5 期。

手段,以财政政策和货币政策为主要手段,加强与产业政策、价格政策等手段之间的协调;在作用机制上,增强前瞻性、协同性、针对性,积极参与国际宏观经济政策的协调,提升国内宏观调控水平,健全宏观调控体系。

3. 强化市场监管

一是制定规则。在现代市场经济体制下,政府大幅度减少对市场的干预、向市场放权、给予市场充分的自主空间,并不意味着放任自由。政府的职能包括市场监管和维护市场秩序,这并不是对市场作用的弱化,而是一种强化。而良好市场秩序、公平竞争环境的形成有赖于对共同规则的遵守。现阶段,我国的市场经济体制还很不完善,对于某些经济行为仍存在立法空白。因此,政府应加强发展战略、规划、政策、标准等的制定和实施,规范市场主体行为。二是市场监管。随着市场化进程的加快,市场经济活动日趋多样化,政府更应强化对市场的监管,推动市场良性运行。一方面,区别事前、事中、事后监管。事前事中监管重点针对产品质量、食品安全、资金信贷等方面,及时发现问题,防患于未然;事后监管则重点加强对违法违规行为的查处,坚决打击不法行为。另一方面,全面监管与抽样监管相结合,区别不同行业,结合执行能力选择不同方式。

4. 改善公共服务

习近平总书记在十八届中共中央政治局常委同中外记者见面时说:"我们的人民热爱生活,期盼有更好的教育、更稳定的工作、更满意的收入、更可靠的社会保障、更高水平的医疗卫生服务、更舒适的居住条件、更优美的环境,期盼着孩子能成长得更好、工作得更好、生活得更好。"[13]习近平总书记的这段话涉及教育、就业、住房、医疗卫生等公共服务问题,这些,也正是政府的职责所在。市场经济的实践证明,自由的市场竞争在促进实现经济效率的同时往往也会带来诸如收入差距拉大等问题,容易引起社会矛盾,导致不稳定因素增加。因此,政府在为经济发展提供良好的市场环境的同时,还应当积极努力为公众提供更多更优质的公共产品和有效的公共服务。通过完善公共服务制度体系,更多关注弱势群体,扮演好社会运行的保障托底的角色。

结语

十八届三中全会提出的"使市场在资源配置中起决定性作用和更好发挥政府作用",与时俱进地对当下政府与市场的关系做出了科学定位,无疑抓住了中国深化经济体制改革、实现经济持续发展的"关键点"和"突破口"。迄今为止,我国关于政府的改革转型已经进行了30年,"以人为本""有限政府""责任政府""法治政府""服务型政府"等先进的行政

---

⑬ 习近平:《人民对美好生活的向往就是我们的奋斗目标》,载《人民日报》2012年11月16日。

理念都已提出来,而当务之急也是一直以来最困难的就是将这些理念付诸实践,让这样的"政府"真正走入人民的生活。

如今,面临政府与市场关系这个世界性难题,我想,中国是有自信的。计划经济以来的政府在干预经济方面已累积了丰富的经验,其能力也是被实践所证明了的;另外,中国走出了一条特色社会主义道路,这一背景下的市场经济比资本主义具有更大的包容性。因此,在新的经济转型期,我们有理由相信,中国可以充分利用国内外各种优势资源,可以有机融入全球化的经济,让一切劳动、知识、技术、管理、资本的活力竞相迸发!

以 PPP 模式助推"一带一路"沿线国家基础设施投资法律问题

魏洪香

（重庆市渝中区国土资源管理分局）

"一带一路"战略不仅仅是当前我国发展的重要经济战略，更是政治战略，对于提升国家的地区整体影响力有着重要意义，特别是国内许多产业需要积极向外拓展，寻求新的发展空间的前提下，进一步强化与"一带一路"沿线国家的政治经贸联系，特别是强化基础设施建设投资联络对于国家整体发展战略而言有着重要作用。

《推动共建丝绸之路经济带和21世纪海上丝绸之路的愿景与行动》（以下简称愿景与行动）指出，要抓住交通基础设施的关键通道、关键节点和重点工程，优先打通缺失路段，畅通瓶颈路段，配套完善道路安全防护设施和交通管理设施设备，提升道路通达水平。由于基础设施建设是国家各行业长足发展的基础，且其具有投资周期长，收益相对稳定的特殊优势，故强化与"一带一路"沿线国家的经贸联系，首先要注重通过"走出去"战略推进"一带一路"沿线国家的基础设施投资建设。为此，必须进一步完善对"一带一路"沿线国家投资的制度设计，通过建立对"一带一路"沿线国家投资风险防控体系、制度保障体系、政策支撑体系和纠纷解决体系，支持和鼓励国内企业通过 PPP 模式参与到"一带一路"沿线国家的基础设施建设，从而开启我国对外投资发展的新篇章。

一、悖论：机遇与挑战并存

（一）机遇：巨大的市场潜能

2015 年，我国与"一带一路"沿线国家的经济贸易联系继续深化，上半年，"一带一路"沿线国家对华投资 36.7 亿美元，同比增长 4.15％，中国企业对"一带一路"沿线国家直接投资 70.5 亿美元，同比增长 22％，我国对"一带一路"沿线国家的投资规模增速明显。据亚洲开发银行估计，亚洲在 2020 年之前至少年均有 8000 亿美元的基础设施投资缺口需要填补，而从有些报道来看，"一带一路"建设的总投资额可能会高达 6 万亿美元。可见，我国目前对"一带一路"沿线国家的投资水平与市场需求之间还有很大差距。

从"一带一路"沿线国家的基础设施投资状况来看,"一带一路"沿线国家的基础设施建设异常薄弱,市场前景广阔。如印尼在东盟十国中属于富裕国家,2014 年 GDP 达到8350 亿美元,但同时,印尼 2014 年年底的国家铁路里长为 5434 公里,预计 2019 年将增加到 8692 公里,物流成本占 GDP 的比重为 23.5%,预计 2019 年将降低到 19.2%。而同期,虽然中国的大陆国土面积约为印尼的 5 倍,但铁路总里程是印尼的 20 余倍,物流成本占 GDP 的比重约为 18%,低于印尼 5.5 个百分点。其他"一带一路"沿线国家中,国民经济水平和基础设施发展情况不如印尼者比比皆是,落后的基础设施建设严重制约着这些国家经济发展水平的提升,我国对"一带一路"沿线国家开展基础设施投资建设不但大有可为,而且应有所为。

(二)挑战:落后的市场制度

与一般境外投资不同,在"一带一路"沿线国家开展基础设施投资建设面临很多特殊问题,这与"一带一路"沿线国家的特殊国情及基础设施投资本身所面临的特殊问题密切相关。

1. 境外基础设施投资的一般特点:重要性和持续性

从经济学角度来看,基础设施投资受经济周期影响幅度较小,可以有效抵制通货膨胀,实现资产升值,但从法律的角度来看,基础设施投资存在重要性和持续性两个特点:

一是重要性。基础设施建设事关国家经济命脉,从铁路、公路、港口等交通设施建设到电网、管网、资源开发建设,无不关乎国计民生。轻则影响国民生活质量,重则影响一国国家安全和政治稳定。这导致任何国家都会对基础设施投资项目采取谨慎态度,基础设施投资项目也很容易被认定为影响国家安全和社会稳定,从而造成东道国对投资项目的国有化和征收,典型的如中远公司在希腊的港口建设项目被当地政府纳入征收范畴,成为希腊国有化的范本。

二是持续性。基础设施投资建设持续时间长、投资规模大,从项目招标、融资、设计、建设、运营,有些项目营建周期长达数十年,最长的如英国英吉利海峡隧道连接铁路项目(Channel Tunnel Rail Link)建设周期十余年,运营周期长达 90 年。这导致项目投资风险高、变数多,该项目最初是由英国保守党执政时期的政府决定采取 PPP 模式投资项目,但在 1997 年项目准备开工时,英国工党上台执政,开始反对该基础设施建设项目采取PPP 模式,在其后的运营过程中变化频发,导致项目进展几经周折。

2."一带一路"沿线国家基础设施投资特殊性

与一般海外基础设施投资建设不同,除新加坡、韩国等少数国家外,"一带一路"沿线国家大多为发展中国家,人均 GDP 水平较低,市场经济发展水平不高,这导致在"一带一路"沿线国家开展基础设施投资建设有其特殊性。

一是政治风险高。很多"一带一路"沿线国家政权变化频繁,典型的如泰国国家政权始终在军政府与文官政府之间徘徊,自 2006 年他信政府下台以来,泰国政府九年历经六任总理,平均执政时间一年半。东道国政府执政时间短,执政理念变化快,导致国家经济决策变化频繁,国家政治法律不稳定,本届政府承诺事项在下届政府可能就会变成一纸空文,项目投资失败概率极大。

二是信用等级差。世界银行《2015 年营商环境报告》列出了全球营商环境便利程度排名总分名次(包含 189 个经济体),在"一带一路"沿线国家中,除了东欧和部分亚洲国家,如新加坡、马来西亚和泰国、越南外,其他国家排名均在 100 名以后,均属营商环境较差国家。即便是大公国家和地区信用等级报告也认为很多"一带一路"沿线国家的信用等级不佳。这导致外国投资热情低,国家的整体融资能力差。

三是法律特色强。与世界上大多数发展中国家一样,"一带一路"沿线发展中国家法律制度具有一定的民族和地域特色,在有些地方还有宗教色彩。很多国家的投资立法起步晚、发展慢,更迭快,法律之间冲突和矛盾多,如缅甸法律中设置了很多严格限制外资准入的制度,设立外资企业的申报事项达到十余项,政府审核内容还包括了市场前景、企业利润等不应当由政府主导的内容,这些问题都成为国内企业"走出去"的重要屏障。

尽管挑战重重,"一带一路"战略仍是我国的重要发展战略,是国家发展外向型经济的重要方式,党和国家领导人推进"一带一路"战略的信心不容动摇,故有必要通过进一步的梳理,找准"一带一路"沿线国家开展基础设施投资的特点,对症下药,全面推进"一带一路"发展战略的深入。

二、突破:用 PPP 模式推动企业走出去

从项目发展模式的角度来看,由于"一带一路"沿线国家普遍存在政治风险高、信用等级差、法律不健全的客观问题,加之基础设施投资建设的特殊重要性和持续性特点,故与 DBB 和跨国并购模式相比,以 PPP 模式推进基础设施建设符合"一带一路"沿线国家的实际情况。从实际运作情况来看,PPP 模式至少有以下几个方面的优势。

(一)融资能力强

由于基础设施投资成本高,建设周期长,在营运过程中需要民营资本深度参与,而民营资本的典型运作模式是以项目为抵押担保,通过发行债券、银行贷款等方式融资,再加上在很多项目中,政府的财政补贴占项目总资金的比例较大,容易推动项目的整体运营。典型的如英国赛文河第二大桥项目,项目总成本为 10.79 亿美元,最终项目融资贷款

6.32亿美元,融资债券3.53亿美元,基本解决了项目发展建设的资金问题。

(二)注重政府合作

PPP模式从政府转移给社会资本的职能多少来看,可将PPP划分为DBFOT、DBFO等,无论何者都与政府行为有着密切联系。事实上,PPP模式本身就是由政府首先发起动议,且大多数PPP项目都需要当地政府的支持,否则项目本身很难推进。如前述英国赛文河第二大桥项目,政府为工程施工开辟专用通道,建造大量的景观绿化和噪音隔离墙,不定期联合项目施工方与当地社区代表进行谈判,解决当地代表提出的各种问题等,这些政府行为对项目的如期推进和顺利运营产生了积极作用。再比如法国和西班牙的跨国铁路项目,法国、西班牙和欧盟不但提供相应的设计方案,而且提供了大约5.4亿欧元的补助,使得项目顺利运作。

(三)不占有投资项目

国外很多国家的不动产投资属于终身投资,直接占有项目产权,没有时间限制。与其他不动产投资不同,PPP项目投资大多都有一个建设运营周期,周期届满项目转移给政府,或者允许政府低价回购,或者将项目移作他用,政府不再为项目运作埋单。这种建设运营模式会减少运营阻力,避免东道国政府和国民的排外心里,使项目能够躲过东道国政府的征收和征用。

三、反思:PPP模式引领企业走出去依然面临诸多障碍

依照法律国别不同,境外基础设施投资所涉法律包括国内、国外和国际三个方面。国内法主要是指境外投资管理法律,如《境外投资项目核准和备案管理办法》等;东道国法主要包括环境保护法、土地法、劳工法、税收法、知识产权法等;国际法上主要指DSU、TRIMs、GATS、SCM、FTA、ICSID、MIGA公约等。三类法律各具特色,都从不同侧面影响"一带一路"沿线国家基础设施投资进展情况,国内法律注重对内管理,东道国法律注重吸引外资,国际法律注重矛盾纠纷化解。在以PPP模式推进"一带一路"沿线国家基础设施建设的过程中,会从不同的角度遭遇前述法律所造成的各种壁垒。

(一)投资壁垒

一是准入壁垒。如前文所述,由于基础设施投资的特殊重要性,东道国往往会以国家安全或者维护特定行业的自由竞争为理由,采取各种政策限制外资进入东道国。如中铝集团斥资140.5亿美元收购力拓集团的矿产品开采业务,最终因澳大利亚政府的阻碍而

功亏一篑;中海油并购优尼科公司也同样遭遇到来自美国国内的政治抵抗导致投资失败。

二是经营壁垒。由于基础设施投资周期长,很容易遭遇各种不确定性风险和政策反复,特别是以中国企业违反环境保护、劳工保护、反垄断和知识产权法律为由,阻碍中国投资项目的顺利进行。典型的如缅甸密松水电站项目,由于中国企业在缅甸的环境保护问题而被叫停;再比如中国的斯里兰卡港口城项目,由于斯里兰卡国内政治选举问题而在今年年初停工数月,直到今年 6 月,斯里兰卡国内政治选举逐渐尘埃落定,港口城项目才逐步呈现恢复重建之相。

三是退出壁垒。主要是指东道国基于不同主政者的政策观的不同,或者政客意见分歧导致对同一投资项目的不同态度,从而采取对投资项目的国有化和征收,典型的如今年年初,中远集团的希腊港口项目在希腊新政府上台宣誓的当天就被叫停私有化进程,面临被国有化和征收风险。

(二)企业问题

一是经营不够规范。我国有些对外基础设施投资项目确实面临很多经营不规范的现实问题,这与企业走出去的过程中过于重视短期利益,轻视长期利益的价值定位密切相关。在安南提出的一份名为《采矿公平:管理全非洲的自然资源》的报告中,其严厉抨击了外国企业在非洲杀鸡取卵、伤害非洲的投资行为,特别对中国在非洲的不透明、缺乏社会责任的做法提出批评。再如前述波兰 A2 高速公路案中,中海外公司严重轻视了当地法院对环境保护的重视程度。

二是权力义务失衡。很多项目公司都认为,开展海外基础设施投资项目首先要解决政治风险问题,降低东道国对我国投资项目的风险评估,为此,项目公司不惜降低谈判标准,以严重不平等的 PPP 合同条款达成投资协议,最终导致项目失败。如中铝公司收购力拓集团案中,中方仅象征性设定了 1% 的违约金,导致力拓公司不惜以支付违约金为代价单方面撕毁合作协议,使中铝公司损失近 90 亿元。再如前述波兰 A2 高速公路案例中,中海外工程公司的报价总额为 4.4 亿美元,不但远远低于其他竞争公司报价,且价格不及波兰政府预算的一半,在合同签订阶段,中海外公司为了减少政治阻碍,在 PPP 合同中删除了仲裁条款、提高工程款条款、要求补偿条款、因业主迟延付款而有权终止合同的条款等,导致中海外公司在项目运作过程中处于严重被动状态。

三是项目交流不畅。实践证明,PPP 合同必须以项目公司与业主的正常交流为保障,缺乏正常的交流非但不利于项目的正常推进,甚至会遭遇项目失败。如美国福特岛开发项目,为了促进项目的顺利实施,美国国会通过法案允许美军对其多余资产进行转让和出租,以换取开发建设的资金和材料。再如 2005 年,中石油在并购哈萨克斯坦石油公司 PK 项目时,政府就拟通过一项对资源法的修正案,意图阻止中国企业对哈萨克斯坦石油

国际经济法

93

公司的收购。无独有偶,2007年,哈萨克斯坦又通过石油修改法案,授权政府可以单方面解除与外国石油公司签订的石油开采合同,从而阻止外国公司并购本国石油公司。

除了前述东道国政府的投资壁垒和企业本身的经营性问题以外,在国家制度管理方面也有一些亟待解决的问题,如有些企业在对外投资过程中利用当地的法律空白,过度开发当地资源造成环境退化等,而这种企业在国内管理层面缺少监管和惩处措施,需要在"一带一路"的建设过程中不断创新制度,予以调整完善。

四、亮剑:完善"一带一路"沿线国家基础设施投资法律保障机制

从前述分析来看,国内企业在"一带一路"沿线国家开展基础设施投资困难重重,既包括东道国政府的法律和政治约束,也包括企业自身由于缺乏投资经验、缺少对基础设施投资困难的合理预期,导致项目投资失败,这就需要不断反思,重构我国的投资支撑体系。

(一)构建支持企业参与"一带一路"基础设施建设的国内法体系

从国内法的角度来看,在很多研究中都提出要推崇合同至上的理念,提升法律效力等级,但从务实的角度来看,最紧迫的是建立起考核扶持体系和监督管理体系。

1. 考核扶持体系

目前,很多地方政府帮助企业"走出去"的动力不足、办法不多、支持不够。这一方面源于很多省市级政府并没有将OFDI(Outward Foreign Direct Investment,对外直接投资)纳入到地方政府的整体考核体系之中,缺乏对OFDI的重视程度;另一方面,从增加地方政府税收角度来看,引进内外资到本地发展更能在短期内提高地方政府的税收水平和财政水平,更能体现本届政府的工作政绩和业绩,也为地方政府发展新的项目提供了发展资金,故而很多地方政府制定产业扶持政策时,倾向于在租金、税收、贴息等方面,按照企业的进出口额、零售销售额、品牌效应、称号创建等给予财政补贴,鲜有地方政府对企业的对外投资项目进行补贴,这就导致"一带一路"战略实施停留在国家层面,难以发挥其整体战略效果。

要改变这种局面,必须在各地出台对接"一带一路"愿景与行动的实施方案的同时,强化各省、自治区、直辖市的OFDI考核评估,将其作为地方政府政绩的重要指标,大幅提高考核评估权重。由中国人民银行和地方统计部门联合对地方OFDI数据进行统计通报,由发改委对"一带一路"沿线基础设施投资项目进行跟踪统计和定期巡查,避免地方政府数据统计的随意性。要鼓励地方政府对OFDI制定产业扶持政策,如将对外投资保险制度纳入当地省级政府和区县级政府的全额补贴项目,放开金融管控、人员外派、科技运用和知识产权投入方面的审批管理,全面鼓励国内企业参与"一带一路"沿线国家的基础设

施投资建设。

2. 监督管理体系

鉴于目前我国外海基础设施投资建设确实存在给当地的经济发展带来不良影响的客观问题,建议建立针对"一带一路"沿线国家基础设施投资的监督管理机制,鼓励"走出去"的企业在国际上维护中国的整体国际投资形象,严格遵守东道国法律制度,避免恶性竞争。从监管主体来看,民营企业归口发改委和商务部,国有企业归口国资委;从监管内容来看,主要监督国内注册的实体企业或者国外主要投资企业的国内控股企业在参与"一带一路"沿线国家基础设施建设过程中违反东道国法律的行为,特别是违反东道国投资法、劳工法、环境保护法和知识产权法等法律的行为;从审查机制来看,以外国罚款通知书或者整改通知书为标准,由国内监管企业参与监督审查,一旦认定为相关企业在投资建设过程中存在违反东道国法律的行为则给予相应的惩罚措施;从惩罚机制来看,可以采取取消国内优惠补贴、禁止相关企业和主要责任人员参与对外项目投资、在国际上建立起针对具有不良投资记录人员的通报等措施。

(二)完善企业的 PPP 运作模式

从前述投资案例情况来看,我国企业在 PPP 合同设计过程中过于迎合外国政客的政治态度,忽视了对 PPP 合同的法律审查,导致项目在运作过程中权利义务严重失衡,最终导致 PPP 项目的最终失败或者超额投入。因此,从企业自身运作的角度来看,强化对 PPP 合同的法律审查,合理地规避可能存在的法律风险,提升企业运作的规范性和全局性才是我国企业走出去所必须要解决的问题。

1. 规避民俗习惯

有些国家的国民对于外国参与 PPP 项目的运作和收费本身就持抵制态度,比如英国 M6 收费公路项目,由于民众对使用者付费机制的强烈抵触,导致项目延误长达 8 年。可行的解决方法是采用影子收费的模式,如波兰华沙 S8 快速路项目,项目公司按照公路通行量向政府收费,政府将项目的运营成本分摊到每一个建设周期之中,从而全面降低了民众的抵触心理。

2. 规避市场风险

很多基础设施投资本身的投资周期较长,在其运作过程中会产生各种市场风险,从而导致项目失败,如德国的罗斯托克瓦诺隧道项目,建成之后,由于经济危机,导致当地的经济水平大幅下滑,就业率屡创新低,附近的居民大规模移民,导致隧道通行人数严重不足。该类市场问题最终还是需要市场模式解决,如在 PPP 合同中设计相应的延展条款,允许在发生重大市场因素变化后延长项目的民间资本运营时间,从而确保项目能够收回相应的成本费用。

3. 规避政治风险

凡对外投资项目均涉及政治风险,这也往往是企业"走出去"的首要担心因素,因此在合同中必须要充分利用东道国本届政府对投资项目的信心,严格规定相应的征收补偿条款和违约惩罚措施,适当增加项目融资、延长工期、允许增加投入条款,全面平衡项目施工单位与东道国政府的权利义务关系,决不能仅在合同中象征性约定 1% 的违约金条款,使东道国政府对违反合同约定有恃无恐。

4. 规避法律风险

从基础设施项目投资的角度来看,凡基础设施投资首先都必须要全面了解东道国的法律,如环境保护法、动植物保护法、劳工法、知识产权法等,通过对当地法院和投资制度的详细梳理,在准确判断的基础上提出定价,避免再出现像波兰 A2 公路建设项目一样,在建设规划中不考虑当地动植物保护的特殊问题。

(三)积极与"一带一路"沿线国家建立起良好的经贸交流机制

基于 PPP 模式的政府主导性以及"一带一路"沿线大部分国家均属发展中国家的现状,我国有必要强化与其政治经贸联系,从而确保 PPP 主导下的基础设施建设项目能够最大程度得到当地政府的支持和援助,进而全面提升国家的整治影响力。

1. 注重提升政治互信

国家之间的政治互信对于对外投资的重要性不言而喻,今年,中日在东南亚国家的高铁项目竞争逐渐白热化,从谈判过程来看,双方都派出了国家领导人的专职特使作为项目谈判代表参与竞争,由此可见,对外基础设施投资绝不仅仅是企业之间的经济竞争,而更多的体现国家意志和国家战略。强化与东道国的政治互通交流不但有利于取得市场竞争优势,更能够在项目推进过程中得到东道国的支持,从而解决一系列意外的社会问题,如环保组织的抗议、环境保护问题等。

2. 强化双边联络

截至 2014 年年底,中国已至少与 123 个国家和地区签订了 134 份双边投资协定(BIT),其中不乏部分"一带一路"沿线国家。国内外很多专家学者都研究证实,BIT 能够有力促进签约国家吸收外资,增加签约国家之间的外资流量,比如 Egger 和 Pfaffermayr(2004)研究认为 OECD 国家之间的生效 BIT 能够增加其约 30% 的双边投资额,Egger 和 Merlo(2007)研究认为 BIT 不仅在短期内显著促进 OFDI,长期效应更加明显。但我国签署的 BIT 多侧重于警惕和预防外资引进来过程中的风险和问题,轻视中国企业走出去的政治保护。在习近平总书记提出"一带一路"战略以后,国家签订 BIT 协议的主要目标应当是推动企业"走出去",为"一带一路"沿线国家的基础设施建设提供更好的服务。因此,有必要对现有的 BIT 协议版本进行更新,在原有的投资准入条款、国民待遇条款、损失赔偿条款、纠纷解决条款等常规内容的基础上，逐步拓宽投资领域和投资范围，允许国内企业参与到"一带一路"沿线国家的水利、矿产、港口、道路等其他基础设施建设之中。

3. 深化多边协作

愿景与行动认为要充分发挥多边合作机制的作用，如上海合作组织、中国-东盟"10＋1"、亚太经合组织、亚欧会议、亚洲合作对话、亚信会议、中阿合作论坛等现有多边合作机制的作用，强化国家沟通联络，让更多国家和地区参与"一带一路"建设。从推进"一带一路"沿线国家基础设施建设的角度来看，强化多边协作机制就是要不断深化组织内部的沟通联络和协调配合，通过这些多边合作组织逐步建立起国家之间的涉外资本准入体系和涉外投资的国民待遇体系，完善涉外投资纠纷解决体系。

4. 发挥自贸优势

目前，我国已签署自贸协定 14 个，涉及 22 个国家和地区。事实证明，自由贸易区在促进对外投资方面具有不可替代的作用，如中国-东盟自由贸易区投资协议中明确约定了双方互相给予国民待遇、最惠国待遇，确保投资安全，尽量避免国有化和征收，实行自由汇率兑换等，这些举措都有利于双边基础设施投资战略的大力推进。正如愿景与行动所述，各级政府机关、社会团体组织必须要善于利用世界贸易组织、国际民航组织、上海合作组织、金砖国家组织、中国-东盟"10＋1"、亚太经合组织、亚欧会议、亚洲合作对话、亚信会议、中阿合作论坛、中国-海合会战略对话、大湄公河次区域经济合作等对外联络组织，全面强化与周边国家的经贸联系和政治往来，从而全面推进 PPP 模式的跨国交流合作。

论国际投资争端解决机制的透明度

杨洪鑫[*]

摘　要：国际投资争端解决机制即国际投资仲裁是在国际商事仲裁的基础上建立起来的一套争端解决机制，因此也继承了国际商事仲裁的各种特征。但作为国际投资仲裁来说，其本身涉及公共利益的特性使得在仲裁程序机密性方面不得不作出让步，而加入更多的透明度要求。面对国际社会上对增加国际投资仲裁透明度的呼声，NAFTA 投资仲裁机构、《ICSID 规则》、《UNCITRAL 规则》先后增加了透明度规则。中国面对不断增加的外商投资以及国际投资仲裁透明度的增加，其也应当保持积极地态度接受国际投资仲裁透明度的增加，承认法庭之友在国际投资仲裁中的权力和地位，以维护自己的利益。

关键词：国际投资争端解决机制；透明度；机密性；国际投资

随着全球经济一体化发展，一国投资者到另一国投资的行为已经屡见不鲜。为了保护投资过程中发生的非商业风险或政治风险，一般对于投资者母国和东道国来说，都会签订相关的投资保护协议，如 BITs（双边投资协议），或者在 FTA（自由贸易协定）中专章制定与投资保护有关的条款。一方面从投资者母国的角度来说，其有义务和责任保护其在海外投资的国民的利益。另一方面从东道国的角度来说，为了促进外资的内流或维持外国投资的持续增长，亦必须提供良好的投资环境，其中基本的一点就是保证外国投资者的利益不受侵害。无论是何种形式，其都会制定投资仲裁条款，并约定投资者与东道国因投资产生纠纷，可以向仲裁机构提起仲裁。因此大量的国际投资仲裁机构便如雨后春笋般出现在国际投资争端解决机制的舞台上，并且受到广大投资者的偏爱。

国际投资仲裁机构之所以受到广大投资者的偏爱，主要有以下原因。首先，相对于诉讼来说，仲裁效率高。在投资者母国，如果通过国家的诉讼制度来解决争端可能会产生多

---

* 作者简介：杨洪鑫，男，西南政法大学国际法学院研 2013 级，国际经济法方向。

余的花费。并且在一些国家,诉讼制定是多审终审制,与仲裁的一裁终局相比,仲裁可以大大缩短解决投资法律问题的时间。国际投资仲裁的另一个特征则是仲裁结果不仅由双方当事人掌握,并且是绝对保密的。国际投资仲裁的保密性最开始援引自国际商事仲裁。比如,联合国国际贸易法委员会的规则经常在国际投资争端解决中得到适用,为了保护双方当事人的隐私权,除非在当事人双方同意的情况下,一般禁止第三方旁听。同时,仲裁规则也禁止在没有双方当事人同意的情况下,将裁决结果向公众公开。再如 ICSID 仲裁规则中,规定 ICSID 委员会不允许公开裁决结果,除非得到当事人的允许,并且也规定在没有当事人同意的情况下,仲裁机构不得允许第三方进行旁听。

随着投资仲裁案件的不断增加,国际投资仲裁的一些问题和弊端也逐渐暴露。国际投资仲裁并非普通仲裁,相关的投资法律问题也具有特殊性。在国际投资仲裁中,大部分投资争端会涉及公共利益保护问题,然而对于这些问题的裁决却是在一个缺乏透明度、缺乏公众参与与监督的争端解决机制中作出的,无疑会导致公众对该机制的正当性产生怀疑,进而动摇公众对投资条约或自由贸易协定正当性的认识。于是,大量的学者呼吁国际投资仲裁机构应当增加自己的透明度,提高投资仲裁裁决结果的合法性。

一、国际投资争端解决机制透明度概述

国际投资仲裁起源于 20 世纪 60 年代,其兴起是以国际商事仲裁为基础,因此国际投资仲裁也吸收了国际商事仲裁的大量特征,如当事人自治、效率性以及机密性等。但是,国际投资仲裁区别于一般的普通仲裁的是,其往往与公共利益有关,且仲裁的裁决结果会影响东道国国内的公共政策,因此,越来越多的专家学者建议应当增强国际投资仲裁中的透明度。

(一)国际投资争端解决机制的概念和特点

国际投资争端解决机制,一般是指国际投资仲裁,即依据双边或多边投资条约的规定一缔约国与另一缔约国投资者将直接有投资引起的法律争端提交到国际仲裁机构,申请仲裁的投资争端解决方式。

提起国际投资仲裁是需要一定条件的,以 ICSID 为例,首先需要争端当事人适格。争端当事人一方必须是缔约国或其指派到 ICSID 的该国的任何下属单位或机构,当事人另一方必须是另一缔约国的投资者。其次需要争端的性质适格。争端必须是直接因投资而产生的任何法律争端,包括两个方面的要求:第一争端是法律争端;第二争端是直接因

投资而产生。最后,要将投资争端提交到 ICSID 仲裁需要经争端当事人以书面的形式同意。①

尽管国际投资仲裁是在以国际商事仲裁为基础之上形成的,但是国际投资仲裁也有自己的特点。第一,国际投资仲裁的双方当事人一方是投资者,一方则是国家。国际商事仲裁的当事人一般都为具有平等主体资格的私人,而国际投资仲裁的当事人往往是国家与私人投资者,两者在地位上具有不平等性。第二,国际投资仲裁往往涉及公共利益。大部分直接由投资引起的法律争端都是由于东道国国内政策侵犯了投资者的投资利益而产生的,东道国的国内政策往往又会涉及国内的公共利益保护问题如环境保护、自然资源保护等。因此,国际投资仲裁往往会涉及公共利益且国际投资仲裁的裁决结果也会影响东道国对其国内公共利益的保护政策。第三,国际投资仲裁对国家主权有一定弱化。一般在诉讼或者其他争端解决机制中,国家享有主权豁免即国家不能作为被诉方参与争端解决程序或者其财产不得被执行。但是,在国际投资仲裁中,只要国家同意将投资法律争端提交仲裁,那么国家就会部分免除主权豁免且会受到仲裁裁决结果的影响。②

(二)国际投资争端解决机制透明度概念和特点

国际上目前对于透明度的概念并没有一致的定义,其中《牛津法律词典》定义为:"市场运行的基本条件,确保支配市场运行的规则显而易见。一般来说,就是确保措施和适用的规则背后的原因为所有人所知悉,以使所有人受到公平对待。"③从中可以看出,透明度本身要表达的是公开和公众参与。"在法律视野中,透明度多指制度运作的公开性、民主性,并处于公众的监督之下",④因此国际投资仲裁争端解决机制的透明度主要是指国际投资仲裁和程序的公开性,以及第三方的参与性。

国际投资仲裁的透明度主要有以下特点:第一,对仲裁文件和信息的公开。比如对仲裁的裁决结果公开,对于涉及公共利益的投资争端案件,其裁决结果必然会影响东道国对其国内公共利益的保护,因此公众应当知道该过的公共利益保护政策是在什么样的情况之下做出的。第二,出庭参加庭审程序。在大部分的国际仲裁程序当中,都不允许非当事人以外的第三人旁听仲裁程序,但是国际投资仲裁的透明度要求仲裁庭给予非当事人以外的第三人旁听仲裁程序的机会。第三,提交法庭之友意见书的权力。践行国际投资仲裁透明度的一大措施就是仲裁庭允许个人、非政府组织或者其他组织在国际投资仲裁程

---

① 张晓军:《国际经济法学》,厦门大学出版社 2012 年版,第 138 页.

② 周倩如:国际投资仲裁的透明度问题研究[D].外交学院.2011 年.

③ An essential condition for those operating in a market, which ensures that the rules to which they are subject are made obvious. Generally, it ensures that the reasons behind measures and the applicable regulations are clear to all, so that all are treated fairly.

④ 刘璞. 投资仲裁透明度问题研究[D],厦门大学.2009 年.

序中以递交法庭之友意见书的形式参与程序,为仲裁庭提供专业的知识并且代表"公共利益"对双方当事人进行监督。⑤

二、国际投资争端解决机制中透明度的发展

上文已提到越来越多的学者呼吁增强国际投资争端解决机制的透明度,而各大国际投资争端解决机构迫于外界压力,不得不增加仲裁程序的透明度,避免社会各界对其失望。

(一)NAFTA 投资争端解决机制的透明度

北美自由贸易协定(North American Free Trade Agreement,以下简称 NAFTA)作为一个多边贸易协定,其在第 11 章中规定了与投资有关的条款,包括投资争端解决条款。在 NAFTA 的投资仲裁争端解决机制中,仲裁规则主要适用的是现存的《ICSID 仲裁规则》和《联合国国际贸易法委员会仲裁规则》(UNCITRAL Arbitration,以下简称《UNCITRAL 规则》),但是 NAFTA 自身也有规定,非争端缔约方可在书面通知争端双方后,非争端缔约方可就本协定解释之问题向仲裁庭提交意见。但这并不意味着 NAFTA 投资争端解决机制就是开放的,因为这一建议权只是赋予了 NAFTA 的三个缔约国,并且意见书的内容也只能与 NAFTA 法律解释有关。因此此时的 NAFTA 并为完全践行透明度,直到 Methanex 诉美国案,NAFTA 才作出了更为透明的措施。⑥

Methanex 案是第一件承认第三方有权以法庭之友的身份参加投资仲裁程序践行国际投资仲裁程序透明度的案件。本案是一个关于 NAFTA 的争端,适用的是《UNCITRAL 规则》。本案争端涉及政府公共监管的法律问题以及加利福尼亚政府禁止会对当地水源造成污染的甲基第三丁基醚的问题。而生产甲基第三丁基醚的原材料为甲醇,加拿大 Methanex 公司作为全球最大的甲醇生产商,加利福尼亚政府的做法使得甲醇的价格大大受到影响,作为投资者的 Methanex 公司的业务也因此受到了阻碍。因此 Methanex 公司认为加利福尼亚州政府违反了 NAFTA 第 1102(1)条关于给予外国投资者国民待遇、第 1105(1)条关于给予外国投资者国际法上最低待遇的规定,且构成了 NAFTA 第 1110(1)条中"与征收类似的措施",并向 NAFTA 仲裁机构提起仲裁。在这一备受关注的问题当中,很多加拿大的非政府组织如国际可持续发展协会(International Institute for Sustainable Development)、美化环境联合会(Communities for a Better Environment)、地球岛屿协会(Bluewater Netmork of Earth Island Institute),以及国际环境

---

⑤ 于健龙:《论国际投资仲裁的透明度原则》,载《暨南学报》2012 年第 9 期。

⑥ 梁丹妮:《NAFTA 投资争端仲裁程序透明度研究》,载《求索》2008 年 10 月。

法中心（Center for International Enviromental Law）等陆续向仲裁庭提出申请以法庭之友的身份参与仲裁程序，同时请求开放与争端相关的文件和旁听。Methanex 案的仲裁庭考虑到 NAFTA 的相关文件和《UNCITRAL 规则》，最后认为仲裁庭有权决定是否允许或者拒绝法官顾问的申请。而且，仲裁庭依据《UNCITRAL 规则》第 15 条第 1 款的规定作出了明确的判决："介于以上规则，仲裁庭用合适的方式进行仲裁，对双方采用公平原则，在程序的任何一个阶段，双方都有权陈诉自己对于这个案件的观点。"

仲裁庭认为本案涉及的问题是公共利益"而不仅仅是因为争端的一方是国家"，但是因为它涉及了公共服务条款和人类健康卫生问题，因此法庭之友能够在本案中提出新的观点。与此同时，仲裁庭考虑到了自身受到《UNCITRAL 规则》第 25 条第 4 款的约束，即不公开条款，并未允许第三方旁听，以及公开一些需要保密的文件。仲裁庭强调非政府组织并没有任何实质性的权利参与仲裁，因为它超越其职权范围，因此对于争端双方来说并没有任何附加的压力。

尽管 NAFTA 仲裁庭最终只是允许了法庭之友可以向仲裁庭递交法庭之友意见书，并未同意旁听和公开保密文件这两个申请，但是这已经在践行国际投资仲裁程序透明度的道路上迈出了一大步。

在接下来 United Parcel Service of American, Inc. v. Canada（以下简称 UPS）的案件中，该案也适用了《UNCITRAL 规则》且在该规则下考虑了法庭之友的问题，该案大部分也都遵循了 Methanex 案仲裁庭的方式。在 UPS 的仲裁程序中，美国的联合包裹服务公司称加拿大在邮件寄送方面为了对抗私营包裹服务企业而采取了不合适的垄断行为并违反了 NAFTA 的条款。加拿大邮政协会和加拿大议会代表加拿大邮政工人的利益作为法庭之友参加了仲裁。UPS 的仲裁庭接受了这个请求，但是仅限于非政府组织递交的书面申请书，即使最后当事人双方都同意旁听和公开相关文件。当然，UPS 的仲裁庭明确指出法官顾问不能提起任何新的当事人没有提出的诉求。为了授予法庭之友权利，UPS 的仲裁庭像 Methanex 案的仲裁庭一样再次进行了公共参与仲裁程序的合法性分析。

对此，NAFTA 的自由贸易委员会（Free Trade Commission，以下简称 FTA）于 2001 年 7 月和 2003 年 10 月前后发表了两份声明。2001 年 7 月，FTA 在其声明中承认了 NAFTA 没有任何条款向争端当事人一方施加一般的保密义务，也没有任何条款禁止当事人向公众提供与仲裁有关的文件。但是，此次声明并没有对信息公开的方式和程度作出具体的规定，这使得 NAFTA 受到了更多的谴责和舆论抨击。因此，FTA 迫于压力，不得不在 2003 年 7 月再次发表声明。此次声明宣布仲裁庭有权自行决定是否接受非争端当事人递交的法庭之友意见书，但是不能损害作为 NAFTA 成员国的非争端缔约方参与仲裁的权力。FTA 还在声明中提到了仲裁庭接受法庭之友意见书必须考虑的因素、法庭之友身份、法庭之友的书面意见书的形式、仲裁庭准许提交法庭之友的后续程序、仲裁文件的公布等事项。尽管如此,2003 年 7 月的声明仍旧不太详细,措辞较为模糊,使得其很难成为仲裁庭是否接受法庭之友意见书的标准,留给仲裁庭较大的自由裁量空间。所以,NAFTA 投资争端解决机制的透明度仍然需要改进和加强。⑦

(二)ICSID 投资争端解决机制的透明度

在 NAFTA 投资争端解决机制践行透明度之后,专门处理国家与投资者之间投资争端的仲裁机构 ICSID 也于 2006 年 4 月 5 日公布了新的仲裁规则,即《ICSID 仲裁规则》(2006),并于 2006 年 4 月 10 日生效。《ICSID 仲裁规则》(2006)第 32 条第 2 款规定,除非任一当事人反对,否则仲裁庭在秘书长协商之后,有权决定除双方当事人、其代理人、律师、证人和专家及仲裁庭工作人员以外的其他人员,参加全部或部分庭审。对专有或特殊的信息,仲裁庭应采取措施予以保护。

并且该规则第 37 条第 2 款规定仲裁庭应当考虑以下事项:(1)非争端当事人能够提供观点帮助仲裁庭决定与仲裁有关的事实或者法律问题,专业知识或者不同于争端当事人的观点;(2)非争端当事人能够解决争端范围内的问题;(3)非争端当事人在仲裁程序中享有确切利益。

在 Biwater Gauff 股份有限公司诉塔桑尼亚政府,苏伊士、索谢达诉巴塞罗那、南非以及威望迪集团诉阿根廷政府案中也赋予了第三方非政府组织作为法庭之友参与仲裁程序的权利。Biwater 案涉及了坦桑尼亚政府对其首都达累斯萨拉姆的自来水供应和污水处理的私有化,最后坦桑尼亚政府与英国公司签订了一份服务协议。五个非政府组织代表人权和可持续发展协会申请作为法庭之友阅读双方当事人递交的主要文件和旁听以及回答仲裁庭提出的任何书面问题。为了支撑他们自身的意见书,非政府组织声称从可持续性发展这个角度来讲,Biwater 仲裁涉及了塔桑尼亚当地的社会问题,以及各个已经将水资源或者其他公共基础设施私有化的发展中国家所面对的各种潜在性问题。

Biwater 案的仲裁庭根据《ICSID 仲裁规则》(2006)分析了法庭之友参与的问题,仲裁庭认为非政府组织满足了该规则第 37 条第 2 款的标准条件,因此允许非政府组织作为法庭之友参与仲裁程序。但仲裁庭并未允许非政府组织任何积极的参与行为,因为根据规则第 32 条第 2 款的要求,需要当事人同意,并且仲裁庭认为第三方并没有要求翻看仲裁庭记录以便提出更好的信息丰富的必要。就像以前在《UNCITRAL 规则》下仲裁的案件一样,仲裁庭分析认为法庭之友并没有被赋予任何实质性权利。⑧

---

⑦ 张辉.NAFTA 争端解决机制的内容和特点[J].甘肃政法成人教育学院学报.2007 年 2 月.

⑧ Dr. Eric De Brabandere. NGOs and the "Public Interest": The Legality and Rational ofAmicus Curiae Interventions in International Economic and Investment Disputes [J]. Chicago Journal ofInternational Law,2011.6.

因此,ICSID 在践行仲裁程序透明度方面也是有限的,仲裁庭并没有赋予第三方非争端当事人实质性的权力,而是一些程序性权利,如递交法庭之友意见书,除此之外也未扩展更多的如文件浏览权、旁听权的参与权。

(三)UNCITRAL 投资争端解决机制的透明度

《UNCITRAL 规则》由联合国 1976 年第 31 次大会正式通过,于 2010 年进行了第一次修改,其最初的适用对象为一般的商事仲裁,后来才逐渐适用于国家与私人间的国际投资仲裁。1976 年《UNCITRAL 规则》和 2010 年的最新规则都没有明确的条文规定非争端第三方介入仲裁程序相关事项,而在之前的仲裁案件中,使用得最多的就是 1976 年仲裁规则的第 15 条第 1 款和 2010 年仲裁规则的第 17 条第 1 款,即:"在不违反本《规则》且确保平等对待当事人的情况下,仲裁庭可以按照其认为适当的方式进行仲裁,并在仲裁程序的任何阶段都给予每一当事人陈诉的机会。仲裁庭行使裁量权时,程序的进行应避免不必要延迟和费用,并为解决当事人争议提供公平有效的程序。"从条文中可以看出,《UNCITRAL 规则》赋予了仲裁庭在不违背规则和确保平等对待当事人的情况下充分的自由裁量权,仲裁庭也可以据此允许非争端第三方适当地参与仲裁。

在 UNCITRAL 第四十一届会议期间,仲裁和调解工作组在其工作报告中指出,以条约为基础的投资者与国家间争端仲裁的透明度问题不容忽视,在完成对普通形式的《UNCITRAL 规则》修订后,应当优先处理这一问题。经过各方面的考虑,工作组得出了与透明度规则有关的结论,主要有两点:第一,以条约为基础的投资者与国家间争端仲裁不同于一般的商事仲裁,有必要对其程序和裁决的透明度进行特别的规定;第二,直接在一般适用于商事仲裁的《UNCITRAL 规则》中列入透明度的特别规定是不可取的。

在此之后,仲裁和调解工作在其第五十三届和第五十四届会议上对"拟定以条约为基础的投资者与国家间仲裁透明度统一法则"作出了一般评议,并对透明度问题法律标准可能采取的形式以及该标准可能包含的内容进行了讨论,并收集了与会各国的意见。

经过讨论后,委员会于 2013 年 7 月 8 日至 26 日第四十六届会议上批准通过了《贸易法委员会投资人与国家间基于条约仲裁透明度规则》(The UNCITRAL Rules on Transparency in Treaty-based investor-State Arbitration,以下简称《透明度规则》),且于 2014 年 4 月 1 日生效。该规则规定对于 2014 年 4 月 1 日之前缔结的条约而引起的争议,如果相关条约的缔约方或争端当事人同意适用《透明度规则》,则《透明度规则》予以适用。对于 2014 年 4 月 1 日或之后缔结的条约而引起的争议,如果投资人与国家间仲裁是依据《UNCITRAL 规则》启动的,则《透明度规则》予以适用,除非当事人另有协议。同时,2013 年新的《UNCITRAL 规则》中,第 1 条新增了第 4 款,规定《透明度原则》适用于《UNCITRAL 规则》提起的仲裁。

已经生效的《透明度规则》包含一下八个条款：[9]

第一条规定了《透明度规则》的适用范围，即对于 2014 年 4 月 1 日之前缔结的条约而引起的争议，如果相关条约的缔约方或争端当事人同意适用《透明度规则》，则《透明度规则》予以适用。对于 2014 年 4 月 1 日或之后缔结的条约而引起的争议，如果投资人与国家间仲裁是依据《UNCITRAL 规则》启动的，则《透明度规则》予以适用，除非当事人另有协议。

第二条规定在仲裁程序启动时公布仲裁信息。仲裁通知一旦发出，存储处应立即向公众提供关于争议各方名称、所涉经济部门以及提出有关申请所依据的条约的信息。

第三条列举了应当公布的文件清单，清单中的文件无须经过当事人同意就可向公众公布。

第四条规定在与当事人协商后，仲裁庭有权允许第三方提交书面材料，且对第三方的申请作出了实质性和程序性的规定，并为仲裁庭决定是否接受第三人的申请提供了审查标准。

第五条规定了非争端当事人应当递交的材料，在条约解释的事项上，仲裁庭可以自行决定。

第六条规定庭审问题，除非涉及机密信息或者将影响程序的完整性，否则审理应当公开进行。

第七条规定透明度的例外情形，对于涉及机密信息或受保护信息以及影响仲裁程序完整性的信息应不公开或应推迟公开。

第八条规定已公布信息存储处应为联合国秘书长或贸易法委员会指定的一个机构。

三、中国在增强国际投资争端解决机制透明度中的选择

尽管仲裁机构都先后对自己的仲裁规则进行了修改，增加了自身的透明度以满足国际社会的要求，但是作为仲裁机构来说，机密性仍旧是其吸引当事人的特征之一。

国际投资仲裁是在国际商事仲裁的基础上建立的争端解决机制，因此国际投资仲裁机密性的规定很大程度上也是继承了国际商事仲裁的规定。布莱克法律词典上对保密性有两个解释：一是"秘密性，特定信息被限制扩散的状态"；二是"在特定的关系中，如律师和顾客、夫妻关系中，一方给予另一方的信任关系"。而仲裁的机密性则主要是指第一种解释，即仲裁庭、争端当事人和其他参与仲裁程序的相关人员不能将与仲裁有关的证据、文件和仲裁裁决向跟仲裁无关的第三人披露。

对于机密性，仲裁机构在其仲裁规则中也有相应的规定。如《UNCITRAL 规则》第

---

⑨　张梦醒.论国际投资仲裁争端仲裁机制的透明度[D].苏州大学.2014 年.

28 条规定"各方当事人未另外约定的,审理不公开进行"和第 34 条规定裁决的公布需要经双方当事人同意。在 Methanex 案中,尽管最后仲裁庭践行了透明度,允许第三人作为法庭之友递交书面的意见书,但是仲裁庭仍旧根据《UNCITRAL 规则》第 25 条第 4 款即不公开条款的规定,并未允许第三方旁听,以及公开一些需要保密的文件。

因此,在国际社会不断要求扩展国际投资仲裁透明度时,中国对国际投资仲裁机密性和透明度的倾向也会影响其以后的经济发展。从外商直接投资来看,截至 2013 年,中外合资企业共有 4476 家,占全国比重 19.62%;中外合作企业 142 家,占全国比重 0.62%;外资企业 18125 家,占全国比重 81.62%;外商投资股份制公司 30 家,占全国比重 0.13%;其他 46 家,占全国比重 0.2%。从外商直接投资的情况可以看出,每年外商投资金额都是以几百亿的速度在增长。⑩ 因此,面对不断增长的外商投资,中国作为东道国,应当提前做好防范,且对扩大国际投资仲裁透明度应持一种积极的态度。

首先,中国应在国际投资争端解决机制中积极承认透明度制度和条款。随着中国不断与各国签订 BIT 条款,其逐渐接受 ICSID 的管辖,同时也就意味着投资者拥有了单方面向国际仲裁庭起诉中国政府的决定权。再加上不断增加的外商投资者,如果发生投资争端,中国则会面临很大的风险。

为了避免这种风险,中国应当积极承认国际投资仲裁机构的透明度规则,引入法庭之友制度。在国际投资仲裁规则中承认法庭之友的主体资格,明确法庭之友的权力范围,同时设置相应的标准供仲裁庭审查时参考,保证仲裁程序不会因为非争端当事人第三方的参与而影响仲裁的效率或者提高仲裁的花费。

然后,中国应当在其 BIT 或者 FTA 的投资保护条款中增加公共利益保护条款。即缔约方东道国处于安全、公共秩序、公共健康、卫生、道德和环境保护等原因采取的措施应当看成违反了公平公正待遇条款,也不应当被视为征收或类似征收行为。因为中国经济正在转型时期,在这一时期,必然会面临大量的问题。对于国家的宏观调控以及中国根据基本国情制定的相关法律法规必然不能排除为了维护国家安全或者公共利益而违反投资保护协定。为了不让外国投资者因此种原因将中国起诉到国际投资仲裁机构,中国就应该提前对公共利益保护问题加以规定,以防范于未然。

中国尽管一直在国际社会上承认自己是发展中国家,但是我们也应认识到我们自身的特殊性。区别于一般的发展中国家,中国的外商投资已经位居全球前列,不能不改变传统的发展中国家的思维,为自己的利益考虑。因此,在国际投资仲裁透明度这一方面,还是应当保持积极的态度,承认在适当的范围之内增加国际投资仲裁程序的透明度,而非一味地坚持仲裁的保密性。

---

⑩ 2014 年中国外资统计.[EB/OL].中国投资指南.[2014-10-29].http://www.fdi.gov.cn/1800000121_33_4320_0_7.html? style=1800000121-33-10000318.

论联合国《公共采购示范法》的新发展

——兼谈我国政府采购法律制度的完善

杨文明[*]

（西南政法大学经济法学院）

摘　要：2011年修订的联合国《公共采购示范法》明确了各国公共采购的社会经济政策功能，从内容上新增了"电子逆向拍卖""框架协议"等章节。相较而言，我国政府采购政策目标尚不明确，政府电子采购还缺乏法律支撑，协议供货制度弊端凸显，质疑审查机构缺乏独立性。因此明确我国政府采购法律制度的政策目标，修订政府采购法律法规、引入电子逆向拍卖等采购新手段，完善框架协议制度、建立独立的质疑审查机构是新法映射下我国政府采购法律制度完善的关键。

关键词：《公共采购示范法》；社会经济政策；电子逆向拍卖；框架协议；质疑审查机构

　　2011年，在联合国国际贸易法委员会第四十四届会议上审议通过了《公共采购示范法》（以下称《示范法》）。其前身是联合国《货物、工程和服务采购示范法》[以下称《示范法》(1994)]，《示范法》(1994)通过后，为世界上许多国家、地区制定或修改自己的政府采购法律提供了积极的借鉴意义。其中，中国在2002年制定《政府采购法》的过程中就主要参考了《示范法》(1994)的框架和内容。但是随着全球政府采购贸易的发展以及科技手段的提高，政府采购的程序日益复杂、手段日趋多元，而公共采购过程中出现的新问题并未在《示范法》(1994)中得以解决，因此新形势下《示范法》(1994)的修订迫在眉睫，在总结各国公共采购经验的基础上，2011年修订通过的《示范法》弥补了《示范法》(1994)在采购理念、采购程序与方法以及救济程序等方面的不足，反映了国际上新的做法和规范要求。鉴于我国正在酝酿《政府采购法》的修订，深入研究、借鉴《示范法》的创新之处，发挥它对各国的示范作用，对完善我国政府采购法律制度具有重要意义。

---

　　* 作者简介：杨文明(1988—　)，男，山东德州人，西南政法大学经济法学专业博士生，主要研究方向为政府采购法、经济法。

一、《示范法》的修订背景

自 20 世纪 90 年代以来,科学技术的发展推动了国际社会在政治、经济、文化等诸多领域的重大变革,如国际互联网技术的应用使得人类的经济活动在全球范围内急剧扩展,实现了全球互动。这一现代化的进程被学者抽象出"第二次现代化理论"[1],根据其描述,全球化、信息化以及生态化成为第二次现代化的重要特征,在现代化大背景下,公共采购法律制度的变革也体现出这一特征。具体而言,政府采购公共政策目标的现代化、信息技术革命、各国在公共采购效率提高方面的实践以及新形势下各国采购实践面临的新问题推动了《示范法》的修订与完善。

(一)公共政策目标的现代化

政府采购[①]中的公共政策目标是与商事目标相对应的采购目标,它是指政府通过立法所确立的、通过其采购活动所推行的政治、经济、社会或者环境等体现社会公共利益的政策目标。[2]由于公共政策目标不以经济效益为评价标准,因而又被称为非经济目标。

随着公共采购的发展,单纯地维护本国企业经济利益已非公共政策目标体系中的关键,而环境保护、中小企业保护以及科技创新等渐已成为各国公共采购中重点关注的政策目标。正如前文所提到的,生态化已成为当前现代化进程的重要特征,保护环境在公共采购中正在成为共识,如 2002 年 12 月,在约翰内斯堡召开的全球可持续发展峰会中就提出了"通过促进政府采购政策来鼓励环境友好产品或服务的开发"。保护中小企业不仅能增强经济的竞争活力还能促进就业、保障出口,因而具有多重价值。另外,经济活动中科技创新的重要性越来越大,促进科技创新也成为公共采购的重要政策目标。鉴于公共政策目标现代化的趋势,各国、各地区的立法也开始普遍关注这一问题。例如,欧盟在 2004 年颁布 2004/17/EC 号、2004/18/EC 号指令[②],降低了中小企业进入公共采购市场的门槛,通过减少行政负担、降低对投资者融资能力的要求等措施,鼓励中小企业获得更多的政府采购合同。另外,2004 年,欧盟委员会还发布《绿色采购手册》,通过制定绿色采购实施计

---

① 政府采购又称公共采购,是相对于私人采购而言的发生在公共部门,使用财政性资金,为了履行公共职能而进行的工程、货物和服务的购买活动。目前联合国、欧盟等国际组织逐渐采用"公共采购"的提法,而在我国立法实践和学术研究中,"政府采购"还是普遍的说法,本文把"政府采购"和"公共采购"在相同的含义下使用。

② 2004/17/EC 号指令,即《关于协调水、能源、交通运输和邮政服务部门采购程序的指令》,对此前的公共事业采购指令进行了修订。2004/18/EC 号指令,即《关于协调政府采购货物、工程和服务程序的指令》,对此前 3 个规范货物、服务和工程采购的指令进行了修订合并。2007 年 12 月,欧盟又对上述两个指令进行了修订,降低了合同授予的最低限额标准,幅度为 2.4%～2.9%,进一步扩大了指令所涵盖的范围。

划并培训员工、评估采购需求、确定合同标的、选择供应商、授予合同、履行合同等规范要求,推动公共采购环境保护政策目标的实现。[3] 反观《示范法》(1994),它既没有强制要求各国在制定本国公共采购法律时引入这些经济、社会政策目标,也没有明确限定公共政策的范围。因此推动公共采购政策目标的现代化成为修订《示范法》(1994)的重要目的。

(二)公共采购工具的现代化

随着信息技术的发展以及互联网技术的应用,电子采购逐渐适用于公共采购领域。这使得传统以纸质媒介为基础的公共采购交易面临着现代化的诸多挑战,不得不向高效率、低成本并且环保的电子采购转化。在这一方面,电子逆向拍卖带来的冲击更大,它成为公共采购现代化进程中的新鲜事物。在电子逆向拍卖采购中,卖方之间在规定的时间内通过互联网不断投标,以更低的报价进行竞争并取得合同。尽管电子逆向拍卖在方法上与传统拍卖有所不同,但经济分析表明,它所产生的结果和传统拍卖形式相比并无不同。[4] 而且它还具有传统拍卖所不具备的优势:一是吸引更多的卖方,从而提高竞争程度、降低信息成本,实现"物有所值"原则;二是可以对各供应商及其产品、服务有更为全面的了解,改进采购合同的管理水平;三是加强采购主体和供应商的直接接触,从而减少或避免权力腐败和行为滥用,提高公共采购的透明度。另外电子逆向拍卖还可以与其他国内政策产生协同作用。但是另一方面,对电子逆向拍卖保密性的怀疑影响着供应商的大规模参与,电子逆向拍卖还有可能与其他公共政策目标冲突,因为实践表明,通过电子逆向拍卖采购来提高效率更有利于大企业,这就与中小企业保护的目标背道而驰了。因此面对实践中对电子逆向拍卖的争议,《示范法》必须予以明确的回应,一方面顺应公共采购工具现代化的趋势引入电子采购形式,另一方面针对其实践中的缺陷在制度上不断加以完善。

(三)各国在公共采购效率提高方面的实践——框架协议

框架协议是《示范法》新增的内容,在《示范法》修订之前,它已经是许多国家或地区的普遍做法,某些国家的国内法、一些区域性国际机构都对此作出了规定。③ 之所以能在各国得以广泛应用,是因为框架协议有着不少明显的优势。一是框架协议可以降低交易成本。因为在框架协议程序中确定了合格的供应商或承包商名单,采购实体在订单确定之前就对其进行了资格审评,并对未来采购的条件和规格予以明确。因此与分别单独进行的采购相比,交易时间和费用都大大降低了。二是框架协议的采购方式提供给供应商或

---

③ 例如美国《联邦采购条例》规定了框架协议作为标准竞争性授标程序的一种替代做法,由美国中央集中采购机构即美国联邦总务署(General Services Administration,简称 GSA)的联邦供应服务中心实施。

承包商一个持续竞争的平台,按照预期订购数量要求降低价格,实现"物有所值"。另一方面框架协议也存在一定的缺陷,如期限较长、范围较广,如不对其进行适当的管理和监督,供应商或承包商存在相互串通的可能。[5]因此,通过《示范法》的修订,对框架协议予以明确规定,一方面为各国公共采购方式的多元化提供借鉴,另一方面也可以为已经建立框架协议制度的国家完善本国公共采购制度提供示范。

(四)《示范法》(1994)行政审查程序的缺陷

《示范法》(1994)第54条规定了行政机构就供应商或承包商与采购实体之间的争议进行审查的程序。但是行政机构在解决争议中的独立性越来越受到质疑。从理论上讲,"冲突的任何解决方案都不能包含有冲突解决者自己的利益"。[6]而行政机构往往与采购实体存在一定的联系,行政机构或者是采购实体的采购管理机关或者就是采购实体本身,这种情况下行政机构显然无法保持公正,对供应商或承包商的救济效果也大打折扣。因此需要建立独立的审查机制,设立独立机构并提供其尽可能多的行动自主权和独立性,使其不受行政和立法部门的干预和不良政治影响。从各国实践来看,不少国家认识到保持质疑审查机构独立的重要性,如美国设立合同争议委员会作为政府采购投诉处理机构。该机构必须具备3名行政法官且具有5年以上工作经历,从而保证投诉处理的专业性。合同争议委员会类似法院,有较强的独立性,作出的裁决具有终局性,即使部门行政首长也不能改变。德国的联邦或州的经济部卡特尔局采购庭、日本的政府采购审议委员会等也是独立性较强的审查机构,保证争议解决的公正进行。无论从理论还是实践,在《示范法》中明确审查机构独立性已成为弥补行政审查程序缺陷的关键。

因此,面对公共采购政策目标、公共采购工具的现代化,面对各国在公共采购效率提高的实践活动和《示范法》(1994)存在的缺陷,联合国国际贸易法委员会对其进行了修订,前述变化成为《示范法》修订的时代背景。

二、《示范法》修订的创新之处

随着时代发展,各国公共采购实践中出现了一些新情况、新问题,要求在国际法律规范中予以回应。2011年《示范法》的修订就体现了这些新的做法和经验。从章节上讲,《示范法》由6章增加为8章,新增加的两章均反映了公共采购的新手段、新程序。在第六章规定了"电子逆向拍卖",在第七章规定了"框架协议"。从条文来看,由原先的57条增加为69条。除了上述两章新增规定外,还包括"未来可能采购活动的信息"(第6条)、"关于采购估值的规则"(第12条)、"否决异常低价提交书"(第20条)、"行为守则"(第26条)、"采购方法"(第27条)、"电子逆向拍卖的使用条件"(第31条)、"框架协议程序的使用条件"(第 32 条)以及"向独立机构提出复议申请"(第 67 条)等,这些章节和条文主要体现了《示范法》在以下几个方面的创新。

(一)社会经济政策

从《示范法》(1994)序言的六项目标④来看,公共采购的社会经济政策功能并未纳入其中,但是公共采购作为一项政策在社会经济发展中发挥着越来越重要的作用。联合国国际贸易法委员会认识到,颁布国的采购有相当一部分可能与构成经济和社会发展进程的项目相关,采购可以加强此种发展和能力建设,而采购系统也可被选作向经济部门中的某些群体提供政府支助的工具,⑤因此在 2011 年修订《示范法》时明确将社会经济政策纳入法律文本。

1. 社会经济政策目标的范围

这些目标包括给予某些产业部门中的私营企业一定的支助,保证其能充分参加有关市场的竞争;促进当地能力的发展,包括向中小企业提供支助以及实施社区参与采购的方法。总的来讲社会经济政策主要着眼于某一特定部门的发展,着力改善环境,加强弱势群体的地位,以及考虑经济因素。

为了明确社会经济政策目标的范围,联合国国际贸易法委员第一工作组(采购)还列举了实践中遇到的社会经济政策实例,它们包括:国产化程度(包括制造、劳动力和材料),投标书所提供的经济发展潜力(其中包括国内投资或其他商务活动),鼓励就业、技术转让以及在管理、科学和操作上的技能培养,发展中小企业、少数族裔企业、小型社会组织,保障弱势群体、残障人士,促进区域和地方发展,以及增进妇女、青年和老年人以及土著群体和传统群体成员的权利。⑥

2. 社会经济政策目标的实施方式

《示范法》通过供应商或承包商资格标准、评审标准和程序以及采购方式等来实施社会经济政策目标。首先,《示范法》第 8 条第(1)款规定了采购实体可以在法律允许的范围内,作为例外情形把采购限于国内供应商。该款规定能够促进透明度,防止任意使用对外国供应商或承包商参与采购的限制。其次,采购实体通过确定资格和响应性方面的最低限标准,促进环境、产业、社会以及其他方面的政策。具体而言,在《示范法》第 9 条中规

---

④　这六项目标可以归纳为节约采购成本和提高效率、促进国际贸易、促进竞争、保证公平待遇、实现廉洁采购以及增加采购程序透明度。这些目标基本围绕政府采购本身展开,而并未将政府采购置于社会经济发展的环节中看待。

⑤　参见 Revised Guide to Enactment to accompany the UNCITRAL Model Law on Public Procurement:A/CN.9/WG.I/WP.79,p.9.

⑥　参见 Revised Guide to Enactment to accompany the UNCITRAL Model Law on Public Procurement:A/CN.9/ WG.I/WP.79,p.9.

定,供应商或承包商应当符合本国所适用的道德标准和其他标准,该条还明确允许采购实体对供应商或承包商规定环境方面的资格要求,这有利于在采购中促进可持续性。第10条规定,采购实体应当在招标文件中列出其将用以评审提交书的采购标的详细说明,包括提交书被认为具备响应性而必须达到的最低限要求以及拟适用这些最低限要求的方式。再次,《示范法》第11条还规定了对本国供应商和承包商有利的"优惠幅度"方法,通过该方法可以为颁布国兼顾采购程序的国际参与和在无须进行纯粹国内采购的情况下辅助本国能力之间提供一种机制。

社会经济政策目标在《示范法》中得以确立,这就为各国国内的一般性政府采购立法和制度构建提供了范本,表明联合国国际贸易法委员会对各成员国的实际做法更为包容,这也有助于提高《示范法》在各国发挥更大的作用和影响。

(二)电子逆向拍卖

根据《示范法》的定义,电子逆向拍卖是指供应商或承包商在规定期限内相继提交更低出价,出价自动评审,采购实体选出中选提交书所使用的在线实时采购工具。电子逆向拍卖可以作为一种独立的采购方法进行,也可以作为其他采购方法中授予采购合同前的最后阶段进行。作为信息技术革命与电子政务相结合的产物,电子逆向拍卖具有诸多优势,《示范法》对此进行了专章规定。

1. 电子逆向拍卖的适用条件

要区分电子逆向拍卖是否作为独立的采购方法来设定其适用条件。作为独立采购方法的电子逆向拍卖,在满足下列条件的情况下可以使用:[7]一是采购实体拟定采购标的详细说明是可行的;二是存在着供应商或承包商的竞争市场,预期有资格的供应商或承包商将参加电子逆向拍卖,从而可确保有效竞争;三是采购实体确定中选提交书所使用的标准可以量化,且可用金额表示。这些条件表明采购客体标准化、简单且一般可购得,电子逆向拍卖主要是为了满足采购实体对此的需求。条件二主要是避免发生串通风险,确保独立拍卖中的激烈竞争。

采购实体还可以使用作为授予采购合同前的一个阶段的电子逆向拍卖,另外采购实体还可以在有第二阶段竞争的框架协议程序中为授予采购合同而使用电子逆向拍卖。在第二阶段,拍卖所涉及的变量将非常有限,因此上述作为非独立采购方法的电子逆向拍卖必须满足上述第三个条件(也即中选提交书涉及非价格标准的,这类标准必须采用可量化且能以金额表示的形式表示)才能使用。

2. 电子逆向拍卖的程序

《示范法》根据电子逆向拍卖是否作为独立采购方法而进行程序上的不同规制,首先

---

⑦　参见《示范法》第31条的规定。

在第 53 条规定了作为独立采购方法的电子逆向拍卖的适用程序。(1)采购实体应征求出价并登载电子逆向拍卖邀请书。由于存在竞争性市场,因此要求采用公开招标的方法,以实现对拍卖最大程度的参与。同时《示范法》还罗列了必须列入拍卖邀请书中的信息,意在使供应商或承包商确定自己是否有资格参加或如何参加采购程序。(2)由于通信系统技术能力的限制,采购实体可以设定最高限数,限制参加电子逆向拍卖的供应商或承包商数量。采购实体应当对设定最高限数的理由进行说明,避免对某些供应商或承包商造成歧视。(3)进一步要求。采购实体希望在拍卖前审查资格和响应性的情况下,初步出价时必须在拍卖邀请书中列入:(a)初步出价邀请书,附带初步出价编写说明;(b)初步出价的递交方式、地点和截止时间。⑧ 另外为使供应商或承包商有效提出质疑,应当把否决任何初步出价的通知书以及否决理由迅速发送给相关供应商或承包商。

关于作为授予采购合同前的一个阶段的电子逆向拍卖的程序在《示范法》第 54 条中予以规定。首先规定了此种电子逆向拍卖程序中必须提供的最低限信息,采购实体除必须向供应商或承包商提供《示范法》前述条款规定的信息外,还应当对即将举行的拍卖予以说明,提供拍卖期间使用的数学计算公式以及接入拍卖程序的方式。在完成上述步骤后采购实体应当为剩下的参加者提供下列相关信息:登记参加拍卖的截止时间、开始拍卖的日期和时间、身份识别要求以及举行拍卖适用的所有规则。⑨ 另外,《示范法》还对电子逆向拍卖的等级和举行拍卖的时间、拍卖期间等作出了详细规定。

113

(三)框架协议

基于框架协议在行政效率、减少使用紧急程序的必要性、提升小型采购的效果和透明度、增加中小企业的参与度、保障供货安全、节省费用以及流程效率等方面的政策优势,《示范法》在吸收各国框架协议实践经验的情况下将其纳入立法体系,并对框架协议的适用条件和程序作出了规定。

1. 框架协议的适用条件

框架协议的适用要考虑以下两种情形:一是对采购标的的预期需要是不定期的,即不清楚需要的时间、数量或者程度,预期需要或是重复性的。一般在采购标准化项目或服务时容易出现这类情形。二是预期需要将在紧急情况下出现,紧急情况包括流行病、自然灾害或者其他已知风险。《示范法》设定这些条件的理念在于,如果估计采购实体的需要在中短期内产生,但是却无法在采购之初就确定所有条件和条款,则使用框架协议程序在行

---

⑧　参见《示范法》第 53 条第(3)款的规定。

⑨　参见 Revised Guide to Enactment to accompany the UNCITRAL Model Law on Public Procurement:A/CN.9/WG.I/WP.79/Add.14,p.2.

政效率等方面有利于采购的进行。⑩

2. 框架协议程序

框架协议又分为封闭式框架协议和开放式框架协议,前者是指最初未加入框架协议的供应商或承包商不可随后加入的框架协议,后者是指除最初加入框架协议的当事人之外其他一个或多个供应商或承包商可随后加入的框架协议。两种框架协议在程序的确立、运行方面有所不同。

关于封闭式框架协议,要首先明确授予方式,根据《示范法》第58条的规定,应当首先考虑使用公开招标,当然还应当对适用公开招标的除外情形进行审查,对于采购低价值、重复性和紧急项目以及药品、能源供应和教科书之类的专门项目,可以考虑公开招标之外的其他采购方法。另外应当明确采购实体邀请参加框架协议程序时提供的信息。这些信息包括必须载明供应商或承包商据以提供采购标的的条款、条件以及采购合同的授标程序。其次要明确封闭式框架协议的要求,包括协议必须以书面形式订立并载明协议期限、采购条款和条件、对程序之初无法准确确定的条款和条件的估计以及采购合同的授予方式等;与多个供应商或承包商订立封闭式框架协议的要求;框架协议有效运行所必须的一切信息,保证程序的透明度和可预期性。

关于开放式框架协议,首先要明确确立协议的程序,该协议要在网上确立和维持,同时保障邀请参加开放式框架协议程序的机制,关于邀请参加该协议的邀请书也要列明各项要求,确立协议时还要载明框架协议在整个运作期间对新供应商或承包商的实质要求等。其次《示范法》在第61条对开放式框架协议提出了下列要求:协议的期限、采购的条款和条件、定期重新登载加入开放式框架协议邀请书。

(四)独立的质疑审查机构

前已述及,独立复议机制比传统的法院程序解决争议更有效率,并且独立机构的专业性也具有潜在益处。因此,《示范法》第67条对此作出了明确规定。就独立机构的形态而言,可以是对采购事务行使总体监管和控制权的机构,可以是对政府和公共行政的运作进行财务控制和监督的机构,也可以是权限仅限于解决采购事项争议的专门行政机构,⑪但不能是与采购实体行使上下级权力或控制的行政机构。当然,独立性指的是独立于采购实体而非整个行政体系。就审查人员组成而言,可以聘请独立于政府的外部专家组成独立机构。就审查结果而言要保障独立性,避免向法院提出进一步的质疑。

---

⑩ 参见 Revised Guide to Enactment to accompany the UNCITRAL Model Law on Public Procurement:A/CN.9/WG.I/WP.79/Add.15,p.13.

⑪ 参见 Revised Guide to Enactment to accompany the UNCITRAL Model Law on Public Procurement:A/CN.9/WG.I/WP.79/Add.18,p.6.

三、《示范法》映射下我国政府采购法律制度的缺陷及完善

早在十年前《政府采购法》制定过程中,《示范法》(1994)就成为我国立法的重要参考内容,其立法原则、法律框架以及具体内容都对我国政府采购立法的开创起到了示范作用。目前《政府采购法》施行已十年有余,适值《示范法》重新修订,借鉴《示范法》的创新之处对于完善我国政府采购法律制度必将产生积极作用。

(一)《示范法》映射下我国政府采购法律制度的缺陷

1. 政府采购政策目标不完善

早期的政府采购埋没于其他组织的其他职能当中,其政策功能也仅仅在"二战"之后才不断显现。[7]随着时代的发展,政府采购的政策目标不再局限于财政资金的节约,而是不断向保护本国产业、就业,中小企业保护,科技创新,环境保护等领域拓展。在政府采购的竞争中,中小企业、少数族裔企业以及其他困难企业按照实力很难获得政府采购合同,因而处于不利地位。"在政府采购制度中应该制定出一些规则,采取一定措施,使小企业也能分得政府采购合同的一部分,从而促进社会经济的发展。"[8]《示范法》在第 2 条中规定了政府采购的社会经济政策功能,允许采购实体在采购时考虑到本国的"环境、社会、经济和其他方面的政策"。

反观我国《政府采购法》,开宗明义提出政府采购的目标在于"提高政府采购资金的使用效益,维护国家利益和社会公共利益",虽然接下来在第 9 条规定,"政府采购应当有助于实现国家的经济和社会发展的政策目标,包括环境保护,扶持不发达地区和少数民族地区,促进中小企业发展等"。但是由于在具体制度中缺乏实现这些政策目标的手段,因而政府采购的政策目标也难以实现。另外,《政府采购法》将提高政府采购资金的使用效益放在首位,难免与其他政策目标产生冲突。

2. 政府电子采购缺乏法律支撑

《示范法》吸收了各国政府电子采购的实践经验,专章规定了电子逆向拍卖,它也成为政府电子采购的新趋势。学术界和政策层面普遍注意到电子采购对于促进《示范法》的目标实现具有潜在的益处。从经济角度看,这种益处可能高达公共采购价值的 5%,另外对减少腐败和舞弊也有较大的潜在作用。⑫

为了实现政府采购手段的创新,中央和地方政府积极推动政府采购的电子化,如于 2004 年开通的"中央政府采购网",从初期仅具备信息发布发展到目前具备计划申报、信

---

⑫ 参见 Revised Guide to Enactment to accompany the UNCITRAL Model Law on Public Procurement:A/CN.9/WG.I/WP.79,p.15.

息发布、网上竞价、采购项目信息管理等多重功能。迅速发展的政府电子采购在我国却缺乏必要的法律支撑。首先,本质上讲,政府电子采购是一种合同行为,由于手段的电子化,要约、承诺以及订立合同均在线进行。因此发布信息的真实性以及如何排除欺诈信息、采购实体和供应商双方利益平衡等问题都需要法律给予明确的规范。但是目前无论《政府采购法》还是《招投标法》均无相关规定,政府电子采购无法可依。其次,由于缺乏法律规定,实践中运行的政府电子采购如何与现行政府采购程序特别是招投标采购制度相衔接成为制度面临的一大困境。第三,电子采购安全难以保障。由于政府采购中,供应商或承包商提交的标书等文件可能涉及企业的商业秘密,如何保障电子采购的安全尚缺乏立法规定。

3. 协议供货制度弊端凸显

我国政府采购的协议供货制度是在借鉴国际上框架协议的基础上形成的。协议供货,是指采购实体通过公开招标确定协议供货的供应商、承包商以及协议采购项目,在一定期限内,采购实体直接或通过谈判、询价等方式与协议供应商、承包商签订采购合同。协议供货下的项目,多为标准或规格相对统一、产品品牌和市场货源较多、竞争充分的通用类产品。

协议供货时效性强,能够发挥规模效应,节约采购成本,同时能够满足采购实体个性化的要求,在采购实体和供应商之间形成良性互动。但是另一方面,协议供货也存在较大的弊端。第一,虽然协议供货能提高行政效率,但是如果仅为实现行政效率而使用协议供货这种本来并不适合有关采购的方法,最终反而会损及资金效益。导致采购实体的真正需要得不到满足。第二,协议供货有可能导致供应商、承包商之间的串通,从而降低了透明度。第三,长期来看,协议供货有可能导致未加入的供应商离开有关市场,一方面降低了市场竞争,另一方面有利于加入协议的供应商相互串通。

4. 质疑审查机构缺乏独立性

《示范法》对质疑审查机构的独立性作出了要求,反观我国《政府采购法》对质疑审查机构的设置,其独立性明显缺乏。我国立法规定,采购人、采购代理机构以及同级政府财政部门是我国的质疑审查机构。首先,供应商可以向采购人或采购代理人提出质疑并要求其作出合理答复。采购人或采购代理人在采购过程中既是采购实体又是质疑审查人,很难要求其就自己在采购中的错误进行合理的审查。因此有学者指出,"采购实体自身审查,对于供应商的救济来说本身意义不大,因为一个寄生于体制内的监督是无法起到根本性体制监督作用的,寄希望于自查自纠是体制软弱的表现"[9]。其次,同级政府财政部门不仅是质疑审查机构而且还是采购资金的预算监督机构,这也就意味着对供应商质疑的审查也包括了对自己预算监督行为的审查,质疑审查的独立性也就难以保证了。再次,采购代理人早期都是财政部门设立的二级单位,无论是资金来源还是人员配置,与作为质疑审查机构的财政部门都有紧密的联系,因此财政部门作为质疑审查机构的独立性进一步削弱了。

(二)《示范法》映射下我国政府采购法律制度的完善

1. 明确我国政府采购法律制度的政策目标

根据《示范法》社会经济政策的指引,在我国政府采购法律制度的建构中应当至少确立以下政策目标。第一,促进国内产业发展。制定促进国内产业发展的法律,实施国货支持政策,通过明确国货的含义和范围、确定国货认定标准、落实国货购买责任等一系列措施实现国内产业发展的目标。第二,促进科技创新。应当制定政府采购对科技创新的激励政策,针对自主创新产品建立科学的认证体系和评价机制,制定政府采购对自主创新产品的评审办法,规定采购实体的职责等。第三,中小企业保护。通过设定中小企业参与政府采购的适当比例、限制采购实体对供应商或承包商资质的过高要求等措施保护中小企业。第四,环境保护。可以制定《政府绿色采购法》,通过立法推动绿色政府采购,引领绿色健康的政府采购与消费。健全环境标志产品的认证体系,为政府绿色产品采购清单奠定基础。对政府采购绿色清单实施动态管理,淘汰落后产品,增加环境友好型、资源节约型产品。

另外一个需要注意的问题就是政策目标之间的冲突,无论本国产业促进、科技创新促进还是中小企业、环境保护,这些目标都关乎国家和公共利益。当维护国家和公共利益违背节约财政资金的目标时,应当将国家和公共利益放在首位。因为财政资金就其本质来讲是公共的资金,规范政府采购程序、节约财政资金本身就是维护公共利益的需要,二者并不矛盾。[10]

2. 规定电子逆向拍卖等政府电子采购手段

电子逆向拍卖是《示范法》修订的重要内容,在我国政府采购法律制度中引入电子逆向拍卖需要首先完善《政府采购法》《招投标法》等法律法规,明确电子逆向拍卖的含义、适用条件以及相关程序。其次完善配套法律法规,保障信息安全。坚决贯彻《计算机信息系统安全保护条例》《计算机信息网络国际联网安全保护管理办法》以及《关于加强政府上网信息保密管理的通知》等法律法规,为了实现拍卖系统安全,可要求系统供应商开放源码,实行备案、审查,以保障信息安全,要求公开协议和文件格式,解决安全隐患。[11]

3. 完善框架协议制度

我国政府采购中的协议供货制度存在诸多弊端,要根据《示范法》的国际经验形成政府采购的框架协议制度。首先明确框架协议程序的适用条件,也即采购需要在未来重复出现,或者根据采购性质,采购标的的需要会在未来紧急情况下出现。其次应当区分封闭式和开放式框架协议,在作出区分的情况下明确各自的操作程序。最后应当加强政府采购监督,避免框架协议下出现串谋、腐败以及舞弊等现象。

4. 建立独立的质疑审查机构

《示范法》考虑到某些国家基于效率和维持采购实体和供应商或承包商良好关系而保留采购实体作为质疑审查机构,但是实现质疑审查机构的独立性才是关键。结合《示范法》的做法和我国的实际情况,建立独立的质疑审查机构需要从以下几个方面入手:第一,使质疑审查机构独立于其他机构,采购人、采购代理机构由于自身审查的缺陷无法胜任质疑审查职能,政府财政部门也因职能冲突无法保持独立。因此可以设置类似于美国合同争议委员会的独立机构,不受政府以及采购实体的不当干预。第二,保持质疑审查机构工作人员的独立性,一方面人员设置独立于其他机构,保障其工作不受外界干扰;另一方面加强工作人员的专业性,有必要从社会引进中立的有丰富经验的专家加入质疑审查程序。第三,加强质疑审查机构工作人员的独立性责任,对违反责任者施以较重处罚。

结语

应当说,《示范法》的修订是公共采购信息化、全球化的产物,顺应了时代的发展,反映了公共政策目标、公共采购工具现代化的进程,吸收了各国政府采购实践经验,因此对我国政府采购法制有极大的借鉴意义。并且我国政府派出官员、专家学者组成的代表团参加了修订文本的起草和审议工作,并支持其通过,所以我们有义务对国内相关立法予以评估并及时修正,促使《示范法》与我国的实际情况接轨,减少我国与其他国家政府采购法律的差异与摩擦,并使我国在法制接轨和纠纷解决过程中占据制高点和主动权。[5]

中国-东盟自由贸易区民用核能
安全保障法律机制研究

岳树梅[*]

摘　要：中国-东盟自由贸易区（简称 CAFTA），近年来快速发展的经济对能源需求也迅速增加。传统能源资源的有限性和风能电能新能源的高成本，致使发展民用核能成为必要。CAFTA 都处于发展中国家，各国的技术和条件有限性，民用核能事故频发，其安全保障显得极为重要。CAFTA 迫切需要加强民用核能合作，建立起安全保障合作法律机制，对民用核能安全保障进行规范和约束。

关键词：中国-东盟自由贸易区；民用核能安全保障；法律机制

119

中国-东盟自由贸易区（简称：CAFTA）的全部成员都是发展中国家，它是目前发展中国家建立的最大自由贸易区。CAFTA 经济发展近年来发展令人瞩目。然而快速发展的经济和工业化进程给 CAFTA 可利用的自然资源和环境带来了极大的压力，造成了不可持续发展。和其他地区一样，CAFTA 也正遭受自然资源不可持续发展以及环境污染等严重问题。未来制造业将成为 CAFTA 建设发展的推动力，能源需求会飞速增长。受国际油价不断上涨以及能源需求日渐扩大的影响，风能和太阳能等新能源虽然已经被普遍接受，但大规模发展并替代化石能源的可能性还不大。新能源发电面临成本太高、电网稳定性较差等问题，而水能及生物质能又存在资源受限、分布不均等问题，因此 CAFTA 国家普遍关注民用核能利用，主要是发展核电站。CAFTA 国家对民用核能安全保障能力及相应的法律制度建设受到 CAFTA 内外的质疑，尤其是日本福岛核电站危机后，CAFTA 国家的民用核能开发战略以及与此相关的安全保障问题更是受到了世界各国的关注。

---

　*　岳树梅，女，四川通江人，重庆工商大学法学院教授，法学博士。

　该论文是国家社科基金项目"中国民用核能安全保障法律制度研究"（12XFX034），重庆市哲学社会科学规划项目"低碳时代的中国-东盟自由贸易能源合作法律机制的研究"（2011-YBFX095）。

一、CAFTA 民用核能安全保障背景

随着 CAFTA 国家经济发展加快,对能源的需求不断增加,各国民用核能近年来迅速发展起来。许多国家也非常注重民用核能的安全性,关注核电项目的安全保障。相对于传统的国家安全观来说,经济安全与生态安全并重的国家安全观是一种新型的国家安全观。一方面,要努力维持国家经济秩序的正常运转,使国家的经济发展少受甚至不受外界不利影响的干扰和破坏,保证国家经济利益的最大化;另一方面,要维持人与自然的和谐发展,使生态环境和自然资源处于没有危险的安全状态。正在迅速发展及积极实施民用核能建设中,中国、泰国、印尼、越南、马来西亚、菲律宾、缅甸甚至柬埔寨等国都相继提出了明确的核能发展战略和具体的核电发展安全保障制度。

(一)中国

中国是全球的能源消费大国之一,而中国人均能源资源拥有量偏低。发展民用核能安全保障法律制度就成为中国解决能源短缺的最佳途径之一。从 20 世纪 70 年代初到 2008 年年底,中国已经建成秦山核电站、江苏田湾核电站、广东大亚湾核电站、岭澳核电站,开始运行的核电机组已有 11 台。随后福建宁德、福建福清、广东阳江和方家山 4 个核电站已通过核准并开工建设,山东海阳核电站也在筹划中。如今我国已经成为全球在建核电站最多的国家,数目已经达到了 28 台,占全球核电站总数 40% 之多。与此不相适应的是,我国民用核能安全保障法律制度利用安全保障法律制度体系没有确立,严重滞后于核电事业的发展。

我国核电安全保障法律法规体系结构包括:国家法律、行政法规、部门法规、安全保障、技术文件。但是从总体来说,整个民用核能安全保障法律制度体系不健全,《中华人民共和国放射件:污染防治法》作为其基本法律存在严重缺陷。《原子能法》《民用核能安全保障法律制度安全法》这类基本的法律制度目前还是缺位。如有关的行政法规和部门规章则杂乱无章,不成体系。我国目前没有一个为核电建设提供安全保障的法律,也没有建立有关和安全保障的法律规范体系和赔偿机制,应该说我国民用核能安全保障法律制度体制还没有建立。

(二)泰国

泰国早在 20 世纪 70 年代就开始探究核电利用,在 1992 年,因惧怕核电对人类和环境带来的恶劣影响,决定放弃核电,发展其他污染较小的生物质能源。尽管泰国石油资源匮乏,在 80 年代中期还是以石油作为发电能源的约 90%。随着能源消费结构的改变,到

如今泰国约有 70％的电力来源主要依靠天然气。伴随着天然气储量的逐渐减少,巨大的进口能源消费成为泰国急需突破的议题。如何解决经济快速发展而能源资源极为短缺的难题,重新考虑发展成本较低的民用核能安全保障法律制度成为泰国的最佳选择。经过严密的可行性分析,2007 年 5 月,泰国政府决定将发展核电厂列入国家能源发展长期计划。[①] 在这一未来能源发展 15 年计划中,泰国政府确定发展民用核电,确立了民用核电的发展规模,及核电站的实施建造数量。[②] 泰国政府聘请了大量的核电专家,对泰国的核电资源进行了考察评估,并对核电站的选址进行了科学性、安全性、环保性、可行性论证,花费巨资争取在 10～15 年内建成泰国第一个核电站。[③]

泰国政府针对民用核电安全保障在泰国科学技术部下面设立了民用核能利用原子能机构。泰国能源部是核电站建设的主管机构。泰国的核电站建造是在其原子能机构的指导下进行。目前泰国政府正在制定发展核电的整体规划受制于,核废料造成环境污染,以及核电站可能成为恐怖分子袭击目标等内容。一些环保专家及环保组织施加压力,要求选择生物质能源替,近年来政局不稳,民用核能安全保障技术及泰国民用核能安全保障法律制度不健全及政府监管能力不够等,都成为影响泰国民用核能发展的重要因素。

(三)印尼

印度尼西亚是 CAFTA 经济实力较大的成员,在 20 世纪 50 年代开始发展民用核能,它是 CAFTA 较早拥有成熟核电技术的国家。1978 年开始对建立核电站进行可行性论证,1987 年建设 30 兆瓦核反应堆。1997 年印尼通过了发展本国核电的主要法律,发布了有关民用核能安全保障制度法令;并设立了主管民用核能开发的机构国家核能委员会。同年,印尼政府还宣布要在爪哇岛上兴建 12 个核电厂,但由于公众对核电的惧怕,以及印尼发现了大型油气田,加之政局动荡,核电计划最后也被搁置。[④] 1997 年印尼的第一座小型试验用核反应堆建成。随着国际核电形势及印尼政局的变化使印尼核电发展很长时间处于停滞状态。后来印尼经济发展加快,逐渐从石油净出口国变为石油净进口国。[⑤] 印

121

---

① "泰国政府计划大力发展核能,主要担忧恐怖袭击",http：//world1people1com1cn/GB/1029 / 57559361htm,l 2007-05-21 /2007108105。

② 泰国在这未来 15 年能源发展计划中,泰国政府认为建造核电厂是在不增加温室气体排放的情况下生产电力的新选择。在泰国政府《2007 年电力生产发展工作方案》中,公布了从 2007 年到 2021 年为期 15 年的电力开发计划,计划兴建 5 个核电厂,总发电能力达 5000 兆瓦,其中 2 个分别计划在 2020 年和 2021 年投入运营。核电站所使用的核反应堆类型尚未确定,但发电规模均定为 100 万千瓦。

③ 泰国聘请 200 多名核电站专家,对全国的核电资源进行评估,对核电厂选址进行科学论证,并准备耗资约 60 亿美元在 10～15 年内建成该国首个核电站。

④ 孙丽萍."双重的矛盾"印度尼西亚与美国关系的历史解析(1949—1966)6,5 史学集刊 62007 年第 2 期。

⑤ 2004 年印尼一度成为石油净进口国,2005 年、2006 年其石油出口额略大于石油进口额。

尼开始实行能源多元化策略。核电发展计划又被重新提起,并被政府纳入 2005 年国家能源发展战略。2006 年 5 月印尼政计划在 2015 年前建成第一座核电站,争取在 2017 年前正式发电。为满足印尼国内不断增长的能源需求,减少温室气体排放,印尼政府大力发展核电站建设。该做法得到了国际原子能机构的支持,并表示将提供核电安全保障技术指导。

印尼核电发展安全保障受到质疑,主要因为:一是环保组织对核电的安全保障抗议和民众反对核电的抗议活动。[⑥] 印尼公众要求能够有对民用核能安全利用重大决策的参与权,对民用核能安全开发利用的有知情权、监督权和参与权。社会公众对政府有关民用核电安全监管缺乏足够信心。二是印尼政府和国会内部也有部分成员就质疑民用核能安全保障,不支持发展核电。他们认为印尼的技术不够成熟,地处地震和火山多发的断裂带上,再加上恐怖事件带来的危害,核电站的安全保障很难确定,要求政府以环境保护和社会安全保障为重。但印尼政府经过反复论证,认为印尼发展核能从经济上来看具有可行性,但其安全风险大于收益,因此把开发民用核能放在能源发展末位选择。印尼在 2006 年的国会上通过了《核能法》,其中主要是有关民用核能安全保障的相关规定。三是澳大利亚、新加坡、马来西亚等邻国政府和公众也担心印尼未来的核电站的核安全事故发生,有可能危及周边的邻国。特别是日本核电站发生泄漏事故,给印尼及其邻国带来了巨大的不安,也加剧了周边国家对印尼发展核电站的安全保障的担心。[⑦] 但印尼政府明确表示,印尼发展民用核电是不会改变的,印尼政府能够确保核电站选址的安全性。[⑧]

(四)越南

越南为了改变过于依赖石油能源的现状,积极推动民用核能开发计划。早在 1963 年就开始运行小型核试验反应堆。在 2001 年就宣布开始建设第一个核电站。2006 年越南政府开始制定出民用核能发展战略,计划在 2017—2020 年期间建成第一座核能发电站运行发电。2007 年,越南政府修订核电站计划,2015 年定为第一座核电站建成的时间。越

---

⑥ 貌丹."东南亚为核电准备好了吗?"新加坡东南亚研究所研究论文,2006 年 6 月 7 日。来自印尼公众的反对声音从 1997 年就已存在,尤其是爪哇居民反对发展核电的呼声甚高。但当时印尼国内的非政府组织力量还很弱小,只有"环保论坛"等少数组织进行有计划的反核运动,而今天非政府组织的力量已经有了很大发展。2006 年,环保组织在雅加达举行/切尔诺贝利核电厂爆炸 20 周年图片展。并向政府呈递抗议书,反对在人口密集的爪哇兴建核电厂。"环保和能源关怀论坛""印尼核能民众协会"于 2007 年年初,中爪哇数千居民举行示威,反对在本地区建核电厂。

⑦ 麦莉.卡瓦列罗.安东尼、索菲娅.贾米尔:"东南亚的核能热:前景与隐忧",http://www1rsis1edu1sg/publications/Per-spective/RSIS07820071pd,f 2007107123 /2007108110。

⑧ "印尼能确保核电厂安全吗?",http://www1zaobao1com /yl/sl070721 _ 5011htm,l 2007107121 /2007107124。印尼能源与矿物资源部部长布诺莫对国内外媒体表示,印尼建造核电厂的决心不变,对选址的安全性也有信心。

南政府 2007 年 6 月公布了《原子能法》草案,为发展民用核能安全保障提供法律保障。近年来越南经济快速发展,政局较为稳定,民用核能安全保障技术虽然不如印尼,但民用核能安全保障民众接受度高,核电发展也较为顺利。

越南积极寻求民用核能安全保障技术合作。越南与韩国在 1996 年就开始民用核能安全保障技术合作;2006 年 10 月,越南与韩国共同举办民用核能安全保障技术研讨会,韩国帮助越南培训核电技术人才,并协助越南建设核电站。2000 年 12 月,中越签订了《和平利用核能合作协定》;2001 年 11 月,越南与阿根廷签署两国民用核能安全保障合作协定,2004 年 2 月生效等。除了双边合作,还有来自国际原子能机构支持越南民用核能发展,为越南民用核能安全发展提供技术资助。

(五)缅甸

缅甸在 20 世纪 50 年代中期成立原子能机构开始关注重核能发展,选送人员出国学习核能技术。2001 年 9 月,国际原子能机构不支持缅甸研究核反应堆。2007 年 4 月的俄缅协议,达成了俄罗斯帮助缅建设一个研究用试验堆的协议,并向该反应堆提供核燃料,提供核废物处理场和掩埋设施的建设设施,包括联合设立核能技术研究中心,包括相关技术人员的培养[9]等。然而,美欧反对俄对缅的核能援助计划,最终协议也未能落实。欧美国家担忧缅甸拥有发展核能表面是因为核能安全保障的技术问题,实质是担心缅甸发展核能带来的政治风险。[10] 缅甸发展民用核能比其他 CAFTA 国家更受制于西方国家。2009 年缅甸政府作出核电不作为发展本国能源的最优选择。[11]

(六)马来西亚

马来西亚是 CAFTA 中经济发展水平较高的国家,马来西亚政府至今还没有确定发展民用核能安全保障法律制度,也还没有民用核能安全保障相关政策法规出台。与所有计划兴建核站厂的 CAFTA 国家相比,马来西亚发展较为缓慢。但马来西亚政府对民用核能是非常积极的。马来西亚决定开发民用核能作为新的替代能源,原计划在 2010 年政府计划兴建两座核电站,现在还处于建设之前的评估之中。日本的核泄漏事件引起了社会公众的疑义,但政府认为,根据经济发展的需要和现拥有的专业技术人员来看,是必须开发民用核能,也能够保障民用核能的安全。美国赞马来西亚发展民用核能,期望就民用

---

⑨ 《俄罗斯原子能机构称将协助缅甸建设轻水核反应堆》,http://world1people1com1cn/GB/1029/42356/57378781htm,l2007105116,2007108105。

⑩ 张云飞:《缅甸重申核政策,驳斥美国有关核武器指控》,新华社仰光 2004 年 2 月 13 日电。

⑪ 《全球核态势评估报告》2011—2012 版。

核能有关项目进行合作。⑫ 马来西亚是 CAFTA 的民用核能安全监督的检查员,与CAFTA 其他发展民用核能的国家不一样,2007 年 7 月经国际原子能机构批准,政府宣布将投资兴建 CAFTA 第一座民用核能安全监察中心,马来西亚是发展中国家首个拥有核监察设备的国家。但马来西亚民间环保组织与社会公众反对在马设立核监察中心。他们认为核监察设备对人体与自然环境有核辐射威胁。

(七)菲律宾

菲律宾在 20 世纪 80 年代中期就研究兴建核电站,现在已经开始进行民用核能技术人才培养计划,将计划为期 15 年的民用核能发展战略。政府曾在 1984 年投资 20 多亿美元在巴丹省建成一座核电厂,然而,由于技术上的缺陷,这家核电站未曾输出任何电力,于1987 年关闭,至今依然闲置。因为该核电站不安全,根本无法投入运作。后来因邻近火山等安全保障因素而废弃。因为缺乏科学性、安全性、可行性的深刻论证,同时民用核能污染也极为严重。这些使该核电站决策存在巨大隐患,让菲律宾负债数十亿。⑬ 菲律宾是 CAFTA 最早有核能发电计划和行动的国家,是 CAFTA 唯一曾经兴建核电站的国家。鉴于民用核能是清洁能源,能降低对制造污染、释放温室气体和导致全球变暖的矿物燃料石油、天然气和煤炭的依赖,因此菲律宾又重新考虑开发民用核能,特别是有意重新启动核电站,研究核能发电的问题。近年来菲律宾政局不稳,反政府组织活动比较频繁,再加上历届政府的民用核能安全保障相关政策法规不完善,安全治理能力也显不足,发展民用核能安全保障未来堪忧。⑭

(八)新加坡、文莱等 CAFTA 国家酝酿发展核能计划

在 CAFTA 国家中,新加坡、文莱等国家民用核研究能力较为薄弱,只有一些数量极少的民用核能安全保障应用设施。近年来,随着世界各国发展核电浪潮的兴起,积极探索核电发展的未来,但民用核能发展计划最终也没有真正确定落实。

新加坡国土面积狭小,人口密集,且是个城市国家,新加坡很难有地方发展核电站。现民用核能仅仅用于医学和应用工业。2010 年 3 月,新加坡政府成立新加坡经济战略委员会能源和永续发展小组,研究民用核能发展的可行性。日本福岛事故后,新加坡称近20 年或 50 年内不会建造核电站。⑮

---

⑫ 熊平:《美国表示不反对马来西亚和平利用核能》,http://news1xinhuanet1com/world/2007-02/28/content_ 57809991htm,2007-02-28/2007108105。

⑬ 麦莉.卡瓦列罗-安东尼、索菲娅.贾米尔:《东南亚的核能热:前景与隐忧》,http://www1rsis1edu1sg/publications/Per-spective/RSIS07820071pd,f 2007-07-23/2007108110。

⑭ 《菲律宾总统考虑发展核能解决电力短缺问题》,(菲律宾)《世界日报》2010 年 7 月 15 日。

⑮ 吴崇伯:东南亚国家核能发展战略与新动向分析,东南亚研究,2012.2,63~67.

2008 年 9 月，柬埔寨首相洪森在 2008 年 9 月宣布，计划建造一座核电站。柬埔寨工业、矿业和能源部 2010 年 8 月称，柬埔寨因为考虑满足国内电力的需要，未来要发展民用核能。该国科学家已着手研究民用核能安全发展技术，希望能够促进本国的民用核能发展。

二、CAFTA 民用核能安全保障法律机制面临的挑战

CAFTA 民用核能对于人类来说是把双刃剑，其安全性是人类重点思考的问题。该如何确保其安全性，发挥其最大功效。除了在技术层面进行不断研发和突破之外，法律规制的手段是极为重要的。生态安全是实现经济安全的基础和前提。而要实现生态安全就要求人类必须遵循自然规律，合理有序地开发利用自然环境资源，实现其可持续利用。正因为如此，冷战结束后，各国政府不断重视和加强本国的环境管理，增大了对环境资源保护的支出，进而提出了"绿色政治"口号，以此作为政党间竞争和国家间利益博弈的新武器。

（一）日本福岛核电事故对 CAFTA 民用核能安全保障法律机制的影响

2011 年 3 月 11 日日本大地震引发的核电站事故引起全球对核电站安全的担忧。中国、泰国、新加坡等国都表示将重审本国的核电站计划，CAFTA 各国也纷纷放缓核电站发展速度，修订国家关于民用核能安全保障法律制度体系。

日本的核辐射危机促使泰国重新制定政策法规考虑其民用核电计划。2011 年 3 月 15 日，泰国有 2000 多民众前往加拉信府市政厅示威，抗议泰国计划在该府修建核电站。泰国政府 2011 年 3 月 16 日称，泰国将暂停兴建核电站的计划，政府不希望泰国人民冒着生命危险来实施民用核电计划。由于大众反对，泰国通过政策规定延后民用核电站的兴建。⑯ 泰国政府要求，密切监测和评估来自日本地震灾区核物质泄漏对泰国的影响，并要求能源部重新审核 5 个核电站的建设计划。能源部受命详细研究两个问题，一是核电站的应急措施，二是核电站遭到恐怖袭击的可能性。总理府发言人表示，就个人而言，阿披实总理并不热衷核电发展计划，日本核电站出现的问题使阿披实的忧虑更深。⑰ 日本核电厂泄露事件也引发了马来西亚社会各界对民用核能计划的担忧，他们敦促政府通过相关制度政策法规放弃或重新考虑发展核电计划。兴建两座核能发电厂计划处于初步研究

---

⑯　《泰国能源部建核电厂项目延期》，(泰国)《世界日报》2011 年 4 月 27 日。

⑰　《亚洲各国密切观察日本核泄漏》，http：//www.360doc.com/content/11/0314/11/267_100969818.shtml。

阶段,一旦专家报告认为马来西亚不适合发展核电,政府便会作出检讨。[⑱] 印尼正在努力实现能源资源的多样化,摆脱一直以来对石油、天然气和煤炭等资源的过分依赖。由于国内的能源消费大幅飙升,兴建核电站被视为保持能源供需平衡的一个重要组成部分。因此印尼表示,正计划兴建的核能发电厂不会因日本发生的地震和海啸而停止。印尼核能监督机构表示,印尼政府选择邦加岛兴建核能发电厂,除了人口稀少外,当地也未发生过地震和海啸,未来印尼电力需求非常高,如果不立即兴建核能发电厂,根本无法满足越来越高的电力需求[⑲]。综合 CAFTA 各国对日本福岛核电事故的反应,CAFTA 国家的民用核能安全保障法律机制出现以下趋势:

第一,重新认识与定位民用核能安全保障法律制度,重视发展其他新兴清洁能源。日本核电危机促使 CAFTA 各国重新审视新能源产业的发展方向,在深度检查民用核能规划的基础上,重新认识核能安全,并且把未来能源产业发展的重点转向光伏、地热、风能等尚未完全成熟但较为安全可靠的新能源,更为清洁、安全的新能源将成为产业结构中的主导力量。作为仅次于美国的世界第二大地热能源开发大国,菲律宾计划在 2011 年使其利用地热资源发电的能力达到 292.1 万千瓦。[⑳] 为了加快地热能源的开发利用,印尼已经出台了专门的政府法令,同时积极吸引国内外投资。印尼矿物与能源部制定的地热能源开发利用规划中明确规定:至 2020 年,地热发电的最终指标为 6000 兆瓦。泰国未来 5年内重点发展的替代能源有太阳能及风力发电。马来西亚的国家新能源政策将致力于将水电在总发电中的比例从目前的 10% 提高到 20%。[㉑]

第二,吸取日本福岛核电站危机的教训,加强 CAFTA 民用核能安全保障合作法律机制建设,加强先进的技术合作,特别选址技术合作。福岛核电站危机发生后,CAFTA 国内许多专家认为,CAFTA 需要对日本福岛核电厂发生泄露事故进行研究和评估,从中吸取教训,保障国家核电开发方向的正确性。虽然 CAFTA 各国不会像日本那样经常发生地震,但在进行核电设计时也应充分考虑防震问题。CAFTA 正在制定和实施相关核电开发计划,在核电项目选址问题上应从日本核事故中吸取教训,充分评估安全因素。[㉒] 多数 CAFTA 国家对民用核能安全保障法律制度科技并不熟悉,核电厂的硬件易建,但安全、管理的软件却非一朝一夕所能达到。这需要一些 CAFTA 技术成熟的国家合作,以改善技术水平还不足建造核电站,很大程度上还需要依赖外部的技术支持国家的条件。还有一些国家民用核燃料的长期供应也绝非易事,这也需要与他国加强合作,提供燃料

⑱ 《马来西亚将讨论是否兴建核电厂》,中国新闻网 http://www. china news. com,2011 年 3 月 16 日。

⑲ "Indonesia still plans nuclear reactors near fault",The Jakarta Post,March17,2011。

⑳ 《菲律宾发展地热能力图引资 25 亿美元》,《人民日报》2009 年 12 月 10 日。

㉑ 《印尼利用丰富火山资源开发地热发电》,[印尼]《国际日报》2010 年 4 月 25 日。

㉒ 《越南官员称日本核事故不会影响该国核电开发计划》,中国商务网 http://www. mofcom. gov. cn,2011 年 3 月 17 日。

供应。

第三,加速人才培养合作法律机制,为未来核能发展作准备。核电人才的培养已是当务之急。CAFTA 国家已开始启动民用核电开发研究,注重核电应用的管理人才和技术人才的培养合作,同时加强能源重点专业和综合性管理学科的建设合作。近年来,CAFTA 一些国家电力集团已选派许多人员到有经验的国家的核电厂进行短期培训。CAFTA 的核电计划在吸取诸多教训的基础上、在确保安全的前提下还会继续发展。CAFTA 一些国家都明确表示,日本发生重大核事故对他们而言是一个严肃的教训,CAFTA 国家需加强合作,逐步实施核电项目的政策规划。[②]

CAFTA 民用核能安全保障合作法律机制作为一种经济、清洁、高效的能源利用的合作机制,会被大多数国家认可。CAFTA 在民用核能安全保障法律机制上面临着不同的政治、安全、技术等诸多现实问题,这都需要 CAFTA 国家积极配合协作。

(二)CAFTA 民用核能安全保障法律制度的现状

1. 民用核能安全保障涉及内容复杂,CAFTA 各国仅停留在国内法的层面

民用核能安全保障内容涉及政治敏感性,它本身涉及高、精、尖的民用核能安全技术,以及核辐射的扩散性,CAFTA 各国仅停留在国内法的层面规制民用核能的利用并不足以让人们毫无顾忌地利用这一能源。日本严重核事故的发生与推动,CAFTA 各国应该意识到必须建立长效、规范的区域合作,在国际法层面上进行规制与保障,为民用核能安全保障建立起真正意义上的有效机制保障。

2. 民用核能安全保障涉及范围广泛,国内法极难规范

民用核能安全保障法律涉及的范围包括对民用核事故的控制、核材料的保管和运输、核电站的选址和建设以及在医药、安保领域的核能利用安全保障法律规范问题。民用核能在改善人类生活以及在效率和环保上有着无法比拟的优越性,但与此同时,核能的安全保障也是让人类不敢有任何怠慢的一个因素,一旦发生民用核事故,可能造成的损害将是整个区域毁灭性的、整个人类的持续性的。民用核能的最主要的问题是核能的安全使用问题,它的运输、泄露是跨国的,之所以如此强调安全保证的原因即是为了对民用核事故进行有效的法律控制。因此,民用核能安全保障法律机制的核心问题即是对民用核事故的控制。从 CAFTA 民用核能安全保障的法律现状来看,保障核安全、控制核事故仅仅在一个国家范围内很难进行,缺乏一个区域性的,国际性的相关法律机制。缺少 CAFTA 对民用核能事故的控制,包括对民用核事故的预防、处理以及责任分配等相关问题的整体规范。

---

② 《印尼利用丰富火山资源开发地热发电》,[印尼]《国际日报》2010 年 4 月 25 日。

3. CAFTA 民用核能安全事故易造成跨界损害

法律在民用核能安全保护中所扮演的角色越来越得到各国、CAFTA 区域的重视与肯定,而法律对 CAFTA 民用核能安全保障法律机制的作用主要表现在提供各种机制和程序、提供灵活的立法过程对其进行定期的修订、对环境损害进行恢复或补偿,以及保障个人环境权利等方面。[24] 应对日益严重的安全问题的同时,法律技术的发展也日趋成熟,在民用核能安全保护领域的国际法日臻完善。民用核能的发展并非源于人类的一时兴起,而是一项长期的重要的发展战略,所以,国际法的一些基本原则当然地适用于这一领域,对于核事故的控制的相关规范也必须随着整个国际法的发展逐渐完善。民用核能领域的跨界损害问题,一直以来都是 CAFTA 各国以及国际法学界非常热门的话题之一。事实上,随着各国民用核能的不断发展、各国之间的安全保障合作的不断深入、区域化的趋势日益明显,跨界环境损害必然会成为一个发生频繁、受到各国高度重视的问题。民用核事故所导致的跨界损害也会受到 CAFTA 越来越多的重视,尤其是在日本福岛核事故发生后,又有更多的法学家、政治家开始探讨如何在民用核能日益普及、核事故可能频发、核事故可能造成更多跨界损害的大背景下,援引现有的公约,探究核事故引发的民事责任、国家责任,采取相应的措施保障 CAFTA 各国的利益。核损害发生后,涉及的非常现实的问题就是由谁来承担责任? 如何承担责任? 而与这两个问题相关的,正是 CAFTA 跨界损害密切相关的两个问题——国家责任与赔偿责任。

4. CAFTA 民用核能安全保障法律制度监管体制不完善

CAFTA 核能安全保障,缺少区域民用核能监管机制。2007 年 1 月在菲律宾宿务召开的第十二届 CAFTA 峰会上,新加坡总理李显龙就主张在本地区建核电厂之前,CAFTA 应先建立一套涉及安全、环境和卫生等问题的完善的区域核能安全保障体制。鉴于核问题极易导致跨界环境问题,李显龙还建议在 2008 年 CAFTA 峰会上签署一份"环境永续发展联合宣言"。新加坡在开发核能问题上的谨慎立场在 CAFTA 中比较有代表性,体现了 CAFTA 内部几个较小国家的观点。CAFTA 内部目前就核安全问题展开的协调型博弈,由于博弈各方的利益取向不同,在达成安全保障方案上存在一定困难,至今未果。

5. CAFTA 加入国际公约对民用核能安全保障法律制度公约的国家偏少,普遍性差

为了防止海洋被放射性物质污染,国际社会于 1972 年订立了《防止倾倒废物及其他物质污染海洋的公约(伦敦公约)》,目前,已有 80 多个国家接受和批准了公约及其附加议定书,而 CAFTA 国家仅有菲律宾参加,其他国家尚未注意到海上核污染的严重性。目前,陆地核电站或实验反应堆等设施由于地震等原因导致向海洋倾倒放射性物质,责任问

㉔ [英]帕特莎·波尼、埃伦·波义尔:《国际法与环境(第二版)》北京·高等教育出版社,2007:6。

题无法细究。CAFTA 国家在建设和营运核电站时所产生的核废料如果处置不当,有可能被直接倾倒进周边海域,使这一带繁忙航线遭到了严重污染。[25]

(三)CAFTA 民用核能的不确定性对其安全保障法律机制的影响

民用核能安全保障是一个国家内部的主权内容,其信息和行为内容也是国家内部秘密,对 CAFTA 是不明确的。在民用核能安全保障合作中,不确定性包括信息的不确定和行为的不确定。信息不确定包括合作者不了解民用核能安全保障法律制度合作环境今后的发展和变化,不能与其他合作者沟通并理解其决策与计划;行为不确定主要指的就是合作者采取的机会主义行为。在 CAFTA 成立之初与合作机制完全形成之时,美国也正经历着建立在信息技术革命和制度创新基础上的"新经济时代"。可以说,当时 CAFTA 成员的经济形势相当好,各方对合作环境的发展抱有较大的信心。

在 CAFTA 自由贸易区运行以来,各成员间的沟通也是较为频繁的。此外,在 CAFTA 成员中,因此各成员之间的关系不存在明显的不稳定因素,各方倾向于以和平发展的眼光来对待 CAFTA 的合作,认为机会主义行为并不会轻易发生。在不确定性并不是非常明显的情况下,各国选择了制度化水平较高的合作机制。

三、CAFTA 民用核能安全保障合作法律机制的理论基础

CAFTA 各国相继出台了民用核能安全保障的立法,要求民用核能开发必须进行经济和安全环境评估等,虽然在一定程度上保障了安全,但各国法律大多是以自己国家内部权益为出发点的国家中心主义。缺少从民用核能安全涉及区域范围考虑,CAFTA 民用核能利用需要从整个区域考虑其经济和安全环保。CAFTA 民用核能安全保障合作法律机制构建应该以安全、环保、高效等方面来进行。研究者应从经济学、区域合作理论、边界理论来分析 CAFTA 法律机制存在和建设的基础。

(一)以经济学分析 CAFTA 民用核能安全保障法律机制

1. 新制度经济学

从经济学理论来分析 CAFTA 民用核能安全保障法律机制,新自由主义经济学理论中的三个流派:公共选择学派、理性预期学派以及新制度经济学派。从新制度经济学的角度对民用核能安全保障法律制度合作进行探讨,探究 CAFTA 民用核能安全保障法律机制的经济学理论基础。

---

[25] 刘卿. 东南亚核安全形势评估报告[J].《全球核态势评估报告》2011—2012 版:23.

新制度经济学是以科斯的交易费用理论为核心的经济学理论,这一理论流派在新自由主义经济学中占有重要的地位,是新自由主义经济学中最富有吸引力,并且最有助于推动民用核能安全保障机制的经济研究和政治研究发生革命性变化的理论。其根本原因就在于该学派注重从民用核能安全保障法律机制实践中存在的问题出发,从对新古典经济学中的经济人的行为假定两方面修正:(1)认为经济人的行为是有限理性行为,是不完全理性行为。因为在CAFTA各国民用核能安全保障法律机制中,各国从事决策或问题求解时所需要的信息是一种稀缺性资源,且各国的技术能力与合作能力都是有限的。所以,民用核能安全保障法律机制的国家能够达到理性意识,但同时这种理性又是有限的。在这种情况下,合作制度分析不仅是必要的,而且是至关重要的。也就是说,可以通过设定的合作制度或进行合作制度创新来降低交易过程中的不确定性,协调不完全契约引起的利益冲突。(2)认为人都有机会主义倾向。正如威廉姆森(Williamson)所说,"人在追求自身利益时会采用非常微妙与隐蔽的手段,会耍弄狡黠的伎俩"。虽然这并不意味着CAFTA民用核能安全保障法律机制要在所有的时间或场合都以机会主义方式行事,但总有那么一些成员在某些时候或场合采用这种行为方式。所以,以欺骗手段追求自身利益的行为倾向是基本特性之一。从以上的分析中,可以看出新制度经济学之所以能够成为一种对民用核能安全保障机制具有较强解释力的理论,很大程度上在于它比新古典经济学采用了更加贴近现实层次的行为假定,所以其理论上能更好地解释和描述CAFTA民用核能安全保障法律机制成员的本性和成员的活动。

新制度经济学的核心理论为"交易费用"理论,是用于说明CAFTA民用核能安全保障法律机制建立的必要性这一重要问题的。其主要内容有以下几方面:(1)交易费用是指CAFTA合作的费用,它是相对于民用核能安全保障法律机制构建的成本而言的,其最初是指协商签订契约以及契约签订好后付诸实施的成本。后来,新制度经济学家们将合作成本概念扩大,广泛地运用于经济、法律、社会、历史和政治等研究领域,合作成本概念被逐步地一般化了。(2)合作费用的节省是民用核能开发、技术、安全保障等节省,是合作市场机制的唯一动力。但这并不意味着,由于合作成本的节省而导致合作规模无限扩张,直至完全取代市场,使整个市场成为一个合作组织。事实上,随着合作规模的扩张,合作组织与协调活动的费用也会越来越高,当合作规模扩张到某一边际点,即合作组织再多"内化"一项合作市场交易所引起的管理成本等于别的(或市场)组织这项交易的成本时,静态均衡就实现了,合作的规模就固定了。(3)"合作费用"理论的基本思路是:围绕合作费用节约这一中心,把合作作为分析的基本单位,找出区分不同合作的特征因素,即民用核能资产专用性、不确定性和合作频率,然后,分析什么样的合作该用什么样的体制组织来协调。

从这一核心理论的主要内容中可以看出:研究CAFTA民用核能安全保障法律机制

这一问题时,首先,要分析一国进行民用核能安全保障法律制度合作时会遇到哪些合作成本,从而就需要一种组织模式与制度来降低 CAFTA 民用核能安全保障法律制度合作中的成本,减少其中的不确定性。而 CAFTA 民用核能安全保障法律机制这一模式的选择与民用核能安全保障合作组织、法律机制的创新无疑适应这样的一种要求,把原来的那种 CAFTA 民用核能安全保障法律制度合作内部化,从而降低了合作中的成本。其次,要分析 CAFTA 民用核能安全保障法律机制模式,其标准就是民用核能安全保障法律机制及合作组织内部的管理成本应该小于过去各国的合作成本。[26]

2. 区域合作理论

国际区域合作的研究主要集中于对欧盟和北美地区经济一体化问题的研究上。早期的经济一体化研究更多地关注产品与生产要素的跨国流动、企业生产经营与消费者的经营与消费活动的跨国流动及其影响,以及双边与多边的关税问题成了学术界的主要研究领域。近年来,区域主义、国家主义与全球主义成为区域合作理论研究的主要流派。目前学术界普遍认为,民用核能安全保障法律机制是指不同主权国家或者地区之间的跨国界区域核能合作,是两个或两个以上的主权国家或者地区在跨国界的民用核能安全保障法律机制或者特定地域进行民用核能安全保障制度分工与民用核能安全保障技术活动合作规则的总称。

CAFTA 民用核能安全保障区域合作是在一定政治与经济环境下进行的,必须具备一定的政治与经济条件,可以区分为不同类型,具有内在的运行与演变机制,可以选择不同的模式。民用核能安全保障区域合作的条件变迁、机制演化与模式选择之间存在着密切的相关性与内在联系,彼此之间会显示出某些共有的特征与规律。民用核能安全保障区域合作的形成、演化与发展是通过一定的组织安排形式与规则体系进行的,这就是民用核能安全保障区域合作机制,是一种内在的运行机制。政府推动与市场驱动是民用核能安全保障的基本模式。

民用核能安全保障区域合作表现出不同类型的主要原因是民用核能安全保障法律制度区域合作的条件存在差异。民用核能安全保障法律制度区域合作必须具备一定的历史文化与社会政治条件,在存在着冲突或者政治利益矛盾的国家之间特别是政治敌对国家之间,民用核能安全保障法律制度区域合作能否形成必须以跨越政治障碍和风险为前提。具体地说,民用核能安全保障法律机制的形成需要具备以下几个条件:

一是地缘性。具备一定地理区位优势与交通运输条件,在不考虑其他因素的情况下,地理空间距离较近的国家民用核能安全与生产要素跨国流动的运输成本与交易费用相对较低,越容易开展民用核能安全保障区域合作,建立合作法律机制。反之,地理空间距离

---

⑳　郭晓立.国际能源合作的稳定性研究[D],吉林大学博士论文,2012:19-25.

太远则开展民用核能安全保障合作的成本越高,减少了民用核能安全保障法律机制构建的可能性。

二是优势互补性。具备相应的比较优势与互补性。主权国家之间的资源特性与技术结构各具特色,消费者愿意消费本国产品而不是外国产品,在国内进行民用核能开发活动而不可能到国外进行采购,这需要民用核能法律机制协调合作。

三是机制收益。民用核能安全保障区域合作能够给参与国家带来净合作收益。加入民用核能安全保障法律机制必须支付成本。在市场经济条件下,只有当云集的成本低于获得的收益时,才可能推动民用核能安全保障法律机制构建,获得净合作收益或者报酬递增收益是吸引主权国家参与民用核能安全保障法律机制构建合作的内在激励机制。

四是补偿机制。具备完善的合作收益受损补偿机制。只有当合作收益受损的国家能够获得高于损失的补偿时,民用核能安全保障法律机制才可能排除主权国家或者区域阻力。只有当合作收益受损的政府、企业与消费者能够获得高于损失的补偿时,民用核能安全保障法律机制才可能排除微观利益主体阻力。虽然民用核能安全保障法律机制能够给参与的主权国家或者区域带来总的合作净收益,也可能因为补偿不充分或者在收益分配方面没有达成一致,使得民用核能安全保障法律机制构建成为不可能。

五是意愿一致。我国学者研究认为[27],在区域合作中各主权国家的合作意愿演化受国家固有文化作用和能力相互作用的共同影响[28]。一方面,不同的国家自身固有文化决定了其合作意愿和行为取向;另一方面,合作国家在争取合作目标实现的促使下努力协调在合作意愿上的分歧,以期协调一致,提高合作的绩效。民用核能安全保障法律机制构建是区域合作的规则,这种相互作用同样存在于民用核能安全保障法律机制构建行为中。在民用核能安全保障法律机制构建中这种相互作用体现在不同参与者间资源共享过程中共享意愿的让步或趋同的相互作用上。共享意愿相互作用是合作国家的互为影响作用,反映的是民用核能安全保障法律机制的稳定程度,各国家意识的体现和实施的可能性,是长期稳定开展民用核能安全保障法律机制构建的决定因子。

六是协调机制。以主权国家或者地区愿意而且能够作出让步或者条件。民用核能安全保障法律机制构建是一种安全利益协调行为,在保证获得合作安全收益外,还应付出成本与一定的代价,而合作收益与合作成本支付的时间分布是不均衡的。任何一个主权国家或者参与民用核能安全保障法律机制国家都会有参与和退出成本,同时还要承担一定的责任与义务,因而,在考虑长期的综合收益后,在民用核能安全保障法律机制中就会有短期的让步或妥协,但这种让步或妥协一定会在长期的合作收益—成本中得到平衡。

㉗ 朱振涛等.项目合作企业之间观点耦合动力学特征[J].管理科学,2010(2)4:11～19.

㉘ 黄宁.能力结构与经济合作的关系模型研究[J].当代经济,2008(10):108-110.

3. 边界理论

一直以来,边界都是相关领域学术界的一个研究重点。确定边界的位置和性质决定了构建 CAFTA 民用核能安全保障法律机制构建的性质和内容。很多理论的一个共同特点就是根据分析的目的来划定边界,继而在分析中把边界"描绘成一种稳定的秩序。[29]

以亚当·斯密为代表的古典经济学派和以马歇尔为代表的新古典经济学将边界视为一种生产函数,合作的边界就是长期合作成本曲线中的最低点;以科斯、威廉姆森为代表的新制度经济学将边界的确定视为依照合作成本最低点确立的组织内部合作与制度构建之间界限;新产权理论则认为组织与制度的差别在于存在着剩余控制权,而国家主权规定了合作的边界;新自由主义学派认为,边界由预期利润最大化决定,即边界依合作对利润预期改变引发的经营和管理范围的变化而变化;演化经济学从遗传、变异和选择的角度将合作看作是一个认知与学习的组织[30]。管理学的研究认为,对合作边界不仅要从交易成本来理解,还要按照学习、路径依赖、技术机会、选择和互补性来理解。因此,合作的边界是动态的,是组织不断认知和学习的过程中因为知识的学习和传播的路径依赖造成的历史结果,不同合作主体的实践和认知结构之间存在的不可调和的差异决定了合作边界的位置[31]。

Charles.illy 主要是从社会学的层面来探讨合作边界问题的。他认为,合作边界是内部联系的人口和/或活动从集之间对比密度、转变或分隔的邻近区域。边界的改变由形成、转变、激活和压制的合成构成[32]。在 CAFTA 民用核能安全保障法律制度合作的实践中是存在边界的,横向边界是合作的广度(范围和规模),纵向边界是合作的深度(程度和模式,如联盟还是一体化等)。而忽略了这一点,如 CAFTA 民用核能安全保障法律机制是无法作出有力的解释的。为此,继续沿用传统的研究范式来研究 CAFTA 民用核能安全保障法律机制是不完全合适的。民用核能安全保障法律机制不仅仅是一种经济行为,它更是一种经济、社会、文化现象,它要受到边界的强烈影响[33]。而无论是民用核能安全保障法律机制的特殊性,还是民用核能安全保障法律机制构建区域的复杂性都说明了其合作主体是一个非共同价值观、共同理念、希望实现战略性资源共享的合作问题,具有组织性与系统性特征。因而,就其本质而言,民用核能安全保障法律机制区域合作的边界应具有"矛盾""复杂""演变"等属性。边界是身份和主体性质的表征,是共同目标建立的充

---

[29] Woods & Tarrant, Miscellaneous Tarrant County, Texas Obituaries[J].2009(03):23.

[30] 黄凯南.基于多层级选择理论的演化动态分析[J].2008(06):19~21.

[31] 梁世国,梁经锐.一个关于企业边界理论的综述[J]华东经济管理.2007(02):35

[32] Tilly Charles.Tilly. Identities, Boundaries & Social Ties[M].上海:上海世纪出版集团,2008:138~141.

[33] Follis, Bodies and beliefs _ Religious identity in contemporary American women's narratives 2009.

要条件,是合作体性质的最好解释。同时,边界也是对外界环境变化的行为反映,从系统论角度看,边界具有"中介"属性,它是和外界互动作用的关键。边界根据合作的参与者形成的行为体性质不同而导致边界不同,一个主体存在多种边界,所以边界的确定是一个复杂的工程,确定的过程也就是合作组织形成的过程。民用核能安全保障法律机制构建是跨边界合作,是不同主权国家以资源共享为目标从边界接近,到边界相融,最终达到边界重合的一系列复杂过程。而其适用边界的效应变化过程为不同主权国家实现合作的过程。边界研究始于理学,经济管理领域的边界问题开始于科斯的企业边界理论,并得到了学术界广泛响应[34]。亚当·斯密为代表的古典经济学派和以马歇尔为代表的新古典经济学从分工角度将企业构造成一个技术上的生产函数,根据长期生产成本曲线的最低点来确定边界;以科斯开创、威廉姆森为代表的新制度经济学把对边界的认识扩展到交易成本,通过交易成本边际比较选择企业内部生产与市场交换之间的界限[35],威廉姆森从资产专用型、不确定性和交易频率三个维度定义交易费用,提出了边界确定原则以及"有效边界",并建立了边界启发式模型,国内外学者[36]还从实证角度,构建了边界决策模型论证了并购与联盟的效率和适用边界的选择;阿尔钦和德姆塞茨则从企业是一种团队生产的角度,以团队贡献不可测模型、考虑内部机会主义的监督能力及剩余控制权的激励机制确定边界及其稳定性。可见,合作主体(国家)性质的不同界定边界的确定方法也不尽相同,且国家间的合作(如联盟、外包等)同样存在边界问题。边界的多元化、多重标准和相对模糊性使边界的决定因素、稳定性及其管理等研究仍没有形成统一明确的认识[37]。钱德勒等认为边界是由外部因素与目标函数共同决定的,外部因素决定目标的可实现程度,目标的可实现程度决定边界的变化[38];以整体和全过程的视角,认为能力状况与边界高度正相关,"边界的变化在于能力的适用边界",即能力的强弱、大小决定了边界的具体位置,可见适用边界在刻画主体边界运动状态、临界条件及影响因子等方面具有独到的作用。[39]

演化经济学[40]对虚拟组织[41]的研究,揭示了边界动态性、路径依赖性和"中间地

---

④ 张毅,张子刚:《企业网络组织间学习过程的二维模型》,载《科学学与科学技术研究》2005 年第9 期。

⑤ 罗英杰:《欧盟能源企业对俄罗斯油气资源投资浅析》,载《俄罗斯中亚东欧市场》2006 年第 11 期。

⑥ EC Staff Working Paper, Energy Dialogue with Russia: Update on progress since the October 2001 EU-Russia Summit, March 2002, p.8.

⑦ 詹姆斯·多尔蒂等.争论中的国际关系理论(第五版)[M].世界出版社,2004(2):543.

⑧ 揭晓.从分散、合作到集体行动[D].暨南大学博士学位论文,2009.

⑨ 亚当·斯密:《国民财富的性质和原因的研究》(第二章),郭大力、王亚男,译,商务印书馆 1972 年版.

⑩ 赫尔曼·海因里希·戈森:《人类交换规律与人类行为准则的发展》,商务印书馆 2000 年版.

⑪ Axelrod, Robert, 1984, TheEvolution of Cooperation, New York: Basic Books.

带"——边界存在厚度的特征；社会学[42]则从组织和成员身份的区分角度界定边界，对心理边界、社会边界和物理边界作出了描述[43]。特别是经济空间和制度经济学[44]。在国家联盟边界演化对组织扩展作用的研究中，强调了适用边界选择对区域组织系统扩张效率的作用。近年来系统科学的发展，丰富了边界的研究方法，随机性分析的应用，解决了定性因素的困境。Gabby 等[45]为定量因素演化分析提供了一般计量模型；朱振涛等[46]在两个企业项目合作行为演化的研究中，运用系统动力学理论，明确了非线性耦合作用下，组织观念演化的特征，以及观点演化的临界值对合作意愿趋同的影响等。各领域的研究成果为民用核能安全保障法律机制构建适用边界的研究提供了可借鉴的理论和方法基础。

（二）以生态安全分析民用核能安全保障法律机制

不同时期人们对国家安全的关注重点不同，如冷战时期，人们更关注国防安全；经济危机爆发时，人们则更牵挂经济安全。随着冷战结束，和平与发展逐渐成为国际社会的主题。相比之下，人们对非传统安全因素的关注度在不断提高。伴随人口的持续快速增长和经济社会的高速发展，人类活动给自然环境所施加的压力也在不断增大，人与自然的矛盾不断加剧，因环境污染和生态破坏所引发的环境灾害和生态灾难不断涌现，到了 20 世纪末，生态危机越发全球化，特别是民用核能泄漏事故已经实实在在地开始危及人类当前和未来的生存安全，非传统意义上的国家安全中的生态安全成为人类关注的焦点。

1. 生态安全的含义

民用核能事故会使环境条件发生不利于人类的变化，以致影响人类的生产和生活，给人类带来灾害，这便是环境问题。而环境安全，一般认为是指人类赖以生存发展的环境处于一种不受污染和破坏的安全状态，或者说自然（自在）世界处于一种不受环境污染和环境破坏的良好状态。

生态安全是指人的环境权利及其实现受到保护，自然环境和人的健康及生命活动处于无生态危险或不受生态危险威胁的状态。[47] 生态安全是指某个区域的自然环境处于不受（或少受）破坏与破坏威胁的状态，能够满足人类和其他生物群落的持续生存与发展需要，且不损害自然环境可持续发展的潜力。因此，对于人类而言，生态安全具有两重含义：

㊷ 王雷.合作的演化机制研究[D].浙江大学博士学位论文,2004:58.

㊸ Hobbes,Thomas,1651/1943,Leviathan,Oxford：Oxford University Press.

㊹ Rousseau,Jean-Jacques,1968,The Social Contract,train. By Maurice Cranston,New York：Penguin Books.

㊺ [美]奥尔森:《集体行动的逻辑》,陈郁,等译,上海人民出版社 1995 年版.

㊻ Follis,Bodies and beliefs_ Religious identity in contemporary American women's narratives 2009.

㊼ 王树义.生态安全及其立法问题探讨[J].法学评论,2006,(3):125.

一是生态环境自身的安全;二是生态系统对人类安全,即生态环境能长期满足人类的生存发展需要。显然前者是基础,后者是目的。

民用核能事故能够对生态安全造成威胁的便是生态危险,其与生态安全相对应。正是由于民用核能事故造成生态危险的存在,才逐渐引发人们对生态安全问题的关注。生态危险,顾名思义,指的是可能对人类的生存环境和自然生态系统产生破坏甚至是毁灭性作用的自然现象或行为,如民用核能事故向环境随意排放有毒有害的污染物。生态安全比环境安全要大,生态安全包括了环境安全。

2. 民用核能安全法律机制的内涵

机制既可指要求大家共同遵守的办事规程或行动准则体系,也可指某一领域内的制度体系,法律机制如我们通常所说的一系列法律制度体系。在日常生活中,人们依靠法律制度来衡量自己的行为,国家凭借制度体系来引导和调整人们的行为。民用核能安全保障法律机制指的就是用法律手段保护生态安全的制度体系。而用法律手段保护生态安全,首要的是应进行立法,使保护活动有法可依、有章可循。具体来说,对其应当从两个方面进行考察:一是生态安全的法律体系,这是机制存在的前提。没有完善的立法,必然没有健全的制度体系。二是相关的法律规范设计,而这些规范是制度存在的具体表现形式。

3. 民用核能安全保障法律机制与生态安全的关系

生态安全是满足人类正常生存与发展的必备条件。没有一个安全的生态环境,人类就无法生存和发展。CAFTA 民用核能安全保障法律机制是为了从制度上确保 CAFTA 生态安全,为了使 CAFTA 自然环境在整体上保持良好的状态,满足人类社会健康、可持续发展的要求。笔者认为民用核能安全保障法律机制的深刻理解,至少应包括以下几个方面:

(1)从制度上确保环境安全到确保生态安全。民用核能安全保障法律机制就是为了这一转变,它不仅反映出随着对资源开发中,人类在关注经济安全的同时,开始关注整个生态圈的安全,而且意味着民用核能法学研究的指导思想从"以人为中心"向"以自然为中心主义(或以生态为中心)"[48]转变。

(2)民用核能安全保障是一个相对概念,也是一个动态概念。没有绝对的安全保障,

---

[48] 这里需要说明的是,以自然利益为中心不可能是绝对意义上的自然利益至上,但凡人类所创造的思想就必然要以人类的价值观为最终的评判标准。人类要生存和发展就必然要向自然界索取环境资源,就不可能做到对自然环境的零损害,保护自然环境的绝对安全无疑就是要扼杀人类。一味地不加思考地强调自然中心主义一方面会给发展中国家的现代化建设制造人为障碍,另一方面会给生态恐怖主义提供从事反人类、反社会活动的可乘之机。作为自然中心主义重要组成部分的生态中心主义,只看到了人的活动对生态的破坏作用,而忽视了人类保护生态的最终目的还是为了人类。换句话说,生态中心主义将人看作手段而非目的,人会因为自己对生态环境保护得越好而变得越没有存在的意义,这明显违背了哲学解释逻辑和人类的根本意愿。毕竟,人类的可持续生存和发展才是目的,才是生态保护背后的本原价值。

只有相对的安全。民用核能的安全保障也不是一劳永逸的,它随环境的变化而变化,可能由安全变为不安全。同理,人类通过法律机制,减轻或消除环境污染和生态破坏,将其由不安全变为安全,将其制度化、机制化、长效化。

应当把民用核能安全保障法律机制看作是国家安全中最为基础的安全,其他安全如政治安全、经济安全、国防安全机制等都将建立在此安全机制之上。其安全直接关系到国家的长治久安,国家的政治稳定、经济发展、社会繁荣均离不开一个良好的生态环境。

民用核能安全法律保障观念的日益成熟,改变了许多国家以往的法律机制,促动了新的法律机制产生,并迫使国家在制订政策法规时不得不更多地考虑民用核能安全保障问题,逐步将维护生态安全纳入国家发展战略,从而使得民用核能安全保障在国家安全法律体系中的重要性日益提高。

值得一提的是,如今在 CAFTA 民用核能合作中,也经常围绕生态安全问题展开一系列合作协议和逐渐开始形成合作法律机制。

四、CAFTA 民用核能安全保障法律机制构建

CAFTA 国家日益增加的民用核能安全风险,越发地意识到必须建立长效、规范的区域合作。在 CAFTA 层面上进行法律规制与保障,只有提供 CAFTA 民用核能安全强有力的法律机制保证。CAFTA 仅仅各国出台相应法律文件是不够的,应该通过 CAFTA 区域民用核能安全保障法律机制来规范民用核能利用的限度和具体的操作规则,从源头上把握这一能源的使用,谨慎地规范这一新型能源的开发和利用,在安全、可控的范围内发挥其优势为人类造福。

(一)敦促 CAFTA 国家加入国际核安全机制

CAFTA 国家尽快加入国际核安全机制的相关公约。目前,国际核安全机制有三个重要公约,即《核材料实物保护公约》《核安全公约》和《核燃料管理安全和放射性废物管理安全联合公约》,CAFTA 国家只有中国、印尼、菲律宾和柬埔寨三国加入了《核材料实物保护公约》,中国、印尼和新加坡批准了《核安全公约》,只有中国加入《核燃料管理安全和放射性废物管理安全联合公约》。应该提高 CAFTA 各国对三个国际公约的认识,强化其安全保障的法律意识,敦促 CAFTA 国家加入这些确保核能安全的相关国际公约。

(二)CAFTA 民用核能安全保障组织建设

CAFTA 应该构建一个民用核能安全保障组织,强化 CAFTA 民用核能安全保障监督和审查组织。该中心是 CAFTA 民用核能安全保障监管机构。该中心由各缔约方授予

法定权力,颁发许可证,并对核设施的选址、设计、建造、调试、运行或退役进行监管的任何一个机构。该监管机构有权颁发给各成员国申请者使其对民用核设施的选址、设计、建造、调试、运行或退役承担责任的任何批准文件。该中心主要是一个与开发民用核能安全保障监管的功能性机构,应利用该机构的组织功能,将CAFTA区域民用核能安全保障法律制度进行一体化监管,使CAFTA发展民用核能增强安全保障透明度,彼此之间进行密切的民用核能安全保障方面的制度协调,加强民用核能安全保障的监督与执行。寻求CAFTA各国一致的方式加强民用核能安全保障的监督管理职能,不断接受大众舆论的监督,公开有关条约执行信息,促进各缔约方自觉履约。尽管东盟成员国2007年8月成立了一个核能安全组织,但这主要包括核武器在内的核能安全、和平利用核能等,我们这里主要讨论成立民用核能安全保障组织的构建及权责范围确认机构。通过这个组织构建,加强CAFTA与其对话伙伴国在民用核能安全保障法律机制方面的经验交流,研究民用核能安全保障法律机制运行与监督的相关安全措施。

(三)CAFTA民用核能安全保障相关协定

CAFTA国家发展民用核能安全保障法律制度需要加强民用核能安全保障法律制度建设。要求(1)CAFTA(10+1)签订《CAFTA民用核能安全保障协定》,该条约要求签约国在CAFTA区域确保开发、安置、运输、使用民用核能安全,认识确保民用核能利用安全、受良好监督管理和与环境相容对社会安全的重要性,促进CAFTA范围内的民用核能安全高水平的必要性,明确民用核能安全的责任由对民用核能设施有管辖权的国家承担;促进有效的民用核能安全文化,确保民用核能设施事故有超越国界影响的可能性;确定民用核能安全责任事故的责任承担。(2)CAFTA(10+1)签订《民用核材料协定》,该条约应该包括确认一切国家有权发展民用核能,并合法享有民用核能所可能产生的潜有利益,深信有必要促进民用核能方面的国际合作,希望防止非法取得和使用民用核能可能引起的危险,深信与民用核能有关的危害行为引起严重关注,因此亟须采取适当有效的措施。(3)CAFTA(10+1)签订《民用核燃料管理安全和放射性废物管理安全联合协定》,该条约规定包括民用核能与安全有关的技术合作,以在CAFTA范围内达到和维持民用核能和放射性废物管理方面的较高安全水平;基于民用核能在满足当代人的需要和愿望而又无损于后代的前提下,确保在民用核能和放射性废物管理的一切阶段都有防止潜在危害的有效防御措施,以便在目前和将来保护个人、社会和环境免受核辐射的有害影响;防止在放射性废物管理的任何阶段有放射后果的事故发生,和一旦发生事故时减轻事故后果。通过CAFTA相关条约的签订,建立一套涉及安全、环境和卫生等方面的完善区域民用核能安全保障法律机制。确认通过现有多边机制和制定这一鼓励性公约开展区域合作以提高民用核能的安全性;通过CAFTA相关协定,加强区域合作,包括与民用核能安全有关的技术合作,以在 CAFTA 范围内实现和维持高水平的民用核能安全。

(四)CAFTA 国家民用核能安全保障法律文化建设

国家生态安全观念的日益成熟,改变了许多国家以往的政治结构,促动了新的政治权力主体的产生,并迫使国家在制定方针政策时不得不更多地考虑生态安全问题,逐步将维护生态安全纳入国家发展战略,从而使得生态安全在国家安全体系中的重要性日益提高。各国在发展民用核能时,增强预防生态危机和主动维护生态安全的意识,在民用核能安全相关立法指导思想上全面树立了可持续发展的新理念,并且能够把维护国家长久生态安全的国家战略目标和政策措施融入和落实到所有与环境和生态有关的活动中。目前,CAFTA 民用核能安全文化的意识较弱,稀释、流失和冲突问题凸显。核电建设和运营队伍的扩大,使非核领域人员加入核电建设队伍,稀释了民用核能企业原有的核安全文化;同时,大量有经验人员流失到其他企业中,带走了已经形成的民用核能安全文化和氛围。针对这一现象,CAFTA 国家必须加民用核能安全文化建设的投入。决定发展民用核能的 CAFTA 国家,应把各项必须具备的要求做在前面。同时,应鼓励 CAFTA 国家积极参加民用核能安全合作制度及网络建设。在中国、日本和韩国设立民用核能安全网中心之后,马来西亚、印尼、菲律宾、泰国和越南也在积极筹建国家民用核能安全中心。但是,仍有半数 CAFTA 国家还没有准备好,应鼓励他们尽早筹建类似机构,通过将这些中心和机构连接起来,形成 CAFTA 区域民用核能安全网络,构建相互学习的平台,形成民用核能安全文化氛围,确保民用核能安全保障法律制度机制的完善和实施。[49]

(五)CAFTA 国家民用核能安全保障法律制度合作

在 CAFTA,权力格局呈现"都是发展中国家"的局面,构建 CAFTA 民用核能安全保障法律制度安全机制应是一个混合型的安全结构,即在保持传统双边同盟的同时,构建一个能够应对挑战的新的多边合作框架。CAFTA 核能环境问题的多样性和各国环境目标的共同性,使得在今后相当长时期内 CAFTA 环境合作仍将以次区域合作和双边合作为主。这些都是 CAFTA 在制定民用核能安全保障法律制度合作政策战略中应该考虑的。以中越环境合作为例,目前中越两国在环境领域的合作,已经超出互利互惠的双赢状态,作为 CAFTA 地区最有影响力的两个大国,其在解决民用核能安全保障法律制度环境安全问题上的努力,积累的丰富经验,产生的良好示范效应,为 CAFTA 地区围绕民用核能安全保障法律制度的环境安全问题进一步开展合作奠定了基础。

但应该看到,民用核能安全保障法律制度环境安全属于区域公共产品的范畴,

---

[49] 《全球核态势评估报告》2011—2012 版。

CAFTA 多边制度化建设是趋势,在这种情况下,CAFTA 未来面临环境安全合作不可阻挡的进程时,最主要的政策目标应该是推进地区民用核能安全保障法律制度在环境合作问题上的制度化建设,整合现有民用核能安全保障法律制度环境安全合作机制,创立覆盖地区的新型环境合作组织、理机构。首先,以软性 CAFTA 民用核能安全保障法律制度合作机制作为起步。其次,在制度化合作的基础上,运用 CAFTA 机制,解决民用核能安全保障法律制度环境合作领导权难题。再次,借鉴六方会谈模式,逐步建立起针对具体问题的、有约束性、有干预性地区民用核能安全保障法律制度环境安全合作框架。官方与民间双轨并进,形成地区民用核能安全保障法律制度环保意识全民性普及。CAFTA 在思考自己的地区民用核能安全保障法律制度环境合作政策时,应同时着力在政府和民间两大方向,加强民用核能安全保障法律制度环保产业的建设,推进 CAFTA 民用核能安全保障法律制度环保意识的普及与深入人心。近年来,CAFTA 民用核能安全保障法律制度环境领域热点问题多发,突发环境灾难也时有出现,成为整个 CAFTA 民用核能安全保障法律制度未来发展中的重大变数与安全风险。这使 CAFTA 地区各国无论是政治领导人还是普通民众都充分认识到在民用核能安全保障法律制度环保领域协调行动,提升民用核能安全保障法律制度环保意识的重要性。因为民用核能安全保障法律制度安全问题,无论是在传统安全领域还是在非传统安全领域,往往都是涉及一国重大国家利益的敏感议题,形成任何的法律条约,达成任何的正式协议都要经过长期的酝酿与磋商。在这种情况下,在 CAFTA 围绕民用核能安全保障法律制度环境安全的合作过程中,民间力量所能发挥的"第二轨道"作用不容忽视。而这一轨道应该成为我国未来应对 CAFTA 民用核能安全保障法律制度环境安全合作浪潮时应积极倡导的理念和积极推进的政策。

首先,采用民用核能安全保障法律制度安全与民用核能安全保障法律制度经济挂钩的政策,鼓励 CAFTA 民间力量开展民用核能安全保障法律制度环境产业合作。可以说,CAFTA 国家在民用核能安全保障法律制度环保产业上开展合作,具有极强的重要性和必要性。因为通过民用核能安全保障法律制度环境安全产业,可以培育共同市场及共同需求,增强各国在民用核能安全保障法律制度环保领域的相互依存性。其次,加快各国及 CAFTA 民用核能安全保障法律制度环境保护非政府组织的建设,形成 CAFTA 民用核能安全保障法律制度环境安全合作的一支独特力量。应该看到,目前遍及 CAFTA 的环保 NGO 作为 CAFTA 民用核能安全保障法律制度环境安全领域合作的中介和桥梁,将有效地弥补国家合作、政府间国际组织在民用核能安全保障法律制度环境合作方面的不足与缺位,是形成 CAFTA 民用核能安全保障法律制度环境安全合作整体框架不可缺少的一个部分。

（六）增加 CAFTA 民用核能安全保障法律制度透明度

CAFTA 民用核能安全保障法律制度合作中的透明度主要指的是各成员国有关民用

核能的政策法规必须向 CAFTA 各成员公开。一个国家民用核能安全保障透明度的高低,在很大程度上影响着其在 CAFTA 上的可信度。在 CAFTA 民用核能安全保障合作机制形成之前,一些成员的透明度并不是很高。在这样的情况下,合作机制形成的缔约成本是较高的,这也使得较低制度化水平的机制更易被选择。民用核能安全保障法律机制对 CAFTA 的影响是指在不牺牲各国民用核能合作的条件下,民用核能可用于不同用途和由不同使用者利用的程度。[50] 在民用核能安全保障法律机制的合作中,由于机会主义行为会造成成员国更大的损失,带来较大的治理成本,因此一般会选择较高的制度化水平合作机制以减少机会主义行为的发生。在 CAFTA 中,首先,各成员分布是较为分散的,地点并不确定;其次,CAFTA 各成员国之间的联系也不尽相同;再次,在 CAFTA 民用核能安全保障法律机制逐步形成之前,有些成员之间已建立了一些双边或者多边区域性合作机制。因此一些原有的合作投入实际上是在 CAFTA 民用核能合作法律机制出现后继续有用的。最终是建立一个民用核能 CAFTA 区域一体化合作机制。CAFTA 的民用核能合作法律机制需要采取制度性水平很高的一体化区域合作机制。

---

[50] 田野.国际关系中的制度选择:一种交易成本的视角[M].上海:上海人民出版社,2006:97。

中小企业贸易便利化论

张　帆[*]

（西南政法大学国际法学院）

摘　　要： 在世界各国已大幅削减关税的情况下，如何利用贸易便利化来削减贸易成本，促进贸易双方的发展，已经成为世界各国普遍关注的问题。尤其是对于具有很大发展潜力的中小企业来说，复杂烦琐的通关程序为其带来很大的贸易成本，严重削减了中小企业参与国际贸易和融入全球价值链的竞争力。因此，本文介绍了中小企业在贸易便利化方面遇到的阻碍，并通过对比分析国际社会促进中小企业贸易便利化的措施，来为中国政府和中小企业应对贸易便利化的路径提出建议，这对构建我国的贸易便利化体系，提升我国中小企业贸易便利化水平来说具有十分重要的意义。

关键词： 贸易便利化；中小企业；贸易成本

在经济全球化和贸易自由化的背景下，各国家和地区都在不断开放，国家之间和国际各经济体之间的联系也在不断加强，国际贸易量也随之增加。虽然在乌拉圭回合结束后，世界各国对关税已大幅削减，以关税为代表的典型的贸易壁垒对国际贸易的干扰和阻碍也不断减少，但是货物在跨境流动中不可避免地会遇到一些复杂的手续和单证要求，由此贸易成本也随之增加。复杂而敏感的通关手续作为一种新型隐形壁垒开始制约着国际贸易的发展，尤其对于中小企业而言，在贸易便利化方面其和其他大型企业受相同的贸易规则管制，但由于其自身条件限制，使得其相比其他大型企业更难获得充足的信息和履行复杂的通关手续。因此，在贸易便利化方面，中小企业需要付出的贸易成本会超过其可能获得的便利，从而使中小企业失去了作为供应商的竞争力，阻碍了其融入区域和全球价值链。因此，各国家和地区逐渐意识到贸易便利化对中小企业的重要性，分别采取了一系列措施努力降低中小企业进行对外贸易活动的成本，提高其参与国际竞争的能力。对于中

---

　　[*] 张帆（1992—　　），女，吉林四平人，西南政法大学国际法学院 2015 级硕士研究生，研究方向为国际经济法、国际贸易法。本文为 2016 年重庆市研究生科研创新项目（CYS16103）的阶段性成果。

国来说,其他国家在贸易便利化领域的举措,包括促进中小企业贸易便利化政策措施是值得中国借鉴的。

一、中小企业在贸易便利化方面遇到的阻碍

根据世界贸易组织(WTO)定义,贸易便利化是指"国际贸易程序的简化和协调"。[①]但是贸易便利化所涵盖的内容很广泛且不断变化,目前为止各国及国际组织对贸易便利化还没有一个统一的清晰而明确的定义。最初,贸易便利化是指通过港口运输商品时物流程序的简化和合理化,近年来对贸易便利化的定义扩展到包含贸易环境、海关和制度环境,国内政策和制度结构、国际和区域标准一致化和技术基础设施等内容。由此可见,随着国际经济的不断发展,贸易便利化所涵盖的领域也在不断扩大。虽然贸易便利化的定义有所变化的发展,但是其基本精神和最终目的是相同的,即简化和协调贸易程序,消除国际贸易流通过程中的障碍和摩擦,降低贸易成本,提高贸易效率,为国际贸易创造一个便捷、协调、高效透明、自由和开放的环境。

目前世界各国特别重视通过贸易便利化来便捷各企业参与国际贸易的程序。但是就中小企业而言,其自身规模小、抗风险能力差、获取信息不对称,在国际贸易中会不可避免地遇到很多障碍,其中很多即贸易便利化领域的障碍,包括贸易过程中不合理的运输成本,繁杂的海关清关程序,无法获得贸易文书、监管程序不透明、腐败、区域间产品标准不一致等,这些贸易障碍无形中提高了中小企业参与到全球贸易竞争的成本。[②] 中国的中小企业和其他各国的中小企业一样,虽然发展势头巨大,但是同样面临着无法获取充足信息、繁重的海关规定、复杂的通关程序、不完善的电子商务环境,以及技术性贸易壁垒等障碍,这些都阻碍了中小企业的出口。

(一)信息获取不对称

在国际贸易中,对其他国家和地区与贸易有关的信息的获取是顺利进行国际贸易的前提条件。然而中小企业由于自身条件的限制,没有足够的途径对另一方所在国的贸易政策、法律法规、海关、检验检疫和过境管理等方面获得充分的信息。因此对于中小企业方来说很难提前作出贸易决策,这使得许多小企业从一开始就无法参与到国际贸易中。即便中小企业克服了这一障碍,其在后续处理国外法规、文书工作方面,有可能因为不了

---

① 所谓贸易程序是指在收取、提供、交流以及办理国际贸易中货物流转所需要的数据时所涉及的方法和手续。参见:国际贸易中心.世界贸易组织贸易便利化协议:发展中国家商业指南[R].日内瓦:世界贸易组织,2013,BTP-13-239.E.

② 林汉川:《中国中小企业发展研究报告》,企业管理出版社2011年版.

解相关规则而导致重复提交文件或者产生额外的费用,从而增加贸易成本。这对于中小企业来说会影响其出口能力,在国际市场中丧失国际竞争力。

(二)通关效率低

通关在国际贸易中是非常重要的环节,它影响着国际贸易的速度和质量。通关涉及多个部门,包括海关、检验检疫、外汇管理、运输、保险等。这些部门因为属于不同的管理体系,因此在通关时程序和规则会有所差异,对于采取"多站式"通关程序的地区,企业要多次往返于海关、机场、港口和检验检疫等多个部门办理通关,这会导致企业通关的时间加长,通关效率低下。对于采取"串联式"通关程序的地区,货物只有在程序一道接着一道走完后才能放行,这也会造成通关时间长,通关效率低下。[3] 通关时间的延长,对于鲜活易腐的货物会导致其腐败变质,还可能导致延期交付货物、交纳违约金、滞纳金等一系列风险。尤其是对于中小企业来说,由于其资本资金储备少,通关时间的延长所增加的贸易成本会影响其资金的周转,降低企业的国际竞争力。因此,通关效率的降低对于中小企业的影响更为突出。

(三)电子商务应用不普及

随着信息技术的快速发展,电子商务在国际贸易中发挥着越来越大的作用,为贸易双方提供了很多的便利。电子商务的应用可以解决传统纸质信息在各贸易环节中反复传递的问题,节省了时间,降低了成本,还能避免其中人为因素造成的差错。同时通过互联网,有助于企业对贸易信息的获取。但是,实施电子商务对信息通信技术基础设施的要求很高,并不是所有的中小企业都有能力应用电子商务,虽然近几年互联网的普及率有所提高,一些中小企业对互联网的应用也只是局限于初级层次,因此基础设施的缺乏和电子商务环境的不完善使得中小企业在国际贸易中增加了贸易成本。

(四)技术性贸易壁垒阻碍市场准入

随着经济全球化和贸易投资自由化的快速发展,各国大幅度降低关税,技术性贸易壁垒逐渐成为各国尤其是发达国际推行贸易保护主义的主要手段。所谓技术性贸易壁垒是指一国通过对他国进出口产品制定过分严格的技术标准、卫生检疫标准、商品包装标准等来限制其进口,从而形成非关税壁垒。由于这些标准一般都规定在一国所颁布的法律法规或者条例中,因此有一定的合法性、灵活性和可操作性等特点。一些发达国家凭借自身在经济技术方面的优越条件,制定出超国际标准的技术标准来实现贸易保护的目的,对经

---

③ 匡增杰:《基于发达国家海关实践经验视角下的促进我国海关贸易便利化水平研究》,载《世界贸易组织动态与研究》2013,20(1)。

济发展水平较低的发展中国家的中小企业来说无疑是增加了其进入国际市场的难度,很大程度上造成了贸易不便利。

由此可以看出,中小企业在国际贸易中由于自身条件限制等原因,会面临诸多障碍。世界上一些发达国家一直很关注中小企业的发展和贸易便利化问题,他们所采取的一些促进中小企业贸易便利化的措施是值得包括中国在内的发展中国家所借鉴的。

二、国际社会促进中小企业贸易便利化的措施

近 20 年来,包括 WTO、OECD、APEC、世界银行、世界海关组织、世界经济论坛在内的一些重要的国际经济组织开始对贸易便利化的落实情况和效果进行评估,它们选取一些贸易便利化指标,形成了侧重点不同的贸易便利化评估体系和模板。目前贸易便利化评估选用的指标其实是有很大的交叉的,一般都包括海关通关的便捷性、法规的透明度和稳定性、市场准入、信息与无纸化、标准一致性以及基础设施建设等。目前公认的最具有综合性和代表性的指标体系是世界经济论坛每年发布的贸易促进报告所选用的 ETI(Enabling Trade Index)指数,该指数从市场准入、海关管理的效率、进出口程序的效率、边境管理的透明度、交通基础设施、信息通信技术的可用性,以及商务环境等几方面对各国家和地区的贸易便利化程度进行评估。[④] 本部分以贸易促进报告中所选取的评估领域为角度,通过分析其他国家在这些领域的政策,尤其是促进中小企业贸易便利化方面的措施,来为中国提高促进中小企业贸易便利化提出对策和建议。

(一)营造良好的通关环境

1. 单一窗口制度和一站式信息门户

按照联合国贸易便利化和电子商务中心 33 号建议书作出的解释,单一窗口是指参与与国际贸易和运输的各方,通过单一的平台提交标准化的信息和单证以满足相关法律法规及管理的要求。[⑤] 通过单一窗口,贸易经营企业以标准化的数据形式一次性向贸易管理部门提交相应的信息和单证,从而形成一站式信息门户。

在贸易便利化领域,单一窗口制度和一站式信息门户的应用可以加快经营企业的通关速度,同时提高政府部门的管理效率。目前,贸易便利化程度比较高的国家都采用了单一窗口制度和一站式信息门户来促进各贸易经营企业,尤其是中小企业的贸易便利化。

---

④　Margareta Drzeniek Hanouz Thierry Geiger Sean Doherty, The Global Enabling Trade Report [R]. World Economic Forum,2014.

⑤　联合国贸易便利化和电子商务中心(UN/CEFACT),联合国欧洲经济委员会(UN/ECE),《关于建立"单一窗口"以提高在贸易商和政府间信息有效交流的建议书和指南》[R],2005.

新加坡是世界上第一个采取一站式信息门户来促进贸易便利化的国家。其于1989年建立了世界上第一个用于贸易数据审理的电子数据交换系统,该系统可以将新加坡的税务、海关等35个政府部门链接起来,从而形成新加坡国际贸易投资的"单一窗口"来为用户提供一个一站式的信息门户。⑥ 对于新加坡的中小企业来说,通过这个"单一窗口"可以充分获取相关部门的信息,并通过单一的平台提交标准化的文件和单证以满足相关法律法规及管理的要求,使中小企业节省了很多时间成本,极大地促进了中小企业的贸易便利化。

此外,美国也采取这种模式来促进企业的贸易便利化程度。美国在2001年开始启动自动化的商业环境,这是美国海关现代化改革的标志。在自动化商业环境的系统下,美国首先整合了多个政府机构,并通过ITDS国际贸易数据系统来将多个政府机构整合在一个专门的平台上,建立了"一站式数据收集中心"。⑦ 通过该中心,美国海关可以高效地对进出口数据进行分析和处理,加快通关速度,从而很大程度上提高了美国贸易投资的管理效率。

2. 简化通关程序

简化通关流程对于海关变革乃至提高便利化来说都是重要的一个环节。由于贸易便利化涉及的领域广、部门多,且是一个持续的过程,一些行政审批项目要经过烦琐的程序,许多中小企业生产的产品具有创新性以及很大的出口竞争潜力,但是由于其获取信息能力弱,且在烦琐的行政审批中产生大量的贸易成本,要顺利地使其产品出口到国外也比较困难,从而限制了他们的市场。如果简化一些不必要的烦琐的贸易流程,减少此间产生的部门贸易成本,制造商机,可以帮助中小企业开拓市场,从而提高中小企业的贸易竞争实力。通关程序的简化包括在报关、查验货物单证、征税、放行等环节简化程序,从而提高贸易企业的通关效率,进而促进贸易便利化。

有许多国家都在通关程序的简化方面都作出了尝试和努力。例如,新加坡海关的通关手续和程序向来都十分便捷,源于新加坡海关只对特定产品征收关税,对出口的绝大多数产品都免征关税,这有利于降低中小企业的出口成本。除此之外,对于从新加坡6个自由贸易区出口的货物,在其向市场出售前,无须向海关申报,对于非从自由贸易区出口的货物通关的单据,新加坡采取单据过境和呈报相分离的程序,并强化货物清关后的核查。这大大提升了中小企业出口货物通过海关的效率。

除此之外,美国也通过推行预报关制度来简化中小企业的通关程序,即允许进口商或

---

⑥ Hock-Hai Teo, Bernard C. Y. Tan, Kwok-Kee Wei. Organizational Transformation Using Electronic Data Interchange: the Case of Tradenet in Singapore[J]. Journal of Management. 2007(5): 143-158.

⑦ Helble.M, Mann.C, J.Wilson. Aid for Trade Facilitation[J]. Review of World Economics, 2012, 148(2): 357-376.

者其报关代理人远程报关,从而将货物的通关时间降至最低限度。以北美自由贸易区内为例,美国对来自加拿大和墨西哥的货物及鲜果和蔬菜,在海关关长批准并提供适当担保的情况下,可以申请立即放行,报关程序可以在货物通关后的 10 个工作日内补办。[⑧] 该制度大大提高了货物通关的高效与便捷。

3. 程序透明和严格的廉政标准

中小企业在国际贸易中常常因为其他国家监管程序不透明、腐败、区域间产品标准不一致的问题而增大贸易成本,因此提高各国监管规则和程序的透明度以及通过提高廉政标准来避免政府腐败等问题对于提高企业的贸易便利化程度来说也是十分重要的。新加坡就特别重视对于与贸易相关的法规政策,通关程序和标准,企业的投资、资产、债务状况以及包括保障廉政在内的进出口独立审计情况的透明度问题。新加坡规定对于上述情形要通过定期简报和声明的形式加以公布,以使得政府各部门和企业之间都能充分掌握彼此的信息。[⑨] 此外,新加坡十分重视廉政对于新加坡公共服务的重要性,其海关制定了严格的廉政标准,并将其作为新加坡公共服务的核心价值,这降低了中小企业因为受政府部门的贪污腐败的影响的可能性,也是促进中小企业顺利融入全球价值链的关键环节。

(二)充分利用信息技术

信息技术的发展和应用在贸易便利化领域发挥着至关重要的作用,无论是单一窗口制度的建成还是其他海关程序的操作,信息技术的广泛应用都有助于促进贸易便利化的实现。尤其是对于中小企业而言,除了在政府层面为其提供的便利外,其自身对信息技术的掌握与应用也对其是否可以充分利用贸易便利化政策起着决定性的作用。

在充分利用信息技术来推进贸易便利化方面,新加坡一直是典型代表。新加坡充分利用信息技术,开发了多套网络系统,形成了包括港口网、贸易网自动化边境管理系统和码头作业系统在内的国际航运中心信息平台。以贸易网自动化边境管理系统为例,这是新加坡为了简化进出口单证要求和通关手续而在 1989 年 1 月开启的一套用于电子文件传输的贸易网络系统。该系统全天二十四小时都通过具有一定格式标准的电子文件和单证,来传输与进出口贸易及货物运输相关的信息。新加坡充分利用 IT 技术所开发的多套网络系统,大大提升了海关程序操作的效率,使审单时间由原来的 2 天到 7 天缩短在 10 分钟之内。[⑩] 新加坡在信息技术方面的广泛应用,为中小企业提供了一个良好而便捷的贸易环境,这对于促进中小企业的贸易便利化起着十分重要的作用。

[⑧] 施永,北美自由贸易区通关制度的经验及启示[J]. 海关法评论,2013 (6):45-50.

[⑨] Jon S. T. Quah. Bureaucratic Corruption in the ASEAN Countries:A Comparative Analysis of Their Anti-Corruption Strategies[J]. Journal of Southeast Asian Studies. 2002(6):68-9.

[⑩] Shepher DB,Willson J. S. Trade Facilitation in ASEAN Member Countries:Measuring Progress and Assessing Priorities,Journal of Asian Economics,2015(20):367-383.

此外,新加坡不断加强网络建设,使贸易网系统发展成为一个国际性的信息网络平台,到目前为止,贸易网已和美国、日本相关国际信息平台联网。同时,新加坡作为中国-东盟自由贸易区的成员之一,为了进一步促进与中国-东盟自由贸易区内的其他成员国合作,新加坡也在积极与自贸区内的其他成员进行联网建设,这对于海关的标准化管理、推进东盟区域内中小企业的贸易便利化进程具有重要意义。

(三)政策双向便利化

在传统国际贸易中,政府和商业者倾向于定位在管理与被管理的对立性角色上,然而为了推进贸易便利化,一些国家打破了政商之间的传统定位,力求在政府和企业之间建立伙伴关系,进行更深化的合作。例如,美国海关在1993年实施"海关现代化法案",将海关职能由监管、管理转向服务、促进和合作[11];之后美国海关力求构建政商双方合作伙伴关系,以客户为中心,在管理流程上体现商界的利益和需要,如美国在2006年公布了"海关-商界反恐伙伴计划",强调了海关与商界合作建立反恐伙伴关系的重要性,商界应根据规定制定适合自身安全的措施并对其进行评估,计划内的成员还可以享受多种通关便利,如缩短等待过境的时间、减少货物检查次数等。[12]

美国政府同时注意与中小企业间的关系,通过借助非政府行业协会等非政府组织的作用来实现政商双赢,使其各司其职,实现对资源的优化配置,从而促进贸易便利化的形成。例如在美国最近推行的TPP协定中,在第二十六章透明度和反腐败章节,美国着重强调缔约方在适当情况下,应采取或维持措施来促进私营部门和社会的参与来激励和帮助中小企业在国际贸易和投资中获得优势,并降低贪污和腐败情形对中小企业的影响。[13]

新加坡同样重视政商的合作以及通过国际平台来构建贸易便利化框架,从而为贸易商提供更多的便利。新加坡海关于2001年发布了Trade First贸易便利化框架,实施了世界海关组织《全球贸易安全与便利标准框架》下经认证的经营者制度。该框架提倡以客为本的服务宗旨,与300多个成员公司建立合作伙伴关系,海关会为成员公司分配一名专属海关官员作为该企业的"账户经理"对其进行指导,使贸易商在符合规定的前提下,以高效、合法、便捷的方式促进贸易。[14] 这种方式不仅加强了海关与商界之间的密切联系,促进中小企业与政府部门的联系,也使得海关能以中小企业等贸易商的利益为视角不断完善与改革现有的制度,进而降低中小企业的贸易成本,提升国家的贸易便利化水平。

---

① 参见:The United States Customs Modernization Act,19 U.S.C. 1508. (December 8,1993)

② Securing the Global Supply Chain—Customs-Trade Partnership Against Terrorism(C-TPAT) Strategic Plan.U.S. Customs and Border Protection,2006.

③ 参见:TPP协定第26.10条。

④ From Regulation to Partnership:Transforming Trade Facilitation with Trade FIRST[J]. Singapore Customs Newsletter,2011(3):28-32.

(四)通过 FTA 促进贸易便利化

随着区域贸易协定(FTA)的盛行,许多国家都选择在 FTA 中引进海关管理和贸易便利化议题来促进贸易便利化。以美国为例,美国在其与其他国家签订的 FTA 中,如北美自由贸易协定(NAFTA)、美韩自由贸易协定,都设置专章来规定海关管理和贸易便利化。在美国最新推行的 TPP 协定中,其不仅在海关管理和贸易便利化章节中涉及了提高海关程序透明度、确保海关管理的一致性,可预测性等相关规则,还专门设置了中小企业章节,并认为促进中小企业的便利化同样需要各国之间的合作,如各缔约方在对贸易措施的影响进行评估时,可考虑监管提案对中小企业的潜在影响,并在开展合作促进监管一致性时,充分考虑中小企业的需求。⑮

1. TPP 海关管理和贸易便利化条款有利于中小企业的贸易便利化

从 TPP 最终文本中可以看出,其有关贸易便利化的规定大多是以北美自由贸易协定(NAFTA)和 WTO《贸易便利化协定》为基础并对其进行了补充,旨在通过海关和边境程序的便捷化来促进区域供应链的整合,并推动包括中小企业在内的各商业部门的发展。⑯

在具体内容上,尤其是在货物检验方面,TPP 重点关注了提高海关程序透明度、货物验放及海关程序、海关一致性管理等几方面的内容。⑰ TPP 认为各缔约方应布海关法规及相关规定,实施抵达前业务办理,在税费未确定的情况下允许企业通过缴纳保证金或非现金金融工具等来验放,同时各缔约方应加强海关估价和海关合作,这些规定以及在预裁定,复审上诉规则以及保密性规则这几方面都是参照了 WTO《贸易便利化协定》,进一步体现了美国在贸易便利化方面与国际接轨并借助国际平台推进本国贸易便利化的举措。⑱

除了沿袭其他 FTA 和国际协议中的贸易便利化规定外,TPP 在贸易便利化规定方面还具有自身的独特性。首先,其独特性主要表现在 TPP 特别关注了贸易便利化对中小企业的重要性,并为中小企业提供加急海关程序,即快运货物,从而在贸易便利化层面呼应了 TPP 设置中小企业章节的目的和主旨。⑲ 其次,正如前述,美国在 TPP 中同样设置自动化商业环境,鼓励各缔约国提供电子支持系统及环境,通过借鉴世界海关组织或

---

⑮ 参见 TPP 协定,第 25.5 条。

⑯ TPP Issue-by-Issue Information Center, Advancing the interests of America's largest employers: Small and medium-sized businesses[EB/OL],[2016-08-09]https://ustr.gov/trade-agreements/free-trade-agreements/trans-pacific-partnership/tpp-chapter-chapter-negotiating-8.

⑰ 参见 TPP 协定,海关管理和贸易便利化章节相关规定。

⑱ Helble.M,Mann.C,J.Wilson. Aid for Trade Facilitation[J]. Review of World Economics, 2012,148(2):357-376.

⑲ 参见 TPP 协定,第 5.7 条。

APEC 的既有模式和方法,来为海关程序的管理以及风险分析与控制提供更为便利的服务手段。[20] 再次,TPP 在贸易便利化层面十分重视各缔约国之间的合作,着重提出各缔约国间应加强信息和数据的相互交换,在促进贸易便利化的同时,协调促进各国法律之间的执行,并将走私和偷逃关税视为重点打击目标。[21]

2. TPP 中小企业章节有利于中小企业的贸易便利化

总体而言,中小企业章节主要阐明了 TPP 所能为中小企业带来的机遇信息,支持了中小企业不断与 TPP 政府沟通来加强协定使中小企业获益的方式,从而支持了海关和贸易便利化、电子商务等章节对这些问题的实质性承诺。

TPP 为了确保中小企业能够随时获得其参与国际贸易所需要的信息,使中小企业能够充分参与到国际贸易中并获益于 TPP,中小企业章节要求各缔约方为中小企业创立专门的信息网站,以为中小企业用户提供有关协定及如何利用该协定的信息。这些网站会为中小企业从 TPP 协定文本提炼出所有相关信息,包括对中小企业条款的说明、TPP 中相关国家机构的联系信息、TPP 各缔约方国家的相关法规和标准信息、涉及知识产权的程序、外商投资法规、商业注册程序、雇佣法规以及税收手续等内容,并额外提供有关其他国家的具体信息,从而形成一个专门为中小企业量身定做的单一的用户友好型网站。[22]

除了建立专门的中小企业信息网站外,TPP 还在该章节设立了中小企业委员会,通过定期召开会议并审议使中小企业获益的方法建议来对中小企业如何更好地利用 TPP 等相关问题赋予持续的关注,委员会还开展支持中小企业合作和能力建设的活动,如对中小企业进行贸易援助、提供出口咨询和培训以及开展信息共享等活动。[23]

3. TPP 其他章节对中小企业贸易便利化的贡献

纵观 TPP 协定文本,除了在第五章海关管理和贸易便利化中对中小企业在海关管理方面的贸易便利化进行了专门具体的规定,并在第二十四章中小企业章节中提出各缔约方应建立和维持包含中小企业信息共享的公共网站,在其他章节中也相呼应地为中小企业的发展提供了便利条件。如在电子商务领域,TPP 指出认识到电子商务的全球性,各缔约方应当努力共同帮助中小企业克服使用电子商务中的障碍[24];在政府采购领域,TPP缔约方认识到中小企业可对经济增长和就业作出重要的贡献,便利中小企业参加政府采购对于中小企业的发展来说十分重要,因此,各缔约方应为中小企业提供优惠待遇的措施并保证该措施的资格标准是透明的。此外,为了便利中小企业参加涵盖采购,每一缔约方应尽可能在适当的情况下,通过单一电子门户站点提供包括中小企业定义的与采购相关

---

[20] 参见 TPP 协定,第 5.6 条。
[21] 参见 TPP 协定,第 5.2 条。
[22] 参见 TPP 协定,第 24.1 条。
[23] 参见 TPP 协定,第 24.2 条。
[24] 参见 TPP 协定,第 14 条、第 15 条。

的全部信息,并为中小企业提供免费的所有招标文件,以及根据采购的规模、设计和结构将合同分包给中小企业^㉕;在知识产权领域,各缔约方应就涵盖中小企业的领域努力合作,如在每一缔约方确定的各自的知识产权局或其他机构之间进行适当的协调、培训和信息交流^㉖;在劳工方面,缔约方之间应彼此合作来促进工商界和劳动生产力的改善,特别是中小企业^㉗;在竞争力和商务便利化领域,TPP主张成立竞争力和商务便利化委员会来向自贸协定委员会提供进一步提高各缔约方经济竞争力的意见和建议,包括旨在提高中小企业区域供应链参与度的建议^㉘;在透明度和反腐败层面,TPP鼓励私营部门和社会参与来帮助中小企业克服国际贸易和投资者红的贪污和腐败问题^㉙;在监管领域,一缔约方在对监管影响进行评估时,要考虑监管提案对中小企业的潜在影响,除此之外,缔约方之间在监管领域进行合作时要考虑到与每一缔约方有利害关系的中小企业的信息交流、对话或会议^㉚。

(五)优化监管资源以保证贸易安全

虽然各国家倾向于作出多种努力来促进贸易便利化,但是贸易的便利化与贸易安全并不是冲突的,因此在促进贸易便利化的同时,许多国家也会采取一些政策来保护贸易投资的安全。例如,美国通过一套风险管理方法,在贸易过程中鉴别不同的风险等级,在保证贸易安全的前提下便利合法贸易。同时,为了整合口岸执法部门的管理资源和管理技能,美国在2003年对边境和口岸管理体制实施改革,成立了海关边境保护局(CBP),实现了"一口对外",即对进入美国的人员与货物由一个机构统一管理,从而提高管理效率,并且保证了贸易安全。

新加坡海关在精简通关程序来促进贸易便利化的同时,也十分注重通过优化的监管体制来保证贸易安全。新加坡于2003年对海关和移民局进行改革,改变以往海关与移民局独立设置的格局,整合组建了移民局管卡检查站,来专门负责检查和放行进出口货物。其中检查站的工作人员都是从海关和其他部门抽调而来的。

此外,新加坡对于自贸区内的货物加工和再出口,同样制定了一套监管体制。对于从海关输入其自由贸易区的货物,新加坡海关将时刻保持着对其的监管状态,即使货物只是从一个自由贸易区转移至另一个自由贸易区,在移动前也需要获得转运许可。当然从通关便捷的角度来说,这种许可是一种最低限度的监管,货物只需履行简单的报关程序即可,但从监管的角度来说,海关人员仍会监督货物从一个自由贸易区移至另一个自由贸易

151

㉕ 参见TPP协定,第15.21条。
㉖ 参见TPP协定,第18.13条。
㉗ 参见TPP协定,第19.10条。
㉘ 参见TPP协定,第22.2条。
㉙ 参见TPP协定,第26.10条。
㉚ 参见TPP协定,第25.5条、第25.7条。

区,从而保证贸易安全。新加坡在监管方面实施的多种措施不仅提高了货物通关效率,也优化了监管资源,并保证了贸易安全。

四、中国政府与中小企业应对贸易便利化的路径

在我国当下的贸易发展中,中小企业已发挥着不可替代的关键性作用,并且具有很大的进出口潜力。然而长期以来,我国政府和海关政策却忽视了对资源和实力都相对较弱的中小企业群体进行扶持。因此,促进中小企业的贸易便利化,帮助中小企业融入国际贸易和全球价值链中,对于我国来说至关重要。从发达国家在贸易便利化领域的先进经验中可以看出,中国想要推进贸易便利化,包括推进中小企业的贸易便利化,政府和中小企业自身都要作出相应的变革,主要包含以下几个方面。

(一)中国政府促进中小企业贸易便利化的路径

1. 继续深化口岸改革,营造良好的通关环境

自从改革开放以来,我国一直致力于推进我国口岸的改革和建设,也取得了相应的进展,但是对于我国的口岸建设,应该从数量和质量两个方面进行考虑。多年来,我国在口岸的数量上还是有一定的优势的,但口岸的质量参差不齐,口岸之间的协调性比较差。因此,政府有必要继续深化口岸改革,在口岸质量上进一步减少现有海关程序中不必要的贸易障碍,并努力向电子化程序应用迈进。

(1)全面推进"单一窗口"建设

正如前所述,一些贸易便利化程度比较高的国家如新加坡和美国都采用了单一窗口制度和一站式信息门户来促进各贸易经营企业,尤其是中小企业的贸易便利化。而且中国刚刚加入的《贸易便利化协定》中也明确各成员应努力建立维持"单一窗口",使企业可以直接向贸易主管机构的同意平台提交进出口及过境的标准化单证或数据。[31] 这不仅有利于优化口岸部门间的协调,降低行政成本,且可以减少货物在口岸的延误,提高口岸效率,降低中小企业的贸易成本。

目前,我国已经开始逐步启动我国国际贸易"单一窗口"的建设,力求进一步优化对外贸易环境。包括上海、天津、福建、广州等多个城市都已开始启动"单一窗口"的建设。[32]

---

③ 参见:WTO Agreement on Trade Facilitation, Article 4.

② 据统计,上海国际贸易"单一窗口"建设试点已率先于 2014 年 2 月 21 日启动,继上海之后,天津、福建国际贸易"单一窗口"于 2015 年上线运行,广州口岸南沙港区和深圳口岸大铲湾港区启动了国际贸易"单一窗口"建设试点,辽宁、山东、浙江、江苏等其他沿海地区口岸也开展了不同程度的"单一窗口"建设工作,总体进展顺利。参见 http://www.gov.cn/xinwen/2015-10/23/content_2952781.htm,访问时间:2016 年 11 月 26 日。

从目前的进展来看,中国政府已经意识到"单一窗口"建设对促进贸易便利化的重要性,但是毕竟"单一窗口"的建设目前只局限在一线城市或者比较发达的沿海城市,然而这些城市中大型企业比较多。所以我们要认识到有很多中小企业是设立在其他城市的,因此为了全面推进贸易便利化,尤其是促进我国中小企业的贸易便利化程度,中国政府应继续推进"单一窗口"的建设,力求最终在全国范围内全面建设"单一窗口"。

（2）简化中小企业的通过流程

首先,我国应该根据具体情况,减少一些不必要的审批环节,减少行政管理所需要申报的重复性资料,使整体流程趋于科学化、便捷化。其次,我国应大力推行电子化改革,新加坡和美国已经将电子通关作为其海关的基本作业方式,我国也应加强无纸化报关通关的建设,实施并完善提前报关、便捷通关、并在重点贸易区推行 24 小时通关方案,提高海关的工作效率。[③] 再次,在审批过程中,海关要力求精简审批步骤,增强各部门之间的协调和沟通,并将审批流程对中小企业保持一定程度的公开,包括公开每个环节所需的资料及所需时间,减少由于资料差错带来的海关低效。

目前,我国根据党中央、国务院的决策部署,各地海关正在加快全面深化改革,推进区域通关一体化和"三互大通关"来简化企业的通关程序。区域通关一体化是为了促进贸易便利化、为外贸发展提供助力的一项重要举措,从今年 5 月份全面推开,现在已经实现了在全国 42 个直属海关的全覆盖,是海关今年以来落实全面深化改革的重要举措之一。在这样的模式下,外贸企业可以自主选择在经营单位注册地或者货物实际进出境地两地海关办理申报、纳税和查验放行手续,实现了任意海关办理货物通关手续,极大地降低了企业的通关成本,也节约了通关时间。"三互"就是口岸监管部门的信息互换、监管互认、执法互助,还要推进"双随机",随机抽取被检查对象和随机派员查验等各项重点改革,全面提升海关执法效能,提高贸易便利化水平。同时,还将加快海关特殊监管区域的整合优化改革,并且进一步清理和规范进出口环节涉及企业的收费,不断优化外贸发展的环境,全力促进外贸稳定增长。

但是根据相应反馈,在区域通关一体化和电子化改革后,有些口岸已经实行电子化,有些口岸可能没有实现电子化,反而造成通关的过程中纸质单证和电子单证同时提供的情况,对企业来说反而更加不方便。此外,还存在海关口岸"收费项目少了,单项收费提高"的问题,仍然增加了企业尤其是中小企业的负担。而且,我国在行政审批环节程序仍较复杂,尤其是对于中小企业而言,由于其自身规模条件限制,政府部门对其的审批较为严格。因此在简化通关流程方面,中国政府仍然要进一步优化其采取的措施,一方面,政府可以根据具体情况,灵活性地减少对中小企业的审批环节,简化中小企业的通关流程。

---

③　Woo，Yuen Pau and John S. Wilson，Cutting Through Red Tape：New Directions for APEC'S Trade Facilitation Agenda[J]. Asia Pacific Foundation of Canada，Vancouver，2012（6）：54-87.

另一方面,对于通关一体化实际运作过程中不完善的地方,中国政府和海关总署仍然要积极地解决,以全面落实中小企业的贸易便利化。

(3)完善相关法律法规,提高透明度,改善贸易环境

我国已于2015年9月正式接受WTO《贸易便利化协定》,这也是我国加入WTO之后参与并达成的首个多边货物贸易协定。因此,在《贸易便利化协定》的促进下,我国可以根据中国的实际情况,适当调整对外贸易、行政管理和海关管理等方面的法律法规,与国际相接轨。

对于相关法律法规,包括海关的程序以及证件要求,政府要提高其透明度。从美国和新加坡等国家的实践中可以看出,监管规则的透明度对于提高中小企业的贸易便利化来说十分重要。政府可以通过借助互联网及时更新相关法规,利用新媒体对法规政策进行推送,提高法规政策的透明度,以便于包括中小企业在内的企业对相关的政策和法律的可获得性。同时,在法律政策制定出来后,政府也应加强对规章制度的监督和管理,提高规章制度在监管方面的透明度,为透明良好的规章制度作出保障。此外,中国政府也应提高政府各部门运行的廉政标准,减少中小企业受政府部门贪污腐败的影响的可能性。

2. 大力发展互联网建设,积极推进电子政务和电子商务的应用

在互联网建设上,中国应该借鉴新加坡等国家,充分利用信息技术来提高中小企业的贸易便利化。这其中涉及政府层面和其企业自身层面对信息技术的应用,政府应当积极推进电子政务和电子商务的应用,企业自身而言也要加快信息化建设。电子政务是以互联网为核心,将现代化通信信息技术运用到有关政府管理和服务中,来改善和优化行政流程,从而降低行政管理成本,提高行政办事效率,为公众、企业和社会提供更多更好的公共服务。③政府通过推动电子政务这一进程,有助于在贸易活动的各个环节如海关,检疫、银行、运输、保险等部门都实施电子化,从而实现贸易便利化的无纸化。电子政务的广泛应用,可以促进中小企业的贸易便利化。

首先,政府应大力发展互联网建设,通过建立政务网站,可以为中小企业提供一个可靠、便利、稳定的信息访问网络环境,使得企业可以更快捷地获取广泛的信息和服务,具有成本低、效率高的优势,可以改善政企之间信息不对称的问题。除此之外,各国家之间可以建立一个网络集成系统或公共数据库中心,在安全的平台上实现信息、数据的共享和交换,以增加企业的贸易机会。在政府的倡导下,以大型重点企业为龙头,积极采用B2B、B2C、C2C、C2M等电子商务模式,引导中小企业积极参与。

其次,有些中小企业由于自身的原因对信息化的要求并不迫切,电子政务的实施可以带动中小企业自身的信息化建设。如政府通过网络平台设立进出口许可证的发放、电子

---

③ 毛艳华,杨思维. 21世纪海上丝绸之路贸易便利化合作与能力建设[J]. 国际经济探索,2015(4):101-112.

报关、办理出口退税等业务,企业为了能顺利办理这些业务,就必须加大快自身信息化建设。因此政府可以通过及时制定相应的法律制度来规范、引导中小企业的电子化进程,同时构建国家通信网络,为企业、个人获取政府信息与交流提供一个平台。

此外,和发达国家相比,我国在电子商务方面的技术水平低,因此我国还需要加大对电子信息技术的研发力度,并且因地制宜地对经济不太发达的地区加大信息通信行业基础设施的投入,引进更加先进的设备、完善和维护有关网络系统,对相关工作人员进行技术培训,从而促进中小企业对电子商务的应用。

3. 促进政商合作和国际合作

美国和新加坡通过政商双向便利化政策来积极推进中小企业贸易便利化的成功实践让我们认识到贸易便利化政策的制定过程中,政府与企业之间的交流、沟通以及合作是至关重要的。因此在完善相关法律规章制度的基础上,政府还要逐步扩大相关政策法规的听证范围,让相关中小企业的建议意见也能够被听取。政府与中小企业之间可以建立咨询机制,以便于政府及时了解企业在贸易过程中对便利化的需求,促进政府为企业提供充分的信息和支持性服务,从而改善中小企业的贸易环境,提高中小企业的贸易便利化水平。

此外,正如美国和新加坡等国家充分利用国际平台来达成贸易便利化框架来促进企业间的贸易便利化一样,中国政府也应充分利用国际平台,通过和其他国家间的贸易便利化合作来实施相关政策。目前,中国海关已经开始和商界共同推行互联互通,中国荷兰之间已经签署《中荷海关关于广州海关和史基浦海关关际合作协议》,搭建了中荷海关之间首个空港口岸合作框架;此外,中国与"一带一路"国家之间也在推进贸易便利化框架。由此看来,中国政府在政商合作和国际合作方面已经作出了相应努力,但是这些努力也仅仅是个开始,在政商合作以及国际合作的过程中,中国政府还要本着守法诚信的底线促进政府和商界的合作,报关业界自觉抵制商业蒙骗,海关要实现对不同信用程度的差别化管理,真正实现诚信守法便利,构建共同的贸易环境。

4. 利用 FTA 来提高我国中小企业的贸易便利化水平

如前所述,美国想要通过 TPP 协定进军亚洲,TPP 协定也是目前为止第一个专章设置中小企业章节并注重促进中小企业贸易便利化的 FTA。TPP 的达成必然会为我国造成一些挑战,但 TPP 中涉及中小企业贸易便利化的相关规定,对于我国未来签订 FTA 也是有一定程度的指导作用的。

截至 2015 年年底,中国已签署自贸协定 14 个,涉及 22 个国家和地区⑤,但在已签订的涉及 TPP 成员国的 FTA 中,仅有中国-秘鲁 FTA、中国-澳大利亚 FTA 明确设置了海

---

⑤ 参见:中国自由贸易区服务网:http://fta.mofcom.gov.cn/,访问时间:2016 年 8 月 11 日。

关程序与贸易便利化章节,且中澳 FTA 是我国签订的 FTA 中首个纳入了 WTO《贸易便利化协议》中有关规则的协定。从中秘 FTA 与中澳 FTA 设置海关与贸易便利化议题的目标上可以看出,其与 TPP 设置该议题的目标是一致的,即旨在简化海关程序,提高通关效率,确保海关法及行政程序具有可预测性、一致性和透明度,并促进贸易便利化及各方海关的相互合作。㊱ 但对于 TPP 创新提出的促进中小企业的贸易便利化措施,包括海运加急程序,中秘及中澳 FTA 并未有所提及。

TPP 对中小企业贸易便利化措施的强调以及其他的补充开创性条款可以为我国未来的 FTA 签订,尤其是在有关海关管理和贸易便利化议题的条款设置及思路视角方面提供了一定的借鉴。为了应对 TPP 协定对我国的挑战,今后中国要继续积极与 TPP 成员国及其他贸易便利化发展程度较高的国家签订双边或区域 FTA,力求各国从信息互换、监管互认和执法互助等几个方面开展国际海关合作。同时,中国还要把握亚太经合组织(APEC)、区域全面经济伙伴关系(RCEP)、亚太自由贸易区(FTAAP)及"一带一路"战略带来的国际合作机会,通过引进先进的设备和技术及高素质人才,争取获得更多的资金与技术援助,推进检验检疫标准一体化,学习和借鉴其改革经验,为中小企业创造良好的境外通关环境,使更多的中小企业走出去。

(二)中小企业应该采取的措施

对于中小企业而言,其自身的业务能力、管理水平也会对贸易的效率产生直接的影响,因此中小企业有必要从自身的实际出发,加强企业的管理水平、提高企业相关人员的业务能力、加深企业自身对贸易便利化的认知和重视,采取针对性措施更好地利用贸易便利化为其发展所提供的良好环境。

1. 诚信经营,提高自身信用等级

中小企业能够享受国家政策为其带来的贸易便利化的前提条件是,企业自身要规范经营,遵纪守法,不能违反海关监管,因此中小企业有必要提高自身信用管理等级状况,诚信经营,按照相应法规要求规范、准确地向海关申报,从而享受海关赋予的相应通关便利措施。

2. 加强获取信息的意识

现实生活中,许多中小企业并不了解贸易便利化,没有把握贸易便利化为其带来的机遇,对国家和政府制定颁布的贸易政策、法规和优惠政策等没有深入的了解,甚至知之甚少,因此与很多商机失之交臂,从而没有享受到应该得到的优惠,失去了很多机会。因此,企业应积极主动关注相关贸易政策及法规,知悉并熟悉贸易便利化的内容及行动,对国家

㊱ 参见:中国-澳大利亚自由贸易协定,第四章相关规定。

给予中小企业的优惠措施进行充分的利用,从而获得政策优惠;此外,中小企业应充分发挥行业协会的积极作用,及时将自身企业的状况和需求通知行业协会并详细阐述,弥补政府不能时刻关注各企业的情况。

3. 完善企业电子商务系统

目前,中小企业对电子商务的应用并不广泛,然而推动电子商务是中小企业适应现代化科技发展的需要,也是减少和消除贸易障碍,降低交易成本,提高贸易效率的有效途径。中小企业通过电子商务可以加强其同客户的联系,收集供求信息,提高企业的反应能力,更好地适应市场需求。同时,通过电子商务,中小企业可以进入到以前不能进入的市场。因此,中小企业要高度重视对电子商务系统的应用。

首先,中小企业要重视根据自身的特点和能力建设内部网络,增强对一些重要系统和关键数据的管理和控制,为各职能部门的数据信息传递和共享提供更好的平台,从而增加企业的外贸活动的敏捷度,以便对市场作出较快的反应;其次,企业要建设好自身同政府及其他业务合作伙伴的网络平台,从而更好地了解和利用政府及贸易合作企业的信息资源。

4. 加强企业自身的能力以应对技术性贸易壁垒

首先,企业产品和服务的质量和档次的提高是突破国外技术性贸易壁垒的关键,因此中小型企业应加强自身的技术创新能力,增强企业商品和服务的竞争力。其次,企业自身应加强在通关、融资、退税、信息技术等方面的专业人才,并组织专业技术人员,研究国外的技术标准和贸易规则,以及贸易对象所在国的贸易政策法规,从而有针对性地生产、经营和贸易,克服其他国家的技术性贸易壁垒。

结语

随着经济和信息技术的不断发展,全球价值链逐渐受到重视,中小企业在国际贸易中扮演着越来越重要的作用。对于发展中国家的中小企业来说,由于其资金储备较少,规模较小,过长的贸易周期会在一定程度上影响企业的贸易成本,增加企业负担,降低其国际竞争力。因此我国有必要加快我国的贸易便利化进程,尤其是促进中小企业的贸易便利化进程。从国家层面而言,我国应完善相关法律法规,提高政策的透明度,加强口岸基础设施建设,继续优化海关通关措施,提高中小企业的通关效率,加强政府各部门之间的沟通与合作,并可以把成功的试点经验作为样本,复制推广,从而在全国范围内提高中小企业的贸易便利化水平,实现中国对外贸易的持续增长。除此之外,我国作为 WTO 的成员国,应积极落实刚刚达成的《贸易便利化协定》,给我国中小企业创造更好的外贸经营环境。同时,我国应继续推行 FTA 建设,在区域内实行贸易便利化,消除贸易壁垒,克服TPP、TTIP 等 FTA 为我国带来的挑战,与区域内其他国家实现互利共赢。

国际投资仲裁中"岔路口条款"的限缩
适用及我国的应对之策

章歆翊

(浙江农业商贸职业学院)

摘　要:国际投资条约中的岔路口条款赋予了当事人选择当地救济或国际仲裁作为争端解决方式的自由,其择一即终的规定也利于防止平行程序的出现。然而,出于偏袒投资者的立场,晚近国际仲裁庭通过限制性解释,在适用岔路口条款时施加了诸多条件,使之名存实亡。有鉴于此,我国有必要在对外签订和修订双边投资条约时,对传统的岔路口条款进行优化,扩大当事人所指对象,增设"同一措施"的规定,避免仲裁庭作出对己不利的解释,从而使得该条款发挥应有的功能。

关键词:岔路口条款;国际仲裁;当地救济

引言

作为投资者-东道国争端的传统解决途径,外交保护要求投资者在提起请求前穷尽当地救济。[①]而随着国际仲裁逐渐取代外交保护成为解决晚近国际投资争端的方式,身为国际习惯法内容之一的穷尽当地救济原则[②],似乎并不被当代形形色色的国际投资条约全盘接受。投资者即便在提起国际仲裁前,并未充分运用东道国行政或司法程序解决争议,仍有可能得到相关基础条约的允许。穷尽当地救济已不尽然是发动国际仲裁的充分条件。如《关于解决国家与他国国民之间投资争端公约》第 26 条承认:"除非另有规定,双方同意根据本公约交付仲裁,应视为同意排除任何其他救济方法而交付上述仲裁。缔约国可以要求以用尽该国行政或司法救济作为其同意根据本公约交付仲裁的条件。"

---

① See Christoph Schreuer:Calvo's Grandchildren:The Return of Local Remedies in Investment Arbitration. The Law and Practice of International Courts and Tribunals.2005.

② See Ahmad Ali Ghouri:The evolution of bilateral investment treaties,investment treaty arbitration and international investment law p190. Int. A.L.R. 2011,14(6).

在不少国际投资条约授予投资者将争端直接诉诸国际仲裁的宽大权利,以加强海外投资者利益保护的同时,作为投资者母国和东道国妥协的产物,岔路口条款(Fork-in-the-road Clause)被广泛地引入了当今国际投资条约中。该条款允许外国投资者在投资争端发生后,使用东道国当地的救济手段,或国际仲裁机制解决争议,但诚如拉丁名谚"*una via electa non datur recursus ad alteram*"(一旦选择了其中一条路,就无余地另寻他路)所言,一旦投资者选择了其中一种救济方式,便是终局性的,即不可回转运用另一种救济手段。

例如《能源宪章条约》第 26 条规定:"冷却期内未能解决争议,投资者一方可选择东道国法院、当事方事先协商的任何司法程序或条约规定的仲裁方法寻求救济,但是,一旦选择了东道国当地司法和行政救济或其他救济途径就不得采用条约规定的仲裁方式。"[③]此外,哥斯达黎加-阿根廷 BIT、美国-捷克斯洛伐克 BIT、埃及-希腊 BIT 等双边投资条约中也有类似的表述。岔路口条款充分尊重了投资者在选择救济方式时的自由,同时,禁止重复救济的规定也起到了抑制"一事二诉"的功效。

有观点认为,国际仲裁利于投资者主张权益,而东道国内的救济程序则对东道国更友好[④],采用不同的争端解决方式或意味着不同的结果。岔路口条款不仅指向何种争议处理方式的启动,且也可因被排除适用而导致多种救济方式先后或同时进行,从而影响争端解决的走向,最终牵连投资者和东道国之间的利益分配。在晚近国际投资仲裁实践中,仲裁庭就岔路口条款的适用似乎呈现限缩趋势。随着我国越来越自信地参与国际仲裁解决投资争端,有必要通过梳理有关国际投资仲裁案例,解读仲裁庭就岔路口条款的立场,进而在设计 BIT 中的岔路口条款时考虑未来可能出现的不利情况,以未雨绸缪,在争端解决的沙场上把握更多的主动权。

159

[③] 条约赋予投资者可选择如下仲裁途径:《华盛顿公约》下的 ICSID 规则、联合国国际贸易法委员会的仲裁规则或斯德哥尔摩商会(SCC)仲裁规则。

[④] 如 Christoph Schreuer 认为,投资者-东道国仲裁制度的目标之一即是绕开东道国的当地法院解决争端,因为当地诉讼匮乏外国投资者所期望的客观性。Ibid1 又如国内学者张光认为,国际投资仲裁庭是"投资者友好型"的国际争端解决机构,它们经常明确地宣称国际投资条约的唯一任务和目的就是保护外国投资者。《论国际投资仲裁中投资者利益与公共利益的平衡》,《法律科学》,2011 年第 1 期,第 11 页;朱明新认为,对于外国投资者而言,投资者-国家争端解决体制的优势非常明显。因为投资者-国家争端解决机制依据国际标准和程序解决投资争端,而非依靠受东道国政府或依赖存在"当地偏向"的东道国国内法院适用东道国法律解决争端。《国际投资仲裁平行程序的根源风险以及预防——以国际投资协定相关条款为中心》,《当代法学》2012 年第 2 期,第 3 页。

一、聚焦国际仲裁实践：岔路口条款适用的多重门槛、出发点及影响

考察近几年来的国际投资仲裁实践，从严适用岔路口条款已成为仲裁庭的普遍做法。[⑤] 有学者将仲裁庭考虑是否适用岔路口条款的衡量标准概括为"三重相同"标准（The triple-identity test）[⑥]；具言之，只有在满足提起当地救济和国际仲裁的争端、当事人、诉因分别相同[⑦]的情况下，岔路口条款才得以适用，此后，已选择当地救济的当事人不可转而发动国际仲裁程序，反之亦然；而只要当上述其中一项要素不一致时，当事人便可先后或并行发动国内诉讼和国际仲裁。

（一）代表性案例

最新一例有关岔路口条款适用纷争的仲裁案" Toto v. Lebanon"（2009）[⑧]对于诉因的区分有较为详细的阐释。依照意大利与黎巴嫩 1997 年签订的关于促进和相互保护投资协定[⑨]，本案申请人 Toto 公司（意大利）以被申请人黎巴嫩政府违反两国投资协定为由，于 2007 年 4 月向 ICSID 提出仲裁请求，而在此之前，其于 2001 年 8 月先后在黎巴嫩行政法院起诉该国政府，要求补偿其因土壤质地不符合同规定而额外付出的成本，以及因合同中有关设计的规定被实质性更改而支付的额外成本。被申请人认为，申请人已向法院提出诉请的做法表明其选择了当地诉讼作为终局性的争端解决途径，其后再发动 ICSID 仲裁是不为两国协定中的岔路口条款允许的，并且，申请人提交当地法院和 ICSID 仲裁的诉请目的一致，均为获得因合同履行不当招致的额外费用的补偿，若 ICSID 接受仲裁，可能会导致与国内法院裁决结果抵触甚至无法执行的局面出现；申请人则认为，其向 ICSID 与国内法院提交的诉请截然不同，前者的诉因是条约的违反，后者则为合同的破坏。仲裁庭支持了申请人的观点，并指出，岔路口条款启动的条件必须满足争端的当事

---

⑤ See Roland Ziadé, Karim Youssef：IBA Arbitration News March，2010，Toto Costruzioni Generali S P A v The Republic of Lebanon，ICSID Case No ARB/07/12，Decision on jurisdiction，11 September 2009.

⑥ See Henri C. Alvarez：Procedural issues affecting international arbitration in the energy and resources sectors，International Enenrgy and Mineral Arbitration，September 16-17，2013.

⑦ 其中，"争端相同"往往包含着"当事人相同""诉因相同""目标（救济）相同"的要求，见 Azurix，ICSID Case No. ARB/01/12，paras. 87-90.

⑧ See：Toto Costruzioni Generali S.P.A v. The Republic of Lebanon，ICSID Case No.ARB/07/12，Decision On Jurisdiction，7 September 2009.

⑨ 该协定第 7 条第 2 款规定，投资者一旦在书面请求与东道国就争议进行磋商后六个月内未能予以解决，可向东道国相关法院提起诉讼，或在双方都是 ICSID 公约成员的情况下接受中心的仲裁，或按联合国国际贸易法委员会的仲裁规则组建临时仲裁庭以解决争端，上述三种方式的任何一种都是终局性质的。

人、诉因和目标一致,显然,因合同破坏产生的合同诉求与本案中的条约诉求在诉因上是不同的,因此不予适用岔路口条款。ICSID 仲裁庭还特别强调,合同管辖条款和条约管辖条款并不相互排斥,若某项争议分别触犯了合同和条约规定,仲裁庭依据条约管辖条款对之有当然的管辖权,并不受合同管辖条款限制,唯有当争议仅仅违反了合同而未触犯条约规定,对之仲裁庭才无管辖权。

除发动东道国国内诉讼和国际仲裁的诉因互不相同,争端当事人的不同也同样排除岔路口条款的适用。在"CMS v. Argentina"案(2003)⑩中,ICSID 仲裁庭认为,根据 1991 年生效的美国和阿根廷双边投资条约,提起仲裁的申请人是美国投资者 CMS 公司,而在阿根廷国内法院起诉的是 CMS 公司在阿根廷投资设立的 TGN 公司。两个案件的起诉方不同,因而不足以触发岔路口条款。类似的,在"Azurix Corp. v. The Argentine Republic"案(2003)中,提起仲裁的申请人是美国投资者 Azurix Corp 公司,而在阿根廷国内法院起诉的是该公司在阿根廷投资设立的 ABA 公司,并且,前者的被申请人是阿根廷政府,而后者系阿根廷下属的某个省政府,两个案件的起诉方(申请人)和被诉方(被申请人)均不同,故而不符合适用岔路口条款的条件。

此外 ,涉及岔路口条款适用标准的案件还有 Lauder v. Czech 案(2001)、Genin v. Estonia 案(2001)、MEC v. Egypt 案(2002)、Enron v. Argentina 案(2004)、PSEG v. Turkey 案(2004)、Bayindir v. Pakistan 案(2005)等 ,从上述仲裁庭的意见看来,"三重相同"标准似已深植仲裁员的观念中,但凡国内诉讼和国际仲裁涉及的争端之诉因不同或当事人不同,便被识别为两个性质不同的争端,从而排除岔路口条款的启用。

(二)仲裁庭的出发点及其影响

可以说,岔路口条款摆脱了刻板的、不由选择的硬性规定,为投资者和东道国在选择救济方式时提供了足够的自由度和灵活度,不仅如此,还在最后的争端解决途径上作了类似于"禁止反言"的设计,以尽可能地防范平行程序⑪的产生,抑制当事人进行双重救济,从而在绝对的当地救济和径直的国际仲裁之间达致平衡。然而晚近的国际投资仲裁实践屡屡遏制该条款的适用,甚至使之归于无用。事实上,在上文罗列的案件中,未有一个东道国成功地援引岔路口条款,阻止外国投资者再次提起国际仲裁。细加分析,仲裁庭这一

161

⑩　See:CMS Gas Transmission Company v. The Republic of Argentina,Decision of the Tribunal on Objection to Jurisdiction,ICSID Case No. ARB/01/8,17 July 2003.

⑪　在国际投资争端解决程序中,平行程序表现为:第一,国内救济程序与国际救济程序的同时或先后进行;第二,不同国际救济程序同时或先后进行。平行程序具有多重风险:裁决或决定冲突、争端解决资源浪费、诉讼费用高昂等;风险的表现形式有对相同法律标准的不同解释、对统一事实的不同认定、对同一争端的不同结果。参见朱明新:《国际投资仲裁平行程序的根源、风险以及预防——以国际投资协定相关条款为中心》,《当代法学》2012 年第 2 期,第 3 页。

普遍的、严苛的做法,正是其一以贯之的、偏袒海外投资者立场的体现。出于种种原因⑫,国际投资仲裁界似乎有这样一种立场,即外国投资者在尽占优势的东道国面前势单力薄,并且,对于东道国内的救济程序是否能够做到不偏不倚也持怀疑态度,因而他们试图通过能动性的解释将"天平"的一端倾向于外国投资者。对岔路口条款的严加适用即是例证之一。

本文无意于论证仲裁庭的上述观念本身是否正确,但可以设想的是这一观念随之很有可能助长外国投资者无所顾忌地进行投机诉讼。比如,投资者可先行利用在东道国投资设立的公司向东道国的法院提起诉讼,如果发现诉讼结果于己不利,便大可再对东道国政府提起国际仲裁,而无须担虑受到岔路口条款的阻挠。更极端的情况是,投资者有可能凭借仲裁庭的倾向性解释绕过岔路口条款的适用,取得国内诉讼和国际仲裁的双重胜利,进而获得双重收益。对于东道国政府来说,此时不仅要被迫担负沉重的诉累,并且若其在国内诉讼和国际仲裁的场合均铩羽而归,可能面临双重赔偿的风险,这显然是有损公允的。而仲裁庭自身通过曲解岔路口条款的原意,将本不应受理的重复性案件揽入,实现了变相的管辖权扩张,同时造成了仲裁资源的严重浪费。

二、我国在岔路口条款方面的发展路径与应对之举

(一)岔路口条款的变体及案例阐释

部分国际投资条约对传统型的岔路口条款作了变通性的规定,投资者即便已经在东道国内司法机关提起了诉讼,只要法院没有作出最终判决,也被允许将争端提交国际仲裁庭,但是一旦进入仲裁程序,争端解决结果便是终局性的,与此同时投资者必须终止正在进行的相关国内诉讼,这种方法被称为"不许掉头"(no-U-turn),实质上并没有背离岔路口条款所要追求的原始功能,只不过延缓了投资者选定最终救济方式的时间。⑬

有关"不许掉头"规定的具体内涵,可引用 Waste Management v. Mexico(2000)仲裁

---

⑫ 如基于东道国与外国投资者实力对比的刻板印象、认为外国投资者在诉讼资源上根本无法与东道国相比,是需要保护的弱者;又如投资者若获得仲裁庭有利的裁决或决定,在今后极有可能继续运用国际仲裁机制解决争端,从而为仲裁庭提供一定的案源。

⑬ 如加拿大-秘鲁 BIT(2007)第 26 条第 1 款规定,可在满足下列条件的情况下提交国际仲裁:"(1)…… (2)……(3)投资者以及其所有、控制的企业放弃启动或继续进行东道国行政或司法救济的权利……",又如 NAFTA 第 1121 条规定:只有如下行事,一个争端之投资者才能将第 1116 条项下的请求提交仲裁:……(2)投资者及其企业(当投资者在其企业的利益遭受损失或损害,而该企业属为其投资者所有的或直接或间接控制的另一缔约方法人时),就争端之缔约方采取的违反第 1116 条的措施,放弃他们提起或继续进行与之有关的任何程序的权利,这些程序或在依据缔约任何一方法律的行政法庭或法院,或在其他争端解决机制中进行,在依该争议之缔约方法律的行政法庭或法院中提起或继续进行与支付赔偿无关的禁令、宣告权利或其他特别之救济程序除外。

案加以阐释。在该案中,申请人在墨西哥投资设立的子公司 Acaverde,在 Waste 提请 IC-SID 仲裁之前,已分别在墨西哥国内的法院和仲裁庭针对墨西哥国有实体和地方政府提起诉讼和仲裁申请。仲裁庭认为,Acaverde 公司于国内进行的诉讼和仲裁,与其母公司在本庭主张的请求,都是因墨西哥政府采取的同一措施引起的,并且前者将直接影响仲裁庭对后者的裁决。若允许国内和国际救济程序同时进行,或使申请人取得双重赔偿,有违 NAFTA 第 1116 条的立法意图。此外,由于申请人的子公司并未放弃在墨西哥境内的诉讼和仲裁程序,根据 NAFTA 第 1121 条的规定,仲裁庭认为缺乏充足的理由对此案行使管辖权。

从上述仲裁庭的意见可知,相较于岔路口条款而言,"不许掉头"的规定在适用时呈现两大特点:第一,放宽当事人相同的标准,申请人和其在东道国投资设立的公司,被申请人东道国政府和其下属的地方政府,在国内诉讼/仲裁与国际投资仲裁层面分别被认定为是相同的当事人;第二,放宽争端相同的标准,看似分别属于合同/条约诉求的不同争端,如果源自东道国政府的"同一措施",此时它们仍被视为性质相同的争端。在前述两种情况下,若申请人及其投资者仍不愿放弃当地救济,仲裁庭有权拒绝受理。

(二)双边投资条约视角下我国的应对之策

我国已跻身签订双边投资条约最多的国家行列。[14] 据商务部的最新统计数据显示,我国已同 101 个国家和地区签订了双边投资条约[15],其中多达 15 个条约包含有岔路口条款[16]。一方面,绝大多数新近的国际投资仲裁案件是基于双边投资条约产生的[17];另一方面,虽然我国至今尚未受到国际仲裁庭在适用"岔路口条款"方面的"刁难",但可以观察到我国最近十年缔结的双边投资条约大多含有此类条款,因而,有必要结合仲裁庭在适用岔路口条款时的立场,就我国未来将要对外订立或修订的双边投资条约,探寻改进此类条款的路径,以防仲裁庭作出架空岔路口条款的解释,从而在文本层面上做到有备无患。

第一,沿用传统岔路口条款的基本构造。传统的岔路口条款,在制度设计上具有"非此即彼"的特点,已初具合理性,如中国-比利时卢森堡 BIT 第 8 条第 2 款的规定:"如果争

---

⑭ UNCTAD: International investment rule-making: stocktaking, challenges and the way forward, http://unctad.org/en/Docs/iteiit20073_en.pdf, p.2.

⑮ 见商务部:http://tfs.mofcom.gov.cn/article/Nocategory/201111/20111107819474.shtml,最后访问于 2014 年 7 月 6 日.

⑯ 据笔者统计,它们是:中国-比利时与卢森堡 BIT(2005),中国-俄罗斯 BIT(2006),中国-葡萄牙 BIT(2005),中国-西班牙 BIT(2005),中国-罗马尼亚 BIT(1994),中国-乌兹别克斯坦 BIT(2011),中国-韩国 BIT(2007),中国-突尼斯 BIT(2004),中国-赤道几内亚 BIT(2005),中国-阿根廷 BIT(1992),中国-马耳他 BIT(2009),中国-马里 BIT(2009),中国-瑞士 BIT(2009),中国-芬兰 BIT,中、日、韩投资协定 (2012).

⑰ IIA issue note:Recent developments in investor-state dispute settlement P.4.

议在争议一方将争议通知争议另一方六个月内未能通过磋商解决,缔约各方同意根据投资者的选择将争议提交:(一)作为争议一方的缔约方国内有管辖权的法院;(二)依照一九六五年三月十八日在华盛顿开放签字的《关于解决国家与他国国民投资争端的公约》设立的'解决投资争端国际中心'。一旦投资者将争议提交相关缔约方国内有管辖权的法院或'解决投资争端国际中心',对上述两种程序之一的选择应是终局的。"而岔路口条款的变体[⑱],虽然要求外国投资者在提起国际仲裁前放弃在东道国内的诉讼活动,但易引发诉讼投机,投资者可先行在东道国提起诉讼,当其发现法院可能对其作出不利判决,仍可转战国际投资仲裁的平台,实质上仍未彻底消除平行程序的弊病,故而变体模式不应被保留。

第二,添补当事人所指对象。在具体实践中,往往是外国投资者在东道国投资设立的企业与东道国的地方政府发生纠纷,受东道国司法制度的限制,被诉对象只能是地方政府而不能是东道国的中央政府;而国际投资仲裁规定的适格起诉方和被诉方分别是外国投资者和中央政府,其实两者没有实质性的差异,都可因同一事实启动,只不过在制度安排上做了区分。结合前述案例可知,国际仲裁庭对于"当事人相同"持严格的认定标准。例如,在国内法院起诉的外国投资者子公司与被诉的地方政府,同在国际仲裁庭提起仲裁的外国投资者与被申请人东道国政府,不被认为是当事人相同的情形。因此有必要在传统岔路口条款的基础上,借鉴"不许掉头"的做法,适当扩大当事人所涉对象,尽可能减少仲裁庭进行任意解释的空间。比如,规定"一旦投资者及其所有或控制的企业已将争议提交相关缔约方有管辖权的法院,或提交条约规定的国际仲裁庭解决,无论被诉对象是缔约方政府,还是其地方政府,对上述程序之一的选择应是终局的。"

第三,增设"同一措施"的规定。在判定两个争端是否相同的这一问题上,国际仲裁界先后给出了"三重相同"标准、"实质相同"标准、"Urbaser"标准等不同的标准[⑲],而当前的趋势是,相较于诉因,仲裁庭开始更多地考虑争端的基础事实是否实质相同。[⑳] 显然,"同一措施"指向的就是事实的一致性。鉴于仲裁庭仍有可能将诉因作为判定投资争端是否相同的重要因素,有必要在岔路口条款中增加规定,如"就缔约一方采取同一措施引发的争端,一旦投资者及其所有或控制的企业已将之提交相关缔约方有管辖权的法院,或提交条约规定的国际仲裁庭解决,无论被诉对象是缔约方政府,还是其地方政府,对上述程序之一的选择应是终局的"。将"同一措施"的规定纳入岔路口条款,这不仅呼应了当前国际

---

⑱ 形如中国-瑞士 BIT 第 11 条:"……二、如果自书面请求磋商之日起 6 个月内上述磋商仍没有结果,投资者可以将争议提交给其投资所在的缔约方法院或者行政庭,或者将争议提交国际仲裁……四、如果争议已经依据第二款规定提交给有关的缔约国适法院,只有投资者从该国内法院撤回案件以后,该争议才能提交国际仲裁。"

⑲ See:Ömer Dede and Serdar Elhüseyni v. Romania (ICSID Case No. ARB/10/22),Procedural Order No. 1 and Award of the Tribunal,Sep 05,2013,Para.248.

⑳ Ibid 15,P14.

仲裁庭认定投资争端是否相同的最新发展动向,也补阙了可能被利用的漏洞,在条约层面设置了一道防范不利解释的安全门。

结语

Toto v. Lebanon、CMS v. Argentina、Azurix v. Argentina 等一系列案件表明,国际仲裁庭对岔路口条款的适用施以严格限制,在"三重相同"标准——争端相同、诉因相同、当事人相同的限制下,仲裁庭认为投资者发动的当地诉讼案件与国际仲裁案件性质不同,从而排除岔路口条款的启用。这一做法默许了平行程序和双重救济的发生,将东道国置于不公平的境地,实属解释权的滥用。作为国际投资法治的重要参与者,我国在双边投资条约领域贡献良多。随着岔路口条款被频繁引入我国对外缔结的双边投资条约,理应重视可能带来的风险。本文建议我国在沿袭传统岔路口条款的基础上,汲取仲裁庭在适用该条款的变体时的启示,扩大当事人所指对象,增加"同一措施"的规定,从而侧面矫正仲裁庭袒护投资者的偏向。

人民币加入 SDR 对我国对外贸易的影响

任婷玉[*]

摘　要: 在当今全球经济一体化的大背景下,我国人民币加入特别提款权(SDR)货币篮子,是衡量我国人民币国际化程度的标准,有助于我国在国际舞台上争取到更多的话语权,对促进我国对外贸易的持续发展有着重大的意义。本文围绕人民币加入 SDR,阐述了人民币加入 SDR 后时代对我国对外贸易的深刻影响,并指出我国政府和企业需要更进一步作出相应的对策。

关键词: 人民币;特备提款权;对外贸易

166

　　随着"一带一路"战略的实施和亚洲基础设施投资银行(亚投行)的设立,越来越多的中国企业积极参与到国际贸易中。在 2016 年 10 月 1 日,国际货币基金组织宣布,人民币正式纳入 SDR,成为了人民币国际化进程的重要里程碑,对我国对外贸易的发展有重大影响。

一、人民币加入 SDR 的相关背景及概念

(一)SDR 简介

　　SDR 称为"特别提款权",最早发行于 1969 年。从本质上来看 SDR 是国际货币基金组织(IMF)会员国用于偿还 IMF 的债务以及会员国之间平衡国际收支逆差的一种储备资产。目前 SDR 货币篮子是由美元、欧元、英镑、日元和人民币五种货币组成,其中人民币在其中的权重为 10.67%。人民币加入 SDR 是 IMF 自 1980 年以来首次对 SDR 货币

---

　　* 任婷玉,云南大学经济学院。

篮子进行扩容,对于 SDR 的进一步优化以及有效解决国际货币体系中过于依赖美元的情况,维护全球的金融环境稳定有重要意义。

(二)人民币加入 SDR 的相关背景

1. 人民币加入 SDR 的国际背景

人民币加入 SDR 与当前复杂多变的国际经济形势有着密切的联系。从以下几个方面可以看出:

(1)全球经济正在转型

2008 年,由美国次贷危机引发的全球金融危机,使全球的经济局势处于紧张状态。美元作为全球经济中不可或缺的流通货币,集中了全球大部分的经济力量和财富。时隔多年,我们仍然能从复杂多变的经济形势中感受到金融危机带来的深刻影响。在危机之后,全球经济进入了并购高峰,各国的资金往来加速,我国同样加快了对外投资的步伐以及大量的资金涌入到国内金融市场。同时,西方各国看到以我国为中心的东亚、东南亚新的经济发展点。人们意识到国际货币的储备不能够仅仅依靠美元,在经济全球化的过程中,应进行以弱化美元的货币中心地位为核心的改革。

IMF 作为当前最有影响力的国际货币组织,在复杂多变的国际环境中,正推进一场以国际货币多元化为中心的改革。人民币在改革中被 IMF 肯定,随着我国经济进一步融入国际舞台,人民币作为国际货币在国际市场上发挥的作用将更加积极,为国际货币体系注入新的活力,对稳定全球市场有重要作用。

(2)人民币在国际市场上的表现较好

国际市场对人民币充满希望,这和人民币在国际经济中的表现密不可分,据环球银行金融电信协会(SWIFT)统计,2015 年初,人民币成为全球第 2 大贸易融资货币、第 5 大支付货币、第 6 大外汇交易货币。

一方面,人民币在亚洲地区具有不容小觑的影响力,中国与东盟、韩国自贸区协定的达成促进了人民币在地区中的使用量大大增加。我国于 2015 年倡导的"一带一路"为沿线大多数国家的经济发展提供新的机遇,此后亚投行的成立为人民币成为国际货币提供了支撑。同时人民币在一系列的亚洲协定中被提出使用,成为区域内最重要货币之一。

另一方面,人民币在跨境贸易和对外投资中的使用规模逐步扩大。初步统计,2016 年以人民币进行结算的跨境货物贸易 41209 亿元、服务贸易及其他经常项目 11066 亿元、对外直接投资 10619 亿元、外商直接投资 13988 亿元。同时人民币的国际合作成效显著,截至 2015 年 5 月末,中国人民银行与 32 个国家和地区的中央银行或货币当局签署了总规模约 3.1 万亿人民币的双边本币互换协议。人民币在国际货币市场上发挥着越来越重要的稳定市场作用。

(3)SDR 原有货币的表现

通过对四大货币在货币篮子中的比重可以看出其相对应的经济金融状况。从 2011 年以来美元、欧元、英镑和日元所占的比重中可以看出,美元占比为 41.9%,占据了绝对份额。

在当今经济全球化的局势下,全球大多数国家都与美国有着密切的经济联系,大部分受到了美国经济政策的影响。自 2008 年次贷危机以来,美元不断贬值,给许多持有美债的国家造成很大的压力。2016 年,特朗普当选总统给美国的经济带来一定的不稳定性,将影响到全球的经济状况,多国对美元的信任程度均出现一定的下降。

发生在希腊的主权债务危机使得整个欧元区的经济处于疲软状态,再加上英国脱欧造成的政治问题,导致欧盟各成员国之间因情况的复杂性很难采取一致的行动。欧盟目前并没有找到合适有效的方法来应对,导致国际市场对欧元的信心下降。

与此同时,2016 年 6 月份英国进行了脱欧公投,致使英镑出现大幅下跌。各国投资者担心英国国内经济环境的不稳定导致英镑受到冲击。2016 年 7 月英镑一度成为全球表现最差的货币,在 10 月份英镑甚至达到近 31 年来的新低,至 1 英镑＝1.22 美元。

综上,SDR 篮子货币均呈现出不同程度的不稳定因素,因此人民币加入 SDR 对帮助全球货币市场稳定起到了一定作用。

2. 人民币加入 SDR 的国内背景

(1)我国在全球贸易中的地位提升

2010 年,我国的 GDP 总量超过日本成为了世界第二大经济体。当一国经济实力强劲时,在国际上会占有一定的经济地位,由此可见我国在国际上有一定的话语权。我国强大的经济实力为国内的政治环境的稳定和物质条件提供坚实的基础,同时保证了我国人民币币值的相对稳定,提升了全球对人民币的信心。

我国在全球货物与服务贸易中的地位不断提升,已在全球市场中占有一席之地。自 2001 年加入世界贸易组织(WTO)以来,我国的对外贸易迅速发展起来,出口额不断增加。从货物出口方面来看,据 IMF 的数据显示,2004 年我国已经成为世界第三大货物出口国,2009 年我国已经跃居全球第一位。在服务出口方面来看,2013 年我国就已经成为了世界上第五大服务出口国。

(2)亚投行及"一带一路"相关战略的提出

正值人民币加速发展之际,我国提出了"一带一路"的发展战略。旨在通过对沿线国家的基础设施建设投资,进一步加快资本项目下的人民币国际化进程,提高人民币在全球经济市场上的地位。目前"一带一路"沿线国家的基础建设中存在大量的资金缺口,迫切的需要长期的货币服务。在我国与沿丝绸之路经济带的国家进行贸易和产业的合作当中,货币合作是其中的重要部分,大部分国家均可以采用人民币作为结算和计价货币。

同时,亚投行的筹建使得亚太国家之间的基础设施建设的投融资更加便利,尽快的实现区域内的互联互通,为我国的各行各业创造巨额订单,进一步促进使用人民币进行贸易结算。

（3）我国经济体制需要进一步的深化改革

我国在 1978 年之后实行改革开放的重大决策,经过 30 多年的迅速发展,我国利用低成本的优势逐渐融入到世界经济发展的过程当中。在今天依靠贸易出口并不能满足我国经济的可持续发展,我国在从实体经济向贸易经济转变的过程中,应当改变我国在"微笑曲线"中所处的低端收入范围。要以更高的标准向国际化来靠拢,则需要人民币在跨境贸易中活跃发展。

二、人民币加入 SDR 对我国贸易的影响

1. 降低我国外贸企业的汇率风险,提高进出口效率

在现行的贸易结算体制下,我国外贸企业主要用外币结算,办理各种结算业务。当我国在与美国、欧盟进行贸易时会承担大部分的汇率风险。人民币加入 SDR 可以促进人民币在我国外贸结算中的使用率,有效的降低汇率风险,促进我国对外贸易的健康发展。

2. 贸易结算更加便利,有助于降低成本

一方面人民币加入 SDR 可以使人民币在国际市场上得到认可,外贸企业在贸易往来上可以直接使用人民币进行结算同时在金融收付款上起到良好的杠杆作用。另一方面人民币加入 SDR 有助于降低我国的借贷成本以及企业的交易成本。我国在国际资本市场上借贷的成本降低,我国对外投资的融资成本更加低廉。同时,我国企业在对外贸易和投资中使用人民币结算可以减免掉利用外币结算时手续的繁琐和一定的银行手续费用,有利于企业的快速发展。

3. 我国对外投资增加,扩展海外市场

随着人民币加入 SDR 后,人民币的使用更加广泛,在我国主导的"一带一路"政策的带动下,使得中国的对外投资迅速增加,促进中国企业向海外发展。近年来,我国对东南亚地区的投资进入了一个新的阶段,之前我国企业"走出去"只是进行一些能源企业上的并购,而现在已经扩展到了房地产、服务等各行各业。我国周围的国家大部分都是资源丰富但市场短缺的国家,很容易与中国形成互补的经济模式,人民币在跨境流通的过程中能够促进双方的贸易往来,加快经济的发展。

4. 提高我国在国际上的竞争力

人民币加入 SDR 后对于进出口企业开展跨境投资、交易、收购和兼并等一系列经济活动都是有利的,另外将会为我国提供一个新的发展,人民币使用范围的扩大推动了金融

业、法律和会计等金融服务业的发展。这些行业的国际业务量将会大大增加,提高市场竞争力。

5. 有助于我国获取在国际商品中的定价权

我国是世界最重要的大宗商品的生产国、消费国和贸易国,我国在对于事关国计民生的大宗商品定价权上长期缺乏话语权。一直以来,大宗商品的定价权一直是由美国主导,这所体现的则是美元的国际地位。由于中国大宗商品定价权的缺失,不仅仅与我国的贸易大国的地位不匹配,更是严重损害了我国的利益。在人民币加入 SDR 之后,我国将拥有更大的话语权,在大宗商品市场上形成的价格则会成为全球参与者所关注,对全球大宗商品市场有一定的影响力。

6. 有利于我国遭受反倾销状况好转

中国已经连续 21 年成为全球遭遇反倾销调查最多的国家。据统计显示我国 2016 年上半年出口产品遭受到了来自 17 个国家(地区)发起的 65 起案件,尤其是我国的钢铁产品成为了调查的重点。钢铁产品产生贸易摩擦的主要原因是因为产品的差异性,可替代性较强,不同的企业生产出来的差别并不是很大,所以主要是靠比价格。而在我国签署《入世协议书》的条款里允许了"替代国价格"的做法,所以我国的产品常常被认定为"倾销"。

一国货币与他国货币可兑换程度能够在一定程度上说明该国是否属于市场经济国家。人民币加入 SDR 后,加快人民币在资本和金融项目下可自由兑换的程度,能够极大的促进中国的市场经济地位提升,从而使中国频繁遭受国际反倾销的状况有所好转。

三、我国政府和企业如何应对人民币加入 SDR 后时代

(一)我国政府应采取的对策

1. 不断增强我国的经济实力

我国经济规模的扩大对人民币加入 SDR 起到了不可或缺的重要影响,增强人民币在国际舞台上的最直接表现是广泛发挥国际货币的职能,更多的以结算货币、计价货币以及储备货币等形式。政府应大力扶持我国企业"走出去",打造更多的本土跨国公司,拉动经济的增长,实现跨国企业的国际化,实现我国经济环境的稳定与发达,为人民币的进一步发展打下坚实的基础。

2. 进一步完善我国金融市场

深化我的金融市场,为人民币之后的国际化发展打下良好的基础,我国应加快金融改革的步伐,积极开展国际间的金融合作,加强对人民币境外流通的管理,完善汇率的形

成机制。要建立健全金融法律法规政策,提升我国金融企业的实力,完善金融服务质量。

同时,我国应大力发展香港离岸金融市场,人民币离岸市场的建立可以极大的促进人民币结算体系的发展,提高人民币的国际影响力。

3. 我国应进行多样化的金融创新

我国在建立更为发达的金融市场的同时,应进行更为多样化的金融产品的创新。通过对业务上的创新,结合走出去企业的特点,利用商业银行、投资银行等等多个领域的平台,为企业量身定制金融服务方案,满足企业在境外的多元化金融需求。比如建立跨境人民币贷款的创新,使人民币以贷款的方式回流入国内,不仅增加了人民币在国际市场上的流动性,同时也为企业提供了新的融资渠道。人民币加入 SDR 后,作为储备货币其币值则会更加的稳定,能够更好的为经济和贸易服务。各种各样的金融工具创新,能够使人民币的发展更加稳定,效率进一步提高。

4. 我国应推动对外直接投资进一步发展

在人民币加入 SDR 后,人民币"走出去"的愿望越来越强烈。人民币"走出去"与我国对外直接投资存在内在的互动机制:一方面,人民币走出去有利于促进我国直接投资的发展,为企业的未来提供了更大的发展空间;另一方面,对外直接投资能够促进人民币"走出去"的步伐。随着我国人民币业务的持续发展,要积极引导企业对外投资,在企业进行对外投资的过程中,强化人民币的计价、结算和储备功能,降低汇率风险,推动加快人民币"走出去"。

5. 我国应及时防范市场风险

人民币的跨境流动总量受我国货币当局的控制,境外机构对我国金融市场的冲击总体上是可控的,我国人民银行应当进入相关的金融市场进行调控性的操作,或者是根据国际货币基金组织额规则直接进行管制,来避免对我国金融市场的冲击。我国应在控制风险的的前提下,又不对企业进行过分的干预。

6. 我国加强金融经济领域内法制建设

我国要不断加强在经济金融领域的法制建设,重视在人民币加入 SDR 后突出的法律问题,促进人民币在国际经济和金融市场上的稳定发展。在我国央行的一系列汇率干预措施下,如何保持汇率政策和框架的稳定与透明,避免不必要的法律风险成为重中之重。在提升人民币作为国际储备货币的比例下,同时也要重视国债市场的监管的法律风险。通过对金融法律的完善促进金融交易的效率提升,通过对金融监管制度的建设防范来缓解市场风险。

(二)我国企业应如何面对人民币加入 SDR 后时代

1. 完善企业内部汇率避险机制

由于人民币汇率市场的完善,进出口企业应当多注意与汇率变动相关的各国政策,尤其是要注意国家的货币政策、财政政策以及各国的政治因素等等变动时对我国汇率市场的影响程度,同时要关注人民币近期兑换各主要币种的汇率变动情况,更加深入的研究汇率变动对进出口商品的影响程度。企业根据自身的实际情况,完善相关的防范措施以减弱汇率波动对进出口贸易的影响。

2. 加强企业管理,提高自身实力

企业必须规范自身内部财务制度,加强对企业的管理,对企业的核心业务进行深入的分析,创造出更具竞争力的产品,以更加积极的态度参与到世界贸易当中。企业应牢牢把握政府为其创造出的更加优惠的条件,来提高自身的实力,创造具有自主知识产权的产品和品牌,让我国的产品和品牌更多的走向世界。同时要遵守诚信体系,与银行建立更加密切的合作关系,逐步改善企业的融资环境。

3. 进一步提高进出口贸易中高新技术产品的比重

长期以来,我国因大量的劳动密集型产品在贸易中占较大比重被冠以"世界工厂"的称号。而在今后,人民币加入 SDR 对我国外贸冲击最大的就是科技含量低的产品,对于附加值低的产品,产品越来越不具有价格竞争力。将会促进我国产业结构进行适当调整,提高技术水平生产和出口更具竞争力的高新技术产品。

人民币加入 SDR 对我国对外贸易的发展有利有弊,尽管各国不会立即大规模的使用人民币作为储备货币,人民币在交易支付,对外投资等领域被全面认可的路还有很长,但是成为了人民币国际化的重要里程碑。对于企业来讲,结合企业自身情况具体问题具体分析,对于国际经济和金融市场情况密切关注,促使企业健康长久发展。

经 济 法

JINGJIFA

多边开发银行环境与社会保障的
公众参与规则探究

——兼论对亚投行规则完善的启示[*]

曾文革　党庶枫[**]

摘　要：以世界银行为代表的多边开发银行在环境与社会保障上的探索无不强调"公众参与"的重要性，公众参与的实施直接决定银行的信用，间接地促进银行履行诚信义务。多边开发银行"公众参与"规则包括开放且有效的磋商、信息披露以及申诉三个方面。亚投行颁布的《环境与社会框架》中公众参与规则借鉴了现有多边开发银行业务政策中的有效经验，并在内容和结构上有所创新，但仍存在不足和缺漏。亚投行环境与社会保障政策完善及实施应在考虑亚投行投资对象特殊性的基础上坚持更为严格的公众参与规则标准。

关键词：环境与社会保障；公众参与；亚洲基础设施投资银行

引　言

环境与社会保障的公众参与规则，是多边开发银行（MDBs）为规避融资项目风险以及改善项目的环境与社会决策效力，在保障公众对项目相关信息准入的前提下，请求利益相关方及其他公众参与银行的决策及实施，并建立利益相关方申诉程序的一系列规则。20 世纪 90 年代初，为应对国际融资的环境与社会风险，世界银行（世行）与国际金融公司

174

---

　*　基金项目：中国法学会 2015 年度部级法学研究课题《亚投行融资风险防控法律机制研究》，项目基金号：CLS(2015)D155。中央高校基本科研业务费资助重庆大学重大项目《中国-东盟自由贸易区农业贸易法律问题研究》（编号：0226005201021）、教育部重大课题攻关项目"构建公平合理的国际气候治理体系研究"（15JZD035）、教育部人文社科重点研究基地重大项目"'一带一路'倡议与国际经济法律制度创新"、重庆市研究生科研创新项目资助，《人民币资本项目开放的法律困境与对策》，项目基金号：CYB15008。

　**　曾文革，重庆大学法学院教授、博士生导师、博士。

　　　党庶枫，重庆大学法学院博士研究生。

(IFC)率先建立起环境与社会保障政策体系。同时,随着非政府组织(以下简称 NGOs)与世行的深入联系,促进"公众参与"这一立基于"公民参与权"的现代民主治理手段,逐渐嵌入多边开发银行环境与社会保障政策当中。21 世纪以来,随着可持续发展理念的传播①,以及《联合国土著人民权利宣言》等人权保护的国际法的发展,进一步促进了公众参与在多边开发银行实践中的发展,形成了如今几大多边开发银行较为完善的环境与社会保障公众参与规则。

亚洲基础设施投资银行(以下简称亚投行)于 2016 年 2 月针对环境与社会保障政策颁布了《环境与社会框架》(以下简称《框架》)。就公众参与规则而言,《框架》在借鉴亚洲开发银行(ADB)《保障政策声明》的同时实现了一些创新。但不可否认,《框架》的公众参与规则在信息披露、申诉方面仍然存在不足,将导致国际社会质疑亚投行环境与社会风险应对能力。因此,如何借鉴国际标准完善《框架》的公众参与规则便格外重要。本文通过分析多边开发银行环境与社会保障公众参与规则诞生的缘由与发展,对《框架》的公众参与规则作出评析,并结合"一带一路"沿线国的特殊性,对《框架》的完善提出相关建议。

一、多边开发银行环境与社会保障公众参与规则的产生

公众参与,在现代民主治理的语境下,是政府权力之外,公民或公民组织参与公共行政决策的权利,其赖以确立的基石——"公民参与权"(Citizen right to participate)溯至 1789 年法国《人权与公民权宣言》。② 多边开发银行的公众参与,同样立基于公民参与权,但更多的表现为在多边开发银行决策中,实现国家权力垄断之淡化,弥补全球化背景下,浓厚的"国家中心主义"③决定和影响了国际经济决策之不足。

(一)多边开发银行环境与社会保障公众参与产生的原因

多边开发银行环境与社会保障的公众参与规则诞生,源于 20 世纪 60 年代以来,NGOs 的推动及人权与环境保护国际法发展的影响。一方面,NGOs 的兴起及对国际经济决策的参与和影响,推动了多边开发银行公众参与的诞生;另一方面,人权与环境保护的宣言与国际条约影响和发展了多边开发银行的公众参与规则。

---

① 2002 年国际法委员会界定的"可持续发展"包括公众参与。See, Kamal Hossain, Searching for the contours of International Law in the Field of Sustainable Development, Report of International Law Association[R], New Delhi Conference, 2002, Legal Aspects of Sustainable Development.

② 《人权与公民权宣言》第 6 条:"法律是公意的体现,全国公民均享有亲自或经由其代表参与法律制定的权利。"

③ "国家中心主义"即国家权力垄断下的国际组织,行为与决策以国家权力和利益为重,甚少关注公众权利的保护。

1. 非政府组织的推动与多边开发银行公众参与

多边开发银行环境与社会保障的公众参与的诞生源于传统国际经济决策的不完整。"二战后",世界银行大量基础设施建设的贷款援助造成环境破坏与生态退化,特别是对缺乏环境保护能力的发展中国家而言,世行促进发展的贷款援助反倒成为发展之阻碍。④不仅如此,公众利益,特别是受项目影响的群体利益也屡遭侵害而无法获取救济,导致世行的投资和贷款颇受争议。事实上,世行遭遇的困境体现着"国家中心主义"的国际经济决策合理性不足的缩影,不仅世行,包括 WTO、IMF 在内的诸多国际组织,其决策和行为以国家权力和利益为导向,忽视其行为对公众利益的消极影响,从而遭受合法性质疑。⑤随后,国际组织在反思和完善的过程中,开放和促进 NGOs 的参与。通过协商、对话、媒体等正式与非正式形式,NGOs 不断渗透和影响国际经济活动与决策。就世行而言,NGOs 更多地直接参与世行的贷款项目,自世行开始在一些项目中对借款方提出"环境影响评价"要求以来,NGOs 对项目的参与就变得较为常见,而且 NGOs 的参与对"环境影响评价"的进行也意义关键。⑥但是,NGOs 的参与远非真正意义上的"公众参与",NGOs 未必真正代表着当地公众的利益,且参与主体总局限于 NGOs 固定不变的代表,久而久之,演变为 NGOs 与世行双方管理层的会面,而非公众意见表达的平台。⑦但即便如此,NGOs 的参与在一定程度上淡化了世行"国家中心主义"的决策模式,改善了世行决策与实施因公众介入不足而合理性缺失的问题,因此,NGOs 的参与可视为世行"公众参与"的萌芽。

2. 环境与人权国际法的影响与促进

20 世纪中后期,人权与环境保护的国际法发展也影响和促进了多边开发银行环境与社会保障的公众参与诞生。在人权保护上,缺少公众参与即侵犯公民参与权。1978 年生效的《美洲人权公约》第 23 条第 1 款规定"每个公民有直接或通过自由选出的代表参加对公共事务的处理",明确了公民参与公共事务作为一项人权受国家认可和保护。同时,美洲人权委员会的实践表明,一项影响公众利益的基础设施建设未经公众磋商便由政府批准,是国家违反公民参与权的表现。⑧可见,国际人权条约的规定与人权机构的实践明确

---

④　Stephanie C. Guyett，Environment and Lending：Lessons of the World Bank，Hope for the European Bank for Reconstruction and Development.[J]. N.Y.U. Journal of International Law and Politics. 1988(24)：892.

⑤　王彦志：非政府组织的兴起与国际经济法的合法性危机[J]，法制与社会发展，2002(2)：115。

⑥　Kevin R. Gray，International Environmental Impact Assessment：Potential for a Multilateral Environmental Agreement.[J] Colo. J. Int'l Envtl. L. & Pol'y，,2000(11)：110-112.

⑦　Chi Carmody. Beyond the Proposal：Public Participation in International Economic Law[J]. American University of International Law Review，2000(15)：1323.

⑧　Ngōbe Indigenous Communities and Their Members in the ChanguinolaRiver Valley v. Panama，Pet. No.286-08. IACHR，2009.

了"公民参与权",作为公众参与的法律基础。在环境保护的国际法层面,公众参与的规则结构得以明确。《1992 年环境与发展里约宣言》(《里约宣言》)明确"公民参与环境事务"作为环境治理的一项原则,包括:1)公民对环境的信息知情权;2)参与决策;3)使用司法或行政程序补偿或救济。从"公民参与权"到"公民环境事务参与"的三项规则,抽象的人权概念在环境治理范畴提炼出规则,为多边开发银行环境与社会政策的公众参与规则诞生铺平了道路。以人权与环境保护的国际法为基础,1993 年世行设立了"监察组",建立起了保障公众参与的准司法机制,实现了《里约宣言》中公众参与原则的"司法或行政补救程序"的具体化,为公众究竟如何参与提供了素材。[⑨] 1998 年国际金融公司(IFC)与世行同时发布了《保障政策》,明确了"公开磋商"和"信息披露",完善了《里约宣言》中公众参与原则的"信息知情"和"参与决策",诞生了完整的多边开发银行环境与社会保障的公众参与规则。

3. 多边开发银行信用发展的自身功能需求

公众参与发挥着利于多边开发银行信用建立的工具价值。同一般的商业银行一样,多边开发银行得以发展依赖于银行对公众和投资者的信用。公众参与是多边开发银行不可缺少的"生长素",是银行信用建立与完善的基础。一方面,公众参与银行活动,公众的利益诉求得到尊重,影响力得到发挥,损害救济有了保障,银行积累了"群众基础"。另一方面,通过公众参与,促进多边开发银行环境与社会保障合理决策,推动银行保障政策完善,提高银行的环境与社会风险应对能力,提升银行对投资者的信用。

多边开发银行公众参与间接地影响了银行有效履行对投资国的诚信义务[⑩] (Fiduciary Duty),促进银行对投资国的信用。一般而言,银行对投资者承担了诚信义务,要求银行在任何情况下,均能保证投资者利益优先,因此,表面上看,诚信义务指向投资者利益,并未包含公众利益,诚信义务下,投资者利益往往优先于公众利益。但事实上,银行基于诚信义务追求投资者利益最大化目标时,并不断然将公众利益排除在外。[⑪] 这一点在多边开发银行投资中体现得更为明显,多边开发银行对其投资国的诚信义务体现为银行应对投资进行忠实经营和审慎管理,包括对投资的环境与社会风险应尽合理注意义

---

⑨　Daniel D. Bradlow, Megan S. Chapman, Public Participation and the Private Sector: The Role of Multilateral Development Banks in the evolution of International Legal Standards[J]. Erasmus Law Review, 2011(4):96.

⑩　波士顿大学教授塔玛·弗兰科尔最先探讨了"诚信法律关系",依据她的分析,投资银行作为受信人(Fiduciary)对作为委托人(Entrustor)的投资者负有诚信义务。

⑪　Cheryl L. Wade. Fiduciary Duty and the Public Interest. Boston University of Law Review[J]. 2011(91):1191-1193.

务。⑫ 银行疏于环境与社会保障的审查和管理,导致投资国利益受损,当然违反诚信义务。公众通过参与和监督,辅助银行对投资项目的良善管理,间接地促进了银行对投资国履行诚信义务。

(二)多边开发银行公众参与规则的国际实践

世行最早尝试环境与社会保障的公众参与。1990 年世行发布的《非自愿迁移业务指令》(OD4.30)规定了"社区参与",⑬翌年,世行通过《土著民业务指令》规定了"当地参与"。⑭ 虽然,两者在参与主体与参与方式上均未作出明确规定,但这代表了世行最早在"公众参与"上的探索。20 世纪末以后,IFC 与世行不断创新,形成诸多公众参与规则的有效实践。

1. 国际金融公司对公众参与之磋商的发展

继世行最早尝试以后,IFC 分别在三次"保障政策"的修订中对"磋商"实现创新。

第一,IFC 明确将磋商作为项目审批的条件。1998 年 IFC 颁布了《环境评估业务政策》⑮(OP4.01),明确将磋商作为项目的审批条件,适用于 A 类⑯(重大负面环境与社会影响)、B 类(局域或短期负面环境与社会影响)项目,且 A 类项目,磋商至少两次,对于轻微或完全无社会与环境影响的 C 类项目,并未如此要求。⑰ 项目审批以"磋商"为硬约束,提升了公众参与在环境与社会保障中的重要性。

第二,IFC 在磋商规则内容上创新了"有效的社区交流与广泛的社区支持"。首先,依据 IFC 2006 年颁布的《社会和环境可持续性政策(绩效标准 1)》,"有效的社区交流"应当不受外部操纵,滋扰或强压及胁迫,应在提供及时的、相关的、易于理解的和可获得的信息的基础上交流。⑱ 即"有效性"表现在磋商应当保障相关方事先知情并自由参与(预先知情且自由)。其次,通过磋商,应保证项目有广泛的社区支持。就"广泛性","即使有个别

---

⑫ 投资银行诚信义务是否包含注意义务,学界争议不断,有否认者称忠实义务才是诚信义务的内容,也有赞成者认为忠实义务是加重的注意义务,忠实义务太过抽象,大陆法系国家立法普遍只规定投资银行的注意义务。张路:《投资银行诚信责任比较研究》,武汉大学博士学位论文,2004 年,第 85~88 页。

⑬ 《非自愿迁移业务指令》规定"迁移计划阶段,应告知受影响迁移者其选择和权利,并与他们进行磋商,他们有权选择迁移方案"。The Word Bank Operational Directive 4.30. Involuntary Resettlement. 1990. para.8.

⑭ 《土著民业务指令》规定"不存在保证当地土著民完全参与的方法,需要通过地区环境处(REDs)进行相关咨询"。

⑮ 1999 年世行颁布了与 IFC 内容一致的《环境评估业务政策》(OP.4.01)。

⑯ 此前 1989 年 OP4.00 对项目的分类是依据环境影响程度分为四类:A 类(重大影响)至 D 类(最小影响)。

⑰ Environmental Assessment OP.4.01. IFC.1998.

⑱ 国际金融公司社会和环境可持续性政策和绩效标准 1,IFC,2006:第 19 段。

人或团体反对这一项目,该项目仍可拥有广泛的社区支持"。⑲ 可见,"广泛性"意指多数而非全部。

第三,IFC在磋商实效的标准上实现创新。依据IFC 2012年修订的《绩效标准1》,具体创新如下:其一,IFC要求企业在项目准备阶段拟定《利益相关者参与计划》;其二,以"有效磋商"替换"有效社区交流"。有效磋商包括五个标准:磋商应在合理期限内进行,及时且恰当的事先披露,磋商免受外力干预和强迫,促进有意义的参与,磋商文档备案。"有效磋商"的提出意义非凡,完善了磋商质量评价的标准,不仅要求磋商的形式完满,对磋商的实质也提出了要求。其三,当利益相关者参与过程依赖于社区代表时,应由企业审查验证这些代表确能真实地向社区传达信息。这些规则创新意在促进磋商规范化,避免磋商流于形式。

2. 世行对公众参与实践发展的贡献

信息披露决定着公众参与的质量,多边开发银行的信息披露完善得益于世行的贡献。1985年世行颁布《信息披露指令》,将信息披露分为:可披露、特定人群可见、限制披露三类,通过"正面清单"明确列举可披露的信息范围。然而,早期的信息披露较为局限,缺乏投资项目相关信息的披露,导致借款方逃避环境与社会责任屡见不鲜,世行也鲜有因此而暂停或终止贷款。⑳ 因此,公众监管银行的努力也因世行不完整的信息披露变得更加困难。㉑ 1993年世行修订的《信息披露指令》将投资项目相关信息纳入信息披露,但信息披露方式与途径单一,难以保证公众信息准入,特别是对世行设立的"监察组",未公开其组织机构、程序等信息,公众无从了解申诉程序,从而无法援引,以至于"监察组"设立后的7年里,只接收了18项申诉,且只有6项获准受理。㉒ 2001年,《信息披露指令》再次修订,项目相关信息披露不断扩展,2005年,信息披露采用"负面清单"模式。2009年世行废除了《信息披露指令》,代之以《信息准入政策》,规定利益相关人在项目周期内实时跟踪项目获取信息,并且建立了公众信息披露的"复议"程序,即公众信息披露请求未获准可以向银行申请复议。

除信息披露外,世行更大的贡献在于1993年首开先河创建了"监察组"。世行是最早建立申诉机制的多边开发银行,对公众参与申诉实践发挥了开创者的作用。世行的监察组由董事会确定的三名不同会员国国籍的专家组成,负责接受个人、组织或群体代表的申诉,审查银行在项目管理活动上是否存在违背业务政策行为,又称为"合规审查"。审查过

---

⑲ 社会和环境可持续性政策,IFC,2006:3.

⑳ John W. Head, Environmental Conditionality in the Operations of International Development Finance Institutions[J]. Kansas Journal Of Law & Public Policy.1991(1):18.

㉑ Doug Norlen, David Gordon. Eschrichtius (Whale)and Hucho (Salmon):Multilateral Development Banks' EIA Process and the Costs to Biodiversity[J]. NR&E Fall, 2007(22):30.

㉒ Chi Carmody, Supra note[5]:1324.

程中必要时还需去往项目所在地进行实地调查,但必须事先经所在国同意。㉓ 监察组依据调查结果作出报告提交董事会经表决一致通过,但该报告对银行和借款国并不产生国际法效力。㉔ 在世行的影响下,其他多边开发银行均建立类似的申诉机制,唯名称各有不同。㉕

总之,世行与 IFC 公众参与实践代表了多边开发银行早期的探索和尝试。有关公众磋商、信息披露和申诉机制的主要内容均成为其他多边开发银行完善业务政策的模板,并影响和发展了国际银行界通行的"赤道原则"㉖,这一国际融资中环境与社会的通行标准。

二、多边开发银行环境与社会保障中公众参与的主要规则发展

"公众参与"在几大多边开发银行环境与社会政策中称谓虽不尽相同,有"社区参与"(Community Engagement)、"利益相关方参与"(Stakeholder Engagement)、㉗"协商与参与"(Consultation and Participation)㉘、"公民参与"(Citizen Participate)㉙,但就公众参与规则内容,多边开发银行形成了较一致的内容,包括磋商规则、信息披露规则和申诉规则。

1. 磋商规则

开放的和有效的磋商,作为磋商质量的评价,在多边开发银行实践中已有了明晰的标准。首先,开放的磋商强调磋商主体的多元化。早期多边开发银行政策都将磋商的参与主体限定于"受影响群体与社区",诸如国际金融公司的保障政策虽已历经几番修改,但无论是"社区参与"还是"利益相关方参与",均未明确其他主体可参与磋商。

区域多边开发银行在开放磋商规则上树立了标杆,其中以非洲开发银行(AfDB)和泛美开发银行(IDB)最为典型,两者都明确磋商主体不局限于受项目影响群体。AfDB 于

㉓　Establishing the World Bank Inspection Panel, Resolution IBRD 93 − 10 and Resolution IDA 93−6[R], The World Bank, 22 Sep 1993.

㉔　Laura Henry, Ensuring Accountability for Environmental and Social Policies in the AIIB: Lessons from the IBRD and ADB[J]. Korea University of Law Review,2015(8):40.

㉕　亚洲开发银行(ADB)1995 年设立了监察职能,泛美开发银行(IDB)1994 年设立了"独立调查机制",国际金融公司(IFC)1999 年设立了建立"合规审查/巡查办公室",欧洲复兴开发银行(EBRD)2003年设立了"独立追责机制",非洲开发银行(AfDB)2004 年"独立审议机制"。

㉖　2003 年花旗银行提出动议并与荷兰银行、巴克莱银行等私人银行成立行业内的起草工作组,创建了一套项目融资中环境与社会风险的指南,即"赤道原则"。据统计,全球新兴市场超过 70% 的国际项目融资均援用"赤道原则",其认可度和覆盖面极为广泛,http://www.equator-principles.com/index.php/about-ep/about-ep.最后检索日期:2016-1-29.

㉗　IFC 最早采用"社区参与",2012 年修订为"利益相关方参与"。参见,Performance Standard 1: Assessment and Management of Environmental and Social Risks and Impacts.1 Jan 2012. 此外,EBRD 也采用"利益相关方参与",参见,Environmental and Social Policy, May 2008.

㉘　《亚开行保障政策声明》2009 年 6 月。

㉙　Strategy for Promoting Citizen Participation in Bank Activities, IDB, 1994.

2001 年便明确公众磋商的参与主体——"利益相关方"包括"主要相关方"（primary stakeholders）和"次要相关方"（secondary stakeholders），前者指受影响群体，后者纳入了与项目利益相关的政府部门、公共组织、私人企业及其他发展机构等。㉚ 相比之下，IDB 于 2006 年《环境与保障措施合规政策》中"磋商主体"更为多元，包括"受影响方"（affected parties）和"其他利害关系方"（interested parties），而后者是指一些对银行融资业务或相关议案表示支持或关注的个人或组织。㉛ 在 AfDB 和 IDB 的推动下，开放磋商逐渐被其他 MDBs 采用。2011 年世行《磋商指南》规定，"欲建立世行与利益相关方、政府、公民组织、媒体、学者及其他私人部门之间的磋商与对话，旨在通过广泛的意见交换共同致力于应对发展的风险"㉜。欧洲复兴开发银行（EBRD）于 2014 年公布的《环境与社会政策绩效要求 10》也效仿 IDB 作出了同样的规定。㉝ 因此，"开放磋商"已逐渐成为多边开发银行通行的规则。

其次，除"开放磋商"外，有效磋商也是目前多边开发银行普遍认可的标准。有效磋商是从参与主体之外的包括形式和实质层面来评价磋商的质量，具体内容从 2006 年的 IFC "预先知情且自由"标准不断丰富，至 2009 年 ADB《保障政策》和 2012 年 IFC《绩效标准 1》的"有效磋商"。2014 年 EBRD《绩效要求 10》创了"有意义磋商"（meaningful consultation），但在内容上与 IFC 2012 年《绩效标准 1》中"有效磋商"并无多大差异。紧接着，2015 年世行公布《环境与社会框架（草案）》也采用了"有意义磋商"。㉞ 故此，无论"有意义磋商"还是"有效磋商"，从形式和实质层面综合评价磋商的质量已逐步成为多边开发银行认可的惯例。

2. 信息披露规则

关于信息披露，多边开发银行普遍认可在"保障政策"中规定银行及企业的环境与社会相关信息披露义务之外，另行制定《信息准入政策》加强银行的透明度保障公众信息准入。

从实践来看，信息披露规则在几大多边开发银行并没有太大差异，表现为银行与企业应及时、深度、持续且有效地披露信息。其一，深度披露。多边开发银行保证投资项目的广泛的信息公开，一方面在环境政策中以"正面清单"形式明确银行与企业的信息披露范

㉚　Handbook on Stakeholder Consultation and Participation in ADB Operations. AfDB，2001.

㉛　Environmental and Safeguards Compliance Policy，IDB，2006.

㉜　Consultation Guidelines，World Bank Group，2013.

㉝　Environmental and Social Policy Performance Requirement 10，EBRD，2014.

㉞　环境与社会框架——投资项目融资的环境与社会标准（草案），世界银行集团，［EB/OL］ http://consultations. worldbank. org/Data/hub/files/consultation-template/review-and-update-world-bank-safeguard-policies/en/materials/2 _ clean _ second _ draft _ es _ framework _ final _ draft _ for _ consultationjuly_1_2015_chi_1.pdf. 最后检索日期：2016-1-29.

围与程序。另一方面,银行另行制定"信息披露负面清单",加强银行自身透明度,但凡涉及公众利益的投资项目及银行信息,均应排除在负面清单之外。正如 IDB 秉持的原则,信息披露应在"最大化信息准入"的同时保证"简短明晰的例外"。⑤ 其二,及时披露。信息披露应规定具体期限,保证公众足够的反应时间;对于项目准备、评估、审批以及实施各阶段的信息变动,应及时更新。其三,持续披露。信息披露应贯穿项目周期,特别是项目审批后的信息披露格外重要,最终获准施行的环境管理计划和迁移计划必须及时为公众知晓。其四,有效披露。完整的信息披露应包括主动披露和申请披露,就主动披露而言,所披露信息应保证多语种、多渠道为公众获取。此外,应开通公众对披露其他相关信息的申请程序,并建立信息披露申诉程序,有效保障公众信息准入。

3. 申诉规则

申诉是公众参与最直接的体现,对于环境与社会政策与实施而言,申诉发挥核心作用。世行经验表明,缺乏独立的"监察组",环境与社会保障无法落实,外界对银行的质疑和批评仍难以消除。⑥ 目前,现有多边开发银行发展了两代申诉机制,即"合规审查"型申诉机制和"合规审查+问题解决"型申诉机制。

"合规审查"型申诉机制如 1993 年世行的监察组,处理申诉仅就项目中银行的行为是否合乎银行政策进行审查。传统的世行、IFC 为代表"合规审查"型申诉机制,往往只局限于审查银行行为是否合乎业务政策,导致企业与受影响社区的利益冲突很少获得化解。而且,漫长的申诉周期令受影响群体利益得不到及时补救。

2003 年亚开行以"问责机制"(Accountability Mechanism)取代最初的监察职能,诞生了第二代银行申诉机制。亚开行的问责机制增加了"问题解决功能"(Problem-Solving Function),在一项申诉进入合规审查阶段前,灵活运用一切非正式方式解决受影响社区的问题,回应其利益诉求,以期达成各方满意的协议,这一功能并非意在追责,而重在解决纠纷。⑦ 而且,"问题解决"被作为"合规审查"的前置程序,在各方未达成协议之后,申诉才进入合规审查阶段,程序前置实质上是通过问题解决程序化解利益纠纷,过滤不必要的合规审查。事实上,IFC 于 1999 年设立的"合规顾问"便拥有"问题解决"职能,但当时这一职能并未有正式的名称,而且,也不作为合规审查的前置程序。⑧ 继 2003 年 ADB 的创新,2009 年 EBRD 也效仿 ADB 建立了新型申诉机制,⑨体现出多边开发银行申诉机制由

---

⑤ Access to Information Policy, IDB, 2010:3.

⑥ Roessler Todd. World Bank's Lending Policy and Environmental Standards.[J]. North Carolina Journal of International Law and Commercial Regulation.2000(26).p.141.

⑦ Review of the Inspection Function: Establishing of a New ADB Accountability Mechanism[R], ADB, May 2003.

⑧ Terms of Reference on Office of the Compliance Advisor/Ombudsman(CAO), IFC, 1999:2.

⑨ Project Complaint Mechanism: Rules of Procedure. EBRD, 2009.

"合规审查"单轨向"合规审查＋解决纠纷"双轨发展。

相比之下,新型申诉机制"问题解决功能"更具优越性。首先,其搭建了企业与受影响群体之间的磋商平台,可以及时发现问题,化解纠纷。其次,通过新型申诉机制,受影响群体在银行的协调下,与企业磋商,进一步促进公众参与的效果。再次,"问题解决功能"还发挥了企业与受项目影响的社区群体之间的利益冲突缓冲作用,减少银行投资项目运作的人为阻碍因素。最后,"问题解决"程序前置大大节约了银行审查成本,避免一切申诉都将由银行进行合规审查。

多边开发银行环境与社会保障之公众参与规则历经 20 年发展,已形成了开放而有效的磋商,及时有效且深度持续的信息披露,"问题解决＋合规审查"申诉规则。开放而有效的磋商是公众参与的核心,信息披露是公众参与的基础,申诉则作为公众参与的保障,此三项规则较为完整地演绎了《里约宣言》粗线条勾勒出的公众参与原则。

三、对亚投行规则完善的启示

2015 年 6 月 29 日,57 个亚洲基础设施投资银行(以下简称亚投行)的意向创始成员国在北京共同签署了《亚洲基础设施投资银行协定》(以下简称《亚投行协定》)。《亚投行协定》明确应制定环境与社会保障政策,2016 年 2 月亚投行公布了《环境与社会框架》(以下简称《框架》)。《框架》的制定对于构建环境与社会公众参与规则,促进沿线国家公众问责机制的形成和发展具有重要意义。然而,由于时间仓促,《框架》虽然借鉴了多边开发银行部分经验并有所创新,仍然存在一些问题,需要进一步吸收多边开发银行的相关发展经验和沿线国家的实际加以完善。

1. 亚投行《框架》的公众参与规则内容

从规则体系来看,《框架》的公众参与规则较为完整,涵盖了包括"磋商""信息披露"和"申诉"在内的公众参与规则,从内容来看,《框架》广泛地借鉴了亚开行《保障政策声明》,在此基础上实现了一定的创新。

就信息披露而言,《框架》分别规定了银行与企业的信息披露义务,在信息披露规则的体例上实现了创新。如此区别列举使得企业和银行分别承担的信息披露义务一目了然。就内容而言,《框架》首先借鉴了"有效披露"标准,明确银行及企业披露信息应以合适的方式和公众能够理解的语言进行。其次,《框架》以"正面清单"形式列举了应披露的信息种类,包括环境与社会评估报告、环境与社会管理计划、迁移计划、土著民计划、项目运行期间的监测报告、行动计划等文件的草案、正式文本以及更新文件均要及时披露。再次,《框架》明确银行对上述文件的草案应"先于或尽可能早于项目审批"公布。复次,《框架》遵循了"持续披露"标准,明确"任何周期性更新的信息以及任何涉及项目实质改变的信息均应实时披露"。最后,在《框架》之外,环境与社会政策信息披露还将遵循亚投行制定的《公共信息临时政策》[40],其奉行国际标准明确"申请披露",并建立了信息披露的申诉程序。

就磋商而言,《框架》遵循国际标准规定了项目审批的磋商条件,分别明确了 A、B 类项目审批的"有意义磋商"条件和土著民项目审批的"自由、预先知情磋商"条件。A、B 项目的磋商,《框架》引入了 EBRD 2014 年《绩效要求 10》中的"有意义的磋商"。通过《框架》的解释,"有意义磋商"包括形式与实质方面的要求。形式上,磋商是否贯穿项目周期,参与主体是否多元,公众信息准入是否及时有效。实质要求包括:磋商应避免性别歧视、强迫和威胁情形并促进弱势群体的参与,最终的决策应充分考虑利益相关方在磋商中的意见等。难能可贵的是,《框架》在两者的基础上,增加了"多元参与",规定包括政府、次级政府、私人部门、NGO、受项目影响社区、土著人民在内的所有相关方均可参与磋商。[41] 将"多元参与"融入"有意义磋商",不仅促进了"有意义磋商"标准的进步与创新,而且也是《框架》对"开放且有效磋商"高标准的奉行。其次,就土著民项目而言,《框架》遵守了《联合国土著民权利宣言》中土著民迁移的"自由、预先和知情同意原则"[42],借鉴了现有多边开发银行有关土著民项目通行的"预先、自由知情磋商"规则。

在申诉机制上,《框架》分别规定了"项目层面的申诉"(Project-level Grievance Redress)以及"银行的申诉机制"(Bank oversight Mechanism)。就前者而言,银行要求企业利用现有的正式与非正式申诉机制建立项目层面的申诉,接受和处理任何认为其遭受项目的环境与社会不利影响的申诉与争议,保证以一种易于被受影响社区理解、透明的以及适应当地社区文化传统的程序便于受影响群体通过该渠道发表意见和寻求救济,同时为保护申诉群体免受报复应允许匿名申诉。此外,《框架》规定了"银行申诉机制",明确任何认为其因银行违反《框架》规定而遭受或可能遭受不利影响的个人均可向银行提出申诉。

2. 亚投行《环境与社会框架》公众参与规则的进一步完善

总体而言,《框架》公众参与规则借鉴了现有多边开发银行较为新颖的规则,并实现了一些创新。然而,不得不承认《框架》的公众参与规则仍有不足之处,一方面,一些模棱两可的规定将有可能折损公众参与实践的有效性。另一方面,作为公众参与的核心,银行申诉机制未能完整设立对《框架》的公众参与大打折扣。

第一,有意义磋商的不足与完善。

《框架》对于"有意义磋商"的创新可圈可点,奈何"包容性"原则的模糊性导致《框架》在磋商规则上的努力前功尽弃。《框架》在其"愿景"中倡导"发展与包容性",规定包容性

---

⑩　Public Information Interim Policy，AIIB，2016.

⑪　Environmental and Social Framework，AIIB，2016，p.30.

⑫　《联合国土著民权利宣言》第 10 条规定:不得强迫土著人民迁离其土地或领土。如果未事先获得有关人民的自由知情同意和商定公正和公平的赔偿,并在可能时提供返回的选择,则不得进行迁离。

意味着赋予所有公民以与符合所在地情况的方式参与发展进程并从中受益的权利。对此,大赦国际质疑如此规定暗含了"银行面对一些受影响社区因政府限制言论自由而无法表达和参与的情形将束手无策"[43]。鉴于亚投行的业务对象——"一带一路"沿线诸多国家公民和社会组织不甚发达,公众参与本就受国内法律限制不少,故而,若欠缺明确解释,"符合所在地情况"极易被借款国政府扩大解释,届时,《框架》的"有意义磋商"将成为一纸空文。因此,应删改"包容性"这一减损有意义磋商实效的模棱两可的言辞,或对"符合所在地情况"做限制性解释。此外,《框架》并未要求企业在项目准备阶段制定"利益相关方参与行动计划",这一实践在 IFC 和世行近来的几次政策修订中反复强调,行动计划将体现着银行和企业对于公众磋商的承诺,缺少这一环节将不利于银行与企业履行其公众参与的义务,阻碍有意义磋商的实现,应当在政策中予以明确。

第二,信息披露规则的缺漏与补足。

《框架》的显著缺陷在于,信息披露规则内容上的不完整。首先,《框架》并未明确信息披露的具体期限,对于银行,《框架》尚且规定了"先于或尽可能早于项目审批前"的期限,而对于企业,《框架》只言明"应在适当的时间"。而且,即便是"先于或尽可能早于"也并不能视为恰当的期限规定,若在审批之前一天披露信息,显然发挥不了信息披露的作用。因此,《框架》未能遵循"及时披露"的国际标准。其次,《框架》"先于或尽可能早于项目审批"的信息披露要求仅限于项目相关文件的草案,而对于这些文件的正式文本,银行只要求及时公布。这将遗留较大隐患,项目的重要信息的正式文件将有可能在董事会批准项目之后才予以公布,是故,《框架》也未能严格奉行"深度披露"标准。

对此,《框架》需完善"深度和及时"的信息披露。一方面,明确信息披露的具体期限,亚开行《保障政策声明》对此较为明确,具有借鉴意义,其规定"环境 A 类项目应至少在提交董事会前 120 天公布环境影响评价报告草案"。显然,如此规定将为公众反馈和参与留出宽松的时间,真正发挥信息披露对于公众参与的作用。另一方面,信息披露范围应适当扩展,项目的环境与社会保障相关草案及正式文件也应及时有效披露。

第三,申诉机制的构建与完善。

《框架》的最大缺憾在于申诉机制上的规定不够完满。首先,《框架》未明确项目层面的申诉机制应遵循何种标准,只规定该申诉机制应是"适当的并利用现有各种正式及非正式申诉机制"。但该机制程序究竟如何,正式及非正式的申诉机制又包括哪些等问题均未明确,这在实践中仍然缺乏明确的指导,将影响申诉的有效性。对此,《框架》可以借鉴世

185

---

[43]　Environmental and Social Framework Consultation Submission to the AIIB, Amnesty International,2015.

行 2015 年《环境与社会框架（草案）》，以附件形式规定申诉机制的具体要求，[44]具体包括申诉提交的方式、申诉程序的公开性、明确的期限、决策者的透明度以及上诉程序等内容。

其次，《框架》未能建立起银行自身的申诉机制。虽然，《框架》在"项目层面申诉"之外的确规定了"银行监督机制"，允许受项目影响群体可以直接向银行提出申诉，但遗憾的是，该条款的脚注言明，该机制正在制定，完成前将有创始意向国审核。[45]鉴于"一带一路"战略沿线国对主权颇为敏感，而且，"银行申诉机制"在亚开行的实践表明多数亚洲的一些国家不愿接受和认可银行申诉机制，视其为直接的司法主权的干涉。[46]是故，亚投行若要建立起有效的银行申诉机制，并为成员国所接受，恐怕障碍重重。

《框架》需考虑亚洲国家的特殊性，创新和完善银行的申诉机制。首先，采用"问题解决＋合规审查"申诉机制。鉴于亚洲国家对国际准司法机制的抵触，亚投行可以借鉴亚开行申诉机制，并注重"解决问题"职能的建设和运用，适应亚洲国家通过协商、调解等途径解决纠纷的倾向。在组织机构上，"解决问题"功能无须另设机构，而直接由银行未来的"监察组"成员承担具体项目中的纠纷协调和问题解决职责，甚至可以尝试利用网络会议搭建双方利益协调和协商的平台，以奉行亚投行"精简和开放"特色。就"合规审查"而言，如需现场调查，亚投行需得事先获取本国政府同意。合规审查的依据应局限于银行的业务政策，不得随意在银行政策之外援引国际条约，为借款国附加其未承诺履行的国际义务。其次，应完善信息公开，推广申诉机制。亚洲国家对于国际组织准司法机制的抵触以及多数国家信息闭塞，多数国家公民必然对于多边开发银行申诉机制较为陌生，故此，银行和企业应一同采取措施保证申诉机制易于为公众了解和援用。具体而言，银行可以要求企业在建立项目层面申诉时应及时告知受影响社区申诉机制的内容、程序及要求，银行也可自行制定《申诉机制指南》连同项目信息一起公布。最后，中国应积极作为，贡献申诉机制创建。在申诉机制的实施中，为渗透亚投行申诉机制的认可度，作为目前亚投行的最大股东，中国需积极参与和辅助其他多边开发银行处理涉及中国的贷款申诉。中国的积极参与，一方面可以为日后亚投行完善申诉机制总结经验；另一方面，中国积极回应多边开发银行申诉机制的态度也为"一带一路"沿线国形成了示范效应。

结　语

自 20 世纪五六十年代以来，世行贷款投资因其对公众环境与社会利益的消极影响而

㊹　Setting Environmental and Social Standards for Investment Project Financing（Second Draft for Consultation），The World Bank，2015.

㊺　Environmental and Social Framework，AIIB，2016.

㊻　Laura Henry，Supra note［13］：54.

饱受争议。与此同时,NGOs 积极参与和渗透,不断淡化多边开发银行投资活动与决策的"国家中心主义"特色,为日后环境与社会保障政策的公众参与规则诞生铺平了道路。近代国际人权保护之"公民参与权"映射出公众参与公共事务的权利,经由环境保护的国际法加以提炼,演绎出了环境治理领域的公众参与规则,即公民参与决策、信息知情权和补救程序。在此基础上,世行与国际金融公司的保障政策中生成了早期的"公众参与"规则,即磋商、信息披露和申诉程序。从多边开发银行实践来看,"公众参与"具有关键意义,其影响银行信用的建立,间接促进了银行对投资国履行诚信义务。现有多边开发银行普遍以"开放且有效的磋商""及时、有效和深度、持续的信息披露""问题解决+合规审查"申诉程序作为多边开发银行公众参与的规则和标准。亚投行《环境与社会框架》,就公众参与而言,其借鉴了其他多边开发银行较为新颖的规定。然而,《框架》的公众参与规则还是存在信息披露期限不明、银行申诉程序缺位等不足。对此,除了对《框架》本身作出必要的完善之外,亚投行应与其他多边开发银行建立合作关系,"一带一路"建设中,亚投行与亚开行、欧洲复兴开发银行在基础设施投资上有较大的合作潜力,双方在投资项目合作中,分享和交流政策与技术经验。同时,亚投行应广泛听取 NGOs、公民组织等私人部门意见。此外,亚投行的环境与社会保障需要考虑"一带一路"沿线国家的特殊性,不断吸收多边开发银行的发展经验,并创新环境与社会责任框架中的公众参与规则,促进贷款项目与当地公众的沟通协调,稳步推进相关项目的顺利实施。

第三方网络支付中消费者
权益保护法律问题研究

何育妍[*]

（西南大学法学院）

摘　要:电子商务的普及和运用带动了网络支付的蓬勃发展,应电子商务需求而生的支付模式以第三方网络支付最具代表性。但其迅猛的扩张速度与我国法律制度缺失的矛盾对消费者权益保护提出了严峻挑战。我国目前虽已出台了相关办法和实施细则予以规范,但在消费者权益保护方面针对性不强。我国需着重从账户资金安全、个人信息保护、沉淀资金及其利息归属以及纠纷解决机制等四个方面完善具体法律制度。

关键词:第三方网络支付;消费者权益;资金划拨;个人信息;沉淀资金

在各类远距离交易模式中,交易当事人常利用第三方当事人所提供的金钱支付业务,来履行价款或报酬的给付义务,如汇款转账、支票付款、信用卡支付甚至开具信用证等。然而网络的产生加速了贸易的缔结,并提高了资金的传输效率。人们开始利用网络从事经济活动,网络金融蓬勃发展,C2C(消费者对消费者)的交易模式逐渐兴起,传统的支付方式已经不能适应网络交易的需要了。例如,开具信用证多用于B2B(企业对企业)的交易中,往往涉及金额较大,需银行等金融机构协助完成;对于支票付款、信用卡等付款方式,交易流程复杂,并且当事人必须具备特定的信用资格,因此一般用于B2C(企业对消费者)的交易中;至于汇款转账,虽然一般消费者之间可以使用,但是出卖人通常采用"先付款再出货"的方式进行交易,无法有效保障货物质量、交易诚信以及退换要求。[①] 因此,由具有一定资产和信誉的第三方出面为交易当事人提供资金划拨管道以及担保付款的业务应运而生。人们熟知的国外营运商包括美国的 Paypal、马来西亚的 NetPay 以及我国的支付宝等第三方支付服务机构均是在 C2C 网络交易中崛起。

---

　　* 作者简介:何育妍(1993—　),女,河南洛阳人,西南大学法学院 2015 级民商法专业硕士研究生,主要研究方向为经济法学。

　　① 胡大中:《第三方支付中之消费者保护机制》,载《月旦法学》,2016,1(248)。

第三方网络支付是指由网络交易当事人以外的独立第三方当事人,基于互联网提供的小额资金转移与货币支付服务,电子支付平台通过提供银行支付结算系统接口和通道服务或虚拟账户达到客户的收付款需求。② 具体而言,在电子商务或任何买方与卖方互不熟悉的交易中,由一个可被买卖双方信任的第三者提供一个支付平台,买方选购商品后,使用第三方支付平台提供的账户进行货款给付,第三方支付平台在收取买方给付的价款后,暂时代为保管,并立即通知卖方履行其货物或劳务给付义务。待买方鉴定期或双方约定期间届满后,或届满前买方告知满意卖方所提供的货物或劳务品质后,第三方支付品台将所保管的价款转至卖家账户,完成交易。③ 继 2004 年支付宝从淘宝分拆独立,成立浙江支付宝网络科技有限公司后,财付通、快钱、汇付天下、易宝、环迅等第三方支付企业如雨后春笋般建立。我国目前有 259 家支付机构获得了中国人民银行颁发的《支付业务许可证》。④ 艾瑞咨询统计数据显示,2015 年中国第三方互联网支付交易规模达到 11.8 万亿元,同比增速 46.9%。预计 2019 年,中国第三方互联网支付交易规模将达到 26.9 万亿。⑤ 但是,第三方网络支付在提升交易效率的同时,也给消费者带来了极高的交易风险。卡未离身、手机没有被盗,银行卡里的钱却在异地被多次盗刷或被第三方支付平台莫名转走;一夜醒来,账户中的余额不翼而飞等类似案件屡见不鲜。一些不法分子利用第三方支付平台,通过设立伪基站进行电信诈骗,或对电脑植入木马病毒窃取个人信息后盗刷消费者银行卡。根据第三方投诉平台 21CN 聚投诉统计,2015 年 3 月至 2016 年 3 月,该平台共接到 1.7 万件投诉,其中涉及盗刷的投诉共 1046 件,占总投诉的 6%之多。2016 年 3 月至 7 月,新增盗刷投诉 915 件,5 个月的增长量,接近 2015—2016 年全年的投诉量。⑥ 2016 年"双 11"活动中,全网总销售额达 1770.4 亿元;与此同时,电商投诉问题也呈明显增长态势,11 月 1 日 00:00 至 11 月 18 日 14:00 期间,第三方消费投诉平台接到天猫、苏宁、京东、唯品会等八大电商平台的投诉共计 1062 件,而平均投诉解决率仅有 10%。⑦

---

② 阿拉木斯,蒋睿:《第三方网上支付平台的法律风险》,载《电子商务》2007 年第 2 期。

③ 王百佐.试论第三方支付服务的立法趋势[C].//陈猷龙教授六秩华诞祝寿论文集编辑委员会.法学的实践与创新——陈猷龙教授六秩华诞祝寿论文集:上册.台北:承法数位文化,2013:291-316.

④ 张盒子.究竟还有多少张第三方支付牌照[EB/OL].http://www.zhifujia.net/zixun/benzhan/11452.html,2016-11-18/2016-11-24.

⑤ 杨春秀.艾瑞:2015 年第三方互联网支付交易规模达 11.8 万亿[EB/OL].http://report.iresearch.cn/content/2016/03/259313.shtml,2016-3-17/2016-11-15.

⑥ 青岛早报.网银和第三方支付成盗刷主渠道[EB/OL].http://www.ec.com.cn/article/pthj/dzzf/201609/11421_1.html,2016-09-01/2016-11-20.

⑦ 冯程朗.聚投诉双 11 电商投诉数据:同比增 416%;淘宝天猫占 53%;华为荣耀预售、京东金融优惠券问题不回应[EB/OL].http://ts.21cn.com/news/a/2016/1120/00/31719214.shtml,2016-11-20/2016-11-25.

一、第三方网络支付中消费者权益保护现状分析

"市场的发展往往超越法制之规划,然唯有法制定案后,机制方能逐步成形,运作方能步上轨道。"⑧2005 年 4 月 1 日起我国施行的《中华人民共和国电子签名法》规定了可靠的电子签名需具备的条件,提高了电子签名的证据效力。⑨ 2005 年 10 月 26 日,中国人民银行发布的《电子支付指引(第一号)》主要对商业银行在电子支付业务中的安全控制以及差错处理机制进行了规范,仅有个别条文涉及作为电子支付指令转发人的网上支付服务机构(即第三方支付平台)。⑩ 比如,其第 42 条第 2 款明确指出因第三方服务机构的原因造成客户损失的,银行应予赔偿,再根据与第三方服务机构的协议进行追偿。⑪ 2005 年 6 月 10 日,中国人民银行又发布了《支付清算组织管理办法》(征求意见稿),对包括第三方支付机构在内的支付清算组织的设立条件、变更程序、业务范围以及风险监督等方面做了规范。虽然该管理办法第一次比较全面的涉及第三方支付问题,但最终没有通过国务院的审批,反映出当时实务界对第三方支付规制的两难境地。

2010 年 6 月,中国人民银行制定并公布的《非金融机构支付服务管理办法》第 48 条明确规定诸如第三方支付企业等从事支付业务的非金融机构必须在 2011 年 9 月 1 日前取得《支付业务许可证》,逾期未取得许可证者将被禁止继续从事支付业务。《非金融机构支付服务管理办法》对第三方支付机构的设置条件、服务协议、收费标准以及客户备付金等方面均做了规定。在消费者权益保护方面,第 15 条规定,支付机构申请终止支付业务的,应当向所在地中国人民银行分支机构提交客户合法权益保障方案;第 33 条、第 34 条规定,支付机构应当依法保守客户的商业秘密,按规定妥善保管客户身份的基本信息、支付业务信息、会计档案等资料。⑫ 2011 年 12 月初,配套的《非金融机构支付服务管理办法实施细则》正式实施。《非金融机构支付服务管理办法实施细则》进一步明确了客户合法权益保障方案包括对客户的知情权、隐私权以及选择权的保护措施。针对收费项目和收费标准,支付机构可以按照市场原则合理确定其支付业务的收费项目和收费标准,且应当在营业场所、网站主页的显著位置进行披露。在格式条款方面,规定支付机构的支付服务协议格式条款应当遵循公平原则,全面、准确界定支付机构与客户之间的权利、义务和责

190

⑧ 李智仁.第三方支付的中国经验观察[J].万国法律,2013,10(191):2-14.
⑨ 2015 年 4 月 24 日第十二届全国人民代表大会常务委员会第十四次会议对《中华人民共和国电子签名法》进行了修正。
⑩ 梁文彧.第三方支付现状分析与发展对策[J].信息网络安全,2011,(8):4-7.
⑪ 中国人民银行.电子支付指引(第一号)[Z].2005-10-26.
⑫ 中国人民银行.非金融机构支付服务管理办法[Z].2010-06-14.

任。^⑬ 2013 年 6 月,中国人民银行又颁布了《支付机构客户备付金存管办法》,对客户备付金的用途、备付金银行账户管理、客户备付金的使用与划转做了专门规定。^⑭

2016 年 7 月 1 日我国正式实施了《非银行支付机构网络支付业务管理办法》,该办法主要从防范金融风险与保障个人账户使用安全两个角度出发做了进一步规范,在切实保护金融消费者权益、有效隔离金融业务的跨市场风险和维护金融秩序稳定等方面迈出了重要的一步。其中第二章"客户管理"和第四章"风险管理和客户权益"突出了对消费者合法权益的保障。第二章"客户管理"中规定应当对客户实行实名制管理,列明了支付机构与客户签订的服务协议应载入的内容以及为客户开立支付账户的条件。第四章"风险管理和客户权益"首次对整个网络支付的业务流程和核心环节的风险管理提出了全面系统的要求,规定支付机构应当向客户充分提示网络支付具有的潜在风险,并建立健全风险准备金制度和交易赔付制度;在客户的个人信息保护方面,规定支付机构应当以"最小化"原则采取、使用、储存和传输客户信息,除法律法规另有规定或经客户逐项确认并授权,支付机构不得向其他机构或个人提供信息;针对支付账户余额付款,规定了密码验证程序以及限额管理要求;支付机构还应当充分尊重客户自主选择权,公平展示客户可选用的各种资金收付方式。^⑮

不可否认,近几年中国人民银行出台了一系列涉及第三方支付领域的相关办法以及实施细则,不仅使第三方支付行业进入全面监管时代,也对消费者权益保护起到了一定的作用。但这些部门规章不但法律效力层级低,而且也只是在一些条文中提及消费者权益保护问题,原则性规定较多,不能切实追究相关主体的法律责任。而传统的《民法》《合同法》《产品质量法》以及《消费者权益保护法》等基本法律面对第三方网络支付中出现的新难题时,显得捉襟见肘、非常被动,无法满足第三方支付中保护消费者权益的特殊要求。

二、第三方网络支付当事人之间法律关系分析——以支付宝为例

第三方网络支付主要是涉及买方(消费者)、卖方(网络商户)以及第三方网络支付平台这三类当事人之间的法律关系。以支付宝为例,卖方在淘宝网开设网店出卖衣服,买方在淘宝网订购卖方出售的一件价值 500 元的衣服。买方办理了支付宝,并向支付宝账户存款 500 元。卖方向买方交付出售的衣服并经买方验收后,买方指示支付宝将账户中的存款向卖方支付 500 元。若卖方确定不对买方履行买卖合同义务,支付宝负有向买方返还账户存款的义务。

---

⑬ 中国人民银行.非金融机构支付服务管理办法实施细则[Z].2010-12-01.
⑭ 中国人民银行.支付机构客户备付金存管办法[Z].2013-06-07.
⑮ 中国人民银行.非银行支付机构网络支付业务管理办法[Z].2015-12-28.

毋庸置疑,消费者与网络商户之间成立买卖合同。针对支付宝与消费者、网络商户之间的关系,欧美各国称此代管价款直到满足一定条件时的制度称为 escrow,然而我国并无此法律制度,也找不到其他现有制度与之直接对应。⑯ 2010 年出台的《非金融机构支付服务管理办法》将第三方支付机构定性为非金融机构,但仍然未明确其与消费者、网络商户之间的法律关系。因此,就要用到《合同法》第 124 条的精神调整这三者之间的法律关系,合同的名称和内容没有明确规定,就是无名合同。针对无名合同,需适用合同法总则的规定,并参照法律关于该合同最相类似的规定,即类推适用。⑰ 支付宝、消费者、网络商户之间成立(涉及三方当事人的)第三方支付合同。具体分析,在网络商户与支付宝之间,卖方担心自己的价款无法收回,委托支付宝代为收取自己和消费者之间的买卖合同的价款,支付宝按照与卖方的约定提取一定比例的价款作为报酬。因此,支付宝与卖方之间成立有偿委托合同,至少可以类推适用《合同法》关于委托合同的规定。在消费者与支付宝之间,是一个向第三人履行的保管合同,可类推适用《合同法》中关于保管合同的规定。消费者是寄存人,支付宝是保管人,网络商户是第三人。消费者应当支付给网络商户的价款,交给支付宝暂时保管,在消费者验收合格确认收货之后,由支付宝将价款支付给网络商户。

三、第三方网络支付中消费者权益面临的风险

(一)未经授权而转移消费者的资金

第三方支付机构为了使消费者以便利简易的方式使用第三方支付服务,普遍在其系统或平台设计上采用"账号+密码"的方式确认客户的身份,因此,一旦黑客入侵或电脑、网络系统故障,可能导致客户账号被盗进而发生未经授权的交易。⑱ 虽然未经授权交易的风险可由第三方支付机构提高系统安全性或认证机制加以降低,但第三方支付机构多以格式条款预先规范其风险负担方式。比如,《支付宝服务协议》中规定"使用身份要素进行的任何操作、发出的任何指令均视为您本人做出。因您的原因造成的账户、密码等信息被冒用、盗用或非法使用,由此引起的一切风险、责任、损失、费用等应由您自行承担"。甚至纵然使用者已向支付宝平台通知账号密码泄露的事实,《支付宝服务协议》中仍约定:"如您发现有他人冒用或盗用您的会员号、账户或者支付宝登录名及密码,或您的手机或

192

---

⑯ 谢孟珊.第三方支付法制问题研究[J].科技法律透析,2013,25(2):14-38.

⑰ 参见《合同法》第 124 条:"本法分则或者其他法律没有明文规定的合同,适用本法总则的规定,并可以参照本法分则或者其他法律最相类似的规定。"

⑱ 李俊平.第三方支付法律制度比较研究[D].湖南:湖南师范大学,2012.

其他有关设备丢失时,请您立即以有效方式通知支付宝;您还可以向支付宝申请暂停或停止支付宝服务。……您理解支付宝对您的请求采取行动需要合理时间,如支付宝未在合理时间内采取有效措施,导致您损失扩大的,支付宝将就扩大的损失部分承担责任,但支付宝对采取行动之前已执行的指令不承担责任。"[19]也就是说,当客户因账号被盗用而发生未经授权的交易,在通知支付宝之前均由使用者承担未经授权的资金划拨风险;即使使用者履行了通知义务,支付宝仍然可以援引"已在合理时间内采取有效措施"进行抗辩。因此,如果仅以格式条款规定的内容,最终的结果仍可能由消费者承担全部或大部分的损失。2016年出台的《非银行支付机构网络支付业务管理办法》为了保障客户合法权益,第19条要求第三方支付机构对不能有效证明因客户原因导致的资金损失负有及时先行全额赔付的义务,但是对与未经授权而发生资金划拨中的风险分担机制以及如何在消费者和第三方支付机构之间负担举证责任,均是法律中的"真空地带"。

(二)暴露使用者的个人信息或交易资料

2015年2月起,21CN聚投诉平台上关于银行卡被盗刷的投诉开始涉及易联支付,众多当事人均反映自己银行卡里的钱被以购买理财产品、游戏点卡或充值话费等方式盗走。虽然"盗刷"的方式五花八门,且盗刷的银行卡涉及多家银行,但最终这些钱均通过易联支付平台被转走。截至2015年10月13日下午,关于易联支付的有效投诉量已达到101件。经易联风控部门调查核实发现,盗刷事件是不法分子从木马、钓鱼网站、黑市购买等渠道非法获取了消费者的银行开户信息及取款密码,仿冒银行卡用户身份通过易联支付通道进行扣款支付。[20]而易联"盗刷"事件只是冰山一角,因消费者个人信息或交易资料遭泄露而涉及因第三方支付平台的案件日益递增。网络中一切信息均以数据的形式保存,具有传输的便捷性和交易的不安全性,充满高利用价值和商业利益的个人信息成为犯罪分子觊觎的资源,消费者个人信息常因第三方支付机构安全控制措施不到位而遭外泄。在网络购物中,第三方支付平台还可以记录消费者每次的支付金额、支付对象、支付时间等交易信息,并且多数第三方服务机构不经消费者同意就共享信息,从而进一步增添了他们滥用个人信息以及交易资料的可能性。甚至一些第三方支付机构出现存储用户信息、明文保存用户密码等不规范操作,一旦其信息保护系统被黑客攻破,极易造成用户持卡人姓名、身份证号、通信地址、银行卡号、卡CVV码、六位卡Bin等"敏感信息"泄露,进而直接引发盗刷等问题。

---

[19] 《支付宝服务协议》[EB/OL]. https://cshall.alipay.com/lab/help_detail.htm? help_id = 201602055276,2016-08-09/2016-11-10.

[20] 蔡长春.易联支付因盗刷而出名 个人信息如何被泄露成未解之谜[EB/OL].http://www.mingin.com/payment/news/3824-1.html,2015-10-22 /2016-11-29.

2014 年新修订的《消费者权益保护法》第 14 条规定消费者享有个人信息依法得到保护的权利,第 29 条规定了经营者收集、使用消费者个人信息的原则和方式,但在具体的金融活动中,基础性的法律安排对个人信息安全保护力度还远远不够。[21] 2014 年最高人民法院发布的《关于审理利用信息网络侵害人身权益民事纠纷案件适用法律若干问题的解释》第 12 条列举了侵权行为的类型,尽管对网络交易中消费者个人信息的保护起到了一定的规范作用,不过列举的个人信息类型仍然很有限,并且该条赋予被侵权人的请求权获得支持的前提条件是造成损害。对于一般网络用户而言,个人信息泄露不仅增添了消费者财产权益受损的可能性,更主要的是会给消费者带来精神上的恐慌,因此消费者的个人信息权仍然难以获得有效的保护。[22] 2015 年颁布的《电信和互联网用户个人信息保护规定》首次明确了个人信息包含的具体内容,并对信息使用和收集规范以及安全保障措施做了更加细致的规范,但条文大多是规定经营者应当怎么做和禁止做什么,第五章"法律责任"仅仅列出了三条规定,且都是经营者因违反相关规定而应承担的行政或刑事责任,对侵犯消费者合法权益的行为应如何承担相应的民事责任只字未提。

(三)沉淀资金及其利息的法律权属不明

沉淀资金又称"客户备付金",是支付机构为办理客户委托的支付业务而实际收到的预收待付货币资金。[23] 第三方支付平台是"信用缺位"条件下的"补位产物",其实质是在收款人和付款人之间设立过渡账户,使收支款项在支付平台上实现可控性停顿,待双方意见达成一致再决定资金的去留。[24] 在这一独特的交易过程中,由于支付的指令处理与支付的财务处理并不同步,出现买卖双方的货款普遍存在延时交付、延期清算的情况,导致大量的资金沉淀于第三方支付平台的账户上。[25]

消费者与第三方支付商成立向第三人履行的保管合同,保管合同的标的物是由货币形成的沉淀资金。首先,保管合同是实践合同,当第三方网络支付平台收到消费者转入的货款时,消费者与第三方支付机构之间就形成了保管合同关系。其次,以保管合同的标的

---

[21] 赵园园.互联网支付领域个人信息保护制度探析[J].学习与探索,2016,(8):90-95.

[22] 参见《关于审理利用信息网络侵害人身权益民事纠纷案件适用法律若干问题的解释》第 12 条第 1 款:"网络用户或者网络服务提供者利用网络公开自然人基因信息、病历资料、健康检查资料、犯罪记录、家庭住址、私人活动等个人隐私和其他个人信息,造成他人损害,被侵权人请求其承担侵权责任的,人民法院应予支持。"

[23] 参见《支付机构客户备付金存管办法》第 2 条第 2 款:"本办法所称客户备付金,是指支付机构为办理客户委托的支付业务而实际收到的预收待付货币资金。"

[24] 朱玛.第三方支付机构权属资金的沉淀争议及法律监管——兼谈"余额宝"的创新与风险[J].武汉金融,2013,(12):6-9.

[25] 马刚,李洪心.电子商务支付与结算[M].大连:东北财经大学出版社,2009.157-158.

物为视角,保管合同分为一般保管合同和消费保管合同。㉖ 其中,消费保管合同是指以种类物为保管标的的合同,保管行为原则上发生所有权的转移。并且按照民法的一般原理,货币属于特殊的种类物,其所有权随占有的转移而转移。㉗ 因此,传统民法理论认为,以货币为保管标的的,自货币交付于保管人时起,其所有权就转移于保管人,托管人对于保管物享有的是债权请求权。但是,学术界对于保管货币的消费保管合同是否发生所有权的转移仍然存在较大争议,争议的焦点集中于货币流转是否一律应适用"占有即所有"原则。比如,有学者认为,"在确定保管关系下的标的物权属时,不必过分拘泥于法理,而应在确立各方的权利义务的基础上更多地关注保管关系的具体交易结构,保证在保管人破产时寄存人(或委托保管人)对标的物优先于保管人的其他普通债权人"㉘。

针对沉淀资金的法律规定,《非金融机构支付服务管理办法》仅规定支付机构接受的客户备付金不属于支付机构的自有财产,禁止支付机构以任何形式挪用客户备付金,但对于客户备付金的法律属性却语焉不详,一旦第三方支付机构破产,消费者是处于有担保债权人的地位而享有优先受偿的权利还是处于普通债权人的地位无优先受偿权,法律没有明确规定。对于沉淀资金产生的利息,《支付机构客户备付金存管办法》第 29 条第 2 款规定支付机构的风险准备金按照所有备付金银行账户利息总额的一定比例计提。支付机构开立备付金收付账户的合作银行少于 4 家(含)时,计提比例为 10%。支付机构增加开立备付金收付账户的合作银行的,计提比例动态提高。该条明确指出第三方支付机构应当提取备付金利息的 10% 作为风险准备金,似乎是承认沉淀资金的至少 10% 的利息属于消费者所有,但未明确剩余不超过 90% 沉淀资金利息的所有权归属。而沉淀资金及其利息的法律权属不明,就无法进一步研究沉淀资金的使用问题,阻碍资金流动功能、安全功能以及效益功能的发挥。

(四)传统消费纠纷解决机制有诸多局限

在网络交易领域,修改后的《消费者保护法》不仅增添了消费者享有七日"后悔权",还规定了网络交易平台应承担的法律责任。但面对第三方网络支付中的消费者权益保护,传统的消费纠纷解决机制暴露了许多局限性:首先,在举证责任分配方面,新《消费者保护法》仅规定机动车、计算机、电视机等耐用商品或装饰装修等服务因发现瑕疵而发生争议

㉖ 马俊驹,余延满.民法原论[M].北京:法律出版社,2007.712-714.

㉗ 魏振瀛.民法[M].北京:北京大学出版社、高等教育出版社,2000.322.

㉘ 楼建波、刘燕.证券持有结构对投资人证券权利法律定性的影响——一个新的分析框架[C].// 王保树.商事法论集.北京:法律出版社,2009(1):9-53.

的,由经营者承担有关瑕疵的举证责任。㉙因此,在第三方支付领域,还是遵循"谁主张,谁举证"的原则,不利于对消费者权益实行倾斜性保护,无法实现实质正义。比如,《非银行支付机构网络支付业务管理办法》中规定,如果支付机构网络支付业务相关系统设施和技术未符合相关标准和要求,或者尚未形成国家、金融行业标准,支付机构应当无条件全额承担客户直接风险损失的先行赔付责任。㉚第三方服务商在信息储备、专业技术以及资金规模等方面通常占据优势地位,如果仍然由原本就处于弱势地位的消费者举证证明第三方支付机构的相关设施符合国家、金融行业标准可谓难上加难,势必会打击消费者保护自身权益的积极性。其次,在纠纷解决方式上,我国目前的救济途径有调解、和解、申诉、仲裁以及诉讼,这些传统的争议解决方式主要适用于线下消费模式,并没有考虑到网络消费中第三方支付服务的特殊性,不能高效率解决线上交易所引发的纠纷。并且,新《消费者保护法》赋予了消费者协会"公益诉讼"权,由原来只能支持消费者起诉到可以代表消费者进行"公益诉讼",不过诉讼的权利局限在了省级以上的消协组织,大大降低了提起公益诉讼的可能性,无法切实维护多数消费者的合法权益。最后,针对格式条款,《合同法》第40条、《消费者权益保护法》第26条、《网络商品交易及有关服务行为管理暂行办法》第13条均规定了提供格式条款方排除对方主要权利的情况下该条款无效。而大多第三方支付机构在其服务协议的最后一条都会明确"由本协议产生之争议,由被告住所地人民法院管辖"。如《财付通服务协议》规定"本协议签订地为中国深圳市。……用户在此完全同意将纠纷或争议提交财付通公司所在地即深圳市有管辖权的人民法院诉讼解决"㉛。该程序性条款是否属于法条中"排除对方主要权利"进而认定该条款无效的情形并没有唯一定论,但类似条款运用支付协议使一些消费者因维权成本过高不得不放弃法律救济,进而使消费者权益面临被侵害的风险是有目共睹的事实。

四、我国第三方网络支付中消费者权益保护的完善对策

(一)建立未经授权划拨中风险责任分配制度

在第三方网络支付领域中,当发生未经授权的资金划拨导致用户财产受损时,不能以

㉙参见《消费者保护法》第23条第3款:"经营者提供的机动车、计算机、电视机、电冰箱、空调器、洗衣机等耐用商品或者装饰装修等服务,消费者自接受商品或者服务之日起六个月内发现瑕疵,发生争议的,由经营者承担有关瑕疵的举证责任。"

㉚参见《非银行支付机构网络支付业务管理办法》第25条"支付机构网络支付业务相关系统设施和技术,应当持续符合国家、金融行业标准和相关信息安全管理要求。如未符合相关标准和要求,或者尚未形成国家、金融行业标准,支付机构应当无条件全额承担客户直接风险损失的先行赔付责任"。

㉛《财付通服务协议》[EB/OL]. http://guize.paipai.com/v2/detail_news_2419.shtml,2015-06-10 /2016-11-04.

传统民法中"谁受益谁承担风险"的原则来解决当事人之间的风险分配问题,应依"优势之风险承担人"的标准,从实现契约最高经济效率的目的出发,将风险分配给支付最少成本便可防止风险发生的一方。^㉜ 而第三方支付机构具有更强的预防风险、控制风险和转移风险能力,因此应通过立法规定第三方支付机构应当承担更多的未经授权划拨中的风险责任。^㉝

在美国,关于第三方支付机构与消费者间权利义务规范与责任归属,规定在《电子资金转移法》中。针对未经授权的资金划拨中的风险责任分配问题,该法规定消费者不应对未经自身授权的电子资金转移负责,消费者仅负有及时通知的义务,以降低资金转移服务提供者的损失。当出现消费者怠于通知的情形,其负担的限额随通知时间的延后而有所增加,甚至会出现服务提供者完全免除责任的情形。具体规定如下:消费者发现该笔未经授权的交易后 2 个工作日内通知支付机构,消费者最高仅需负担 50 美元的损失;在 2 个工作日至 60 个工作日通知的,消费者承担不超过 500 美元的责任;消费者于知悉后 60 个工作日后通知的,需承担全部损失。^㉞ 此外,第三方支付机构应负举证责任,证明该笔资金转移已获得授权,且消费者的付款指示到达接收者后,才能请求消费者承担对应的风险责任。在欧盟的立法层面上,其《支付服务指令》(Payment Services Directive)首开欧盟电子支付法制的先例,将过失举证责任与分配纳入强制规范,该指令第 60 条、第 61 条划定支付服务使用人与提供者在未经授权交易时的责任范围,其以发生未授权交易的事实在通知前还是通知后,将责任归属分为两种情形:第一种是通知之前发生未经授权的交易,就通知送达之前所发生的未授权交易,PSD 设有使用人有限责任的规定,如果因支付工具遗失或被盗造成资金被划走,无论损失程度如何,使用人至多仅须承担 150 欧元的损失,剩余部分由服务提供者补足;若支付人存在故意或重大过失的情形,则不受 150 欧元限额的保护并承担全部损失。第二种是通知之后才发生未授权的交易。在此种情形下,由于使用人已将未授权交易发生的事实通知服务提供者,若通知之后尚有未授权交易的发生,除非是使用人利用谎报方式获取利益,原则上该交易由服务提供者负担损失。^㉟

我国可以借鉴美国和欧盟关于消费者责任限额的规定,对于通知之前发生的未经授权的交易,如果并非由消费者故意或重大过失所致,应根据消费者履行通知义务的时间点确定其承担损失的程度,构建合理分配风险的制度。针对"重大过失",需根据特定客观情形判断,一般疏忽或不注意应认为并未达到重大过失的程度。并且法律还应规定消费者分担损失的最高责任上限,进而督促第三方支付机构建立适当的责任保险机制。如果支

㉜ 王泽鉴.债法原理(一)[M].北京:中国政法大学出版社,2001.97.

㉝ 李莉莎.第三方电子支付风险的法律分析[J].暨南学报(哲学社会科学版),2012,(6):51-57.

㉞ 唐琼琼.第三方支付中的消费者权益保护问题研究[J].河北法学,2015,33(4):115-124.

㉟ 蔡宗霖.从美国 PayPal 经验与欧盟支付服务指令论我国第三方支付服务至现状与未来[J].科技法律透析,2009,(10):47-64.

付机构协助商家实施欺诈消费者的行为,则不仅应当赔偿消费者因此所造成的直接损失,还应制定专门的惩罚性措施。

(二)加强对消费者个人信息的保护力度

由于消费者在接受第三方支付服务时,消费者必然向第三方支付机构提供大量的个人信息或信用资料,但这并不代表第三方支付平台可以占有、使用或处分,第三方支付机构除了要建立消费者信息安全保护机制以确保用户的个人信息不会被第三人窃取或非法利用,其本身也仅能在执行第三方支付业务的必要范围内使用消费者的个人信息,因此第三方支付企业的支付服务不能作为换取处分个人信息权的对价。

2016年4月14日,欧洲议会投票通过了商讨四年的《一般数据保护条例》,新条例将取代欧盟1995年发布的《欧盟数据保护指令》,并直接适用于欧盟各成员国。该条例对个人数据保护及其监管达到了前所未有的高度,堪称史上最严格的数据保护条例。《一般数据保护条例》首先在第5条增加了透明原则、最少够用原则等个人数据处理中的一般性保护原则,具体包括:(1)合法、正当、透明;(2)处理数据的目的是有限的;(3)仅处理为达到目的的最少数据;(4)确保数据准确、时新;(5)储存数据的期限不得长于为达到目的所需的时间;(6)采取技术和管理措施以保护数据的安全;(7)数据控者有责任并应能够证明其做到了以上几点。并且在数据主体的权利范围上,该条例在之前《欧盟数据保护指令》中规定的获取权、反对权的基础上增加了修正权、被遗忘权、可携带权、拒绝被分析的权利等。尤其是"被遗忘权",规定当个人数据已和收集处理的目的无关,数据主体不希望其数据被处理或数据控制者已没有正当理由保存该数据时,数据主体可以随时要求收集其数据企业或个人删除其个人数据。如果该数据被传递给了任何第三方(或第三方网站),数据通知者应通知第三方删除该数据。因此,一旦用户不希望自己的数据由相关企业处理,并且只要"没有保留该数据的合法理由",该数据就必须予以删除。在法律责任方面,该条例将违规活动分为一般性违法和严重违法,对于一般性违法,罚款上限是1000万欧元或对企业而言上一年度全球营业收入的2%(两者中取数额大者);对于严重的违法,罚款上限则是2000万欧元或对企业而言上一年度全球营业收入的4%(两者中取数额大者),全面提升了对个人数据保护的力度。[36]

我国在完善消费者个人信息保护方面,首先应扩大个人信息保护的对象和范围。所有基于支付活动中产生的信息都属于个人信息的范畴,其中个人基本信息和支付中产生的交易信息是个人信息保护的主要对象;在范围上,可以参考欧盟的《一般数据保护条例》,将消费者的信息决定权、信息查询权、信息更正权、信息封锁权、信息删除权、信息被

㊱ 何治乐,黄道丽.欧盟《一般数据保护条例》的出台背景及影响[J].信息安全与通信保密,2014,(10):72-75.

遗忘权、信息保密权和报酬请求权均纳入个人信息保护的范围中。[37] 在这个记忆理所当然,遗忘成为例外的大数据时代,政府尤其要确定信息被遗忘权的法律地位,让遗忘回归常态,确保数字经济健康持续发展。[38] 其次,应准确界定消费者与第三方支付企业对个人信息的处分权限,当支付双方发生利益冲突时,应该秉持消费者享有优位利益的原则进行处理,在第三方支付平台收集、使用、储存、传递、加工以及删除消费者个人信息的各个环节中,给予消费者提出异议、要求改进或终止的权利。针对法律责任,我国相关法律应扩充民事责任的承担方式并加大惩罚力度。损害赔偿固然重要,但有些侵权行为没有造成消费者的物质损失,因此消除影响、恢复名誉、赔礼道歉等非财产性的责任形式也具有现实意义,应当依情况适用。

(三)明确界定沉淀资金及其利息的法律属性

对于沉淀在第三方支付平台的资金,其性质是第三方支付机构代为支付给卖家的资金(货款),第三方支付平台不可以自由使用或投资。《非金融机构支付服务管理办法》第11条明确支付机构应当在备付金存管银行开立至少一个自有资金账户,并且支付机构的备付金专用存款账户应当与自有资金账户分户管理,不得办理现金支取。第三方支付平台开设的这种专用存款账户类似于一种信托账户,而第三方支付公司类似于受托人。因此,对于滞留于第三方支付平台账户所形成的沉淀资金,其所有权仍然属于消费者所有,第三方支付平台仅是代为保管。[39] 沉淀资金利息收入是沉淀资金产生的法定孳息,从民法理论上讲该利息仍然属于所有权人——消费者所有。并且根据《合同法》第377条的规定,保管人应一并返还原物及保管期间产生的孳息。[40] 但实践中,将法理上本应归属于消费者的利息返还消费者操作成本过高,第三方支付平台的服务协议中也都普遍排除了消费者要求支付该部分利息的权利。

因此,对于为了化解第三方支付平台沉淀资金及利息收入所有权归属僵局,法律层面首先要指出该笔消费者享有该笔沉淀资金及利息收入的所有权。明确规定"第三方支付机构破产或者清算时,沉淀资金不属于其破产财产或者清算财产。非因客户本身的债务

---

[37] 马永保.第三方支付行业消费者个人信息权保护探讨[J].北京金融评论,2014,(1):105-112.

[38] 何治乐,黄道丽.大数据环境下我国被遗忘权之立法建构——欧盟《一般数据保护条例》被遗忘权之借鉴[J].网络安全技术与运用,2014,(5):172-177.

[39] 中国人民银行海口中心支行课题组,陈小辉.第三方支付沉淀资金问题及监管[J].南方金融,2007,(9):34-37.

[40] 参见《合同法》第377条规定:"保管期间届满或者寄存人提前领取保管物的,保管人应当将原物及其孳息归还寄存人。"

或者法律规定的其他情形,不得查封、冻结、扣划或者强制执行沉淀资金"相关条款。[41] 实践层面,针对沉淀资金,应逐步放开使用限制,允许第三方支付机构运用沉淀资金进行一些低风险投资,实现客户备付金的保值增值,所得收入在扣除一部分运营成本后,可纳入到全国消费者保护协会基金中,将本属于消费者的权益返还给消费者;而对于沉淀资金的利息收入,未来金融监管者应为监管第三方支付平台的风险设立风险基金,在第三方支付平台提取沉淀资金的利息收入的一定比例作为其应获取的报酬后,剩余利息收入纳入该基金中,以一种新形式使消费者拥有沉淀资金利息的收益权。[42]

(四)健全第三方网络支付中消费纠纷解决机制

对于第三方支付中举证责任的划分,应以过错推定责任为主,兼顾公平责任。第三方支付运营商通常拥有先进的管理软件以及大型服务器,若要通过这些软硬件进行证据的搜集需要较高的技术能力和较强的经济实力,当出现支付差错、发生未经授权的交易、个人信息被泄露等情形时,让消费者举证证明第三方支付机构有过错需要突破重重障碍。因此,在金额较小、交易迅速的第三方支付网络交易中,通常情况下采用过错推定原则,仅由消费者证明损害事实,第三方支付机构需证明自己没有过错方可免责。然而我国第三方网络支付正处于发展之中并且很多服务是免费的,如果始终让第三方支付机构对电子商务的安全性和可靠性承担着主要责任,有可能束缚其创新的动力,从长远来看也不利于消费者利益的保护。因此,当网络黑客入侵、计算机感染病毒等非第三方支付所能控制的情形造成的消费者权益损失时,应采取公平责任原则,适当弥补消费者所受损失,以分摊网络技术发展带来的风险。

在纠纷解决方式上,传统的纠纷解决方式不能适应网络购物中交易环境虚拟、纠纷发生率高的特点,我国可以逐步推行以互联网为主导的在线纠纷解决机制(Online Dispute Resolution,简称 ODR),通过线上和解、线上调解以及线上仲裁及时、有效的解决纠纷。[43] 并且要扩大提起"公益诉讼"主体资格的范围,至少设区的市一级的消费者协会有权利提起公益诉讼。

在格式合同方面,要建立协议的事先审查机制,如果支付机构的争议解决条款事实上限制了消费者寻求法律救济,监管机关可以依照《合同法》等法律中规定的"排除对方主要权利"不予通过,最大程度地减轻格式合同所加诸消费者身上的不合理义务,使得消费者

---

④ 卜又春,赵其伟,李昊.第三方支付沉淀资金及孳息的法律权属问题研究——基于财产权视野下的物权债权区分理论视角[J].金融理论与实践,2013,(11):65-68.

④ 张春燕.第三方支付平台沉淀资金及利息之法律权属初探——以支付宝为样本[J].河北法学2011,29(3):78-84.

④ 李柯.日本电子商务诉讼外纠纷解决机制实证实验的启示[J].北京仲裁,2013,(4):118-126.

真正有机会寻求法律救济。

结语

第三方网络支付不仅具有快捷、低廉的优势,它最大的功用在于同时降低了支付风险和对方当事人的契约履行风险。[44] 不过在第三方网络支付中消费者权益也面临巨大的风险,包括未经授权而转移消费者的资金、暴露使用者的个人信息或交易资料、沉淀资金及其利息的法律权属不明、传统消费纠纷解决机制存在局限。因此,需要建立未经授权划拨中风险责任分配制度、加强对消费者个人信息的保护力度、明确界定沉淀资金及其利息的法律属性以及健全第三方网络支付中消费纠纷解决机制,从而实现第三方网络支付中消费者权益保护之目的。

---

[44] 余启民.从电子商务角度看我国第三方支付法律与实物发展[J].全国律师,2015,19(2):28-36.

著作权法定许可制度的反思与重构

——以著作权法第三次修改为视角

华 鹰[*]

（重庆工商大学法学院）

摘 要：我国现行《著作权法》和《信息网络传播权保护条例》对于法定许可的规定存在明显的不足，表现为合理使用的范围太宽、法定许可的范围太窄；而网络环境下的法定许可只严格限定于发展教育和扶助贫困需要，而后者缺乏可操作性，不能适应网络环境下作品的使用和传播现状。借著作权法第三次修改之际，笔者提出著作权法定许可制度重构的几点建议。

关键词：著作权法；法定许可；反思；重构

一、现行法律框架下法定许可制度的检视

（一）著作权法对法定许可规定的不足

1. 著作权法规定的合理使用太宽，而法定许可太窄

著作权法设立法定许可制度的目的在于保护公共利益，促进信息的广泛传播。法定许可是依据法律的直接规定而限制著作权人的许可权，达到平衡著作权人与社会公众之间利益目的的制度。法定许可制度的产生，正是弥补了合理使用制度的缺陷，适应了社会发展的要求。我国现行著作权法规定了十二种合理使用的情形，规定了五种法定许可的情形，但是合理使用范围太宽必然影响著作权人的经济利益，特别是将汉语言文字作品翻译成少数民族语言文字作品在国内出版发行；将作品翻译为盲文；将广播电台、电视台的转播规定为合理使用是不恰当的，必将影响作品和文化产品创作的积极性。由于合理使用是著作权保护的例外，所以对于该制度的适用应该相当慎重，严格限制。目前许多国家的著作权法已将传统合理使用的某些类型也转化为法定许可使用，如私人复制和家庭复

---

　　* 华鹰(1954—)，男，汉族，江苏无锡人，重庆工商大学法学院教授，硕士生导师，研究方向为知识产权法。

制的合理使用规定为法定许可,各国立法的变动,在很大程度上反映了法定许可在维护著作权人经济利益时的价值取向。

因此在著作权利益平衡机制的设计中,有必要重新考量法定许可情形的范围,在原本五项法定许可的基础上,做更多的延伸,有必要将传统的合理使用的某些类型转化为法定许可。

2. 著作权法规定的法定许可情形,不能延伸到网络环境

我国现行著作权法所规定的五种法定许可的情形中,只是针对传统媒体对作品的使用和传播,而不能延伸到网络环境下对作品的使用和传播。

在 2000 年,最高人民法院《审理涉及计算机网络著作权纠纷案件适用法律若干问题的解释》的第 3 条,明确规定了网站可以有条件(注明出处、支付报酬)的不经过作者同意转载、摘编报纸上的文章。司法解释在 2004 年进行修改的时候,该条有所变动,但其实质内容没有发生变化。2006 年 5 月,国务院公布《信息网络传播权保护条例》对网络中的法定许可进行了有利于作者的规定,该条例将作品网络传播的法定许可范围严格限定于发展教育和扶助贫困需要,网络转载、摘编等其他法定许可再度被拒绝写入法条,该规定明显与上述司法解释相冲突。2006 年 11 月,最高人民法院对上述司法解释进行了第二次修改,删去了第三条的规定,网络转载、摘编的法定许可司法解释被取消,以保持与《信息网络传播权保护条例》相一致,目前有关网络环境下法定许可是以《信息网络传播权保护条例》的规定为准的。然而,《信息网络传播权保护条例》将网络环境下的法定许可范围严格限定于发展教育和扶助贫困需要,而置网络转载等法定许可于不顾,显然是不恰当的。著名学者吴汉东教授认为,"由于法定许可制度对著作权人损害较小,并鉴于网络社会的快速发展,该制度的适用范围应予适当拓宽。而现行著作权制度却构成了互联网时代信息传播的重要障碍,因为如果要对网上海量传播信息中的每一作品均找到其作者并获得其授权,其势必影响互联网对信息传播的功效"[1]。

如果在法定许可制度中排斥网络转载等法定许可,将会导致以下后果:第一,不能满足网络环境下作品传播需求。在网络环境下,网络与网络之间、报刊和网络之间的转载是一种非常普遍的现象,同时"数字图书馆"的构建和使用也是一种常态,如果网站和"数字图书馆"使用他人作品必须取得著作权人许可并支付报酬,在某些情况下是非常困难的事情,为了丰富网络信息资源,推进网络产业发展与社会公众和权利人的权益平衡,将著作权法报刊转载法定许可扩大到网络环境中,是必要和可行的。第二,不能有效规制非法转载的混乱局面。在现实生活中,网站和"数字图书馆"要向海量权利人寻求单独授权往往缺乏可操作性,最终只会导致使用者置法律于不顾,肆无忌惮地随意使用作品,权利人的利益更难得到保护。为了使网络违法使用作品的无序状况得到及时、有效的控制,有必要扩大网络环境下法定许可的范围。

3. 法定许可的收转机制不具备可操作性

报刊转载法定许可限制了著作权人的许可权,只保留了获酬权,其立法本意是为了使作品得到更广泛的传播,也使著作权人获得更多利益,同时也照顾到转载报刊的使用方便。但是多年来的实践表明,该项规定在立法上存在着严重的缺陷,在实施中又缺乏有效措施加以弥补,导致该项规定不能顺利实施,立法本意难以得到充分体现,造成事实上多数著作权人的利益得不到合理保障。[2]

我国著作权法虽然规定著作权集体管理组织是法定许可稿酬收转的法定机构,但由于著作权集体管理组织的法律地位和诉讼主体资格不明确;法律没有规定不付酬时的罚则,集体管理组织没有采取诉讼的法律依据;著作权集体管理组织的缺位和体系的不完整;著作权集体管理制度涵盖的领域过于狭窄;缺乏有效的争端解决机制等,造成法定许可的收转机制不具备可操作性。

目前收转机构遇到的困难主要是:第一,因著作权人信息不全而无法转付报酬。第二,因无法核实著作权人身份,不能保证收转报酬的准确性,错发和冒领报酬的现象难免发生。第三,收转报酬工作成本高。第四,无法转付的报酬成为遗留问题。第五,法律没有规定不付酬时的罚则,集体管理组织没有采取进一步行动的法律依据。[3]

(二)《信息网络传播权保护条例》关于法定许可规定的不足

1. 法定许可范围较窄,不能适应网络环境下作品使用现状

现行《信息网络传播权保护条例》只规定了两种法定许可情形,较之《信息网络传播权保护条例(草案)》关于法定许可的规定略微保守。2006年制定的《信息网络传播权保护条例(草案)》曾对网络环境下的法定许可规定了比较宽的适用范围,其中第7条规定:"文字作品、美术作品、摄影作品在报刊或者信息网络上发表后,除著作权人事先声明不得转载、摘编的外,可以在报刊或者信息网络上转载或者作为文摘、资料使用,但应当指明作者姓名、作品名称和出处,按照规定向著作权人支付报酬,并且不得侵犯著作权人依法享有的其他权利。"该条款明确了网站上载作品的范围限于文字作品、美术作品、摄影作品,主要针对的是网站对纸媒作品的上载问题,表明网站在上载纸媒非涉及时事性的新闻或文章时,如著作权人没有声明不得传播,其行为可以适用法定许可。该条款同时也赋予了纸媒转载网络作品的权利。

然而,在《信息网络传播权保护条例》颁布时,删除了第七条的规定,只保留了两种法定许可情形,较之草案的规定略显保守,不能适应网络环境下转载和使用作品的需要。

2. 扶助贫困的法定许可缺乏可操作性

对于扶助贫困的法定许可本属于难得的制度创新,但由于限制条件过于严密,实际上很难有适用的余地。其中限制条件主要有:第一,作品的作者范围的限制,只能是中国公

民、法人和其他组织。第二,作品的范围的限制,是已发表的与扶助贫困的有关作品和适应基本文化需求的作品。第三,网络服务提供者必须依法定程序进行公告,给予著作权人提出异议的权利。著作权人虽然被赋予了异议权,但作者的异议权很难实现。第四,网络服务提供者不得直接或间接获得经济利益。

3. 没有确定网络环境下的默视许可规则

《信息网络传播权保护条例》没有在信息网络传播权的限制方式上进行制度创新,没有确定网络环境下的默视许可规则。信息网络传播权的默示许可,是指在一定情形下,权利人虽未明示许可在网络空间传播作品,但是从权利人的行为或者依照法律规定可以推定其对该使用不表示反对,从而认定经由许可而利用作品的情形。在网络环境中,默示许可的情形是客观存在的。比如,特定网络区域的默示许可,网站约定俗成的"网上自律规则",数字期刊的默示许可等。在默示许可制度下,著作权人可以行使的是许可权、报酬请求权和禁止权。在使用者利用作品后的任意时段,权利人都可主动提出付酬请求,使用人必须按照适当标准支付。在使用者恶意不支付的情况下,著作权人方可禁止使用者使用作品并要求其赔偿损失。

二、著作权法定许可制度的重构

(一)适当扩大法定许可范围

对著作权人权利的限制必须是适度的,过度保护和过度限制都是不恰当的,为了更好地平衡著作权人与社会公共的利益,笔者建议在制度设计上应缩小合理使用的适用范围,相应扩大法定许可的适用范围。

1. 将部分合理使用的情形转变为法定许可

著作权法应尽可能将合理使用的规定仅限于自己使用、私人使用、公务必要范围使用等情形,其余的均应采取法定许可、协议许可或强制许可,使作者尽可能得到合理补偿,并保护其他方面的权益。建议著作权法第三次修改时,一是把汉语言文字作品翻译成少数民族语言文字作品在国内出版发行,纳入法定许可范围;二是将作品翻译为盲文并出版纳入法定许可范围。

2. 把广播电台的转播纳入法定许可

我国现行著作权法只是把电台对已发表作品和已出版录音制品的播放列入法定许可,但不包括对电台节目的转播。这种规定过于保护电台主播者的利益,与当前传媒行业重行政管理,轻市场竞争作用,广播电台与政府关系过于紧密,没有成为真正的市场竞争主体有关。为了限制市场和通信空间垄断,保证作品低成本有效传播,保证公众以合理费用获得信息,对电台公开节目的转播应纳入法定许可。

（二）网络环境下新增加的法定许可

为了满足网络环境下作品使用和传播的需要，更好地平衡网络产业发展与社会公众和著作权人的利益，在原有的"发展教育"和"扶助贫困"这两种法定许可的基础上，再增加以下法定许可。

1. 构建数字图书馆的法定许可

对于构建数字图书馆，国内学者主要有几种不同的观点：一是主张构建合理使用制度解决数字图书馆使用版权作品的问题；二是主张通过授权许可解决数字图书馆使用版权作品的问题，至于授权中面临的难题，则通过集体管理组织或数字版权管理系统等方式解决；三是主张建立法定许可制度解决数字图书馆使用版权作品的问题。

笔者持第三种观点，这是因为：第一，授权许可难于操作。虽然著作权集体管理在一定程度上能解决单一许可的困难，但无论从理论上还是实践上分析，即使再健全的集体管理机制也不可能解决所有数字版权的授权问题。第二，合理使用难有作为。分析各国的图书馆合理使用可以发现，无论是我国还是世界上其他国家，为图书馆设立的合理使用都是受到严格限制的。我国在专门为信息网络传播立法的《信息网络传播权保护条例》中，给予图书馆合理使用作品的情形也仅限于为保存或陈列作品的数字化行为和在局域网内的传播行为，建立法定许可制度是解决这一问题的有效手段。

赋予数字图书馆法定许可是否合理，一般是通过《伯尔尼公约》奉行的"三步检验法"原则的严格的约束和苛刻的检验。即在衡量著作权限制规范时应考虑某些特殊情形；不得与作品的正常利用相冲突；不得不合理地损害权利持有人的合法利益的条件或标准。在一国衡定著作权限制规范时必须且依其严格的适用顺序考量，且三个条件必须同时满足。以"三步检验法"为标准，赋予数字图书馆法定许可具有法律依据：第一，法定许可侧重于赋予涉及公共利益的某些行业，如报刊社、广播电台、电视台等信息传播媒体，图书馆是公益性事业机构，而且其传播信息的种类、速度、范围都非其他媒体可比，当属适用主体之列；第二，图书馆以法定许可使用作品要向著作权人支付报酬，弥补了合理使用的不足，使著作权人有了合理的经济回报；第三，著作权人对于自己的作品是否进入法定许可的权利范围有自主决定权，尽管法定许可是"法定授权"，但是著作权人可以通过发布"禁用声明"，阻止他人对其作品的利用，充分尊重著作权人对其权利的行使；第四，数字图书馆适用法定许可将在很大程度上解决授权许可中的困难，可以降低交易成本，提高数字图书馆建设的效率，满足使用者对"海量作品"数字著作权许可快速、高效、准确的需要。

因此，法定许可应该是协调数字图书馆著作权问题最有价值的权利限制方式之一，其作用在于：一方面可以免去授权许可的复杂性和不易操作性，另一方面可以避免纯粹的合理使用对著作权人利益的弱化。适用法定许可制度，既保护了著作权人适当的经济利益，又打破了网络条件下可能不合理的权利滥用与著作权过度垄断,从而消除了作品传播途径中的阻滞,扩大了作品的潜在市场,在保护著作权人利益的同时使更多的读者受益,体现了对社会利益和个人利益的平衡保护。

2. 网络转载摘编法定许可

鉴于目前报刊、网站上的作品被相互转载的情况普遍存在,以及网站转载他人作品很难找到著作权人取得授权许可的实际状况,著作权法应对网络转载摘编法定许可作出明确规定,使著作权人的获酬权得以充分保障。网络转载摘编法定许可的适用必须把握三点:一是网络上允许转载作品的范围必须作出限制;二是必须是已经发表的作品;三是应当注明作者和出处。由于现在很多网站都没有专门的编辑力量和采访权,如果限制网站的转载权,对网络的发展极为不利,既然作品已经发表,就允许公开传播,如果在传播过程中侵犯了著作权人的其他权益,可以进行赔偿,但仅仅是扩大了传播范围的,应视为符合著作权法的规定。

将法定许可扩大至网络,其作品范围应该有严格的限制,电影、电视、录像作品和计算机软件未经许可,严格禁止上网。因为计算机软件的开发和电影、电视、录像作品的制作都需要投入很大的人力与财力,如果允许其违法上载网络,将对上述作品的销售带来极大的影响,这不仅会侵害著作权人的合法权益,也势必影响我国文化产业的繁荣和科技的进步。

网络转载摘编法定许可应包括三种情况:第一,互联网网站对网下报刊已发表作品转载摘编的法定许可;第二,互联网网站对其他网站已发表作品转载摘编的法定许可;第三,网下报刊对互联网已发表作品转载摘编的法定许可。

(三)构建著作权默示许可制度

在信息时代,作品使用中的"海量授权"问题是著作权法制度设计时最难解决的问题之一,而著作权默示许可则是一种较为有效的解决路径,并已在互联网实践中得到初步印证,如在网络共享空间、网络搜索引擎、数字图书馆和数字期刊领域,默示许可已被人们所认可,著作权法在第三次修改时应该有所反映和体现。著作权默示许可的制度价值在于:能够促进整个社会信息与资源的广泛共享;促进作品在传播中最大程度实现其价值;缓和著作权法过于刚性的边界,使得著作权人与作品使用者和社会公众的利益达到平衡。因此,有必要在现行著作权法的基础上构建著作权默示许可制度。

适用默示许可的情形主要是:(1)搜索引擎领域的默示许可。网页的作者可以通过在网页编写时事先声明来避免被搜索引擎进行抓取和复制,如果网页的作者没有事先声明的话,那么就视为搜索引擎自动获得了网页作者的默示许可,可以对网页进行抓取和复制。(2)数字图书馆和数字期刊的默示许可。作者将作品授权给出版社出版,如无事先声明，即视为同时授权给与出版社合作的数字图书馆。在作者授权给期刊社发表作品的同时，如果作者没有事先声明，即视为同时授权给期刊社合作的数字技术平台登载作品。数字图书馆与数字期刊应当向作者支付相应的报酬。（3）网络与纸质媒体之间的默示许可。允许纸质媒体转载网络媒体的内容，也允许网络媒体转载纸质媒体的内容，不仅可以形成网络与纸质媒体之间的良性互动，而且能够使得网络上众多优秀的作品通过传统媒体的权威性和影响力得到更为广泛的传播。（4）特定网络区域的默示许可。在网络特定空间，著作权人发表作品的基本目的就是要求更多的人转载、传播，用以提高自己的知名度。"一旦著作权人把作品放在公众网站上，这种网站的材料谁都可以链接，材料放在网站上的方式就是鼓励下载的，就等于默示授权他人可以复制。"[4]

（四）完善著作权人声明制度

我国《著作权法》规定的法定许可使用方式中，大多规定了除外情形，即"著作权人声明不许使用"时，任何人不得以法定许可使用作为侵权使用的抗辩。我国的法定许可制度因受制于权利人的声明保留权，其"法定"效力要弱于其在国际公约和外国立法的效力。通过声明权的行使，著作权人可以预先决定其作品是否同意他人未经授权再行传播，可以自主地排除法律推定其同意作品被再传播的可能，能够充分地保护著作权人的合法权利。

著作权人的声明制度是法定许可制度的保障措施之一，有利于保障著作权人合法权益、平衡公共利益和个人利益，但我国的著作权人声明制度并没有得到很好的执行，致使著作权人的合法权益受到损害，著作权人声明制度需要进一步完善。第一，需要明确声明权的主体。声明权的主体是著作权人，而不是作品使用人。目前，有些报社和杂志社在报纸或期刊上作出类似声明："凡本刊发表的作品，未经本刊授权同意，一律不得转载。"其实，这种声明并不能限制其他报刊对作者作品的转载。因为该作品是否允许其他报刊转载，其决定权在于作者，而不在于报社或杂志社。第二，需要明确声明权行使的时间。声明权行使的时间可以是作品发表前、作品发表时、作品发表后。应当允许著作权人在作品发表后依然可以行使声明权，我国著作权法应做必要的修改。

（五）完善作品使用人付酬制度

我国《著作权法》自1991年生效实施以来，为了配合《著作权法》的实施，国家版权局先后颁布了《报刊转载、摘编法定许可付酬标准暂行规定》《录音法定许可使用付酬标准暂行规定》《演出法定许可使用付酬标准暂行规定》《出版文字作品报酬规定》，对相关法定许可使用付酬标准做了明确规定。2009年11月10日，国务院公布了《广播电台电视台播放录音制品支付报酬暂行办法》。2013年10月22日，国家版权局和国家发改委联合公布了《教科书法定许可使用作品支付报酬办法》，这在业界被称为"迟到的正义"。虽然有了以上付酬办法,但著作权人要完全实现自己的获酬权还有很大难度,付酬办法还不能完全解决法定许可使用作品的支付报酬问题,需要从以下几个方面完善法定许可报酬支付机制。

1. 应及时修订已有的付酬标准

随着我国经济的不断发展和市场物价的逐年上涨,原有的付酬标准已经不能适应市场的需要,极大地影响了作者创作的积极性,抑制了作者的创新欲望,明显有失公允。我国的作品使用人付酬制度应当考虑市场的变化,及时作出修订,每一次修订应与我国的社会经济发展水平,尤其是物价水平挂钩,并且需要考量其他因素进一步完善。[5] 在修订过程中应当召开听证会,以充分听取各利益方的意见。

2. 支付渠道需要保持畅通

如何保证作品使用者按时向作者支付报酬,如果使用者不向集体管理组织支付相关作品的报酬,作者的获酬权由谁来关心和保障。笔者认为可以设立专门的监督机构,通过法定的监督机构,监督作品的使用者向作者或集体管理组织支付报酬。监督机构应将作品使用情况放到网上,供作者查阅,以达到监督的目的。

3. 建立例外协商付酬制度

我国应当借鉴美国的立法经验建立与我国法定许可制度相适应的付酬例外协商制度。例外协商付酬制度,是指在法定许可使用的场合,由于特殊情形的出现致使按照统一的付酬标准支付报酬将会导致显失公平的结果,当事人不再适用统一付酬标准而另行协商付酬的一项制度。具体有以下情况:第一,当著作权人或作品使用人认为统一标准过低或过高时,应当允许当事人请求按照实际情况支付报酬。第二,具体数额由当事人协商,若协商不成,可提请我国相应的著作权行政管理部门裁决,对裁决不服的还可以向人民法院提起民事诉讼。第三,在判断作品使用人所获利益时,应当充分考虑作品使用人在使用作品时所付出的劳动。第四,在异议期间作品使用人可以不停止对作品的使用。

4. 不依法付酬行为的法律责任

不依法支付报酬的法定使用者应承担相应的行政责任。我国《著作权法》第47条规定,违反法定许可规定使用他人作品,应当支付报酬而未支付的,应当根据情况承担民事责任,但没有规定要承担行政责任。按照"不告不理"的民事诉讼原则,法院不能主动进行法定许可付酬的管理。但是如果要求使用者对不支付报酬的违法行为承担民事责任之外再增设一种行政责任,采取警告、罚款等行政处罚措施,那么著作权行政管理机构就可以当场核实并受理权利人的投诉,在权利归属没有争议的情况下,责令使用者按照规定支付报酬,并可对使用者处以相应的行政处罚。使用者出于被投诉和行政处罚的双重风险考虑,自然不会再发生任意的侵权。采取行政保护比司法保护的效率要高,同时也有利于规范法定许可使用和保障权利人的相关权益。

（六）完善著作权集体管理制度及费用支付体系

1. 明确著作权集体管理组织的法律地位和诉讼主体资格

著作权法应明确著作权集体管理组织是网络环境下法定许可付酬收转的法定机构，同时应赋予著作权集体管理组织在法定许可情况下的诉讼主体资格。目前我国已经成立包括中国音乐著作权协会、中国音像著作权集体管理协会、中国摄影著作权协会、中国文字著作权协会、中国电影著作权协会等著作权集体管理组织，基本覆盖了作品使用的主要领域。但由于法律没有规定不付酬时的罚则，所以集体管理组织对于不付酬的作品使用人没有采取进一步行动的法律依据，如提起诉讼，作者的法定许可获酬权缺乏法律制度的最终救济保障，导致作者合法权益的实现大打折扣。因此《著作权法》和《著作权集体管理条例》在明确规定集体管理组织拥有法定许可获酬权法律地位的同时，对集体管理组织诉讼主体资格做更明确的规定，适当扩大诉权。规定集体管理组织在收取法定许可著作权使用费时可以自己的名义向法院提起诉讼，或采取其他法律手段。

2. 应建立切实可行的法定许可付酬收转机制

（1）应在《著作权法》中对法定许可制度进行原则性的规定，形成制度框架。明确在网络环境下法定许可的种类，法定许可支付报酬的一般规定和特殊规定，法定许可付酬收转的法定机构，著作权集体管理组织的法律地位和诉讼主体资格。

（2）应在《著作权集体管理条例》中对法定许可使用费收转机制的具体操作进行系统规定，而不仅限于在附则中对其进行笼统的规定。例如，应对著作权集体管理组织收取、保管和分配使用费等问题作出详细的规定，明确使用费收转时著作权集体管理组织和使用者双方的权利、义务以及法律责任等问题上，才能增强其可操作性。

（3）应建立有效的争议解决机制。为解决法定许可使用费收转过程中出现的争议，提高法定许可收转机制的可操作性，应建立有效的争议解决机制。有效的争议解决机制能充分体现私权自治、权利人意思自治。法定许可收转中的争议主要表现在关于著作权使用费收取和分配的标准问题，笔者认为，可以借鉴民事争议的解决机制，设立独立的专门争议仲裁机构，就法定许可使用费收转过程中出现的争议进行仲裁，在相关立法中赋予其独立裁决权限，确定先仲裁、后诉讼原则。

（4）应完善著作权集体管理的监督机制，有助于法定许可报酬收转工作顺利进行。著作权集体管理组织的收费标准和分配规则应公开透明，接受著作权人和使用者的质询；主管部门应定期对著作权集体管理组织进行财务检查和审计，防止损害著作权人和使用者权益行为的发生；同时对著作权集体管理组织的违法行为予以相应的惩罚，为著作权人和使用者设置一定的救济措施。通过有效的监督机制，才能使法定许可的收转工作公正、公平、有效地进行。

利率市场化改革中主体合作博弈的实现路径

——经济法理论的回应与制度构建

李瑞雪[*]

摘　要:利率市场化改革是我国经济结构调整的重要组成部分。利率市场化实现的标志是各种形式利率上下限的全面放开,然而这并不是利率市场化改革的根本目的。利率市场化改革的根本目的是金融资源在市场中真正实现优化配置。在我国利率市场化改革中,国家、银行、非银行业金融机构、持股人、存贷款人、金融消费者之间存在着利益冲突,为了各利益主体实现合作博弈,经济法理论及其相关政策、法律制度可以并且应当发挥其积极作用,最终实现利率市场化改革成果的公平分享。

关键词:利率市场化;国家干预;合作博弈

一、我国利率市场化制度变迁的简要回顾

在当今世界各国,利率政策都是国家实行经济宏观调控的最重要手段之一。在确立建设市场经济,尤其是改革开放之前,我国对利率进行了严格的管制,金融机构在确定存贷款利率等事项上并没有自主权。利率市场化强调利率实现市场化的过程,始于我国金融市场的开放,终于利率的大小完全由市场决定。市场机制是一种利益分散机制,通过价值规律、市场供求关系发挥作用,利率市场化的实现意味着利率相关主体的利益在市场机制中实现动态的平衡。制度,尤其是具有先行性的经济政策在推动利率市场化过程中,尤其是在启动之时发挥着积极作用。我国利率市场化制度变迁始于改革开放之后,并且随着我国改革开放的深入而进程加快。在宏观层面,党的多次会议发布决定,为我国利率市场化逐步确立了明确的目标。1993年召开的党的"十四届三中全会"发布了《中共中央关于建立社会主义市场经济体制若干问题的决定》,该决定在加快金融体制改革部分提出,

---

　　[*] 李瑞雪,1987年2月出生,男,黑龙江省齐齐哈尔市人,西南政法大学2013级经济法学博士研究生。

商业银行可以在中国人民银行确定的基准利率上下一定幅度内确定其存贷款利率。2002年召开了党的"十六大",其报告指出"稳步推进利率市场化改革,优化金融资源配置"。2003年党的"十六届三中全会"又颁布了《中共中央关于完善社会主义市场经济体制若干问题的决定》,进一步推动了我国利率市场化的进程。在2012年召开的党的"十八大"报告中,在全面深入经济体制改革部分指出:"稳步推进利率和汇率市场化改革。"

从微观制度规定角度出发,一般认为,我国利率市场化的进程真正始于20世纪90年代中期,首先开放的是银行间同业拆借市场。改革开放开始后,我国颁布的首部对银行间同业拆借行为进行规制的法规是国务院于1986年发布的《银行管理暂行条例》,此部法规确立了银行间同业拆借行为的合法性。为了进一步规范银行间同业拆借市场秩序,中国人民银行于1990年出台了《同业拆借管理试行办法》,其中第7条规定,同业拆借资金的利率上限由中国人民银行总行确定和调整。可见,当时我国对同业拆借利率进行着限制,同业拆借率的确定并非完全由市场借贷双方协商决定。而中国人民银行1996年发布的《关于取消同业拆借利率上限管理的通知》则开启了我国利率市场化的大门,该通知明确提出银行间同业拆借率由市场自主决定。在同业拆借利率开放之后,我国的国债发行利率、银行间债券回购和现券交易利率、境内外币利率也相继开放。

相比于其他利率形式,银行存贷款利率对公众的影响更大。在调整银行存贷款利率方面,我国陆续颁布了多项政策。早在1987年,中国人民银行就颁布了《关于下放贷款利率浮动权的通知》,规定商业银行可以在国家规定的基准利率上下浮动不超过20%的幅度。为了适应我国的经济建设,浮动幅度进行了多次调整。在银行存贷款利率市场化进程中,2004年是标志性的一年。当年10月28日,中国人民银行发布了《关于调整金融机构存、贷款利率的通知》(银发〔2004〕251号)。该通知指出,自2004年10月29日起,中国人民银行决定对城乡信用社以外的金融机构不再设人民币贷款利率上限,同时,放开了金融机构存款利率的下限管理。在贷款利率下限方面,我国在2013年进行了突破。2013年7月13日,中国人民银行发布了进一步推进利率市场化改革的公告,公告指出,从2013年7月20日起,全面放开金融机构贷款利率管制,取消金融机构贷款利率下限(个人住房贷款利率暂不做调整)。同时,该公告还规定,对农村信用社贷款利率不再设立上限。至此,我国金融机构贷款利率已经放开,可以由市场主体根据供求关系自主确定,而存款利率目前仍未完全放开,按照2012年6月7日中国人民银行的决定,我国金融机构存款利率浮动区间的上限规定为基准利率的1.1倍。下表列举了我国若干形式的利率市场化实现的时间和制度依据。

我国若干形式的利率市场化实现时间和制度依据表

利率类型	市场化时间	制度依据
银行间同业拆借率	1996 年	中国人民银行发布的《关于取消同业拆借利率上限管理的通知》
银行间债券市场债券回购利率和现券交易利率	1997 年	中国人民银行发布的《关于银行间债券回购业务有关问题的通知》
城乡信用社以外的金融机构的人民币贷款利率上限	2004 年	中国人民银行发布的《关于调整金融机构存、贷款利率的通知》
金融机构存款利率下限	2004 年	中国人民银行发布的《关于调整金融机构存、贷款利率的通知》
农村信用社存款利率下限	2013 年	中国人民银行发布的《关于调整金融机构存、贷款利率的通知》
金融机构贷款利率下限（个人住房贷款利率暂不做调整）	2013 年	中国人民银行发布的《关于调整金融机构存、贷款利率的通知》
票据贴现利率	2013 年	中国人民银行发布的《关于调整金融机构存、贷款利率的通知》

二、我国利率市场化改革中利益主体博弈探析

（一）国家与金融机构的博弈

以上简要回顾了我国利率市场化制度变迁的进程，利率市场化本身是一个利益重新分配的过程，相关利益主体的行为相互影响，并且随着改革力度的加深，利益主体博弈更加复杂。在众多利益主体博弈当中，国家与金融机构在利率市场化中的博弈行为影响最为深远，直接关乎我国金融体制改革的方向和路径。国家与金融机构之间的博弈主要体现在国家（通常由中国人民银行具体实施）利率政策的制定与金融机构对利率政策执行与反馈上，反映的深层次问题是国家对金融机构行为干预的正当性与适度性。

1. 国家干预金融机构行为的客观必然性

制定和实施货币政策是各国进行经济宏观调控的主要手段，而利率政策又是货币政策的重要组成部分。因此，各国在市场经济建设中，十分重视对利率的适度管制。对包括商业银行在内的金融机构存贷款利率等项目进行管制的严格程度一般与一国宏观经济环境直接相关。国家干预金融机构的经营行为的正当性一方面源于国家作为实现社会公共利益、社会整体利益的责任主体，需要通过进行利率管制等行为实现维护我国金融市场秩

序的目的。利率市场涉及多元主体的多元利益,在法律分配利益机制不健全的前提下,集体有限理性易被彰显,在转轨时期的我国,集体有限理性体现为利率市场存在市场失灵。目前,我国利率市场中市场失灵最为突出的表现是金融机构之间、金融机构与存贷款人信息不对称。同时,利率市场化强调在资源配置时,市场机制要发挥基础性作用,但是,在我国市场经济并没有完全确立,可见,在我国,市场缺位与市场失灵并存。因此,在利率市场化过程中,作为利益主体一方的国家对另一方利益主体——金融机构具有更强的干预空间和必要。通过国家干预,可以为金融机构铺建市场、完善市场,最终实现我国金融市场秩序井然、金融资源在金融市场中实现优化配置。国家干预金融机构行为的正当性另一方面源于维护我国金融安全的需要。随着我国改革开放进程的加快,经济全球化使我国与世界各国的联系越加紧密。目前各国的竞争已从传统的依靠武力走向了依靠经济,在经济领域,金融市场无疑已成为竞争的重要战地。可以说,在一定程度上,各国之间的竞争日益演化成了货币战争、金融战争。为了维护我国的金融安全,防止财富通过不正当手段转移到国外金融市场,国家需要运用包括法律制度在内的各种有效措施防止金融机构对外合作时利益受损。从某种意义上来说,国家干预金融机构是维护我国经济主权的需要。

2. 国家干预与金融机构之间的冲突

作为利益主体一方的国家干预金融机构经营行为具有客观必然性,其干预手段主要包括同业拆借率、票据贴现率、存款利率、贷款利率等。而利率市场化正是以上干预手段自主化的过程,因此,国家干预与金融机构利率市场化之间存在着一定的冲突,亦即在利率市场化改革中,国家与金融机构之间存在利益博弈。前文已经分析,在金融市场中国家始终具有进行干预的需要。但是,金融机构却始终具有自由竞争的需求。根本原因在于金融机构具有与普通企业共同的追求——利益最大化。自由的竞争市场是金融机构创造经济效益的保障,而进行严格利率管制的市场会压缩金融机构实现经济利益的空间。国家与金融机构在利率市场化改革中的利益博弈体现为国家为了市场管制而进行干预与金融机构为了获得利润而要求放松管制。目前,我国利率市场化改革的进程整体呈现出国家正在逐步放开利率管制、进行还原市场,然而,仍不能满足金融机构的需求。

(二)银行业金融机构之间及与非银行业金融机构之间的博弈

利率市场化改革目标是让市场成为金融市场资源配置的基础机制,利率由市场供求决定,在改革过程中利益博弈除了存在于国家与金融机构之间,在金融机构内部也同样存在。

1. 银行业金融机构之间的博弈

一般地,从是否可以经营吸收存款业务可以将金融机构分为银行业金融机构与非银行业金融机构。在金融机构内部利益博弈中,银行业金融机构之间的利益博弈最为明显。

在具有国家严格利率管制的背景下,各银行业金融机构之间的竞争无法通过利率手段实现。为了增加利润,各银行业金融机构通常采用扩大经营网点辐射范围或者提升服务质量等手段。然而,随着利率市场化改革进程的加快,各银行业金融机构开始转变经营策略,逐步将利率作为其竞争的根本手段。在竞争过程中,由于各个银行业金融机构包括注册资本在内的资金实力不同,因此,各银行业金融机构实质上制定本行利率水平的能力在起点上并不公平。这一点在大型国有银行与小型民营银行、信用合作社之间表现得十分突出。利率市场化改革如果不正视各银行业金融机构实质上并不处于相同起点的现实,以培育和建设金融市场为目标的利率市场化改革最终可能会加深我国金融市场的市场失灵,反而会给大型银行业金融机构提供利用利率政策进行不正当竞争或者垄断等破坏市场竞争行为的空间。可见,取消利率上下限管制并不一定能使所有银行业金融机构公平分享改革发展成果,银行业金融机构之间存在一定的利益冲突。同时,利率市场化改革中,对各银行业金融机构利率管制放宽政策并不是同步进行。例如,早在 2004 年颁布的《关于调整金融机构存、贷款利率的通知》中就规定了取消商业银行贷款利率的上限规定,而农村信用社的贷款利率直到 2013 年 7 月才被取消。依照主体分阶段放开利率管制是改革稳定性的需要,但是后续没有跟进相关配套措施来平衡各银行业金融机构博弈主体的利益,会为改革埋下祸根,最终会影响改革的进一步深入。

2. 银行业金融机构与非银行业金融机构之间的博弈

非银行业金融机构是指通过吸收存款以外的方式进行资金融通的机构。根据银监会颁布的《非银行金融机构行政许可事项实施办法》的规定,非银行业金融机构一般是指信托公司、金融租赁公司、汽车金融公司、财务公司等。同时,我国近些年出现的小额贷款公司等新型小型金融机构也具有非银行业机构的特征,也应归属于非银行业金融机构。与小型银行业金融机构与银行业机构之间存在的起点不公平相似,众多非银行业金融机构(如小额贷款公司等)与银行业金融机构之间也并不处于同一竞争起点。同时,利率市场化改革下一阶段的重点转为存款利率的放开。银行业金融机构的流动资金很大一部分来自于公众存款,由于银行可以利用存款业务广泛吸收社会闲散资金,并且收益风险较小,存款利率市场化会为银行制定更加灵活的利率政策吸引存款提供空间。目前,由于大多银行可以开设多个分支机构和经营网点,再加上网上银行业务的发展,我国民众资金基本上可以实现在金融市场的自由流通。从机构功能和资本流动自由性上分析,银行业金融机构与非银行业金融机构在全国范围内基本处于相关市场之中,存款利率的开放给银行带来创收机会的同时挤压了原本就处于市场竞争劣势地位的非银行业金融机构的利润创造空间。

(三) 金融机构与持股人、存贷款人及金融消费者之间的博弈

1. 股权意义上的利益主体博弈

随着我国市场经济建设、市场经济体制改革的进一步加深,我国金融市场会更加活跃,在宏观经济运行良好的态势下,金融机构数量可能会有所增加。金融市场主体数量的增加可以为金融市场竞争带来活力,但与此同时,也会增大市场主体的经营风险。金融机构作为法人组织,其本身具有拟制性,无论采用何种组织形式,其最终盈亏主要是由实际持股人承担。在利率市场化中持股人会在衡量成本、收益与风险之后,作出对其最为有利可图的决策。利率市场化表面上显现的是金融机构的利益博弈,而实质上却是持股人的利益纷争。这点在国有大银行业金融机构与小型金融机构之间的利益博弈之中体现得最为明显。前者基本由国家持股,后者大多由民间资本拥有人持股。无论从经济实力还是政治权威上分析,国家与自然人在实质上处于完全不对等的地位。包括国家在内的资本强势方在市场利率之战的竞争起点、竞争过程与竞争结果上都具有突出的优势。

2. 债权意义上的利益主体博弈

利率市场化改革中,债权意义上的利益主体博弈主要是指存贷款人与银行之间的博弈。随着存贷款利率的逐步市场化,银行可以通过提高存款利率的手段吸引公众存款,并且,通过降低贷款利率的手段吸引社会贷款。而存贷款人也会在借贷市场中比较各家银行的存贷利率后作出对自己实现利益最大化的选择。在目前我国缺少市场化的银行退出机制的前提下,各家银行为了吸引更多的存贷款人、在竞争中获得优势,往往忽视其资金安全。作为借贷的另一方主体的存贷款人也往往只关注银行的利率而忽视其经营风险。借贷双方的行为合力可能造成我国金融市场发生系统性风险,在政府财力无法及时填补风险损失时,最终利益受损的仍是存贷款人。同时,存贷款方主体与银行相比仍处于弱势地位,由于信息不对称等原因的存在,存贷款利率即使完全可以由存贷款人与金融机构协商决定,但也无法确保借贷双方在讨价还价中地位平等与实质公平。

3. 消费意义上的利益主体博弈

利率市场化改革中,消费意义上利益主体博弈主要是指金融消费者[①]与金融机构之间的博弈。2013 年 10 月 25 日,全国人大常委会对我国《消费者权益保护法》进行了修改,遗憾的是,仅间接进行了保护。一般地,无论是个人金融消费者还是机构金融消费者与推出理财产品的银行在内的金融机构在信息资源上都处于劣势。我国现行的法律制度也没有实现对金融消费者与普通消费者的同等保护。利率市场化改革可以逐步实现利率由供求双方协商决定,但是无法确保理财产品定价的合理性以及市场的透明性。利率市

---

① 本文论述的金融消费者是从消费、投资角度出发对购买和使用金融机构金融产品或接受金融机构服务的主体的界定,而存贷款人是从债权债务角度对主体进行的界定,本文并不认为前者包含后者。

场化改革不能为了改革而改革,要充分实现市场各方主体利益的均衡。以债券市场为例,在健全的市场机制中,货币市场利率市场化的实现会通过市场利益传导机制影响到债券市场。而购买了以债券为标的的金融机构理财产品的金融消费者的收益最终会在上述机理下受到影响。但是,目前我国金融市场并不完善,相关制度仍存在缺陷。在上述提及的传导阶段仍然可能存在非市场化运作的空间,因此,即使利率实现了市场化也未必可以使各利益主体公平分享改革成果。更何况,我国利率市场化改革还有很大一部分进行空间,金融消费者与金融机构在此过程中存在一定的利益冲突,利益双方在利率市场化改革中进行利益博弈。

三、经济法理论对实现主体合作博弈的回应性证成

(一)合作博弈的理论概述

博弈论的研究内容是一方主体的行为对另一方主体产生的影响,前文论述的博弈主要是从我国利率市场化改革中相关主体利益冲突角度进行的分析,而合作博弈指"博弈各方通过谈判与沟通来树立合作意识,并建立相互信任、克制和承诺的机制。[②]"其强调相关利益主体在行为选择时进行沟通与协调,达成具有约束力的协议,最终在双方利益都不受损的前提下实现社会整体利益的增加。

合作博弈具有以下几方面的特点。首先,合作博弈承认各利益主体存在利益冲突与纷争。从方法论角度出发,合作博弈可以为行为主体解决利益冲突提供一种沟通与协调的方法路径,促使各利益主体达成相互约束的协议,行为主体之间存在利益矛盾正是合作博弈建立的前提。其次,合作博弈强调利益主体进行合作后,各方利益都实现增加或者一方利益增加而另一方利益不受损。这是利益主体选择合作博弈模式的条件和保障,是各方主体进行行为选择指向合作的动力。最后,由上个特点引申而来,合作博弈要确保社会整体利益的增加。一般地,在博弈各方利益均实现增加或者一方利益增加而另一方利益不受损的情况下,社会整体利益会同步增长。然而,社会本身是一个系统,由于系统中各个子系统可能相互影响,每个子系统整体利益的增加未必可以确保社会整体利益的增加。因此,合作博弈不仅强调社会中某个领域、某个事项的利益分配时实现总利益的增加,其也强调社会这个母系统整体利益的增加,而且,后者更为根本。

(二)经济法主体的广泛性和身份性特征的回应

利率市场化改革涉及众多主体的利益博弈,在实现利益主体合作博弈方面,经济法主

---

② 陈治:《福利供给变迁中的经济法功能研究》,北京:法律出版社,2008 年版,第 146 页。

体的广泛性和身份性特征可以对其进行有效回应。不同于民法与行政法,作为国家干预市场经济基本法律形式的经济法,其主体范围十分广泛,可以涵盖国家干预主体(主要是指行政机关或者授权进行经济行政管理的组织)、市场主体、社会中间层组织等。利率市场化改革中涉及的国家、银行业金融机构、非银行业金融机构以及持股人、债权人、金融消费者均属于经济法主体的范围。同时,经济法主体也具有身份性特征。社会发展由商品经济转入市场经济时期,特别是由自有资本主义转入垄断资本主义时期,集体有限理性矛盾凸显,传统法律调控对象发生变异。为了解决集体有限理性的矛盾,经济法应运而生。在经济法的视野下,传统法律主体身份已经发生了重大转变,对其进行保障时应将目光从抽象走向具体。我国经济法产生与国外有着不同的背景,然而,市场失灵等集体有限理性矛盾的表现依然存在。在我国利率市场化改革中,经济法正视相关主体特殊身份,为各主体达成合作博弈创造前提。

(三)经济法政策性特征的回应

合作博弈形成的标志是博弈各方达成了具有约束力的协议。在利率市场化改革过程中,这些具有约束力的协议在我国通常表现为政策。政策具有突出的及时性、先行性等优势,经济政策的作用在利率市场化改革中不可忽视。但是,相比于法律,政策在稳定性、强制执行力等方面也存在弊端。在实现对经济关系法律、政策双重调整方面,经济法具有突出的作用,最集中的体现是经济法具有政策特征。经济法的政策性特征主要表现为经济法律规范很多都是由经济政策升级而来以及经济法条文很多都体现了经济政策的内容。经济法虽然属于法律制度范畴,但其具有的政策性特征又可与经济政策进行融合,因此,博弈各方达成经济法形式的协议,在一定程度上可以实现对稳固合作博弈的双重促进。

(四)经济法结构性功能的回应

随着社会的不断发展,社会经济结构已出现较大变化。以市场经济和民主为特征的多元化的现代社会经济结构为法律调控社会提出了新的课题。在利率市场化改革中涉及的利益主体多元,而且几乎每个利益主体都与其他多个主体进行利益博弈。例如,从国家利率管制与营业自由角度出发,银行业金融机构与国家存在一定的利益冲突。而在金融市场中,银行业金融机构与其他处于相关市场中的非银行业金融机构也进行着竞争,一方的行为选择深刻影响着另一方的行为选择。同样,从业务经营角度出发,银行业金融机构又与金融消费者进行着利益博弈。可见,在利率市场化改革中,利益主体并非孤立的,而是存在于通过博弈形成的关系网络之中。传统的部门法以个体行为控制为中心,无法解决社会中的结构性矛盾的问题,这正是经济法产生的背景和重要原因。利率市场化改革中利益主体合作博弈的实现条件是各方利益都实现增加或者一方利益增加而另一方利益不受损,同时,合作博弈也要确保社会整体利益的增加,以上要求正是现代社会结构性矛盾的体现。经济法在解决结构性矛盾时具有突出的作用,利率市场化改革中主体利益合作博弈的实现离不开经济法机构性功能的发挥。经济法结构性功能的特点是从宏观、整体、全局的角度出发,平衡各主体利益。经济法功能的模式为结构—集体(差异性个体)—行为—规则—责任—结构,是对以无差异个体行为控制为中心的传统部门法的突破。在实现合作博弈方面,以维持和促进结构均衡为目标的经济法更具适用性。

(五)经济法社会本位理念的回应

合作博弈强调社会整体利益的增加,利率市场化改革中利益主体的合作博弈也应维护并增进社会整体利益。在维护和增进社会整体利益方面,经济法具有较为突出的作用,主要源于其具有社会本位的理念。经济法的理念是经济法的内在精神和普遍范式,社会本位作为经济法最重要的理念之一,是经济法内在价值的集中体现。不同于以国家为本位的强调国家利益的法理念,也不同于以个人为本位的强调个人利益的法理念,经济法的社会本位理念强调社会整体利益的维护和增进。[③] 从经济法产生的角度看,19 世纪末以来,社会利益与个人利益、国家利益的相对独立性日益凸显,以调控利益为手段的法律逐步出现了社会化的倾向,公法与私法的划分也并非泾渭分明,于是,归属于第三法域、以维护和促进社会整体利益为本位的经济法便应运而生。社会本位理念在经济法调整机制中的体现是经济法立法和实施中坚持实质正义,通过倾斜式的权义配置模式实现博弈主体的利益均衡,以形式不平等带来社会整体利益的实质均衡。在促进利率市场化改革中利益主体合作博弈的实现方面,经济法站在维护和增进社会整体利益的高度出发,正视国家、银行、非银行业金融机构、金融机构持股人、存贷款人、金融消费者等各个利益博弈主体的真实实力,通过对弱势集团的倾斜权义配置,平衡博弈各方利益,最终增进社会总体福利。

四、明确推进利率市场化改革的阶段性任务

从本文第一部分梳理的制度变迁过程即可看出我国利率市场化改革可以分为若干阶段。利率市场化改革的阶段性特征是我国经济平稳健康发展的保障。目前,我国除了金融机构的存款利率上限仍有所限制外,其他形式的利率基本已经放开限制性制度规定。然而,强制性制度开放并不能保证我国利率市场实现资源优化配置,前文分析的各方利益

---

③　经济法社会本位的利益观认为社会利益具有整体性,以社会本位为理念的经济法维护和增进的社会利益就是社会整体利益。坚持以社会本位为理念的经济法认为社会利益与社会整体利益并不矛盾,两者具有融合性。

主体的博弈可以窥见我国利率市场仍然存在缺陷。为了协调各方利益，最终实现合作博弈，经济法具有可适性。但是，在利率市场化改革中，基于我国利率市场现状，经济政策的作用不可忽视，这正是改革阶段性的要求。为了实现合作博弈，将经济法理论中具有价值的观念移植到经济政策中，可以确保本阶段利率市场化改革目标的顺利实现。当经济政策运行成熟时，再将经济政策升级为经济法则是改革的下一项任务。在本阶段，利率市场化改革的任务主要包括构建制定和完善以下三个方面的经济政策。

（一）建立市场利率定价自律机制

2013年9月24日，我国召开了市场利率定价自律机制成立暨第一次工作会议，会议通过了《市场利率定价自律机制工作指引》，明确了市场利率定价自律机制的组织架构和工作机制。自律机制的建立可以为实现合作博弈提供可能，但目前我国初步建立的市场利率定价自律机制仍然存在需要完善之处。

市场利率定价自律机制的建立，首先体现了国家与金融机构合作博弈的实现。自律本身具有自主、约束的双重含义。一方面，利率管制的权力从国家转向了金融机构，为金融机构自主经营、自由竞争并实现自身利益最大化提供了有力条件。另一方面，为了维护我国的金融秩序、确保金融安全，金融机构进行自我约束是必要的。市场利率定价自律机制可以在实现国家管制目的的同时为金融机构提供更加宽松的实现利益的环境。完善的市场利率定价自律机制要求在国家放松利率定价管制的同时，金融机构必须加强包括定价依据（主要指成本、收益与风险之间的分析比较）、风险防控在内的约束规制的制定和执行。

其次，自律机制也可以为金融机构之间的公平有序竞争提供保障，实现金融机构之间的合作博弈。由于市场中各金融机构的实力差距较大，前文提及的利率市场化改革推出的制度也并没有普遍地、同步地惠及所有金融机构。自律机制必须坚持社会本位，以实质正义为指导原则，正视各个金融机构博弈主体的身份性特征，向非国有银行，以及其他小型金融机构倾斜配置权利，给予其更大的自主经营空间，通过自律机制维持和促进结构均衡。

再次，利率市场化改革中股权意义上、债权意义上以及消费意义上的利益主体合作博弈也可以在自律机制中予以实现。为了实现股权意义上合作博弈方面，自律机制必须发挥其结构性调整功能，站在维护社会整体利益的高度，推行防止大股东操控利率定价机制。具体措施应着眼具有可操作性的定价程序制度构建（包括定价公开制度、决议累计投票制度、异议登记和救济制度等）。在实现债权和消费意义上的利益主体合作博弈方面，除了应推行上述确保定价合理的措施外，为了尽可能避免主体信息不对称、增强金融市场的透明度，还可以强制金融机构进行信息披露，这是针对不同主体进行的差别规制，可以为实现实质的、看得见的正义提供保证。在自律机制升级到经济法时,应在经济法律规范中制定包括披露时间、披露地点、披露形式、救济措施在内的完善的金融机构信息披露制度。同时,为了增强利率市场传导的有效性,自律机制还应建立利率定价联动机制,包括存贷款利率、同业拆借率、票据贴现率在内的各种形式的利率综合协调,不可因市场外因素隔断彼此之间的关联,尽可能压缩侵害相关利益主体合法权益的行为存在空间,这是经济法结构性功能在经济政策中的应用。

最后,在分别从不同主体之间博弈角度论述自律机制在实现合作博弈方面的积极作用以及需要坚持和完善之处之后,还有个问题我们不可忽视。市场利率定价自律机制的性质为市场主体进行自我约束、自我管理的动态协调规范,原则上应由利益博弈主体自主创建和运行。但是为了确保协定机制的约束力和执行力,应通过制定相关政策或者法律来激励或者惩罚失信者,在自律机制中必须明确失信后果,通过正反两方面的制度规定保障合作博弈的实现。

(二)开展贷款基础利率报价工作

2013 年 10 月 25 日,全国银行间同业拆借中心开始对外发布贷款基础利率报价,贷款基础利率报价制度在我国正式开始运行。贷款基础利率报价制度是市场利率定价自律机制的重要组成部分,在实现利率市场化改革中利益主体合作博弈方面,贷款基础利率报价制度同样发挥着积极的作用。目前,在我国除了个人住房贷款下限仍有限制外,金融机构的贷款利率均可自主决定。贷款基础利率报价是若干个金融机构对各自优质客户的放贷利率的平均值,其形成完全由金融机构自身决定,取代了中央银行发布的贷款基准利率。因此,贷款基础利率报价是充分尊重金融机构自主经营权的基础上,为其他金融机构贷款提供的参考依据,可以避免金融机构之间无序竞争的同时给予国家、社会公众(包括金融机构持股人、存贷款人、金融消费者等利益直接相关方)提供市场信息。为了规范贷款利率报价形成、信息发布、监管行为,中国人民银行颁布了《贷款基础利率集中报价和发布规则》。审慎此规则,仍然存在若干阻碍利益主体合作博弈的相关规定,特别是贷款基础利率报价形成机制方面,需要修改政策或者未来制定经济法时予以完善。

1. 报价对象需进一步明晰

根据该规则第 2 条的规定,贷款基础利率是指金融机构对其最优质客户执行的贷款利率。对于何为最优质客户该规则第 3 条进行了解释,认为最优质客户是指金融机构客户类型中银行内部评级最优类,风险、运营和资本成本较低的非金融类企业客户。从以上条文可以看出,各金融机构在选定报价依据对象时有着较大的自由裁量空间。对于最优质客户"成本较低"等规定,并没有提供明确的数额或者比例标准,该规则也没有明确最优质客户的数量,这将造成金融机构贷款利率报价行为随意性较大,贷款基础利率报价缺乏科学性。笔者认为,应在建立和完善全国统一的信用评价体系的同时,将报价对象规定为金融机构内信用等级最高的客户群,贷款利率报价则为这同一等级客户群贷款利率的平均值。规制中其他没有并且也不能进一步明确的条件应予以废除。可以说,约束性协议内容的不明确会大大降低利益主体合作博弈实现的可能性。

2. 报价主体限定条件有待进一步明确与纠正

该规则第 5 条对报价行的条件进行了限定,规定的具体内容与报价对象一样,存在着标准不明确的弊端。④ 同时,此规则第 5 条第 3 款规定,报价行应符合系统重要性程度高、市场影响力大、综合实力强的特点,这就将众多中小型金融机构排除在了适格报价主体之外。在利率市场化改革中,中小型金融机构与大型金融机构之间的利益冲突前文已经进行了分析,此处将报价主体限定为大型金融机构⑤将会影响报价对中小型金融机构的参考价值,甚至会使报价丧失指导意义。因此,在选定报价主体时,除了进一步明确限定条件外,还应修改现行规定,将一部分中小型金融机构纳入其中,增强报价的市场参考价值,增大处于信息不对称弱势一方主体参与规则制定和适用的话语权,公平分享彼此利益妥协后增加的利益。

3. 贷款基础利率报价计算方式需更具科学性

根据此规则的规定,在确定贷款基础利率报价时,指定发布人剔除报价最高和最低的两个报价行的报价,再计算其余报价的加权平均数。其中权重为各有效报价行上季度末人民币各项贷款余额占所有有效报价行上季度末人民币各项贷款总余额的比重。笔者认为,此规定缺乏科学性。上季度末人民币贷款余额比重大的金融机构贷款利率并不一定更能反应市场真实水平,人民币贷款余额的比重与贷款利率反应全社会贷款利率水平程度之间并非一定成正比。在计算方式上,笔者更赞同应用更为简便的算术平均法,即以有效报价的算术平均数为贷款基础利率。同时,考虑到不同资金实力的金融机构对市场利率的不同影响,建议将金融机构依资金量进行内部划分,在针对所有金融机构计算出贷款基础利率后,再分别计算每个层次金融机构(可以分为大型银行业金融机构、中小型银行业金融机构、非银行业金融机构等)的贷款基础利率,正视利益主体的身份性特征,为社会提供多个参考数据,防止力量强大的博弈主体垄断贷款基础利率报价制定权,最终阻碍合作博弈的实现。

---

④ 根据《贷款基础利率集中报价和发布规则》第 5 条的规定,报价行应符合财务硬约束条件和宏观审慎政策框架要求;报价行应具备系统重要性程度高、市场影响力大、综合实力强的特点;报价行应已建立内部收益率曲线和内部转移定价机制,具有较强的自主定价能力;报价行应已制定本行贷款基础利率管理办法。包括内部管理流程、定价机制、定价公式和详细报价方案等。以上规定大多不具有可供检验的具体标准,这给规则适用带来了极大的随意性。

⑤ 2013 年 10 月 25 日国银行间同业拆借中心公布的贷款基础利率的报价主体为中国工商银行、中国农业银行、中国银行、中国建设银行、交通银行、中信银行、浦发银行、兴业银行和招商银行。

（三）规范存单发行与交易行为

通过前文对我国利率市场化改革制度变迁的简要梳理可以得知，目前，除了存款利率上限我国仍进行严格限定外，其他形式的利率基本可以由供求双方自主协商决定。存款是银行流动资产的重要来源，在一定程度上影响贷款等银行其他业务的开展，而且存款涉及人数众多，从国外的利率市场化改革经验也可以得出，相比于其他形式的利率，存款利率市场化改革影响意义更为重大，因此，现阶段我国对存款利率上限仍进行限定，是保证改革稳定性的需要。在现阶段，可以从规范同业存单发行与交易行为入手，为取消存款利率上限铺垫道路，然后，在此基础上推出金融机构大额存单业务，最终为利率市场化进一步改革提供基础。

1. 规范同业存单发行与交易行为

同业存单是同业存款的代替品，是指一家银行通过向另一家银行存款获得的存单。而同业存单的发行与交易则强调同业存单可以银行间自由流通。同业存单发行与交易行为本质是商业银行为了规避国家对存款利率上限管制而相互间达成的合作协议，是银行作为利益主体一方为了获得收益而主动扩展的负债业务。为了均衡各方利益，最终实现利益主体的合作博弈，在规范同业存单发行与交易行为方面，笔者提出了以下建议。

（1）制定规范同业存单发行与交易行为的制度

虽然同业存单业务是实现存款利率市场化的阶段性任务，但也不可缺少制定规定。相比于市场利率定价自律机制和贷款基础利率报价分别由《市场利率定价自律机制工作指引》《贷款基础利率集中报价和发布规则》规范，目前，对于同业存单发行和交易行为，我国缺少较为完善的相关制度规定。合作博弈实现的需要博弈各方形成具有约束力的协议，缺少规范同业存单发行和交易行为的制度性规定会阻碍银行间合作博弈的形成。同时，制定性规定也是对银行经营行为的约束，利于银行间开展有序竞争，最终维护了金融秩序、保障了金融安全，可以实现国家与银行之间的合作博弈。因此，在利益相关者充分交流、对话的基础上，制定相关政策，并在政策成熟后升级为法律规范势在必行。

（2）限定同业存单交易最长期限并不得提前支取

由于同业存单业务属于银行负债业务的一种，经营风险较大。为了国家维护社会整体利益，必须对同业存单业务进行一定干预。其中，限定同业存单交易期限可以在一定程度上实现减少破坏我国金融秩序、威胁我国金融安全可能性的同时，保证银行利润实现的目的。首次获得同业存单的前提是一方银行向另一方银行存款，虽然，同业存单第一手持有人可以通过在同业二级市场回笼资金，但交易行为之间存在时间差与利率差，同业存单第一手持有行会面临缺少流动性资产的风险。同样，在二级市场中，同业存单到期之前，参与同业存单业务各方都存在经营风险。通过政策或法律制度限定同业交易存单交易最长期限(如一年),并规定不得提前支取,可以在一定程度上降低业务风险,防止市场主体盲目行为造成市场紊乱,阻拦合作博弈的实现。

2. 适时推出大额存单业务

此建议是由规范同业存单发行与交易行为问题引申而来,同业存单业务仅是存款实现利率市场化的前期阶段性任务,在一定程度上主要实现了国家与银行之间的合作博弈。但是,为了使利率市场化改革成果在全社会公平分享,在更广范围意义上实现利益主体合作博弈,适时推出大额存单业务实属必要。

大额存单业务⑥原理与同业存单业务基本相似,与同业存单业务的不同之处在于大额存单业务对象范围更广,存单可以在包括非金融机构在内的所有市场主体之间自由流通。利率市场化改革成果分享时,相比于大型国有银行业金融机构,其他金融机构处于实质不平等的地位。同业存单业务可以实现国家和银行的合作博弈,但是从现行金融体制出发,最终受益更多的还是大型国有银行业金融机构。适时推出大额存单业务正是出于维护社会整体利益的考量,使利率市场化改革成果可以惠及包括中小银行、非银行业金融机构、存贷款人等多方利益。同时,正视现状,需要未来推出的大额存单业务时赋予处于弱势地位的金融机构更加灵活的业务手段并加强对个人存单持有者的法律保护力度,最终在存单业务层面实现各方主体利益的结构性均衡。

224

五、逐步建立金融市场自由竞争法律制度

利率市场化实现的标志是各种形式利率上下限管制的取消,这是利率市场化改革中的重要一步,但这绝不是利率市场化改革的终点。利率市场化改革的根本目标在于实现利率市场的资源的优化配置,顺应我国经济体制改革。为了实现这一根本目标,需要解决的更大难题是如何在我国建立自由竞争的金融市场格局。此课题是一项系统工程,下文仅就与实现利率市场化改革中利益主体合作博弈直接相关的若干问题提出几点建议。

(一)放宽金融机构市场准入条件

依照我国《商业银行法》的规定,设立商业银行需要由国务院银行业监管机构审查批准,对商业银行的市场准入在注册资本、经营范围等方面进行了较为严格的限制。同样,根据我国现行法规,设立商业银行以外的金融机构也应符合较为苛刻的准入条件。利率市场化改革的目标是实现金融资本在市场中的自由流动,实现金融资源优化配置,然而,

---

⑥ 早在 1986 年,我国便已出现大额存单业务。但随后出现了存单诈骗等各种问题,在 1997 年被监管部门叫停。因此,在此业务复开之时,要注意对过去经验和教训的总结,多个部门法律要综合协调,共同规范大额存单业务,使其积极作用充分发挥。

仅仅放开金融机构存贷款利率上下限并不能完成实现改革的目标。相关市场的活跃程度很大一部分与市场主体数量有关,自由竞争金融市场格局的形成也需要一定数量的竞争主体作为保障。民间资本拥有人(如股权投资人、存款人、金融消费者等)可以在金融市场中拥有更多的投资选择权。因此,合作博弈的实现不排斥多元不同利益主体的存在,反而,如果博弈各方通过相互妥协达成协议,可以实现各方共赢。通过修改现行法规,放宽金融机构市场准入条件在实现促成金融机构市场竞争秩序形成的同时增大了民间资本持有人的福利。再次,严格的金融市场准入制度将一部分市场主体排除在了竞争范围之外,反而会催生地下金融,扰乱我国金融秩序。可见,放宽金融机构市场准入条件,对于民间投资阳光化也具有一定的积极作用,可以实现国家与金融机构的合作博弈。在具体制度设计上,笔者认为,应修改现行法律法规关于金融机构最低注册资本的规定,在对金融机构监管上应更注重其信用而非仅仅关注注册资本。为了鼓励金融创新,也应删减对金融机构业务范围过多的限制性规定。总之,通过法律制度的构建实现国家、金融机构、民间资本拥有者之间的利益均衡。

(二)依法确保金融市场规范运行

放宽市场准入门槛仅是实现金融市场有效竞争的前提,要真正实现利率市场化改革的目的,还必须依法确保金融市场的规范运行。利率市场化改革中众多主体之间的利益冲突已经做过较多阐释,可以说,以上冲突很多都源于目前我国金融市场的运行并不规范,而非仅仅因为利率管制。金融机构与民间资本拥有人的集体有限理性可能造成金融危机、大型国有银行业金融机构几乎垄断了金融资源、国家股一股独大、存贷款人和金融消费者相比于金融机构又处于劣势地位,以上所有问题都需要经济法以社会整体利益为本,秉承实质正义原则,发挥其结构性功能,通过法律制度的构建化解相关主体的利益冲突,最终实现各博弈主体的合作共赢。可见,放开金融机构利率上下限管制仅是利率市场化改革的第一步,为了实现合作博弈,包括经济法在内的制度规范还有更加艰巨的任务需要完成。在构建确保金融市场规范运行的法律制度方面,首先,要在完善《反垄断法》(包括执法主体配置等内容)的基础上,将国有银行等国有大型金融机构真正纳入到《反垄断法》的规制对象之中。对于实施滥用市场支配地位、垄断协议等违反《反垄断法》行为的金融机构应对其采取包括分拆、罚款在内的严格处罚措施。这不仅仅是法律实施问题,也是国家对改革开放的态度和决心问题。其次,对于金融机构实施的反不正当竞争行为也应依照《反不正当竞争法》对其进行处罚,这既是确保金融机构公平竞争的手段,又是保护包括持股人、存贷款人、金融消费者在内的社会公众利益的措施。再次,鉴于我国现行《消费者权益保护法》并没有将金融消费者全面纳入到保护范围之内的现状,笔者认为,应构建专门保护与金融机构相比处于信息不对称一方的金融消费者的法律制度。在具体制度中,应坚持实质正义的原则,对金融消费者予以倾斜的权利配置,并建立金融机构强制信息披露等制度。最后,在规范金融市场运行时,除了采取上述提及的强制性规制手段外,还可以推行激励性法律规制,与强制性法律规制互补,共同促进我国有效竞争的金融市场的形成。可以说,在依法规范金融机构市场运行时,会触及包括国有银行在内的主体的利益,似乎并不符合进行合作博弈的要求。但是,合作博弈本身一方受益另一方利益不受损的确立条件并不是抽象的条件,其强调实现合作博弈的条件——一方收益另一方利益不受损中的利益本身应是合理的、符合实质正义的。

(三)完善金融机构市场退出法律制度

在规范金融机构市场退出行为方面,我国的《中国人民银行法》《商业银行法》《金融机构撤销条例》等法律法规进行了规定。但是,这些法律法规在制度设计上过于宏观,很多条文仅具有指导意义。而实践中,当金融机构,尤其是商业银行出现财务危机,大多由地方政府进行买单。可以说,我国并没有真正建立起一套具有可操作性的金融机构市场推出法律制度。健全的市场监管机制不仅包括市场准入、运行,还应包括市场退出,金融机构的市场退出会严重影响我国金融秩序的稳定和安全,因此,针对金融机构市场退出行为进行专门立法具有必要性。在具体法律制度构建时,应厘清政府与市场的关系。在市场经济建设中,政府干预市场经济具有必要性,但是政府不可代替市场。金融机构作为市场中利益博弈主体的一方,当其生产经营出现不可逆转的危机时,依法退出市场竞争应是市场常态,这是增强银行体系市场约束的体现。政府过多介入金融机构市场退出行为,反而会增大财政负担,引起自身财政危机。当然,出于社会整体利益的考量,在完善金融机构市场退出法律制度的同时,也需要建立相应的配套措施,实现各方主体的利益均衡。具体而言,在我国构建存款保险法律制度可以实现各方利益主体的合作博弈。首先,在银行业金融机构退出市场时,依法构建的存款保险制度在一定程度上保证了存款人的利益。反过来,因为存款保险制度的存在,存款人又会加大对银行的信任,对于银行吸收存款、开展其他经营业务具有积极作用,银行与存款人实现了合作博弈。其次,对于银行而言,因存款进行了投保,可以提高其利用存款经营的积极性。对于国家而言,在银行退出市场时,因存款保险具有分散风险的功能,可以减轻我国金融市场的动荡程度,国家与银行实现了合作博弈。最后,国有银行与中小银行并不处于同一竞争起点,但存款保险制度公平对待所有银行业金融机构,在存款保险制度的庇护下,存款人可以不必过多担心其存款的安全性,增大了其选择中小银行存款的积极性,如此,在一定程度上实现了大型银行与中小银行的合作博弈。当然,在构建具体的存款保险法律制度时,应充分发挥经济法结构性功能,从宏观、整体、全局的角度出发,平衡各主体利益,防止存款保险制度异化而引发道德风险。

"三权分置"下集体土地所有权的权能重构[*]

刘恒科^{**}

（西南政法大学经济法学院）

目次：

一、"三权分置"的权利结构

二、"三权分置"对集体土地所有权功能的重塑

三、"三权分置"下集体土地所有权的权能

四、集体土地所有权权能重构的法制完善

结论

摘　要：农村土地"三权分置"改革引致集体土地所有权的功能再造和权能重构，学界对此尚缺乏关注。"三权分置"的权利结构是"集体土地所有权—土地承包经营权—土地经营权"。"三权分置"将土地承包经营权的身份保障性和财产流转性功能分离，使集体土地的固定时点公平分配和长久不变自由流转结合，重塑集体土地所有权的实现方式。在"三权分置"经营模式下，土地承包经营权"自物权化"彰显，集体土地所有权权能限缩为设定权和最终处分权。应当以这两种权利的平衡协调为理念，明确承包关系长久不变的制度设计，清理限制土地承包经营权流转的法律条款，删除集体收回承包期内农户承包地的规定，强化集体自治组织的农地用途监管权。

关键词："三权分置"；集体土地所有权；土地承包经营权；自物权；长久不变

伴随着我国城乡结构从二元分割向互动融合的渐进式变迁，农户离农离地和土地承

---

* 基金项目：中国法学会 2015 年度重点委托课题"农村土地'三权分置'的法治保障研究"，2016 年国家社科基金项目"经济新常态下中国经济法的回应性研究"（16BFX118）的研究成果。

** 作者简介：刘恒科（1981—　），男，山西平定人，西南政法大学经济法学院博士研究生，主要研究方向为经济法学、土地法学。

包经营权流转现象日益加剧。顺应农户保留承包权,流转土地经营权的意愿;顺应农地流转集中,发展适度规模经营和现代农业的趋势,党和国家作出农村土地"三权分置"的决策。2015 年 11 月,中共中央办公厅、国务院办公厅发布《深化农村改革综合性实施方案》(以下简称《深改方案》),指出"深化农村土地制度改革的基本方向是:落实集体所有权,稳定农户承包权,放活土地经营权"。作为国家精心设计的一次重大的农村土地制度变革,农村土地"三权分置"必将涉及农地权利制度体系的重构。然而,学界主要从承包权和经营权切入的研究范式,忽略了"三权分置"对集体土地所有权的可能影响。有鉴于此,本文拟从"三权分置"的权能结构解析切入,揭示土地承包经营权"自物权化"对集体土地所有权的挑战,分析"三权分置"对集体土地所有权的功能再造与权能重塑双重作用,并提出集体土地所有权和土地承包经营权平衡协调的法制路径。

一、"三权分置"的权利结构

(一)"三权分置"权利结构的学术观点之争

"三权分置"的政策话语意在坚持集体土地所有权的基础上,把农民土地承包经营权分置为农户承包权和土地经营权,形成所有权、承包权、经营权三权分置并行的权利结构。学界对此看法不一,主要从承包权和经营权的权利性质、权利内容和权利结构的角度展开了研讨,形成如下观点:一是"用益物权+债权"说,主张维持土地承包经营权用益物权属性及其权能流转之法权框架[①];二是"用益物权+用益物权"说,主张土地经营权是建立在土地承包经营权上的用益物权,而农户承包权是"其行使受到经营权限制的土地承包经营权的代称"[②];三是"'自物权'+用益物权"说,认为土地承包经营权是"自物权"性质的权利,土地经营权是在其上设立的用益物权[③];四是"成员权+用益物权"说,该观点认为土地承包权是一种身份资格性的成员权,而土地经营权具有用益物权的性质[④];五是"成员权+农地使用权"说,该观点认为"三权分置"意在着力打造集体土地所有权主体制度,并落实集体经济组织成员权,推进包括土地承包经营权在内的体系化的农地使用权制度的完善[⑤]。上述学术观点的争议源于对"三权分置"政策的不同理解,以及政策嵌入法律体

---

① 参见陈小君:《我国农村土地法律制度变革的思路与框架——十八届三中全会〈决定〉相关内容解读》,载《法学研究》2014 年第 4 期;高圣平:《新型农业经营体系下农地产权结构的法律逻辑》,载《法学研究》2014 年第 4 期。

② 参见蔡立东,姜楠:《承包权与经营权分置的法构造》,载《法学研究》2015 年第 3 期。

③ 参见孙宪忠:《推进农村土地"三权分置"需要解决的法律认识问题》,载《行政管理改革》2016 年第 2 期。

④ 参见丁文:《论土地承包权和土地承包经营权的分离》,载《中国法学》2015 年第 3 期;刘俊:《土地承包经营权性质探讨》,载《现代法学》2007 年第 2 期。

⑤ 参见高飞:《农村土地"三权分置"的法理阐释与制度意蕴》,载《法学研究》2016 年第 3 期。

系的权利结构和路径设计的不同逻辑。

(二)"三权分置"权利结构之界定

"三权分置"的权利构造离不开对问题导向和政策话语的准确理解,同时必须关照既有农地物权法律体系的逻辑自洽性。"三权分置"是在成员集体土地所有权,农户家庭土地承包经营权基础之上,新设土地经营权,其目的是坚持集体所有,稳定承包关系,搞活土地经营,使农民在不丧失承包权的基础上,引入规模经营主体实现土地的充分有效利用。"三权分置"的权利结构是"集体土地所有权—农户土地承包经营权—土地经营权"。土地承包经营权是一种基于集体成员身份取得的土地使用权。农户可以在其土地承包经营权上创设用益物权性质的土地经营权,"土地经营权的权能并未超出土地承包经营权剩余权能的空间,且其设立以土地承包经营权主体明确的暂时放弃权能的意思表示为前提,因而不会造成权利冲突以及物权受侵犯的问题"[⑥]。

有学者认为,双重用益物权的观点不符合"一物一权"的基本原则。这种观点忽视了我国农地产权构造的特殊性,在农村土地集体所有权锁定状态下,农地产权制度演进只能围绕土地承包经营权进行。在长久不变和充实赋权的农地制度改革背景下,土地承包经营权实际上具有相当于土地所有权的几乎全部权能,农户在土地承包经营权上完全可以设置用益物权性质的土地经营权。

"成员权+用益物权"的解释路径同样值得商榷。首先,农户承包权应当是保障承包经营农户利益的实实在在的财产权,如果仅作为一种要求集体发包或分配土地的请求权,则难以纳入不动产登记范围而获得物权保护,可能造成经营权架空承包权的权利配置风险,会使承包经营权进一步虚化而非稳定,不符合政策意图。其次,成员权不是土地上的权利,而是集体成员行使集体土地所有权的权利,成员权并不具有独立性,而是蕴含于集体土地所有权主体权利制度之中,集体土地所有权与成员权不应当并列体现在"三权分置"的权利结构中。

(三)"三权分置"下土地承包经营权的"自物权化"

准确理解农户承包权是解读"三权分置"的关键。农户承包权应当理解为农户家庭基于集体成员身份取得的土地使用权,而非身份资格性的成员权。在社会主义集体所有制下,集体土地所有权不具备在市场上自由流转的功能,土地承包经营权实际上在农地物权法律体系中承担基础物权的角色,其不同于一般意义上的用益物权,而是兼具"使用和享

229

---

⑥ 郑若瀚:《土地承包经营权制度改革:逻辑、原则与制度选择》,载《西北农林科技大学学报(社会科学版)》2016 年第 5 期。

有"⑦的双重属性。"农民的土地承包经营权,正是他们作为土地所有权人的一部分所享有的一项'自物权',而且,农民家庭和个人在集体中的成员权事实上已经固化或者相对固化,所有土地承包经营权作为'自物权'的特征会越来越强烈。"⑧土地承包经营权"自物权化"符合我国农地制度安排的实际状况,是农户利益保护的需要,是"实现不可流转的土地所有权与市场经济对接的制度工具"⑨。它不仅为土地经营权的用益物权属性提供了合理的解释空间,也可以回应双重用益物权违背"一物一权"原则的诘难。

在农村土地"三权分置"经营模式下,随着成员资格的"固化",土地承包经营权"自物权化"彰显,这对集体土地所有权无疑带来了极大的挑战。那么,"三权分置"是否突破了坚持农村土地集体所有制的改革底线呢?会对集体土地所有权及其权能带来哪些变化?如何协调土地承包经营权和集体土地所有权二者的法权关系?这些都是迫切需要解答的问题。

二、"三权分置"对集体土地所有权功能的重塑

我国集体土地所有权的基本功能在于以集体土地为集体成员提供平等生存保障。这种平等保障性与以土地利用效率为价值的农地产权制度改革之间,必然存在难以缓释的深沉张力。"三权分置"将某个固定时点的公平分配和在此时点之后的自由流转有机结合起来,对集体土地所有权进行了事实上的解构和重塑。

(一)集体土地所有权以对集体成员的平等保障为基本功能

我国集体土地所有权脱胎于集体所有制这种公有制形式,其基本功能和本质属性是为集体成员提供平等的生存保障。在《物权法》的规范构造上表达为:农村集体所有的土地,属于本集体成员集体所有。成员集体所有是"集体成员在对集体土地不可分割地共同所有基础上实现成员个体的利益"⑩。集体土地具有不可分割性。就所有权主体而言,不仅包括依靠集体土地生存的现实成员,而且包括未来因出生、婚姻、集体决议等缘由而加入集体的成员。同时,集体成员资格可能因死亡、婚姻、纳入城镇保障体系等情形而丧失。集体成员的流动性,决定了集体所有不能等同于成员相对固定的按份共有或者共同共有。成员集体所有是集体成员变动不居而成员集体相对稳定的产权结构。成员集体的存在价值在于为成员资格持续变动中的每一个依赖集体土地生存的成员个人提供基本生存保

⑦ 朱广新:《土地承包权和经营权分离的政策意蕴与法制完善》,载《法学》2015 年第 11 期。

⑧ 孙宪忠:《物权法》(第 2 版),社会科学文献出版社 2011 年版,第 258 页。

⑨ 高富平:《土地使用权的物权法定位——〈物权法〉规定之评析》,载《北方法学》2010 年第 4 期。

⑩ 韩松:《坚持农村土地集体所有权》,载《法学家》2014 年第 2 期。

障,而成员流动性和土地不可分割性则是集体土地保障的两项基本特征。

(二)"两权分离"下农地产权制度改革对集体土地所有权功能的消解

我国农地产权制度改革呈现出以效率为价值引导,集体所有权权能逐渐收缩,农户的土地承包经营权权能不断扩张的态势。土地承包经营权渐次从生产经营自主权向用益物权甚至"准所有权"转变[11]。"增人不增地,减人不减地"政策自1993年提出并实施以来,已经造成新出生的几乎整整一代人空有成员资格之名,而无承包土地之实,成为手握"空头支票"的待地农民,而未来需要农地保障的潜在成员的土地承包经营权更是"镜花水月"。《农村土地承包法》和《物权法》均禁止集体调整土地。目前,保持承包关系长久不变仅停留在政策话语层面,尚未通过立法落实,但对于权利更加充分有保障、期限适度延长、人地对应关系不变等基本政策意涵,学界并无异议。有学者提出集体土地以农户家庭为单位承包,不能以"无地人口"论,那么,以家庭为单位的土地承包经营权长久不变,实际上相当于将成员集体所有的土地以固定时点的农村户籍内的人口数为基数切分,按户分配到每个家庭,并通过确权登记维持不变,构成对成员集体所有土地的事实分割。随着成员资格在某一特定时点的长久"固化",不论家庭内部成员人数发生怎样的变化,也不会改变家庭在集体中的成员比例。这种起点公平并长久不变的做法,极易由于户内成员资格变动而导致农户家庭之间代内代际承包土地份额和收益分配的不公平。这无疑对集体土地的不可分割性、集体成员的流动性、集体成员的平等保障性等集体土地所有权的本质特性带来严峻的挑战。

(三)"三权分置"对集体土地所有权的重塑

在"三权分置"经营模式下,集体成员资格固化,土地承包经营权长久不变地确定到每个集体成员,以农户家庭为单位实际享有,并通过新一轮的确权登记颁证得以稳定;土地经营权成为自由流转的财产性权利,通过市场化配置实现土地有效利用。放活土地经营权以稳定农户土地承包经营权为前提,而稳定承包经营权背后的逻辑仍然是起点公平和长久不变,这是否突破了农地产权制度改革中坚持集体土地所有权的底线呢?

应当认为,集体土地所有权对于集体成员的保障功能本质不能改变,坚持土地集体所有权的意义也在于维护农民成员利益和农村社会稳定,但其现实基础和实现方式已经发生变化。在兼业农户成为农民的绝大多数,非农收入超过农业生产经营收入的背景下,农民对集体土地保障的依赖程度明显降低,集体土地对集体成员的平等保障及服务于该目标的成员流动性和土地不可分割性,正在或者可能已经丧失其存在的社会基础。发挥土

---

① 叶兴庆:《从"两权分离"到"三权分离"——我国农地产权制度的过去与未来》,载《中国党政干部论坛》2014年第6期。

地资源市场化配置作用,提升土地利用效率基础上的相对公平,已经取代依靠集体经济组织的分配和调整为基本手段的,土地平等保障基础上的绝对公平,成为农地制度创新的方向。法律调整的重心应是在登记确权,稳定承包经营权的基础上,推动土地经营权流转形成多元适度规模经营,实现效率基础上的公平,而不再是土地调整,不能再回到人人有份的集体土地制度。毕竟,以土地调整维系公平的做法不具有可持续性,而且表面上看似维护了公平,但调整使农地更加细碎化进而引致低效率的公平,资源配置的低效率甚至无效率导致集体贫困,这种公平也缺乏正当性和可接受性。故而,应当认为,集体土地难以再对成员提供绝对的平等保障,而只能是提供某个固定时间起点上的相对公平。"集体分配＋个体劳作"的土地生存保障也应适时转换为"集体分配＋个体处分"的土地财产保障。

"三权分置"实际上是对土地承包经营权的身份保障性和财产流转性以阶段性分隔的方式进行功能分离,将某个时点的公平分配和在此时点之后的自由流转有机结合起来,在起点公平基础上实现效率的提升,而效率提升反过来又促进更高层次公平的实现,从而在重新定义了集体土地所有权的实现方式并赋予其时代生命,是对集体土地社会保障功能的传承而非颠覆,坚持而非悖离。"三权分置"对集体土地所有权实现方式的重塑,其实是将集体土地所有权的公平保障限定于某个长久不变的固定时点而非任意时点之上。那么,需要进一步厘清的问题是,这种"变通"对集体土地所有权的权能会产生哪些影响呢?

三、"三权分置"下集体土地所有权的权能

从公私功能糅合逐渐回归集体私权本性,体现了集体土地所有权制度变迁的基本脉络,也是理解集体土地所有权权能的基本逻辑前提。"三权分置"下,农户土地承包经营权"自物权"性彰显,集体土地所有权权能进一步限缩,主要体现为处分权能,即集体成员共同行使设定权和最终处分权。

(一)集体私权性是理解集体土地所有权权能的逻辑基础

我国集体土地所有权从来就是"一头衔接着私有财产权,一头衔接着社会公有制"[12]。我国集体土地所有权"糅合了公法层面的治理功能、社会保障功能和私法层面的财产权功能"[13]。韩松教授认为,应以公私兼顾为理念,从民法、社会法和土地管理法等多维度系统性地完善集体土地所有权权能,赋予其"经济功能实现权能、社会保障功能实现权能以及

---

[12] 史际春:《论集体所有权的概念》,载《法律科学》1991年第6期。

[13] 汪洋:《集体土地所有权的三重功能属性——基于罗马氏族与我国农村集体土地的比较分析》,载《比较法研究》2014年第2期。

因公共利益使其权能受到限制的利益补救权能"[14]。可以说,集体土地所有权权能兼有公私二元性。这种认识既有深刻的政治原因和历史沉淀,又是集体土地财产性和资源性两种属性在农地制度安排中的现实映照。

我国农村土地的集体所有先后分别经历了作为国家权力、作为国家政策和作为基本权利的土地集体所有三个阶段[15]:新中国成立后的较长历史时期内,土地集体所有服务于调动有限国内资源优先发展重工业的国家总体战略目标,成为国家权力全面深度控制农村社会经济的制度工具;改革开放以后,服务于国家以经济建设为中心的发展战略,农村土地和城市土地实行"制度性分工":城市土地属于国家所有,主要用于国家经济建设;农村和城郊土地属于集体所有,通过严格限定农业用途和农地非农化的国家征地控制,集体土地所有权承担保障农民基本生存、农村社会稳定和全体社会成员粮食自给的主要功能,同时为保障城市化建设提供储备充分的"廉价土地"。随着《物权法》的颁行和一系列"还权赋能"政策的推进,集体土地所有权正在回归成员集体财产私权之基本权利属性。

集体土地所有权终将祛除公权色彩,恢复财产私权的应然品格。作为一种物权性质的土地财产权利,只需接受土地资源属性承载的公共利益所施加的合理限制,必须通过制度化的权利限制与补偿机制实现国家与集体(农民)利益的平衡协调。这种外在于集体土地所有权的公共利益限制,不能认为是集体所有权的权能。因此,对于集体土地所有权权能的理解,应以成员集体私权为基本视角,不能将土地所有权与土地用途管制混为一谈。集体土地所有权的上述公私三重功能由杂糅走向分离,体现了集体土地所有权制度变迁的基本脉络,也是解决我国农地制度若干重大理论和现实谜题的基本路径。明确集体土地所有权的集体私权性,而非公私二元性,正是解构和重构集体土地所有权需要厘清的基本理论命题,是理解其权能的基本逻辑前提。

(二)"三权分置"下集体所有权的权能限缩

根据《物权法》第 59 条的规定,农民集体所有的土地,属于本集体成员集体所有。《深化方案》提出,"落实集体所有权",就是落实《物权法》的规定,"明确界定农民的集体成员权,明晰集体土地产权归属,实现集体产权主体清晰"。据此,集体土地所有权已被界定为"成员权"基础上的集体所有权,落实集体所有权的路径是落实农民的集体成员权利。这解决了长期以来困扰集体所有权的"主体虚化"问题,更加凸显集体成员的法律地位,比"集体所有"之"人人有份,人人无份"更能保护农民的权利。集体成员与村委会或者集体经济组织之间是委托—代理关系。

---

[14] 参见韩松:《农民集体土地所有权的权能》,载《法学研究》2014 年第 6 期。

[15] 刘连泰:《"土地属于集体所有"的规范属性》,载《中国法学》2016 年第 3 期。

主体的集体成员集合性,决定了集体土地所有权具有集体成员民主决策、民主监督等管理权能。从理论上来说,公有共营、公有私营都是可供集体选择的集体土地所有权实现形式。但是,人民公社运动的失败教训已经证明了土地使用权归农户个体行使的必要性。集体土地所有权不能自我实现,而只能通过集体成员民主决议土地承包方案,设定用益物权的方式实现。而且唯有如此,才能解决集体土地所有权不可交易性引致的市场化流转难题。这种设定权是集体内部行使民主管理决策权的方式,是一种私法意义上的处分权能。集体土地所有权就是通过设定使用权的方式来实现的,"并不是抽象空洞的,是由具体化的个体使用权构成的"[16]。如果对照《物权法》第 39 条关于所有权权能的规定来看,集体土地所有权主要保留处分权能,表现为设定权。当然,行使设定权并非任意支配,而是受到土地利用规划和农业用途管制的公权限制。

"三权分置"的政策话语在于稳定农户承包经营权,放活土地经营权。此时,集体所有权主要体现为处分权能,其意义在于设定权和终极处分权,即"设定承包权或者在承包权、经营权消灭时对农地进行全面支配"[17]。易言之,集体所有权的意义在于农户土地承包经营权或者流转取得的土地经营权期满之后,成员集体所有权得以恢复至权利的圆满状态。农民成员集体对于农地的控制力不会消弱,农民不会失去其农民身份,集体土地所有权仍然可以有效承载农民基本生存保障功能。经由集体成员共同行使设定权,平均分配土地,农户取得长久不变且权能充实的,具有"自物权"性质的土地承包经营权,成为真正的农地权利主体和土地流转的分散决策主体。在初始公平分配的基础上,农户可以根据自身家计情况,选择自行耕作,保持土地承包经营权之完整,也可以在其土地承包经营权上创设土地经营权,将农地交由他人实际经营,以提高土地利用效率和自身收益。

"三权分置"下,集体土地所有权权能主要体现为设定权和最终处分权,不会对土地承包经营权的行使造成干预和限制;土地承包经营权实现"自物权化",成为在市场上自由流转的权利。二者在一定程度上实现了理论建构层面的均衡和协调。然而,回到现行立法层面,我们不难发现,二者仍处于紧张和纠葛关系之中。

四、集体土地所有权权能重构的法制完善

在"两权分离"模式下,集体经济组织为了保障农户基本生存而将土地保留在集体内部,不仅行使设定土地承包经营权的权利,按人口平均分配集体土地,而且在流转、收回、用途监管等环节行使公法意义上的决定权和管理权。"三权分置"经营体制下,需要按照集体土地所有权权能重构的理念要求,对现行制度安排进行检视和完善。

---

⑯　张千帆:《农村土地集体所有的困惑与消解》,载《法学研究》2012 年第 4 期。

⑰　李国强:《论农地流转中"三权分置"的法律关系》,载《法律科学》2015 年第 6 期。

（一）承包关系"长久不变"的期限性及期限的合理设定

首先需要明确的是,保持承包关系"长久不变"是否应有确定期限的问题。如前所述,集体所有权的权能在于设定权和最终处分权,而农地使用权的有期限性正是坚持集体所有权的制度设计。因此,"长久不变"并不意味着无期限限制或者永佃化[18],而应当是相对现行规定较长的期限。期限问题的关键在于,它实际上涉及土地承包经营权的可继承性及其含涉的正常家庭人口自然周期的合理测算。在以家庭为承包单位,且"土地承包经营权与农村集体成员资格绑定"[19]的前提下,需要一段较长的时间考察整个农户家庭,而非家庭单个成员的集体成员资格变动情况,才能作出该农户是否因整体失去成员资格而丧失土地承包经营权的终局判断。70年可以涵摄两代人的生命周期,足以为农户家庭全体成员的集体成员资格变动与否提供较长的判准时间。70年之内,无论户内成员个体或者成员整体取得非农户籍的,均应维持承包期内承包合同关系的稳定性,农户承包权和土地承包经营权均应享受完整充分的法律保护。70年之后,会产生两种情况分别处理:如果户内成员均取得城市户籍,无须土地保障的,则丧失土地承包经营权;如果户内尚有集体成员及其子女需要集体土地作为生存保障的,可以保留成员资格,依继承取得土地承包经营权。因此,以70年作为法定承包期,是较为合理的做法。

本文认为,保持承包关系长久不变的制度安排应是"70年法定承包期限届满＋自动无偿续期＋承包方全家取得城市户籍例外"。考虑到现行规定和长久不变的接续关系,应以二轮承包期限届满之时作为"长久不变"的起算时间。这样的制度设计,不仅能够实现集体土地所有权和土地承包经营权的制度协调,又可以结合农村经济社会体制改革的时代发展"相机行动",保证集体经济组织法与土地承包经营权财产法衔接的有效性和利益的衡平性,缓和成员资格变动与土地承包经营权继承之间的紧张关系。为此,应当修改相关立法,将农村土地承包关系的"长期稳定"改为"长久不变",并将耕地承包期限由"三十年"改为"七十年",并在期限后增加"土地承包经营期间届满,自动续期,但承包方全家迁入设区的市,转为非农业户口的除外"之规定。

（二）解除农户土地承包经营权的流转限制

应当明确土地承包经营权的流转,除因公共利益需要受到农地用途管制之公权限制外,不应当受到集体的干预和限制。"三权分置"经营模式下,农户土地承包经营权是"自物权化"的财产权利,可以在公开市场上以多种形式自由流转实现"物尽其用"。应当清理

---

⑱ 参见高圣平,严之:《"从长期稳定"到"长久不变":土地承包经营权性质的再认识》,载《云南大学学报（法学版）》2009年第4期。

⑲ 胡康生:《中华人民共和国农村土地承包法释义》,法律出版社2002年版,第87页。

和修改因身份保障性和物权财产性杂糅而引致的土地承包经营权流转受限的相应法律条款。就目前法律规定的流转方式来看,转包、出租、入股都是土地承包经营权人保留承包权,流转土地经营权的制度设计。互换是同一集体经济组织的承包方之间交换承包地块,同时交换相应的土地承包经营权。这四种方式都不存在土地流转受限的清形。土地承包经营权的转让受到诸多法律束缚,抵押更是严格禁止。下文主要就这两种流转方式展开讨论。

第一,关于土地承包经营权的转让。删除"经发包方同意"以及"承包方有稳定的非农职业或者有稳定的收入来源的"的限制性规定;保留受让方具有农地经营能力的规定,但删除受让方必须是其他从事农业生产经营的"农户"的规定,为规模经营主体流转继受取得土地经营权提供法律依据。同时,仍需删除的是,具有集体成员资格的其他农户在取得流转土地承包经营权时的优先权规定[20]。因为,土地承包经营权是自由流转的物权,受让方不应存在身份限制。

第二,关于土地承包经营权的担保。相比现行法律基于农民失地风险防控的严格禁止,农地制度改革政策文件已经提出赋予农民对"承包经营权抵押、担保权能","允许承包土地的经营权向金融机构抵押融资"。但根据细化实施的配套文件的表述,似乎更应当理解为是土地承包经营权的债权性质抵押而非物权性抵押。[21] 笔者认为,农户可以将土地承包经营权抵押,既然土地承包经营权可以自由转让,抵押自然也不应存在任何法律障碍。在"自物权化"的土地承包经营权流转场合,农户可在其权利上设定用益物权,也可以进行出租、转包等债权性处分。如果规模经营主体取得的是具有用益物权性质的剩余承包期限内的土地使用权,在农户未以土地承包经营权设置抵押的情形下,完全可以将该土地使用权抵押。如未能偿还到期债务的,规模经营主体最多将丧失剩余承包期限的土地经营权,不会对农户承包经营权产生不利影响。如果规模经营主体取得的是具有债权性质的使用权能,则其只能以流转期内的收益设定担保,其性质是债权质押,需经承包农户同意。无论是抵押抑或质押,只是土地承包经营权担保的立法技术选择问题,都不会影响农户的承包经营权。

(三)删除集体收回承包期内进城落户农户承包地的规定

按照现行法律规定,集体有权收回承包期内进城落户农户的承包地。这一制度背后的逻辑是:农户获得土地保障是基于成员权身份的平等分配,既然承包户取得了非农业户

---

[20]　参见《农村土地承包法》第 33 条第 5 款,《农村土地承包经营权流转管理办法》第 9 条、《最高人民法院关于审理涉及农村土地承包纠纷案件适用法律问题的解释》第 11 条之规定。

[21]　《国务院关于开展农村承包土地的经营权和农民住房财产权抵押贷款试点的指导意见》提出,切实尊重农民意愿,"两权"抵押贷款由农户等农业经营主体自愿申请,确保农民群众成为真正的知情者、参与者和受益者。流转土地的经营权抵押需经承包农户同意,抵押仅限于流转期内的收益。

籍,不再是集体成员,无须再依靠集体土地提供生存保障,也不能挤占其他集体成员的生存资源。但是,在承包期内,农户的土地承包经营权理应受到法律保护。在集体成员资格"固化",土地承包经营权的"自物权"和财产性质彰显的前提下,集体在承包期内收回承包经营权已经丧失了事实和法律基础。因此,在国家政策层面已经明确保护进城落户农民的成员权及收益[22]的背景下,在土地承包经营权期限法律条款作出与前述建议一致的修改的前提下,完全可以删除《农村土地承包法》第26条第3款、第4款及相关的法律规定。

(四)在公私分离基础上强化集体自治组织的农地用途监管权

农村土地上负载着粮食安全、生态保障等诸多的公共利益,要求集体土地所有权承担社会义务。集体成员共同决议设定土地承包经营权时,应当受到土地利用规划确定的用途的限制。土地使用权人在行使土地经营权时,也应当履行保护和合理使用土地、不得给土地造成永久性损害的义务。但是,现行法律规定在处理改变土地用途、永久损害地力这些较弃耕撂荒更为严重的违法行为时,规定了与行为损害程度不成比例的责任形式[23],存在"开放性的法律漏洞"[24]。而且,在集体发包方相对弱化,土地承包经营权权利不断强化且流转日益频繁的现实状况下,集体难以对流转获得土地经营权的土地使用人以违反承包合同为由追究法律责任。法律授权土地管理部门监管权和处罚权,但囿于执法力量薄弱分散,且存在信息不对称的情况,难以形成长效监督机制。相比之下,农民成员集体作为土地所有权人无疑更为关心地力、用途等土地实际状况,而且可以低成本地获得土地违法经营信息。因此,应当在区分集体经济组织的集体财产私权功能和集体自治组织的自治管理功能的基础上,强化集体自治组织的土地用途管理权,类推适用《土地管理法》第37条第3款的规定[25],赋予其单方终止土地经营权,收回承包地的权力。

237

结论

农村土地"三权分置"涉及改革政策对农地权利制度的体系性嵌入,除了厘清农户承

㉒　比如,《中共中央国务院关于落实发展新理念加快农业现代化实现全面小康目标的若干意见》(2016年"一号文件")提出,要"维护进城落户农民土地承包权、宅基地使用权、集体收益分配权"。

㉓　参见《农村土地承包法》第60条之规定。

㉔　蔡立东:《论承包地收回的权利构造》,载《法商研究》2012年第3期。

㉕　《土地管理法》第37条第3款规定,"承包经营耕地的单位或者个人连续二年弃耕抛荒的,原发包单位应当终止承包合同,收回发包的耕地"。但是,根据2005年7月《最高人民法院关于审理涉及农村土地承包纠纷案件适用法律问题的解释》第6条的规定,承包方仍然有权重获因自己弃耕、撂荒而被集体发包方收回的承包地,该条司法解释规定超越法律解释权而实质性地修改、僭越了法律规定,应属无效。《物权法》第131条规定,集体一般不得收回土地承包经营权,"农村土地承包法等法律另有规定的,依照其规定"。"等法律"说明《物权法》并未排除依《土地管理法》规定事由而收回土地承包经营权的可能性。

包权和土地经营权的关系外,学界似乎更应当关注集体土地所有权的变革与重构。需要透过"三权分置"的权能结构解析,分析和回答"三权分置"对集体土地所有权是否影响、有何影响和怎样回应等问题。对此,本文尝试得出结论如下:

第一,"集体土地所有权—土地承包经营权—土地经营权"。农村土地"三权分置"经营模式下,土地承包经营权享有相当于所有权的完整权能,具有"自物权"的性质。

第二,"三权分置"将土地承包经营权的身份保障性和财产流转性以阶段性分隔的方式实现功能分离,将某个固定时点的公平分配和在此时点之后的自由流转有机结合起来,对集体土地所有权进行了事实上的解构和重塑,是对集体土地所有权的落实而非违背。

第三,"三权分置"下,农户土地承包经营权"自物权"性彰显,集体土地所有权权能进一步限缩,主要体现为处分权能,即集体成员共同行使设定权和最终处分权。由此,集体土地所有权和土地承包经营权得以实现平衡协调。应当确认保持承包关系长久不变的制度安排为"70年法定承包期限届满+自动无偿续期+承包方全家取得城市户籍例外",清理和修改因身份保障性和财产物权性杂糅而引致的土地承包经营权流转受限的相应法律条款,删除集体收回承包期内进城落户农户承包地的规定,强化村民集体自治组织的农地用途监管权。

论我国文化产业知识产权保护法律制度的完善

戴萍* 赵靖**

（重庆市北碚区人民检察院）

摘　要：文化产业的迅速崛起并成为当代社会新的经济增长点，因而受到了世界各国的高度重视。由于文化产业文化产品的特殊性，尤其是当代信息传播技术、影印复制技术的革命性创新并不断推广应用，致使文化产业知识产权保护面临严峻考验。因而，要促进文化产业健康发展必须加强知识产权保护，完善我国文化产业知识产权保护的法律制度。

关键词：文化产业；知识产权；保护；完善

文化产业是现代工业文明的产物，与其他产业不同，文化产业的发展将超越经济范畴进而影响到人们的思想、价值观等。文化产业的振兴，不仅可以满足人们日益增长的精神文化需求，而且可以构建本民族的统一价值观，增强整个社会的认同感。作为发展中国家，我国正处在文化产业发展的关键时期，要振兴文化产业，应对外来文化威胁，繁荣文化市场，丰富文化产品，重要措施之一就是要加强文化产业知识产权保护。从某种程度上讲，加强知识产权法律制度的保护，不但可以促进文化产业快速、健康发展，而且可以改变我国在国际贸易中的不利地位，使我国文化产业在国际交流中有坚实的制度后盾。

一、目前我国文化产业知识产权保护现状

（一）国内立法保护

我国现代知识产权保护制度是随着我国的改革开放而逐步建立起来的。1982 年制定的《中华人民共和国商标法》是我国的第一部知识产权保护法律，其标志着我国知识产

---

　*　戴萍（1968—　），女，重庆市北碚区人民检察院检察长，西南政法大学兼职教授、全国检察业务专家、全国十佳公诉人、全国三八红旗手。

　**　赵靖（1978—　），男，法学硕士，重庆市北碚区人民检察院研究室主任，全国检察理论研究人才。

权保护制度开始建立。而 1984 年推出的《中华人民共和国专利法》和 1990 年推出的《中华人民共和国著作权法》，则标志着我国知识产权保护制度的初步形成。[①] 此外，在其他法律法规中关涉到知识产权的规定也较为丰富。如 1986 年颁布的《中华人民共和国民法通则》专门规定了有关知识产权保护的内容；随着计算机技术的发展，1991 年颁布了《计算机软件保护条例》；1993 年颁布了《中华人民共和国反不正当竞争法》和《中华人民共和国消费者权益保护法》等。1997 年修订后的《中华人民共和国刑法》专门规定了对严重侵犯知识产权的行为进行刑事处罚。可以说，上述法律法规的制定实施，使我国国内知识产权保护的法律体系基本完备。之后，随着经济社会的发展进步，《商标法》《著作权法》和《专利法》等都进行了相应的修订，一些新的法律法规也应运而生。2007 年，国家工商行政管理总局发布实施《地理标志产品专用标志管理办法》，海关总署发出了《关于加强知识产权海关保护工作的意见》，对中国海关知识产权保护工作进行了全面部署。2008 年，农业部发布了《第七批农业植物新品种保护名录》等规章制度；文化部颁布了《国家级非物质文化遗产项目代表性传承人认定与管理暂行办法》，对国家级非物质文化遗产项目代表性传承人的认定标准及扶持措施等作出了具体规定。2009 年，第三次修改后的《专利法》开始施行，进一步完善了强制许可制度，加强了对专利权的保护；国家版权局修订颁发了《著作权行政处罚实施办法》；国务院公布了《广播电台电视台播放录音制品支付报酬暂行办法》。2009 年，海关总署修订完成了《知识产权海关保护条例实施办法》；全国人大常委会审议并通过《中华人民共和国侵权责任法》，明确将著作权、专利权、商标专用权等纳入民事主体合法权益的保护范围内，补充和完善了知识产权保护的法律体系。

（二）国际条约保护

目前，我国已加入的有关知识产权保护的国际条约主要有：《成立世界知识产权组织公约》《保护工业产权巴黎公约》《商标国际注册马德里协定》《保护文学艺术作品伯尔尼公约》《世界版权公约》《商标国际注册马德里协定的议定书》《建立工业品外观设计国际分类洛迦诺协定》《与贸易有关的知识产权协议》《世界知识产权组织版权条约》等。[②] 此外，我国也积极投入到其他有关知识产权保护的条约的起草与修订中，努力促进全球知识产权法律制度的发展和完善。

从以上国内立法保护和国际条约保护两个方面的分析来看，我国在加入 WTO 后，有关知识产权保护的法律制度不断建立和完善，当前基本上达到了世界贸易组织中与贸易有关的知识产权协议的基本要求。这些法律关于知识产权的规定为我国文化产业的发展和繁荣提供了制度保护，形成了以国际条约、法律法规及其相关司法解释为基础的文化产

---

① 李顺德《中国知识产权保护：努力有目共睹》，《检察日报》，2007-4-19.
② 吴汉东.知识产权法[M].法律出版社 2007 年版，376-377.

业发展的知识产权保护体系。③ 也就是说,目前我国的文化产业知识产权保护的法律法规制度已经建立起来,并具有一定的完整性。

二、我国文化产业知识产权保护存在的问题

我国文化产业的起步并不晚,而且呈现出较为良好的发展势头。中央也审时度势地提出大力发展文化产业,并将文化产业列为国民经济的支柱产业和新的增长点,促进文化的大繁荣大发展。与政府的政策支持相联系,我国在文化产业的法制保障方面也有了一个较好的基础,特别是有关知识产权保护的基本制度已经建立。尽管如此,我国的知识产权保护与我国文化产业的迅速发展还有不相适应的地方,主要表现在以下三个方面。

(一)立法方面存在的问题

我国在 2001 年加入世界贸易组织之后,为与国际贸易规则相对接,对我国的相关法律法规进行了较大幅度的修改并制定了不少新的法律法规。尽管如此,我国在立法方面的任务还相当的繁重。首先,我国文化产业知识产权保护的对象不全面。这里主要是指我国并没有将文化产业中的服务性行业包括在知识产权保护的范围内。其实,在许多服务贸易领域存在涉及知识产权保护的问题。例如,服务业的商标标识、品牌商誉等,应当纳入知识产权的保护范畴之内。这也是国外服务行业发展的一种趋势。其次,有关文化产业知识产权纠纷的解决存在立法上的空白。例如,历史文化遗产的权利归属问题、非物质文化遗产的权利内容问题、手工艺知识产权的保护界限问题、知识产权的滥用问题等。这些问题是今后在立法上必须要解决的,而这些问题的解决不但要借鉴国外的经验做法,参考国际公约上的相关规定,而且要结合我国文化产业发展的实际,制定出符合我国国情的法律法规来。同时,我国作为世界贸易组织的成员国之一,又是最大的发展中国家,应密切关注国际社会有关知识产权发展的前沿动态,并积极参与有关知识产权保护的国际交流与合作,在制定有关文化产业知识产权公约上,为我国及发展中国家争取更多的有利条件。

(二)执法方面存在的问题

当前,我国专门设立的有关文化产业知识产权保护的行政执法部门有国家工商行政管理总局、国家知识产权局、新闻出版总署、海关总署、信息产业部等部门,它们分别或重叠对文化产业中的专利、商标、版权等方面进行管理和规范。可是,各个部门之间由于缺

---

③　刘迷迷.浅议我国文化产业的知识产权保护[J].科协论坛,2012(8),15-17.

乏有效的沟通机制,职责界限不明晰,各自在自己领域内行使行政管理权,难以形成齐抓共管的局面,业已阻碍了我国知识产权的战略实施。因此,发展文化产业,加强文化市场执法,必须建立一个专门的执法主体,由其专项负责文化产业发展的管理与协调,并独自承担责任。同时,地方上,个别地区的文化执法部门对文化事业和文化产业的区别尚不清晰,知识产权保护意识不强;文化执法队伍的执法理念和执法水平尚不足以应对文化产业知识产权保护的需要。个别地方由于缺乏有力的执法和监督机制,使得文化市场秩序混乱,色情、赌博、暴力、愚昧迷信等违法内容充斥其间,音像集中经营场所沦为非法制品集散地,文物走私贩私、盗掘古墓现象越演越烈,这些严重扰乱了文化市场正常的经营秩序,侵害知识产权现象十分严重,束缚了文化产业发展的内在驱动力,影响了中国文化产品在国际上的形象与声誉。

（三）司法方面存在的问题

目前,我国的文化产业知识产权纠纷在法院审判过程中均存在一个无法回避的问题,这就是不管在民事诉讼还是在刑事诉讼中,法院在审理案件前必须要对有关知识产权的客体予以重新确认,这样不仅浪费有限的司法资源,而且也给诉讼当事人增加了许多诉讼负担,从而导致文化产业知识产权诉讼效率低下。④ 司法实践中的这种审理方式对保护文化产业知识产权显然已经落伍了,难以适应文化产业迅速发展而不断更新的知识产权客体类型的需求。如何克服对知识产权客体认定的僵化模式,使新的知识产权客体类型的保护有法可依,就必须深入研究文化产业知识产权保护的法律模式,在制定法律时要有超前性的意识,使制定出的法律具有一定的前瞻性。做到认定知识产权客体的标准和程序有法可依,避免出现过多的法律盲区。此外,我国加入世界贸易组织之后,内地市场开放的程度将越来越高,加之全球化、信息化加速发展,国外文化产品将大量涌入我国文化市场,伴随而来的是涉外知识产权纠纷的大量增加。面对涉外的知识产权纠纷中诉讼地、法律适用、举证责任分配及范围、生效判决的执行等方面存在的问题都必须解决。尽管有关的国际知识产权保护条约在上述几个方面都有涉及,但是有的规定不符合我国的具体国情。所以,有必要对我国法律中有关知识产权纠纷的涉外条款进行修改和完善,以妥善应对这些问题。

三、我国文化产业知识产权保护制度的完善建议

随着全球经济一体化的到来,我国在世界经济中的地位与作用越来越重要,不但是

---

④ 任燕.论我国文化产业知识产权的法律保护[J].公民与法,2010(3),37-38.

"世界工厂",也是各国争相角逐的市场,这不仅给我国文化产业的大发展大繁荣带来了诸多机遇,而且也给我国的文化产业知识产权保护带来了巨大挑战。面对新形势,我们必须积极地行动起来,建立健全我国文化产业知识产权保护制度。因此,基于我国国情与文化产业发展现状,笔者认为完善我国文化产业知识产权保护制度当从以下几个方面着手。

(一)创建优秀的民族产业品牌与标志性文化产业模式

我国文化产业虽然发展迅速,但在与西方发达国家的文化产业发展进行对比时,我国无论是产业规模、经济增长贡献率、产品出口输出量,还是就业岗位供给量、产品科技含量、创新意识和文化产业发展的保障水平都不具有多少优势,往往处于劣势。而发达国家由于经济、技术上的先天地位,其文化产业有着较强的竞争力,在组织管理的水平、经营的规模、创新能力、市场运作的能力以及资金实力等方面有较大的优势。面对此种国际、国内形势,我们必须立足本国,高度重视推动文化产业发展是我国经济社会快速发展的切入点和着力点,发挥文化产业对经济社会发展的杠杆作用,大力促进文化产业发展的民族化、特色化,积极树立民族品牌意识,打造优秀的民族产业品牌与标志性文化产业模式;强化知识产权保护意识,引导我国企业健康有序发展,建立正当的企业联合体,共同抵御国际垄断势力的冲击,积极应对外来文化产品对我国市场的不断侵蚀。同时,根据我国具体国情和文化产业发展的实际需要,在加强我国知识产权法制建设,保护民族文化产业之时,积极寻求有利于我国文化产业发展的国际化渠道。我国知识产权制度的建立、发展和完善总体上是为了适应我国改革开放和经济发展的需要,但不可避免地会受到知识产权国际化趋势的影响。⑤ 所以,当我们制定和修改有关知识产权法律法规时,不仅要保护权利持有人的合法权益,与国际知识产权保护趋势保持一致,加强对国际技术市场的开拓和利用,而且要注重保护我们的民族利益,推进有关知识产权法律制度向有利于民族产业的方向发展,向有利于扩大对外交流的方向发展,⑥而不是盲目地与国际接轨。

(二)规范文化产品的进出口标准

为了有效防止他国对我国文化知识产权的侵害,必须尽快规范我国文化产品的进出口标准。我国文化产业知识产权的保护要充分利用国内市场和国际市场,加强民族文化知识产权品牌的树立,积极致力于国际市场的开拓和利用,加强民族文化知识产权品牌的国际化,扩大影响力。对侵犯我国文化产业知识产权的行为,要善于利用世界贸易组织规则进行维权。对有利于我国文化产业知识产权保护的制度应当努力使其国际化和标准

---

⑤　黄杉、白芳:《对发展成都地区文化产业集群的思考》,载《成都大学学报》(社会科学版)2007年第5期。

⑥　丛立先、卢洋:《论我国文化产业的知识产权保护》,载《社会科学辑刊》2008年第1期。

化,从而使我国文化产业知识产权保护制度在国际上得到认可与遵守。

(三)完善国内法对传统文化的知识产权保护

我国历史悠久,人文资源厚重,特别是传统知识、民间文学艺术、中医中药等方面具有独特的知识产权优势和发展文化产业的先决条件。怎样发挥我国现有的文化资源优势,推动文化产业发展并形成文化产业知识产权保护的国际化优势,笔者认为,当前最重要的工作就是尽快完善有关国内法对传统文化的知识产权保护。对某些具有专属性的文化资源,尽早进行确权保护,这样既有利于保护文化资源,又能促进文化产业知识产权保护;对那些具有民族共通性,各个民族和地区可以共享的文化资源,如民间文学艺术、古代诗词歌赋的保护,则要有一个刚性的产业利用与开发标准,禁止一味追求商业利润而不顾传统文化内涵的肆意开发利用行为,坚决打击利用发展文化产业进行破坏文化资源的活动。与此同时,也要规范知识产权滥用与文化垄断行为。

(四)制定并实施文化产业知识产权战略

所谓国家知识产权战略就是以知识产权强国为目标,以优化知识产权资源配置为核心,对我国知识产权的保护、创造、运用、管理与人才战略作出全局性的部署。而在国家知识产权战略中,必须要有文化产业的重要地位,必须要将文化产业知识产权的创造、运用、保护和管理从知识产权战略的制定到实施全过程中加以贯彻落实。可以说,知识产权战略是文化产业发展的根本保障。[7] 同时,把知识产权战略摆放在更加突出重要的位置上就要切实提高整个社会保护文化产业知识产权的意识。目前,知识产权的保护意识还比较单薄,复制盗版的"山寨"现象是人们司空见惯的事情了,这对保护文化产业的知识产权是极为不利的。而这与我国长久以来没有认识到知识产权对经济社会发展的重要作用有关。因此,大力提高文化产业知识产权的全民保护意识,形成自觉保护的良好社会氛围极其重要。[8] 一方面鼓励个人的维权行动。我们知道知识产权的保护要求知识产权的所有者对侵害其知识产权的其他个人或组织提出排除妨害、停止侵害等主张。要培养这种自我保护的意识,就要对个人的维权行动进行支持、声援和鼓励,使保护知识产权成为人们的自觉行为。另一方面要培育社会大众养成尊重知识、尊重知识产权的习惯。保护他人的知识产权是对他人的基本尊重,也是社会道德和法律的基本要求,侵害他人的知识产权将受到道德良心的谴责,也是法律所不容许的。因此,我们要在全社会形成尊重知识产权的社会氛围,并且形成文化产业知识产权保护的社会合力。

---

⑦　丛立先.我国文化产业的知识产权战略选择[J].政法论丛,2011(3),81-82.
⑧　杨柳.论文化产业提升城市形象的策略[J].重庆社会主义学院学报,2010(2),23-25.

(五)修改和完善相互矛盾和冲突的有关文化产业知识产权法律

我国文化产业知识产权保护制度从建立到形成体系经过了几十年,取得了不小的成就。但是,随着我国经济社会的迅猛发展,知识产权制度在许多方面暴露出疏漏与不足之处。就目前而言,应当重点解决的是文化产业知识产权法律制度本身的矛盾与冲突。我们知道,我国知识产权制度是不同时期和环境下制定的各个法律构成的,其中有些法律的出台较为仓促,虽历经修改完善,但各个法律之间的衔接还是存在不少问题的。对某些问题的规定有重合地方,也有规定不一致的地方,造成了适用中的矛盾,缺乏可操作性。[⑨]这些问题需要通过修改和完善相关立法来加以解决。此外,我国文化产业知识产权制度保护的范围还存在真空地带。例如,服务行业保护问题、非物质文化遗产的权利内容问题、手工艺知识产权的保护界限问题、中医药保护问题等都需要立法加以确认。今后应当进一步加大对这些优势项目知识产权保护的力度,以提高我们传统文化产业在国际市场上的竞争力。

(六)进一步加大司法方面对文化产业知识产权保护的力度

知识产权法律制度是我国文化产业大发展大繁荣的主要法律保障。对文化产业知识产权的保护水平也反映了文化产业发展的状况。面对可能增多的文化产业知识产权诉讼,就要妥善解决知识产权客体确认的难题,创新知识产权诉讼的审理模式,积极探索适合我国国情的知识产权司法程式,对侵害知识产权的行为进行严厉打击,维护知识产权所有者的合法权益,提高人们创作、创新的原动力。

结语

任何一个产业的发展都离不开法律制度的保障作用,没有法律制度做支撑的产业发展必将是短命的。文化产业的发展也同样如此,并且由于文化产业的特殊性决定了我国文化产业知识产权保护具有特殊的意义。然而,我国的文化产业要想大发展大繁荣仅仅靠知识产权的保护并非就万事大吉了,而应将知识产权保护与文化产业中的反垄断、反不正当竞争、反补贴、反倾销等法律制度紧密结合起来,形成一个完整的法律保护体系,不仅要防止滥用而且要防止过度保护。同时,还应当进一步健全和完善我国有关的文化产业体制机制,积极破解制约我国文化产业发展的一些制度性难题,促进我国文化产业的可持续发展。

---

⑨ 杨柳.论文化产业提升城市形象的策略[J].重庆社会主义学院学报,2010(2),23-25.

浅析我国银行监管法律制度的完善

——以世界银行监管理论的发展为契合点

屈淑娟[*]

摘　要:每次金融危机后,世界各国都会掀起金融尤其是银行业监管立法的热潮,巴塞尔银行协会也是 1979 年金融危机后成立的。本文通过分析世界监管理论的发展趋势,研究监管体制背后的法律完善程度与弊病之所在,以此为研究中国的银行监管体系做铺垫。在金融自由化的国际环境下,应该充分考虑银行监管与银行创新的关系,进一步完善其监管体制,保障银行业积极、健康、稳定发展,这也是本文的一个研究目的。从法律角度出发,应针对银行监管机制、制度、体制的不完善,内外部监管的不平衡,银行衍生产品缺乏生命力等问题对监管法律体系进行完善,在规范层面预防金融危机,是本题研究的主要目的之所在。

关键词:银行监管;银行创新;内部控制

金融监管模式是与各个国家的经济发展水平整体相适应的,各国的国情不同,经济发展阶段不同,所选择的监管模式也会有相应的不同之处。随着金融一体化的进程,监管模式也出现了不同的发展,以此适应不断变化的国际金融形势。银行监管作为金融监管的一部分,其监管的内容、结构、重点、方式等都受到各国金融监管模式的影响,金融理论也出现了新的变化。这即证明了金融监管的整体一致性,也说明了银行业监管的独立性。

一、世界银行业监管理论的发展趋势

20 世纪 90 年代以来,全球金融业的发展在一定程度上加快了金融创新的发展,金融机构也日益转向多元化经营,使得越来越多的国家开始尝试进行金融体制的改革,在这种

---

　*　屈淑娟,重庆大学法学院经济法博士生。

背景下,世界银行监管理论在近些年出现了新的发展,以对抗银行与存款者之间,银行与贷款企业之间的信息不对称和信息不完全,信息披露制度在 2004 年《巴塞尔新资本协议》中正式确立。同时,监管合同理论出现,该理论认为,监管是一种存在与监管者和被监管者之间的一系列合同关系,这是一种隐形关系,包括银行和存款者、银行与监管者、监管者与社会三种关系。合理的合同可以避免或者减少系统性风险,完善银行监管;反之,则会加重或者产生系统性风险,破坏银行监管。银行监管的经济利益问题也成为理论研究的热点,有效监管成为关注的核心问题之一。在实践中,这些理论问题呈现出新的趋势。具体包括以下六个方面:

1. 机构监管到功能监管再到目标监管的转化。即从对不同金融机构的块状监管到对不同金融机构相同业务的条状监管再到对经营结果的目标性监管。这个过程也是由分业监管向混业监管的转变过程。只有这样,才能最大限度地减少银行监管的真空地带,防止风险监管部门推诿责任,减少银行业的潜在风险。

2. 安全性监管向有效性监管的转化。20 世纪 70 年代以前,各国银行监管的重点在于建立安全的金融体系,各国纷纷加强对金融机构的控制,构建本国的安全网,70 年代末,各国开始进行金融改革,将安全性监管转向以有效性监管为重点,兼顾安全性监管。例如,日本的金融"大爆炸"改革。依据巴塞尔银行监管委员会 1997 年制定的《巴塞尔银行监管委员会有效银行监管核心原则》的相关规定,银行业有效性监管的前提是:监管机构设定明确的责任和目标,并具有履行其责任与目标的独立性和充足的人、财、物、信息保证、法律支持等。银行机构的内部控制是实施有效银行监管的基础。外部监管的力量、作用、影响、监管的程度远不如银行机构的内部控制。同时,银行机构同业自律机制也逐渐受到各国的普遍重视。

3. 监管全球化的趋势。"由于全球一体化的速度加快,世界各国之间金融市场的关联程度越来越密切。金融风险在国家之间相互转移、扩散的趋势不断增强。在这种形势下,西方金融监管理论逐渐注重金融监管的国家化,注重国与国之间在金融监管上的合作。"[1]20 世纪 80 年代以后,技术的更新与广泛应用,在促进金融创新,加速资本自由化,推动国际银行业迅速发展的同时,使得国际金融市场的联系更加紧密,金融危机更容易在各国之间蔓延与转嫁,例如墨西哥金融危机、BCCI 事件等,造成了国际金融市场的不稳定。要防范金融危机,仅从一个国家的银行业监管入手是远远不够的,监管全球化变得越来越重要。巴塞尔银行监管委员会的地位的加强,会员国的增多就是最好的证明,国际间的银行业监管规则也成为各国制定本国监管政策的重要依据与基本标准。

4. 监管市场化的趋势。世界金融一体化的加速使得银行业综合业务不断发展,出现

247

---

① 周兰亦:《西方金融监管理论发展趋势对我国金融监管的借鉴》,载《消费导刊》2008 年第 1 期。

了跨国市场的融合,这就使得原来由一国政府对本国银行业实施的监管,变得越来越困难;同时,不可避免地加大了金融风险,提高了监管的成本,势必从整体上加大兼容监管的难度,使得市场监管变得尤为重要。实践证明,市场监管正在帮助并部分替代政府监管,监管市场化成为世界监管理论的一个重要发展趋势。事实上,20世纪70年代以后,许多国家便纷纷取消政府的严格监管制度,越来越重视发挥市场力量。例如,美、日、韩等国相继进行了包括利率自由化、放宽业务范围限制等在内的放松管制的改革,以增强市场在实现监管目标中的作用。但是,这并非完全弱化政府的作用,而是在以市场为导向的思路下,平衡市场与政府的监管作用,银行监管不是替代市场监管,而是强化市场机制的宏观手段;同时,市场监管也不是取代政府监管,而是市场监管的微观手段。只有这样,才能真正做到既实现政府监管制度的优化,又加强市场的导向性,最终提高监管效率,降低金融风险,实现监管的有效性。

5. 监管体制统一化趋势。这也是金融监管模式由分业化向部分混业化及完全混业化转变的趋势,但是这并非否认分业模式,在一些国家里,分业的监管模式依然存在并适时发挥着自己的作用。"英国的大卫·T.卢埃林教授1997年对73个国家的金融监管组织结构进行研究,发现有13个国家实行单一机构混业监管,35个国家实行银行、证券、保险业分业监管,25个国家实行部分混业监管,后者包括银行证券统一监管、保险单独监管(7个);银行保险统一监管、证券单独监管(13个)以及证券保险统一监管、银行单独监管(3个)3种形式,并且受金融混业经营的影响,指定专业监管机构即完全分业监管的国家在数目上呈现出减少趋势,各国金融监管的组织机构正向部分混业监管或完全混业监管的模式过渡。"②美国1999年《金融现代服务法案》又一次掀起了金融综合化的浪潮,监管体制统一化趋势越来越明显。

6. 注重风险性监管。风险性监管是相对于合规性监管而言的,从监管内容看,世界各国监管机构的监管正从注重合规性监管向合规性监管和风险监管并重转变。合规性监管是一种事后补偿与处罚的监管方式,是指监管机构对金融机构执行有关政策、法律、法规的情况所实施的监管。风险性监管则侧重于对风险的事前防范,是指监管机构对金融机构的资本充足率、资产集中、流动性、内部控制等所实施的监管,是一种持续性银行监管。"国际银行监管组织相继推出了一系列以风险监管为基础的审慎规则,对信用风险、市场风险、国家和转移风险、利率风险、流动性风险、操作风险、法律风险、声誉风险实施全面风险管理。"③

---

② 郭慧文:《国际金融监管的发展趋势及启示》,载《亚太经济》2002年第1期。

③ 黄飞:《国际金融监管的新趋势与启示》,载《广东财经职业学院学报》2004年第2期。

二、国际银行监管立法的趋势

20 世纪 80 年代以来,世界各国纷纷进行金融体制改革,金融监管的方式、监管内容、监管体也随之发生了变化,银行监管的法律制度也进行了相应的改革,出现了新的银行监管法,并呈现出新的立法趋势,这也是金融一体化的结果。国际银行监管立法的趋势主要有以下五点:

1. 注重保障社会公众的利益。与以往监管立法以维护金融市场稳定为核心所不同的是,国际银行监管立法越来越注重对社会公众利益的保障,高度重视社会公众的利益已成为各国银行业监管立法必须遵循的基本原则。例如,银行存款人等投资者作为风险承受者在信息、资金规模等方面不占优势,而这个庞大的群体同时也是市场的支撑者,银行监管机构对他们的合法权益应加以保护。"银行监管的总体目标是在一定的约束条件下追求最优的效果,在稳定、公平、效率三者之间寻找平衡。"[④]只有加强对社会公众利益的保护,才能实现真正的公平,提高监管效率,以此减少金融风险。

2. 确立审慎监管为基本原则。审慎性监管原则又被称为"结构性的早期干预和解决"方案,是存款保险制度低成本、可持续运行的前提条件。包括要求银行业达到最低限额资本和资本充足率,提取呆账准备金,设定单一存、贷款的上限,建立银行内部控制系统、风险防范系统以及综合风险管理系统。巴塞尔银行监管委员会制定的《核心原则》对审慎监管原则进行了明确的规定并确定了其在监管体系中的重要地位,也是各国制定其监管法律所要遵守的重要原则。

3. 注重信用风险制度的构建。各国监管机构根据本国银行业的风险状况,根据市场发展和风险变化状况,制定并不断完善法律规范。目前,各国所遵守的银行的信用风险度量方法主要是有信贷决策的"6C"法。"6C"包括品德(character)、能力(capacity)、资本(capital)、抵押品(collateral)、经营环境(condition)、事业的连续性(continuity),即依照借款人的作风、观念以及责任心,借款人过去的还款记录;借款者归还贷款的能力,包括借款企业的经营状况、投资项目的前景,借款者的资本,提供一定的、合适的抵押品,所在行业在整个经济中的经营环境及趋势,借款企业持续经营前景等六个因素评定其信用程度和综合还款能力,决定是否发放信贷。

4. 金融自由化与自律性监管相协调。自律性监管是目前银行监管立法的取向之一,在遵守市场约束以及金融自由化的同时,要加强立法约束力,通过加强市场约束来弥补政府管制的缺陷,防止自由化所带来的潜在风险。在防止金融自由化的同时,要摈弃过于具

---

④ 周民源:《新编银行业监管手册》,中国金融出版社 2006 年版,第 127 页.

体或缺乏可操作性的条文,鼓励银行的制度创新与自律性监管,同时要求银行及时了解监管法律、法规及准则的最新发展情况,确保其内部控制制度的健康发展。协调好金融自由化与自律性监管两者的关系,成为金融监管立法的任务之一,只有这样才能促进整个监管体系的平衡、协调发展。

5. 银行监管立法呈现出国际化发展趋势。由于各国的经济、社会、文化及法制传统的差异,银行监管法制形成了一定的地区风格,但是随着金融市场国际化的发展,各国在金融监管模式及具体制度上相互影响、相互协调,使得银行业的监管立法也出现了趋同化。金融国际化的加深,跨国金融机构的蓬勃发展,综合经营业务的出现在客观上需要将各国独特的监管立法纳入一个统一的国际框架之中,银行监管法制逐渐走向国际化。同时,巴塞尔委员会通过的一系列协议、确定的监管原则、标准等在其成员国甚至世界其他国家都产生了深远的影响,给世界各国银行监管法制的变革带来了冲击。

三、巴塞尔公约对银行监管法律的规定

巴塞尔银行监管委员会(Basel Committee on Banking Supervision),原称银行法规与监管事务委员会简称巴塞尔委员会,它是国际清算银行的一个正式机构,1974 年年底由美国、意大利、法国、日本、荷兰、德国、加拿大、英国、比利时、瑞典 10 大工业国的中央银行与银行监管当局共同成立,总部设在瑞士的巴塞尔,2009 年中国、澳大利亚、巴西、印度、韩国、墨西哥和俄罗斯加入该组织,加上之前加入的卢森堡、西班牙共 19 个成员国。成员国必须遵守没有任何境外银行机构可以逃避监管和监管应该是充分的两项原则。巴塞尔委员会通过交换各国在监管安排信息,提高银行业务监管技术的有效性,建立资本充足率的最低标准及研究在其他领域制定标准的有效性三种方式加强各国间的国际合作,以提高各国的监管水评与国际监管质量。自 1975 年,巴塞尔委员会制定了一系列协议、监管标准与指导原则,这些统称为巴塞尔协议。该协议的实质是为了完善与补充各个国家监管机构监管的不足,减轻并试图避免银行业的风险,是国际监管的主要依据。虽然这些协议与规则并不具有法律效力,但却为各国金融监管法律的制定提供了极大的参考依据。我国也持续关注并积极参与巴塞尔委员会有关协议的起草,同时借鉴巴塞尔协议,完善我国的银行业监管制度,如我国在 2004 年 2 月,根据 1988 年资本协议,颁布了《商业银行资本充足率管理办法》,2003 年和 2007 年银监会按照《有效银行监管核心原则》开展自我评估。

1. 1988 年《巴塞尔协议》

巴塞尔委员会于 1988 年 7 月公布了著名的全称为《关于统一国际银行资本衡量和资本标准的协议》,规定最迟于 1992 年年底开始实施。在此后的会议中,巴塞尔委员会对该

协议进行了多次补充及修正,逐步形成了统一风险、结算风险和市场风险相结合的资本衡量系统。该协议是在对 1975 年协议(库克协议),1983 年协议中的东道国和母国联合监管国际银行,商业银行资本及风险资产的监管,衍生工具市场的监管等内容进行修订、补充、完善后形成的,1992 年 7 月,针对国际商业信贷银行倒闭所带来的教训,巴塞尔委员会作出了新的声明,设立了对国际银行的最低监管标准,对 1988 年协议又进行了进一步的完善。该协议突出强调了国家风险对银行信用风险的重要影响,统一了各国对资本组成的认识标准,规定了风险资本所占总资本额的比率,根据不同种类的资产及业务项目确定不同的风险权数,以此确定了全球统一的风险管理标准;同时,该协议的形成标志着现代西方银行资产负债理论以及风险管理理论的最终确立。

1988 年《巴塞尔协议》主要包括四个方面,具体为:

第一,资本的构成。《巴塞尔协议》将银行资本分为两级,一级资本即为核心资本,其在各国银行的账务上都有所显示,同银行的竞争能力等密切相关,因此资本价值也相对比较稳定,是资本充足率的衡量标准,需占总资本的一半以上。二级资本为附属资本,不具备核心资本特征,不能作为资本的衡量基础,一般来讲,包括未公开储蓄、长期次级债务、资产重估储备、带有债务性质的资本等。

第二,这里的风险主要指信贷风险,包括资产负债表及表外项目,《巴塞尔协议》根据不同种类的资产,按其风险程度规定了不同的计算方式,进行了分级和分类,并规定了其对应的风险权属,确定了严格的风险加权制度。

第三,资本标准化比例目标。《巴塞尔协议》规定了统一的资本与资产的计算标准,即核心资本不得少于风险资产的 4%,核心资本加附属资本应该达到全部风险资产的 8%。

第四,过渡期和实施安排。为了使各国调整好本国的资本标准,该协议规定了 5 年的过渡期,从 1987 年至 1992 年。

2. 1997 年《巴塞尔核心原则》

1997 年 9 月,巴塞尔银行监管委员会颁布了《巴塞尔银行监管委员会有效银行监管核心原则》(以下简称《巴塞尔核心原则》),《巴塞尔核心原则》是良好监管实践的最低标准,适用于世界各国。"巴塞尔核心原则规定了有效监管体系应遵循的 25 条原则。这些原则总体上可划分为七个方面的内容:目标、独立性、权力、透明度和合作,许可的业务范围,审慎的监管规章制度,持续监管的各种方法,会计处理与信息披露,监管当局的纠正及整改权力和并表及跨境监管。"⑤ 具体为:目标、独立性、权力、透明度和合作,许可的业务范围,发照标准,大笔所有权转让,重大收购,资本充足率,风险管理程序,信用风险,有问题资产、准备和储备,大额风险暴露限额,对关联方的风险暴露,国家风险和转移风险,市

---

⑤ 《巴塞尔银行监管委员会有效银行监管核心原则》第 6 条.

场风险,流动性风险,操作风险,银行账户利率风险,内部控制和审计,防止利用金融服务从事犯罪活动,监管方式、技术、报告,会计处理和披露,监管当局的纠正和整改权力,并表监管,母国和东道国的关系。

3. 2003 年《巴塞尔新资本协议》

巴塞尔委员会于 1998 年开始对 1988 年的《巴塞尔协议》进行全面修订,1999 年公布草案第一稿,2001 年公布草案第二稿,2003 年发布草案第三个征求意见稿,并决定在 2006 年年底在成员国开始实行新的协议,即《巴塞尔新资本协议》(Basel New Capital Accord)。根据 2007 年 2 月 28 日发布的《中国银行业实施新资本协议指导意见》,我国银行也将从 2010 年年底起开始实施新资本协议。

延续了旧协议中以资本为核心的思路,吸收了《巴塞尔核心原则》中最低资本金、外部监管、市场约束三大原则,将风险认识扩大为信用风险、市场风险、操作风险三大类,加强了银行内部控制的规定,强化了信息披露,引入了市场约束机制,是对银行监管制度的重要提高。巴塞尔委员会的《新资本协议》由三大支柱组成:一是最低资本要求,包括资本定义、最低资本充足率、资本和储备状况、会计制度等内容,是保证银行业健康发展的核心因素。二是监管当局对资本充足率的监督检查,这是新协议的创新之处,规定了现场和非现场两种监管方式,具体要求有:银行应保持最低资本充足率;建立内部评价机制,维持资本充足水平;对银行资本问题进行早期干预;对银行内部机制、资本状况进行监督检查。三是信息披露和市场约束银行应披露的内容,包括资本结构、风险状况、内部评价机制、风险管理战略、资本充足率等。在本次金融危机中,《新资本协议》的规定本身还暴露出了重大缺陷,仍需要不断改进。

四、我国银行业监管法律制度的完善

(一)银行监管原则的针对性问题

本次的金融危机,让人们对国际上原有的银行监管体系以及银行监管原则进行了反思。监管原则没有针对性,致使监管规则出现短缺,监管理论出现偏差,因此,确定银行监管原则是完善银行监管法制的基本要求。我国的银行监管法对于原则并没有作出具体明确的规定,因此存在潜在的风险,应该结合我国实际情况与国际银行监管法制的进步适时作出调整,促进银行监管原则更具针对性与可操作性。具体来讲,我国银行监管法的基本原则应该包括以下几个方面:

第一,有效监管原则。这是目前银行监管的中心要求,以此所设的一系列银行法规和指标体系才能真正着眼于银行业的安全稳健和风险防范,但是银行业的发展毕竟在于满足社会经济的需要,要真正做到监管的有效性,必须切实把风险防范和促进效益协调起来。有效监管原则是巴塞尔银行协会所确定的基本监管原则。1997年的巴塞尔《有效银行监管核心原则》对此有具体规定,已做论述,不再赘述。

第二,合理适度竞争原则。鼓励竞争和优胜劣汰是银行监管过程中所要遵守的基本原则。银行管理的重点应该在鼓励适度竞争上,既要避免因金融高度垄断,排斥竞争从而丧失银行机构的效率和活力,又要防止过度竞争、恶性竞争波及银行业的安全稳定。在合理适度竞争的基础上维护金融市场的稳定,才能促进银行业积极、健康的发展。

第三,自律和外部强制相结合原则。既要依靠银行监管机构的外部强制管理又要依靠银行自身自觉的自我约束来避免冒险经营和相对风险,两者相结合,形成双重防火线。

第四,依法监管原则。即监管职权的设定、行使必须依据法律、行政法规的规定。依法原则是行政法的基本原则,监管的法律性质是一种行政行为,因此监管应当遵循依法原则。依法原则的内容包括任何监管职权都必须基于法律的授权才能存在,任何监管职权的行使都依据法律、遵守法律,任何监管职权的授予及其运用都必须依据法律。依法管理原则要求,一方面银行必须接受国家银行管理当局的监督管理,有法保证;另一方面,国家银行管理当局实施监管也必须依法。

第五,公开、公正监管原则。公开监管原则主要包括:监管立法和政策的公开,监管执法的公开,行政信息予以公开和行政复议的依据、标准、程序予以公开四个方面。公开监管原则是监管程序公正的保证,也是信息披露制度的基本要求。公正原则既包括实体公正也包括程序公正,指银行业金融市场的参与者法律地位平等,监管机构应平等对待。

(二)银行监管价值的立法定位

法的价值是"在人(主体)与法(客体)的关系中体现出来的法律的积极意义或有用性。一种法律或法律制度都追求一种或数种价值,并且在社会发展的每个阶段和每个特定时期,总是有一种价值处于首要地位,其他价值处于次要地位"[⑥]。"现代博弈论和信息经济学的分析表明,较之于证券业、保险业,银行业在信息不对称、风险份量和校正机制方面具有较高的风险性和脆弱性,其发生不稳定的情况进而危及金融体系的概率也大大高于证券业和保险业,使银行监管成为金融监管的核心。"[⑦]

在自由经济时期,自由竞争是银行监管法的核心价值。"追求自由是人类的本性。实践证明,实现自由的最好条件、手段和途径是公平竞争。竞争就其语义来说,一是'竞',要竭力;二是'争',要争取。由此可见,竞争要求一种主动积极创造的精神和态度。积极创造的态度内在地要求自由,自由必然要求竞争,竞争是自由的表现和实现。为此,人们往

---

⑥ 张文显.法哲学范畴研究[M].北京:中国政法大学出版社,2001:192.

⑦ 段小茜.金融稳定界说:定义、内涵及制度演进[J].财经科学,2007(1):7.

往将'自由'与'竞争',合称为自由竞争。"⑧亚当·斯密的古典经济学反对政府干预,鼓励自由竞争。因此,银行监管的立法以自由竞争为基本价值,以此确定监管目标、手段、内容等。

20世纪30年代,金融危机使金融安全成为银行法的核心价值,凯恩斯主义成为主流的经济学理论。凯恩斯主义认为,经济危机产生的主要原因是监管缺失和自由化经济带来的不稳定性,而这个不稳定的金融体系需要政府干预。政府管理的理念由放任转变为管制,政府不再是"守夜人"。银行立法的价值由不干预的自由竞争转向严格管理的金融安全,金融安全成为当时银行立法的核心价值,银行监管目标或是监管措施所体现的银行监管法价值都为金融安全。学术界所指的金融安全观是"金融安全已经成为经济安全的核心,金融体系的安全、稳定运行,对经济全局的发展至关重要,防范金融风险、保障金融安全是金融监管的基本目标"⑨。然而,过分强调金融安全,必将限制金融机构的竞争,使监管机关扩大职权。

自由竞争与金融安全是协调统一的。首先,自由竞争对于金融发展目标的实现具有直接的决定性作用,金融安全则间接地通过对自由竞争的维护来实现其发展目标。其次,自由竞争倾向于金融机构的自主决定权,而金融安全更倾向于公权力的发挥。再次,任何自由都是相对的,而非绝对自由的,都是要受约束的,通过约束银行的自由,一方面,保证了自由竞争得以维持,另一方面体现了金融安全的价值追求。最后,"从银行监管立法的角度来看,自由竞争的价值主要体现在金融机构之间,通过赋予金融机构自由竞争的权利,使各金融机构处于独立、平等、自由的状态;而金融安全的价值则主要体现在银行监管机关与金融机构、存款人之间,通过各种防范与控制风险的措施来减少风险的产生、控制风险在金融机构之间的传递,反映的是一种金融监督与管理的关系,是控制与被控制的关系"⑩。因此,银行监管法仍应该在自由竞争的基础上,兼顾金融安全。

以防范金融危机为首要价值追求的银行监管法,如果以束缚金融机构自由为代价,只能获取一定时期内的金融稳定。金融安全的最终目的则是为了实现金融效率,我国银行监管是通过强化管制,限制金融机构的经营业务范围、控制金融产品的价格来保证金融市场的稳定。这种限制竞争保障安全的指导思想,是以牺牲金融市场的发展为代价的,最终反而会增加市场秩序的不稳定性,必将影响到金融效率的提高。面对全球金融一体化与金融风险的不断增加,银行法的价值取向应该是以自由竞争为核心,效率优先、兼顾安全。

---

⑧ 邱本.自由竞争与秩序调控——经济法的基础建构与原理阐析[D/OL].中国博士学位论文全文数据库.

⑨ 贺小勇.金融全球化趋势下金融监管的法律问题[M].北京:法律出版社,2002:303.

⑩ 周海林:《金融监管法的价值:自由竞争与金融安全》,载《福建金融管理干部学院学报》2007年第4期.

只有这样,我国的银行监管才能提高银行业在国际市场上的整体竞争力,保证金融安全,促进金融秩序的稳定,实现中国金融监管整体的现代化。

(三)我国银行监管理论的创新

1. 银行创新理论的重视

(1)银行创新的理论基础

金融监管是政府针对市场失灵的宏观性调控。"市场失灵是指市场无法有效率地分配商品和劳务的情况。对于经济学家而言,这个词汇通常用于无效率状况特别重大时,或非市场机构较有效率且创造财富的能力较私人选择为佳时。另一方面,市场失灵也通常被用于描述市场力量无法满足公共利益的状况。在此着重于经济学主流的看法。经济学家使用模型化理论解释或了解这个状况,市场失灵的两个主要原因为:成本或利润价格的传达不适切,进而影响个体经济市场决策机制;次佳的市场结构。"[11]在世界经济全球化、资本化、电子化的背景下,金融扮演着先导性的角色,而非简单的经济工具。金融稳定尤其是银行业的安全与高效运作直接关系着经济与社会的发展、稳定与安全。

银行监管活动在实现其既定目标的同时,也会产生一些预料之外的效应。例如,中国人民银行在提高贷款利率的同时,却引发了金融衍生品的增加,加重了信用危机,这种现象也是信息不对称的表现,是监管机构所不能回避的,同时也是诱发金融危机的重要原因。银行监管机构作为社会公众的委托人,其需求关系是固定的。一方是银行等金融机构,另一方就是社会公众。银行监管机构通过控制存贷款利息,管理存款监控资本充足率,限制新的银行竞争者等宏观调控方式来保障社会公众的存款安全、对价服务等,以达到需求关系的平衡与稳定。然而,在这个过程中,银行监管机构所获取的银行机构与公众的信息则不可能万无一失,从而导致监管结果与目标之间出现偏差。这种偏差越大,行政调控力度就越大。"金融监管机构严格、广泛的金融监管束缚了金融机构的活力,使得金融机构和金融体系的效率下降,压制了金融业的发展,从而最终背离了金融监管的效果与目的。"[12]

银行在接受严格监管的同时,大量的银行创新产生。实践中,绝大多数的银行创新其一开始的目的就是为了回避银行监管的,这就使得监管与创新之间形成了"监管—创新—再监管—再创新"的逻辑关系。监管越为严格广泛,创新的生命力就越强,以此引发的监管的结果与目标的偏差就越大,偏差的加大,则会刺激产生新一轮的银行调控政策,其结果是银行的再创新力度的加大,这是一个循环的过程,良性的,符合银行业发展方向的,收益与成本平衡的,反过来推动银行监管制度的成熟,恶性的创新则会成为信用风险的

---

⑪　市场失灵.智库百科网.

⑫　徐永兵.《金融监管失灵及其对策研究》.[J].《江苏广播电视大学学报》,2008(9):66.

诱因。

2. 银行创新的现实基础

近几十年来,国际银行领域发生了重大的变化,突出特点就是银行创新。新的银行体制、银行工具,新的交易与管理方式、银行衍生品、银行立法等在推动银行业的发展时,也带来了新的挑战,对银行监管提出了更高的要求。与发达国家的银行业市场相比较,我国传统的银行监管体系也不断受到银行创新的冲击,暴露出目前银行监管中存在的问题,这些问题恰恰组成了我国银行创新的现实基础,只有适应形势,转变观念,进行改革,才能正确处理银行监管与创新的关系,使两者形成博弈的良性互动。

首先,监管方式单一,效率低,缺乏银行内部控制监管。长期以来,银行监管部门仅重视外部监管方式,重非现场监管,重重点监管,重行政性监管,而轻内部监控,轻现场监管,轻日常监管,轻偶然性监管,轻银行信息监管,这与现代银行监管的发展趋势不适应,必定会加重金融市场的风险性;同时,银行监管的效率低下,力度不足,也会给监管的深入与改革的推进带来极大的困难。其次,银行监管的侧重点需要适当调整。1997 年的亚洲金融危机,1998 年的东南亚金融危机等,20 世纪末的多次金融危机,也使我国的银行业面临了极大的挑战,监管主体侧重于市场准入、市场秩序、合法性等方面的监管而忽视了审慎监管的真正内涵,缺乏有效的监管措施。在监管目标上,仅宏观的定位为防范和化解金融危机,稳定金融秩序,这在特定环境中是有效的,但是过于宏观,缺乏可操作性,应当适时作出调整。然后,法律体系不完善,针对一些新的金融现象,无法作出准确反应。同时,现行的法律如《商业银行法》规定较为模糊,司法实践性较差,透明度不高,以致执法不力,守法不严。最后,监管人员思想素质,监管水平有待提高。"目前的监管是一种对前期业已出现的问题进行控制和监督,而对未来可能出现的金融风险没有制定前瞻性的监管制度,'重监管、轻效益'的观念根深蒂固,监管效益与监管成本不对称,同时'重常规性监管,轻创新监管'的思想亟待改变。"⑬

3. 银行创新的措施

根据以上的分析,需要在市场与监管两方面找出平衡点,既要克服市场失灵的负面影响,又要防止监管失灵所带来的"多米诺"效应,正确处理好银行监管与银行创新的关系,采取有效监管路径,在新形势下,适时加强监管创新。

首先,完善监管方式,加强内部控制,实施积极主动的监管政策。目前,银行监管部门的监管从严格意义上来讲,仅是被动的事后监管,以审查数据,资料为主,只是第二道"防火墙"。加强银行业的内部控制,才是第一道"安全网",这种事先得预警机制才能从源头上防范金融风险。这就要求要重视对银行表外业务与银行内部风险评估体系的监管,使

---

⑬ 邢栋:《金融监管重在体制创新》,载《企业研究》2008 年第 2 期.

得银行自觉对自己的风险进行预测、评估与纠正。同时,监管方式应从分散式监管向集中式监管转变,监管工作应从机构监管向风险的有效性监管方向转变。其次,重视银行客户的利益与银行机构利益的协调。两者在地位上尤其是信息的获取方面存在严重不对称,使得人民银行在监管目标的定位上产生倾斜,注重金融风险的化解,忽视了存款人的合法利益。只有从客户利益出发,才能更好地减少边缘业务,交叉业务所形成的"盲区""真空带",减少风险源。再次,应加强银行的法制建设。在社会主义现代化过程中,法律的完善、落实、可操作性程度在银行业的发展中起着重要的作用。应当根据新的金融现象,新的银行工具及其衍生物,新的银行业务的特征、功能、风险防范措施等加快法制建设的进程,加强执法力度,增加司法操作性,当然也要充分考虑银行的创新活动,为其提供安全而又宽松的发展环境。最后,提高监管人员的素质、水平和技能。这包括经济、金融、会计、统计、品德、法律、计算机、文学等综合的知识水平。这些知识的获取,一方面依靠自身的努力提高,另一方面依靠金融机构的定期在岗培训,应针对其岗位特征,进行相应的知识培训,提高其业务水平与风险把握水平。同时,应建立正负激励机制,鼓励竞争,调动监管人员的积极性,全面提高其综合水平。

(四)金融协调监管法律制度的完善

2000年9月,人民银行、证监会、保监会建立三方监管联席会议制度;2003年6月,银监会、证监会、保监会起草了三方《在金融监管方面分工合作的备忘录》并于2004年6月讨论并通过了《中国银行业监督管理委员会、中国证券监督管理委员会、中国保险监督管理委员会在金融监管方面分工合作的备忘录》,以此逐步确立了我国的金融监管协调机制。金融监管协调机制是否完善,直接影响到我国金融体系的稳定及宏观调控目标的实现。目前,我国的金融监管协调部门包括银监会、证监会、保监会三个专门部门以及中国人民银行、财政部、发改委、审计署等综合调控部门。这些部门通过信息共享、重大问题协商、联席会议等形式,共同实行金融监管,维护金融正常运行和金融市场的稳定。从宏观上讲,机制包括金融监管机构、中央银行及政府有关职能部门之间的协调,金融监督机构与自律协会及其他社会中介机构之间的协调,金融监管机构与被监管金融机构之间的协调,金融机构国际合作与协调。微观上讲,监管政策之间的协调,货币政策与金融监管政策、金融调控政策与财政政策、宏观调控政策与金融监管政策等之间的协调。

目前,我国的金融协调法律制度不完善,缺乏法律依据,导致责任不明,监管成本高,监管效果差。要从以下几个方面进行完善:

第一,建立和完善各金融监管部门之间的沟通和协调,消除各部门监管政策的不一致,营造平等的市场环境,减少监管套利的范围,避免监管协调的法律摩擦。

第二,金融协调监管法律制度,保护广大存款人、投资者和被保险人的利益,"通过审慎监管,及时预警、控制和处置风险,有效防范系统性金融风险;通过维护公平、公正竞争,依法查处违法违规金融行为,以增强公众对金融体系的信心,维护金融稳定;通过宣传教育和相关信息披露,增进公众对金融体系、金融产品、金融服务以及金融风险的认识和了解,增强公众的金融意识、风险意识和监督意识;通过强化金融机构的内控机制和依法监管,有效防止金融犯罪,最大限度减少资金损失"[14]。

第三,扩大金融监管协调合作的范围,建立信息共享责任约束制度、货币政策和银行监管共享的数据库,建立多层次的金融监管协调机制,加强国际层面上的监管合作,搞好金融机构监管的合作与协调。

第四,金融协调监管法律制度"要针对短期资本具有的较强趋利性、投机性、变现迅速性等特点实施流动方向、流动总量、流动动机重点监控。配合国家产业结构的调整政策取向,积极引导资金合理流向、改善投资结构"[15]。同时,"央行审慎监督制度的法律法规应重点完善金融稽核协调监督业务审计制度、外资金融机构现场检查与非现场检查制度及一系列相关配套制度和规则,对非现场稽查和现场稽查的内容、程序、协调监督、后续监督、处理反馈等作出具体明确的规定,以实现金融协调稽核监督的规范化、法制化,切实保障监管质量,堵塞风险漏洞"[16]。

(五)制定我国的《金融控股公司法》

1999 年 2 月,巴塞尔银行监管委员会、国际证监会组织、国际保险监管协会共同发布的《对金融控股公司的监管原则》中将金融控股公司(Financial Holding Company,FHC)定义为"在同一控制权下,所属的受监管实体至少明显地在从事两种以上的银行、证券和保险业务,同时每类业务的资本要求不同"。

按照金融控股公司的主体进行分类,我国的金融控股公司分为四类:一是由非银行金融机构组建的金融控股公司,以集团公司为主体,一般试点改革起步较早,是一种纯粹型金融控股公司,集团公司的具体金融业务由各子公司承担,而母公司则仅负责集团的经营战略决策,如中信控股、平安集团、光大控股等。其中,中信控股有限责任公司于 2002 年年底由国务院批准成为真正意义上的金融控股公司,但其公司牌照为"中国中信控股公司"。二是由银行金融机构组建的金融控股公司,既从事股权控制,又经营具体的金融业务。其特点是,母公司为经营某种金融业务的银行、信托、证券或保险公司,通常子公司或者母公司均可参加另一种或多种金融业务,如中国银行、中国建设银行、中国工商银行和交通银行等。三是由地方政府对所属的地方金融机构重组构建的金融控股公司,如上海

---

[14] 刘隆亨:《制度设计是金融监管协调的关键》,商都法律网 2007-08-05.
[15] 李秀萍:《防范金融风险的法律制度研究》,人民网《人民论坛》2009-11-24.
[16] 吕忠梅,彭晓晖:《金融风险控制与防范的法律对策论》,载《中国大学生网》2008 年 9 月 24 日.

国际集团等。四是产业资本控股的金融控股公司,主要是产业资本、民营资本投资控股银行、证券、保险等多类金融机构形成的金融控股公司,如宝钢、山东电力、海尔以及泛海系、爱建系等。

目前,国际社会对金融控股公司的立法较多,如日本的《金融控股公司整备法》(1997)、美国的《金融服务现代化法》(1999)、台湾地区的《金融控股公司法》(2001)等。2000 年,中国人民银行曾经起草《金融控股公司管理办法》,但因种种原因,该《办法》并未出台。因此,我国并没有一部完整的关于金融控股公司的法律法规。同时,金融控股公司的出现及迅速发展已经对我国的金融法制提出了严峻挑战。目前,我国的金融法制主要是以《中国人民银行法》《商业银行法》《银监法》《证券法》《保险法》《信托法》等法律法规及部门规章组成的法规群,仅对单一经济领域进行规范,对于金融控股公司无明文规定,但同时相关法律对此亦无明文禁止。许多公司涉及证券、信托、租赁、银行、保险在内的金融领域,又没有相关的政策及法律规定,监管漏洞大量存在,无疑会带来一系列的金融风险。

要完善我国金融控股公司的法律制度,应从以下几点入手:

第一,"我国金融控股公司的立法形式应当借鉴整体立法的先进立法技术,制定一部单独的《金融控股公司法》。利用整体立法的立法技术在《金融控股公司法》中整合和修改《公司法》《商业银行法》《证券法》等法律法规中不符合金融控股公司发展的条款,加入经营规则、监管制度、法律责任等内容,从而形成内容完备、有较强操作性的现代金融法律。"[17]从而加强法律的协调,以减少法律冲突,为金融控股公司提供系统完整的法律依据。

第二,重点规范好监管主体,职责划分,完善法律配套;确立金融控股公司的市场准入与退出机制;建立业务、资金、规模、信息、市场管理的防火墙制度;严格规范金融控股公司的内部交易;建立金融控股公司的资本充足率监管制度;加强对金融控股公司的风险控制,防止内部风险传递;建立健全金融控股公司的信息披露制度等。

第三,明确金融控股公司的法律关系。"内部法律关系主要包括三个部分:一是母公司与子公司之间控股关系的确认标准。控股可以是绝对控股,也可以是相对控股,因此我国金融控股公司需要明确控股的标准是哪些。二是母公司与子公司由于相互持股而产生的一系列问题。如公司与债务人的关系问题、子母公司对外进行担保的问题等。三是金融控股公司内部防火墙设置问题。"[18]同时,规范和调节好金融控股公司的外部法律关系。

(六)金融机构市场退出制度的完善

"一般认为,金融机构市场退出是指当问题金融机构的财务状况恶化到一定程度时,

259

---

⑰　卢志强.《金融控股公司立法研究》[J].中国反垄断法网.
⑱　连平:《须尽快为金融控股公司立法》,载《21 世纪经济报道》2008 年 09 月 01 日.

由其自身或主管机关明令要求进行并购重组或撤销破产,停止经营金融业务,清理或转让债权并清偿或转让债务,最终注销法人资格的过程。"⑲当金融机构出现严重违法违规经营;资产质量严重恶化,严重资不抵债;不能支付到期债务,已经或者即将发生支付危机;救助无望或救助失败时就可能发生市场退出。因此,市场退出制度,是强化金融机构自身风险防范意识,保护受服务者利益,维护金融体系的安全与稳定,市场优胜劣汰,优化金融资源配置的需要。金融机构市场退出,具体可分为法人机构退出和分支机构退出。法人机构退出分为金融机构自愿退出与金融机构强制退出两类。金融机构自愿退出,是指金融机构根据其章程或股东大会决议,经监管机关批准,自行终止其金融业务,注销其法人资格的行为。金融机构强制退出,是指金融监管当局发布行政命令关闭金融机构的行为(撤销),或者地方法院作出裁定宣告金融机构破产的行为(破产)。

目前我国关于金融机构市场退出的法律主要有《中国人民银行法》《商业银行法》《保险法》《信托法》《证券法》《企业破产法》《公司法》《金融机构撤销条例》《银行业监督管理法》《金融机构管理规定》等,没有专门或者统一的立法,因此,金融市场退出的具体原则、内容、程序、问责制度仅是大概规定或者存在缺失现象。金融机构市场退出的主持机构由中国银监会、中国证监会和中国保监会同时分担。我国金融机构退出主要采取被动的、政府主导的、非法制的行政处置方式,对于是否退市、如何退市等都由政府决定。金融机构退市干预和协调虽然是必要的,但是政府机构过多的介入会制约市场退出机制作用的发挥。目前,我国金融机构退出市场有以下几种主要方式:并购重组、改制、停业整顿、撤销关闭、破产等。根据《中华人民共和国商业银行法》及《中华人民共和国公司法》等有关法律的规定,金融机构自行解散的,应经中国人民银行批准后,依法组成清算组,进行清算,按照清偿计划及时偿还存款本金和利息等债务。中国人民银行监督清算过程。根据《中华人民共和国企业破产法(试行)》的规定,中国人民银行在金融机构违反法律规定、不能支付到期债务时,可以强制吊销金融机构的经营金融业务资格,并通过行政程序对金融机构进行行政清算。因此,实践中的银行退市方式十分有限,缺乏法律保障。

我们要尽快完善我国的金融机构市场退出制度,以适应我国银行业的发展形势。首先,结合我国的立法传统、操作实际和实际情况补充相应的规范来完善金融机构市场退出的有关法律制度或者制定统一的《金融机构市场退出法》。其次,在行政手段的基础上,加强市场手段,使市场手段和行政手段有机结合。再次,完善存款保障制度,确保存款人的利益。最后,建立并完善金融资产处置制度。比如,工、农、中、建四家国有商业银行,分别建立了华融、长城、东方、信达资产管理公司进行金融资产的处置。"可以通过现有的华融等金融资产管理公司招标打包,处置金融市场上退出的金融机构的资产,也可以另外组建

---

⑲ 李垚曜:《浅议我国金融机构市场退出法律制度》,全刊杂志赏析网.

一家资产管理公司,专门承担退出市场的金融机构的资产处置,保证劣势金融机构顺利退出金融市场。资产管理公司是一个相对稳定和具有法人地位的实体,可代替金融机构进行资产保全、清收、变现等方面的法律诉讼,资产管理公司可以通过集中管理中小金融机构的资产,实现规模经济效益,分摊多个金融机构的市场退出成本,从而最大限度地维护债权人的利益。"[20]

---

[20]　赵华伟:《对建立健全我国金融机构市场退出机制的思考》,载《海南金融》2009 年第 3 期.

工业用地出让价格管制研究[*]

万 江[**]

摘　要：尽管《土地管理法》没有规定工业用地出让需要采取招标、拍卖、挂牌的公开竞价方式，也没有规定工业用地的最低出让价，但国土资源部却从提倡到强制对工业用地出让价格进行管制。不过由于现有土地管理制度本身的问题，加之招商引资压力，地方政府有反管制的冲动，工业用地出让价格管制体系在不断被复杂化的同时却成效不大。要解决工业用地出让价格管制失效的问题，需要改变指标式管理模式，打破城市建设用地市场的分割与垄断。

关键词：工业用地；价格管制；反管制；地方竞争

在通常的讨论中，地方政府通过低价征收农村土地高价出让城市建设用地以维系土地财政基本上已成共识，[①]但这样的共识是似是而非的。在我国，从使用用途切入可将土地细分为农业用地、金融商业服务用地、开发园区用地、房地产用地、工业用地等。所谓工业用地，是指用于"工业生产及直接为工业生产服务的附属设施用地"。[②] 相比于住宅用地、商服用地等经营性用地，工业用地并非学者研究的热点问题，但工业用地却占了城市建设用地最大的份额，一些年份甚至超过城市建设用地总量的 50％。尽管数量巨大，但与经营性用地频繁出现"地王"不同，工业用地价格非常低廉，低地价、零地价乃至负地价时有所闻。中央为解决工业用地出让价格过低的现状，出台了包括公开竞价强制、价格管制、指标控制等一系列措施，尽管《土地管理法》并未有此等要求。不过中央的多次专项执法行动检查却发现，地方政府没有严格执行工业用地最低出让价、工业用地招拍挂等政

　＊　基金项目：国家社会科学基金青年项目（12CFX022）、中国博士后科学基金项目（2012M520516）。

　＊＊　万江，西南政法大学经济法学院副教授、法学博士后。

　①　关于土地财政的细致研究，参见周飞舟：《生财有道：土地开发和转让中的政府和农民》，载《社会学研究》2007 年第 1 期。

　②　《土地利用现状分类》（GB/T 21010-2007）。

策,工业用地领域违法违规现象格外严重。那么,工业用地和经营性用地的现实运作和中央管制策略为什么会有巨大的差异?地方政府为什么会以及为什么能规避中央的价格管制?更关键的问题则在于,现有的工业用地出让价格管制是否必须、如何改进?本文试图通过对这些问题的分析,揭示我国工业用地管制面临的问题,探寻改革的进路,为构建一高效的工业用地制度提供可能的政策建议。

一、工业用地出让价格管制之缘起

《土地管理法》第 43 条规定,任何单位和个人进行建设需要使用土地的,必须依法申请使用国有土地,这使得地方政府合法地垄断了城市建设用地的供给,进而通过低价征收和高价出让获得了巨额的剪刀差土地收益。诸多学者在讨论我国征地制度变革时,也因为城市建设用地的高价而强调应提高集体土地征收补偿标准或者准许集体建设用地直接入市流转。但在工业用地领域,地方政府践行的却是另外一个逻辑。

(一)招商引资竞争压力下的工业用地出让现状

在我国,地方政府之间存在着激烈的招商引资竞争,考察各地方政府的招商引资文本亦可发现各种土地优惠政策充斥其间,低地价、零地价乃至负地价时有所闻。比如,河南某市为在一工业城项目竞争中胜出,最终只向项目投资方收取每亩一美元的象征性地价,投资者还有权在二级市场上向其他投资人协议转让其中任一地块的土地使用权。③ 某县政府甚至明确规定对固定资产投资达到一定额度与密度的企业,视情况准许"一厂一策享受优惠地价,直至零地价"④。还有不少地方政府文件明确承诺,对重点引资项目可以"特事特办,急事急办""一事一议",优惠出让土地。工业用地价格的低廉亦可通过国土部门的统计数据得以证明,在 2012 年一季度,全国主要监测城市地价总体水平为 3057 元每平方米,商服、住宅、工业地价每平方米分别为 5705 元、4516 元和 654 元,工业用地价格远远低于商服用地和住宅用地。⑤

低地价没能体现土地特别是建设用地的稀缺性,无法形成对投资者的成本约束,会降低用地企业节约用地的激励,不利于促进节约集约用地,不少企业大量圈占土地搞花园式工厂,造成土地粗放滥用、闲置浪费。新闻媒体经常报道地方私设的开发区占地动辄上万亩,但最终却因为引资不力而沦为摆设。在那些区域位置偏僻、投资环境差的地方,占据

---

③ 案例来自吴晔、张传玖:《工业地产:推开窗户看内幕》,载《中国土地》2006 年第 10 期。

④ 中共新安县委新安县人民政府:《关于进一步加强招商引资工作的意见》(新发〔2005〕25 号),2005 年 8 月 4 日。

⑤ 数据来自中国土地勘测规划院:《2012 年第一季度全国主要城市地价动态监测报告》,http://www.gov.cn/gzdt/2012-04/17/content_2115594.htm。

优势的投资者甚至可以压低拿地成本,等地价上涨后转卖土地获得高额收益,造成国有资产的流失。一些企业还与政府官员合谋调整土地规划,低价拿工业用地然后修改规划用于房地产开发谋取高额收益。⑥

缺乏成本约束也不利于促进经济社会可持续发展。地方政府之间的地价竞争使得投资企业更愿意不断往低地价区域迁移,缺乏产业升级和结构调整的投资激励,带来地方政府之间的低水平重复建设,进而引发固定投资增长过快、经济过热等问题,这在 2003 年经济过热的经历中得到了充分体现。国家发改委在 2008 年人大会议上的报告更明确指出,要通过严格控制工业用地完善和落实宏观调控政策。有学者就指出,地方招商引资竞争是以压低土地、劳工乃至环境价格为基础的,如果这种模式继续发展下去,会导致中国宏观经济失控、城乡关系恶化、社会动荡、环境严重污染等后果。⑦

更何况,我国法律规定城市建设用地只能使用国有土地,地方政府凭其垄断城市建设用地供应不仅可以限制国有建设用地的市场规模,还可以分类限制工业用地、住宅用地和商业用地的规模。由于公共项目用地系无偿划拨地方政府无利可赚,工业用地不仅收益不高反有可能需要地方政府补贴,地方政府就只有通过提高经营性用地地价来弥补其财政缺口、维系土地财政,推动房价不断上涨。某地方政府的文件就明确提出,要千方百计降低工业用地成本,允许辖区各政府采取补贴措施招商引资,同时要坚持"做城"与"做区"同步,通过公开出让商业用房、写字楼等经营性用地获得更高收益以弥补工业用地的地价损失。⑧ 与此同时,为弥补工业用地出让损失,地方政府还通过压低土地征收中的农民补偿来降低工业用地的拿地成本,特别是在地方政府财力不足时这一情形更为明显,各地频繁出现的强制征收、野蛮征收通常皆与工业用地相关。

(二)工业用地出让价格管制的法律分析

尽管工业用地低价出让弊端重重,然现行法律并没有要求对工业用地出让价格予以管制。有学者认为国有建设用地采取的是政府指导价的价格形式,⑨但根据《价格法》,政府指导价的根据是《政府定价目录》,不过各级《政府定价目录》并未将土地涵盖进去。与此同时,我们知道交易方式会影响商品价格,工业用地的出让方式在 1990 年颁布的《城镇国有土地使用权出让转让暂行条例》中可以找到根据,该条例明确规定除划拨用地外,国

---

⑥　投资者的此种腾挪术,参见周涛、阳静纯、陈文雅:《工业圈地调查:背后隐藏着丰厚的土地增值红利》,载《经济观察报》2006 年 4 月 3 日第 257 期。

⑦　参见陶然等:《地区竞争格局演变下的中国转轨:财政激励和发展模式反思》,载《经济研究》2009 年第 7 期。

⑧　《中共杭州市委、杭州市人民政府关于进一步优化投资创业环境的若干意见》(杭州市委〔2005〕9 号),2005 年 4 月 3 日。

⑨　郭洁:《论土地价格法律规制的若干问题》,载《法商研究》2005 年第 2 期。

有土地使用权出让可以采用协议、招标或者拍卖三种市场化方式，不过该条例并没有规定国有土地使用权出让必须采取市场化方式。《土地管理法》同样没有直接规定城市建设用地出让的方式与价格，仅在第37条规定城市建设用地出让参照《城市房地产管理法》的相关规定。《城市房地产管理法》规定，土地使用权出让可以采取拍卖、招标或者双方协议的方式，其中商业、旅游、娱乐和豪华住宅用地，有条件的必须采取拍卖、招标方式，采取协议方式出让的出让金不得低于按国家规定所确定的最低价。但是《城市房地产管理法》针对的是房地产开发用地，不能适用于工业用地。而已出台的有关城市建设用地出让价格管制的规范性文件，也与《价格法》的规定相矛盾。⑩

由于法律的缺失，为纠正工业用地低价出让所引发的一系列问题，从符合法治的角度讲，应当由全国人大立法予以纠正。但受制于诸多因素之影响，《土地管理法》迟迟未能在争议与疑惑中修改。当不可能设计出对未来所有情形都加以具体规定的法律，或者因为各种原因法律无法及时调整时，行政部门就不得不主动细化或者补充现行法律予以监管。⑪ 尽管从文本上看行政机关只是执行者而非立法者，不能制定、改变既有的法律设计，但正如斯图尔特所指出的，"传统模式将行政机关设想为一个纯粹的传递带，职责是在特定案件中执行立法指令"，但要立法机关对其政策予以详尽规定，"是既不切实可行又不值得进取"⑫。由于地方政府低价出让工业用地危及粮食安全、宏观经济稳定、民众合法权益保护，亟须控制诸类行为，如果指望于通过缓慢的法律变革来立法控制，恐怕诸多耕地早已被滥占。如此看来，尽管中央政府对工业用地的价格管制确有争议，其合法性有待商榷，然鉴于地方政府用地策略所引发的诸多问题，中央管制在当下却有一定的正当性，土地管理部门有必要设置相应的管制手段和惩罚措施，以化解工业用地使用乱象。

当然，"一个具有普遍意义的可有效运用的管制定义仍未出现"，⑬中央控制土地出让价格能否称得上管制也有待探讨。我国的城市建设用地属于国家所有，中央政府作为国有土地的受托人，为控制地方政府的行为当然可以制定工业用地的出让价格，国土资源部的文件在阐述工业用地最低出让价时使用的是"加强对工业用地的调控和管理"，是最低控制标准，为此，工业用地最低出让价称为"价格控制"更为精确。不过价格控制只是价格管制的一种形式，考虑到使用习惯，本文依然将最低出让价称之为价格管制。

---

⑩　具体论述参见郭洁:《论土地价格法律规制的若干问题》，载《法商研究》2005年第2期。

⑪　See Pistor, Katharina and Xu, Chenggang, "Incomplete Law - A Conceptual and Analytical Framework and its Application to the Evolution of Financial Market Regulation", *Journal of International Law and Politics*, Vol. 35, No. 4, pp. 931-1013, 2003.

⑫　[美]理查德·B.斯图尔特:《美国行政法的重构》，沈岿译，商务印书馆2002年版，第10、39页。

⑬　史普博:《管制与市场》，上海人民出版社2008年版，第28页。

二、工业用地出让价格管制与地方反管制之互动

众所周知,市场是资源配置的最佳方式,而市场配置资源的本义乃"价高者得"。特别的,在正常运转的市场中,公开竞价可以促使企业投资者之间就某一地块进行充分、透明的竞争,更能实现工业用地的最佳配置与有效利用。考察工业用地出让价格管制实践,可发现其正是沿着从间接的交易方式控制到直接的价格管制这一路径变动的。

(一)工业用地竞价方式演变背后的中央地方博弈

很长一段时间,地方政府出让工业用地采取的是协议价格,协议价格不公开、不透明,难以实现土地资源的有效配置,也容易产生寻租与腐败,还会导致宏观经济失调。特别是在 2003 年,过低的工业用地价格就引发了固定投资增长过快、经济过热等问题,在中央采取一系列宏观经济政策都未奏效的情况下,土地政策开始成为宏观调控的重要工具,而规范工业用地出让、控制"地根"最为关键。

2004 年,国务院开始提出要运用市场价格机制抑制多占、滥占和浪费土地的行为,工业用地方面要创造条件逐步实行招标、拍卖、挂牌的出让方式。[14] 但由于中央政府并未强制地方政府采取公开竞价方式,地方政府则担心招标、拍卖、挂牌会提高工业用地价格,进而影响招商引资,少有地方政府采取招拍挂方式。据统计,2005 年全国工业用地招拍挂出让占工业用地出让宗地数的比例仅为 3.62%,占工业用地出让面积的比例为 4.07%。

由于地方政府并未真正实施招拍挂,结果造成低成本工业用地过度扩张,建设用地总量增长过快,违法违规用地、滥占耕地现象屡禁不止等问题,加之地方政府固定资产投资增速过快,国务院在 2006 年为此发文要求工业用地出让必须采取招标、拍卖、挂牌的方式,其指望工业用地"招拍挂"能够抑制企业乱占滥用土地的冲动。不过由于该文件并未规定地方政府执行不力需承担的具体责任,最终政策执行效果并不理想。统计表明,2006 年依然有高达 97% 的工业用地乃协议出让,只有不到 3% 的工业用地是通过招拍挂的方式出让,这也使得该年全国工业用地平均出让价仅为 9.86 万一亩。基于此现实,国土资源部在 2007 年专门发文明确了工业用地招拍挂的相关细节,并在全国开展了工业用地招拍挂出让情况的执法监察。对工业用地出让规避招拍挂的违法违纪案件要严肃查处,并追究有关领导干部的责任。[15] 在行政问责的制度设计下,地方政府不得不执行工业用地招拍挂政策,但招拍挂却很容易流于形式,最终形成的价格仍然是为地方政府所控制。

---

⑭ 《国务院关于深化改革严格土地管理的决定》(国发〔2004〕28 号文),2004 年 10 月 21 日。

⑮ 《国土资源部、监察部关于落实工业用地招标拍卖挂牌出让制度有关问题的通知》(国土资发〔2007〕78 号),2007 年 4 月 4 日。

(二)工业用地最低出让价制度演变背后的中央地方博弈

招拍挂流于形式,加之工业用地的特殊性不能强迫所有类型的企业都参加公开竞价,[16]中央政府为此还采取了另一项辅助政策,即工业用地基准地价、工业用地最低出让金制度。2001 年,国务院就曾发文要求市、县人民政府应自行制定基准地价和协议出让最低价,定期公布当地的基准地价,并根据土地市场价格变化及时更新,地方政府不得低于协议最低价出让土地。[17] 但是地方政府因为担心提高本地地价会影响招商引资,多数地方政府并未严格执行中央政府这一规定。国务院于是在 2004 年将工业用地最低价标准制定权从市县政府上收到省级政府,要求省级政府制定协议出让土地最低价标准,禁止地方政府非法压低地价招商,地方政府违反规定低于最低价格出让且情节严重的,以非法低价出让国有土地使用权罪追究刑事责任。[18] 但是地方政府依然未积极执行中央政府的工业用地最低出让金政策。根据国土资源部的统计,截至 2006 年,全国仅有 1/3 的省市公布了协议出让土地的最低价格,一些制定有工业用地出让价的地方政府也强调本省的地价标准不能高于周边省份。

而在国务院明令禁止低价出让土地的情况下,一些地方政府则在表面上按国家规定价格签订土地出让合同,事后通过返还土地出让金或者给予财政补贴等手段规避中央政府的工业用地最低价限制。审计署的一项审计报告指出,在 2003 年至 2005 年 6 月间被抽查的 87 个开发区,有 60 个开发区存在违规低价出让工业用地的行为,违规出让土地7873 万平方米,少收土地出让金 55.65 亿元。[19] 土地成本过低,就会诱发企业过度拿地的冲动,使得违法违规用地、滥占耕地现象屡禁不止,市场不能对土地浪费形成有效约束,加之地方政府的征地行为严重损害了农民权益,引发了剧烈的社会矛盾,中央政府在 2006年决定将工业用地最低价标准制定权收归中央,由中央政府统一制定各地的工业用地最低价,禁止地方政府低于最低价标准出让土地或以各种形式给予补贴或返还土地价款。[20]

之后不久,国务院办公厅再次发文明确提出要禁止地方借口"招商引资"等名义变相减免土地出让收入,任何地区、部门和单位都不得实行"零地价""负地价",或者以土地换项目、先征后返、补贴等形式变相减免土地出让收入。[21] 为贯彻国务院精神,国土资源部

---

[16] 参见工业用地价格比较研究课题组:《工业地价:社会经济发展的风向标》,载《中国地产市场》2007 年第 9 期。

[17] 《国务院关于加强国有土地资产管理的通知》(国发〔2001〕15 号),2010 年 11 月 30 日。

[18] 《国务院关于深化改革严格土地管理的决定》(国发〔2004〕28 号文),2004 年 10 月 21 日。

[19] 参见李金华:《关于 2005 年度中央预算执行的审计工作报告——在第十届全国人民代表大会常务委员会第二十二次会议上》,2006 年 6 月 27 日。

[20] 《国务院关于加强土地调控有关问题的通知》(国发〔2006〕31 号),2006 年 8 月 31。

[21] 《国务院办公厅关于规范国有土地使用权出让收支管理的通知》,国办发〔2006〕100 号。

决定将全国工业用地划分为 15 个等别,并制定了各等级工业用地最低出让价,最高一等土地为 840 元/平方米,最低等级的土地为 60 元/平方米。[22] 国土资源部指望如此明确、具体的规定能够有效约束地方政府的行为,不过大量地方政府依然通过补贴、奖金、企业发展基金等方式变相返还土地出让金,如政府根据企业交税情况给予"用地辅助金"折抵企业未交的用地地价款。

(三)工业用地出让价格管制失效

由于最低价格限制收效甚微,中央还要求提高新增建设用地有偿使用费,同时要求地方分成的 70% 全额缴入省级国库。[23] 中央指望通过提高地方政府和企业的用地成本以抬高工业用地价格、抑制过度用地。而为促进企业节约用地,国土资源部在 2004 年甚至制定了工业项目建设用地控制指标,[24]要求工业项目建设用地必须同时满足投资强度、容积率、建筑系数、行政办公及生活服务设施用地所占比重、绿地率五个指标,并根据工业用地等级和企业投资行业制定不同的投资强度、容积率等控制指标。[25]

由此,我国在工业用地方面形成了招标拍卖挂牌的强制出让方式、工业用地最低出让价限制、工业项目建设用地控制指标三个维度的特殊管制体系。但《土地管理法》《土地管理法实施条例》并没有将工业用地作为特殊土地予以特殊规定,更没有要求所有建设用地都必须采取招拍挂的出让方式,也没有价格管制和工业项目投资额度、绿化率等方面的指标控制。显然,实际运转的制度要比纸面上的法律丰富得多,工业用地管理的实践操作远远超出了法律文本。我国的工业用地管制制度在中央价格管制与地方反管制的博弈过程中不断被强化、被复杂化,从最初《土地管理法》的倡导式制度设计到现如今的最低出让价管制、土地出让金收支控制、招拍挂强制、投资额度控制等,可以认为,目前的工业用地出让价格管制已足够健全,加之辅以中央的征地审批和农用地转用审批,按理能够有效抑制地方政府低价出让工业用地的冲动,化解地方政府之间的零和博弈,促进工业用地资源的效率配置。

但地方政府并未严格执行中央的工业用地出让价格管制政策,除前述招拍挂流于形式、地方补贴等反规制策略外,地方政府在工业用地方面甚至干脆放弃使用国有建设用地,而采取以租代征、未批先用、只用不报等策略来规避中央管制,最终不仅使得价格管制、规模控制目的无法实现,还造成了农民权益被进一步侵犯。根据统计,自新《土地管理

---

[22] 参见《全国工业用地出让最低标准》(国土资发〔2006〕307 号),2006 年 12 月 27 日。

[23] 《财政部、国土资源部、中国人民银行关于调整新增建设用地土地有偿使用费政策等问题的通知》(财综〔2006〕48 号),2006 年 11 月 7 日。

[24] 《工业项目建设用地控制指标(试行)》(国土资发〔2004〕232 号),2004 年 11 月 1 日。

[25] 参见《国土资源部关于大力推进节约集约用地制度建设的意见》(国土资发〔2012〕47 号),2012 年 3 月 16 日。

法》(1998年)实施以来,地方政府土地违法占违法用地面积的60%。但在中央加强工业用地管制后的2007年,地方政府的违法用地面积占被查违法用地面积的比例却高达80%,个别市县政府违法用地占被查违法用地的比例甚至达到100%。[26] 而在实践中,这些违法违规土地大多用于工业企业开发。

大体可以认为,我国当前的工业用地出让价格管制成效并不显著,甚至可称之为管制失效。地方反管制和中央管制再调整之双向互动构成了我国工业用地制度变迁的主要路径,也成为我国中央经济政策调整和地方变通执行互动的一个重要场域。

在过往的经济法学研究中,更多侧重于研究政府干预的正当性和边界问题,忽视了政府干预的执行和反馈。对工业用地价格制度演变的考察可发现,政府内部并非铁板一块,"执行中经常会发生冲突和竞争,而不是清一色的控制与合作"。[27] 与普遍被管制的政府对市场的干预不同,工业用地出让价格管制的实质乃是中央政府对地方政府越轨行为的控制,由于地方政府占据更多的信息和行动空间,中央的价格控制策略并未凑效。问题在于,为什么如此系统的价格管制体系会遭受失败,而这种失败居然是因为地方政府的拒不执行所导致的。

地方招商引资竞争、工业用地特殊的价格安排仅表明地方政府为什么要违反中央的价格管制,但不能解释地方政府为什么可以规避中央的价格管制。法律和政策要得到严格执行其前提条件在于这些规定是明确且可执行的,地方政府可以做什么、不可以做什么都有非常明确的规定。制度制定得越明确具体,制度的约束力就越强。但是正如有学者所指出的,要制定出实施过程既清楚又明确的政策目标是件很困难的事情,而这是政策实施者拥有自决权的重要原因。[28] 由于法律和政策文本的局限性,不少问题甚至从未进入过既有的制度体系内,制度总存有一定的灰色地带。当政策不完备、不具体时,地方政府就可以"制度创新"之名行变通执行之实,规避中央的价格管制。特别是在价格管制中,很容易产生初始的管制措施所始料不及的负面效应,并要求管制者作出回应。[29] 最终使得价格管制成为"管制者和被管制者之间的动态博弈过程,是一种道高一尺魔高一丈的过程"。[30]

仅以2006年为例,中央政府要求工业用地出让必须采取招拍挂的方式,制定了工业用地最低出让价标准,还明令禁止地方政府以奖励、补贴等形式规避中央的价格管制。中

---

[26] 《国新办就国家土地督察制度实施进展情况举行发布会》,http://www.china.com.cn/zhibo/2007-07/12/content_8785294.htm。

[27] 盖依·彼得斯:《美国的公共政策:承诺与执行》,复旦大学出版社2008年版,第121页。

[28] [英]迈克尔·希尔:《理解社会政策》,刘升华译,商务印书馆2003年版,第122页。

[29] [美]李·J.阿尔斯通:《制度变革的经验研究》,罗仲伟译,经济科学出版社2003年版,第265页。

[30] 朱恒鹏:《管制的内生性及其后果》,载《世界经济》2011年第7期。

央的价格管制政策已经非常明确,也较为完善。但地方政府却以发展基金、奖励、只做账不收钱等变通方式来打政策擦边球,其行为隐蔽不易发现。而且,在中央法律和政策调整之前,地方政府的变通行为由于难以定性为违法违规而不会受到严格惩处,为此地方政府对如何利用中央政策、合理变通中央法律和政策就极为重视。某国土分局就明确提出,"如何充分适应新政变化,紧扣我区实际情况,灵活变通运用政策,是摆在国土部门面前的一个崭新课题",要"及时变更预案,变通处理,在政策业务的缝隙中寻求应对之策",㉛某地方领导也要求,"全市各级各部门要时刻研究和利用好上级政策",包括以"专项支持项目发展资金"的名义将土地出让金返还等。㉜

而且,地方政府完全可以不使用国有建设用地,而以推进集体土地流转的制度创新来规避中央的工业用地出让价格管制。以租代征就是地方政府规避中央管制的制度创新,地方政府通过直接租赁而非征收农村土地用于工业建设,不仅无须实行招拍挂,更能规避农用地转用审批和征地审批。由于以租代征的实质是规避中央政府的土地用途管制,国务院后来不得不专门下发文件坚决制止以租代征违法违规行为,㉝并开展了"土地违法违规案件专项行动",将以租代征、违反国家产业政策供地、变相设立和扩大开发区等行为作为重点打击对象。㉞ 但在以租代征被严打之后,工业用地方面却出现了"未报即用""未批先用""边报边用"等违法违规用地行为的新情形,国土资源部在 2009 年年底还对未报即用违法用地进行过专门的清查整改。而在最近,地方政府开始热衷于以新农村建设、拆院并院、土地换社保、宅基地换房子、农村综合整理等语词来包装,推进集体建设用地流转,指望通过集体土地整理为企业提供更多、更低廉的工业用地,以"合法"方式获得更多建设用地。某市明确提出,要逐步提高使用农村集体建设用地的比例,工业项目原则上应使用农村集体建设用地,同时严格限制集体建设用地进入城市房地产市场。㉟ 可是一旦集体建设用地流转起来,中央政府就很难控制企业的拿地行为,容易产生强拆强建、强迫农民住高楼的现象,严重损害了农民的正当合法权益,2010 年年底,中央又不得不开始收缩集体建设用地流转。㊱ 考察集体土地股份制、以租代征、未批先用、未报即用等违法用地实践,无不是以集体建设用地入市流转遮蔽其实质违法性,地方政府由此不仅可以获得

㉛　泰州市国土资源局高港分局:《践行科学发展观,合理破解用地难题》,http://www.tzgt.gov.cn/Article/Print.asp?ArticleID=1284。

㉜　资料转引自,《全国土地违法案禁而不止政府调控遇阻"擦边球"》,载《21 世纪经济报道》2007年 6 月 5 日。

㉝　《国务院关于加强土地调控有关问题的通知》(国发〔2006〕31 号),2006 年 8 月 31 日。

㉞　《国土资源部关于坚决制止"以租代征"违法违规用地行为的紧急通知》(国土资发〔2005〕166号),2005 年 8 月 30 日。

㉟　《成都市工业用地管理办法(试行)》,2008 年 7 月 17 日。

㊱　参见《国务院关于严格规范城乡建设用地增减挂钩试点切实做好农村土地整治工作的通知》(国发〔2010〕47 号),2010 年 12 月 27 日。

大量廉价工业用地,还会因集体建设用地入市流转的"放权让利"和制度创新获得学界的支持。

三、工业用地价格管制必要性之反思

(一)多目标激励下地方政府的用地激励

我国地方政府提供的建设用地多是从农民手中征收过来的,土地征收必然要支付一定的补偿,而且提供给企业的用地还需要进行平整、通水、通电等,这都需要地方政府一定的支出,按照现有的征收补偿标准和整理成本,一亩熟地需承担的成本大致在 10 万元。低地价、零地价甚至负地价意味着地方政府在工业用地提供方面不仅无利可赚,反而需要提供财政补贴。按理,抬高工业用地出让价格会增加地方政府的收入,对各地方政府乃是好事,地方政府理应积极执行。但不只欠发达地区会提供低价工业用地,发达地区同样在尽可能降低工业用地价格。在工业用地出让价格管制不断细化的同时,地方政府则通过补贴、奖励、以租代征、未批先用、未报即用、集体建设用地流转等方式规避了中央的价格管制。那么,地方政府为什么不支持却反对中央的工业用地出让价格管制、地方政府的反管制为什么能够成功?

尽管在我国中央与地方并未法律上的分权,但中央与地方却非铁板一块,地方政府作为中央的代理人同样存有代理问题,为了控制地方政府的行为,特别是在地方政府事实上享有各种资源处分权的情况下,地方政府的代理问题就更为彰显了。考虑到地方政府的代理问题,中央政府设计了一系列考核指标来监控、约束地方政府的行为。由于政府行为包罗万象,中央的考核指标涵括了诸多方面,但在多目标考核制下,这些目标却会相互冲突,地方政府就会选择政策目标组合。

无论是基于税收冲动还是出于职位晋升激励,在政治集权和经济分权的政制体系下,地方政府在经济方面展开了激烈竞争。要有更快的经济增长就不得不吸引企业投资,这使得全国各个地方政府展开了激烈的招商引资竞争,而土地正是各地方政府竞争企业投资必不可少的筹码。对于绝大多数企业而言,土地不可缺少,但与房地产用地因为区位差异导致土地价格大有区别不同,工业用地的可替代性大得多。当各个地方政府开始展开引资引企竞争时,在一个充分竞争的市场中,自由流动的资本必然会寻找那些成本最低的区域。土地是生产的必要条件,也是一种成本,要在招商引资竞争中获胜,防止其他地方因为更低的土地价格在招商引资中占据优势,地方政府就不得不竞相降低工业用地价格形成投资洼地。[37]

特别是我国区域经济差异巨大、经济发展大有区别,工业用地需求函数、供给函数也不尽相同,一刀切的价格管制很容易扭曲资源配置。经济发达的地方在招商引资过程中占有优势,中央不控制土地出让方式、出让价格,也会形成一个具有一定竞争强度的工业用地市场;而在经济欠发达的地方,工业用地需求本身不大,限制工业用地最低出让价会让这些地方更无法发挥比较优势,经济发展难有起色。而且,在激烈的地方竞争中,土地和税收是最重要的工具,地方政府通过收取不同的地价和税收参与经济增长的收入分成,此乃奠定中国经济增长的重要原因。[38]

对工业用地出让价格进行管制的目的是为了避免地方政府之间过分压低地价的恶性竞争。但是对于地方政府而言,其不仅只考虑土地出让收益,还要考虑税收、就业等非税收收益。地方政府的这种经济考量在其低价招商引资策略里常有体现,如江西某市的引资合同书就明确约定了投资方应确保的投资收益,引资企业所获的各项补贴要与地方财政留成部分挂钩,不得超过其所缴纳的地方财政留成部分。

"采用中央地价审议程序不符合行政的效率原则和实效原则",[39]低地价竞争确实不利于社会稳定与可持续发展,但在地方竞争白热化的当今中国,中央政府的价格管制会影响地方政府在招商引资中的主动性,在其他地方政府不执行中央土地政策的情况下提高本地企业的进入门槛会使地方政府在竞争中处于劣势,因此不执行中央政策成为地方政府的占优策略。一旦中央的管制价格高于市场均衡价格时,地方政府就会规避中央管制,以各种方式降低工业用地出让价格。某地方文件就指出,工业用地最低价标准"与周边相比高出 30% 以上,不利于发挥招商优势。……力争调低出让最低价,降低招商门槛"。[40]为此,该地方政府曾试图游说中央政府调低其工业用地最低出让价。

(二)土地市场分割下地方政府的用地策略

与工业用地价格低廉需要中央管制不同,城市房地产用地价格却非常高昂,引起了社会舆论的广泛关注。为什么包括发达地区在内的地方政府都会在工业用地市场和房地产市场采取不同的定价策略?原因在于,在不同的土地市场中,地方政府面临的约束条件不同。

---

[37] 李尚蒲和罗必良甚至观察到地方政府还存在"占地竞赛",工业园区建设、招商立项、引资额度等,均是地方政府工作报告的重要内容,也是上级考核地方政府政绩的重要指标。参见李尚蒲、罗必良:《地方政府间竞争:土地出让与策略模仿》,《2011 年第十一届中国制度经济学年会论文汇编(上)》。

[38] 参见张五常:《中国的经济制度》,中信出版社 2009 年版,第 170 页。

[39] 郭洁:《论土地价格法律规制的若干问题》,载《法商研究》2005 年第 2 期。

[40] 参见泰州市国土资源局高港分局:《践行科学发展观,合理破解用地难题》,http://www.tzgt.gov.cn/Article/Print.asp? ArticleID=1284。

由于房地产市场面临着尚未开征房产税的法律约束，政府从房地产市场只能获得一次性收益，为此自然会尽可能收取更高的价格。尽管地方政府也希望提高工业用地价格以获得更多收入，但对于那些区域位置、投资环境较差的地方而言，地方政府提高工业用地价格后很可能吸引不到任何企业投资，因为企业会担心在支付高额的土地成本后会遭受地方政府的敲诈，这并非没有先例。相反，降低工业用地价格成功招商引资所带来的经济增长、新增就业岗位、财政收入等不仅有助于地方政府官员的职位升迁，地方政府官员还会因为成功招商引资可获得高额的奖金或 0.5％～2％左右的利润分成，获得职位晋升与资金收入的双重回报。企业税费更能显著改善地方政府的财政开支，地方政府可以通过征收企业税费长期分享引资企业的未来收益。[41] 基于这些原因，地方政府也才会违反中央的价格管制接受投资者低廉的工业用地出价，以短期的收入减少为代价换取较快的经济增长和长期的财政收入。

"土地低价的最根本原因就是我国城乡分割的土地市场和政府垄断的出让方式，导致土地价格被严重扭曲，才让原来最稀缺的土地资源被当作最不稀缺的要素在投入使用。"[42]

当然，由于企业税 30％要上缴中央，土地出让金却全留地方，加之纳税收益可能在下一任期才会显现，或许有人会认为地方政府和官员应缺乏激励低价供给工业用地，而应当把这些城市建设用地全部用于商业金融服务和住宅建设。这种理论忽略了工业用地对商业、房地产市场的推动，也忽略了引资效应对官员政绩评价的影响。更重要的原因在于，城市高房价之所以能够获得支撑，是因为地方政府不仅垄断了城市土地供应，而且能够决定房地产建设用地、工业用地的规模，人为制造城市房地产用地的稀缺，并获得最大收益，如果加大城市住宅用地供应，房价势必下降，政府的土地出让收益也不见得增多。相反，加大工业用地供给，降低工业用地价格，还可以带来更完整的产业链，便利后续的招商引资，并形成人气，推动城市经营性用地市场的发展。[43]

（三）农村土地权利法律保护不力与地方政府行为失范

尽管国有工业用地属于国家所有，地方政府并非理论上的所有者，但工业用地的处分实际上是为地方政府所控制，地方政府是工业用地的代理人，而在制度设计不当的情况下，地方政府的代理问题就会彰显。而且，地方政府所提供的土地多系从农村征收过来

[41] 越来越多的地方在降低工业用地出让价格时要求引资企业的年纳税要达到一定条件。

[42] 刘守英，等：《土地制度改革与转变发展方式》，中国发展出版社 2012 年版，第 25 页。

[43] 有学者在考察美国地方政府的用地策略时发现，地方政府在住房用地市场的收入损失可以通过间接提高商业资产的价格获得弥补，而且就业机会、企业税收等也会改善地方政府的收益。See Eric A. Hanushek and John M. Quigley. Commercial Land Use Regulation and Local Government Finance.*American Economic Review Papers and Proceedings*, Vol.80(2),1990:176-180.

的,地方政府之所以可以压低补偿标准获得大量土地以保证工业用地供给,原因在于现有的土地制度使得农村土地权益人处于法律上、经济上的弱势地位。由于土地征收制度没有对土地征收的适用条件进行严格限制,地方政府可以随意以"公共利益"之名征收农村土地;同时,《土地管理法》第 47 条关于土地征收补偿的标准过低,特别是土地补偿费和安置补助费之和不得超过土地被征收前 3 年平均年产值的 30 倍更是地方政府可以压低土地征收补偿的"尚方宝剑"。又由于《土地管理法》严禁农村集体土地进入集体建设用地市场流转,这使得农村存量集体建设用地不能进入城市房地产市场、商业金融服务用地市场流转获得更高收益,其市场价值无从体现。

上述制度设计不仅可以确保地方政府压低征收补偿,还能以推进集体建设用地流转之名来获得更多便宜的工业用地。因为一旦地方政府准许集体建设用地进入工业用地市场流转,集体土地权利人多少可以将无法流转的集体土地用于收益略高的工业用途,因而有将集体建设用地乃至农业用地用于工业用地的激励。与此同时,由于城市建设用地市场被分割为相对独立的工业用地市场、商业金融服务用地市场、住宅用地市场,地方政府因而可以在不同的市场采取有区别的定价策略。在利益最大化的目标约束下,地方政府绝不会准许集体建设用地进入收益更高的商业金融服务用地市场或住宅用地市场,集体建设用地流转的空间被严格束缚在收益最低的工业用地市场。由于集体土地缺乏其他分享经济发展收益的手段与渠道,集体土地权利人也不得不接受低于国有工业用地价格为条件的流转,当然地方政府也乐于压低国有工业用地以获得更多的低价集体建设用地用于招商引资。

(四)管制不当:信息缺失导致的配额管理失灵

为配合 18 亿亩耕地保护的目标,我国政府严格限制了每年农用地转用的面积,中央政府每年分配给各省市一定额度的新增建设用地指标,省市政府再层层下拨,用地者只有在获得农用地转用指标和征地指标后才能进行土地征收和开发。现有的农用地转用指标和征地指标实行的是有差别的计划区域调节政策,从严控制东部发达地区新增建设占用耕地计划指标,合理安排中部和东北地区新增建设用地计划指标,适当增加西部欠发达地区未利用地计划指标。[44]

就此种计划经济管理模式而言,中央政府受制于信息约束,无法对地方需求有完全的掌控,采用计划经济的指标管理模式难以实现工业项目建设用地的最优配置。尽管中央试图通过公开竞价来实现工业用地的市场化配置,但由于中央每年划拨的农用地转用指标和征地指标是地方可征地的依据,在地方政府拥有大量建设用地指标而工业用地需求

---

[44] 参见《国土资源部关于大力推进节约集约用地制度建设的意见》(国土资发〔2012〕47 号),2012 年 3 月 16 日。

不大的情况下,当然会降低工业用地价格来吸引投资,特别是因为区位劣势、产业配套不成熟而不具招商引资优势时,地方政府更会降低工业用地价格。中央发现工业用地价格过低,指望通过公开竞价和最低出让价来推高工业用地价格,但较高的工业用地出让价格会使地方政府的建设用地指标存有剩余,地方政府当然不会让这些用地指标白白浪费而会降价处理。如此,自然也难以指望中央的诸多规制政策能够真正发挥作用。

四、市场分割下的工业用地制度改革

毫无疑问,工业用地价格过低既不利于土地资源的有效配置,也不利于农民正当合法权益的保护,因而需要中央的价格管制。但是否需要管制是一个问题,如何管制又是另外一个问题。如果管制策略不对,不仅管制的目的难以实现,还可能会产生意料不及的问题。我国工业用地出让价格管制失效的根源在于现行的政治体制以及工业用地制度本身,因而,要解决我国工业用地出让价格管制失效的问题,抛开政治体制不论,其必须从根本上改革土地用途管制和二元所有制结构的现状。

(一)政府是否应该干预工业用地出让价格

地方政府低价出让工业用地是以压低征地补偿、提高住宅用地价格为前提的,最终农民和城市居民都受到损害,不利于社会之稳定、和谐,有损于社会总体福利和长远利益,有人甚至指出工业用地的开发"成了一场以社会资源作交易的圈地运动"[45]。这就需要纠正地方政府低价出让工业用地的竞争策略,限制地方政府工业用地出让中的恶性竞争与企业低成本过度扩张。为防止地方政府之间的无序竞争、逐底竞争,只有恢复工业用地的市场价值,使低成本供地不再可行,土地成本成为企业、地方政府的内在约束,企业才会抑制拿地的冲动,地方政府也才会抛弃低地价竞争策略。而在国外,不少国家都"赋予和规范政府对土地价格适度干预的权力",土地价格法在实现资源配置中发挥着重要作用。[46] 事实上,中央的一系列控制策略目的都是使工业用地价格贵起来。但正如之前所看到的中央与地方的博弈,考虑到多层次政府下中央政府和地方政府的不同目标函数,仅靠上级政府不断加强监管乃治标不治本的办法。尽管中央政府通过机构设置改革、开展违法用地专项行动等来对地方政府低价出让工业用地予以惩处,但受制于信息部对策、责任设计不当等问题,这些措施并未改变地方政府低价供地的策略。[47]

㊺ 《工业用地转商用工业地产是革命还是圈地运动》,载《证券日报》2012 年 11 月 9 日。

㊻ 郭洁:《论土地价格法律规制的若干问题》,载《法商研究》2005 年第 2 期。

㊼ 有关中央政府对地方政府工业用地查处的详细研究可参见,万江:《中央经济政策的地方执行研究》,法律出版社 2012 年版。

地方政府压低工业用地价格不利于土地资源的有效配置,还导致了房价过高、征地补偿过低等问题,对地方政府的这类逐底竞争当然需要管制。但工业用地价格高低乃市场竞争所决定,最低价格限制会损害我国经济增长的基础,也容易扭曲市场信号。正如经济学原理所表明的,直接的价格管制忽略了市场供需,其失败是必然的,笔者当然不赞成对工业用地进行直接价格管制。在我国,由于政府征地补偿和土地整理的成本大致较为稳定,无论中央如何调整工业用地的价格,地方政府依然会以市场价格提供土地。

只要地方政府没有寻租、腐败的行为,地方政府一定会在土地出让收入、税收、就业等一系列目标中实现均衡,最终是能够提高社会福利的。而在协议出让容易产生腐败寻租、扭曲资源配置的情况下,[48]公开竞价多少能够部分减少工业用地的无效配置。[49]《土地管理法》第 37 条规定,在城市规划区范围内以出让方式取得土地使用权进行房地产开发的闲置土地,依照《城市房地产管理法》的有关规定办理。而《城市房地产管理法》只能适用于商业旅游、娱乐和豪华住宅用地,工业用地的出让并无明确的法律规定。为此,建议将《土地管理法》第 37 条修订为,"在城市规划区范围内,除划拨用地外,土地使用权出让应当采取拍卖、招标或者双方协议的方式"。

(二)改革征地制度与放松集体建设用地流转

被分割了的城市建设用地市场因为缺乏自由流动无法实现资源的有效配置,加之地方政府因为合法的垄断权可以压低征收补偿,进一步造成我国城市房价过高、土地征收补偿过低之现实。如此看来,只要地方政府维持低价工业用地的制度基础没变,中央在工业用地、经营性用地市场的各种价格管制都会被地方政府以各种方式予以化解。因此,需要打破地方政府垄断并分割城市建设用地市场的现实,严格限制政府征地的适用条件、提高征地补偿标准、推进征收程序的民主化和公开化,通过加强集体土地权利人的权益保护来提高政府的拿地成本。同时,应准许集体建设用地直接入市流转,将地方政府既是市场监管者又是市场参与者的角色转换成纯粹的市场监管者,改变政府一元供地的模式,引入多元土地供给主体,在一个自由的竞争性市场通过市场机制来决定工业用地的价格。而在推进集体建设用地入市流转时,除关注于是否准许集体建设用地流转这一问题外,还应当将更多精力投向于集体建设用地入市流转的具体制度设计上,如在符合规划的前提下准许集体建设用地进入住宅、商业服务金融等经营性土地市场,通过市场机制来配置建设用地在住宅用地、工业用地、商服用地各领域的自由使用。

　㊽　Hongbin Cai & J. Vernon Henderson & Qinghua Zhang,"China's Land Market Auctions:Evidence of Corruption,"*NBER Working Papers*15067,2009.

　㊾　陶坤玉等:《市场化改革与违法:来自中国土地违法案件的证据》,载《南开经济研究》2010 年第2 期.

(三)改革指标式的土地管理模式

地方政府之所以会低价供给工业用地而不执行中央的价格管制,原因在于工业用地供需失衡。基于土地用途管制基础上的建设用地指标式管理是造成我国工业用地乱象的重要原因,中央的农用地转用指标、征地指标划拨机制使得地方政府有不用即是浪费的心理,缺乏控制供给的激励,带来建设用地资源的无效率配置,而这种计划管理模式和市场经济之间的天然不匹配也使得中央有关工业用地的诸多管制被地方政府予以化解。因此,应改革配额式的建设用地指标管理模式,利用市场化方式竞拍,准许集体建设用地流转、准许地方将中央分配的征地指标和新增建设用地指标转让,并在可能的情况下积极推进开发权交易。

结论

我国地方政府之间确实存在为增长而竞争之现实,而这本身是支撑中国经济增长的微观基础。然这种竞争是以压低工业用地价格为基础的优惠政策竞争,其造成了土地浪费、宏观经济失控、高房价、低土地补偿等一系列问题。中央政府当然得校正工业用地价格过低这一现象,但地方政府并未积极执行中央的价格管制,而是通过政策变通、打政策擦边球来化解中央的管制。尽管中央又尝试从其他方面来规制地方的工业用地出让行为,强化对地方政府行为的控制,但却未能找到一劳永逸的解决办法。最终,价格管制越来越细化、越来越复杂,但基于信息不对称、政策不完备,被管制者总有突破价格管制的可行路径。

政府不去反思现行的土地制度背景,而是沿袭计划经济时期的管理方式,放弃市场机制在配置资源中的重要作用,将工业用地出让制度进一步复杂化,却引发更多预料不及的问题。这使得我国的工业用地要么成为中国富有活力的经济增长被降速,要么使得如此系统的工业用地出让管制体系流于形式,政府的公信力丧失。

造成工业用地诸多问题的原因显然不能只归结为地方政府的谋利冲动,也不应当责怪中央的管制不力,其根源还是因为我国的土地制度设计不当。土地用途管制为地方政府提供了人为分割城市建设用地市场的机会,土地二元所有制结构则为地方政府通过低价征收高价出让获得高额收益提供了合法理由,而财政收入和经济增长的双重激励也使得地方政府会置中央的惩处威胁不顾,通过政策变通不断突破法律的灰色领域,规避中央设定的各种管制。中央的价格管制在地方政府的丰富运作现实前显得非常苍白,其无必要,也无实用。正如有学者所指出的,"忠实地实施一项差劲的制定法不可避免地会使事情变得更糟而不是更好",反而会造成不必要的成本,导致更多的不合理或不公正。[50]

---

⑤⓪ [美]凯斯·R.桑斯坦:《权利革命之后:重塑规制国》,钟瑞华,译,中国人民大学出版社 2008 年版,第 96 页。

不幸的是,工业用地出让价格管制所内蕴的这种逻辑与演变谱系不断在我国的电力、药品乃至餐饮服务等市场中展现出来。从经济学上看,价格管制本身缺乏效率,更不是最好的解决进路。要解决我国工业用地、电力、药品等领域所存在的问题,从根本上实现中央管制者所欲达成的管制目标,需要的是放松管制、解决表面价格问题背后存在的体制性根源,而不是目前所表征出来的不断被强化的价格管制。

论证券信息披露制度的完善

王双

（西南大学法学院）

摘　要：证券信息与证券价格之间有着必然的关系。证券信息是投资者投资决策的前提和基础，要切实保护投资者的利益就应当从信息披露制度的完善着手。信息披露的理论依据已经比较完备，但在执行方面有所欠缺，主要是信息披露的监管方面。因此，信息披露制度的完善就应当着重于监管体制的建设。

关键词：证券欺诈；信息披露；监管

"信息是现代经营活动的核心资源，是对经营行为进行充分评价的重要依据。"[①]信息披露制度又称为信息公开制度，这一制度肇始于英国，是证券法中的重要制度之一，也是各国证券法的核心和基石。在美国，证券法的核心就是信息披露和反欺诈。由此可见，披露是美国证券法的灵魂。信息披露制度的目的在于维护证券交易的公平和安全、维护投资者的合法权益、强化上市公司管理经营及提高证券市场效率。

一、我国证券信息披露制度的现状和存在的问题

确保信息披露工作的顺利进行是证券立法的重要内容。1999 年的证券法和 2006 年新证券法都对信息披露制度做了相应规定。证监会于 2006 年 5 月 8 日发布实施了《公开发行证券的公司信息披露内容与格式准则第 11 号——上市公司公开发行证券招募集说明书》、2006 年 5 月 18 日发布实施了《公开发行证券公司信息披露内容与格式准则第 1 号——招股说明书》，我国信息披露制度的主要法律依据就来源于这些法律法规。

我国《证券法》对信息披露主体的规定已经比较明确和具体：上市公司董事、高级管理

---

① ［美］理查德·T.德·乔治著：《经济伦理学》，北京大学出版社 2002 年中文版，第 361 页。

人员应当对公司定期报告签署书面确认意见,上市公司监事会应当对董事会编制的公司定期报告进行审核并提出书面意见,上市公司董事、监事、高级管理人员应当保证上市公司所披露信息真实、准确和完善,加大了信息义务人的范围。

信息披露的内容比较宽泛,如《证券法》第 66 条规定公司的实际控制人也属于应当报告的内容;在重大事件列举上规定了公司涉嫌犯罪被司法机关立案调查,公司董事、监事、高管涉嫌犯罪被司法机关采取强制措施。

在信息披露的责任上已经比较合理,如《证券法》对不同主体予以区别对待,分别规定了无过错责任原则、过错推定责任原则和过错责任原则。该种做法是证券立法日益成熟的表现,是《证券法》与《侵权责任法》的完美结合,是立法的进步。

在信息监管上,《证券法》赋予国务院证券监督管理机构监督和管理职责。该机构对上市公司临时报告、中期报告、年度报告以及公告进行监督,对上市公司分派或者配售新股情况进行监督,对上市公司控股股东和信息披露义务人行为进行监督。

我国证券信息披露存在的主要问题:

(一)信息不对称与大户操作市场

信息不对称是指信息在市场各个主体之间分布的不对称。交易中,一方因为比另一方拥有更多新、准的信息而处于优势地位。具体而言,包括信息质量不对称、信息时间不对称和信息数量不对称。证券市场中信息分布不均匀的情形通常分两种:一种是发行人与投资者之间,发行人更清楚投资项目的市场状况、风险和前景,投资者则只能得到发行人在考虑到自身利益筛选出的信息;另一种情形是投资者之间因为经济实力的不同决定着其获得信息的质量、数量等不同,如上市公司中控股股东与普通投资者之间信息股票交易信息的不对等。但是正是信息的不对称造就了证券市场的活力,因为只有信息的不对称,市场参与者才会主动搜寻、获取和分析及运用信息从而获得超额收益,在这样背景下做的不同投资决策才会让市场交易活跃。潜在的危险是市场风险的放大和强化,会影响到证券市场的正常运行。

大户操纵市场现象就是指占有更多信息的参与者具备更强的收集、利用信息的能力,从而形成更有利的市场地位。他们丰富的专业技巧、丰厚的资金及与政府主管部门、上市公司、证券经营机构和银行特殊的利益关系加上同新闻媒介的默契配合就能通过某种方式肆意发布假消息,将其余的投资者玩弄于股掌之中。而政府管理部门面对占有信息优势的他们而言也显得力不从心,且为了保持市场活力他们也不便进行太多的行政干涉。这些大户利用自己的优势地位、股市发育的缺陷谋取暴利,让一般投资者损失惨重,这也是我国股市长期不稳定的原因之一。

(二)上市公司信息披露不规范

1. 信息披露不真实和不准确

公司管理者常常从自己利益的角度出发,歪曲或者不愿披露详细、真实的信息。在其所披露的信息中,夸大公司规模及盈利能力,用一些特殊的手段缩小负债和亏损额,提供误导性财务报告,掩盖公司负债的真实状况。

一些公司则为了特殊目的在所披露的信息中使用不准确、模糊的语言误导投资者,如在分红条款中使用"股东将得到丰厚的回报",其中的"丰厚"并无具体标准,根本无法衡量。而一些公司则避重就轻的披露给投资者一些无关紧要的信息,这些行为都具有很大的欺诈性,会给投资者带来潜在的危险。

2. 信息披露不及时

知晓证券内幕信息的人往往喜欢利用信息的时间性和敏感性,要规避此类情况的发生就要求公司必须在规定的时间内以规范的方式披露有关信息,该规定能够有效地防止内幕交易行为的发生。遗憾的是公司往往不会按照规定办事,如《公司法》规定"年度报告摘要要在年度股东大会召开至少 20 个工作日前公布",而上市公司往往推延至大会召开以前 1—2 天才公布,由于年度报告记载的信息量大且十分专业,普通投资者很难在这么短的时间内参透相关信息。因此,大会之上股东往往无法对所议的相关事项提建议,或者为自身争取适当的利益,这实际上是对股东知情权和重大决策权的侵犯。

3. 信息披露不充分,遗漏重要信息

该类情况最集中的表现是公司对有利信息过度披露,隐瞒不利信息。例如,对企业偿债能力的隐瞒、对资金去向和利润构成披露不够充分、一些公司甚至借口保护商业秘密来隐瞒对企业不利的财务信息。

(三)执法不力,手段不当

信息披露中存在的种种问题渗透在证券市场的各个环节。客观上讲我国的现行证券法相关法律法规其实已经比较全面、细致。但是无论法律多么完美,执法力度跟不上,也只是一纸空文。证券市场监管部门应当长期持续地检查上市公司信息披露的情况,不定期地审计中介机构、上市公司和交易所的记录及账簿,询问涉嫌信息披露违规的人员,暂停或者取消违规披露公司的上市资格等。监督者只有加强执法力度才能保障我国证券市场安全、有序地运行。

执法不力的表现之一是欠缺执法的广度和深度。一个案件中对违规者的处罚意义不仅仅在于对始作俑者的惩处,更在于其威慑作用和深远的市场影响。投资者对证监会的重大处罚决定都十分关注,如"红光实业"案对中国证券市场的震动,时至今日,证监会对

该案的处理方式在业内还存在着极大的争议。

执法方式不当也是我国证券市场中存在的问题。"股市有风险,投资需谨慎"的道理众所周知,但是其并非指证券市场完全"自助",毫无规制,证券的监管应当具有持续性、一贯性。而我国的实然情况是,有关部门往往在发生难以收拾的状况以后才介入进行干预或调查,最终往往以政府"救市"或"压市"告终。类比对付刑事犯罪,证监会对待该类案件时往往发布些紧急文件,誓言要全力查处、集中打击该类行为的做法不太科学。这种"治标不治本"的做法加上随机式严惩的执法方法,除导致股价巨幅波动及投资者损失惨重外,无法稳定我国证券市场。

二、完善证券信息披露制度的意义

理论上,完善信息披露制度意义在于保障投资者利益。保证投资者能够平等的接触并获取可能影响其投资决策的信息,防止投资者受欺诈,给予受欺诈的投资者适当的法律救济途径。深远意义在于树立公众对证券市场的信心,因为公众信心建立在证券市场上筹资交易的公司能够及时披露与商业和公司事务相关的所有重大信息,以保障市场参与者能够公平竞争基础之上。

信息披露制度的设立不仅是为了减少自由开放的资本市场中的缺陷,更要确保建立在完全真实准确的信息披露制度上的有效资本运作实现经济增长的长远目标。信息披露制度通过构建证券市场公开性和透明度消除人们因神秘感而导致的不信任与猜忌。保障投资者能公平获得其投资所需的信息,提供自由竞争基础。而信息披露制度的具体措施价值在于:有利于约束证券发行人及有关人员的行为;有利于保护投资者的合法利益;有利于公司树立企业形象,筹集资金;有利于证券主管机关的管理。

信息披露制度价值不仅仅在于告诉发行人在什么时候发布什么信息,上报什么文件,其价值更体现在对市场效率的理论上,政府在证券市场中行为尺度的评价,该制度的发展好坏甚至可能影响到一国乃至世界的金融秩序稳定、人们对于证券市场的信心和对证券市场监管制度的不断完善和发展。

三、国外信息披露制度立法模式概说

(一)美国[②]

美国的信息披露制度立法是世界上最完善的。美国最早记录信息披露内容的法律是

---

② 王林清:《证券法理论与司法适用》,法律出版社。

蓝天法,美国在其 1933 年颁布的《证券法》中首次规定财务公开制度,次年的《证券交易法》进一步完善了该制度,强制信息披露制度成为该部法律的核心,也是美国证券法的基石。1968 年,美国通过了《威廉姆斯法》,其中规定:该法的立法目的是促进充分披露。[3]纵观美国证券法体系,它始终坚持着尊重市场竞争的原则,因此,美国的证券法是通过信息公开的间接管理来保护投资者的利益的。整部法律围绕信息披露展开,对证券发行的说明和等级文件有详细的规定。根据发行公司类型的不同,有不同类型的登记表格,其内容十分详细,目的在于对证券发行公司进行彻底的信息披露。而政府在该制度中扮演的是监督披露执行情况的角色。无论是 1933 年的《证券法》还是 1934 年的《证券交易法》,其根本目的都在于防范金融危机,保护中小投资者的利益。围绕这一目的,美国相关措施如下:

1. 充分披露信息,为投资者的理智投资提供必要条件

在《证券交易法》颁布之前,美国证券市场投机猖獗,投资者的决策是依据承销银行推荐,但是承销银行难以防止资信较差的公司在证券市场筹资。很容易出现这样一种状况,发行人濒临破产时其债券和股票被推荐上市。投资者根据经纪人和发行商的意见进行投资,对真实信息缺乏掌握,经常作出错误的决策。《证券交易法》对发行商和代理人披露的金融信息做了统一的规定,明确了违反者要承担的后果:发行商发行股票时要披露企业财政状况、大股东、企业经理、发行商的有关信息,每年和每季都需要股东提供相关的报告,并且规定经理人员额外津贴、海外报酬、会计账目等也需要披露,信息披露中遗漏或者误导给投资者造成了损失,投资者有权起诉相关发行商、会计人员和公司董事会;充分披露小股东选择经理和表决涉及事项的相关信息,小股东的选择权得到保障,企业在授权委托书声明 10 天以前,证券交易委员会对代理人有权进行考察。

2. 禁止操纵市场价格,制止内幕交易[4]

美国的《证券交易法》和《威廉姆斯法》对内幕交易行为进行了严格的规定。该法中内幕交易不仅包括企业内部人员,还包含所有知道非公开信息的所有人。《威廉姆斯法》中甚至规定只要购方开始实质性重组,那么无论以何种方式直接或者间接从内部人员处获得非公开信息的行为都是欺诈行为。虚买、虚卖、制造交易活动、散布谣言、价格操作是价格产生突发或者非合理的波动的各种行为都是该法所禁止的。美国证券交易委员会依法有权制止内幕交易、对相关人员提起诉讼、暂停或回收专业执照及调查内幕交易收益的权利。

283

---

③ 胡滨:《上市公司收购法问题》,王保树主编《商事法论集》(第 4 卷),法律出版社 2001 年版,第 620 页。

④ 同上

3. 股东代表诉讼制度⑤

美国公司法中明确规定了股东代表诉讼制度。我国的相关规定同其非常相似,股东可以以公司的名义对给公司造成损失的行为提起诉讼,也可以以自己的名义对相关责任人提起诉讼,但是该诉讼只有在董事与提起诉讼的股东之间进行,只赔偿给提起诉讼的股东,没有诉讼的股东不能得到赔偿。美国的诉讼费用低廉,股东代表诉讼制度十分发达。

4. 奖励和处罚制度并重⑥

美国的《内幕交易制裁法》和《内幕交易和证券欺诈法》针对上市公司的内幕交易和证券欺诈行为作出了规定。内幕交易相关人员可能受到民事和刑事处罚,刑事处罚规定,对个人内幕交易最高罚款金额是 100 万元,对法人最高处罚金额是 250 万美元,最高刑期是 10 年。

美国证监会还建立了有利于维护投资者权益保护的奖励制度:任何提供了有关内幕交易和证券欺诈证据的人,在诉讼成功后,都能从证监会得到最高 10% 的民事罚款金额。

5. 专门立法⑦

美国国会于 1970 年通过《证券投资者保护法》,并以此为依据成立了证券投资者保护公司。该公司的职责是化解证券商因为财务危机给投资者带来的风险,且公司不以营利为目的。其会员由证券经纪商组成,每年上交会费,每个投资者最高可以从该公司获得 50 万元的保险赔偿。有证券公司陷入困境时,该公司可以接管,负责清理券商资产、债券债务,并追诉相关责任人,保证投资者权益。因此,受到券商破产影响的投资者都能从该公司得到及时的赔偿。

(二)日本⑧

日本的证券市场产生得早,1878 年日本就颁布了证券交易管理条例。同年建立了东京证券交易所,这也是日本的第一家证券交易所。"二战"以后,日本在美国的监督指导之下开始重建证券市场。1948 年日本制定了《证券交易法》,此后经过了 40 多次的修订,日本有关证券的法律主要体现在《商法典》《公司法》《外汇和外贸管理法》《担保债权信托法》《证券投资信托法》《外国公司证券法》及有关行政规章制度和自律机构章程。

日本虽然引用了美国的证券立法原则,但他们更注重证券市场的稳定发展,通过信息披露制度可以减少由于信息不对称引发的市场操纵和内幕交易。日本在证券管理模式上采用行政指导和直接干预的管理方式。如日本中央银行对证券市场进行直接或间接的行

---

⑤ 王京、腾必炎:《证券法比较研究》,中国人民公安大学出版社 2004 年版,第 12 页。

⑥ 同上

⑦ 同上

⑧ 陈洁:《证券法》,社会科学文献出版社 2006 年版,第 40 页。

政指导和干预,令日本的证券监管更加集中和严格。

随着金融商品的多元化,日本于2006年颁布了《金融商品交易法》。该法对债券、股票、外汇风险等进行一元化管理,投资者的利益因此得到了很好的保障。该法的亮点是强调机构投资者对所持股票信息的公开,加强对投资基金的管理。日本政府主要从企业经营状况的披露、银行和证券业务相关信息的披露(主要指不良债权信息披露)、资金的使用和社会收益的信息披露三个方面加强了该制度的构建。

以上所提到的两个国家都建立了投资者保护基金,实质上是强化了证券的民事责任,有利于更好地保护投资者的利益。

四、完善我国证券信息披露制度的建议

(一)把握好信息披露的标准

信息披露制度面临利益平衡的问题。依据有效资本市场假说,一切与证券及发行者相关的重大信息一经准确披露,市场自身就能吸纳、处理这些信息,且会反映在价格之上,让投资者能作出正确的投资决策。[9] 监管者不应当越位,代替市场对发行者的经营状况、能力和条件等进行实质性审查,而只需要求和督促上市公司充分披露信息。我国在完善信息披露制度时一方面要维护投资者的合法权益,处罚违背证券市场公平原则的行为;另一方面应当尊重上市公司、证券分析师等的合法权益,避免给他们增加过多的负担和责任,抑制其正常的交流及信息的发布和传播,降低市场效率。保护投资者合法权益,维护证券市场公平是我们始终要坚持的方向,规制上市公司选择性信息披露行为,完善我国信息披露制度的关键就是要把握好一个"度"的问题。

285

(二)相关制度有效配合

信息披露制度不是独立的,它的高效运行有赖于其他制度的配合。本文第一部分就分析了我国证券信息披露制度中所存在的问题,这些问题的存在并不是我国相关法律中的规定出现空白,而是执法出现漏洞。如何才能较好地执行已有的规定,笔者认为应当加强和完善对上市公司信息披露行为的监管,具体措施如下:

1. 明确赋予证券交易所有权对信息披露的执行情况进行监督

首先,证券交易所对上市公司的监管早于政府部门的监管。以美国为例,美国证券交易委员会在1934年就成立了,当时的证券交易所采用审计和会计行业的方式对公司信息披露进行监管。当今各国证券交易所仍然是上市公司信息披露规则的制定者和管理者。

---

⑨ 转引自齐斌:《证券市场信息披露法律监管》,法律出版社2000年版,第78页。

我国香港联交所沿用了英国制定的信息披露规则,对其证券市场的发展有很大的作用。

其次,鉴于《证券法》将证券上市交易的决定权赋予了证券交易所,其原因在于证券交易是一种市场行为,其监督管理由国务院决定设立的会员制管理的独立法人(即证券交易所)来实行更加符合市场机制。同理,可以将上市公司的信息披露监管权力赋予它,毕竟信息披露是上市交易的重要环节,而且,我国证券法要求公司的中期报告、年度报告等重要信息材料要报送证监会和证券交易所,这为证券交易所履行监管提供了基础。而且国务院证券监督管理机构日常工作繁复,人员相对不足,因此其只要做好立法和执法工作即可,日常的信息披露监管可以交由证券交易所完成。

2. 强化注册会计师协会的监管力度

信息披露中信息的质量不仅取决于相关法律和证交所规则,还取决于会计行业协会制定的会计审计准则。我国财政部是会计行业的主管部门,负责制定有关财务、审计准则。但是由于我国曾长期实行计划体制,因此许多相关制度法规不健全、严重滞后。财政部应当下放部分相关准则制定的权力给注册会计师协会,让其发展成为贴近市场的专业化组织。同时,还应当加强注册会计师协会的自律能力,提升其专业水平,在强化专业职能的同时逐步建立起会计师事务所管理体制,形成行业内部的互相监督机制。具体措施如下:

首先,完善违法披露的法律责任,提高违规成本。在相关法规中详细规定会计师等中介机构违反信息披露制度的责任,完善相关诉讼机制。改变以往不公平的监管执法方式,将经济处罚落实到造假的中介机构,加大其造假成本。

其次,会计师事务所的组织形式应当规定为合伙制,不得为公司,特别是有限责任公司。因为有限责任公司以公司财产为限担责的方式不能对会计师本人参与制假造成严重损失的行为起到有效的惩戒作用,应当让相关人员承担无限连带责任才可能遏制其造假的想法。

3. 加大证券监督管理机构的监管与处罚力度

证券的监管和处罚由国家实施,证监会加大监管和处罚力度的关键在于法律、行政、舆论等手段的综合运用来提高失信成本,只有该成本高到令失信者心痛时,才能有效遏制失信行为的发生。

(三)缩短信息披露时限

缩短证券法规定而定上市公司信息披露时限,提高披露信息的及时性。当今社会瞬息万变,年度报告与中期报告的间隔显得过长,公司财务状况在此之间可能发生巨大变化,造成信息滞后、不准确。因此,应当缩短上市公司信息披露的时限。

（四）建立公司信息披露评价体系

建立科学、客观的上市公司信息披露评价体系,全面、准确评价上市公司信息披露的真实性、准确性和及时性,提高信息披露的监管质量和效率。并且将评定结果定期和不定期公告并划分等级,便于投资者做抉择,也便于政府的监督。

（五）信息披露形式多样化

按照我国《证券法》的规定,信息披露要在中国证监会指定媒体上公开。就我国目前情形而言,严格限制信息披露方式是有必要的,但是随着市场的发展,金融商品形式增多,应当提供给披露主体更灵活的选择,充分考虑利用科技手段。利用新技术丰富监管手段,建立更加畅通、便捷和高效的资信渠道,利用各界监督力量加强上市公司的监管。

（六）加强诚信记录核查机制建设

对上市公司进行以落实诚信责任为核心的专项检查,督促其切实履行诚信责任,建立诚信档案。将上市公司、中介机构、董事、监事在信息披露中的行为详细记录在案,为失信者统一建立名册,便于对其进行处罚,严重的移交司法部门处理。

此外,我国的证券市场是新兴的市场,具有"后发优势",在构建和完善相关制度时可以充分利用该优势,借鉴他国的经验促进我国证券市场的长远发展。

287

结语

我国证券市场的发展有赖于投资者的信心,信息披露制度的完善是维护市场信誉、强化投资者信心的关键。任何一个国家的法律制度都不是绝对的完善,从这一点上来看,我国的信息披露相关法律规定已经相对完善。我国信息披露制度中的实质问题是执法不严、有法不依引起的。因此完善信息披露制度应从执法方面入手,完善相关的配套制度,加强违规者的惩处力度,为我国证券市场的长远发展奠基。

支持养老产业发展的
财税政策工具及其应用研究

杨复卫* 张新民**

(西南大学法学院)

摘 要: 财税政策工具助力养老产业发展是当下政府正在执行的一项措施,然而当下的财税政策是否能精准支持养老产业发展还存有疑义。从支持养老产业发展的财税政策工具文本检索出发,可以发现财税政策助力养老产业发展存在诸多理论上和技术上的问题。问题的解决需要政府切实区分针对不同财税政策工具的功能进行选择,探求财税政策工具选择的制约因素,以求通过工具间的合理配置实现财税政策工具助力养老产业发展的精准控制。

关键词: 养老产业;财税政策;工具应用

一、问题提出:养老产业财税政策工具视角的整体审视

中国人口老龄化问题越来越成为社会关注的热点,从已有的研究来看,人口老龄化在一段时间内将成为中国的常态。① 为此,有诸多学者对此展开研究,希望提出解决问题的方案。这些研究主要聚焦于人口老龄化所带来的人口年龄结构的改变对社会经济、科技以及其他社会系统产生的冲击,导致社会供养成本的增加,[1]特别是易引发养老金危机。甚至有学者断言:"人口老龄化继续发展下去所产生的冲击将不亚于全球化、城市化、工业化等人类历史上任何一次伟大的经济与社会革命。"[2]由于人口增长的长期性和生育意愿的惯性,中国人口老龄化结构在短期内不可逆转,国家政策不能因噎废食强行改变,而应在适应它的前提下合理规避可能带来的社会经济风险,乃至转变思路去探寻该人口状况

---

* 杨复卫,男,法学博士,博士后研究人员,西南大学讲师。

** 张新民,男,西南大学法学院教授,博士生导师,法学博士。

① 2050年,中国60岁以上老年人口的数量也将从目前的1.67亿增长到4亿以上,分别占中国人口总量的30%以上和世界老年人口总量的20%以上。

产生的经济价值,改变政策突破口,将危机转变为机遇。类似于将全球化、城市化危机转变为国家经济发展的助推器一样。但前提是制度与政策调节成为必须,发展养老产业即是这样的转变。2013年,国务院发布了《关于加快发展养老服务业的若干意见》(国发〔2013〕35号,以下简称"35号文")。2016年,民政部、国家发展改革委印发《民政事业发展第十三个五年规划(养老部分)》,"发展养老产业"成为国策。在"应当发展"成为社会共识后,"如何发展"成为社会各界思考的核心问题。而财税政策工具由于其规范的理财行为、促进社会公平与保障经济发展[3]等功能,深刻影响着养老产业的布局与发展,成为研究的"不二人选"。

本文从财税政策工具的角度来分析我国养老产业的发展,以求在现有的政策工具箱中为养老产业匹配最佳的财税政策工具,为财税政策工具应用于养老产业的发展建构一套普适的理论框架。以此,探明当前支持养老产业的财税政策工具,提高养老产业发展质量。文章以文本中的财税政策工具为出发点,评估和挑选最优的工具以支持养老产业发展,并最终将工具应用于养老产业,形成初步结论。并重点解决以下问题:不同财税政策工具在支持养老产业发展上有何优缺点,挑选财税政策工具应考虑何种因素,权力机关如何运用这些选择出来的工具,如何建立一套以养老产业发展为核心的财税工具体系;为匹配养老产业的发展,还应探明当前的财税政策工具改进方向。毕竟,政策工具的目的在于"将政策意图转变为管理行为,将政策理想转变为政策现实"。[11]本文从财税政策工具视角来审视养老产业发展问题,其目的并非要给养老产业发展开一剂一劳永逸的药方,而是为"我们需要如何思考和行动"[12]给出一个初步的政策框架。

二、文本分析:支持养老产业发展的财税政策工具检索

尽管对于何为养老产业至今未有一个标准的定义,②但这丝毫不影响公共政策工具对于"减轻个体的痛苦或减少社会的不稳定因素"所发挥的巨大功用。[13]显然,属于公共政策的财税政策在减少因年老所衍生的社会风险方面具有积极意义。不过,在政策文本中检索支持养老产业发展的财税工具时,发现财税政策工具并未系统、完整的使用。2000年,国务院办公厅转发的《关于加快实现社会福利社会化的意见(国办发〔2000〕19号)》并未区分养老产业与福利事业,仅提到"制定优惠政策,引导社会力量积极参与社会福利事业"。2008年,民政部、税务总局等10部委出台的《关于全面推进居家养老服务工作的意见》中,也只是提到"贯彻落实国家现行关于养老服务机构的税收优惠政策"。自2011年《中国老龄事业发展"十二五"规划》出台以来,各种财税政策工具频频现身养老政策文本

---

② 本文为行文方便,将养老服务、养老服务业、养老服务产业均认定为养老产业的范畴。

中,成为支持养老产业发展的重要力量。下文以 2011 年以来关于养老产业发展的最为重要的四份权威文本和地方制定的养老服务产业引导(专项)资金管理的政策文本为依托,探明近 5 年以来养老产业发展的财税政策选择与应用的优缺点。

(一)当前政策文本中的财税工具

2011 年颁布的"60 号文"对于养老产业而言具有里程碑意义,这次国务院首次从战略和全局的高度来规划养老服务产业,充分肯定了财税政策支持养老产业的重要性。"60 号文"直接提出了应以财政直接补贴、贷款贴息、税收优惠等财税政策工具体系来支持养老服务机构的发展(表 1)。然而,"60 号文"所选择和运用的财税政策工具涵盖范围实为有限,如其所强调的直接补贴或贷款贴息工具也仅针对民间资本投资建设专业化的养老服务设施而言,并未提及通过其他财税政策工具支持、引导民间资本进入养老产业领域。而不管是直接补贴或是贷款贴息所提供的财政支持力度均需要满足某种前置性条件,如养老地产则并不享受上述政策。

表 1 **《社会养老服务体系建设规划(2011—2015 年)的通知》**

(国办发〔2011〕60 号)中的主要财税政策工具一览表

工具来源		财税政策工具
保障措施	(二)加大资金投入,建立长效机制	直接补助、贷款贴息
	(四)完善扶持政策,推动健康发展	财政补助、税收优惠

"35 号文"则在"60 号文"的基础上深挖了养老产业的财税政策,并区分为投融资政策、土地供应政策、税费优惠政策和补贴支持政策,并对应不同的财税政策工具箱(表 2);并在"60 号文"的基础上针对私人投资者投资营利性和非营利性养老机构创设了小额贷款、国有划拨土地、减免行政事业性收费、运营补贴、购买服务、彩票公益金等财税政策工具,并保留了"60 号文"的财税政策工具。特别值得一提的是,对于福利彩票公益金的提出,打破了以往的财税政策工具有意无意对其的忽视,成为"35 号文"最大的亮点。

表 2 **《关于加快发展养老服务业的若干意见》(国发〔2013〕35 号)中的主要财税政策工具一览表**

工具来源		财税政策工具
政策措施	(一)完善投融资政策	财政贴息、小额贷款
	(二)完善土地供应政策	国有划拨土地
	(三)完善税费优惠政策	税收优惠、减免行政事业性收费
	(四)完善补贴支持政策	补助投资、贷款贴息、运营补贴、购买服务、彩票公益金

而 2015 年的"33 号文"则在"35 号文"的基础上进一步细化了各财税政策工具的应用

（表3），特别是对于发展养老产业的人才政策，"33号文"适时提出加强人才保障，通过补贴社会保险费这一政策工具来吸引发展养老产业的人才。同时，针对税后优惠问题，将养老不同类别的产业对应不同的税收优惠制度，并且区分了营利和非营利性养老机构对应不同的行政事业性收费政策。

表3　《关于鼓励民间资本参与养老服务业发展的实施意见》（民发〔2015〕33号）中的主要财税政策工具一览表

工具来源		财税政策工具
主要措施	五、完善投融资政策	财政资金投入、彩票公益金、财政贴息、补助投资、风险补偿
	六、落实税费优惠政策	税收优惠：营业税、增值税、所得税、土地使用税和耕地占用税；法人捐赠：部分税前扣除；自然人捐赠：税前扣除； 非营利/营利性养老机构免征/减半征收行政事业性收费
	七、加强人才保障	补贴社会保险费
	九、保障用地需求	划拨土地

表4的内容是我国未来五年养老产业发展的方向，并在完善"60号文""35号文"和"33号文"的基础上，更加人性化地提出了应建立"长期照护保障体系"，在其财税政策工具箱中加入了养老服务补贴、高龄津贴和护理补贴。显然，这是养老事业发展的巨大进步，体现了政府从财税政策工具的角度实实在在关注老年群体。但也应看到对于养老公寓（社区）建设、运营并未纳入到规划中，至少可以表明高端养老市场并不属于财税政策工具的关注重点。

表4　《民政事业发展第十三个五年规划（养老部分）》中的主要财税政策工具一览表

工具来源		财税政策工具
政策措施	第二节 加强养老服务机构建设	补助投资、贷款贴息、运营补贴、购买服务、税收优惠
	第四节 创新养老服务投融资机制	政府购买
	第五节 探索建立长期照护保障体系	养老服务补贴、高龄津贴和护理补贴

与全国性的政策文本不同，从已经出台养老服务产业引导（专项）资金管理办法的省份来看，其运用财税政策工具的方式则显得更为灵活、多样，并不拘泥于税收优惠等主要工具，而是充分利用让利、业绩奖励、股权激励、向下补助、运营补贴、以奖代补、政府购买等工具发展养老产业（表5）。最受地方政府青睐的工具主要是奖励、补贴和政府购买等，而中央政府所应用的税收优惠、划拨土地等则因"事权"分置而未能使用。

表5　已出台养老服务产业引导/专项资金管理办法的省份

地区	财税政策工具
内蒙古自治区	让利、业绩奖励
湖北省	让利、奖励、股权激励
山东省	向下补助、运营补贴、以奖代补、政府购买
甘肃省	资金补贴、奖励、财政补贴、贷款贴息、运营补贴、购买服务
吉林省	项目补贴、政府购买、贷款贴息

(二)特点与趋势:财税政策工具应用的总结

综合上述文本分析,至少可以总结出养老产业财税政策工具的应用有以下特点:第一,不管是全国性抑或地方性的养老产业发展文本所关涉的财税政策工具类型均呈现多样化和多元化的趋势。近年来养老产业越来越受政府重视,养老本身是"夕阳"产业,但养老产业本身却是实实在在推动经济发展的"朝阳"产业。20世纪90年代,养老产业财税政策还停留在针对养老机构的税收优惠方面,日渐发展成为更为庞大的产业集群,财税政策工具也越加丰富。第二,虽说在工具类型上财税政策工具呈现"百花齐放"的局面,但具体到单一的财税政策工具,却显得活力不足,特别是专门针对养老产业特性的财税工具缺乏,大部分工具停留在支持普惠养老产业上,欠缺针对高端养老产业的专用工具。第三,工具运用上,工具使用的同质化倾向愈加明显,"让利""奖励"和"补贴"为主的财税工具在地方成为彼此借鉴的类型。地方上的财税政策工具很难脱离国家政策文本的范畴,针对养老产业特性的财税工具在创新性和前瞻性上明显不足。第四,在工具使用上,税收优惠成为应用最为广泛、使用成熟度最高的财税政策工具(表6)。这与税收优惠工具易操作、税收成熟度较高有关。

表6　养老服务运营机构享受税收优惠政策一览表

税费	非营利性	营利性
营业税	免征	免征
房产税、城镇土地使用税	免征	——
耕地占用税	免征	——
企业所得税	免征/捐赠税前全额扣除	——

(三)问题与不足:财税政策工具文本的再分析

第一,养老产业特性与工具的匹配性不足。比较国家支持教育产业、文化产业、旅游产业、战略性新兴产业等产业引导（专项）资金管理办法，可见发展较晚的养老产业在财税工具的应用上对于上述产业管理办法的移植、复制痕迹较为明显，并未深究养老产业自身的特性和规律。以《上海市促进民办教育发展专项资金管理办法》（沪教委财〔2006〕20号）为例，在其第4条资助方式中提到，专项资金资助项目采取"补贴、贴息和奖励"等财税政策工具；《江苏省旅游产业发展专项引导资金管理办法》（苏财外金〔2009〕14号）第3条创设了"先建后补、以奖代补"财税政策工具鼓励各地加快旅游产业发展；2009年试行的《山东省文化产业发展专项资金管理办法》第7条提出专项资金主要采取"项目补贴、股权投资、贷款贴息和奖励"的财税政策工具来支持文化产业发展。可见，将上述财税政策工具简单复制到养老产业可能导致"水土不服"现象，毕竟在未深挖不同产业的运营规律、自身特性的前提下，以政策经验为基础的工具移植行为，很难说实现政策工具与产业发展的深度融合。在产业环境因素、产业受众群体特征和产业政策问题本身完全不同的情形下，势必导致产业性质、目标、对象的较大差异，又以同一政策工具为产业发展的支点，这种欠缺长远打算的结果只能是不同产业资助项目最终结果的同质化。养老产业面对的是快速的老龄化在无形中加剧了高速现代化所产生的社会与经济压力，[14]财税政策工具正是发展养老产业缓解上述压力，因此，该政策工具应有所选择、有所放弃。

第二，未区分养老产业内部适用工具的差异性。虽说对于何为养老产业并未有权威说法，但作为一个庞大的产业集群，《内蒙古自治区养老服务产业政府引导基金管理暂行办法》将养老服务产业界定为居家养老、健康养老、社区（机构）养老、养老服务机构、养老服务体系和养老产业、品牌养老服务企业、养老服务平台、养老服务人才体系、健康养老地产等。从前述中央与地方的政策文件来看，对于养老产业内部的不同产业部门应如何适用匹配的财税政策工具并未有清晰地规则引导，未能体现不同产业使用工具的差异性。例如，可以清晰的认识到养老服务机构和健康养老地产在适用财税政策工具时应有所差异，如若不加区分不同养老产业的差异而设置同一财税政策工具，有违政策工具的公共性理论。公共性是公共政策的本质属性，它反对"极端个人主义"，[15]强调个人价值只有在群体互动中才能得到彰显，[16]影响对公共政策的制定、政策工具的选择和运用。从养老产业内部来看，并非所有涉及的产业部分具属于公共部门，亦有部分来自私人要求，如不分惠及对象的范围、所扮演的角色、公共责任和公众信任[17]的区别而笼统适用，导致具体产业公共性承担趋同。[18]财税政策工具的最大效用源于激励，如果养老产业内部差异缺乏清晰的公、私功能界分，结果将导致"劣币驱逐良币"现象，公共性程度较低产业获得财税工具支持，反之亦然。为实现养老产业内部不同业态间的公平竞争，还需探明产业差异来选用激励性的或弱化激励的工具。

第三，未充分挖掘工具的类型与潜能。财税政策工具因其独有的引导、激烈和弱化产业发展等功效备受国家发展产业政策偏爱，但对于养老产业而言，有何工具类型乃至工具内部的潜能如何有待进一步发掘。从财税原理来看,收入政策工具与支出政策工具两端构成财税政策,两者所体现的国家政策有别、操作方式不同和激励作用不同。从收入政策工具来看,包括了前述所论及的税收、行政事业型收费、彩票公益金,以及公债和政府性基金等;相对的,支出政策工具涵盖了政府直接补助、贷款贴息、政府奖励、政府购买,以及后期赎买、政府担保、财政投资、财政转移支付和税收优惠(税式支)等。[19]从上述收入与支出政策工具在养老产业中运用来看,税收优惠是使用频率较高的,也是较为复杂的(表6),被看作政府对某一地区或某一产业的支持和照顾。由于政府将税收优惠看作财政收入的抵减,故可将其视为一种特殊的支出政策工具。[20]从养老产业财税政策工具的类型来看,收入政策工具欠缺公债和政府性基金运用,支出政策工具也未规定后期赎买、财政转移支付等。从工具潜能观察,支出政策工具中对于政府奖励等工具的深度挖掘有限,资金奖励抑或项目奖励,通过什么样的形式来进行,何种形式更有利于养老产业发展?相对的,收入政策工具亦存在相似问题,现有的税收政策除了税收优惠、税前扣除之外,鲜见其他影响税负的工具组成部分使用,实际上税率、税收对象、计税依据及税收归属等亦有同样功能。

第四,未重视工具间的组合运用。从政策文本分析,可见养老产业财税政策工具缺乏工具间的组合联动运用,部分地区人为地隔断了工具间的联系。从宏观上看,表5所展示的省份中,除甘肃省外的省份运用财税政策工具的种类有限,组合运用更为缺失。从微观上来看,这种缺失呈现不同的形式:(1)地方政府出台文件的方式间接规定了只能选择某一财税政策工具,如《吉林省省级养老服务业发展引导专项资金管理暂行办法》"第六章资金支持方式"对不同养老服务产业采取不同的资金支持方式,但每一具体产业部分分别采政府补贴、政府购买、财政贴息政策工具;(2)将不同的财税政策工具合并为一种,去除工具差异性的同时也就排斥了工具间的组合配置运用,如《浙江省社会养老服务体系建设省级专项资金使用管理暂行办法》第3条关于"专项资金来源",将财政补助、福利彩票公益金等财税政策工具统一为"专项资金",采取这种做法的地区还有江苏、湖北等;(3)通过隐蔽条件限制财税政策工具的组合配置,以《北京市给予社会力量兴办养老服务机构建设资金支持试点单位征集文件》为例,提到对符合条件的社会力量兴办的养老机构,按照一定条件进行财政资金补助支持,同时享受税收优惠等。然而,上述工具的组合运用还需前提条件,即"自有土地或房屋",这一隐蔽条件将财政资金的补助投向公办养老机构和自有土地的地产公司,民办养老机构很难享受。可见,政府在有意无意间忽视了不同财税政策工具间的组合配置已成不争事实。

三、财税政策工具选择的前提:基于工具功能之分析

从养老产业财税政策工具选择与应用中出现的问题观察,问题产生的缘由均有其内

在逻辑,故解决问题的方式还应探究问题背后的缘由,并指明方向。虽说问题的产生有多重因素,但财税政策工具功能的认识不足可能是其中最为关键的因素。毕竟保证财税资金支出养老产业是容易实现的,但如何衡量财税政策工具的实际效果却并不容易。正如美国学者所言财政的核心问题是:"基于什么样的标准把 X 美元分配给活动 A 而不是活动 B?"[21]至今亦未能完美地解决,社会所认可的是将有限的财政资金发挥其最大效用这一目标。对于养老产业而言,不同的财税政策工具带来不同的产出效率和社会效应,实现财税政策工具的最大效用还有赖于对工具功能的深刻领悟。为探究工具的内在功能,本文以"收支"两条线为标准,将财税政策工具区分为收入政策工具与支出政策工具分别分析,从而做到对工具的有效识别和精准选用。

(一)收入政策工具之功能

当下,收入政策工具主要有税收、福利彩票公益金、行政事业性收费、公债和政府性基金等。但从对养老产业的支持力度来看,税收无疑是工具类型中最重要的。为实现论述的深入和集中,本文拟选定税收工具作为分析对象,探寻养老产业所涉及的税收工具的功能。养老产业税收政策包含了以增值税(含营改增)、消费税、关税为代表的流转税,又有以企业所得税与个人所得税为代表的所得税,也有以房产税、耕地使用税为核心的财产税,还有以土地增值税、城市维护建设税为重点的特定目的税,在特定情况下,还包括车船税、印花税等行为税。[22]从税收本身的功能来看,上述税种并非仅仅为了达成财政收入,还体现调解收入、实现资源分配和保障社会稳定等功能。因此,通过税收来支持养老产业发展实则是通过对资源的重新分配,将更多的支持力度投向养老服务体系、养老机构和其养老产业的建设和运营方面,实现养老产业结构调整、养老产业可持续发展、技术的进步和养老消费的公平和公正。

税收支持养老产业的发展主要体现在对于养老产品、养老服务、养老机构等在生产、消费和分配过程中,以及整个养老产业发展过程中,以课税的形式来履行积极的激励和消极的限制。可见,税收对养老产业的影响是巨大的,既可以减税支持其发展,亦可加税限制其行为。在生产领域,税收体现为对劳动力再生产、资源分配和直接投资等行为的推动或限制上,如所得税影响企业的投资回报率、资本、投资的流动方向等;由于流转税对商品生产、流通环节的流转额或者数量以及非商品交易的营业额为征税对象,故其影响生产和投资的规模。消费领域情况则有所不同,由于纳税主体在规模、能力等消费方面的差异,各类纳税主体的纳税能力差异较大。如对养老服务课税,由于服务的需求差异较大,体现为部分养老服务消费较大,部分消费则较少,故课税可能影响服务的提供质量和替代消费的出现。税收是调解个人收入分配和社会财富分配最为重要的工具,其收入分配效应主要受税收累进(退)性和平均税率的影响。[23]对养老产业而言,税收的分配功能体现在对高端养老地产与普适性养老社区之间,以及对营利性养老机构和非营利性养老机构之间的不同课税要求上。其实,不同的税种总是贯穿于养老产业的生产、消费和分配过程中,并推动抑或制约着养老产业发展的速度和质量,甚至左右着养老消费能力的强弱。

然而,税收工具并非包治百病。在产业多元和政策工具多元的当下,税收政策总是面临"组织收入"与"调节经济"的双重职能,前者的目标在于为政府筹集财政资金,后者的目标在于对经济个体产生激励或者抑制效应,从而改变经济个体的经济行为选择。然而,这种双重职能却有无可调和的矛盾,当经济出现下行风险时,寄希望于通过税收工具来改善经济状况既定的政策目标并不现实。此外,政府往往以调节经济作为开征新税或者提高税率的理由,实施中的税收政策很可能只发挥了组织收入的职能,具有敛财之嫌。因此,以税收作为促进养老产业发展的动力应考虑以下问题:1)税收并非促进养产业的发展的唯一工具,养老产业获得长足发展还需不同政策工具的配合使用,如收入政策工具与支出政策工具的组合使用,以及收入工具内部的组合使用。2)政府的价值取向对养老产业发展至关重要。政府在发展经济的过程中存在多样的价值目标,效率抑或公平,不同的价值目标所希望达成的目的有别。养老产业上,政府根据本地经济、人口状况可能采取不同的养老策略,施行的财税政策工具所希望达成的效果也就不同。3)税制结构影响养老产业税收工具的发挥,由于税制结构是税收制度中各税种的关系,包括税种组合方式与税种相对地位两项内容,[24]因此适应养老产业发展,内部组合良好的税制结构推动养老产业发展,反之亦然。其实,当税收工具在养老产业中运用时就应该明白,工具本身并不会推动养老产业的发展,真正起作用的是运用税收工具的人。

(二)支出政策工具之功能

相比而言,支出政策工具种类更为丰富,既涵盖了直接激励,又囊括了间接激励。前者通过财政预算直接向当事人提供财政资金,包括财政补贴、各种财政引导资金、贷款贴息、政府购买等;后者包括保障型税收优惠(救助型税收优惠)和经济调控型税收优惠(激励型税收优惠)。[25]显然,相对于收入政策工具而言,支出政策工具更为直接,也更为明确,且相对人利益通常不会受到权力机关的侵害。故支出政策工具对于养老产业的支持的效果更为鲜明和直接。

由于当前养老产业中的部分产业具有"公共性",故政府为了达成对社会弱势群体或老年群体的关怀将财政资金朝着预先设定的方向支出。通过财政支出,扶持特定养老产业,引导市场主体的投资行为,进而引发养老产业结构变迁。可见,支出政策工具对于市场主体而言,其最大的功效在于产业诱导,即直接增加供给方或需求方的收入,激励生产、刺激需求,实现特定的产业政策目的。支出政策工具亦解决了社会主体融资问题,特别是参与养老机构服务的中小民营企业。"中国的金融改革虽然有所推进,但相对于民营企业的成长速度,商品市场和劳动力市场的改革却是滞后的,这导致了民营企业特别是中小民营企业融资难的问题日益突出。"[26]因此,通过支出政策工具的运用提高了中小企业参与养老产业经营的竞争力,降低了进入"门槛",推动了养老产业的社会化。另外,还需明确中央财政对基本养老保险基金的巨额补贴亦属于支出政策工具的范畴,③由于社会保险与政府财政是两套不同的体系,故该补贴行为更多的是为了弥补基本养老保险转制成本而设立的。[27]

支出政策工具以财政补助的方式向特定的社会主体无偿供给,固然可以引导投资者进入养老产业,甚至鼓励投资者加大资金投入,但财政供给将增加政府负担。因此,支出政策工具的运用具有双重效果,既可推动养老产业发展的广度和深度,又与财政收入密切相关,缺乏持续性的财政收入很难长期大规模地运用支出政策工具。即使运用税收减免、税收抵扣、免责、延期纳税及优惠税率等税收优惠工具依然会出现上述问题,源于税收优惠导致税收收入的减记,是偏离于现有税制、替代直接支出而且接受较少约束与监督的政府支出,目的在于实现特定的经济社会目标。[28]而且税收优惠的消极作用在于,增加了税收政策的复杂性,产生寻租空间,模糊了纳税人的权责观念等。运用其他支出政策工具则意味着增税,在减税成为当下改革的方向时,增税极易引发社会反弹。"增加支出"和"减税"并列本身就给政府带来了两难选择,既不能因噎废食实施增税策略,又不能在形成支出政策工具激励预期时,取消或弱化财政支持,均影响投资者对养老产业的热情和信心,激励动力将不复存在。

四、财税政策工具选择制约因素分析

财税政策工具的选用存在各种强弱不同因素的影响,主要有政策目标、工具的特性、外部环境、以前工具的影响和意识型态等。工具的选用并非简单的技术性操作,还面临政治、法律等要素的影响;换言之,工具的选择可能还涉及权力的分配博弈、社会主体的利益偏好和法律的衡量等多重因素。其选择结果的确定意味着不同利益主体之间事实结果的相互妥协和价值标准的共识达成,然而,价值标准的达成并不像事实问题那样,在大多数情况下有真伪对错的标准,而更多的是个体的偏好或取向的问题。[29]这意味着,不同价值诉求的主体所选择的政策工具不同。为此,政策工具选择为获得合理性,价值取向上不能偏离公共常识,政策工具选择的结果在一定程度上才能迎合目标群体的利益与倾向,而具备"可接受性"。[30]例如,直接补贴就比贷款贴息更能获得政策受益者青睐。养老产业财税政策工具选择中,受到多重主客观因素影响,前者包括了政策工具的可接受性与可见

---

③ 从宏观上来看,养老产业涵盖了基本养老保险基金产业。

性,[31]后者则考虑工具的客观社会效果等。换言之,只有立足于养老产业本身特性基础之上的财税政策工具才应获得接受和认可(图 1)。

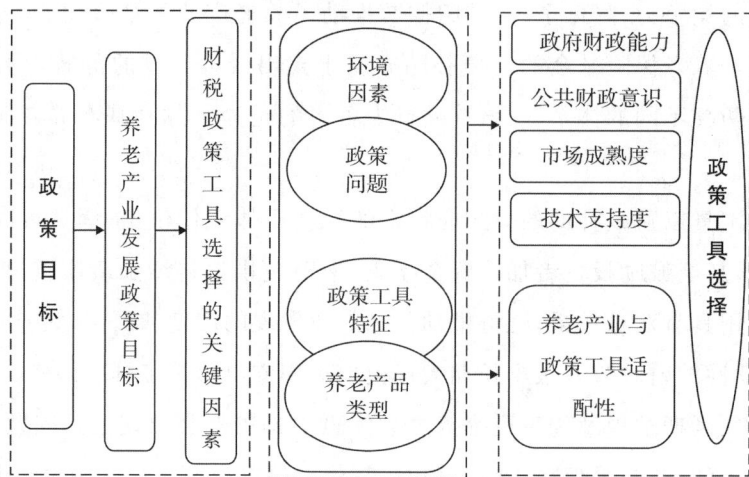

图 1　养老产业财税政策工具选择示意图

(一)养老产业的政策目标制约

总体而言,当下政府的养老产业政策还不够明晰,对养老产业的界定模糊,导致中央和地方、不同地域间政府的养老产业政策差异明显,客观上映射出政府缺乏一个总体的养老产业长远规划。但这并不意味着养老产业缺乏政策目标的制约,从养老地产开发建设不享受税收优惠政策,营利性养老服务运营较少享受,而税收优惠政策倾向于非营利性养老服务机构(表 6)可窥见一斑。至少可以得出养老产业的政策目标更多地投向非营利性机构,并且"35 号文"提到境外资本举办养老机构可享受同等待遇。另外,政府在土地、税收、医疗保险等方面的优惠政策主要导向中低端的养老设施和机构,对于高端养老市场则缺乏相应支持。当下养老产业的政策目标仍处于初级阶段,提供广覆盖、保基本,个性化定制养老服务暂时不予考虑。政策工具选择时应考虑政策目标要素,如目标的单一性与多重性,前者需明确目标内容,后者应强调目标构成。同时,如若政策工具在执行一段时间后,还应根据政策目标因素考虑是否适时修改。当前目标与设立目标不同时,则需考虑根据政策目标选用的政策工具是否还有存在必要,更换其他工具。具体到国家养老产业文本,可以清楚地看到随着时间推移政策目标的转变,"60 号文"的关键词是"基本形成养老服务体系";《民政事业发展第十三个五年规划》(养老部分)则提出应"加快发展养老服务业";"35 号文"则提出应"全面建成养老服务体系"。从"基本→加快→全面"的政策目标变化,对发展养老产业的要求程度越来越高。因此,养老产业工具选择应需适应并服务于这一政策目标要求,反之则走向歧途。

（二）养老产品的范畴制约

"33 号文"规定"到 2020 年,全面建成以居家为基础、社区为依托、机构为支撑的养老服务体系",养老机构又可分为营利性和非营利性。从养老产业构成上看,除了养老服务产业外,有学者认为应包括福利彩票公益金、养老和医疗基金产业。[4]那么,养老产品也就可以多种多样了,既包括养老服务产业提供的家政服务、精神慰藉、紧急救助、医疗康复、生活照料、社区日托、老年人代购和信息开发,又将基本养老保险基金、基本养老保险基金等纳入。但正如有学者所言:"养老服务产品供给总量不足、质量不高的问题长期存在,制约了'老有所养'目标的实现。"[32]从 2016 年 PPP 养老项目投资领域来看,主要包括了综合养老、医养结合、养老园区、养老业、旅游养老、老年康复、老年公寓和其他,其中养老业、医养结合、老年公寓占据项目的绝大部分,其他领域相对较小。④ 显然,养老产品的不同发展与财税政策工具具有紧密的联系。

如果从养老产业与财税政策工具适配性的角度出发,首先应考虑财税政策工具是否应当介入养老产业。如果需要介入,那么是否应当将养老产品区分为具有公共性、混合性和封闭性。如果产品属于公共性的,针对所有老年人口,毫无疑义财税政策工具应深度介入,动用财政资金进行补助,从而激励提供者。如果地方政府支出政策工具运用困难,则可通过收入政策工具中的福利彩票公益金方式创设投资基金,从而引导社会投资。针对混合性的养老产品,营利性老年公寓、医养结合等,依然可以通过支出政策工具进行补助,只是资助程度有所降低。对于具有封闭性的养老产品种类,因其覆盖面窄、针对富裕阶层,提供者以盈利为目的,具有竞争性,故财税支持应有严格限制条件。否则,宏观上将混同养老产品属性,难以发挥公共性支持养老产业发展的应有作用,扰乱市场的公平竞争环境;微观上将直接导致养老对象待遇的不公平。

（三）工具应用的环境制约

有学者提出"发展中国家在制定发展战略和产业政策时,宜把重点放在产业发展与要素禀赋结构的匹配上,而不宜超越发展阶段过早进入某些行业"[33]。

"很明显,政策工具的建立并不仅与决策过程相关,还与政策工具与其特定的环境之间的合适性匹配设计有关。"[31]可见,发展养老产业的财税政策受制于工具实施环境。例如,不管是"60 号文"还是"35 号文"均提到通过税收优惠来支持养老服务业发展,但实施过程中不认可养老地产开发应享受税收优惠政策,将其排除在养老产业之外。另外,养老服务运营机构因具备营利性和非营利性条件享受不同的税收优惠(表 6)。因此,在工具

---

④ 数据来源:元亨祥经济研究院《PPP 养老模式:现状、问题与对策》报告,2016 年 3 月 30 日。

的应用上,选择不同的财税政策工具还应考虑以下政策环境:1)政府财政能力。财税政策与政府财政收入关系紧密,当政府财政收入宽裕时,针对养老产业的财税支出增加,同时收入政策工具方面可以更多地运用减税等,也即政府财政能力制约政府的财税政策,进而限制财税政策工具的效用的发挥。2)公共财政意识。养老产业财税政策不仅要靠制度建设,还要靠一种新型公共财政意识支撑。政府需要树立为老年人和所有公民服务的财政意识,强调社会公正的财政,而非赢利性的财政思维。养老产业主要服务于处于社会弱势地位的老年人,政府财税政策应当树立关爱并支持养老产业。3)市场成熟度。养老产业财税政策工具发挥效用受市场成熟度限制,一个成熟、完善的市场体系对于财税政策工具效用发挥具有积极作用,反之亦然。仍需注意,市场成熟度与激励性财税政策工具使用效果成反比,从而防止行政对市场的不当干预。4)技术支持度。养老产业也伴随着"互联网+"技术的发展而依附于技术支持,没有合适的技术支持则很难正确选取财税政策工具。比如,老年紧急呼叫系统、医养结合系统乃至养老社区建设等均需专门的技术。因此,建设完善的养老社区和相应服务体系时选用的财税政策工具就应该考虑技术因素。

(四)政策工具的型态制约

还应明确,并非所有财税政策工具在型态上都具有同一性,即使同一财税政策工具在型态上依然体现着差异,直接影响着财税政策工具本身的性能和运用的效果,并影响政策工具的选择。以税收优惠为例,在养老服务机构运营过程中涉及营业税、房产税、城镇土地使用税、耕地占用税、企业所得税等优惠型态,每一种税收优惠型态所产生的结果差异明显。营业税优惠主要针对养老机构提供的育养和看护服务,这将激励养老机构发展育养和看护服务,其他服务则缺乏激励性。而房产税、城镇土地使用税针对的则是福利性、非营利性的老年服务机构其自用的房产、土地实现免征。存在的限制性条件是"自用",其实大多数社会机构或自然人投资养老机构很少有"自用"房产和土地的,这实际上还是通过税收优惠政策工具为社会参与养老服务设立了较高的门槛。这种有意为之,使得财税政策工具限制了养老服务产业的市场竞争,与支持养老产业发展方向相悖。企业所得税税收优惠方面,主要针对福利性、非营利性老年服务机构暂时免征,营利性的养老服务机构则不享受。可见,该财税政策工具对于高端养老产业受惠有限,结果导致非营利性养老服务机构微利甚至无利,现有老年公寓基本处于非营利状态,消减了资本进入养老产业的积极性。[⑤] 因此,这种简单以区分是否营利为前提的税收优惠政策存在较为突出的缺点。可见,同意财税政策工具的不同型态性能差异较大,效果截然不同,决策者不应忽视工具型态的影响。财税政策工具的选用还需与养老产业发展匹配,才能事半功倍。

---

⑤ 资料来源:德勤:中国养老住宅——现状和发展趋势报告,2015。

五、财税政策工具的应用:工具间的合理配置

对于养老产业而言,不同类型的财税政策工具,乃至同一政策工具的不同型态均体现出不同的内涵、效果和边界范围。故此,在选择和运用财税政策工具时,应考虑工具类型和工具型态,法律对此也应有不同要求。如在财税政策类型上,收入工具中的减税是从源头上激励养老产业的发展,而福利彩票公益金则增加收入再用于支出工具的运用。换言之,支持养老产业发展并非仅为收入政策工具抑或支出政策工具,通常二者的组合配置更有利于工具效用发挥。在运用财税政策工具配置组合方面还应注意工具内部不同子工具的配置组合,从而克服单一财税政策工具或同一子工具运用效能上的缺陷,提高养老产业发挥最佳效益。值得注意的是,财税政策工具类型或子工具并非一成不变的,而是随着养老产业的发展而适时调整、修改和补充,从而达成财税政策工具的更新和优化组合,提高养老产业发展环境的适应性。

(一)兼顾收入政策工具与支出政策工具的等同运用

从政策工具运用角度来讲,财政收入政策工具与支出政策工具应具有同等重要性,决策者在运用财税政策工具时不能顾此失彼,仅简单地运用支出政策工具,忽略收入政策工具。否则,难以发挥财税政策工具对于养老产业的整体功能影响。对于发展养老产业而言,财税政策工具承担一定作用,社会资本的引入才是养老产业获得长远发展的保障。为此,支撑养老产业发展的应包括公共财税、社会资本,甚至其他部门的协同推动。因此,直接公共财税支持的养老产业具有公共产品属性,以公共财税与社会资本协同支持的则具有混合产品属性,仅由社会资本推动的养老产业具有封闭产品属性。显然,为吸引社会资本与其他部门投资政府需通过财税政策支出工具的引导,但财税支出离不开财政收入总量的限制。故,支出政策工具离不开收入政策工具的配合,二者有机结合才能发挥财税政策工具的最大效用。

扩大对养老产业财税政策支出已成为当前大多数研究所认同的观点,[1]但如何在财政资金总量有限的情况下扩大支出则成为困扰抉择者的难题。显然,增加财税收入可有效解决前述问题。在加税成为社会普遍反感的情况下,加税行为应受到严格限制,坚持税收法定原则。同时,公债和政府性基金亦成为政府谨慎运用的收入政策工具,且养老事业性收费逐步取消,仅剩福利彩票公益金成为相对有效的增收工具。短期来看,可提高福利彩票公益金针对养老产业的分成比例,[34]远期则可考虑增收以养老为特定目的税的税种,用于特定的养老产业支出。如有学者提出将社会保险费改为社会保险税,[35]从而为该特定目的税征收提供了理论依据。如此,既可增加养老产业财税支出,又不造成新的税

负负担,养老产业发展可步入良性循环。可见,养老产业收入政策工具与支出政策工具同等重要,二者不可偏废,合理的组合配置可谓事半功倍。

(二)收入政策工具内部的组合配置

养老产业收入政策工具内部涵盖了税收、公债、行政事业性收费和福利彩票公益金。上述工具类型中,税收无疑是使用最为频繁和收入最为稳定的工具类型,公债和行政事业性收费则根据法律及产业政策变化而改变,浮动性较强,而福利彩票公益金收入则较为稳定,但资金总量较少,故税收依然是养老产业收入政策中最为倚重的类型。因此,养老产业收入政策财税政策工具的组合配置更应当强调税收政策工具的组合配置。由于养老产业涵盖了养老服务业、养老社区建设、养老机构建设和养老保险基金等,故在当下税制结构中,集合了流转税、所得税、财产税和行为税等。通过不同税种之间的组合配置,降低养老产业的总体税负,这与当下政府经济改革的主题是推进结构性减税[36]不谋而合,减轻市场主体负担实现放活经济发展。营业税改增值税即是明证,政府的意图在于为服务业减负,所以对于小微企业发展养老服务而言是一个利多的因素。另外,"减税"是支持养老产业发展最诚意的政策工具。通过支出政策工具运用减轻企业负担,就是在减轻养老产业发展的包袱。在这种环境下,减税不仅是养老产业发展的必要条件,从人们对于"加税"谣言的意见反弹中,我们也能看出减税更是民心之所向。

除了结构性减税外,政府还应根据养老产业特性以及各税收工具的性能,进行组合配置,在养老产品生产、销售、分配等阶段发挥不同税收工具的调配作用,将流转税、所得税、财产税及行为税等纳入统一的养老产业税收调节体系。另外,上文提到的特定目的税的设立增加企业负担,故应建立在社会保险费改税改革基础上,新的税收种类建立应慎重。此时,税收政策工具的组合配置就需运用包括所得税、营业税、增值税(含营改增)、房产税和土地使用税等具体税种,形成以营业税与增值税(含营改增)调节养老产品的生产与销售;所得税与房产税调节养老市场主体和从业人员的收入分配;房产税、城镇土地使用税与耕地占用税等调控养老产业设施建设布局,以此形成养老产业税收政策工具的整体布局,从而支持和推动养老产业快速、稳定发展。例如,目前对于企业、社会团体提供养老服务免征/减征所得税、营业税,可否对于个人提供养老服务免征所得税或子女照护老人的扣减所得税等。

税收政策工具除了税收种类外,各个具体税种的税收主体、税收客体及其归属、计税依据、税率和税收优惠的细微变化均影响进入养老产业的社会主体税负,故对于税收政策工具核心要件的认定显得尤为重要。以法国为例,对于提供居家养老的服务企业,税法规定适用5.5%的低税率,相较20.6%的一般增值税率,参与养老服务企业的税负大幅降低。[37]税收主体的调整关乎纳税主体的变更,税收客体及其归属的改变影响是否纳税、计税依据与税率的标志建立,最终影响应纳税额。显然,这些内容决定着参与养老产业经营的社会主体的成本税收支出,起到积极激励或消极弱化的作用。如对于当前讨论较为热烈的"医养结合"产业的税负,既可降低税率、缩小计税依据并辅之以税收优惠;而对于高端养老地产开发项目,则正好相反,提高税率,扩大计税依据。如此,既可实现养老的均衡发展,又可扩大养老产业的覆盖面。由于税收优惠工具有违量能课税原则,故其使用应谨慎。当前,养老服务行业的税收优惠集中在经营环节,未来应考虑将其扩大到筹资、投资和经营等环节。亦可考虑建立针对养老机构的税收登记制度和免税认证制度,结合以机构性质为基础的税收优惠政策实施情况机,进一步延伸至项目型的税收优惠政策。[38]

(三)支出政策工具内部的组合配置

众所周知,财税支出政策工具主要以财政补助、贷款贴息、政府购买等形式向部分社会主体进行合法的利益输送,以满足某种政策需求。该财税补助行为并不通过预算审核,且政府、议会与民间皆不易明察其资金或效力的流向,故须小心利用。[39]以财政补助养老服务产业为例(表7),政府通过购买服务、政府补贴等政策工具来增加社会公共需求,以消费刺激供给,吸引市场和社会力量的参与,并由市场来分配并提高养老服务的水平。社会资本则对经济绩效产生明显的正效应,[40]社会资本与养老服务产业发展间双向互动,可节约财政支出。也即,财税政策工具在生存型、生活型和发展型养老服务中所起的作用不同,前者以兜底保障为主;中者激励社会和市场主体,履行补充支持;后者则主要发挥市场和社会主体潜能,发挥财政支出工具四两拨千斤的作用,如养老产业的PPP模式,支出政策工具可发挥前期引导作用。可见,财税政策支出工具面对不同的人群及不同的养老服务水平,所发挥的作用是不同的,有积极的一面亦有消极的一面。另外,支出政策工具不应人为设置隐形障碍来筛选进入养老产业的主体,如前述谈到的"自用"房产和土地问题。应转变权能政府观念,更多地发挥支出政策工具的引导作用,鼓励社会主体参与养老产业,放松对财政支出政策工具管制。

表7 养老服务提供主体

服务类型 收入水平	生存型	生活型	发展型
高	×	×	政府＋社会＋市场
中	×	政府＋社会＋市场	政府＋社会＋市场
低	政府	政府＋社会＋市场	政府＋社会＋市场

为改变当前决策者支持养老产业重单一政策工具,轻多种或多型态政策工具组合运用的现实,需建立支出政策工具组合配置体系,从两个方面在政策工具箱中进行挑选。一

是构建不同养老产业支出政策工具间的组合配置。决策者缺乏支出政策工具组合使用思维,政府可能为了政绩工程,简单重复使用同一支出政策工具,出现撒芝麻盐式的低效率支出。为此,可采取"逆向公平"思维,明确支出政策工具组合的标准,如何种情况适应财政补贴与财政贴息的搭配、财政奖励与财政贴息、财政投资与财政奖励等的组合等。如此,对不同的养老产业可实现程度和要求不同的激励和引导。二是构筑养老产业同一支出政策工具不同型态间的互动。例如政府补助有直接补贴、贷款贴息、后期补贴和项目补贴等多种型态,即根据项目的实际情况而采取不同的补助方式。如果直接补贴不利于激励养老主体,而贷款贴息或项目补贴更为合适,则可改变补贴型态,甚至将不同型态有机结合,从而提升激励效应。其实当前我们养老产业存在共性的问题,如养老产业市场化程度不高、产业发展不均衡、中高端消费缺乏后劲,乃至养老社区建设缺乏动力均源于支出政策工具激励不够。

(四)财税政策工具与其他政策工具的衔接配置

养老产业作为一个宏观的产业框架,简单概括其报告生产性产业和服务性产业,根据"35号文"的规定,至少归纳出五大领域,即老年产品,老年照料和生活服务,老年住宅和养老设施,老年金融、保险服务,老年教育、文化、休闲等。如此庞大的产业集群显然并非单靠财税政策工具可以推动,还需其他政策工具的衔接配置,达成网格化的政策工具体系。涵盖了养老从业人员培训政策工具、养老设施建设的 PPP 政策工具、土地使用优惠政策工具、绩效评价体系政策工具和竞争政策工具等,这些工具组合衔接配合,促成养老产业积极健康发展。[38]例如,通过财税政策工具对养老服务教育进行财政补贴、结合就业资金使用,增加养老服务培训项目等,从而提高养老服务从业人员的素质和数量。绩效评价政策工具在于通过对养老政策决策、资金拨付等是否达到预期目标进行评价,通过养老产业财税政策工具使用效率和效益进行深度评估,从而改进财税政策工具的运用。可见,财税政策工具的性能发挥并非仅取决于内部工具间的组合配置,还需与其他政策工具之间建立有益而必要的联系,发挥工具组合配置的优势和体系化作用。因此,构建高效的养老产业财税政策工具需要注意以下问题:1)财税政策工具应重视养老产业的发展目标和方向;2)注重与其他政策工具间的组合配置;3)财税政策工具系统内部运行应顺畅。从而真正发挥财税政策工具支持养老产业的独特价值和功+能。

结语

从国外经验来看,以财税政策工具来促成养老产业发展已成为重要的方式。[41]从前述我国的养老产业文本解读,我国运用财税政策工具来支持养老产业发展的时间并不长。

"60 号文"和"35 号文"的出台,发展养老产业终成国策。通过分析政策文本和调研各地做法,财税政策工具已成为地方政府支持养老产业选择和运用的最为主要的工具类型。但正如前文所言,由于决策者对于财税政策工具缺乏深入分析,导致对其性能和影响的因素均缺乏认识,工具效率并未真正发挥,甚至出现了简单复制后的"水土不服"现象。因此,需对财税政策工具本身,乃至工具与其他政策工具之间的关系进行深入分析,最大可能发挥财税政策工具之于养老产业的效能。这些分析既包括养老产业财税政策工具选择的逻辑,又涵盖了养老产业的发展目标、现实环境和政策因素等。如此,通过财税政策工具的组合配置,从财税政策工具种类组合、内部工具组合及与其他政策工具组合来解决当下的现实问题。从而助推养老产业更为高效、健康发展。

"农民集体"的理论止争与二元性解析[*]

杨青贵^{**}

目次

一、问题的引出

二、"农民集体"的理论纷争及其存在的共性问题

三、"农民集体"本体探究的路径选择与基本思路

四、"农民集体"是全体集体成员身份性与财产性的集合

一、问题的引出

在对某市甲村调研时发现,该村在当地政府的推动下,于 2013 年年初将全体村民转为城镇居民,原集体土地所有权、农村土地承包经营权均没有变化。不过,根据《土地管理法实施条例》第 2 条,该村全体村民转为城镇居民,原属于这些村民集体所有的土地应当属于国家所有。这就产生了系列疑问:在此情况下,应当采取何种方式将集体土地所有权转为国家所有? 如若该集体土地所有权转为国家土地所有权,那么是否存在补偿费等相应的对价? 如若存在对价费用,那么,该费用应当属于谁所有? 当然,该情形并非属于征收、征用的情况,通过"抽丝剥茧",这一系列疑问可追本溯源至两个核心问题:集体土地所有权性质和集体土地所有权主体。考虑到《物权法》已在立法结构上将集体土地所有权纳入了"所有权",因此,有关集体土地所有权主体的研究成为解开上述"谜团"的关键。

---

* 基金项目:教育部哲学社会科学研究重大课题攻关项目"农村土地股份制改革的理论探索与制度设计"(13JZD007),司法部国家法治与法学理论研究项目"我国土地银行法律制度构建研究"(12SFB2040),国家社科基金重点项目"健全严格规范的农村土地管理制度法律对策研究"(08AJY023)。

** 杨青贵,西南政法大学中国市场经济法治研究中心研究人员,中国农村经济法制创新研究中心研究人员,西南政法大学博士研究生。

改革开放后,我国"农民集体"制度获得了较大发展,其变迁的内在动力在于解放和发展农村生产力的根本要求,外在动力在于国家采取了一系列适应中国特色社会主义市场经济发展需要的行之有效的改革举措。随着农村发展体制机制改革的深入及理论研究的日渐成熟,"农民集体"制度渐趋科学、合理。1982 年制定的《宪法》规定:"农村和城市郊区的土地,除由法律规定属于国家所有的以外,属于集体所有;宅基地和自留地、自留山,也属于集体所有。"此后,尽管《宪法》历经 4 次修正,但自始至终保留了这一规定。可以看出,《宪法》从我国社会主义公有制出发,以最高法律效力的形式明确了"集体所有"与"国家所有"相对的法律地位。同时,《宪法》作为最高位阶的法,其所作"集体所有"规定成为创制下位阶法律的依据。《民法通则》《土地管理法》《物权法》均是在《宪法》有关"集体所有"的基础上明确规定"集体土地所有权属于农民集体所有"。[①] 尽管我国现行立法已明确将集体土地所有权主体限定为"农民集体"——"乡(镇)农民集体""村农民集体""村内各农村集体经济组织农民集体",但"农民集体"究竟是什么?"农民集体"是否属于民事主体?"农民集体所有权依据何种民事规则得以确立,又依据何种规则行使此种所有权,却令人颇为困惑。"[②]对此,我国现行法律并未将"农民集体"作为独立的法律主体,也很难用传统的民事主体理论加以阐释。为此,考虑到集体土地所有权主体在整个集体土地法律制度中的基础地位以及在集体土地理论研究中的起点作用,因此,如何从本体论意义上来科学、合理地解释现行法律规范上的"农民集体",决定了集体土地所有权法律制度及其理论研究的成败。

二、"农民集体"的理论纷争及其存在的共性问题

(一)关于"农民集体"的理论纷争

不难发现,我国现行相关法律所确立的集体土地所有权主体("农民集体")属于不确定性规范。这种不确定性既源自于传统物权法理论对我国集体土地所有权及其主体制度解释不足,也与我国集体土地所有权主体制度"后天不足"而造成的实践混乱息息相关。正因此,"农民集体"的本质问题研究也就成为学者们研究的重要选题。相关理论研究成果大量集中于 20 世纪 80 年代至 21 世纪初期,但随着的物权法理论研究以及物权法立法的重心强调从"所有"到"利用"的观念转变,以及相关立法、政策重点转向利用领域,因而,理论界的重点研究领域也已回撤至集体土地利用方面。综观既有研究文献发现,先前的理论研究成果对作为集体土地所有权主体的"农民集体"存在较大的认知差异。

---

① 当然,虽然《民法通则》《土地管理法》《物权法》作了相关规定,但仍然没有直接、明确规定集体土地所有权主体就是"农民集体"。

② 胡吕银:《论集体土地所有权法律重构》,武汉大学出版社 2004 年版,第 178 页。

一是"农村集体经济组织或农村集体经济组织法人说"。这类观点认为,自高级农业生产合作社时期以来,农村集体经济组织长期作为我国农村集体土地所有权主体;人民公社体制解体后,农村集体经济组织又被现行法律授予代表集体行使集体土地所有权,为此,传统意义上的农村集体经济组织或农村集体经济组织法人是或应当是集体土地所有权主体;集体土地所有权是一种由"农村集体经济组织"或"农村集体经济组织法人"享有的单独所有权。考虑到全国很多地方并未建立农村集体经济组织,因此,有学者提出"在存在集体经济组织的情况下,以该组织为集体土地所有权主体,在不存在集体经济组织的情况下,以村民委员会或村民小组为集体土地所有权主体"③。

二是"独立主体说"。主张这类观点的学者认为:作为集体土地所有权主体的"农民集体"属于特殊民事主体,与法人、其他组织有明显区别:④(1)"农民集体"享有集体土地所有权,是我国土地公有制的根本要求,法人、其他组织不具备这一所有制的"劳动群众集体所有"的基本属性。(2)集体土地属于"农民集体"的财产,现行法律不允许以集体土地对外承担民事责任,但法人、其他组织则应当以其所有财产对外履行义务或责任。(3)"农民集体"往往不具备法人、其他组织所必须具有的法定代表人、特定的场所、意思代表机构等要素。(4)主体成立的程序要件不同:"农民集体"无须经过登记等法定程序,但法人、其他组织必须依法设立并经主管机关登记方可成立。(5)"农民集体"以成员大会或成员代表大会作为权力机构,形成"农民集体"的整体意志,并具有独特的集体意思实现机制,但法人、其他组织则具有完全不同的内部治理结构和主体意思形成、表示机制。

三是"成员集体说"。该说认为,"农民集体"既不是乡(镇)、村、村内的农村集体经济组织,也不是乡(镇)政府或村民委员会、村民小组等群众自治组织,而是全体集体成员对作为集体财产的集体土地直接享有的所有权。⑤ 当然,根据成员范围的判定依据不同,学者们对"农民集体"有如下不同判断:第一种观点认为,农村集体经济组织的全体成员是集体土地所有权的主体,对作为集体财产的集体土地直接享有所有权。⑥ 第二种观点认为,作为集体土地所有权主体的"集体成员"是一定社区范围内有农村户籍的全体现存成

---

③ 王卫:《中国土地权利研究》,中国政法大学出版社1997年版,第114页。

④ 参见柳琳:《农村集体土地所有权主体问题探讨》,载《湖北民族学院学报(哲学社会科学版)》2005年第1期。

⑤ 持该说的学者较多。例如:于建嵘认为,"农民集体"不是法律上的"组织",而是全体农民的集合,是一个抽象的、没有法律人格意义的集合群体。它是传统公有制理论在政治经济上的表述,不是法律关系的主体,而是指属于一定区域内(乡、村、村以下)全体农民所有。参见于建嵘:《地权是农民最基本的权利》,《华中师范大学学报(人文社会科学版)》2008年第2期。

⑥ 参见温世扬:《略论我国民法的物权体系》;王利明:《物权法论》,中国政法大学出版社1998年,第519页。

员。⑦ 这类观点以"一定的社区范围""农村户籍""是否存在"三要素作为界定"集体成员"的基本依据。第三种观点认为,"集体成员"是一定社区范围内的全体农民,但并未强调是否为现有、户籍等因素。⑧

(二)有关"农民集体"本体的研究存在的共性问题

综上,理论研究者却对这一根本性问题大致形成了两类分歧观点:一方面,由于受制于相关立法完善的时空性、法学理论的欠完备性、个人学识等因素,部分学者并不赞同"农民集体"是集体土地所有权主体;另一方面,即使是认同"农民集体"是集体土地所有权主体,但同样存在对"农民集体"的本体论问题解读不够以及认知分歧较大等问题。当然,这些分歧的存在不仅与传统法学理论发展不足,而且与集体土地所有权制度供给不足存在较大关系。本文认为,从既有相关研究成果以及现行相关研究中可以发现,对"农民集体"本体的研究往往存在如下共性问题:

一是研究视野广度和深度不够。客观而言,集体土地所有权制度研究领域具有"交融性"或"融通性"特征:一方面,其作为土地公有制下的一项法律制度,本身就涉及公有制、经营体制、权利制度设定、国家权力安排等多方面因素,往往需要在综合性视野下加以思考,广泛采用法学、政治学、社会学、经济学、管理学等多学科交叉知识开展综合研究;另一方面,由于我国集体土地所有权制度实践具有区别于西方国家的制度环境和文化氛围,因此传统所有权理论与我国集体土地所有权制度具有较大的差异性,往往缺乏解释力。这就决定了集体土地所有权制度研究,应当切实注重研究的"交融性",采取广泛性思维,注重实现理论研究与我国乡村文化、集体土地所有制度实践,以及我国农村土地制度变革的现实需求等因素的结合。然而,在上述有关集体土地所有权主体研究的文献中,许多学者往往仅从法学,或社会学,抑或经济学等单一学科知识入手,开展"单线条式"的研究,以致研究成果往往存在缺乏实践性、合理性、可行性、理论解释力等问题;即使是采用法学研究范式分析集体土地所有权主体问题,仍然存在系统性研究不足、传统法学理论与集体土地所有权实践契合性差、论据不足与论点缺乏理论解释力等问题。这反映出现有研究成果的"广度"不足。此外,这些研究仍然存在深度不够的问题。不难发现,现有文献大多通过对现有规范性法律文本做了规范性分析,将研究视野集中在集体土地所有权主体的立法规定、以集体与成员关系辨析为基础的集体土地所有权性质判定等方面,对作为现行法规定的集体土地所有权主体的"农民集体"的本质等本体论问题关注不够,亦即对集体土地

---

⑦ 参见王铁雄:《集体土地所有权制度之完善——民法典制定中不容忽视的问题》,载《法学》2003年第2期。

⑧ 参见韩松:《集体所有权研究》,载王利明:《物权法专题研究》,吉林人民出版社2002年版,第459～466页。

所有权主体缺乏深入分析。可以说,现有学者的研究视野广度和深度不够,是导致集体土地所有权主体制度认知差异大、基本理论缺乏等问题的主要成因。

二是研究方法稍显单一。法学作为一门科学,是指引人们行为的技术。⑨ 这门"技术"背后的立法者意志,往往需要借助于特定的规范性语言和逻辑技术加以合理表达。这就使得法学问题研究必须借助于特定的研究方法对规范性法律文本背后的立法者意志加以合理解读。正如博登海默所言,"一种可以用来支持按字面含义解释法规的论点,是建立在这种解释理论能使法律具有确定性和明确性的基础之上"。⑩ 这就需要通过解释方法的合理应用,达致明确的应然性解释目标(即立法目标)。对规范性法律文本的解释,主要包括文义解释、体系解释、历史解释。通过解释方法实现对"规范目的"的有效解释,必须首先遵循"最初的历史的规范目的"。⑪ 当然,这种解释应当"以对规范适当并且有充分根据的认识为基础",并且以规范所依据的社会生活关系作为解释的基础,以形成可称之为"正确的"解释。⑫ 对于解释的基本构成,萨维尼提出了四个"基本要素"——"语法要素""逻辑要素""历史要素""体系化要素"。⑬ 其中,语法要素是对立法者所使用的"语言法则"进行解释,逻辑要素是指思维的各个部分相互依赖的逻辑关系,历史要素则是指法律与其颁布时的显示状态的相关性,体系化要素是指一切法律制度和法律规则构成的庞大的统一体的内在关系。⑭ 对规范的解释,必须将上述要素结合起来,系统地使用,而不能够分别或者是按某种顺序加以解读。目前,尽管学界把握了规范性文本解释在研究集体土地所有权主体制度方面的重要性,但却往往采取较为单一的研究方法,主要使用文义解释法,缺乏从规范性法律文本的制定和修改历程、规范性法律文本之间的关联性,以及规范性法律文本内部条文结构特征等方面做系统性、科学性解读。这极易使得研究结论存在"差之毫厘、谬以千里"的问题。对此,唯有系统采用文义解释、体系解释、历史解释,把握好规范解释的基本要素,才能有效发掘法律规范的立法目的,明确集体土地所有权的应然主体。

三是研究对象往往缺乏真正的"问题导向"。中国许多领域人文精神之缺乏并非由于科学精神过剩而造成的,而在于科学精神的"匮乏",在客观经验的认定与逻辑上的自洽方面都存在较大缺陷。⑮ 对此,从方法导向向问题导向的研究范式转变,已成为社会科学发

---

⑨　参见周永坤:《法学的学科定位与法学方法》,载《法学论坛》2003 年第 1 期。

⑩　参见[美]E.博登海默著,邓正来译:《法理学 法律哲学与法律方法(修订版)》,中国政法大学出版社 2004 年版,第 556 页。

⑪　参见[德]伯恩·魏德士著,丁小春、吴越译:《法理学》,法律出版社 2003 年版,第 321～322 页。

⑫　[德]卡尔·拉伦茨著,陈爱娥译:《法学方法论》,商务印书馆 2003 年版,第 195 页。

⑬　F.C.v. Savigny:System des heutigen rŌmischen Rechts, Berlin 1840, Bd. I, S.213, BD. III, S. 244.

⑭　[德]伯恩·魏德士著,丁小春、吴越译:《法理学》,法律出版社 2003 年版,第 313 页。

⑮　参见卞悟:《有了真问题才有真学问》,载《读书》1998 年第 6 期。

展的重要路径。[16] 问题导向是社会科学研究的必然延伸和重要价值取向,[17]在法学研究中发挥了重要的推动作用。对法学问题的实在结构和内在本质的揭示,同样需要坚持问题导向的研究范式。[18] 在此背景下,如何发现真问题、如何揭示问题的本质、如何回应问题,成了问题导向的基本思维进路。不难发现,如何发现社会科学领域中的"真问题",是社会科学研究成效取得的基本前提。在充分把握好"真问题"的基础上,研究者才能更好揭示问题的本质、成因、利弊等,进而找到回应问题的理论对策和实践举措。然而,我国农村土地问题研究者,要么没有真正把握住农村土地问题背后的"真问题",要么关注到但没有深入挖掘"问题"背后的东西。总体而言,"土地权利的进一步保障才是当前农村土地问题的真问题"[19]。具体而言,"农民集体"作为集体土地所有权主体,是土地权利这一"真问题"背后需要得到首先回答的"真问题"。在实际研究中,这一"真问题"并未受到土地法学研究者的重视,尤其是《农村土地承包法》《物权法》以及国家做实集体土地使用权相关规范性文件出台以后,或许是因为集体土地所有权主体制度研究与国家相关法律、政策精神不一致,因此研究该领域的学者及其成果稍显不足;即使是上述真正关注该问题的研究文献,却大多仅停留在通过文本解释所推出的"农民集体"层面,对"农民集体"的本体论问题缺乏深入思考。缺乏真正的"问题导向"的集体土地所有权主体制度研究无助于集体土地所有权主体法律制度的发展、完善。

四是研究思路缺乏系统性。前已论及,集体土地所有权主体制度安排涉及政治、经济、文化、历史实践等多方面因素,这也就决定了对集体土地所有权主体问题的研究应当具有系统性的研究思路,而不能"以点带面""以偏概全"。这种系统性的研究思路主要包括如下方面:一是对制度变迁的依赖性,即集体土地所有权及其主体制度有一个从无到有再到发展完善的变迁过程,许多理论和实践的限定性已形成于这一制度变迁,并实际上制约着后续的发展,因此发掘出其中的诸多限定性以及制度变迁的基本逻辑,自然成为对现行集体土地所有权主体问题研究的重要着眼点。二是理论的体系性,即对集体土地所有权主体问题的理论研究应当以我国集体土地所有权主体制度及其实践的特殊性为基础,以遵从科学的法学理论和法学发展规律为前提,合理引入并适当扬弃物权法理论等相关法学知识,发展出符合我国实际并能有效回应集体土地所有权主体问题的集体土地所有权主体理论。三是相关法律制度的协调性,即集体土地所有权主体问题的研究成果,应当

---

⑯　其实,包括法学在内的社会科学已逐渐注重方法研究转变为更多地关注问题,坚持问题导向,经济学研究为甚。

⑰　王佳宁:《社会科学研究根植问题导向》,载《重庆社会科学》2011年第7期。

⑱　朱富强:《从方法导向到问题导向:现代经济学研究范式的转向》,载《中国人民大学学报》2013年第2期。

⑲　唐敏:《判断"三农"真问题》,载《瞭望新闻周刊》2009年5月20日,http://theory.people.com.cn/GB/49154/49369/9333842.html,访问日期:2013-06-19。

成为集体土地所有权法律制度的重要内容,与集体土地所有权制度的其他内容之间具有兼容性和体系性,并一同构成集体土地所有权法律制度。在关于集体土地所有权主体的相关研究中,许多学者对主体身份进行解读时,往往仅以上述一方面或某一层次为研究思路,得出了差异性的结论。甚至对统一法律文本的解读,也可能得出具有较大分歧的结论。系统性研究思维的缺乏,这就使得许多学者研究集体土地所有权主体问题时,往往忽视集体土地所有权主体制度变迁实际,与既有法学理论、集体土地所有权制度的其他内容之间缺乏系统性、整体性思考。

五是研究成果科学性、合理性、实践性较弱。可以说,研究成果的科学性、合理性和实践性是社会科学研究的生命力所在。研究成果的科学性是指相关概念、原理、界定和论证等明确,并且符合历史实践,契合社会科学的基本规律;研究成果的合理性主要指通过研究所获得的研究结论应当是符合现有理论的基本要求、符合具体实际的;研究成果的实践性是指相关研究成果应当具备实践基础,符合实际情况,能够用于实践,并能通过实施取得预期效益。集体土地所有权主体制度研究作为社会科学研究的重要组成部分,其研究成果同样引港符合科学性、合理性和实践性的基本要求。集体土地所有权主体制度研究成果应当符合法学理论的基本要求,契合我国集体土地所有权主体制度的历史实践和发展现状,符合我国相关农村经济社会发展的基本趋势;通过研究所得出的研究结论应当是从科学理论、制度实践中合理推导出来的,符合实际的合理结果,并通过规则转化,使得遵从这些规则的个人能够通过遵守而不是不服从这些规则实现有利于自我的目的。[20] 当然,符合上述基本要求的研究成果,必须依托于立法将其转化为法律规则,进而成为"个人计算效益时应当考虑的一个额外因素",[21]以便得以实施。尽管通过转化形成的法律规则具备科学性、合理性、实践性的基本特征,但其并非永远正确。其同样"有赖以存在的基础,如若某一法规设立的社会情势、习俗和一般态度已经发生了一种显著的、实质性的和明确的变化,那么这种明确显著的情势变化定然影响所制定的法规",[22]进而推动了原有研究成果的科学发展,形成新的研究结论。然后,再通过立法转化为法律规则加以实施。通过上述"螺旋式"的发展进路,不断推进研究成果的科学性、合理性和实践性。然而,许多学者对集体土地所有权主体的研究中,由于存在前述的研究视野、研究方法、研究对象、研究思路等方面的各种局限性,以致很难得出具有科学性、合理性、实践性的研究成果。这也是一辈又一辈研究集体土地所有权主体制度的学者,其研究成果很少转化为法律规

---

⑳　参见[美]昂格尔著,吴玉章、周汉华译:《现代社会中的法律》,中国政法大学出版社 1994 年,第 23 页。

㉑　See John Rawls,"Two Concepts of Rules", The Philosophical Review (1956), vol. LXIV , pp. 18-29;and Georg von Wright, Norm and Action. A Logical Enquiry (London, Routledge,1963),pp. 9-11.

㉒　参见[美]E.博登海默著,邓正来译:《法理学 法律哲学与法律方法(修订版)》,中国政法大学出版社 2004 年版,第 559 页。

则并加以实施的内在原因。

三、"农民集体"本体探究的路径选择与基本思路

不难发现,我国集体土地所有权主体在内的集体土地所有权理论"存在着一定程度的形而上学和形式主义的因素",而且理论研究者"也并没有真正说明集体所有权到底是一种什么样的所有权"、集体土地所有权主体实质上是谁等问题。[23] 这些问题同样未能在《物权法》中得以充分而合理的揭示。尽管如此,我们仍然可以从现有关于集体土地所有权主体的研究成果中,找出如下有助于研究"农民集体"本质的重要启迪。

(一)从问题意识转向基础性研究与应用性研究并重

尽管研究领域的选择是学者的基本自由,但在期刊发表、业绩考核、课题申报、研究者的浮躁心态等对应用性研究偏向的内外因影响下,越来越多的学者将研究重心转向了与时政热点相关的领域,并引领了理论研究重心向应用性研究的转向。殊不知,基础性研究是应用性研究的基础和前提,并在很大程度上成为应用性理论的理论渊源和应用性问题论证的重要依据。在当下许多基础性研究尚未得到较好的发展、完善的情况下,如果应用性研究成为学界研究主流,那极可能产生理论依据不充分、论证不严密、研究结果科学性不强等诸多问题。在集体土地所有权研究方面,当下学界的研究重点已随着民法理论研究从"所有"向"使用"转移后,使得对集体土地所有权主体等"所有"层面的基础性问题未能得到足够的重视,许多尚待深入探讨的问题仍未得到深入研究。当然对应用性研究的倾向并不完全需要一种方案能把所有或大多数研究者的个人偏好加总为一组正确的偏好,[24]但扭转学界研究偏向,实现基础性研究、应用性研究并重,成为包括集体土地所有权制度在内的法学理论研究和制度发展的科学性、合理性、实践性,降低理论研究的集体行动的成本的总体需要。[25] 在此背景下,学界才能对"农民集体"的本体论问题形成丰富的研究成果。

(二)协调民事法学理论与集体土地所有权实践的关系

我国民事法学理论主要受西方国家民事法学理论的影响,甚至有相当多的理论从西方国家移植而来。尽管在移植中加入了符合我国实际这一"中国元素",但所形成的民事

---

[23]　王利民:《我国公有权制度的物权法构建》,载《当代法学》2006 年第 2 期。

[24]　参见[美]曼昆著,梁小民、梁砾译:《经济学原理(微观经济学分册)》(第五版),北京大学出版社2009 年版,第 495 页。

[25]　参见[冰岛]思拉恩·埃格特森著,吴经邦等译:《经济行为与制度》,商务印书馆 2004 年版,第87 页。

法学理论在理念、概念、基本原则、理论体系等方面受到了西方国家民事法学理论的深刻影响，甚至具有部分的"同一性"。换言之，"我们今天普遍接受的民事主体理论，是源于西方建立在私有制基础上，以维护个体利益为本位的理论体系；而我国的农村集体土地所有权制度，是建立在公有制基础上以集体利益为本位的制度"，[26]根植于社会主义公有制理论，并且经历了与西方国家土地所有权制度具有根本差异的制度变迁过程。为此，我国集体土地所有权与西方国家土地所有权产生和历史演变的背景基础、社会功能等均具有较大差异。[27] 这也就导致了渊源于西方国家民事法学理论的我国许多民事法学理论对集体土地所有权制度缺乏理论适用性和解释力。对于既有民事法学理论与集体土地所有权实践的不一致问题，我们既不能单纯采纳既有民事法学理论来否定集体土地所有权实践，也不能过于强调集体土地所有权的实践而不寻求理论支撑，而应当正视任何科学的理论都具有滞后性，往往落后于超前发展的实践，以集体土地所有权实践的基本特征和规律为立足点，发展出符合民事法学发展规律并对集体土地所有权实践具有理论解释力的理论体系。

（三）始终坚持"农民集体"研究的基本原则

在对集体土地所有权主体的研究文献中，尽管大多数学者并未深入研究"农民集体"的本体论问题，但从其对集体土地所有权主体的研究思路中仍获取深入研究"农民集体"的重要原则。（1）必须坚持以社会主义公有制为最高准则。我国是社会主义国家，生产资料的社会主义公有制是《宪法》确立的基本经济制度的基础，具体包括全民所有制和劳动群众集体所有制两种类型。在社会主义公有制下，我国的土地所有制具体实行国家所有和集体所有两种类型。为此，作为集体土地所有权主体的"农民集体"的本体论探索，可以从与集体所有对应的全民所有（即国家所有）的所有权主体的对比中加以对应研究。（2）以相关规范性法律文件为研究的基本依据。秩序是建立和维持构成个人自由和产权基础的各种条件的必要条件，[28]主要依托于相关规范性法律文件这一载体。这就使得在深入研究"农民集体"的本体论问题时，有关集体土地所有权主体以及"农民集体"的规范性法律文件成为探索的基本依据。当然，对于这些规范性法律文件的研究应当秉持"历史"与"现实"、"整体性（系统性）"与"结构性"相统一的原则，坚持以系统性、整体性为视野，从相关规范性文件的发展历史、制定或修正的背景，以及规范性文件与其他相关文件的关系、

---

　　[26]　戴德军：《农村集体土地所有权主体制度缺陷的理论思考与立法建议》，载《天府新论》2009 年第 6 期。

　　[27]　西方私人土地所有权大多是历史演变的结果，是"天赋人权"，国家对其所做的限制是后天制度的安排；而我国对集体土地所有权的限制是基于这种权利本源上是国家通过政治力量赋予农民集体的，其权能的缺失是与生俱来的，是无法改变的。参见王卫国、王广华：《中国土地权利的法制建设》，中国政法大学出版社 2002 年版，第 40 页。

　　[28]　参见［美］道格拉斯·诺斯·理著，钟正生、邢华等译：《解经济变迁过程》，中国人民大学出版社 2008 年版，第 93 页。

规范性文件内部结构等多方面来把握。(3)坚持"从历史中来,到历史中去"的原则。集体土地所有权主体制度变迁的历史实践是探索和揭示"农民集体"本来面目的基本依据,从中可以发现作为集体土地所有权主体的"农民集体"的由来及其本质;通过运用这种历史主义研究范式所得出的研究成果还应当放到集体土地所有权主体制度实践中去检验。

(四)将"农民集体"与集体成员关系作为研究的重要线索

依据现代的社会生活经验,农民个人的生存形式有"个体状态"和"团体状态"两种方式。[29] 但无论以何种生活形式存在,都离不开法律对利益需求以及既得利益的确认和保护。在很大程度上,权利只是法律保护个人利益的形式而不是内容,是保护本身而不是所保护的东西。[30] 权利只是一种受到法律保护的利益,但并非所有的利益都是权利,只有被法律所承认和保障的利益才属于权利。[31] 作为"现行私法的秩序之基本",[32]集体土地所有权制度已成为物权制度的核心内容以及民法制度的重要基础,[33]是规范农民、集体等主体对土地权利的重要制度依据。通过对有关集体土地所有权主体的文献研究发现,集体土地所有权主体的研究随着《土地管理法》的完善以及《物权法》的颁布而被确定为"农民集体",进而在法律上与农村集体经济组织、村民委员会、村民小组等集体性质组织区分开来。集体土地所有权背后的主要利益关系也随之转换为"农民集体"与"集体成员"之间的关系问题。然而,由于我国的"农民集体"是"国家管理农村的一个虚拟中介"或"具体个人管理农村的一个合法名义",[34]与其他民事主体相比缺乏明确的组织载体和实现形式,因此很难明晰"农民集体"作为法律上的集体土地所有权主体,其本质应当为何。但从"农民集体"作为集体成员的集合性以及集体土地所有权的历史演变来看,以"农民集体"与"集体成员"关系为视角,应当成为理解"农民集体"的本体论问题的基本思路。

四、"农民集体"是全体集体成员身份性与财产性的集合

作为集体土地所有权主体的全体成员,是在分散的成员个体的基础上形成的一种具有抽象意义的全体成员的集合(即"成员集体"),既不是完全分散的单个个体的简单加总,

---

㉙　龙卫球:《法人主体性探讨民商法论丛——江平教授 70 华诞祝贺文集》,中国法制出版社 2000 年版。

㉚　参见朱庆育:《意志抑或利益:权利概念的法学争论》,载《法学研究》2009 年第 4 期。

㉛　参见[美]罗斯科·庞德:《通过法律的社会控制》(2008 年第二次印刷),商务印书馆 1984 年版,第 42 页。

㉜　史尚宽:《物权法论》,中国政法大学出版社 2000 年版,第 59 页。

㉝　参见王卫国:《中国土地权利研究》,中国政法大学出版社 1997 年版,第 46 页。

㉞　孙津、郭薇:《建设社会主义新农村的真实含义:生产关系和社会形态的创制》,载《中国人口、资源与环境》2006 年第 3 期。

也不是在整体意义上的一个独立主体。对于这种"集合",有学者称之为"成员集体",⑤也有学者称之为"农民集体"。㊱ 本文认为,无论是"成员集体",还是"农民集体",抑或"全体成员集合"仅是一个表称,关键在于作为真实的集体土地所有权主体的全体成员,究竟有哪些基本的内在限定性。考虑到现行规范性法律文本主要使用"农民集体"一词,本文坚持使用"农民集体"这一语词,并主要从如下方面还原"农民集体"的应有"面目"。

(一)"农民集体"是对全体集体成员的抽象

从严格意义上讲,"农民集体"中的"农民",特指具有农业户籍的自然人。由于我国长期以来通过实行严格的户籍制度将农民限制在固定的农村"社区",因此使用"农民集体"来指代所有集体成员的做法,具有一定的实践性和合理性。但随着国家对农村人口流动管制放宽后,人口流动加速,那么再以是否享有农村户籍为标准来确定某个自然人是否属于某"集体"成员的做法则越显不科学、欠缺合理性。换言之,具有农业户籍的人,可能在某个村享有投票选举村干部的选举权,但并不当然就成为该村及其内部特定集体的成员。相反,"农民集体"则可以更好地表达出所有集体成员的集合之意,更为符合学术研究的规范性要求。

当然,"农民集体"是指在社区范围内具备该社区农村户籍的所有农民的集合体,而不是每个具有成员身份的具体自然人的简单加总。这是"农民集体"区别于传统"共同共有"理论的根本特征。(1)"农民集体"是对全体集体成员所组成的共同体的抽象处理的结果。集体成员是组合成为"农民集体"的基本"元素",虽然在集体土地所有权上居于平等地位,但并不单独享有集体土地所有权,只能凭借成员身份享有集体土地使用权,以及获得集体土地所有权收益的权利。集体土地所有权主体只能是"农民集体",即被抽象出来的所有集体成员的集合。如果将"农民集体"作为所有集体成员的简单加总,那么其无异于是以"共同共有"理论发展出来的主体,极有可能变相走向土地私有制。(2)"农民集体"以是否存在集体成员为存在依据。尽管"农民集体"不具备民事主体的构成条件,但其作为被抽象的集体土地所有权主体仍然区别于集体成员,并不以具体的集体成员的数量为存在条件。凡是有集体成员存在,那么"农民集体"便客观存在;相反,则否。

(二)"农民集体"是所有集体成员的集合

集体土地所有权主体是全体集体成员的集合(即"农民集体")。集体成员的身份,是判定是否成为集体土地所有权主体中的集体成员的根本标准。这意味着未来可能取得集

---

⑤ 参见韩松:《论成员集体与集体成员——集体所有权的主体》,载《法学》2005 年第 8 期。

㊱ 参见韩俊:《土地农民集体所有应界定为按份共有制》,载《政策瞭望》2003 年第 12 期。

体身份的潜在成员，由于不具备集体成员身份，因此不可能成为"农民集体"之一。未来可能获得集体成员身份的潜在成员，只是具备一种成为集体成员的可能性，并非事实意义上的集体土地所有权主体。当然，"集体身份"的判定又采用农村集体经济组织成员资格的判定标准。这是因为我国农村集体经济组织与法律文本上的"农民集体"在范围等多方面具有相同性。㊲ 当然，对于现行立法中对未来可能成为潜在成员的相关规则设计，也仅是基于维护农村经济社会稳定、实现可持续发展等一些基本价值的考虑，而预先对潜在成员利益做了预先保护的制度规定。

此外，集体成员身份变动也会影响集体土地所有权的稳定性。前已述及，集体成员变动大致分为基于自然原因的全体集体成员变动、基于自然原因的部分集体成员变动、基于非自然原因的全体集体成员变动以及基于非自然原因的部分集体成员变动四种类型。单就某个独立的自然人而言，其是否具备集体土地所有权主体资格，仍然以是否具备集体成员身份为根本条件，不可能直接影响集体土地所有权。但集体范围内一定数量的集体成员身份变化，则会直接影响集体土地所有权。本文认为，就理论上而言，无论现存的集体成员数量多寡，只要仍然存在 1 名以上的集体成员，那么集体土地所有权主体依然存在。㊳ 这是因为"农民集体"作为集体成员的集合，是以集体成员的有无为判定标准，只要存在具备成员资格的集体成员，那么被做抽象处理的"农民集体"则依然存在，而并不以成员数量多寡为判定依据。但在实践中，这种情形仅存在理论上的可能。这是因为：一方面，考虑到农业是国民经济的基础，国家将重点耕地规模和质量，以及作为耕地上主要劳动者的集体成员的适度规模。另一方面，即使是集体成员身份的整体丧失或大部分丧失，也大多与国家、地方政府的经济社会发展决策有关。国家或地方政府通常采用让作为集体成员的自然人户籍"农转非"的形式，使原来的"农民集体"因不再有集体成员而主体消

㊲ 目前，虽然农民集体身份问题并未在法律中得以明确，但仍有很多规范性文本将农村集体经济组织成员与农民集体的集体成员等同。例如《台山市关于界定农村集体经济组织成员的规定》第 3 条规定，原人民公社、生产大队、生产队的社员，户口保留在农村集体经济组织所在地，年满十八岁的公民，履行法律法规和组织章程规定的义务的，属于农村集体经济组织成员；因婚姻关系，户口迁入任何一方，并履行法律法规和组织章程规定义务的，落户者属于集体经济成员；出嫁以后户口仍在本村的妇女，并履行法律法规和组织章程规定义务的，出嫁女属集体经济组织成员。不难发现，上述规定实质上将"农村集体经济组织"与作为法律文本上作为集体土地所有权主体的"农民集体"相等同，因此将农村集体经济组织成员资格的判定标准作为"农民集体"的集体成员资格的判定条件也就具有了合理性和实践性。

㊳ 这主要基于两方面考虑：一方面，考虑到农业是国民经济的基础，国家将重点耕地规模和质量，以及作为耕地上主要劳动者的集体成员的适度规模。即使是集体成员身份的整体丧失或大部分丧失，大多与国家、地方政府的经济社会发展决策有关。如果整个集体的成员或大部分集体成员因政府决策而丧失身份，那么国家将把全部集体成员转为城市居民，使得"农民集体"消亡，并对集体土地所有权做相应处理。另一方面，从理论上讲，"农民集体"是集体成员的结合体，只要有 2 名以上的集体成员，那么还是符合马克思主义经典著作中有关公有制的基本原则和思想精髓的。当然，基于社会主义国家的性质和目的考虑，这种情况是不会出现的；只要集体成员数量降低到一定程度，那么这种人数较少的"农民集体"往往会与其他"农民集体"合并，或将其集体土地变为全民所有。

亡。国家或地方政府往往基于社会主义国家的性质和目的考虑,只要集体成员数量降低到一定程度,那么这种人数较少的"农民集体"往往会与其他"农民集体"合并,或将其集体土地变为全民所有。此外,如果因为户籍制度改革等人为原因以及自然灾害等非人为因素,导致"农民集体"没有集体成员,那么即便在理论上存在潜在集体成员,集体土地所有权主体已然不存在,因此集体土地属于无主财产,应当归国家所有。

(三)"农民集体"是集体成员的身份性与财产性统一

与一般所有权的财产性有别,"农民集体"作为集体土地所有权主体,是身份性与财产性的统一。首先,就集体土地所有权而言,其是作为集体土地所有权主体的"农民集体"的财产权。这是由集体土地所有权的性质所决定的。其次,就集体土地所有权主体而言,"农民集体"是全体成员的集合,以集体成员身份为判断标准,具有身份性特征。任何只要具备集体成员身份,都应当成为特定集体的成员,也就共同拥有集体土地所有权。当然,集体成员共同拥有的集体土地所有权是没有确定个人份额的所有权,[39]不得继承、不得转让、不得非法转移。此外,由于"农民集体"作为全体集体成员的集合,因此也就不可避免地包含了集体成员对集体土地所有权的财产性利益,即在全体集体成员共同拥有集体土地所有权的基础上,集体成员可以依据对集体土地所有权的共同拥有而享有分配集体土地所有权收益的请求权(简称"分配请求权"),并能通过分配获得财产性收益;除此之外,集体成员依据成员身份获取的集体土地使用权也是其财产性收益的重要来源。对于基于"分配请求权"和集体土地使用权所带来的财产性收益,归集体成员所有,并且可以依法继承和转让。例如,某集体成员死亡,其依据成员身份所共同拥有集体土地所有权的权利消失,但其享有的作为集体成员期间所应获取的集体土地所有权收益以及集体土地使用权收益可以依法由继承人继承。再如,因户籍"农转非"而丧失集体成员资格的自然人,不再享有集体土地所有权,但却依法具有依据其曾经作为集体成员而分配相应比例的集体土地所有权收益、集体土地使用权收益的权利。

(四)"农民集体"依托于特殊的决策机制和执行机制

对于民事主体而言,独立的意思表示能力,以及意思实施能力是民事主体是其参与民事活动的根本要求。这种意思表示是民事主体由主观意思向外表达的过程,并依托于自我能力,将这种主观意思予以实施,以获得相应法律效果。相比而言,全体成员作为集体土地所有权主体,不具备传统民事主体自身特有的意思表示能力和意思实践能力,而需要依托于特定机制予以形成和实施。

㊴ 于建嵘:《地权是农民最基本的权利》,载《华中师范大学学报(人文社会科学版)》2008 年第 2 期。

首先,有关集体土地所有权的重要决策由全体成员的决策机制形成,是将分散的、具有差异性的全体成员的意志,通过决策机制,形成有关集体土地所有权决策。与作为独立主体的法人、非法人组织等主体不同,决策机制只是将全体独立成员的意志加以整合,进而形成符合成员整体利益的统一决策,而并非民法上的意思表示的理论范畴。从理论上讲,这种决策机制可以选择全体成员或成员代表表决的形式。目前,由于对集体土地所有权主体问题的理论和实践关注不足,因此仍然依托于村民自治下的村民大会或村民代表大会、组员代表大会等形式,仍然具有一定的实践性和合理性。

其次,全体集体成员作为集体土地所有权主体,缺乏自我执行集体土地所有权决策的能力。目前,有关集体土地所有权决策,主要依托农村集体经济组织、村民委员会等农村集体组织实现。根据《土地管理法》《物权法》的规定,农民集体所有的集体土地,分别由村集体经济组织或者村民委员会、村内各该农村集体经济组织或者村民小组、乡(镇)农村集体经济组织三类主体经营、管理。[40] 足见,现行立法及实践并不缺乏集体土地所有权决策的执行机制,而只是在决策执行机制的科学性、畅通性以及执行效果等方面的问题。

(五)集体土地所有权实现指向全体成员的集体土地所有权收益

集体土地所有权实现的目标,在于将集体土地所有权制度中集体土地所有权主体利益加以落实。按照所有权主体关系的差异,集体土地所有权实现可以分为"农民集体"的集体土地所有权收益实现和成员的集体土地所有权收益实现。其中,"农民集体"的集体土地所有权收益实现属于首要层次的,是全体成员通过共同决策及其执行机制所实现的共同利益。成员的集体土地所有权收益实现则以"农民集体"的集体土地所有权收益实现为基础和前提,只有"农民集体"的集体土地所有权收益得以实现,个体成员的集体土地所有权收益才能得到落实。当然,个体成员的集体土地所有权收益需要依赖于特定的利益分配机制,分配"农民集体"的集体土地所有权收益。在集体内部分配中,个体成员参与集体土地所有权收益分配的权利依据,在于因成员身份而共同拥有的集体土地所有权。本文认为,尽管"农民集体"的集体土地所有权收益首先属于全体集体成员所有的集体资产,但"农民集体"所有与成员所有存在根本差别,即个体成员的集体土地所有权收益在获得分配之前,仅仅是一种请求分配的权利或资格,而只有在全体成员按照既定决策机制所作出分配决策并依此分配的情况下,才能得以实现,因此两类利益的最终归宿在于个体成员的集体土地所有权收益实现问题。

---

[40] 参见《土地管理法》第 10 条、《物权法》第 60 条。

巴渝法学论丛

2016

论企业年度报告公示制度的公司法完善

——以公司债权人的保护为视角

张琦* 刘琳**

（西南大学法学院）

320

摘 要：债权人保护是公司法永恒的主题之一，然而公司资本制度所应有的功能主要是保障公司的运营和市场的效率，债权人的保护不应该依赖原来的资本制度保护的路径。公司资产信用对债权人保护有至关重要的作用。企业年度报告公示制度是公司对外公示资产信息的重要机制，债权人的事前保护应该借助企业年度报告公示制度。企业年度报告公示制度在披露有效资产信息方面、债权人的权利赋予等方面存在缺陷，导致债权人不能及时获取有效的公司资产信息。因而，企业年度报告公示制度应该加强有效信息的披露，赋予债权人相关监督权利，以更有利于债权人公司法保护。

关键词：公司资本；资产信用；债权人；年度报告

2014 年 3 月 1 日起施行的新修改的《中华人民共和国公司法》（以下简称《公司法》），主要针对我国公司的资本制度进行了修改。我国公司信用的基础由资本信用向资产信用过渡，公司资本制度也从法定资本制向授权资本制靠拢，因而我国对公司资本制度的功能发挥的侧重点发生了巨大变化，这一根本性变革，对公司的理论和实务都必将产生重大影响。

公司资本制度的功能，在效率和安全的价值理念中游走，但是随着市场经济的发展，注重效率的功能日益突显，对于债权人保护功能则逐渐式微。《公司法》修改后，我国取消法定最低注册资本制，采取授权认缴资本制，正是认识到法定注册资本制不能保障债权人的利益，反之，束缚了公司的经营。那么，如何在授权资本制和原来的法定资本制中形成的路径依赖中，寻求保护公司债权人的利益的公司法路径呢？

当前，在我国相关的公司法配套制度（公司章程功能彰显力和公司信用机制、利润分

---

* 作者简介：张琦（1990—　　），女，吉林德惠人，西南大学法学院硕士研究生，主要研究经济法学。

** 作者简介：刘琳（1990—　　），女，四川成都人，西南大学法学院硕士研究生，主要研究经济法学。

配和责任担保等预防性制度,董事责任承担和人格否认等事后救济制度)不完善的大背景中,债权人的公司法保护亟待完善。本文所指的公司不包括上市公司。本文在厘清公司信用与债权人保护之间的关系的基础上,探讨我国公司对债权人在资产信息获取的保护现状及困境,进而在现有企业年度报告公示基础上提出完善建议,以期能够更好地在事前保护债权人的利益。

一、公司信用与债权人保护的关系

(一)公司信用基础的厘清

1. 资本信用的路径依赖的误区和转变

从公司资本制度看,我国在 1993 年《公司法》中,将公司法最低资本额的要求具体化到各个类型的要求不同,并且要求所有注册资本都在设立之初必须全部认足缴足,可见立法者在最初构建公司资本制度时,采用严格的法定资本制度。立法者始终关注公司运营中的债权人利益保护问题,并寄希望于法定最低资本额制度,以冲抵因赋予股东有限责任而引发的外部性温柔,即"一家企业的资本要求越少,股东从事过度风险投资的动因越大"[1]。因而,我国 2014 年以前的公司立法中规定了相当高的法定最低资本额,并且通过出资形式、利润分配、减资等制度要求恪守"资本三原则",把法定最低资本额的充实情况作为判断股东(和发起人)不同形式责任的标准,把公司资本作为主要的(或者说唯一的)保护债权人的公司法路径。

事实上,公司信用是公司债权人保护的基础,决定公司信用的并不是公司的资本;相反,公司资产对公司信用起着更重要的作用,与其说公司的信用以公司的资本为基础,不如说是以公司的资产为基础,公司以股东的有限责任和公司自身的独立责任为其根本法律特征,而所谓公司的独立责任恰是以其拥有的全部资产对其债务负责,公司对外承担责任的范围取决于其拥有的资产,而不取决于其注册资本。[2] 因此,这些资本制度没有更多的发挥立法者预期的保护债权人的功能,反而制约了公司的运营,同时使公司债权人利益的保护仍然停留在形式上。

因而,各国的实践中,公司法定资本的作用凸显出了一系列的弊病,逐渐受到各国广泛的质疑,并且进行了一定的抛弃。美国起初就采取授权资本制,早在 1984 年的《标准商事公司法》中就彻底放弃了法定最低资本的要求,虽然各州部分仍有要求,但是其要求微乎其微,形同虚设。同是英美法系的英国作为欧盟的成员国,其 2006 年的《公司法案》(Companies Act 2006)引入了欧盟的最低公司资本制度,但只规定了公众公司的最低资

---

① 傅穹:《路径依赖与最低资本额安排》,《法制与社会发展(双月刊)》2002 年第 6 期(总 48 期)。

② 赵旭东:《从资本信用到资产信用》,《法学研究》2003 年第 5 期。

本,而私人公司不受最低资本的约束。③ 以大陆法系国家(德国、法国等)为主的欧盟,对此的态度上,一方面不断通过立法软化公司确定资本制度,另一方面积极寻求其他制度安排,以期在不远的将来将其取而代之。④ 日本于 2005 年 2 月通过"公司法制现代化要纲案",废除最低法定资本制。⑤ 我国在 2014 年的《公司法》中废除了一般公司的最低注册资本制度。

综上来看,保护公司债权人的合法利益永远是公司法律制度的"主旋律"之一,放弃或者动摇对债权人保护的目标,即是在撼动公司大厦之基础。⑥ 然而,不得不指出,公司资本制度所应有的功能主要是保障公司的运营和市场的效率,债权人的保护不应该依赖原来的资本制度保护的路径进行完善,而应该在授权资本制度实施的过程中,逐渐从公司法相关配套制度中寻求救济路径。

2. 从资本信用到资产信用

在我国,从资本信用到资产信用的理念转变已经逐渐成为共识。对公司的信用基础的探讨,在我国始于江平教授,他于 1997 年发表的《现代企业的核心是资本企业》论文中指出,"资本企业也就是以资本为信用的企业。因此,资本信用是资本企业的灵魂……作为现代企业的资本信用应该包括三方面的内容:第一,公司注册资本的信用。第二,公司的信用,即公司的全部资产信用。第三,信用的破产,即公司本身的破产……真正的资信制度确立之时也就是真正破产制度建立之日"⑦。江平教授(1997)给出的资本信用的定义显然是广义的定义,其包含资产信用,这区别于后来学界讨论中的资本信用。也就是说江平教授从一开始就关注到了资产对公司信用的作用。赵旭东教授给出的公司信用的定义(2003)是,尽管对信用概念的界定众说纷纭,但在公司法领域,对公司信用的理解毫无疑问应落脚于公司履行义务和清偿债务的能力上。⑧

公司的资本信用是静态的,而公司的资产信用是动态的,公司的信用基础是由动态的公司资产决定的,公司资产的动态性体现在对外负债情况中。债权人应该以公司资产为信,才能更好地掌握公司的经营状况,而公司资本的静态数字对债权人的保护是微乎其微的。

(二)公司资产信用对债权人的影响

"只有公司资产的数额才表征着公司清偿债务的能力。公司资本不过是公司成立时

---

③ 参见黄辉:《现代公司法比较研究——国际经验及对中国的启示》,清华大学出版社 2011 年版,第 77 页。

④ 参见殷盛:《欧盟的公司资本制度变革》,《法学》2007 年第 9 期。

⑤ 参见周剑龙:《日本公司最低资本金制度的重大变革——兼论中国公司法的选择》,2006 年 5 月 15 日,http://www.chinalawedu.com/news/20800/213/2006/5/zh19965111151560024560-0.htm,2014 年 6 月 20 日。

⑥ 朱慈蕴:《公司资本理念与债权人利益保护》,《政法论坛(中国政法大学学报)》2005 年第 3 期。

⑦ 江平:《现代企业的核心是资本企业》,《中国法学》1997 年第 6 期。

⑧ 赵旭东:《从资本信用到资产信用》,《法学研究》2003 年第 5 期。

注册登记的一个抽象数额,而决不是公司任何时候都实际拥有的资产。公司资产与资本的脱节是公司财务结构的永恒状态。"⑨在这种常态下,债权人关注的是公司的负债表反映的公司的偿债能力,与公司债权人利益息息相关的是公司的资产变动。

公司的资产信用对债权人至关重要。公司资产＝注册资本(股东出资)＋对外负债,也就是说就资产和负债的静态关系而言,公司资产系由其负债转换而来。从总体资产对总体债务的根本意义上说,资产信用就是净资产信用,就是公司总资产减除公司总负债后的余额的范围和幅度。净资产越多,公司的清偿能力就越强,债权人越有保障。⑩

因而,对于债权人来说,企业资产信用的绝对高低对他们来说是有很大影响的,因为债权人无法预先选择并且防范侵权风险,当侵权事件发生时,企业对债权人承担侵权责任的物质保证就是企业的资产。在公司资产薄弱的情况下,往往得不到完全的赔偿。债权人需要掌握公司的资产信息监督公司的资产流动,以便保护自己的权益。

二、企业年度报告公示制度对债权人保护的现状及困境

2014 年新施行的企业年度报告公示制度规定了上市公司以外的公司的资产信息对社会披露的义务。公司对于自身资本的公示与披露义务被大大削弱,取而代之的应是逐步强化公司对于自身经营状况、资产状况及信用状况的披露。企业年度报告公示制度是债权人主动合法地获取公司资产信息的主要渠道。

(一)企业年度报告公示制度的立法现状

2014 年国务院出台《注册资本登记制度改革方案》(以下简称《方案》),将企业年度检验制度改为企业年度报告公示制度。《方案》规定:第一,公示方式。企业应当按年度在规定的期限内,通过市场主体信用信息公示系统向工商行政管理机关报送年度报告,并向社会公示,任何单位和个人均可查询。第二,企业年度报告的主要内容应包括公司股东(发起人)缴纳出资情况、资产状况等。第三,法律责任。企业对年度报告的真实性、合法性负责,工商行政管理机关可以对企业年度报告公示内容进行抽查。经检查发现企业年度报告隐瞒真实情况、弄虚作假的,工商行政管理机关依法予以处罚,并将企业法定代表人、负责人等信息通报公安、财政、海关、税务等有关部门。第四,异常名录制度。对未按规定期限公示年度报告的企业,工商行政管理机关在市场主体信用信息公示系统上将其载入经营异常名录,提醒其履行年度报告公示义务。企业在三年内履行年度报告公示义务的,可以向工商行政管理机关申请恢复正常记载状态;超过三年未履行的,工商行政管理机关将

---

⑨ 周龙杰:《公司法定资本最低限额制度:检讨与诠释》,《吉林大学社会科学学报》2009 年第 5 期。
⑩ 赵旭东:《从资本信用到资产信用》,《法学研究》2003 年第 5 期。

其永久载入经营异常名录，不得恢复正常记载状态，并列入严重违法企业名单（"黑名单"）。

2014 年 2 月国务院颁布的《中华人民共和国公司登记管理条例》（以下简称《条例》）第 58 条规定："公司应当于每年 1 月 1 日至 6 月 30 日，通过企业信用信息公示系统向公司登记机关报送上一年度年度报告，并向社会公示。年度报告公示的内容以及监督检查办法由国务院制定。"该《条例》具体规定了企业年度报告报送的时间。

（二）企业年度报告公示制度对债权人保护的困境

债权人的临时性、个体性以及力量薄弱性，导致他们不能及时获取到有效的资产信息，债权人不能掌握公司的资产就不能及时有效地维护自己的利益。

首先，企业年度报告制度不能有效反映公司的资产信用。企业年度报告的主要内容应包括公司股东（发起人）缴纳出资情况、资产状况等，企业对年度报告的真实性、合法性负责，工商行政管理机关可以对企业年度报告公示内容进行抽查。不难发现，企业年度报告制度本质上与之前的企业年检制度一样，对企业审查的重点依然是企业的登记情况，而非企业的财务状况。这对于改革后的公司资本制度的施行是极其不利的，公司的资本是否充足关系到广大债权人的利益，仅仅是监督方式的转变不能担负起保障债权人的利益的责任。不过，值得我们注意的是，公司的很多资产信息涉及公司的商业秘密，那么如何确保在不侵犯公司商业秘密的情况下，披露债权人所需要的信息呢？

其次，虽然债权人，尤其是自愿性债权人[①]，能够通过合同、担保等途径保护自己的权益，但是"债权人也受公司组织结构及规模的影响，比如在有限责任公司中，由于没有信息的强制披露要求，债权人更难获得公司的重要信息，所以，债权人可能面临或者承受更高的风险。无论如何，几乎不可能根据其救济需求概括所有的债权人，并非所有的债权人都能够有效地自我保护，因为他们可能缺乏讨价还价的能力"[②]。

最后，信息不对称下的公司债权人的弱势地位，需要法律赋予债权人相应的权利。债权人的力量薄弱，没有法律保护的权利，不能及时获取到有效的资产信息。而公司静态资本的数字早已经被判定为空头支票的始作俑者。在债权人与公司缔结合同时，并非债权人与公司之间的所有合同都实际经过谈判，也未必反映了交换的条件；在债权人与公司缔结合同之后，公司可能会通过转移资产、关联交易等侵害债权人利益甚至逃避债务。

---

① 公司债权人按照债权人对于债权的发生是否出于自愿可以划分为自愿性债权人与非自愿性债权人。自愿性债权人包括交易债权人、债券债权人以及金融债权人等，非自愿性债权人一般是指侵权债权人。参见［美］弗兰克·伊斯特布鲁克、［美］丹尼尔·费希尔：《公司法的经济结构》，张建伟、罗培新译，北京大学出版社 2005 年版，第 56～60 页。

② 赵学刚：《效率的公平矫正——债权人视野下公司法对经济学理论的超越》，《政法论坛（中国政法大学学报）》2009 年第 6 期。

三、企业年度报告公示制度的完善建议

企业年度报告公示制度,是我国在授权资本制下,对企业监督的新形式。对企业年检制度的变革,意味着我国开始注重信息披露和发挥债权人的积极参与性,以求对债权人的真实保障。因而制度的设计,应该为债权人的积极参与提供便利。因而,笔者从对报告公示内容的实质性审查进而监督公示信息真实性义务的履行和债权人参与权利这两个方面提出完善路径,以期便利债权人能够充分发挥能动性,保障自己的利益充分实现。

(一)加强报告公示信息内容的有效性

公司股东(发起人)缴纳出资情况、资产状况等信息内容的有效性体现得更多的是公司自治的效果方面。虽然,现在已经不再限定公司最低注册资本和出资期限等,但是相关的公司资信情况信息的公示还是必要的。对于之前的法定资本制度中发现的问题同样也是目前应该针对性的完善的,这也是制度变革的主要目的。资产信用下,债权人要对债务人公司的所有信息实时跟踪,包括资产机构信息、资产流动信息、资产状态信息等,其中资产信息包括公司拥有的土地、房产、机动车、股权、知识产权、银行存款等,资产信息包括资产的查封、冻结、抵押、质押、担保等。[13]

首先,资本信息的公示。早在法定资本制度的完善中,就有人提出,应明确规定股东和公司对注册资本登记时的真实信息披露,特别是如何分期缴纳出资,如何授权董事会决定公司资本的再次发行,各项非现金出资的价值评估等应当详细记载。[14] 这同样也符合,当前法律不具体规定的事项,应该是公司自治的范畴,注册资本和出资的价值评估等应该是公司行督促的,资本的空洞化对债权是致命打击,对于这一类信息的公示有助于债权人和社会对公司的资本充实进行监督。资本信息公示后,债权人发现公司侵害了自己的利益,有权利了解真相,所以此时应该设立一种实质审查程序对此进行审查。实质性审查程序的启动事由以是否已经或者潜在性地侵害债权人的利益为判断标准。例如,对于出现审查时发现筹建期超过半年尚未开展生产经营活动、信用等级较低、注册资本未全部到位等情况的,均应进行实质审查。[15]

其次,资产信息的公示。公司对实质性资产信息的报告公示应该是持续性的,如公司资产的变动以及资产的结构变化,因为债权人需要通过这些信息,来掌握公司资产信用的变化,以便及时发现公司转移资产等侵害其利益避免债务清偿的情形出现。这也是债权

---

⑬ 赵旭东:《从资本信用到资产信用》,《法学研究》2003 年第 5 期。

⑭ 朱慈蕴:《公司资本理念与债权人利益保护》,《政法论坛(中国政法大学学报)》2005 年第 3 期。

⑮ 参见洪婷婷:《关于企业年检制度的探索与思考》,《中国工商管理研究》2013 年第 10 期。

人对公司资产进行的监督。虽然各国实践包括我国,都采取比较自由宽松的资本制度,各国对资本维持之措施纷纷采取缓和态度,并不意味着放弃对存续中的公司充实资本之监督。⑯ 所谓资本的充实体现在资产流向监控上,应该在建立完善严格的公司财务会计制度基础上,公示资产流向信息。赋予债权人对无力清偿其债务的公司以财务审计申请权,对缺少完整财务记录、财务账册虚假而无法确定和说明公司资产去向和变化情况下债务责任的追究作出明确规定。

(二)赋予债权人特别的权利

如果从利益相关者的角度,那么,在一个最低的限度上,所有的公司资源提供者,当其所提供的专用性资源处于危机之中时,他们应当能够得到法律赋予的控制公司的权力。⑰ 应该赋予债权人一些特别的权利,如上面提到的财务审计申请权,还有恶意转让资产的撤销权、公司重大资产信息查阅权等。

例如,美国《统一欺诈转让法》对债权人救济权的拓展:该法不仅规定了撤销权作为债权人的首要救济权,而且还赋予了债权人扣押权或采取其他临时措施权,禁止财产再转让权,指定破产管理人负责管理财产权,受让人和其他的任何再受让人的连带追索权以及环境所要求的任何救济权,同时还特别规定胜诉债权人在得到法院允许的情况下可直接从被转移财产及其收益中强行收回债权。⑱ 当公司实际控制人滥用控制权导致债权人利益或其他相关者利益的损害(包括债务偿还处于危机之中)时,债权人可以要求法律救济;而当公司不能偿还其债务时,债权人不仅可以直接取得对公司剩余的索取权,而且还可以获得直接向大股东或高级管理人员索赔的权利。⑲

对于公司资产信息的商业保密性与债权人知情权的保护之间的冲突,笔者认为可以在企业年度报告公示的信息共享平台中设置一种特别的查阅权限,通过以申请电子账号的形式,在公司信用发生重大危机时,债权人在一定时间段内,依据合同或者侵权之债等事由,在网络平台内申请登记,由公司监事会(监督公司运营的机构)审核通过后即可获得查询相关信息的权限,其他人没有权限的则不能查询相关信息。在一些规模较大的公司,可以尝试在较大规模的公司中建立债权人委员会,要求公司将可能引起公司资本重大变动事项及时向债权人委员会披露,包括公司与股东或关联方之间的关联交易、公司对外转投资或发行新的公司债等重大风险的行为、公司重大资产出让行为等。⑳

---

⑯ 朱慈蕴:《公司资本理念与债权人利益保护》,《政法论坛(中国政法大学学报)》2005 年第 3 期。

⑰ 徐晓松:《论资本监管与公司治理》,《政法论坛(中国政法大学学报)》2003 年第 4 期。

⑱ 参照美国《统一欺诈转让法》第 7 条。转引自赵树文:《美国〈统一欺诈转让法〉对公司债权人保护之借鉴》,《社会科学》2013 年第 2 期。

⑲ 徐晓松:《论资本监管与公司治理》,《政法论坛(中国政法大学学报)》2003 年第 4 期。

⑳ 朱慈蕴:《公司资本理念与债权人利益保护》,《政法论坛(中国政法大学学报)》2005 年第 3 期。

结语

公司资本制度的选择对债权人的保护模式的选择有很大的影响,我国公司资本制度由法定资本制到授权资本制,债权人保护模式也将逐渐从事前预防转向事后救济,但是这并不代表对公司资本(资产)充实不重视。公司资产信用的高低决定着债权人的利益,因而债权人需要及时掌握公司的资产信息。在企业年度报告公司制度下,公司部分资产信息对外公示有利于非自愿债权人了解公司的资产信用状况,但是目前企业年度报告公示制度存在一定的局限性,应该进行完善。企业年度报告公示制度是授权资本制下对债权人保护的重要事前预防机制。授权资本制度下,债权人的保护还需要依靠相关的配套制度的完善,如公司人格否认制度、责任保险制度、股东和董事的连带责任等,因而,公司债权人的公司法保护仍然任重道远。

"热钱"对我国经济的影响及法律应对

张晓丽[*]

（西南大学法学院）

摘　要：进入 21 世纪以后，我国经济发展的预期良好，较强的人民币升值预期、投资房地产和股市所产生的丰厚利润吸引了大量的"热钱"以各种隐蔽的方式进入我国资本市场，这一方面使我国有充足的资金进行经济建设，但同时会产生很多风险，如通货膨胀、房地产泡沫危机、货币政策不独立、宏观调控难度增加等。因此，我们要不断完善我们的金融体系，加快汇率改革，在经济全球化的背景下提高资本管制的有效性。

关键词：热钱；通货膨胀；监管

引言

从 2001 年我国加入 WTO 以来，这十几年在积极的经济政策的引导下，我国经济总体保持较快的发展，但外汇的供给远大于实际的需求，人民币升值的压力日趋增大，尤其是 2005 年汇率形成机制改革以来，国际上对人民币的升值预期越演越烈，通货膨胀问题也越来越严重。从 2006 年以来，物价的飞涨也是切实关系到民生的问题，特别是 2008 年金融危机以后，"热钱"对我国经济的影响受到普遍关注，金融危机过后对风险的防范研究具有积极的作用。

一、"热钱"的概述

（一）"热钱"的概念及特点

1."热钱"的概念

对于"热钱"，学术界有很多不同的定义，关于"热钱"最早的官方定义来源于《新帕尔

---

* 作者简介：张晓丽（1985—　），山东烟台人，西南大学法学院硕士研究生，主要研究经济法学。

格雷夫货币金融大词典》,其将"热钱"认定为固定汇率制度下的短期资本流动现象,即在固定汇率制度下,资金持有者基于对货币预期的投机心理或者受国际利率差异,收益明显高于外汇风险的刺激,在国际间掀起大规模的短期资本流动,即所谓的"热钱"。夏斌和郑耀东在《中国社会游资变动分析》一文中认为,热钱是追求高额投机利润从一国金融市场向另一国金融市场流动、积累和炒作的短期资金,即通常所说的国际游资。另外,也有学者认为"热钱"是为追逐高额利润而经常在各金融市场之间移动的各种短期资产,流动性较强。综合以上观点,国内学者将"热钱"定义为:在国际间高速流动的,以谋取投机利润的,并对流入国货币市场和资本市场带来剧烈波动的各种短期资本。[①]

2. "热钱"的特点

对于"热钱"的定义虽然没有统一的界定,但大体上反应了它的基本特点,可以总结为:

第一,高速流动性和短期性。从"热钱"的定义中可以看出,"热钱"是辗转于各国之间的短期资本,为了获得利润,规避风险,它要不断地在高风险和低风险的区域和国家之间快速流转。

第二,高收益性和高风险性。"热钱"在金融市场流转的最终目的就是为了获得高额利润,伴随高额利润的必然是高风险,这必然注定了"热钱"的高收益性和高风险性。

第三,投资的虚拟性和投机性。我们说"热钱"是一种投资资金主要是指它们投资于全球的有价证券市场和货币市场,以便从证券和货币的每天、每小时和每秒的价格波动中获得利润,也就是以钱生钱,因而它们的投资既不创造就业,也不提供服务,而具有极大的虚拟性和投机性。对于"热钱"的投机性,人们看它的破坏作用多,而对金融市场的润滑作用少。如果金融市场没有风险爱好者,那么,风险厌恶者也不可能转移风险。[②]

第四,高敏感性。"热钱"的高速流动性和投机性来源于其对存在高额利润地区和利率差异、价格差异还有各国不同的经济政策的高度敏感性。

(二)"热钱"流入我国的原因

"热钱"在不同国家和区域之间的不断流转目的就是为了获得高额利润,因此,"热钱"进入我国的主要原因是我国市场有利可图,可以满足"热钱"高收益性的要求。另一方面是由于我国政府应对"热钱"相关问题的经验不足,法律监管措施不完善,这也是"热钱"不断涌入我国的原因之一。我国变成"热钱"的集散地,主要原因有以下几个方面:

1. 对中国经济发展前景的预期良好。从 2008 年国际金融危机爆发以来,世界经济的发展处于动荡不安的状态。但我国在强大的风暴冲击下,经济仍然稳步增长,目前我国

---

① 张萍:《对热钱流动监管的国际经验及对我国的借鉴》,载《武汉金融》2010 年第 6 期。

② 陆岷峰、高文芳:《国际热钱的特点及防范》,载《海南金融》2009 年第 1 期,总第 242 期。

的经济总量位居世界第二,综合国力、国际竞争力和国际影响力都迈上了一个大台阶。中国经济持续稳定发展的前景被全球各国所看好,因此,各国的资本会以各种可能的方式进入中国市场,从中国市场获利,避免其他衰退市场带来的风险。

2. 人民币升值的预期比较强,力图从人民币升值中攫取利润。近年来,人民币升值已经成为舆论讨论的热点问题,人民币升值被认为是必然趋势,因此,人民币升值的预期收益就成为吸引国际游资的诱人蛋糕。与此相对应的是中美汇率的差异,近年来,美元汇率逐渐下行,国际市场的投资预期也预测美国的投资回报率将长期低迷,全球的资金将从美元、美国国债流出,涌入新兴市场。数据显示,2009 年以来国际资金更多的通过国际资本市场、大宗商品市场等方式和渠道,涌向人民币升值的中国,不断推升外汇储备和外汇占款。[3]

3. 我国对外资的优惠政策吸引了大量"热钱"流入。例如,在新企业所得税法实施之前,外资企业比内地企业享有更加优惠的待遇,如土地使用费低、税收减免等等。而我国有大量的廉价劳动力,许多未开发完全的领域,还存在很大的利润空间,与此相关的法律法规还不健全,这就意味着存在低风险、高利润的投资机会。因此,"热钱"大量流入。[4]

二、"热钱"流动的途径及对我国经济的影响

(一)"热钱"流入我国的途径

"热钱"具有高速流动性、投机性,目的是为了获取高额利润,"热钱"进入我国的途径有很多,主要通过贸易项目、个人项目还有地下钱庄等方式。

1. 通过贸易项目流入

贸易项目是我国经常项目中重要的组成部分,是"热钱"流入我国的主要途径,也是"热钱"监管的重点和难点问题。通过贸易项目流入主要是通过和国外公司的虚假贸易合同,将国外游资伪装成合法货款输入境内。另外,在出口方面,虚报产品价格,将超出的部分投入到国内,获得额外利润。这种方式是利用外贸监管部门对商品估价还有贸易合同审核中信息的不对称,从而获得高额货款,这种投机方式的成功率很高。

2. 通过资本项目流入

近年来,我国对资本项目的管制逐渐放松,利用资本项目进入中国成为"热钱"获利的一项载体。一些跨国公司、国际金融机构通过短期国际借贷或从内部调拨资金的方式,将资金投入到高额利润行业;另外,一些"热钱"以外商投资的名义,通过设立空壳企业以及资本金违规结汇等方式进入我国,没有进入实体建设,而是作为投机资金,变相流入国内,

---

③ 彭斐:《热钱何以卷土重来》,载《记者观察》(上半月)2010 年第 4 期。

④ 黄琳、李秀玉:《热钱流入对我国经济的影响及其对策思考》,载《经济问题》2009 年第 5 期。

进入利润较高的房地产和证券等领域。⑤

3. 通过个人项目流入

个人贸易活动比较分散,金额比较少,申报的真实情况也很难审核,这也成为"热钱"入境的又一便利渠道。通过职工报酬、赡养费、捐赠等巧立名目的方式将小额资金以高频率的方式汇入国内,也会对我国境内市场产生一定的影响。

4. 通过地下钱庄进入

地下钱庄又称为非正规汇款体系或非正规价值转移体系,地下钱庄是外资进出最为快捷的方式。它的操作手法主要是通过在境内和境外分别设立拥有一定资金额的分支机构,以在地下钱庄的国外分支机构付款、国内分支机构取款的方式进行资金转移,反之亦然。这种资金转移方式主要以地下钱庄的信用和资金额为保证。⑥ 地下钱庄转移的资金都是无法通过合法途径进入中国境内的资金,如洗钱和毒品交易引起的资金流动和大额换汇等。正是由于地下钱庄的"灰色"背景,使得一些国际著名机构在是否利用地下钱庄的问题上持格外谨慎的态度。目前使用地下钱庄向国内注入资金的,以港台投资者居多。⑦ 这种"热钱"进入方式十分隐蔽,监管也很困难。

5. 境内港、澳、台居民的 A 股账户

为了给在境内生活和工作的港、澳、台居民参与 A 股市场投资提供便利,2013 年 3 月 9 日,经中国证监会批准,中国结算公司发布了修订后的《证券账户管理规则》和《业务指南》,放开了对境内港、澳、台居民开立 A 股账户的限制,明确了开户所需的证明材料。从 2013 年 4 月 1 日起,境内港、澳、台居民可开立 A 股账户。⑧ 这为"热钱"流入我国资本市场提供了合法的途径。

(二)热钱流入对我国经济的影响

在"对外开放,对内搞活经济"政策的推动下,我国同欧美、东南亚各个国家的经济交流日益频繁,对资本的管制力度也有所放松。这就使"热钱"流入流出我国变得频繁。"热钱"在一定程度上可以刺激我国新兴产业的发展,但也会给我国经济带来不小的冲击。

"热钱"的流入从某些方面讲可以对我国经济的发展带来积极的影响。例如,可以增加我国的外汇储备,使我国在处理国际事务上获得资金方面的优势。对大量"热钱"的积极疏导与监管,可以促进我国经济的发展与金融市场的繁荣,但是如果疏导与监管不力,

---

⑤ 王易涵:《国际游资对我国经济的影响及防范对策》,载《中国外资》2012 年 11 月下总第 277 期。

⑥ 陆岷峰、高文芳:《国际热钱的特点及防范》,载《海南金融》2009 年第 1 期,总第 242 期。

⑦ 张明:《当前热钱流入中国的规模和渠道》,载《金融前沿》2008 年第 07 期。

⑧ 新浪财经,http://finance.sina.com.cn/column/stock/20130309/154614776869.shtml,2013 年 3 月 10 日。

"热钱"会对我国经济产生不可忽视的负面影响。

1. 加剧国内通货膨胀

2008 年在金融危机的背景下,我国经济不可避免地受到了一定的冲击。美国经济的减速和衰退影响了我国的出口贸易,使我国的贸易顺差规模不断缩小。为了稳定经济状况和促进经济的增长,我国政府放宽了货币政策,从"两个防止"(即防止经济增长由偏快转为过热,防止价格由结构性上涨演变为明显的通货膨胀)调整为"一保一控"(即保持经济增长,控制通货膨胀),以扩大内需,增加就业。但是,由于货币供应量超过了正常的社会需求,以致出现了需求拉动型通货膨胀。[9] 为了缓解这一经济状况,2010 年以来政府又转而实施紧缩的货币政策,以此来冲销过多的流动性。与此相反,西方很多国家,尤其是美国,在金融危机以后经济始终处于低谷,没有快速恢复的迹象,美联储的货币政策就是利用美元在货币体系中的霸权地位来转嫁危机,使美元贬值,而我国人民币处于升值状态,这就吸引了大量的投机性美元流入我国市场进行套期保值,这在某种程度上加剧了我国的通货膨胀程度。

2. 影响我国房地产和股市,产生泡沫危机

"热钱"以贸易项目、个人项目、地下钱庄等方式进入我国市场,大部分情况下是进入我国房地产市场和股票市场。近几年,我国房地产市场和股市都蓬勃发展,其中一方面是因为我国经济前景预期良好,另一方面是因为"热钱"的推动作用。良好的经济前景吸引国际游资,同样,当经济预期改变时,"热钱"也会撤出房地产市场和股票市场,导致这些市场的不稳定。国际游资对东道国房地产的大规模投机将会使东道国房地产市场的需求上升,房地产行业的主要特点之一是生产周期长,在短时期内市场上的房地产供给量难以迅速增加。[10] 这就很容易使房地产市场产生价格泡沫。"热钱"影响股市的投机方式一般就是在该国股票指数高企的时候,同时在股票期货市场、股指期货市场、股票现货市场等抛售该国的股票,在该国股市下跌的过程中获得利益。"热钱"对股票市场的波动会通过财富效应(财富效应是指由于金融资产价格上涨或减少,导致金融资产持有人财富增长或减少,进而促进或抑制消费增长,影响短期边际消费倾向,促进或抑制经济增长的效应)影响实体经济。[11]

3. 影响我国货币政策,增加宏观调控难度

"热钱"流入我国无疑会使我国货币的供应量增加,会增加市场的波动性,对我国的金融市场和宏观经济造成损害。"热钱"的流入,一方面迫使中国被动增加货币投放,抵销了

---

[9] 阴天泉、汪启明:《热钱流动对我国经济的影响及防范策略》,载《时代金融》2012 年第 10 期下旬刊,总第 496 期。

[10] 谢春凌:《国际游资流入我国的渠道、风险与应对策略》,载《财经问题研究》2012 年第 5 期,总第 342 期。

[11] 同上。

相关货币政策的效应,甚至加剧了通货膨胀,同时也制约了央行的加息政策,使得央行转而采用不断提高准备金率的政策。[12] 当"热钱"发生逆转从我国市场流出,我国银行便会从中央银行购买外汇用于兑换,这就会使我国银行人民币存款准备金减少,引起人民币供应的收缩。这无疑会增加我国宏观调控的难度。

三、经济对策与法律建议

我国经济发展迅速,要在经济快速发展的过程中保持稳定,防止"热钱"对我国经济的冲击,减少危机产生,就要采取积极的措施来应对。

(一)经济对策

1. 加强对资本市场和货币市场的监管

从 1994 年的墨西哥金融危机、1997 年泰国金融危机和马来西亚金融危机以及 2007 年到 2008 年的越南金融危机的产生原因来看,都存在一个共同的问题,那就是各国在加大对外开放的同时缺乏对资本市场和货币市场的有效监管,如泰国过早地开放资本市场,改革原有的银行体系;马来西亚信贷的激进措施都导致了"热钱"的大量流入,增加了国家资本市场的风险。[13]

2. 要稳定人民币升值的预期

要加强汇率机制建设,增强市场在人民币汇率形成中的作用,减少干预,增强汇率的弹性,灵活调整人民币升值的节奏和幅度,使人民币在合理的水平上保持稳定。[14] 持续的人民币升值预期主要有两个方面的原因:一是美国经济衰退致使美元大量外流;二是投资者对中国市场的预期与自信。这种自信主要与政府的相关保护政策有关。政府要明确态度,保持中立,承认房地产和股票市场存在一定的泡沫和崩溃的风险,同时要限制媒体和商家不合理的炒作,减少投资者盲目投资。[15]

3. 切断"热钱"的流入渠道

海关、税务部门、工商部门要建立联动机制,加强进出口贸易的价格申报管理,防止各种短期投机资本混入贸易收入;打击非法携带现钞、地下钱庄等破坏金融资本市场的违法行为。

---

[12] 刘洪洋、叶德磊:《中国热钱的规模与影响分析》,载《经济与管理》2008 年第 10 期。
[13] 张萍:《对热钱流动监管的国际经验及对我国的借鉴》,载《武汉金融》2010 年第 6 期。
[14] 邓小朱、曾煜:《热钱进入我国的趋势分析及对策研究》,载《企业经济》2009 年第 10 期,总第 350 期。
[15] 荣毅宏:《国际"热钱"输入渠道、规模及监管对策》,载《金融教学与研究》2008 年第 1 期,总第 117 期。

（二）法律建议

1. 税法

我国可以利用税法的积极作用来抑制"热钱"的流入。股息、利息等正常的投资收益，它们的汇入和汇出是一国的经常项目，我国不可对此经常项目实行外汇管制，但可以完善规定来抑制"热钱"的过分流入。一是实行分类税率制度，对资本高度膨胀的行业征收高额税费，减少投资产生的收益，抑制"热钱"的过度投机。二是征收资本利得税，"热钱"的投机性就是为了赚取高额利润，对"热钱"的投资获利行为进行征税也可以有效抑制"热钱"的流入。

2. 外汇管理法

对于非正常渠道进入我国市场的"热钱"要加强监管力度，规范外汇市场，可以采取以下措施：一是对企业汇兑和个人汇兑分别采取不同的保证金限制，对于个人灵活的汇兑总额也要作出明确规定，避免个人重复结汇导致外汇流入；二是建立健全短期资本跨国流动监测体系，当国民经济出现严重危机时，国家可以采取积极应对措施。

3. 银行法

我国加入 WTO 以后，金融环境更加开放，外资的加入使国际间的资本流动也更加频繁，我们必须对外资银行进行统一的管理：我们要逐步完善外资银行的准入制度，控制外资银行在我国银行总资本中的份额，限制外资银行贷款的比例。日本曾长期限制外资银行的贷款比例，外资银行贷款仅占国内贷款总额的 3%。[16]

结　语

"热钱"以各种可能的渠道流入我国，对我国的资本市场的稳定产生了一定的影响，虽然 2008 年的金融危机已经悄然过去，但是我们仍然要对"热钱"持续关注，积极应对"热钱"可能产生的通货膨胀、房地产泡沫等危机。我们应该加强对"热钱"的重视，完善我国的法律制度，加强对"热钱"的监管，在利用外资的同时把风险降到最低，保障我国资本市场的安全。

---

[16]　叶初升：《国际资本形成与经济发展》，人民出版社 2004 年版，第 380 页。

论股东提案制度对公司社会责任的促进

钟　颖[*]

（西南政法大学）

摘　要：股东提案在西方国家日益演化为推动公司社会责任实践的有效方式，但该方式发挥此种作用需要两个前提性条件：有负责任的投资人和有利于社会责任议案形成的股东提案制度。在我国，股东社会责任意识淡薄、公益性机构投资者缺乏、股东提案制度发展滞后，严重制约了股东提案制度推动公司社会责任的实践，故有必要结合我国资本市场和公司发展现状，引导负责任的投资人和优化股东提案制度，挖掘股东提案制度的此种制度价值潜力。

关键词：公司社会责任；股东提案制度；负责任投资人；机构投资者

335

随着财产在公司制度下的聚集，公司控制权日益扩张，"公司机制已由在政府严格监督下由所有者联合体来控制所有者财产的安排，演化为由多数人提供资本、少数人集中控制的形式。这也伴随着权力的授予，允许控制者几乎可以根据受益集团的意愿任意处置权力授予者按上述方式提供的资本"[1]。在现代公司"两权"日渐分离的模式下，股东提案制度是为了加强对经营者监督，平衡经营者与股东之间权力，改善公司内部治理的制度建构，对股东利益，尤其是中小股东利益保护具有重大意义。然而，这项制度的演化，在西方的实践也表明，它对于推动公司社会责任实践亦具有重要作用。① 本文试图在借鉴国外相关既有的理论和实践经验的基础上，结合我国股东提案制度的发展现状，探讨股东提案制度对于推动我国公司社会责任实践的价值和路径，并提出相关制度完善的建议。

---

　　* 作者简介：钟颖（1990—　　），男，江西信丰人，西南政法大学经济法专业硕士研究生，研究方向为经济法总论、企业法。

　　① 公司是企业的一种形式，这里的公司社会责任系指依法定程序设立，以营利为目的的社团法人所承担的社会责任，范围相对企业社会责任有所限定，本文探讨的主要是股份有限公司，尤其是上市公司，故使用公司社会责任更为准确。

一、股东提案制度推动公司社会责任实现之理论证成

(一)股东提案制度与公司社会责任之关联

现代大公司的出现以及资本市场的发展,导致了现代公司所有权的分散[2]。公司越来越公众化带来的结果是包括董事在内的经营管理层权力的急剧扩张,逐渐成了公司运营的实际控制者和支配者,股东对公司的控制力越来越小,公司出现所有权和控制权两权分离的局面。然而,作为公司的实际控制者,公司经理层有着自身的利益偏好,为了自身利益最大化,存在滥用公司经营控制权的倾向。经理层与股东利益偏向的这种差异构成了公司运行的代理成本,故加强对经理层的激励和监督,完善公司内部治理结构,成了减小这种代理成本的需要,同时这也是公司治理结构完善的主要方向。另一方面,在当前公司演变的阶段,也存在股权过于集中的情形,大股东利用自身对公司的权益比重对公司形成控制,在与中小股东产生利益冲突之时为了形成对自己有利的公司决策,实现自身利益最大化而滥用手中的控制力,损害了中小股东的利益。因此,完善公司治理结构,保护全体股东的利益便成了公司法律制度研究和构建的重点。

股东提案制度,乃是"股东借发行公司征求委托书之说明书,表达其对公司有关问题之意见,并说服公司之其他股东采纳相同看法"的公司制度[3]。作为现代公司法中保护股东权益的重要制度之一,其与委托书竞争共同构成现代公司法中股东在公司治理上扮演更加重要角色的手段[4]。受两权分离模式的影响,公司经营层实质地控制着公司,股东参与公司经营和治理,体现自身拥有所有权地位的主要方式是股东大会决议。虽然股东大会名义上是公司的最高权力机关,但股权的分散性以及股东的理性冷漠导致了股东在公司发展决策中地位的弱化。[②] 在早期的公司法律制度中,股东大会待决事项的提案权是几乎完全掌握在公司的经营管理层手中,股东大会如同管理层捏在手中的"橡皮图章",成为经营层控制公司的方式和手段。此时,股东提案制度便体现了其显著的平衡股东和经营者利益的价值,它可以改变管理层垄断股东大会提案权的局面,通过股东提案的方式参与公司经营决策,为股东监督公司运作提供渠道。赋予股东以提案权,对于促进公司民主、预防资本多数决之滥用、保护中小股东的利益亦贡献匪浅[5]。提案制度的成本费用承担者主要是公司,这有利于提高股东,尤其是中小股东参与公司事务的积极性,为股东介入公司经营和治理提供良好渠道。虽然这也给公司带来了成本控制的问题,但在合理控

---

② 20世纪30年代伯利(Adolf Berle)和米恩斯(Gardiner Means)在分析小股东"理性冷漠"(rationally apathetic)的性格时即指出:"小股东认为花费时间、精力和财力试图改变无效率的经营方针是不值得的,做出这样的改变所付出的成本要高于投资本身所得到的回报。"时至今日,高昂的维权成本依然是小股东维权的梦魇。迫于无奈,小股东已习惯于"用脚投票"(the Wall Street Rule)或干脆采取"搭便车"(Free Rider)的消极行为。

制提案数量,完善提案相关制度的情况下其收益是远远大于这项制度所带来的成本的,制度本身有其存在的合理性和正当性,只是尚有诸多亟待探索和完善之处。

自 1924 年美国学者谢尔顿提出现代意义上的企业社会责任(Corporate Social Responsibility)以来,企业社会责任理论层出不穷,相关利益者理论便是其中最具代表性的理论之一,相关利益者理论强调企业除了谋取股东利润最大化,亦应兼顾职工、社区居民、债权人等公司相关利益者利益,公司是众多利益相关者利益的联结点。对公司利益诉求的多元化也带来了对公司运作的不同要求,据学者刘连煜分析,在美国公司法赋予股东提案权后,前 30 年左右(1942—1972 年左右),股东提案内容几乎集中于公司内部事务,但最近 20 年情况发生了很大变化,股东提案的焦点转移到了关注公司外部(社会)问题上,如雇佣歧视、环境问题、公共健康、言论自由、动物权保护等相关议题[6]。这项旨在制约公司经营层,保护股东,尤其是中小股东权益,提高公司决策科学性、民主性的制度,经过西方公司制度发达国家的实践和理论演化,证明其除了实现股东经济利益最大化价值之外,该制度对于社会价值的形成与强化(例如有关公司之社会责任的贯彻),其确实贡献卓著。换言之,借此机制的运作,可迫使公司经营者在面对各种争议时,采取更符合社会大众对公司期望的做法(例如,社会公益的促进、生态环境的维护及劳动条件的合理化),以落实公司之社会责任观念[3]667。它利用了公司股东对企业管理的特定权利和相应责任,通过与公司管理层的直接对话和制约,更快速有效地解决问题,从而受到海外社会责任投资的青睐。这项以保护股东利益为初衷的制度在西方公司制度发达国家逐渐演变为了具有推动公司贯彻社会责任功效的一项机制。

(二)股东提案制度推进公司社会责任之可行性

股东提案制度有利于推动公司经营者更倾向于采取符合公司社会价值的经营决策,其主要作用主要有两种体现:一是通过股东提交符合公司社会责任要求的提案至股东大会的方式,如劳工福利提案、产品质量改善提案等,将公司社会责任实践方案纳入到公司投资人公开讨论表决的程序当中,通过呼吁其他股东表决赞成的方式推动公司进行公司社会责任实践。二是参与提案的协商。在股东提出有关公司社会责任议案的时候,直接与公司进行沟通,必要时也可以在表决中投票表明态度,影响表决结果。另一方面,上述这些过程是公开的,对公司的社会评价会产生一定影响,进而影响市场对公司价值的评估。因为投资者会将企业社会责任融入到上市公司的估值体系,如果企业社会责任方面存在问题,投资者会担心其有潜在的法律诉讼、污染赔偿以及利益输送等风险,于是在给企业估值时,往往会给出折价。通过股东提案,督促并协助这些企业做出改变,不仅能让公司回避很多风险,而且有助于打消投资者的顾虑,使公司估值得以回归,股票价格得到提升。故即使相关提案并未通过股东大会表决,对公司也会产生一种压力,迫使其重视相关问题的改善。例如,2010 年 3 月发生的双汇"基金集体否决事件"。③ 但是,笔者认为,要充分发挥股东提案制度对公司社会责任实现的推动作用,至少应具备以下几方面的要件:

1. 负责任的投资人

公司社会责任产生之初一直受到主张股东优先理论学者的反对,他们认为公司经营阶层应严格遵守为股东谋取利益最大化,激进的学者甚至认为"用公司的金钱尽社会责任是不道德的"。故公司社会责任实践研究和争论的焦点一直是"如何让公司经营阶层在公司落实社会责任过程中发挥作用",将公司承担社会责任与股东利益置于存在冲突、需要探讨如何协调的问题之上。而众所周知,股东是对公司经营决策影响极大的一个公司利益相关者群体,除了负有传统的出资义务外,股东的行为对于公司社会责任的实现至关重要,因为他作为公司财产的直接利益人,对公司经营有直接干预的利益驱动和权力,股东提案制度即是其影响公司经营决策的一个主要渠道之一。但通过股东提案制度推动公司作出社会责任决策需要负责的投资人(即股东),这也是该制度发挥此种作用的前提性要件。综合分析公司股东构成,尤其是上市公司股东,包括两种形态的股东,即自然人和投资机构。自然人股东可以基于自身利益或伦理道德考虑向公司股东大会提出有利于公司履行社会责任的议案,而投资机构则可以基于机构设立的初衷和宗旨向公司股东大会提出社会责任议案,如某类公益基金。

2. 有利于社会责任议案形成的股东提案制度

股东提案是股东参与公司治理、体现自身财产权利的方式,设立股东提案制度的初衷是为了方便股东参与公司决策,保护经济民主权利和股东利益。但另一方面为了控制公司决策成本、提高决策效率,对于股东提案各国根据实际情况会设置不同的要求,如股东持股数量和时间、提案内容、提案形式、提案程序等,减少不合理提案对公司决策和经营的干扰。如果要推动有助于公司履行社会责任的股东力量影响公司决策,则有必要在这种理念下对股东提案制度进行一定的导向性设计,在不损害或者是通过其他配套制度减少

---

③ 2010 年 3 月,双汇发展发布了股东大会决议,其《关于香港华懋集团有限公司等少数股东转让股权的议案》被否决。表决中,1.1 亿股对议案投了反对票,占出席会议所有非关联股东所持表决权的近 85%。资料显示,双汇发展今年一季报前十大流通股东中,公募基金公司就占了 8 席,而此次双汇事件也因此被媒体视为一次"基金集体否决事件"。这次议案之所以遭到否决,一方面的原因在于双汇的"先斩后奏",早在 2009 年已经发生的股权转让,却在一年之后才提出迟来的议案,表明公司治理方面存在问题和漏洞;另一方面的原因在于公司放弃 10 家优质子公司股权的优先受让权,转而受让公司高管间接控股的公司,损害了公司乃至流通股东的利益。对于这种行为,机构投资者一致认同通过行使投票权争取应有的股东权益。经过努力,双汇公司管理层已经在修正错误并有望在接下来的股东会上提交对上市公司非常有利的新方案。双汇事件是我国在股东倡导运动方面第一个实质性的成功案例,它说明我国的基金公司已经开始具有股东倡导的意识,也说明以基金为代表的机构投资者可以通过积极发挥股东作用,在促进上市公司的治理、保护和提升股东价值等方面发挥积极影响。转引自徐天舒:《社会责任投资将提升股东价值》http://epaper.nfdaily.cn/html/2010-06/28/content_6855498.htm.

公司负担的前提下,通过允许公司社会责任提案进入、对提出公司社会责任提案股东提案资格要求适度放宽等方式,营造有利于伦理性提案提出的公司制度环境。

二、我国股东提案制度在推动公司社会责任实现中的困境

股东提案制度最初在我国颁布的《上市公司股东大会规则》和《上市公司章程指引》有所涉及,但由于规定的效力位阶太低和过于简单,并未在国内公司治理过程中引起重视和发挥预期效果。后来为了推动该制度在公司治理中发挥作用,我国在 2005 年进行《公司法》修订的过程中将其纳入,并在此基础上修改了《上市公司股东大会规则》和《上市公司章程指引》中关于股东提案权的规定。根据我国现行《公司法》第 103 条第 2 款、《上市公司股东大会规则》以及《上市公司章程指引》关于股东提案权的规定,该制度的主要内容包括三部分:第一,提案股东资格。为了防止公司股东滥用提案权,控制公司经营成本,我国将拥有提案资格的主体限定为"单独或者合计持有公司百分之三以上股份的股东"。第二,提案内容。为了提高股东大会的决策效率,降低决策成本,我国《公司法》要求"股东提案的内容首先应当属于股东大会职权范围,而且应有明确议题和具体决议事项,提案的内容是提案主体对某一问题或事项的观点,应当言之有物,而且必须以书面的形式提交",至于"职权范围"的界定,需结合《公司法》第 38 条加以理解。第三,提案程序。为使股东提案能够传达至拥有表决权的股东手中,确保股东大会审议、决策的顺利进行,我国《公司法》要求"单独或者合计持有公司 3% 以上股份的股东,可以在股东大会召开十日前提出临时提案并书面提交董事会;董事会应当在收到提案后二日内通知其他股东,并将该临时提案提交股东大会审议。临时提案的内容应当属于股东大会职权范围,并有明确议题和具体决议事项。股东大会不得对前两款通知中未列明的事项做出决议","提案未获通过,或者本次股东大会变更前次股东大会决议的,应当在股东大会决议公告中作特别提示"。上述是我国股东提案制度发展和内容的概况,整体而言,制度引入和实践的时间不长,制度内容也较为简单。总结分析我国现今的股东提案制度以及股东提案实践,结合国外股东提案制度和公司社会责任实践经验,笔者认为有以下因素阻碍了我国股东提案推动企业社会责任实践。

(一)负责任的投资人匮乏

1. 股东社会责任意识淡薄

股东之伦理投资决策是指股东除"获利"因素外,应"至少部分"考虑获利以外之其他因素以从事投资行为[3]667。这主要是从道德伦理角度上来界定投资人的商业投资决策,驱使和引导市场投资人将其社会责任感内化于公司的投资决策当中,这尤其体现在上市

公司的运作中。公司社会责任作为企业对社会负有的一种义务，并非单纯的法律义务或道德义务，而是这两者的统一体[7]。虽然我们不能完全寄希望于纯粹的伦理道德来约束公司践行公司社会责任，但现阶段的公司社会责任实践状况表明股东个人社会责任观念仍然是当前企业社会责任实现的主要驱动力之一。④ 股东伦理责任要求广大社会投资人在投资决策过程中，更多地将公司的社会责任因素纳入考虑的因素当中。从公司长远发展角度考虑，这是理性投资的表现，也是提升自身利益的方式和途径。另一方面，因为公司价值主要由市场衡量，市场和社会随时可能轻视对公司社会责任的承担，忽视公司相关利益者利益的公司作出不利评价，影响到投资者的投资决定，这会驱使公司不得不注意自身行为的社会影响力。然而，市场信息不对称的存在导致公司市场价值评价机制不畅通，易产生偏差，结果导致设法逃避承担社会责任成了一种普遍性的行为倾向。而社会责任的承担与股东利益最大化在许多情况下都存在一定冲突，股东投资往往容易从自身利益最大化出发，作出"短视"的投资决策，由"个体理性"演变为"集体的非理性"，整个公司乃至市场中的众多公司偏向于短期利益最大化的决策。我国市场经济发展时间较短，制度存在诸多漏洞，在这个社会转型时期下，忽视商业道德的现象普遍存在，股东社会责任意识极为淡薄，负责任的投资人较为匮乏。

2. 公益性机构投资者缺乏

从 1868 年英国第一只专业投资基金的出现到现今，机构投资者在证券市场的地位日渐显著。随着"股东积极行动"的兴起和深入发展以及机构投资者在上市公司中所占份额的增加⑤，加之各国法制的健全，机构投资者逐渐放弃"华尔街规则"⑥，在公司治理的问题上经历了一个由"被动"投资者到"积极"参与人的角色转变。从美国公司发展历史中我们也可以看出机构投资者在公司治理中地位的崛起，在很长一段时间内，提案的提出者一般为公司的自然人股东，但自 20 世纪 90 年代以来，随着机构投资者数量的增长及其对公司事务的关心，机构投资者提出的股东提案权的数量和类型大幅增长。据统计，1955 年，机构投资者提出的提案仅占 23％，而到 1990 年机构投资者提出的提案占比已经达到53.3％[8]。在现今的上市公司治理模式中，机构投资者介入公司治理几乎已经成为常态，发挥着日益重要的作用。

对于机构投资者的界定虽然存在一些分歧，但根据相关资料和研究，其外延的差别是

---

④　法律中涉及的企业社会责任实践的条款多以软法形式出现也正说明了这一点。另外，根据著名的"卡罗尔企业社会责任金字塔理论"对于企业社会责任的分层，企业社会责任除了部分以法律强制性规定的需承担的最低限度的社会责任，其余皆需企业自主选择性承担。

⑤　"股东积极行动"是指股东不是被动地投资公司的股票，而是积极行使股东权利，参与公司治理，以期改善公司治理状况，提高公司的业绩，从而提高股东投资的回报。

⑥　所谓华尔街规则，是指当投资者对公司治理问题产生异议，或者对公司的业绩不满时，不是通过投反对票，积极介入公司治理来表达不满，而是选择出售所持有的股票，即所谓的"用脚投票"。

很有限的,主要是指养老基金、保险公司、投资公司(共同基金)、单位信托、捐赠基金和其他各类基金会等[9]。早期股东积极主义的主要形式是个人股东积极主义,所关心的问题不仅是公司本身的经营问题,也有社会问题[10]。虽然也能对公司经营者产生一些监督作用,但限于个体力量单薄,作用较为有限。而机构投资者是股东的集合,往往在持股公司中占较大份额,其社会影响力往往也较大,其对公司的治理发表的意见会对公司决策产生较大影响力。故"股东积极行动主义"真正发挥作用主要还是体现在机构投资者这一类股东的作用上。

机构投资者在公司治理结构中日渐显著的作用是其能够作为推动公司社会责任实践重要力量的前提性条件。西方国家的实践经验也证明其能够成为推动公司社会责任的一个载体。笔者认为,机构投资者在推动公司社会责任上的路径主要包括两类:一类是机构投资者基于股东伦理责任,作出符合企业社会责任要求的理性投资决策。另一类是因公益而建立的机构通过机构投资者身份推动公司社会责任进步,这类机构如各类慈善信托组织、公益信托组织以及各类基金会等。一方面,这些机构最初持股的主要目的是为了机构资产的保值、增值,但这类组织自身的性质决定其行为导向可以是推动企业承担某一领域社会责任实践的;另一方面,有关以推动公司社会责任为宗旨的专业机构可以投资方式介入公司治理,主要是以持有公司股票为手段,达到法定的公司股东提案权要求,从而获取公司提案权,以此为途径向公司股东提出议案。这不仅可以经过股东会正当程序得到股民关注,而且可以通过媒体报道,赢得社会关注,形成社会对该公司甚至是与该公司同类的相关公司以及相关问题的关注,对公司形成一种外部监督。不管提案最终能否通过,均可以在当今公司发展阶段下成为推动公司社会责任实践的"催化剂"。

341

要想实现上述目标,需要具备诸多条件,而一个前提性的条件就是公益性机构投资者力量的壮大和相关制度的完备。考察我国公益性组织发展,主要的形式仍然是基金会,而自 2001 年 10 月 1 日实施的《信托法》在我国确立公益信托制度以来,公益信托在我国并未得到真正实践利用,基本处于空白状态,目前有限的探索与尝试的案例主要就三例[11]。作为发轫于美英法系国家的公益信托制度,被移植到民法法系国家后,受到质疑和缺乏生长土壤,短期内得不到广泛适用是正常现象,但其为热心公益慈善事业的社会大众提供了一个专业化平台,在英美日等国家实践已证明具有巨大的社会价值,这种信托理念是很值得推广的。

(二)股东提案制度发展滞后

我国对股东提案制度的规定较为简单,不仅存在运作混乱的问题,其规定也有诸多不合理之处,不利于股东行使权利。鉴于本文是从公司社会责任角度看股东提案制度,故主要论述与公司社会责任相关的部分。其主要的不利因素如下:

1. 股东提案资格规定不合理

根据现行《公司法》第 103 条第 2 款的规定：单独或者合计持有公司 3％以上股份的股东，可以在股东大会召开 10 日前提出临时提案。这是对股东提案资格的要求。相比之前 5％的规定，这无疑是一大进步，但从我国大部分股份公司看，尤其是上市公司的股权结构分析，其规定仍有不合理之处。我国公司普遍的现状是一股或几股独大，其余股东较为分散，在这种格局下满足"3％以上股份"要求的股东数量很少，即使是可以合计持有，鉴于股东的分散性，整合需要一定的成本，加之公司社会责任的伦理道德性，容易让股东望而却步，不利于公司社会责任提案的出现。当然，提案过多可能会干扰公司的运作效率，提高公司成本的考虑，这是一个股东权利与公司效率成本之间利益衡量问题，但在合理审核、适当限制提案内容、优化提案决议程序等相关制度协调下，结合我国现状，适当放宽股东提案资格是合理的要求。

2. 提案内容限制过窄

根据规定，股东提案内容主要限制在《公司法》第 38 条规定的内容之中⑦，也就是说股东提案只能涉及公司法和公司章程明文规定由股东大会处理的事项，多集中为公司内部事务，并未就公司外部的公共利益问题给予股东明确的提案权，公司社会责任与公司利润最大化之间的冲突普遍客观存在，这种不明确使公司在股东提案制度的具体运作当中容易倾向于忽视这种提案，将其直接排除在股东会决议内容之外，使一些伦理性决策无法形成。不利于公司在决策和运作中对社会责任的落实。

3. 股东提案程序不科学

股东提案制度沦为某些大股东和管理层手中的"橡皮图章"，其原因是多方面的，其中股东会的民主性不够是主要原因之一，而股东会的民主性与股东提案制度设计是否科学合理有密切关联。股东提案资格的限制是为了减少提案过多带来的决策效率太过、成本过高以及一些对公司经营的不适当干预。但这种做法不仅对中小股东的权益是一种损害，而且在某种程度上减少了对经营层的监督制衡，提高了代理成本，与股东提案权制度的设立初衷也是相悖的。然而，在另一方面，我国对股东提案制度的其他程序设计却较为粗糙，如股东在一次股东大会提案的数量和内容形式安排、提案审核程序（包括审核人员组成、审核标准设定等）及与审核相配套的救济措施等，这些程序的科学设计有利于保障

---

⑦ 现行的 2005 年《公司法》第 38 条规定："股东会行使下列职权：（一）决定公司的经营方针和投资计划；（二）选举和更换非由职工代表担任的董事、监事，决定有关董事、监事的报酬事项；（三）审议批准董事会的报告；（四）审议批准监事会或者监事的报告；（五）审议批准公司的年度财务预算方案、决算方案；（六）审议批准公司的利润分配方案和弥补亏损方案；（七）对公司增加或者减少注册资本作出决议；（八）对发行公司债券作出决议；（九）对公司合并、分立、解散、清算或者变更公司形式作出决议；（十）修改公司章程；（十一）公司章程规定的其他职权。对前款所列事项股东以书面形式一致表示同意的，可以不召开股东会会议，直接作出决定，并由全体股东在决定文件上签名、盖章。

股东权益,同时减少公司的运行成本。对于公司社会责任的实现,首先要求在审核程序当中避免被无端拒绝,即使拒绝,也应有合理的解释。并且,不论是否纳入股东大会进行决议,以及是否通过,都需要信息的充分公开(除涉及公司商业机密的内容外)。

三、以股东提案制度推动我国公司社会责任实现的路径思考

相较于国外股东提案制度和理论,我国在股东提案制度建设方面仍处于起步探索阶段。当然,这与我国市场经济所处的发展阶段下公司发展现状是密不可分的。公司发展的制度需求是公司制度发展的一个内生驱动力,另一方面,积极引入先进经验和制度,以引导公司发展,这是一种外在推动力。随着我国资本市场的发展和公司制度的日渐成熟,完善股东提案制度,保护股东权益,尤其是中小股东权益,日益成为我国公司向前发展的制度诉求。

有一点我们必须明确的是本文所述的以股东提案推动企业社会责任实践的路径选择是建立在以股东身份为依托,在股东提案制度框架下将推动公司积极践行公司社会责任为主要或重要考量因素来行使股东提案权的。所以,以保护股东权益、推动决策民主科学为初衷的股东提案权制度越完善,就越有利于保护股东权益,尤其是中小股东权益,从而客观上也就越有利于相关个体股东或机构投资者利用股东身份推动公司积极践行公司社会责任。当然,在股东提案制度构建和完善的时候也需要回应社会需求,推动公司更多地关注相关利益者利益,重视社会责任的承担。股东提案制度以保护股东利益为初衷,逐渐演变为一项具有推动公司践行保护包括股东利益在内的利益相关者的社会责任的公司运行制度,理论和实践也证明其有这方面的制度价值。为了充分挖掘其制度潜力,笔者认为应该结合我国的公司股权特点、公司社会责任实践状况,引入公司社会责任的理念指引我国的股东提案制度构建和完善,以实现该制度功能的最大发挥。

(一)负责任的投资人之引导

1. 健全公益性机构投资者制度

随着机构投资者力量的壮大和"股东积极行动"思想的发展,机构投资者日益成为介入公司内部治理的一股主要力量,其对公司决策产生的影响也越来越大。机构投资者主要是从自身投资利益出发对公司治理进行监督制约,如果其推动公司作出符合公司社会责任要求的决策也主要是源于承担公司社会责任与股东利润最大化较为一致,而一些公益性组织相比一般的机构投资者应承担更多的股东伦理责任,充分利用投资者身份积极推动公司作出符合公司社会责任的决策,而不仅仅是公益性资产的保值增值。从另一个角度而言,相比公益性机构,这些既有的社会功能和社会价值,如果能充分挖掘利用这一

股东身份来监督拥有巨额资产的公司,"四两拨千斤",无疑可以将这些有限的公益资产价值最大化。为了发展公益性机构投资者在上市公司的治理和公司社会责任实践中的作用,我国有必要进一步完善公益性机构设立制度、运行监督体制以及税收优惠措施等配套法律法规,支持公益性机构的发展。

在我国,公益信托相比基金会这一公益事业模式选择具有其独特优势,如设立简便、易行、灵活性强;运行效率较高有助于节省管理费用;对财产管理人的资格与义务要求高,利于目的财产的保值增值等[13]219-222。我国引入和建构公益信托制度不久,加之缺乏实践探索,制度本身存在诸多问题,如公益信托设立的核准、运行监督体制以及关于公益信托税收优惠制度等均有亟须完善的地方,这些都是导致我国公益信托发展停滞不前的重要原因。这些问题的解决需要立法者积极探索和完善相关制度,为公益信托在我国的发展创造条件,推动倾向社会性目的的机构投资者的出现,从而也为本文提到的机构投资者推动公司社会责任决策创造前提性条件。

2. 完善公司社会责任报告制度

股东提案制度具有推动公司承担社会责任的价值,这在西方已经开始显露出来。作为一个后起的市场经济国家,我们应结合我国公司履行股东提案制度和公司社会责任实践状况积极探索、挖掘这方面的制度价值。然而现今在国内股东提案制度中存在诸多亟须完善之处,其最初价值的发挥尚有许多争议。走西方国家的发展道路——等待股东提案制度完善成熟后,由社会力量自发探寻其推动公司社会责任的制度价值,这显然是一个漫长的过程。对于发展中国家而言,一方面有经济快速发展的需求;另一方面又要借鉴西方发达国家的发展经验和教训,避免走那些不合乎人类生存和发展价值的道路。为了公司和社会发展的和谐,发展中国家应该结合经济社会发展需要和制度落后的现状,需要更多地介入公司与其他利益主体关系的协调当中,引导公司的良性发展。

企业社会责任报告是指企业就其经济活动对社会特定利益群体及整体产生的经济、社会和环境影响进行沟通的过程,是企业履行社会责任的综合反映[13]。以发布内容的全面性为标准又可以划分为狭义和广义的企业社会责任报告,前者是指以企业承担某一方面或几方面的社会责任为内容的报告,而后者是以企业承担的所有社会责任为内容的综合情况的报告。公司社会责任报告已成为企业的一种公关手段,有利于加强企业与相关利益主体的沟通,提高信任。为了保护公司的相关利益主体利益,完善其对公司的监督制约机制,笔者认为可以将股东对公司承担社会责任的提案、表决甚至是落实状况作为公司社会责任报告的一项重要内容予以发布。一方面引导公众关注公司社会责任实践状况,对公司形成一种外部监督;另一方面,诱导相关利益主体可以利用股东提案这一正当途径表达对公司经营治理与公司社会责任之间的意见,这也是伯利和米恩斯在《现代公司和私有财产》中提到的"准公共公司"所应具有的公司民主制度架构。同时也有必要将股东对企业社会责任的提案情况纳入企业社会责任评估指标体系当中⑧,辅之于与"赤道原则"等相类似的配套规则和制度,诱导和监督公司社会责任的实践。⑨

(二)股东提案制度的优化

1. 股东提案资格标准的优化

根据《上市公司章程指引》和《上市公司股东大会规则》关于提案主体的规定,董事会、监事会以及单独或者合并持有公司 3% 以上股份的股东这三类主体有权向公司提出提案。从保护股东权益角度而言,较具争议的是"合并持有公司 3% 以上股份"这一限定条件。在美国,由于股权十分分散,因此对于提出提案权股东的持股比例要求较低,即持有市值 2000 美元股票或者发行股票 1% 以上的股东(二者中较低者)即可以向公司提出提案[13]。我们可以看出其采取的是持股比例标准兼持股市值标准。而在我国,大部分上市公司股权特点呈现一种少数大股东持股比例相对高,其余大部分股东极为分散的特点。持股 3% 者一般已能跻身公司前几大股东的行列,其通常会兼任公司的董事、监事或者高管职务,或者虽不任职但对公司的经营决策能够施加相当的影响力,根本不必借助股东提案制度来介入公司事务。相反,广大中小股东更加需要这一制度来"发出自己的声音",但他们基本不可能达此门槛,股本规模越大的公司越是如此[14]。所以我国当前需要考量市场相关数据,适当降低持股要求,引导股东的民主意识,让更多股东参与到已初显"准公共公司"性质的公司的治理当中,这也更有利于潜在的有社会责任感的公民参与、影响公司决策。

2. 提案内容范围的合理化

基于法经济学视角分析,提案内容过于宽泛易导致提案数量巨大,处理这些提案会给公司带来巨大的成本负担;而过于狭窄则影响股东对公司经营阶层的制约和监督,会提升公司经营代理成本,这些都是对公司经营治理效率的损害,所以合理划定提案内容至关重要。我国现行股东提案制度规定:"临时提案的内容应当属于股东大会职权范围,并有明确议题和具体决议事项。"这种不确定性一方面给股东提案提供了一个宽松入口,另一方面也给董事阶层利用手中权力限制一些股东提案埋设了制度诱因,以不属于"股东大会职权范围"为由将一些符合条件的提案排除在股东大会议程之外,致使本身就有一定矛盾冲突的提案权和经营权更加失衡,所以我国股东提案权制度应该将股东提案内容范围更加

---

⑧ 参见:阿道夫·A.伯利,加德纳·C.米恩斯.现代公司与私有财产[M].甘华鸣,罗锐韧,蔡如海,译.北京:商务出版社 2005 年版,第 6 页."对于那些所有权和控制权分离已经成为重要因素的公司,可以将其归类为准公共公司,他们具有与私人公司或封闭公司不同的特点,后者的所有权和控制权并没有出现重大分离。"

⑨ 赤道原则(The Equator Principles,简称 EPs)是由世界主要金融机构根据国际金融公司和世界银行的政策和指南建立的,旨在判断、评估和管理项目融资中的环境与社会风险的一个金融行业基准。

明确化,可采取肯定列举、否定列举以及概括的方式加以明确,达到一种"一方面保护鼓励中小股东参与公司治理积极性,另一方面防止股东提案权滥用"的相对圆满的状态。对于本文的主旨而言,可以明确股东关于公司社会责任提案的权利,同时也可引导股东和其他社会力量关注这一推动企业社会责任实践的渠道。

3. 提案审查、决议程序的充分公开

参考相关公司法学者和立法专家对新公司法的条文解析,"不符合条件和程序的提案,公司董事会有权不提交股东大会审议",[15]这肯定了董事对提案的审查权,是公司经营层对股东提案权的一种监督和制衡,对于防止股东提案泛滥,影响公司经营决策效率具有重要意义。然而这也面临着公司经营层滥用手中经营权,作出损害公司民主的决定。笔者认为,一方面需要将股东提案权行使范围更加明确化,前文已述,在此不赘述;另一方面,建立股东提案审查救济制度,在股东对提案审查结果不服的时候赋予股东一定的救济渠道,制衡公司董事和大股东的权力。同时,也有必要将董事行使提案审查权和股东大会决议的过程、结果充分公开,接受股东和其他利益主体的监督。根据我国股东提案权制度的相关规定,"临时提案的内容应当属于股东大会职权范围,并有明确议题和具体决议事项。股东大会不得对前两款通知中未列明的事项作出决议","提案未获通过,或者本次股东大会变更前次股东大会决议的,应当在股东大会决议公告中作特别提示"。这已经对股东提案提出了一些要求,但并不是很充分。笔者认为除了上述公开的事项外,应该将未纳入股东大会决议程序且易产生争议的提案公开(涉及公司商业秘密的可除外),同时必须对否决排除的事由做适当的说明⑩,以利于相关利益者的监督。

余论

随着经济和社会的发展进步,社会责任投资基金、社会责任 ETF 等社会责任相关投资产品已相继在国外出现,社会责任投资日渐盛行,利用股东身份在公司运营和治理中来强化和提升公司的社会价值已然成为一种趋势。通过支持公益性基金或者其他负责任投资人通过股东提案方式介入公司治理,推动公司履行社会责任,无疑是契合当前以及未来公司公共化发展趋势的一种有效做法,而这种路径选择则有赖于资本市场的成熟、股东提案制度的完善以及其他相关制度的不断健全和改良,但我们可以预期的是股东提案制度必定会成为公司社会价值提升的助推剂。

---

⑩ 基于公司决策成本考虑,可将其作为公司信息公开的内容,发布于公司网站、报刊等媒介,相关利益主体可以方便查询。

论第三方互联网支付中的消费者权益保护*

周　强**

（重庆大学法学院）

摘　要：近期发展迅猛的第三方互联网支付引发了学界对其中消费者权益保护问题的密切关注。然而，我国现有的法律法规并不能全面解决消费者在第三方互联网支付中面临的诸多问题，是故，参考域外第三方互联网支付中消费者的保护实践，我国需要进行制度创新与完善将第三方互联网支付中的消费者权益保护落到实处。显然，构建消费者保障险制度、设立消费者保障基金制度、明确沉淀资金及其利息的归属、引入第三方支付行业竞争机制、完善第三方支付服务协议规制机制以及创新消费者纠纷解决机制等正是解决这些问题的重要途径。

关键词：第三方互联网支付；消费者权益；法律制度；创新

347

近几年，网络购物已成为大众消费的主流方式，随着网购的发展，第三方支付平台也如雨后春笋般发展起来。① 第三方支付是指通过非银行的第三方机构所经营的网上支付平台，在商家、消费者与银行之间建立相关连接，并提供交易资金代管、货币支付和资金结算等服务的一种新型担保支付模式[1]。其运作实质是在收付款人之间设立中间过渡账户，使汇转款项实现可控性停顿，只有双方意见达成一致才能决定资金去向。其中，第三方机构担当中介保管及监督的职能，并不承担什么风险，所以确切地说，这是一种支付托管行为，通过支付托管实现支付担保。为更好地满足消费者的支付需求。第三方支付目

---

　* 基金项目：本文系 2014 年重庆市教育委员会人文社会科学研究项目《普惠金融背景下的互联网金融借贷模式比较及其风险管理研究》（项目编号：14SKS04）的阶段性成果，中央高校基本科研业务费资助研究成果（项目编号：CDJXS12080003）。

　** 作者简介：周强（1983— ），男，江西上饶人，重庆大学法学博士研究生，主要研究方向为经济法学。

　① 截至 2013 年 7 月，获得央行发放的第三方支付牌照的企业已多达 250 家（苏曼丽，刘夏.百度、新浪获第三方支付牌照，获牌企业已达 250 家［EB/OL］.［2014-03-15］.http://news.xinhuanet.com/tech/2013-07/11/c_124989394.htm）。

前正朝着社交化、移动化和微支付的方向创新发展,其应用范围也从网络购物、缴费还款等生活服务领域延伸到行业应用、金融理财等其他更为广泛的领域,在方便大众的同时也使整个社会的经济运行更富效率。然而,第三方支付企业在不断发现和挖掘消费者的潜在需求,并开发出更多创新产品来满足这些需求的同时,潜藏于背后的消费者权益保护问题也逐渐显露出来。

一、第三方互联网支付中消费者权益保护的现状与存在的问题

第三方互联网支付中的"消费者"是指基于个人或家庭生活需要,接受互联网企业提供的第三方支付等金融服务的自然人。如前所述,第三方互联网支付为消费者网络交易提供了便捷,满足了广大消费者的支付需求,与此同时,消费者对于第三方互联网支付方式的青睐也为其创新发展提供了动力,因而,第三方互联网支付的创新发展离不开"消费者"这个关键要素,保护消费者权益对于促进第三方互联网支付持续发展意义重大。然现实中,消费者的弱势地位使其在第三方互联网支付中经常面临各种侵害和风险,因而在第三方互联网支付语境下讨论消费者权益保护问题,不仅必要而且迫切。目前,规范第三方支付的主要法律法规是央行颁布的《非金融机构支付服务管理办法》及《非金融机构支付服务管理办法实施细则》(以下简称《管理办法》和《实施细则》),《管理办法》及《实施细则》的出台明确和解决了不少有关第三方支付的法律争议,一定程度上也保障了消费者的权益。首先,《管理办法》明确了第三方支付机构的法律地位是非金融机构,因而确立了不同于银行等传统金融机构的监管方式和标准;其次,针对消费者网络账户资金可能被第三方支付企业挪用或侵占等问题,《管理办法》出台了相应的解决措施。例如,根据《管理办法》第 24 条、第 26 条和第 29 条的规定,禁止支付机构以任何形式挪用客户备付金,支付机构只能根据客户发起的支付指令转移备付金,而且支付机构的客户备付金应当接受存管银行的监管。为此,央行还专门颁布了《支付机构客户备付金存管办法》(以下简称《存管办法》),进一步要求第三方支付企业必须计提风险准备金,以更好地防范支付风险,保障消费者权益,其第 29 条明确规定,支付机构应当按季计提风险准备金,用于弥补客户备付金特定损失以及中国人民银行规定的其他用途,并且按照所有备付金银行账户利息总额的 10% 计提。此外,《管理办法》及《实施细则》还规定了第三方支付企业应当制定明确、具体的客户权益保障措施和方案,并对支付服务收费和支付服务协议等涉及消费者权益的内容作出进一步规范。然而,第三方支付中的消费者权益保护仍存在如下问题亟待解决。

第一,网络账户安全问题。网络账户安全一直都是第三方支付中消费者保护的重心,因而,针对现实经常发生的消费者网络账户被盗事件,部分第三方支付企业采取了积极措施予以应对。如以国内较为知名的第三方支付企业"支付宝"为例,除从技术层面积极提

升自身的网络安全建设之外,"支付宝"也是目前国内为数不多提供消费者资金补偿服务的支付企业,"支付宝"提供的账户余额保障服务,承诺消费者因账户被盗造成余额损失可以得到补偿。然而,"支付宝"为消费者申请补偿设定了一定的条件和范围,如消费者必须在被盗后 30 日内向支付宝报案及用户原因导致的账户被盗不予补偿。另外,只有在消费者支付宝账户进行了实名认证,并绑定了手机或者使用了数字证书等安全产品的前提下,账户被盗造成余额损失,支付宝才给予补偿,且一年内一个身份证名下的账户赔偿限额为5000 元等,这些限制条件的存在并不利于对消费者权益的全面保护。由此可见,依赖经营者保护消费者权益并非最合理、最有效的方法。"法律是冲突的解毒药"[2],法律制度的存在价值之一,就是降低经济活动中的交易成本、转移交易风险,即在某种程度上为交易者减少他们从交易中所可能遭受的损失[3],因而,应考虑从制度层面保障消费者的网络账户安全。

第二,支付风险问题。为防范支付风险、保障消费者权益,央行《管理办法》第 24 条明确规定,支付机构接受的客户备付金不属于支付机构的自有财产。不仅如此,央行还颁布了《存管办法》进一步从严管理客户备付金的存放和使用,以确保客户的资金安全。具言之,《存管办法》确立了备付金银行分类和账户分层管理、资金的封闭运行和使用、备付金信息多方核对校验、重要监管指标动态调整,以及政府、自律组织和商业银行合作监督等系列监管制度,全面规范客户备付金的存放、归集、使用、划转等存管活动。此外,为加强支付企业的风险内控,央行还规定了企业必须计提一定比例的风险准备金。然而,上述一系列措施并不能完全解决实践中的支付风险问题:其一,因支付企业操作人员违规操作,在会计业务处理过程中发生挪用、贪污、盗窃,以及金融诈骗等行为,造成消费者备付金损失的;其二,因支付企业网络或计算机故障,甚至系统被恶意攻击,消费者支付业务信息遗失或大规模泄露,造成消费者备付金损失的;其三,发生消费者备付金挤兑现象和大规模"套现"行为的;其四,支付企业发生重大经营风险、重大违法违规行为或亏损巨大等可能对消费者备付金权益保障带来侵害的事件。实践中,一旦遭遇上述重大突发事件,流动性不足引发的支付风险,甚至有可能使支付企业陷入破产的境地,此时,消费者权益又该如何得到保障? 显然,央行规定的上述系列措施并不足以全面保障消费者权益,应另辟蹊径,寻求保障消费者权益的良策。

第三,沉淀资金及其利息归属问题。所谓"第三方支付沉淀资金"是指停留在第三方支付账户平台中的、买卖双方待结算交易货款的集合[4],主要包括客户备付金以及在途资金等。然学术界对于沉淀资金在法律上的权利归属问题现仍存有不少争议,各种说法,莫衷一是。有学者认为沉淀资金的所有权应归属于消费者,原因在于沉淀资金是保管合同的标的物,返还消费者时需返还同等数量、种类的货币[5];有学者虽赞成沉淀资金的所有权归消费者,但却提出了不同的理由,他认为沉淀资金是第三方支付机构代为支付给卖家的资金(货款),并非可以自由使用的资金,第三方支付机构仅代为保管,又依据《存管办法》规定"支付机构的备付金专用存款账户应当与自有资金账户分户管理",因而对于沉淀资金,并未与支付机构自有资金形成"混同"现象,不应适用一般货币流转的"占有即所有"原则,是故,沉淀资金并未发生所有权的转移[6];与上述观点针锋相对,也有学者提出沉淀资金应归属于第三方支付平台所有,其理由是"第三方支付平台和买方间存在的是一种消费保管合同关系,消费保管合同中的标的物的所有权是转移到保管人一方的,因此买方的资金一旦存入了其在支付宝的账户,该笔资金的所有权就应该属于支付宝公司所有"[7]。虽然央行颁布的《管理办法》已明确规定支付机构接受的客户备付金不属于支付机构的自有财产,但并未明确客户备付金归消费者所有,因而,有关沉淀资金的权利归属问题尚需在法律上予以进一步厘清;其次,有关沉淀资金产生的利息归属以及如何处置等问题,相关立法尚付阙如。虽然央行去年颁布了《存管办法》,其中明确要求第三方支付机构客户备付金利息的10%应当计提为风险准备金,然而,利息的法律归属以及剩余利息如何处置,《存管办法》也未作出进一步规定,这使得现实中经营者可以通过制定第三方支付服务协议排除消费者对沉淀资金利息的收益权,②一定程度上侵害了消费者的合法权益。

第四,支付服务乱收费问题。为避免第三方支付企业乱收费,《实施细则》第30条明确规定支付机构应当依法确定其支付业务的收费项目和标准,法律未明确收费项目和标准的支付业务,支付机构可以按照市场原则合理确定其收费项目和标准。支付机构应当在营业场所及网站主页显著位置披露其支付业务的收费项目和标准。支付机构调整支付业务的收费项目或标准的,应当在实施前连续公示30日。显然,法律规定是较为清楚明确的,但实际效果如何呢?《实施细则》颁布后,反映"支付宝"等第三方支付企业乱收费问题的报道仍不时见诸报端,如"支付宝"的某些收费项目和标准并未完全公示,或者利用功能升级改版为由随意向客户收取或增加费用等。显然,现行立法并未能从根本上解决支付服务乱收费的问题。

第五,支付服务协议规制问题。消费者选择在第三方支付平台进行网络交易时,都会被第三方支付平台要求接受一个格式合同才能成为其用户,这个格式合同就是支付服务协议。现实中,支付机构常常利用支付服务协议的签订,不正当、不合理地免除自身的责任或加重消费者的责任或排除消费者的主要权利,严重侵害了消费者的合法权益。为此,《实施细则》第32条和第33条明确规定,支付机构应当在营业场所及网站主页显著位置披露其支付服务协议的内容,并应当遵循公平原则,全面、准确界定支付机构与客户之间的权利、义务和责任。支付机构拟调整支付服务协议格式条款的,应当在调整前30日告知客户,并提示拟调整的内容。未向客户履行告知义务的,调整后的条款对该客户不具有

---

② 例如,支付宝的《服务协议》中就有规定:"您完全承担您使用本服务期间由本公司保管或代收或代付的款项的货币贬值风险及可能的孳息损失。"

约束力。然而,对上述条文稍作分析后,可以发现其中的不足也较为明显:首先,《实施细则》并未规定如何保障支付服务协议的公平制定,现实中主要是依靠第三方支付企业自行掌握,这使得支付服务协议的制定通常有利于经营者而不利于消费者;其次,即使支付机构向客户履行了格式条款的调整告知义务,但客户并不接受调整后的格式条款,又该如何处理,《实施细则》中并未规定。

第六,消费纠纷解决机制问题。随着经济社会的不断发展,尤其是互联网技术的广泛应用,我国消费方式和消费理念发生了很大变化,在消费者保护领域出现了不少新的问题,原来的《中华人民共和国消费者权益保护法》(以下简称《消法》)在许多方面已经不能完全适用,因此,通过人大审议修订,我国于2014年3月15日开始颁布实施新《消法》。然而,面对第三方互联网支付中的消费者保护,新修订的《消法》仍有其不足之处,主要表现在如下几点:首先,新《消法》对消费者权益的保护仍旧局限于和解、调解、投诉、仲裁以及诉讼等传统保护方式和手段,这些保护方式都只适用于线下消费的情形,并没有考虑到网上消费的特殊之处;其次,由于在第三方互联网支付消费中,没有实物凭证,很多证据都是电子形式的,经营者比较容易篡改或销毁,从而增加了消费者的取证和举证难度,导致消费者权益一旦遭受侵害,维权将十分困难,《消法》规定的维权方式已经不能完全适应第三方互联网支付中消费者权益保护的需要。

351

二、域外第三方互联网支付中消费者保护的经验考察

第三方支付在我国近几年才逐渐成为社会热点,与发达国家相比,我国第三方支付无论是在法律监管方面,还是在市场培育方面都需要发展完善。鉴于第三方支付源于美国等发达国家,为此,笔者拟选取当今世界第三方支付模式发展较为成熟的美国和英国为代表,借鉴他们在第三方支付过程中保护消费者方面的先进之处,以为我国第三方支付中消费者权益保护制度的构建与完善提供参考。

(一)美国对第三方支付中消费者的保护实践

目前美国知名度最高的第三方支付机构是被称为"PayPal"的公司,这家成立于1998年的在线支付公司在2012年年底营收规模达到55.7亿美元[8]。由于它的适用性强和用户可以轻松注册,使得"PayPal"已经成为C2C(consumer to consumer)交易最成功的在线支付系统[9],因此,对美国"PayPal"用户合法权益保护问题的探讨有着非常重要的现实意义。为此,笔者总结后发现,美国对"PayPal"用户权益的保护可从以下两个方面加以分析:一方面,美国是判例法国家,因而对美国法律问题的研究可以通过案例来加以说明,如Combe v. PayPal一案[10]就是研究美国法院对"PayPal"用户权益保护的典型案例。该案

由几个"PayPal"用户提起,他们声称"PayPal"冻结了他们的账户资金。"PayPal"公司辩称该案中的冲突应当由仲裁解决,因为仲裁条款已经包含在签订的"PayPal"用户协议当中。法庭认为,包含在"PayPal"用户协议中的仲裁条款本质上是不公平的,因为正是这样一个"点击"附意合同(click wrap agreement)导致了在责任和合同条款尤其是仲裁条款立场上的失衡,这些已经足以认定该条款是不公平的,而且法庭还认为"PayPal"的"点击"附意合同应当把更多的注意力放在合同的起草上,以确保它不包含不公平条款。最终,该案"PayPal"公司的主张并未获得法院支持[11]。通过该案法院不仅很好地保护了"PayPal"用户的合法权益,该案也对"PayPal"用户协议条款的制定有着重要的影响。由此可见,对"PayPal"用户协议加以规制是美国法律保护第三方互联网支付中消费者权益的重要途径之一。另一方面,也可从监管角度来探讨美国对"PayPal"用户权益的保护问题。目前,美国并未将"PayPal"纳入其银行监管体系,按照美国监管规则,联邦存款保险公司(FDIC)并不认为"PayPal"是一个银行,因为它并未根本上处置或持有消费者存钱的账户,而且它没有银行章程,而银行章程是美国立法对银行的法律要求之一[12]。然而,FDIC通过提供存款延伸保险实现对沉淀资金的监管,它规定必须将第三方支付平台的沉淀资金存放在FDIC保险银行的账户中,将利息用来支付为每个消费者购买上限为10万美元的保险项目,从而限制第三方支付机构利用客户资金进行投资[13]。

(二)英国对第三方支付中消费者的保护实践

英国对第三方支付中消费者的保护实践比较丰富,与美国类似,英国对"PayPal"用户权益的保护也可从以下两个方面加以分析:

一方面,对"PayPal"等第三方支付机构的责任认定上。首先,英国有一个更加限制不公平合同条款的体制,如英国专门制定了不公平合同条款法案1977(UCTA)和消费者合同不公平条款监管规则1999(UTCCR)等,因而英国法院显然也不会支持"PayPal"用户协议的责任限制或免除等条款。为此,现有版本的"PayPal"用户协议中责任免除条款也相应地做了修改以符合上述不公平条款立法[14]。其次,有关消费者"PayPal"的误用和失实陈述的责任等问题,按照消费者信贷法案(CCA)第75条的规定,英国的消费者有权起诉"PayPal"。CCA第75条的具体表述为:"在一个三方信贷协议(债务人—债权人—提供者)中信贷的提供者针对由服务的提供者导致的违约或失实陈述的索赔是有责任的,其中,服务须在一定的货币参数范围内(即交易必须在100~30000英镑之间)。"[15]换言之,该条具体规定债务人可以起诉债权人,如果在债权人和供货商之间有一个信贷协议来为债务人与供货商之间的交易提供资金。这条规定背后的理由在于对于债权人从与他们有协议关系的供货商取得金钱赔偿比消费者做同样的事情更容易[16]。是故,按照CCA的规定,"PayPal"对消费者遭受的违约或失实陈述的损失需要承担赔偿责任。

另一方面,从金融监管的角度分析,英国并没有将"PayPal"等第三方支付机构纳入银行监管的范畴。究其原因,在于英国没有将"PayPal"等第三方支付机构视为与银行类似的信贷机构。虽然"PayPal"经营的方式与银行履行的职能似乎有一定的相似性,然而,当时英国唯一能够授权经营存贷业务的机构——前金融服务管理局(FSA)③认为,"PayPal"的经营活动并不完全符合有关存款的定义,④是故,虽然"PayPal"欧洲有限公司现在英国经营,但他们却在其监管计划之外。不仅如此,欧洲"PayPal"按照电子货币机构欧盟指令(EMI指令)还向英国的前 FSA 提出了其作为电子货币机构(EMI)的申请,并且最终被英国前 FSA 授予 EMI 资格。⑤ 另外,值得一提的是,有关"PayPal"的法律地位,欧盟将第三方支付机构定位为与存款银行相近的机构,要求非银行的电子支付机构必须取得与金融部门有关的营业执照,并在中央银行的账户中留存大量资金,与美国模式一样,目的在于限制第三方支付机构利用沉淀资金进行投资和非法活动[17]。"PayPal"被视为与存款银行相近的机构而接受监管,对消费者保护具有实质性的意义,因为"PayPal"将不得不遵守一个严格的监管计划,该计划包括对初始资本要求的限制,自有资金必须一直持有,资本充足率和在其他保证上持有的限制等[18]。

(三)国外对第三方支付中消费者权益保护的经验总结

通过对美、英等发达国家在第三方支付中消费者保护实践的分析,不难发现,国外保护第三方支付中消费者权益的做法可大致总结如下:其一,制定完善的法律法规和各种指令。发达国家保护第三方支付中的消费者主要依赖其完善的法律法规和各种指令,一旦消费者权益受到侵害,便能够获得及时、有效的救济。此外,值得一提的是,美、英等发达国家属于判例法国家,因而对于第三方支付中的消费者,不仅只有成文法上的保护,判例法上的保护也是其重要渊源之一。例如,上文提到的美国 Combe v. PayPal 一案就是研究国外第三方支付中消费者权益保护的经典案例。其二,美国和欧盟等虽然都未将第三方支付机构纳入银行监管的范畴,但在对第三方支付机构及其沉淀资金的监管上并未放松。例如,二者都要求沉淀资金必须存放在其指定银行的账户中,以限制第三方支付机构利用客户资金进行投资和非法活动。其三,明确第三方支付机构应对消费者承担的法律

---

③ 根据英国《2012 年金融服务法案》,金融服务管理局(FSA)目前已被拆分为审慎监管局(PRA)和金融行为监管局(FCA)两个机构。前者主要负责对银行、保险公司、大型投资机构的微观审慎监管,以防止出现重大风险;后者的核心目标是金融消费者保护,公平竞争和维护资本市场诚信。

④ 按照英国的活动监管令 2001(RAO),其将存款以两种不同的方式予以界定:(a)通过存款接收的钱是借给别人的;或者(b)对接受存款的人的任何其他活动完全提供资金,或者在实质程度上,通过存款方式接收的钱有利息或者超出本金。

⑤ EMI 指令将电子货币定义为:"'电子货币'意味着发行者主张所表示的货币价值,其(ⅰ)在一个电子设备上储存;(ⅱ)发行的大量资金的收据在价值上不小于发行的货币价值;(ⅲ)除了发行者外作为通过承诺支付的手段被接受。"

责任。例如,第三方支付机构对消费者遭受的违约或失实陈述的损失需要承担赔偿责任。其四,强化对第三方支付用户协议的法律规制。在第三方支付用户协议中,经营者通常会利用其优势地位,在格式合同中设定不合理的条款侵害消费者的利益,因而,发达国家往往通过加强对第三方支付用户协议的法律控制保护消费者的合法权益。

三、第三方互联网支付中消费者权益保护制度的创新与完善

哈耶克认为,"法律肯定不是为了实现某个已知目的而被创制出来的,也可以说,是因为它能够使那些依它而行事的人更为有效地去追求和实现他们各自的目的而逐渐发展起来的"[19]。由上文分析可知,我国现有法律法规并不能完全解决第三方支付中的消费者权益保护问题,是故,参考域外第三方支付中消费者的保护实践,需要进行制度创新与完善将我国第三方支付中消费者权益的保护落到实处。

(一)构建第三方互联网支付业消费者保障险制度

为防范消费者网络支付账户被盗,除了应从技术角度提升第三方支付企业的网络安全建设水平之外,更重要的是应从转移和分散风险的角度出发,建立第三方互联网支付业消费者保障险制度。第三方互联网支付业消费者保障险作为一种财产保险,其标的是第三方支付企业对消费者承担的损失赔偿责任,具体表现为当发生第三方支付企业提供的网络交易平台存在缺陷等不属于消费者自身的原因造成网络账户被盗,或虽然网络账户被盗但不符合支付企业赔付条件,或消费者被盗损失超过支付企业赔偿限额等情形时,对消费者支付一定赔偿金额的责任。由于第三方互联网支付业消费者保障险只需企业缴纳少量的保险费,就能免除在法律上对众多消费者的赔偿责任,从而避免了第三方支付企业遭受重大经济损失,保障了企业财产的安全和稳定,同时作为第三方支付中的消费者,也能因保险人的雄厚财力得到及时、充分的救济,因而,第三方互联网支付业消费者保障险作为保障消费者网络账户安全的一项重要举措值得全面推广。当然,进行具体制度设计时,还应注意把握好以下几点:第一,为更好地保障消费者权益,可考虑将该保险设置为强制险;第二,为克服逆向选择的问题,在保费设计上应当采用浮动费率制,支付机构的网络账户安全风险等级越高,⑥投保的费率就越高,此种做法有利于保险人对具有不同风险等级的支付机构进行有效甄别并采取相应的合理措施;第三,具体赔付时,不是全额而是限额赔付,即确定一个最高限额和赔付比例,支付机构自身要承担部分损失,这样既可以保障广大消费者的利益,又能防范支付机构产生道德风险。

---

⑥ 关于支付机构网络账户安全风险等级的具体界定,可从支付机构网络账户安全保障的技术建设水平和制度建设水平两个方面进行。

（二）设立第三方互联网支付业消费者保障基金制度

保障消费者权益是第三方支付企业退出市场时亟须重视和解决的问题之一。鉴于第三方支付企业自身既不具备金融机构那样雄厚的实力，也没有国家信用做担保或完善的制度保障，一旦消费者权益遭受侵害，企业可能因破产导致偿付能力不足或根本不具偿付能力，因而，为保障第三方支付企业退出市场时的消费者利益，在行业内设立第三方互联网支付业消费者保障基金或许不失为一个有益的尝试。它不仅可以树立消费者对第三方支付行业的信心，也能增强第三方支付企业的社会责任感。具言之，每个第三方支付企业按其代为支付的规模比例出资，在行业内成立消费者保障基金，基金由行业协会具体管理，当消费者在接受第三方支付企业提供的服务中受到实际损害，[⑦]却因企业无力支付或破产倒闭而无法获得赔偿时，可以向基金申请损害赔偿金救济。

（三）明确沉淀资金及其利息的法律权属

首先，关于沉淀资金的权利归属问题。如前所述，争议的焦点主要集中在沉淀资金的所有权是否已从消费者转移至支付机构。笔者以为，依据物权法一般原理，货币属于种类物，其所适用的物权流转规则是"占有即所有"，[⑧]然支付机构的沉淀资金与银行的存款有着本质区别，后者一旦交付完成意味着货币资金的实际控制或支配权已经转移给银行，即归银行所有，银行享有自由处分权，而存款人只对银行享有债权；前者虽在表面上也完成了货币资金的转移交付，然而，依据央行《管理办法》第 24 条的规定，"支付机构只能根据客户发起的支付指令转移备付金。禁止支付机构以任何形式挪用客户备付金"，可见，支付机构并不能随意处分沉淀资金，对沉淀资金的控制或支配权实际仍掌握在消费者手中即被消费者"占有"，因而，依据货币所有权流转的一般原则"占有即所有"，沉淀资金的所有权并未发生转移，仍应归属消费者所有。其次，有关沉淀资金产生的利息归属及其处置问题。由于沉淀资金归属消费者所有，依据"取得孳息是原物所有人收益权体现"的民法原理，沉淀资金产生的利息自然也应归属于消费者。然而，正如有学者指出的那样，"如果第三方支付平台分别针对各个消费者的每笔消费金额进行利息的返还，其操作成本极有可能超过利息的总额"[20]，这在技术操作上不仅存在困难，而且也不经济。有鉴于此，对于沉淀资金利息的处置，笔者建议可以借鉴美国经验，将计提风险准备金后剩余的 90％利息分作两种用途：一部分充入上文提议设立的消费者保障基金中，另一部分提取作为支付机构购买消费者保障险的保费。这样不仅使沉淀资金的利息真正做到了"取之于消费者，用之于消费者"，也避免了向消费者分配利息的技术难题。

---

⑦ 实际损害的具体范围参见上文有关部分。

⑧ 此处中的"占有"应理解为"对物能够实际控制或支配"的含义。

（四）引入第三方互联网支付行业竞争机制

目前第三方支付服务乱收费问题突出，究其根源，可谓是"支付宝"等第三方支付企业滥用市场支配地位的结果。根据《2012—2013 年中国第三方支付行业发展研究报告》，2012 年第三方互联网支付市场中，"支付宝"一枝独大，占据了 49.2％的市场份额，紧随其后的是"财付通""银联""快钱""汇付天下""易宝支付""环迅支付"等，分别占据了 20％、9.3％、6.9％、6.7％、3.1％、2.8％的市场份额，其他合计只有 2％的市场份额。⑨ 依据《反垄断法》第 19 条的规定，"有下列三种情形之一的，可以推定经营者具有市场支配地位：一个经营者在相关市场的市场份额达到 1/2 的；两个经营者在相关市场的市场份额合计达到三分之二的；三个经营者在相关市场的市场份额合计达到四分之三的"。毫无疑问，"支付宝"公司已占据相关支付市场近二分之一的市场份额，其与"财付通"在相关支付市场中亦合计占据近 70％的市场份额，可见，"支付宝"等第三方支付企业具有绝对的市场支配地位。因而，"支付宝"等第三方支付企业若滥用其市场支配地位，损害消费者的合法权益，其垄断行为就应该受到《反垄断法》的规制。不仅如此，为进一步遏制第三方支付企业的垄断行为，在积极引入市场竞争的基础上，央行等监管机构还应加强对第三方支付市场的竞争监管，将监管目标扩展到维护公平竞争的市场秩序上。

（五）完善第三方互联网支付服务协议规制机制

首先，为保障第三方支付服务协议的公平制定，避免第三方支付机构把更多的义务和责任以格式合同的形式强加给消费者，有学者提出在制定第三方支付服务协议时，应由监管机构出台统一规范的第三方支付服务协议示范文本，然后由第三方支付机构依照文本制定服务协议，这样就可以有效防止第三方支付机构破坏交易规则，损害用户利益[21]。从表面上看，上述观点不无道理，然现实中，第三方支付机构在依照示范文本制定具体的服务协议时，由于文本本身并不具有强制效力，经营者对部分内容条款难免会发生增减或改动，其中有些条款的制定甚至侵害了用户的合法权益，因而，此种做法对经营者的约束和规制作用有限。有鉴于此，笔者认为应当在第三方支付服务协议中引入公证预先审查机制以消除上述弊端[22]。具言之，公证机构在第三方支付服务协议订立后，可依法定程序对当事人主体资格以及合同条款的合法性和公正性进行逐一审查，并对服务协议的真实性、合法性予以证明，从而最大限度地保障协议公平。其次，针对消费者不接受告知调整后的格式条款的情形，笔者以为，立法应当赋予消费者享有退出选择权，即在《实施细则》中可补充如下条款："客户不接受调整后的支付服务协议格式条款，可以在调整公告之

356

---

⑨ 数据来源参见艾瑞市场咨询有限公司撰写的《2012—2013 年中国第三方支付行业发展研究报告》(简版)。

日起 60 日内通知退出。支付机构应当按照原支付服务协议格式条款妥善处理客户退出事宜。"

(六)创新第三方互联网支付消费者纠纷解决机制

如前所述,传统的消费纠纷解决方式已经很难有效地保护第三方互联网支付中消费者的权益,因而,结合网上金融服务消费的特点,需创建新的消费纠纷解决机制即消费纠纷在线解决机制予以应对,以弥补传统消费纠纷解决方式的不足。互联网既可以是支付企业构建的营销平台和服务渠道,也可以充当消费者进行批评、监督和投拆的维权平台。在互联网背景下,消费者可以利用微博、微信等方便、快捷的自媒体渠道为自己维权,也可以通过建立 QQ 群和微信群等网络结社的方式集结起来跟商家进行谈判、索赔。在这个过程中,社会化的公益平台和行业自律组织还可以在此之上组织调解、谈判,从而实现第三方介入的他力救济,并为今后进行诉讼或仲裁提供一系列的服务[23],总之,通过互联网可以最大程度地方便消费者进行联络,了解有关信息,为第三方互联网支付中的消费者维权提供保障和支持。此外,针对网络交易中消费者取证难和举证难问题,笔者有两点看法:其一,为应对取证难问题,笔者赞同有学者提出的建立网络证据保全制度的建议,具体针对网络交易的特殊性,证据保全机构可与互联网相互连接,网络运营商对此也可采取一些相应的措施,如提供特殊网络工具,与银行、物流等其他交易参与方共同制定交易规则等[24];其二,笔者认为应当在第三方互联网支付领域实行举证责任倒置的证据规则,即在消费者侵权诉讼中,由支付企业对侵权事实负责举证,举证不能便承担败诉的风险,从而更好地维护消费者权益。

我国网络借贷平台借贷交易
的法律风险及规制研究

周含玉[*]

摘　要：随着 2007 年中国首家网络借贷平台——拍拍贷在上海成立，近年来，网络借贷平台借贷交易方式在我国日渐盛行，并备受个体工商户、小微企业经营者等市场经济主体的青睐。作为一种新型的金融服务方式，网络借贷平台借贷交易的发展，缓解了个人、小微企业等主体与传统金融机构之间存在的"借贷难"问题，并为解决这一问题提供了可供选择的路径。毋容置疑，从长远来看，具有普惠金融特点的网络借贷平台借贷交易形式必将有利于我国信贷市场的发展，但由于其发展的时间不长，相关的法律制度不健全，经济和行政政策也没有完全配套，网络借贷平台借贷交易实践中也出现了不少问题。伴随网络借贷交易而产生的逾期违约等违约性风险，因普遍的交易风险而对金融系统产生的系统性风险、因人员、技术、程序而产生的操作风险以及因非法集资、非法吸收公众存款等违法行为而产生的违规性风险也在不断的升级，严重影响到了金融业的正常发展。为有效消除网络借贷交易平台的负面影响，维护网络交易秩序，保障金融体系安全、稳定，打击利用网络借贷平台借贷交易进行的各种违法犯罪行为，笔者认为需从预防机制、监管机制和救济机制三个方面构建网络借贷平台借贷交易风险控制法律制度，以确保网络借贷平台借贷交易正常、有序运行。

关键词：网络借贷平台；借贷交易；风险控制；法律机制

　　网络借贷平台实际上是一类融互联网创新技术和小额信贷创新金融模式为一体的新型民间借贷形式。它作为传统金融的有益补充，最大限度地为社会陌生个体之间搭建了一种直接、透明、高效、公开的小额信贷服务方式。如何在当前的社会语境下，针对网络借贷平台借贷交易风险设计出合理的法律制度来保障其顺利进行，维护借贷双方和第三方平台的合法利益，成为理论和实践中亟须解决的问题。

---

　　* 周含玉，西南政法大学硕士研究生，重庆市九龙坡区人民检察院干警。

一、网络借贷平台借贷交易模式

(一)网络借贷平台借贷交易的概念

1. 网络借贷平台及其借贷交易的界定

P2P[①]网络借贷平台是近年兴起的一种金融中介服务平台,目前学术界对 P2P 网络借贷平台的概念尚未达成一致认识。仅从其字面意思理解,P2P 网络借贷平台是将 P2P 借贷[②]形式和网络借贷形式相融合的金融中介服务网站。由于它是建立在互联网技术上的金融服务形式,实践中这类平台往往被称为"网络借贷平台"(下文统称为"网络借贷平台")。与网上银行不同,网络借贷平台是金融脱媒[③]和互联网结合后在个人端呈现的特殊模式。严格意义上,网络借贷平台不是金融机构,自然不从事金融机构经营存款和发放贷款的主营业务。

2013 年 12 月,上海市网络信贷服务业企业联盟发布《网络借贷行业准入标准》(以下简称《标准》),《标准》中规定网络借贷平台是中介机构,网络借贷平台借贷交易是在此平台上为出借人和借款人搭建直接借贷关系的互联网金融创新模式。这是第一次由行业协会对网络借贷平台借贷交易性质进行的认定。

笔者认为网络借贷平台借贷交易秉承普惠金融[④]的发展理念,主要是个体对个体的资金往来,并在债权债务关系中无须资金媒介[⑤]的介入,完全由债权人和债务人通过网络借贷平台直接构建的借贷关系。该借贷交易实质上是民间借贷的特殊类型。[⑥] 在网络借贷平台中聚集了众多不特定的借款人和出借人,这些人之间形成的是错综复杂的信息交换与资金借贷关系。在这种关系中,出借者是资金的供给方,借款者是资金的需求方,出借者和借款者经平台的"撮合"由陌生人直接转换为债权债务关系中特定的债权人和债务人。

2. 网络借贷平台借贷交易的特点

(1)借贷交易双方的不特定性和广泛性

基于互联网技术的优势,参与网络借贷平台借贷交易的双方一般是不特定主体,这些

---

① P2P:Peer to Peer,其本身是一个互联网学理概念,指以互联网端对端信息交互方式为特点。

② P2P 借贷是个人和个人之间直接借贷。

③ 金融脱媒是指资金供给双方绕开商业银行体系,直接完成资金循环。

④ 普惠金融是指能有效、全方位为社会所有阶层和群体提供服务的金融体系,实际上就是让所有老百姓享受更多的金融服务,更好地支持实体经济发展。2013 年 11 月 12 日,十八届三中全会通过《中共中央关于全面深化改革若干重大问题的决定》,正式提出"发展普惠金融"。

⑤ 第一财经新金融研究中心著:《中国 P2P 借贷服务行业白皮书》,北京:中国经济出版社 2013 年版,第 9 页。

⑥ 民间借贷是公民之间、公民与法人之间、公民与其他社会组织之间的借贷。之所以说网络借贷平台借贷交易是其特殊类型,是因为网络借贷是个体对个体的借贷。

参与者分散于全国各地。截至 2013 年 6 月的数据表明,可统计的网络借贷平台约有 1000 余家,它们以不同规模分散于全国 31 个省、自治区和直辖市,尤以沿海地区最为集中⑦。参与网络借贷平台借贷交易的借款者主要是小微企业经营者、个体工商户和工薪阶层,他们也是传统金融机构发放贷款时所忽视的群体,同时这些借款者也是我国市场经济参与主体中不容忽视的力量。

(2)借贷交易方式的灵活性和高效性

网络借贷平台借贷交易参与者之所以广泛且分散,是因为该交易方式具有高效性和灵活性的特点。首先,互联网技术让借贷双方足不出户就能自助寻找到资金的需求者和资金的供给者。借贷资源本身是稀缺的,一般贷款或向熟人贷款或向金融机构申请贷款,不过这两种形式都需要存在出借人且其有出借资金的意愿。而网络借贷平台恰好弥补了这两种形式的不足,借贷双方信息公开透明,存在大量配对的放贷对象。其次,向金融机构申请贷款一般要经历繁杂的程序和漫长的周期。网络借贷平台借贷交易简化了金融机构多层审批的手续。再次,网络借贷平台借贷交易双方可约定借贷金额、贷款利率、还款形式、借贷期限、担保抵押方式等重要事项。而向银行申请贷款,借款人必须严格遵守金融机构的单方面规定。网络借贷平台借贷交易正是因为具有上述特点,其才能灵活地根据借贷双方多元化的借贷需求相互磨合和匹配,以至于最终能形成具有市场化和多样化特征的产品⑧以及交易方式。

(3)借贷交易的高收益性与高风险性

网络借贷平台借贷交易具有高风险与高收益并存的特点,具体表现在:第一,由于缺乏有效抵押和担保,网络借贷平台的借款人往往不被传统金融机构所接纳,可以说,他们是传统金融机构筛选后的"次级客户"。虽然这些分散的借款人聚集在一起会给平台带来高收益,但高收益也意味着高风险。第二,网络借贷平台借贷交易的利率具有市场化特点,借款人的贷款利率远远高于银行同期贷款利率。据统计大部分网络借贷平台年化利率保持在 12%~22%,⑨但部分平台会高于这一利率。此时网络借贷平台借贷交易已具有违规性风险。

网络借贷平台借贷交易除可能存在上述风险外,还面临着因逾期违约而产生的违约性风险、因普遍的交易风险而对金融系统产生的系统性风险以及因非法集资、非法吸收公众存款等违法行为而产生的违规性风险等。⑩

---

⑦　前瞻网:http://www.qianzhan.com/analyst/detail/220/131101-7b1264f3_2.html,"P2P 网络借贷集中倒闭",访问时间:2013 年 12 月 30 日。

⑧　这种市场化和多样化的特征主要表现为:随市场变动的利率等。

⑨　第一财经新金融研究中心著:《中国 P2P 借贷服务行业白皮书》,北京:中国经济出版社,2013 年版,第 9 页。

⑩　风险类型在后文有详细阐述,此处不予赘述。

(二)网络借贷平台借贷交易模式分析

根据是否以盈利为目的,将网络借贷平台分为两类。公益性的网络借贷平台有:Kiva平台、国内宜农贷借助平台等。除公益性网络借贷平台之外,在我国为数众多的是以盈利为目的的网络借贷平台,如上海拍拍贷、深圳红岭创投等平台模式。本文主要研究盈利性的网络借贷平台,其交易模式主要分为直接借款模式和债权让与模式两种。

1. 直接借款模式

直接借款模式指一般由借贷双方直接签订债权债务合同,网络借贷平台只提供第三方服务。在直接借款模式中,网络借贷平台借贷交易存在三类合同关系:居间合同、借款合同和委托合同。

网络借贷平台通过提供居间服务而形成的居间合同是网络借贷平台借贷交易的关键部分。[11] 网络借贷平台往往通过承担信息公布、信用认定、法律手续和投资咨询的职能(有时还涉及资金托管结算中介、逾期贷款追偿等服务)来促成借款人和出借人的债权债务关系。在居间法律关系中,居间人的作用体现在订立合同阶段,其在双方的借款合同成立生效后合同义务已即刻履行完毕。

第二类合同是合格的借款人与有闲钱的出借人之间订立的借款合同。这是网络借贷平台借贷交易的核心。借款合同一般是网络借贷平台所提供的电子文本协议,若双方意思表示一致,平台将该协议发给各方当事人并由双方签署备案。只要该借贷形式中的行为人具有完全民事行为能力、双方意思表示真实,且借款合同中约定的利率不超过同期银行贷款利率的四倍,[12]就符合法律规定的一般借款合同的形式要件。

第三类合同关系是平台公司在借贷双方订立合同后仍然承担着为平台交易双方提供回款管理、个人信息保存,协助参与诉讼等服务,这些服务关系一般是网络借贷平台公司与客户之间的委托合同关系,而该委托合同的实质是对借贷交易过程的补充或完善。

2. 债权让与模式

在此种模式中,网络借贷平台仍然是直接借款模式中的居间人,不同之处在于网络借贷平台还利用其自身便利直接参与借贷过程。债权让与模式的流程是:当出现符合相应条件和要求的借款人,先由网络借贷平台利用自有资金进行出借,并与其订立借款合同,随后网络借贷平台可将其持有的借款合同依法转让给有投资需求的出借人。在这个过程中,交易的核心是网络借贷平台以第三方身份享有对借款人的债权。这种模式最大的特

---

[11]　《中华人民共和国合同法》第 424 条规定,居间合同是居间人向委托人报告订立合同的机会或者提供订立合同的媒介服务,委托人支付报酬的合同。

[12]　根据《中华人民共和国合同法》第 211 条的规定,自然人之间的借款合同约定支付利息的,借款利率不得违反国家有关限制借款利率的规定。

点是网络借贷平台不仅仅是普通的居间服务者,更是直接参与借贷交易的当事人。⑬ 对此,在实践中人们的争议在于:一方面,网络借贷平台在债权让与模式中的角色模糊不清。另一方面,这种借贷交易模式容易产生法律上的一些关联性质疑。平台经营者与平台的关联性太大,此时平台已经突破了国家对企业借贷的禁止性规定,承担起了类似于证券承销的职责。⑭ 最让人担心的是,在这种模式下,资金流转到平台极易形成资金沉淀池,这让平台背负着"非法吸收公众存款"⑮的嫌疑。但债权让与模式也有其积极一面,从投资人角度看,该模式提高了交易效率并降低了交易成本和交易风险,因此这种模式能吸引更多的投资者进入网络借贷平台进行借贷交易。

二、网络借贷平台借贷交易风险类型及其成因分析

(一)网络借贷平台借贷交易风险的界定及类型

网络借贷平台借贷交易风险是指参与网络借贷平台的主体,在借贷交易过程中基于网络技术为实现借贷交易而出现损失的可能性。实际上,这种风险可能来源于交易平台,也可能来源于借贷交易过程。

李爱君教授认为,"网络借贷平台运营中的风险主要有信用风险、坏账风险、操作风险和对民间借贷网络平台的监管主体缺失的风险";⑯何德旭、王进城则认为,"网络借贷平台的风险包括声誉风险、法律风险、资金使用方的信用风险、利率管理风险和 IT 系统安全和技术人员岗位授权的操作风险";⑰马运全则将网络借贷运作的可能存在的风险隐患分为五类,具体可概括为四类:干扰宏观调控政策,削减政策的有效性;交易资金无安全保障且缺乏监管;个人信息易泄露;参与人众多,利率过高,涉嫌非法集资和放高利贷嫌疑。⑱ 此外,2011 年 9 月银监会颁布的《中国银监会办公厅关于人人贷有关风险提示的通知》还列举了七大类风险。

对上述这些风险类型,笔者认为可概括为以下几类:一是违约性风险,因当事人交易预期目的的落空,借款、还款不能按照合同目的实现而引发的风险;二是合规性风险,即利

---

⑬ 在债权让与模式中,网络借贷平台是以平台经营者(个人)名义参与网络借贷平台借贷交易的。

⑭ 有人认为:宜信模式下,公司转让的债权不是单一债权而是一个组合债权。虽然有地方性法规已经承认了民间借贷的合法地位,但对民间借贷公司是否能从事证券类业务仍有待商榷。

⑮ 《中华人民共和国刑法》第 176 条规定,非法吸收公众存款罪是指违反国家金融管理法规非法吸收公众存款或变相吸收公众存款,扰乱金融秩序的行为。

⑯ 李爱君:《民间借贷网络平台的风险防范法律制度研究》,载《中国政法大学学报》2012 年第 25 期,第 28～29 页。

⑰ 何德旭、王进城:《网络借贷平台的风险与监管》,载《武汉金融》2013 年第 8 期,第 5～6 页。

⑱ 马运全:《P2P 网络借贷的发展、风险与行为矫正》,载《微型金融研究》2012 年第 2 期,第 47～48 页。

用网络借贷平台进行违法、违规交易的风险,如进行诈骗,非法集资等;三是操作风险,由于操作过程、人员、系统或外部事件而导致的风险;四是系统性风险,即网络借贷交易平台借贷交易对整个金融体系带来的风险,如对传统金融业的冲击等。

应当看到,网络借贷平台借贷交易风险包括了平台运行面临的风险和通过平台进行借贷交易产生的风险,前者主要指操作风险和系统性风险,后者主要涵括了违约性风险和合规性风险。

(二)网络借贷平台借贷交易风险的成因分析

1. 网络借贷行业缺乏规范性

网络借贷平台借贷交易的发展是自由式的,既不设准入门槛也未制定退出机制,这导致整个行业的资质参差不齐,行业发展缺乏规范性。众多不符合资质的经营者争先恐后地涉足此行业,这种几乎不设限的准入门槛就极易诱发非法集资、诈骗、洗钱等风险。况且多数网络借贷平台还打着"无须提供担保、高收益高回报"的旗号吸引客户,风险在此不断累积。这让网络借贷平台一方面难以风险自控,另一方面也疏于防范借贷交易过程中出现的聚集风险。同时,由于没有设定相关法律规范和行业间的退出机制,部分网络借贷平台和借贷交易者在借贷交易中被淘汰后,往往摇身一变又"重操旧业",这越发加剧了网络借贷平台借贷交易的恶性循环。

2. 网络借贷平台借贷交易的监管缺位

首先,我国网络借贷平台借贷交易的监管主体不明晰。网络借贷平台采用公司制的经营模式,决定了工商行政管理机关有权对其进行监管,但对其个人信贷业务和风险管理业务等现实操作流程,工商行政管理机关则感到力不从心。同时网络借贷平台借贷交易具有金融中介服务的性质,从监管主体分析,虽我国金融监管部门具有丰富的金融行业监管经验,但法律法规尚未将网络借贷平台借贷交易纳入规制范围,所以监管主体的缺位易让网络借贷平台借贷交易风险趁虚而入。

其次,网络借贷平台借贷交易的监管程序不健全。从借贷双方的准入资格、往来资金的存放和管理到借贷交易的结束,这整个过程完全依赖网络借贷平台和借贷双方自身纠错,缺乏相对完善的外部监管机制。

3. 借贷交易双方的信息不对称

虽然互联网金融创新模式吸引了众多个体参与,使他们充分享受到了现代金融服务的益处,甚至还推动着传统借贷交易方式的转换和变革,但这种虚拟性的交易场所却容易引发信息偏在问题。[19]

---

[19]　信息偏在是指信息在主体之间分布的不均衡、不对称,信息在数量上的不充分和信息在质量上不真实。

首先,出借人因不了解借款人真实的个人信用状况和还贷能力,只能托付中介平台对借款人的相关个人信息进行审查,但单靠网络借贷平台对信息进行认定不具有权威性和可靠性。其一,网络借贷平台一方面要为借贷双方提供借贷交易服务,一方面还得承担审查双方资格的职能。⑳ 其二,平台本身不具有专业审查能力,其通常依据借贷双方在网络上提交的相关材料来审核评定借款人的信用状况和贷款金额。其三,虽平台公司也会对借款申请人进行实地考查,但借款人为了成功获得贷款,必然会隐瞒对自己不利的信息甚至提供虚假信息,或将贷款投资于其他高风险领域。㉑ 概言之,当这种传统借贷方式由线下转移到线上,由熟人社会发展到陌生人社会时,信息不对称所引发的风险则在潜移默化中生长。

其次,网络借贷平台借贷交易未纳入现有的金融信用信息体系。中国人民银行办公厅于 2013 年 2 月 25 日印发了《关于小额贷款公司和融资性担保公司接入金融信用信息基础数据库有关事宜的通知》,而网络借贷平台借贷交易的数据能否与央行征信系统对接还有待具体政策的出台。一旦网络借贷平台借贷交易被纳入央行征信系统,其手续和成本将减少,更重要的是信贷风险也将随之降低。

4. 借贷资金的安全缺乏保障

正是由于缺乏相应监管,网络借贷平台借贷交易的资金来源、存放和最终流向都面临着风险问题,这使得借贷交易的安全性大打折扣。借贷资金的安全缺乏保障表现在:一是网络借贷平台借贷交易资金账户不独立。虽然交易资金账户是由银行或第三方支付平台开设,但实际上该账户普遍处于监管真空状态,资金的支配权仍归属于网络借贷平台。实践中,甚至部分平台经营账户和交易资金账户相关联,这也徒增了平台非法集资的嫌疑。二是网络借贷平台借贷交易往来资金的来源和去向无人过问。以资金池㉒为例,资金池的形成固然会为网络借贷平台借贷交易带来便利,保障投资人权益,但投资人身处平台之外,对资金用途及其转移无从了解,这反而增加了公众投资者的风险。正是由于借贷双方很难查询到交易往来资金的真实来源和最后去向,因此该平台易发展成为犯罪分子洗钱、诈骗等违法活动的场所。网络借贷平台借贷交易中最容易出现的风险就是借款人逾期不还贷,当采取一定手段催缴本息不能实现债权时,诉讼往往是出借人的最后手段。目前来看,这些措施都不理想,而与之相关的法律法规亦乏善可陈。

---

⑳　因责任自负原则,平台以外的第三方机构往往不愿承担资格审查职能。

㉑　2011 年 9 月 14 日,红岭创投在对逾期借款人陈明高(注册名为"疯狂的牛牛")进行催收时发现其利用家人身份在南通开办了一家网络借贷平台进行诈骗。

㉒　资金池的资金是作为投资者的风险储备金,主要是参照银行将其贷款总额的 2% 列为风险储备金。

三、我国网络借贷平台借贷交易风险控制的法律机制现状

(一)预防机制

首先,为防范网络借贷平台借贷交易风险,平台自身会对借贷交易双方进行资格审核和设定资金保障制度。例如,平台要求借款人提供个人基本信息,包括收入证明、个人征信证明、房产证明等资料。依据以上材料,平台将对借款人的信贷等级进行评定以决定是否对其贷款并由借贷交易双方进一步确定贷款数额、贷款期限、贷款利率等。此外,为保障出借人的资金安全,大部分平台设置了风险保障金制度。正如前文所述,平台虽然设定了看似安全、有效、合理的预防机制,但这些规定只是形式上的预防手段,因不具有操作性和强制性,往往容易产生风险。

其次,从我国现行法律法规看,仅《个人贷款管理暂行办法》和《贷款通则》对借贷交易中双方当事人的资质作出了详细规定。以借贷交易的借款人为例,《个人贷款管理暂行办法》第 11 条对借款人及其借款条件作出了明确规定,涉及借款人是否有民事行为能力、借款用途、借款基本事项以及还款能力等。㉓ 虽然这一条文主要适用于金融机构为贷款人的情形。除此之外,《个人信用信息基础数据库管理暂行办法》第 12 条、第 13 条规定,商业银行在办理部分业务时㉔可通过个人信用信息基础数据库查询到个人的信用状况报告,即现行法律法规授权商业银行之间可共享个人信用状况,并未将网络借贷平台纳入其授权范围。

(二)监管机制

我国对网络借贷平台借贷交易风险的监管缺乏法定明确的主体。具体来说,中国人民银行、银监会、工商行政管理机关、工业和信息化部(以下简称"工信部")四大主体都在法律所设定的职权范围内对网络借贷平台借贷交易进行着一定程度上的监管。

首先,央行现有的征信管理局主要职能是为社会提供征信服务和进行征信管理,而现阶段网络借贷平台并不能对接上央行的征信系统。一方面无法直接进入征信系统查询借款人和出借人的信用记录,另一方面也不能将双方的信用记录纳入征信系统。㉕ 除了在政策层面央行划定了互联网金融的红线外,在具体法律法规中,央行并未对网络借贷平台借贷交易作出规定。比如央行所起草的《放贷人条例》虽会有利于规范民间金融的发展,

---

㉓　《个人贷款管理暂行办法》对个人贷款中的借款人作出了规定,而网络借贷平台借贷交易可参照该规定。

㉔　参见《个人信用信息基础数据库管理暂行办法》第 12 条和第 13 条。

㉕　吕祚成:《P2P 行业监管立法的国际经验》,载《金融监管研究》2013 年第 5 期,第 100 页。

但该草案迟迟未通过。因此,目前来看央行并不是网络借贷交易平台借贷交易风险的法定监管主体。

其次,根据《中华人民共和国银行业监督管理办法》,银监会仅对全国银行业金融机构进行监管,包括吸收公众存款的金融机构、政策性银行、金融资产管理公司、信托投资公司等,而网络借贷平台并未纳入银监会法定监管对象范畴。但是为了防范网络借贷平台借贷交易风险对银行业的冲击,银监会在 2011 年出台的《中国银监会办公厅关于人人贷有关风险提示的通知》中,明确提出了"目前国内相关立法尚不完备,对其监管的职责界限不清",要求银行业金融机构做好风险预警监测与防范工作,避免风险蔓延到银行业金融机构。

再次,我国网络借贷平台虽然在工商行政管理部门以两种形式注册:一是网络技术类的电子商务公司,二是投资咨询公司。[26] 比如红岭创投注册为深圳市红岭创投电子商务股份有限公司,其在工商网监登记的经营范围为"经营电子商务,投资咨询,电子咨询",实际上它更注重线上的借贷交易,特别是提供金融信息服务。而投资咨询公司则主要从事线下的理财服务业务。对于这两种注册形式而言,工商行政管理部门是按照一般的公司设立要求进行登记;[27]对"涉及前置性行政许可的,须取得前置性行政许可文件后方可经营";对未经批准、登记或者从事法定经营范围外的行为,如已注册登记的网络借贷平台利用平台进行洗钱、非法集资等,工商行政管理部门可依据《无照经营查处取缔办法》对上述平台进行查处。但对金融业务,工商部门无权监管。

网络借贷平台借贷交易过程往往会涉及在互联网上的注册、登记以及平台的管理工作,由工信部负责对以上工作进行监管。工信部对网络借贷平台实行的是低门槛的准入标准,即平台只要获得工商行政管理部门颁发的营业执照后,就可向工信部申请《电信与信息服务业务经营许可证》(简称 ICP 许可证),若申领到该证,即向工商行政管理部门申请添加"互联网信息服务"这项新的经营范围。若平台在工商行政管理部门备案后就获得网络经营资格,但只限于在核准的经营范围内经营。根据《互联网信息服务管理办法》第13 条、第 15 条的规定,工信部对网络借贷平台的监管主要体现在形式上监管,其几乎不会对借贷交易进行具体监管和审核。

(三)救济机制

如果说,网络借贷平台借贷交易风险的预防机制和监管机制是将风险防范于未然,那么,救济机制则是对风险出现的负面效应进行修补,特别是对借贷交易双方当事人权利的补救。

㉖　吕祚成:《P2P 行业监管立法的国际经验》,载《金融监管研究》2013 年第 5 期,第 102～103 页。

㉗　《中华人民共和国民法通则》第 42 条规定,"企业法人应当在核准登记的经营范围内从事经营"。

在无抵押无担保情况下,网络借贷平台通常对逾期不还款的借款人首先是以电话提醒的形式进行催收以督促其还款,如在红岭创投中"若借款者逾期仍未还款,除正常利息外,对应还款额未还部分,还应支付0.8‰/天的逾期利息作为催收费用;逾期还款者,造成投资者因此支付的费用由借款者承担,而平台将借款人的有关资料正式备案在'不良信用记录'中,列入全国个人信用评级体系的黑名单"。在无抵押担保情况下,平台对这些出借人的损失不负任何责任,出借人能否实现其债权完全由借款人的信用所决定。在有担保的情况下,具体分为网络借贷平台自身提供担保和第三方担保两种形式。前一种是以宜信为代表的债权让与模式,若借款人不按期还款,宜信公司则从专门的保险金里提出资金以弥补出借人的本金和利息损失。在后一种形式中,保证人是第三方担保公司,并非网络借贷平台本身。一旦借款人逾期不还款,贷款人则只能通过提起诉讼的方式来实现债权。此外还有一些平台参照商业银行设立了风险备用金制度。

四、我国网络借贷平台借贷交易风险控制的法律制度构建

若要构建我国网络借贷平台借贷交易风险控制的法律制度,首先应在法律上给与网络借贷平台合法地位。由于有关我国网络借贷平台的法律法规几乎为空白,因此网络借贷平台作为民间借贷中介的合法地位一直无法得到确认。网络借贷平台借贷交易主要是参照《合同法》《贷款通则》以及相关司法解释对网络借贷平台借贷交易进行自我规范。学术界对网络借贷平台借贷交易的规制主要有两种观点。观点一认为网络借贷平台借贷交易是自然人之间的借款行为,若遵循私法自治理念,金融法规无权对其进行监管和规制。[28] 观点二认为网络借贷平台借贷交易有非法吸收公众存款和非法集资之嫌,其应当被纳入法律法规规制的范围之内。笔者认为,法律法规不能当然否定网络借贷平台借贷交易这种创新服务方式的合法性,但也不能因一味追求私法自治理念而对其发展放任不管。网络借贷平台借贷交易作为民间借贷的特殊类型,在中国语境下,笔者赞同"国家应该首先允许民间金融的存在而不是人为规定其为非法,同时又要有相关的立法以遏制其负面作用"[29]。

(一)预防机制上的法律制度构建

1. 提高借贷交易准入门槛并完善其退出机制

为保障借贷交易的有序进行,防范借贷交易风险的出现,网络借贷行业可以适当制定平台和借贷双方的准入标准,包括借贷双方资质、借贷数额等,特别提高资金、信用、资质

㉘　姚海放:《网络平台借贷的金融法规制路径》,载《法学家》2013年第5期,第95页。

㉙　高晋康:《民间金融法制化的界限与路径选择》,载《中国法学》2008年第8期,第43页。

的标准，形成风险防范的"内部防火墙"。

提高准入门槛的同时，网络借贷行业也预先制定退出机制，使行业在优胜劣汰中实现发展。在网络借贷平台借贷交易中，如果居间合同一方的当事人——网络借贷平台"故意隐瞒与订立合同有关的重要事实或者提供虚假情况，损害委托人利益"，[30]不仅仅要承担《合同法》上的责任，根据平台违约行为的程度，对严重违约情形的平台对其实行《个人对个人(P2P)小额信贷信息咨询服务机构行业自律公约》的退出机制。笔者认为对恶意的平台经营者，相关法律法规应限制其再进入网络借贷行业创办网络借贷平台，也不允许其再设立公司，防止其利用平台公司形式再次非法集资。对网络借贷平台借贷交易双方而言，如果其在借贷关系中有逾期违约、利用平台非法集资等行为，经多次催促仍不履行还款义务的直到直接放入平台的"黑名单"，其他平台、金融机构对其个人信用拉黑，这将迫使其退出整个网络借贷平台借贷交易，使其难以在市场经济中获得立足之地。

2. 建立网络借贷平台借贷交易信贷风险的评价制度

法律法规的确立和完善是个人信用征信制度建立并实施的首要条件。一国必须建立完善的个人信用立法体系，才能确保征信机构快速、真实、完整、连续、合法、公开地收集到个人信用信息，才能规范征信机构的信息处理行为，保护个人的隐私权和信用权利。[31] 在实际操作中，大部分平台公司在发展借贷交易过程中，总结出一套在本机构内实行的信用评定办法，即根据借款申请人的年龄、职业、收入、学历和家庭资产等信息资料，对申请人的还款能力、资信状况给出综合评价、划分等级，以作为贷款的重要决策指标。这些由网络借贷平台自发形成的个人信用评级标准固然有助于业务的竞争、完善，但由于各家平台之间、平台与金融机构之间有关个人信用的信息没有联网形成资源共享，信息采集的范围窄，不能完全解决信息资源分散问题，不能真实全面反映个人信用状况。我国法律法规规定，个人信用报告的使用者限于法定的金融机构和个人。同时，相关法律法规还对个人征信业务各环节做了详细规定，对有关市场准入、信息采集等重要事项须进行严格管理。[32]但令人遗憾的是，网络借贷平台尚未纳入法定使用者的范围之内。[33] 因此，网络借贷平台借贷交易风险的出现亟待个人信用信息平台能实现资源共享，特别是实现网络借贷平台和金融机构在信用信息上的无缝对接。

因此，笔者认为我们应当在现有征信系统和征信机构基础上，建立以金融机构为主体，金融机构征信系统和民间金融征信系统互通的个人信用体系。

---

[30] 参见《中华人民共和国合同法》第 425 条。

[31] 李朝晖：《个人征信法律问题研究》，北京：社会科学文献出版社，2008 年版，第 136 页。

[32] 2013 年 3 月 15 日实行的《征信管理条例》对个人征信业务实现严格管理，在市场准入、信息采集及查询范围等各个环节进行了具体的规定。

[33] 《个人信用信息基础数据库管理暂行办法》的内容表明：目前个人信用报告仅限于中国境内设立的商业银行、城市信用合作社等金融机构、人民银行、消费者使用。

(二)监管机制上的法律制度构建

1. 确立监管原则

网络借贷平台借贷交易实质上归属于民间借贷的范畴,是以互联网为基础形成的一种新型金融服务方式。值得注意的是,这种借贷交易方式超出了一般中介服务平台的业务范围,易诱发系统性风险和违规性风险。因此,作为金融创新模式,网络借贷平台借贷交易亟待严格的行业自律、适度的行政监管和合理的法律规制。在对网络借贷平台借贷交易进行监管时,我们应确立有效监管原则。㉞ 而有效监管的关键在于:既要保持对网络借贷平台借贷交易的活力,又要实现充分有效的监管。有效监管的核心体现为法律的授权监管。网络借贷平台借贷交易的有效监管原则是通过法律的明确授权,主要从监管主体、监管规范和监管责任三方面来具体构建,以维护监管的透明性、公开性和程序性。

2. 明确监管主体

对网络借贷平台的监管,我们既要考虑到行业组织自律的重要性,更要由政府部门主导对平台的监管。概言之,在监管主体方面,为防范网络借贷平台借贷交易风险,笔者认为应当考虑从行业自律、政府监管两方面来进行制度构建。

（1）行业监管

行业组织的优势在于其专业性强,其对该行业的外部市场规律和内部行业运作流程了如指掌。若与政府的监管方式比较,行业组织的监管模式灵活性大,且更能把握所在行业的市场规律并贴近行业自身发展的特点。在我国,网络借贷平台借贷交易一部分是通过地方民间借贷服务中心予以规范,另一部分是数家网络借贷平台自发成立行业自律联盟。㉟

行业组织自身必须要有透明性和自律性,这包括如下几个方面:其一,往来资金应公布。为打消网络借贷平台借贷双方的疑虑,应当公布平台的坏账情况和资金数据;并在保护投资者资金安全和不关涉商业秘密时,网络借贷平台应当及时对数据作出说明。其二,投资者风险提示。作为金融中介服务机构,网络借贷平台应当对借贷交易双方负责,包括作出合理的风险提示,并在互联网上更新和筛选具备风险识别和风险承担能力的合格参与人。其三,设立行业自律组织和制定行业标准。网络借贷行业必要时应成立行业内的自律组织,承担对平台的道义监督和警示责任,在此基础上要考虑对授信共享机制形成初步的行业标准和共识。㊱

（2）行政监管

由于对网络借贷平台借贷交易的监管涉及工商行政管理机关、工信部门、银监会等多

㉞ 席月民认为:金融法中的有效监管原则,其核心是通过法律的明确授权,为金融监管提供有效的法律保证,保证金融监管的客观性、程序性和公正性,使金融监管工作法制化和规范化。

㉟ 长沙和鄂尔多斯等城市建有民间借贷服务中心,为借贷双方提供信息登记、咨询等服务,网络借贷平台作为会员单位接收行业自律监管。行业自律联盟主要是指上海市的网络借贷服务业企业联盟。

㊱ 2012年12月,国内首家网络信贷服务业企业联盟在上海成立。

部门职责,事实上具体应当由哪一部门来承担对网络借贷平台的主要监管职责,实践中尚无权威统一的答案。

工商行政管理机关主要对网络借贷平台的注册形式、是否非法经营等进行检查,而其未将平台借贷交易这种专业性强、涉及金融的业务纳入它的管理职责范畴;信息管理部门也只是对网络借贷平台的注册网站经营形式备案,网络借贷平台借贷交易则不在其监管范畴中;银监会及其派出机构根据《中华人民共和国银行业监督管理法》,有权对金融机构实行业务上的监管。

笔者认为,网络借贷平台借贷交易因其经营业务会波及金融市场,因此,银监会及其派出机构更适合对网络借贷平台进行监管。这主要是考虑到网络借贷的实质仍然是资金借贷,银监会及其派出机构对此类风险的防范最有经验;从实证角度看,目前中国银监会非银部对信托公司、金融租赁公司等非银行金融机构的监管,也为网络借贷平台借贷交易纳入银监会监管提供了先例。[⑦] 在具体的操作上,应以银监会及派出机构为主体,以上三部门应该相互配合,实现对网络借贷平台有层次的监管。

概言之,网络借贷平台借贷交易风险的监管主体具有多层次、多类型的特点。多层次是指由上级行政机关进行宏观政策指导,下级部门特别是地方政府出台具体细则和规范;以银监会及其派出机构为主体,工商行政管理部门、工信部门等机构相互配合。多类型是指除了行政监管部门外,网络借贷平台也可通过行业协会的形式实现自律。

3. 制定监管规范

制定相关的监管规范也是构建和完善我国网络借贷平台借贷交易风险的法律控制机制的重要步骤。

首先,通过对金融法规的协调,制定与网络借贷平台借贷交易风险防控相适应的法律法规。比如,参照《消费金融公司试点管理办法》等法规,对打算开展平台业务的公司的注册资本进行适当的规定。必要时,这项注册资金要结合网络借贷平台的平均交易量、平台公司的规模等各方面因素来全面考虑。其次,在现行法律法规基础上,多部门法联动监管。例如,通过《中华人民共和国刑法》对反洗钱和非法集资等行为进行规制,通过《合同法》对借贷交易的合同进行审查等。

(三)救济机制上的法律制度构建

1. 第三方独立担保机制

网络借贷平台借贷交易引入第三方独立担保机制,主要是基于以下原因:一是平台本身不具有融资担保的资质。鉴于网络借贷平台借贷交易过程中,平台本身并不参与直接借贷

---

⑦ 姚海放:《网络平台借贷的金融法规制路径》,载《法学家》2013 年第 5 期,第 98 页。

交易,仅提供借贷交易信息和机会。根据《融资性担保公司管理暂行办法》,融资性担保公司必须经过监管部门审核才能具有相应资质。目前来看,网络借贷平台在法律和政策层面上并未得到明确的定位,因此其擅自提供融资担保的服务是有违现行法律规定的。这为引入第三方独立担保机制设立了前提条件。二是网络借贷平台借贷交易的过程需要担保的支持。网络借贷平台借贷交易双方信息不对称、信用状况不明晰导致借贷交易的风险事故频发,不利于网络借贷平台借贷交易的顺利进行。在此种情形下,引入合理的担保制度能促进增信,为平台开展借贷交易提供保障。此外,平台自身的资金流量也不足以支持所担保的额度,而这是引入第三方独立担保机制的必要条件。因此,综上所述,为了有效规避风险,网络借贷平台应引进独立的第三方作为担保方,保障网络借贷平台借贷交易顺利实现。

具体来说,在第三方独立担保机制中,担保方首先应当具备目前国内融资性担保公司管理办法的注册资金和资质要求,甚至在一定程度上可提高标准。其次,第三方担保机构应当独立于网络借贷平台,不能与后者存在关联关系,避免发生违规性风险。由于目前大多数网络借贷平台对借贷交易提供本金保障,笔者认为建立合理的第三方独立担保制度可以从平台所称的"保证金"入手。第一步,将运营资金与保证金进行隔离,然后将保证金存放于银行,并挑选合格的第三方担保方为借贷交易提供资金担保。第二步,为增加保证金透明度和维护投资人利益,可定期公布保证金的金额,接受社会大众的监督。第三步,一旦借贷交易过程中出现某个借款人逾期违约甚至还一同出现平台"跑路"的最严重情况,可以先由担保方进行偿付,偿付不足时再由存放于银行的保证金支付。

2. 转变诉讼方式

当借贷交易过程发生纠纷引发诉讼时,由于信息不对称借贷交易平台借贷交易的双方当事人有可能出现出借人不清楚与其进行借贷交易的借款人情况。显而易见,这并不利于出借人确定被告,甚至还会导致其提起诉讼时面临重重困境。因此从这一角度分析,出借人不宜作为单一的诉讼主体。在网络借贷平台中,参与借贷交易的投资人多为有闲钱的个人,一旦提起诉讼其往往是独立诉讼人,这不利于提高诉讼效率和节约诉讼成本。事实上,借款人逾期违约的风险在同一个平台上不止一例,借贷交易过程中逾期违约的风险时常发生,若是同一平台的投资人提起共同诉讼,将提高效率并节约成本。平台公司拥有借款人和出借人的双方全部信贷资料,掌握着借贷交易的资金流向,最重要的是其还掌握着借贷证据。所以,网络借贷平台公司比单个或者多个出借人更合适提起诉讼。实践中,网络借贷平台根据出借人是否参与保障金计划分为两种不同的诉讼模式。在借款人逾期违约后,若该笔借款已参与保障金计划,出借人及时将债权转让给网络借贷平台,平台取得债权后即可起诉借款人;若借款未参加保障金计划,所有出借人通过委托代理合同让网络借贷平台以诉讼代理人身份参与诉讼。

因此,在风险发生之后,在救济机制的制度构建上要充分考量网络借贷平台参与者的特殊情形,以维护借贷交易参与双方的诉讼权利,对其实施合理的救济措施。

民 商 法
MINSHANGFA

P2P 网络借贷平台监管立法研究

—— 以重庆市地方立法为例

程勇[*]　　肖乃双[**]

摘　要: P2P 网络借贷平台是产生于互联网金融背景下的新兴业态,在开拓投资渠道、解决个人及中小企业融资困难、发展普惠金融等方面具有突出作用。但我国现有的法律法规尚未涉及 P2P 网络借贷平台监管问题,导致 P2P 网络借贷平台监管主体不明确、监管原则不确定、监管措施不存在,不利于我国互联网金融的健康、持续发展。因此,应当尽快出台 P2P 网络借贷平台监管法律法规以明确监管体制。

关键词: P2P 网路借贷平台;互联网金融;监管立法

2014 年 9 月 19 日,阿里巴巴在纽约证券交易所正式挂牌上市,互联网金融的潜力被直观地释放出来。作为产生于互联网金融背景下的 P2P 网络借贷新兴业态,从 2007 年产生第一家 P2P 网络借贷平台之时起就备受争议。融 360 监测数据表明,截至 2014 年 9 月,国内 P2P 平台已经达到 1336 家。其中,9 月新增 P2P 平台 80 家,比 8 月 P2P 新增平台量增长了 48%。同时,2013 年 P2P 网贷整个市场达到 270 亿元左右;在 2014 年,突破了 1000 亿元。[①] 在 P2P 网络借贷平台"井喷"式发展的同时"跑路"现象层出不穷。2011 年,号称"中国最严谨 P2P 网络借贷平台"的哈哈贷宣布停止服务。[②] 2014 年 7 月,"东方创投"案以非法吸收公众存款罪宣判。"优易网"和"网赢天下"等"跑路"案件也已进入开庭审理阶段。因此,P2P 网络借贷平台监管问题成为关注的重点。

人人贷信贷服务中介公司,即 P2P(Peer to Peer)网络借贷平台,是收集借款人、出借人信息,评估借款人的抵押物,进行配对,收取中介服务费的信贷服务中介公司。[③] P2P

---

* 程勇,重庆至立律师事务所主任,研究方向为房地产金融法。

** 肖乃双,女,西南大学法学院硕士研究生,研究方向为民商法学。

① 数据来源:2014 年 9 月 27 日《重庆晚报》。

② 钱金叶,杨飞:《中国 P2P 网络借贷的发展现状及前景》,载《金融论坛》2012 年第 1 期。

③ 《中国银监会办公厅关于人人贷有关风险提示的通知》(银监办发〔2011〕254 号)。

网络借贷起源于英国,目前美国拥有世界最大的 P2P 网络借贷平台,我国从 2007 年成立第一家 P2P 网络借贷平台,但与英美等国家相比,我国 P2P 网络借贷平台发展迅速、市场混乱、缺乏监管。

一、P2P 网络借贷平台监管立法的必要性及可行性

(一)P2P 网络借贷平台监管立法的必要性

第一,完善金融法律法规体系的需求。在"只贷不存"的小额贷款公司合法化以前,我国金融系统主要参照美国金融管理模式,采用分业经营金融业务,实行"一元多头"金融监管体制。④小额贷款公司以其"小额、分散"优势确立了其法律地位,但"只贷不存"使其因资金短缺而使发展受到限制。P2P 网络借贷平台出现后,实现了两个方面的突破:一是解决了小额贷款公司有限资金来源问题;二是创新了互联网金融。目前我国 P2P 网络借贷平台面临"井喷"式发展现状。今年 9 月新上线的平台有 103 家,截止到 9 月底,全国目前正在运行的 P2P 网贷平台共有约 1438 家,增长速度为 5.96%。⑤预计到今年年底运行平台将达到 1700 家。迅速发展的 P2P 网络借贷平台在推动互联网金融创新方面作用显著。但在肯定其积极作用的同时,我们不难发现,由于受到各种因素的影响,P2P 网络借贷平台发展参差不齐,差距较大,互联网金融市场问题突出、风险显现,P2P 网络借贷平台的规范性管理要求以互联网金融法律为依据。但是,目前我国没有任何一部法律法规对 P2P 网络借贷平台监管作出规定,应该先在国家层面形成 P2P 网络借贷试点指导意见,再通过地方立法作为补偿。

第二,严防非法集资、规范金融市场秩序的需求。目前,市场不断突显出其在经济体制改革中的决定性作用。随着我国金融市场发展的扩大,社会各个行业都积极抢占金融市场。在我国,民间投资在金融资本市场表现活跃已成常态。投资人对闲散资金增值的欲求和农户、小微企业因扩大生产和发展对资金的需求不谋而合。P2P 网络借贷平台正是在这种供需关系明确的背景下产生的。一般来说,P2P 网络借贷平台为了扩大成交规模采用增加投资人收益吸引客户,高额的回报率和"保本付息"承诺使投资人选择资金池 P2P 网络借贷平台,为 P2P 网络平台实施非法集资等行为创造了条件。此外,外部第三方误导投资人,宣传资金池,反对托管,曲解担保,试图使非法集资形式的资金池常态化。从形式上来看,投资人规避了投资风险;但从长远来看,资金池形式的集资和吸收存款网

---

④ "一元多头",即金融监管权力集中于中央政府,由中央政府设立的金融主管机关和相关机关分别履行金融监管职能,即银监会、证监会、保监会分别监管银行、证券、保险机构及市场,中国人民银行、审计机关、税务机关等分别履行部分国家职能。

⑤ 数据来源:《中国 P2P 网络借贷行业 2014 年 9 月报》。

络借贷平台一旦资金断裂则宣布关闭,跑路现象将成常态,不仅投资人遭受投资损失,网络借贷市场极易产生连带效应,甚至对传统金融机构形成风险连带,进而影响整个金融市场秩序。因此,规范监管 P2P 网络借贷平台对预防和打击非法集资、非法吸收存款起到了极其重要的作用。

第三,鼓励金融创新、形成经济体系多样化的需求。P2P 网络借贷平台是互联网和金融相结合的产物,属于当前最具创新活力和增长潜力的新兴业态。互联网金融与传统金融相比,除了项目来源媒介不同之外,更加具有开放性、共享性和便捷性。目前,北京、上海、武汉等经济发展水平较高地区均已出台鼓励互联网金融发展的指导意见。政府通过为本地互联网金融企业提供税收减免、租金补贴、资金奖励等手段鼓励本地互联网金融的发展,以实现经济体系多样化发展。根据凯恩斯主义宏观市场缺陷论,自由运转的市场不能自动协调社会总供求平衡。因此,在发挥市场决定性作用时,需要更好地发挥政府作用。在金融市场领域,法律是赋予政府监管职能的唯一来源。尤其是在作为新兴业态的互联网金融市场领域,更迫切需要完善互联网金融法律体系,实现政府对互联网金融市场的有序监管,更理性地引导金融创新,形成多样化经济体系。

(二)P2P 网络借贷平台监管立法的可行性

一般而言,立法可行性分析包括理论技术可行性、经济可行性和社会可行性三个方面。因此,对 P2P 网络借贷平台监督立法可行性分析也主要从这三个角度进行阐述。

1. 理论、技术可行性。我国关于 P2P 网络借贷平台监管的理论基础研究、金融监管经验总结和国外监管立法借鉴为我国 P2P 网络借贷平台监管立法提供了理论、技术支持。首先,目前我国与 P2P 网络借贷平台相关的期刊论文已达 1 万多篇,多发表于 2013 年至今,研究主要集中在风险分析和防范对策等方面,这为 P2P 网络借贷平台监管立法目的、立法原则和监管主体的确立提供了理论依据。其次,现有金融监管制度为 P2P 网络借贷平台监管立法提供了监管模式。在地方,银监会的派出机构银监局行使依法对金融违法、违规行为进行查处职权。以重庆市为例,重庆市银监局内部机构非银行金融机构监管处负责监管重庆市内非银行金融机构,这对确立 P2P 网络借贷平台监管机构具有指导性作用。此外,针对金融监管,多数地区均已出台地方性法规和地方政府性规章。最后,国外发展成熟的 P2P 网络借贷平台监管为我国 P2P 网络借贷平台监管立法提供有益借鉴。美国证券交易委员会通过向 Prosper 等 P2P 平台发出禁令促使其注册合规经营并设立专门监管法律;英国金融行为监管局 (Financial Conduct Authority,FCA) 对 P2P 公司采用非审慎监管。⑥ 总而言之,国外成熟监管立法和实践经验以及我国学界 P2P 网络

---

⑥ 李雪静,《国外 P2P 网络借贷平台的监管及对我国的启示》,载《金融理论与实践》2013 年第 7 期.

借贷平台监管研究为立法做了理论准备,现有监管体制和我国相关金融立法技术为 P2P 网络借贷平台立法做好了准备。

2.经济可行性。立法效益高和立法本身成本少是衡量 P2P 网络借贷平台监管立法必要性和可行性的重要依据。一方面,从第一家 P2P 网络借贷平台上线至今,平台"跑路"现象已成常态,仅仅投资人经济损失已达数亿,对相关金融业务影响更是无法估量。银监会风险提示通知也正是为防止 P2P 网络借贷引起系统性金融风险,因此,从效益上来说,P2P 网络借贷平台监管立法规避风险作用远远大于立法所需成本。另一方面,目前我国对 P2P 网络借贷平台监管理论进行研究的主要是学者,换言之,学者应该是 P2P 网络借贷平台监管立法的主要参与者。学者在理论研究、立法结构安排、立法难点分析方面都更为全面、深入,因此,建议采用第三方起草(学者起草为主),既能减少立法机关重新理论研究和制度安排而造成的资源浪费,又能进一步推进 P2P 网络借贷平台监管学术理论研究。

3.社会可行性。P2P 网络借贷的法律主体主要包括借款人、贷款人、网络借贷平台、第三方托管机构、担保人等。因此,对 P2P 网络借贷的监管也可以看作是对 P2P 网络借贷主体间法律关系的监管,对 P2P 网络借贷平台监管立法社会可行性考究也主要是对与网络借贷平台有关的法律关系的考究。在与网络借贷平台有关的法律关系中,网络借贷平台与第三方托管机构、担保人之间的法律关系以及平台自律表现最为突出。在我国第三方托管被运用到各个领域,我国对第三方托管的法律规范也相对较为完善,能够在防范 P2P 网络借贷平台资金安全方面起到积极作用,能够为 P2P 网络借贷行业快速接受。以担保的形式降低投资人风险和网络借贷平台风险最为常见,我国担保制度发展较为完善,保证 P2P 网络借贷平台监管立法得到担保制度支持。行业自律是行业发展的内部调适,P2P 网络借贷平台自律是该行业发展的必然。综上,P2P 网络借贷平台监管立法符合社会可行性要求。

二、P2P 网络借贷平台监管立法存在的问题

迄今为止,P2P 网络借贷被定义为民间借贷,这在理论上和实践中已为多数人所认同。我国目前关于民间借贷的法律法规主要有:《民法通则》关于民间借贷合同的认定和保护,《民法通则意见》主要规定了个人与个人之间借贷的利息、利率等事项,《最高人民法院关于人民法院审理借贷案件的若干意见》对民间借贷案件受理范围、管辖范围、解决争议和具体执行作出了指导性规定,《合同法》明确了借款时间、逾期返还利率计算等。除此之外,目前我国关于 P2P 网络借贷平台的通知主要有两个:一是 2011 年 8 月 23 日,中国银行业监督委员会《关于人人贷有关风险提示的通知》(银监办发〔2011〕254 号,以下简称

《风险提示通知》）；二是 2013 年 11 月 25 日，中国人民银行确定了 P2P 网络借贷平台非法集资的情形。从以上我国现有的法律法规和相关部门的行业规范界定来看，我国 P2P 网络借贷监管立法任重而道远。

（一）法律法规缺失，导致对 P2P 网络借贷平台监管无法可依

目前我国对于 P2P 网络借贷平台的监管直接相关的立法无论是国家层面还是地方层面都没有相关的法律法规、规章及其他规范性文件。因此，关于 P2P 网络借贷平台监管的职能部门、监管原则、监管范围也仍然属于法律尚未规定的空白地带。从 P2P 网络借贷属于民间借贷的角度，试图从我国现有民间借贷的法律规范中找出规范 P2P 网络借贷平台的依据。但从以上关于民间借贷法律法规等梳理可以看出，民间借贷的法律法规无法完全充分适用于 P2P 网络借贷中去。例如，从现有法院司法判例来看，我国 P2P 网络借贷中允许出借人把到期债权作为新的投资重新获得收益。目前与这一投资行为最为类似的立法是《最高人民法院关于人民法院审理借贷案件的若干意见》第 7 条出借人不得将利息计入本金谋取高利。但这与当前以债权作为新的投资方式的 P2P 网络借贷又有所不同，仅仅依据利息计入本金谋取高利禁止性规定来进行事后救济是远远不够的，应当以过程监管为重点，事后救济为补充的思路来规范 P2P 网络借贷平台的运行。然而，由于目前我国缺少 P2P 网络借贷规范性文件，法律监管无法在 P2P 网络借贷平台领域得到实现，导致 P2P 网络借贷平台因缺乏监管，P2P 网络借贷平台发展混乱。

（二）司法"判例"缺乏重视，不助于发挥判例对 P2P 网络借贷平台自律指引性作用

迄今为止，我国与 P2P 网络借贷平台相关的司法判例未能得到足够重视，未能充分发挥司法判例对 P2P 网络借贷平台自律的指引性功能。我国一贯采用成文法作为审判机关作出判决的依据。但由于出台成文法的提起主体、审议过程和通过程序较为复杂，往往成文法的出台不能满足新兴业态的发展，尤其是技术先进、形式多样的互联网金融的发展。P2P 网络借贷平台"井喷"式兴起，"跑路"现象频发，有关 P2P 网络借贷平台纠纷频增，在监管法律法规尚为空白的情形下，司法判例则发挥了指引性作用。例如，P2P 网络借贷平台"非法集资"第一案（〔2014〕深罗法刑二初字第 147 号），对后设立的 P2P 网络借贷平台起到了积极的指引性作用，促使 P2P 网络借贷平台更加自律。除此之外，2014 年 9 月，我国首例 P2P 网络借贷平台贷款催收案宣判，投资人通过无偿转让债权给 P2P 网络借贷平台的方式维护投资利益受到法律保护，这也在一定程度上表明了我国的法律导向。

三、P2P 网络借贷监管立法的构想

(一)立法路径选择

银监会《关于提醒金融机构防范 P2P 网络借贷平台风险连带的通知》以及人民银行对 P2P 网络借贷平台"非法集资"的界定无法为我国 P2P 网络借贷监管提供可操作性指导。实际上,我国对 P2P 网络借贷的监管立法依然缺失。部分学者认为 P2P 网络借贷平台经营的是与金融相关的业务,按照我国法律的规定涉及金融基本制度的法律只能由国家层面予以规定,地方无立法权限。但目前运行中的 P2P 网络借贷平台都是以提供金融信息服务中介的名义在工商部门注册登记,实质上属于企业法人的范畴,对于地方企业的监管,地方立法机关在不违反法律、行政法规规定的范围内可以制定地方性法规和政府规章,且目前我国对 P2P 网络借贷平台监管立法缺失,急需出台对 P2P 网络借贷平台的监督管理立法,从当前情形看来,地方性立法更具有可行性。P2P 网络借贷平台属于信息服务中介,是一般法人,对其监管立法权可以由地方政府来行使。此外,地方性法规与行政法规相比,无论是提起主体、审议范围和通过程序都要复杂得多,地方立法可以充分结合本地区的具体经济状况,结合当前 P2P 网络借贷平台的发展现状,在地方,采用位阶较高的地方性法规规范对 P2P 网络借贷平台监管较为合适,待 P2P 网络借贷平台监管发展渐趋成熟,再进一步制定位阶更高的法律法规,实现对 P2P 网络借贷平台监管立法的完善。

针对我国 P2P 网络借贷平台监管立法缺失的现状,我们建议在国家层面,由银监会出台 P2P 网络借贷行业监管细则,明确 P2P 网络借贷平台非经营资金的金融机构的性质,对 P2P 网络借贷平台采用资质限制,区别监管,解决对 P2P 网络借贷平台是否应当审慎监管的问题。在银监会出台监管细则之后,地方可根据自身的互联网金融市场的发展状况等因素制定地方性法规和政府规章。就重庆市而言,我们建议制定《重庆市 P2P 网络借贷平台管理办法》,在 P2P 网络借贷市场发展较为成熟之后,国务院可在现有法律允许范围内制定行政法规,实现对全国 P2P 网络借贷平台的监管。

(二)立法结构安排

目前,《公司法》和《公司登记管理条例》是涉及 P2P 信息中介的法律,但这两部法律是对公司的一般性规定。P2P 网络借贷平台作为新兴的业态,除了经营范围与其他公司不同之外,对市场准入资格、风险控制等要求更加严格,因此,P2P 网络借贷平台监管立法要明确其特殊之处。此外,地方性法规可以在上位法未设定行政许可的范围内,在不违反法律强制性规定的范围内做相应的规定。由此看来,重庆市对 P2P 网络借贷平台的监管立法应当在不违背法律强制性规定的前提下,结合 P2P 网络借贷本身的特性和重庆市

P2P网络借贷平台发展现状来制定地方性法规。

我们建议重庆市P2P网络借贷平台监管的地方性法规依据《公司法》,具体的监管内容参照其他法律、行政法规。重庆市P2P网络借贷平台监管立法的主要结构安排是:第一章总则,第二章P2P网络借贷平台的设立、变更与终止,第三章P2P网络借贷平台的组织机构与经营管理,第四章P2P网络借贷平台的监督管理与风险防范,第五章法律责任,第六章附则。立法结构安排主要可以从四个部分概括:

首先,第一部分主要是总则。总则应当包含立法依据和立法目的、适用范围、立法原则。《公司法》《公司登记管理条例》等法律、行政法规是地方性法规的主要立法依据;立法目的是保护本地区的P2P网络借贷平台、借款人和贷款人的合法权益,规范P2P网络借贷平台的运行,控制P2P网络借贷平台的经营风险,实现本地区互联网金融市场的有序发展;适用范围是在本地区设立的P2P网络借贷平台;立法原则是遵守法律、行政法规,遵守社会公德、商业道德,诚实守信,接受政府和社会公众的监督,承担社会责任。

其次,第二部分主要包含第二章和第三章。该部分规定P2P网络借贷平台的设立条件、变更程序、终止情形、组织机构和经营管理。具体包括:设立许可、名称核准、公司章程、注册资本、经营范围、资金来源、业务禁止、内部风险控制、税费缴纳、变更登记、解散申请、股权转让限制、高管范围、任职资格、任职禁止、境外机构投资限制等。该部分主要参照《公司法》关于公司的设立、变更和终止以及组织机构的管理来安排。

再次,第三部分,即第四章。P2P网络借贷平台的监督管理与风险防范。监督管理主要由监管机构、监管措施和监管人员三部分构成。一是监管机构。本办法以地方性法规的形式授予重庆市人民政府金融工作办公室对P2P网络借贷平台的监管,形成重庆市金融办全市范围内监管,区、县金融办在本辖区内监管相结合的监管结构除此之外,重庆市工商管理部门等其他政府部门与各级金融办共同对P2P网络借贷平台形成政府内部监管体系以及做好相关制度设计,明确各部门职责,加强P2P网络借贷平台监管部门的交流。二是监管措施。监管措施主要包括审慎监管的范围、双轨制管理(平台备案制和牌照制)、设立风险准备金、信息披露、征信系统建设、资金托管、本金和利率控制以及行业自律等制度安排。三是监管人员。监管机构在考核监管人员时应考虑监管人员的业务能力、法律素质和行业素养,定期或者不定期进行业务能力培训。另,风险防范主要有信息收集与核实、风险分析与报告、风险处置与整改、文件归档与管理。信息收集采用各级监管部门主动收集和报告制度相结合的方式,信息收集应该按月进行,风险较大的项目可向上级监管部门报送信息。关注媒体报道,核查风险事实,对信息核实可采用当面或者提交补充材料的方式进行核实;监管部门接收信息积极进行风险分析,形成风险报告,按月或者按季向上级监管机关报送风险分析报告;监管部门在本部门职权范围内按照风险等级作出相应的出来结果,对于信息收集材料。风险分析材料、处理意见等监管部门应当设立专人管理,保障风险项目的备查。

最后,法律责任和负责。法律责任主要规定 P2P 网络借贷平台及其主要责任人员违反法律、法规应受到行政处罚和刑事处罚;此外,还规定监管人员违反监管责任的处理方式。负责主要规定本地方性法规的解释权主体和生效时间问题。

(三)立法难点剖析

1. 明确定性 P2P 网络借贷平台是信息中介。目前对 P2P 网络借贷平台的定性主要有信息服务中介和民间借贷准金融机构两种。一些学者认为,P2P 网络借贷平台是信息服务中介,经营交易撮合,提供资金借贷信息是其业务内容。主要依据是:一方面,最早的 P2P 网络借贷平台起源于英国,在英美国家,P2P 网络借贷属于类金融范畴,P2P 网络借贷平台是线上纯粹提供资金借贷信息服务的严格准入的企业,虽然我国 P2P 网络借贷平台的运行方式发生了一些变化,但 P2P 网络借贷平台作为信息服务中介的性质不应该发生改变;另一方面,目前我国 P2P 网络借贷平台多以中介服务公司、贷款咨询公司的名义注册,这就决定了 P2P 网络借贷平台只能提供撮合或者网络借贷信息咨询的经营范围。另一些学者认为,就我国目前的 P2P 网络借贷平台的发展来看,传统的 P2P 网络借贷平台在我国发生了异化。以重庆市为例,在重庆市 50 多家 P2P 网络借贷平台中,资金池和期限错配型平台居多,实质上已经出现了 P2P 网络借贷平台"吸收存款,发放贷款"的雏形,实际上 P2P 网络借贷的平台已经发展成为民间借贷准金融机构。另外,根据我国《最高人民法院关于人民法院审理借贷案件的若干意见》规定在借贷关系中,仅起联系、介绍作用的人,不承担保证责任。如果把 P2P 网络借贷平台界定为信息中介,那么没有特殊保证意思的情况下,P2P 网络借贷平台不承担担保责任,而 P2P 网络借贷平台信息公开不足,多数投资人无法明确借款人。在缺乏担保而又没有明确的借款人的情况下,出借人投资无法得到保护。最后,把 P2P 网络借贷平台定性为民间借贷准金融机构,对 P2P 网络借贷平台的监管更加严格,有利于规范 P2P 网络借贷市场的发展。

两种观点比较之下,笔者更支持第一种观点。造成 P2P 网络借贷平台发展成无序状态的原因是缺乏行业引导和监管以及 P2P 网络借贷平台缺乏自律。投资人投资风险、P2P 网络借贷平台经营风险、借款人信用成本高都是缺乏监管引起的。强调确立 P2P 网络借贷平台为民间借贷准金融机构的性质来加强监管是不必要,应当对当前的 P2P 网络平台进行规范,区分种类,根据监管内容的不同分为审慎监管和非审慎监管,区别对待。

2. 明确 P2P 网络借贷平台监管应采用分类监管方式。目前制度监管、协同监管、创新监管、分类监管和异化监管是我国学者提出的 P2P 网络借贷监管的五类方式。这五类监管方式都有其可取之处。制度监管在我国各个领域监管中都有应用,建议出台 P2P 网络借贷平台监管办法和发挥司法判例的指引性作用都是制度监管的体现。协同监管要求监管部门根据不同情况对网络金融中不同的金融产品确定一定的协同机制。创新监管是互联网金融发展的必然要求,作为新兴发展业态的互联网金融决定了监管方式须有别于传统金融行业。分类监管最大的弊端在于设计监管机构较多,监管效率不明显,应对突发性风险解决不及时等现象,但分类监管在我国是适用最为广泛的,各个领域监管部门之间有分工,也有合作,充分体现了我国的监管体制。异化监管要求根据不同的情形采取不同的监管方式。

通过上文对五种监管方式的分析,笔者建议重点采用异化监管方式对 P2P 网络借贷平台进行监管。在我国当前法律体系和职权分配方式下,制度监管和分类监管在任何领域监管都会被采用,无须讨论。如前文所析,创新监管是新形式金融的必然选择。目前 P2P 网络借贷平台规模、平台背景、从业者背景、运行模式等方面参差不齐,差别较大,地方立法需要根据本地区 P2P 网络借贷平台的发展状况采取不同的监管措施。此外,对 P2P 网络借贷平台提供借款金额、借款利率应当根据风险大小采用不同审慎程度的监管力度,区别对待。

3. 明确 P2P 网络借贷平台监管原则,促使监管部门执法有据可循。我国现无专门规范 P2P 网络借贷平台相关的法律法规,即 P2P 网络借贷平台监管部门、监管原则、监管措施都不明确。实践中,P2P 网络借贷平台缺乏监管,出台 P2P 网络借贷平台监管地方性法规,明确监管原则,有利于督促监管部门依法行政。笔者建议监管部门遵循以下原则依法行政。

其一,应遵循"普惠金融"原则。金融普惠理论和小额信贷理论都属于金融排斥治理理论。P2P 网络借贷平台提供的信息咨询服务是普惠性质的中间业务。实践中,平台通过分标、拆标方式自融资金或者为借款人提供大额贷款,不仅不能充分发挥 P2P 网络借贷平台解决个人或者中小企业资金需求短缺问题,更加大了投资人的投资风险。大规模的分标、拆标在加大 P2P 网络借贷平台的经营风险的同时容易导致系统性金融风险。

其二,应采用开放包容、鼓励创新原则。一方面,互联网金融是新时期我国金融改革的创新。P2P 网络借贷作为互联网金融新兴业态存在于金融创新背景之下,对 P2P 网络借贷平台的监管,理应在不违反法律"红线"的同时坚持开放包容的态度,鼓励金融创新的发展。另一方面,P2P 网络借贷平台和小额贷款公司都在为小微企业提供发展资金方面,对传统银行业金融起着补充性作用。但资金来源不足是小额贷款公司发展的瓶颈,P2P 网络借贷平台虽然不直接提供资金借贷,但其作为信息中介存在于投资人和借款人之间是必不可少的。因此,监管部门应当采用开放包容、鼓励创新的监管原则。

其三,立法监管的目的是保护投资者合法权益和促进 P2P 网络借贷平台健康、持续发展。在 P2P 网络借贷投资人、平台和借款人三方主体之中,投资人合法权益最容易受到侵害,平台能够最直接控制投资前期风险。因此,以保护投资者合法权益和督促平台合规发展为目的制定地方性法规,更有利于地方互联网金融全面发展。

虚假诉讼检察监督面临的困境及完善

戴萍[*]　赵靖[**]

摘　要:当前一些公民借法律维权名义行诉讼欺诈之实以侵犯他人合法权益的情况也越来越多,民事虚假诉讼频发。这不仅妨害正常的诉讼秩序、侵犯了他人的合法权益,且亦极大地损害了司法公信力,破坏了社会的和谐稳定。虚假诉讼的危害性已经引起立法及司法界的重视,防治虚假诉讼的呼声越来越强。基于此,2012 年新修订的《民事诉讼法》增订了诚实信用原则、第三人撤销之诉、妨害民事诉讼的强制措施的类型以及将调解书列为检察监督的范围等诸项举措,以防范及打击虚假诉讼。党的十八届四中全会通过的《中共中央关于全面推进依法治国若干重大问题的决定》中强调"要加大对虚假诉讼的惩治力度"。对此,检察机关应正视实践中遇到的问题,加快构建、完善虚假诉讼检察监督机制,加大打击虚假诉讼的力度,为维护司法公正、实现社会公平正义提供有力保障。

关键词:虚假诉讼;检察监督;面临困境;完善建议

引言

随着市场经济的发展,公民的法律意识在不断增强,越来越多的人在遇到争议的时候选择诉讼等法律手段解决问题。但在许多诉讼中,特别是在民间借贷案件、婚姻案件、破产案件等领域也存在着一部分人为了获取不正当利益,恶意串通,采取各种手段骗取法院的判决和执行的情况,也就是所谓的虚假诉讼。由于这种行为不仅侵害了案外人的利益,还严重地浪费了司法资源,破坏了司法秩序,已经受到了广泛的关注。2012 年《民事诉讼

---

　*　戴萍(1968—　　),重庆市北碚区人民检察院检察长,西南政法大学教授、全国检察业务专家,全国首届十佳公诉人,全国三八红旗手,重庆市十大法律专家和重庆市检察业务专家。

　**　赵靖(1978—　　),男,法学硕士,重庆市北碚区人民检察院检察委员会委员、研究室主任,全国检察理论研究人才。

法》的修改中虽然确立了诚实信用原则,还加入了具体规制虚假诉讼的相关内容,但在一些方面仍然存在缺陷和不足。党的十八届四中全会通过的《中共中央关于全面推进依法治国若干重大问题的决定》强调"要加大对虚假诉讼的惩治力度",同时要求"完善检察机关行使监督权的法律制度,加强对刑事诉讼、民事诉讼、行政诉讼的法律监督"。可见,打击虚假诉讼已成为当前检察机关推进依法治国的重要政治任务。但当前检察机关对虚假诉讼案件的监督工作仍面临着一些制度上的障碍和实践上的困难。例如,《民事诉讼法》第 208 条对检察机关所监督的调解书范围的限制,以及在工作实践中关于民事检察调查核实权的理解和运用上存在的一些问题。因此,如何克服这些阻碍对于完善虚假诉讼案件的检察监督制度十分重要。在 2012 年的《民事诉讼法》修改之前,对恶意诉讼或虚假诉讼的规制就已经成为理论和实务方面的研究热点。早期撰写论文对这一问题进行讨论的大多数是从事法律实务工作的检察官和法官,主要是对工作中遇到的虚假诉讼现象进行描述和对其原因进行分析并提出相关立法完善的建议。2012 年修改后的《民事诉讼法》第 112 条和第 113 条增加了关于对虚假诉讼的规制内容之后,这一问题又受到了进一步的关注。恶意诉讼或虚假诉讼已成为法学理论界进行系统研究的对象。但这些文章大多数从立法、司法等宏观角度论述如何对其进行规制或主要围绕法院在审判活动中如何规制虚假诉讼行为进行讨论,对虚假诉讼的检察监督的探讨较少。而且,目前为止无论是学界还是法律实务工作者对虚假诉讼的定义都尚未形成共识。对虚假诉讼的检察监督的讨论,也限于对一些办案经验做法的总结,缺少有针对性的分析和创造性的建议,特别是《人民检察院民事诉讼监督规则(试行)》(以下简称《监督规则》)出台后,许多研究思路和观点已经在《监督规则》中有所体现,过去的研究内容的现实意义下降,缺乏对当前虚假诉讼检察监督工作的具体制度障碍和实践困难的改进建议。而本文综合运用了多种研究方法对虚假诉讼的概念和成因、检察机关对其进行监督面临的困难等进行了分析和总结,结合自身工作体会和《监督规则》的最新规定,有针对性地提出了若干完善建议,其中包括进一步完善民事检察调查核实制度、对虚假诉讼的检察监督与探索公益诉讼相结合等。

一、虚假诉讼检察监督的现状

随着社会法治进程的不断加快,公民的法律意识也不断增强,选择民事诉讼作为矛盾化解终极方式的情况越来越多。伴随而来的是,一些公民、法人或者其他组织,利用民事诉讼,打着维护自身合法权益的旗号,实质隐瞒个人谋私利的不法目的,行诉讼欺诈之事实,甚至侵犯第三人利益的行为也有蔓延之趋势。近年来,虚假诉讼已经充分引起检察机关的重视并逐步成了其监督的重点,最高人民检察院和各地检察机关在对虚假诉讼监督工作的探索上,已经逐步积累了相当的经验并取得了一定的成绩。以苏州市和江苏省检察机关的监督工作为例,苏州市检察机关 2000 年就开始探索这项工作,2013 年该地区,共成功查办虚假诉讼案件 254 件,向法院提出抗诉和发出再审检察建议 253 件,发出一般检察建议 1 件,追究相关人员刑事责任 27 件 29 人,涉及妨害作证罪、受贿罪、帮助当事人伪造证据罪、滥用职权罪、贪污罪、非法吸收公众存款罪等罪名,涉案总金额达 34353 万余元,并在该院官方微博上发布了该市虚假诉讼的十大典型案例。2011 年 11 月,该市检察院与中级法院、公安局、司法局联合会签了《关于防范和查处虚假诉讼的若干意见》。而据调研统计,2006 年至 2010 年江苏全省检察机关共办理虚假诉讼案件 1839 件。2011 年至 2013 年年初,江苏省检察机关共监督虚假诉讼案件 525 件,移送有关机关和部门依法追究刑事责任案件 63 件,29 人因虚假诉讼被依法判处刑罚。其他各省在探索对虚假诉讼的检察监督上也进行了大量的研究和实践,并制定出相应的规范性文件。这其中既有检察机关独立制定的,如 2010 年广东省人民检察院的《关于对民事诉讼欺诈加强法律监督的指导意见(试行)》;也有检察院和法院会签的,如 2010 年浙江省高级人民法院、浙江省人民检察院会签的《关于办理虚假诉讼刑事案件具体适用法律的指导意见》;还有多个机关共同制定的,如 2013 年江苏省人民检察院与省高级人民法院、公安厅、司法厅会签的《关于防范和查处虚假诉讼的规定》。[①]

检察机关作为民事诉讼的法定监督机关,及时发现虚假诉讼线索,加强案件证据的审查,促成整体协作、确保案件纠正,是加强虚假诉讼检察监督的有效路径。2012 年修订的《中华人民共和国民事诉讼法》增加了部分检察机关民事监督内容,包括:将诚实信用原则、第三人撤销之诉、妨害民事诉讼的强制措施的类型以及将调解书列为检察监督的范围等。面对法律代表国家对民事检察监督赋予的责任和期望,检察机关需要将顶层设计和检察实践相结合,探索有效惩治虚假诉讼的配套机制。2012 年至 2014 年,全国检察机关共监督虚假诉讼案件 6829 件,其中向法院提出抗诉和检察建议 4972 件,移送犯罪线索 957 件。这些虚假诉讼,不但损害了第三人的利益、妨害了正常的诉讼秩序,而且是对司法公信力、权威性的挑战,具有较强的社会危害性,破坏了和谐稳定的社会秩序。[②]

中国共产党十八届四中全会审议通过的《中共中央关于全面推进依法治国若干重大问题的决定》中明确提出"要加大对虚假诉讼的惩治力度",而修改后的《民事诉讼法》和《人民检察院民事诉讼监督规则(试行)》的实施,对强化民事虚假诉讼的检察监督工作,推进检察机关的依法履行职能,具有重大作用。

385

---

① 孙加瑞:《检察机关对于虚假诉讼的监督方法》,载《人民检察》2014 年第 14 期,第 37 页。
② 李洁:《虚假诉讼与调解书的检察监督》,载《法学家》2014 年第 6 期,第 24 页。

二、虚假诉讼检察监督面临的困境

(一)检察监督时机滞后

监督从通常意义上讲不外乎两种功能:一是预防错误的发生;二是纠正已发生的错误。③ 虽然修改后的民事诉讼法已将民事诉讼检察监督的范围拓宽,包括了诉中监督。但由于法院与检察机关间缺乏审判信息沟通平台,故检察机关通常无法及时、全面地了解案件诉讼过程中的审判信息及证据情况,因此便不能事前预防虚假诉讼或者介入诉讼过程中。实践中,检察机关对虚假诉讼线索的发现,较多依赖权利受损害人提出监督申请。此点使得检察机关难以防范判决、调解生效前的虚假诉讼行为。

(二)案件线索发掘难

民事审判部门在虚假诉讼过程中充当的角色可能是多种多样的。有的虚假诉讼当事人其律师甚至精心设计,诉讼过程中制造假的案件事实,提供假证据,将案件"表演"得天衣无缝,审判人员很难用"法眼"查出虚假诉讼的痕迹;有的审判人员在审查此类案件时,对是否虚假诉讼方面审查时疏忽大意,让虚假诉讼得以顺利实现其目的;有的甚至是审判人员和虚假诉讼案件当事人沆瀣一气,制造案件,促成裁判结果。这些情况下,审判人员都不能或者不会主动揭露虚假诉讼行为,在审判阶段不能出现案件线索。

在检察监督阶段,一方面,民事检察监督部门不可能全程跟踪所有民事案件的审判过程,不能达到像刑事公诉案件审判监督一样,派员出席所有公诉案件法庭,同时在庭审中全程行使法律监督职责。民事检察监督部门一般是对有当事人申诉、控告的重点案件进行核查。为此,在利益受损的第三人不知其利益被损害的情况下,民事检察监督部门对虚假诉讼行为很难主动跟进并发现。另一方面,民事检察监督是事后监督,而且受理此类虚假诉讼案件监督的条件是提出复核的当事人需要提供虚假诉讼当事人做假的证据作为请求的支撑。一般条件下,虚假诉讼当事人在诉讼过程中提供的虚假证据、虚构的案件事实具有隐蔽性,有的甚至能逃过审判人员的严格审查,第三方当事人更难在案外搜集虚假诉讼当事人作假的证据以证明其作假。

(三)证据搜集难

《人民检察院民事诉讼规则(试行)》中明确规定,民事检察行政部门对案件的核查只有普通的调查取证权,即检察机关在遵循必要性原则、程序性原则、适度性原则的前提下,

---

③ 邢和平:《浅议虚假诉讼中检察监督的完善》,载《中国检察官》2014 年第 9 期。

可以向当事人或案外人调查核实有关情况,没有强制执行的权力,导致在核查案件事实、证据时,虚假诉讼当事人面对检察机关的调查询问,以各种理由不到场,或者委托代理人到场。对于此种情况,民事检察监督部门没有其他有效方法加以遏制,对查明案情形成较大阻碍,导致证据收集难,一些案件的调查不得已搁置。

(四)对单纯侵害案外人合法权益的虚假调解书缺乏监督依据

如前所述,虚假调解是虚假诉讼的主要形式。根据《民事诉讼法》第 208 条的规定,检察机关对调解书的监督范围是"损害国家利益和社会公共利益",监督方式为抗诉或者发出再审检察建议。但实践中如何界定国家利益和社会公益没有明确和统一的标准,大多数到检察机关申诉的主体是利益受到虚假调解侵害的自然人或非国有的法人。对这类的虚假调解,检察机关能否进行监督缺乏明确的依据。目前有的检察机关认为虚假诉讼必然损害司法权威、浪费司法资源,也就必然损害国家利益,所以检察机关可以对任何虚假的调解书进行监督,这是一种对国家利益的扩大解释,这一解释受到了法院等其他机关的质疑,检察机关针对单纯侵害案外人合法权益的虚假调解书开展监督活动存在阻碍。此外,确定虚假诉讼事实后,对于应以再审检察建议还是抗诉方式监督,实践中把握不一。《民事诉讼法》第 201 条规定:"当事人对已经发生法律效力的调解书,提出证据证明调解违反自愿原则或者调解协议内容违反法律的,可以申请再审。经人民法院审查属实的,应当再审。"《监督规则》第九十九条规定:"(二)调解违反自愿原则或调解协议的内容违反法律的,应当向同级法院提出检察建议。"《监督规则》为什么将对调解书的监督放在"对审判人员违法行为的监督"一章中?而对于符合再审条件的虚假调解书只能以检察建议的方式监督缺乏刚性和对虚假调解的威慑力,削弱了对虚假调解书的检察监督效果。

(五)调查手段有限,对虚假诉讼难以调查核实

由于虚假诉讼当事人之间恶意串通,且很多虚假诉讼通过律师或律师和法官共同导演,其隐蔽性很强,形式上看事实清楚、证据充分,适用法律也没有问题,而检察机关受理的虚假诉讼案件的来源主要是案外人申诉以及办理其他案件中获得的违法线索,要想通过其他方式发现虚假诉讼十分困难。而在发现相关线索后,要想对其进行调查核实也并不容易。虚假诉讼一般存在捏造案件事实、伪造证据的情况,且双方当事人之间关系特殊,被调查对象往往拒绝、应付和躲避检察机关的询问和调查。检察机关对于涉嫌虚假诉讼但不涉及职务犯罪的案件只有《民事诉讼法》规定的调查核实权,囿于民事检察权的性质,调查资源和手段十分有限。《民事诉讼法》并没有规定不协助检察机关调查的强制措施,因而这一调查核实权不同于侦查权,力度也弱于《民事诉讼法》第 64 条和 129 条规定的法院在审理案件中的调查权。

此外,检察院和法院对调查核实权的认识存在分歧。虚假诉讼案件中有一部分是审判人员和当事人共同导演、配合实施的,检察机关对这一类案件的监督难度极大。对这类案件的调查主要是通过翻看卷宗和询问相关人员来寻找突破点。但是《民事诉讼法》和《监督规则》对检察机关调阅法院案卷资料并未做明确规定,《民事诉讼法》第210条也没有具体规定可以向法官调查核实相关情况。所以一些法院不同意检察机关调取卷宗材料,就算同意调阅的法院一般也只能调取主卷,附卷无法调取,个别法官还对民事检察部门的调查不予配合。

(六)案件处理难

新修改的民事诉讼法规定第三人发现生效裁判或者调解书损害其利益的可以提起第三人撤销之诉。这虽然是民事诉讼环节立法的重大进步,但是至今尚无配套的操作性条款,只是立法框架。在发现虚假诉讼行为的案件中,第三人提出撤销之诉没有执行方法,无法真正地保护第三人的合法权益。

(七)防范查处虚假诉讼联动机制缺乏

虚假诉讼不仅是法律问题,亦是社会问题,其产生具有深层次的社会原因,此点决定了虚假诉讼不可能靠检察机关一家单兵作战便能根治。目前司法实践中,司法机关对于虚假诉讼的查处基本上仍停留在"各自为政"、单独行动、缺乏配合的传统模式上,未能建立以防范、监督虚假诉讼为宗旨的联合工作机制。

(八)责任追究难

对于审判人员,民事行政检察部门对发现审判人员违法行为的监督,大多选择一种"温柔式"监督,即以发出检察建议书方式向审判机关提出法律建议,这种监督对于和虚假诉讼当事人串通伪造案件的审判、执行人员,惩治力度不够,往往在检察建议书发出后,审判机关内部以行政警告等处罚了事,威慑力不够。而对于虚假诉讼当事人,我国刑事立法并没有将虚假诉讼列为单独条款,仅仅是根据虚假诉讼行为人的方法、手段等可能构成的相应犯罪进行处罚,如妨害作证罪。实体刑法规则制定的不完善,直接导致违法成本过低,违法人违法冲动无法遏制。[④]

(九)查处结果威慑力不足

经济活动中的当事人对行为的自觉选择主要是从成本和收益的对比关系来考虑的,

---

④ 王飞跃:《虚假诉讼研究》,载《中南大学学报》2013年第4期。

当违法行为的成本低于违法活动带来的收益时,当事人便会在趋利避害的原则驱使下选择违法行为。

在民事制裁方面,民事诉讼法对妨碍民事诉讼行为,伪造、毁灭重要证据,以暴力、威胁、贿买方法阻止证人作证或者指使、贿买、胁迫他人做伪证等方面虽规定了处罚措施,但实践中真正给予制裁的非常少,而且处罚最重亦仅是 15 天拘留。与经济活动中日趋增长的标的数额相比,违法成本较低,故当事人进行虚假诉讼的可能收益便十分惊人。

在刑事司法方面,2015 年以前,我国刑法一直没有规定虚假诉讼行为属于犯罪。最高人民检察院法律政策研究室 2002 年 10 月 14 日发布的《关于通过伪造证据骗取法院民事裁判占有他人财物的行为如何适用法律问题的答复》,更是从实质上否定了虚假诉讼行为的刑事可罚性,只是根据其方法、手段可能构成的相应犯罪进行处罚。此点不仅造成了民事诉讼法与刑法不能有效衔接,亦使得虚假诉讼行为得不到相应的刑事处罚。

所幸的是,2015 年通过的刑法修正案(九),增加了虚假诉讼罪,并将其列入《刑法》第六章第二节的"妨害司法罪"中。如此规定,既兼顾了虚假诉讼以侵占他人财产为目的和结果,亦体现了行为人利用诉讼程序通过法院裁判、调解为占有手段的特殊性。但从现实层面看,法院在民事诉讼中认定虚假诉讼后是否主动将案件移送公安、检察机关追究当事人刑事责任的任意性较大,公安机关受理虚假诉讼犯罪线索后基于民事纠纷的先入为主认识,侦查力度有限,成案率低,这些均可能导致前述规制虚假诉讼的刑法规定被虚置。

389

(十)民行检察人才短缺

法律监督的执行能力意味着法律监督的水平和深度。检察机关的职能特点决定大部分检察人员都从事刑事检察、侦查工作,相关工作水平高、经验多;民行部门虽然是检察机关重要的法律监督部门,但由于从事民行检察的检察人员大多是内部交流选用,民事行政案件经验不足,因此很难做到检察监督工作的优质高效。此外,民事检察监督部门虽然近年来发展迅速,但是在基层检察机关,部门人员编制恒久不变,案多人少成为普遍现象,难以保证民事检察监督工作的顺利进行。

三、域外检察机关打击虚假诉讼的经验借鉴

在介绍国外检察机关对虚假诉讼的规制方式之前,我们首先需要简要了解一下英美法系国家和大陆法系国家的民事检察制度。目前检察机关可以参与或监督民事诉讼的国家有很多,如英、美、日、法、德、意大利等。英美法系国家中的美国,大陆法系国家中的法、德两国在各自法系中最具有代表性。在美国,联邦检察官是联邦政府和公众的代表,如果政府或者公众的利益受到损害或可能受到损害,检察官可以就此提起并参与相关的民事

诉讼。《美国法典》规定检察官在七种民事案件的诉讼中,有权参加诉讼,可以提起反垄断诉讼,联邦检察官有权提起环境保护的公益诉讼。在不同的诉讼中,检察官既可能是以原告身份出庭,也可能是作为被告出庭,并且同法律上的其他当事人一样具有上诉权。而法国检察系统内实行一体化,上下级检察机关具有命令和服从的关系。法国的司法部部长是检察机关的首长,其可以下达指令查办某一案件。法国检察官代表国家利益和社会公共利益,可以参与涉及国家利益、社会公共利益以及公民的重大利益的民事活动,提起或参加民事诉讼,还可以独立行使诉讼监督权和司法协助权。德国检察机关也是德国国家利益和社会公共利益的代表,德国检察机关可以就侵害国家、社会公益和公民重要权益的民事案件提起公益诉讼或者作为诉讼活动参加人介入民事诉讼。德国检察官在民事诉讼中主要享有调查取证权、起诉权、上诉权、抗诉权,以及对裁决执行的监督权。[⑤]

我们可以看出,美国等英美法系国家检察机关参与民事诉讼主要是通过提起公益诉讼或参与某一诉讼,而法、德等大陆法系国家的检察机关还可以对法院审判或执行活动进行监督。虽然这些国家并没有明确规定检察机关对虚假诉讼如何监督,但我们从其对民事诉讼活动介入的方式可以推断出其最主要的手段是通过对虚假诉讼行为人侵害国家利益、社会公共利益或他人重要合法权益的行为提起诉讼的方式进行监督,其次是进行诉讼过程中的监督,单纯通过抗诉进行监督的很少。美国等国家的检察机关在对虚假诉讼的规制中发挥的作用不大,这主要在于其完善的立法和发达的司法对虚假诉讼现象已经进行了系统的防范。在规制思路上,值得借鉴的是其主要通过对法律人特别是律师的引导和约束来规制诉讼中的违法行为。而且我们从各国的监督思路中还可以看出审判活动并不排斥检察机关介入和参与到民事诉讼活动中去,检察机关并不是必须等待法院裁判终结才能介入诉讼活动。西方国家检察机关在涉及国家利益和社会公共利益的重大案件中既可以提起公益诉讼,也能作为诉讼参与人从诉讼开始就参加到诉讼中去。

四、完善我国虚假诉讼检察监督的对策建议

(一)明确界定虚假诉讼的范围

虚假诉讼的隐蔽性和复杂性决定了仅仅依靠检察机关或法院自身来实现规制的目标并不现实,只有通过各方合作形成合力、信息共享、有效配合才能实现良好的规制效果。而形成关于虚假诉讼的统一的定义是对其进行全面、系统规制的首要环节。虚假诉讼和恶意诉讼等定义的混用客观上也说明了对这一现象缺乏清晰统一的认识,虽然任何一个定义都不是封闭和绝对的,但是在司法实践中确定一个统一的定义无疑可以方便检察院

---

⑤ 方立新:《西方五国司法通论》,人民法院出版社 2000 年版,第 328 页。

和法院之间以及不同检察机关之间的沟通与协作,而且统一的定义也并不意味着一成不变,通过权威机关作出统一的定义并根据实践和理论观点的发展对其不断加以补充和修正,既能够解决目前虚假诉讼规制面临的困境,也能将对虚假诉讼的研究和规制引入常态化的发展轨道。法律需要具有一定的稳定性和概括性,我国的《民事诉讼法》在 2012 年已经进行了一次较大的修改,一定时期内不适宜再为了少数几个具体问题而修改,并且在法律中作出虚假诉讼的定义也会限制定义的发展和完善。笔者认为由最高人民法院和最高人民检察院以司法解释的形式确定这一现象的定义比较合适,共同制定的司法解释无疑可以统一双方各级机关的认识,同时司法解释还可以及时反馈基层检察机关和法院的实践诉求,吸收最具有代表性的学术观点,促进定义的规范和完善,整合各方力量共同推动虚假诉讼规制工作的开展。

(二)畅通案件信息渠道,建立虚假诉讼线索发现机制

1. 统一虚假诉讼的识别标准。及时有效识别虚假诉讼,应从以下四个方面审查甄别虚假诉讼:一是分析申请监督理由是否合理;二是判断原案材料是否存在矛盾疑点,如原告诉讼请求所依据的事实合不合常理、被告对原告提出的讼争事项是否敷衍抗辩,甚至对原告陈述的事实和提出的诉讼请求不提异议;三是调查涉案人员关系、资金流向,双方是否真实发生民事法律关系,双方有无真实的履约行为,原告诉称的案件事实是否虚假;四是在案件审查过程中观察当事人有无异常表现,包括当事人是否不肯到检察机关接受询问,在询问调查过程中当事人的神情、言语是否异样等。

2. 畅通案外人申请检察监督的渠道。允许有利害关系的案外人对虚假诉讼申请检察监督,畅通虚假诉讼受害人的救济途径是发现、制裁虚假诉讼的有效措施,亦是启动监督机制的重要前提条件。虽然案外人发现生效裁判文书侵害其合法权益,拥有向法院提起第三人撤销之诉等救济渠道,但此点与案外人申请检察监督并不矛盾。且一如前述,案外人向法院主张存在虚假诉讼,面临极大困难。因此,须明确案外人对虚假诉讼有申请检察监督的权利,两种程序是并行的,并不存在先后顺序,案外人可选择适用。此点对于发现、查处虚假诉讼具有重要意义。因此,对虚假诉讼受害人提起的监督申请,检察机关应及时立案、认真审查。

3. 建立虚假诉讼预警通报机制。为解决检察监督的滞后性,检察机关可以与法院协商,对有举报诉讼当事人涉嫌虚假民事诉讼的案件,检察机关可向法院通报收到的举报情况,可建议法院在审判中予以查明,或者应法院之邀进行诉讼中监督。如广东省高级人民法院出台的《关于强化审判管理防范和打击虚假民事诉讼的通知》(粤高法〔2010〕395 号)中便规定"特别要发挥检察机关作为国家法律监督机关的作用,在虚假诉讼嫌疑案件可能损害国家和公共利益时,应向检察机关通报案件情况,建议检察机关派员出庭监督"。此点便是对预警通报机制的良好探索。

4. 创设多向移送线索的联动机制。建立预防和打击虚假诉讼联动机制,前提是规范虚假诉讼线索的发现、受理、移送等环节,形成以检察机关民行部门为枢纽的联动网络。在检察机关内部,建立民行部门与其他相关职能部门的互动、协作机制,在刑事案件审查批捕、审查起诉、接待控告申诉等工作中发现虚假诉讼线索的,应及时移送民行部门。在政法机关之间,法院对参与实施虚假诉讼的当事人及其他相关人员,依法予以训诫、罚款、拘留,涉嫌刑事犯罪的,应立即向公安、检察机关移送,直接启动刑事诉讼程序。检察机关发现虚假诉讼中存在错误裁判的,应向法院移送以启动监督纠正程序。另,检察机关应借助辖区刑事司法与行政执法衔接工作机制,加强与区相关行政执法部门的沟通,通过这些部门发现和移送涉及民事虚假诉讼的案件线索。简而言之便是通过多向移送"线索流",实现民事诉讼和刑事诉讼的有效衔接,以破解虚假诉讼案件线索发现难问题。

(三)加强对调解书的监督

《民事诉讼法》第14条的修改已经将检察监督的范围扩展到了整个民事诉讼,但如前所述,《民事诉讼法》第208条将检察机关可以提出抗诉或检察建议的调解书仍然限定在"损害国家利益、社会公共利益"这两种情况下,这不利于对单纯侵害案外人合法权益的虚假调解书开展检察监督,容易使虚假诉讼行为人规避法律的制裁,受害的案外人得不到应有的救济。笔者认为法院对调解启动再审的条件也应当是检察院对调解进行检察监督的条件,特别是虚假调解案件,即使侵害的不是国家利益、社会公共利益,但严重干扰了司法公正,破坏了正常的审判秩序,对这类案件,我们应以抗诉或再审检察建议的方式进行监督才更有刚性,而不是仅发出一般检察建议。因此,建议将《民事诉讼法》第208条中的"损害国家利益、社会公共利益的"修改为"损害国家利益、社会公共利益或案外人合法权益的",以强化检察机关对虚假调解的检察监督,贯彻《民事诉讼法》总则中第14条规定的检察机关对民事诉讼进行全面监督的精神。

(四)加强在执行程序中进行全过程监督

目前我国的民事检察监督主要是以抗诉、检察建议等方式进行的"事后监督"为主,《民事诉讼法》也基本确定了"事后监督"的原则。因为《民事诉讼法》第208条将检察院提出抗诉和检察建议的对象限制为"已经发生法律效力的判决、裁定",而按照《民事诉讼法》第209条的规定,当事人只有在向法院申请再审,但法院未再审或再审判决、裁定有明显错误的情况下才能向检察机关申请检察建议或抗诉。也就是说,法院再审是当事人申请检察监督的前置条件。"事后监督"是保持人民法院审判独立性的必然要求,如果允许检察机关在诉讼过程中的任一环节都可以介入,则容易发生检察权滥用和干扰审判的现象,也违背《民事诉讼法》第 6 条所规定的人民法院独立审判的原则。但该条原则规定的是"独立进行审判",当诉讼进入执行阶段时审判活动必然已经完成。虚假诉讼行为的危害性大,而法院的执行行为往往是直接造成虚假诉讼案外人利益受损害的司法行为。虚假诉讼行为人在骗取法院判决后一般都会申请执行或者是直接利用虚假仲裁裁决、公证文书申请执行。因此,在虚假诉讼的执行阶段探索进行全过程监督可以在很大程度上减少虚假诉讼对国家利益、社会公共利益和其他案外人利益的损害。而民事诉讼执行程序的特点也为这种探索提供了可能。执行活动与审判活动在结构上截然不同,不再是诉讼中法官居中、原被告在两方的等腰三角形结构,除了执行争议的处理,在执行活动中法院或法官不再是居中的裁判者。执行活动是法院依申请运用国家强制力强制债务人履行义务,以实现债权人权利的活动。因而检察机关在执行阶段进行法律监督不存在对诉讼双方平等对抗的影响,也就不会干扰法院审判的中立性。所以,在执行阶段探索进行全过程监督也就成为可能。但在检察机关探索对虚假诉讼执行阶段的全过程监督中,也要注意避免对执行效率产生影响,因为被监督案件最后可能被确认为不是虚假诉讼案件。民事执行与审判都是对当事人权利进行救济的司法程序,而检察机关的介入可能会迟延对当事人的救济。执行监督作为一种"后救济程序",通常是在被执行人或利害关系人已经通过执行异议等救济程序之后再启动并实施的程序。因此实际上必然会再次影响执行机构的执行行为,影响执行的效率。我们必须充分考虑执行效率与执行公正的衡平关系问题,谨记迟来的正义为非正义。[6]

(五)将对虚假诉讼的检察监督同公益诉讼相结合

中国共产党第十八届四中全会通过的《中共中央关于全面推进依法治国若干问题的决定》是近年来我国加快社会主义法治国家建设进程的纲领性文件。该决定明确提出"探索建立检察机关公益诉讼制度",同时该决定也提出"要加大对虚假诉讼的惩治力度"。检察机关作为国家的法律监督机关,主要任务就是通过履行法律监督职能来保障国家法律的统一和正确实施。而许多虚假诉讼行为侵害的正是国家利益、社会的公共利益,但由于相关法律法规的不健全,一般没有明确相应的义务主体来主张权利,虚假诉讼行为人也就得不到追究,如前所述,这等于变相鼓励其继续通过虚假诉讼手段牟利。

笔者认为,可以借鉴西方国家检察机关的工作思路,考虑由检察机关将损害国家利益、社会公共利益的虚假诉讼行为人作为被告提起公益诉讼。但要想进行这一探索,需要先解决一些制度障碍。首先,《民事诉讼法》第 55 条并未明确将虚假诉讼行为纳入到可以提起公益诉讼的案由中,目前仅明确了污染环境和侵害众多消费者合法权益这两种情形

---

⑥　张卫平:《民事诉讼检察监督实施策略研究》,载《政法论坛》2015 年第 1 期,第 44 页。

可以提起公益诉讼。不过,鉴于该条法律规定并不是一种完全列举的限制性规定,其规定的是"……等损害社会公共利益的行为",立法中为扩大公益诉讼的受案范围已预留了探索的空间和可能。将来可以通过立法或司法解释,将损害国家利益、公共利益的虚假诉讼行为作为公益诉讼的对象。其次,在实体法方面应对《侵权责任法》进行修订,将虚假诉讼行为纳入侵权行为范围中。这样检察机关针对虚假诉讼行为的公益诉讼就可以作为侵权之诉的一种,在民法上具有了相应的请求权基础。再次,有关公益诉讼案件中检察机关的原告主体资格问题并不明确。新修改的《民事诉讼法》第55条中的"法律规定的机关和有关组织"是一个开放性的概念,并不必然解释为检察机关。笔者认为,检察机关在此类案件中的诉讼地位应为民事公诉人。从诉讼目的来看,与刑事诉讼相似,检察机关提起公益诉讼是为了维护社会公共秩序,保护国家利益和社会公共利益。如果仅将检察机关限于民事诉讼的普通原告地位,不符合公益诉讼的本质特征和检察机关的法律监督的职能。对于有关虚假诉讼的公益诉讼案件,检察机关应当在原有职权范围内及办案方式的基础上,探索此类案件的办理方式。笔者认为,根据不同的案件情况,主要可以采取三种方式:支持起诉、督促起诉和提起公益诉讼。支持起诉,就是通过提供法律咨询、诉讼建议和协助调查取证等方式支持相关组织或团体对侵害其权益的虚假诉讼行为人提起诉讼。这既调动了更多的社会主体维护公共利益和司法秩序的积极性,又为公益诉讼案件的提起提供了保障,避免了司法资源的浪费。督促起诉,是通过检察建议等方式督促有义务主张权利的国有单位或部门提起有关虚假诉讼的公益诉讼。同时可以考虑建立督促起诉后仍怠于起诉的警告机制,构成犯罪的应移送渎职检察部门查处追究有关单位或个人的相关责任,以加大对公共利益的保护力度。直接提起公益诉讼,则适用于没有明确的组织和团体来向虚假诉讼行为人提起诉讼主张权益的情况,而且检察机关直接提起公益诉讼具有更大的优势和资源,可以更好地实现打击虚假诉讼、保护公共利益的目的。

（六）善于运用调查核实权,完善虚假诉讼核查机制

1. 把握调查权的界限和范围,确保审查不越位。对于虚假诉讼的查处,证据的真伪往往对案件的走向起决定性作用,因为正是法院在审判活动中对案件证据审查不细致,对当事人陈述的不尽合理的事实不予深究,使得虚假诉讼者轻易得逞。在申请监督人没有能力获取或保留证明虚假诉讼的证据时,检察机关介入调查并收集相关证据便极有必要。在对虚假诉讼案件进行监督中应如何把握调查、核实证据的范围,是针对诉讼中全案证据进行调查、核实,抑或仅对主要证据?是依据申请监督人对证据提出的异议,抑或根据办案需要决定?是仅针对诉讼中已存在的证据,抑或应包含对申请监督人在申请监督时提供的案件中未出现的证据?如何把握调查核实证据的程度,即查证到该证据系虚假证据即可,抑或应查明到真实情况?这些均是司法实践中需要解决的问题。对此,本文认为检

察机关对民事案件进行监督，依法行使调查权，应当始终服务于查清案件事实、还原真实情况的需要。因此，调查原则上以获取证明民事诉讼合法性证据材料为基准。对于案件存在涉嫌虚假诉讼、法院判决采信的证据可能系伪证、法院应当调查而未调查，导致当事人事实主张因证据不足而未被认定等情形，检察机关应启动调查程序，对相关证据予以核实。检察机关应通过充分、合理的行使调查权，保证虚假诉讼检察监督的实效，切实保护当事人的合法权益。

2. 把握询问技巧，获取有效信息。检察机关对虚假诉讼案件进行监督，需要听取案件当事人陈述，但因双方当事人在诉讼前已串通，会以"默契"的行为对付检察机关。对此，检察机关应做到两点：其一，检察人员应深入细致地听取申请监督人陈述，认真审查当事人之间的身份关系、经济往来等事项，采取询问、查询、调取证据材料、查阅案卷材料等方式开展调查核实工作。例如，对债务纠纷案件，应严格审查涉案债务产生的时间、地点、原因、用途、支付方式、支付依据、基础合同以及债权人的经济状况。对欠薪案件，应严格审查劳动关系的真实性，要求用人单位出具原始劳动合同、相关的考勤表或工资发放记录等。其二，检察人员在询问时，既要从思想上做工作，使当事人认识到虚假诉讼所要承担的后果，引导其说出事实真相，又要善于察言观色，通过分析当事人的言行、神态，找准突破口。必要时可分不同时间询问、调查当事人数次，从而审查当事人的陈述是否存在矛盾或者有违常理。

3. 固定关键证据，充分发挥其定案依据的作用。虚假诉讼案件当事人多有伪造证据的行为，尤其是伪造文书类证据。因此依照法定程序，综合运用科学技术或者专门知识对诉讼涉及的专门性问题进行鉴定和判断，能使调取的证据相互印证、形成完整的证据链条，从而为案件的成功改判发挥决定性作用。

4. 借助有关部门的行政管理职能，做好外围证据收集。虚假诉讼案件当事人如果寻找种种理由拒绝谈话，或予躲避、不理睬，或委托代理人"合理"应付时，检察机关并无相应权力对当事人的不配合行为进行制约、制裁。此时检察机关为查明案件事实，需要做更多的查证工作以甄别真伪。为此检察机关可多与工商、街道、派出所、税务、司法等行政部门沟通，借助这些行政机关的行政管理职能和管理手段，做好外围证据搜集工作，夯实证据基础。此点有助于突破被调查人的思想防线，达到查明案件事实的目的。

（七）搭建联动平台，合力打击虚假诉讼

有效打击虚假诉讼光靠检察一家，是无法实现的，所以有必要联合地区内司法机关联合出击。检察机关要充分发挥在惩防虚假诉讼中的沟通、协调、监督作用，主动与上级检察院、法院、公安局等部门沟通协商，共同建立防范和打击虚假诉讼的联动机制，就重点防控范围、移送侦查程序衔接、提抗或发出再审检察建议、联合协作配合关系等方面形成左右互动、合力推进的工作格局。

1. 借力上级检察院,形成上下联动。基层院民行部门办理虚假诉讼案件,最后会在市级检察院民行处汇总。民行处对于本地区查处虚假诉讼的情况都有了解,能够及时为基层部门提供经验及方法。所以基层民行部门在查处虚假诉讼案件时,应及时向市院民行处请示,就案件定性、如何突破以及突破后如何巩固证据、如何处理案件等问题,积极向上级检察院借策借力。

2. 借力法院,建立审查防范机制。检、法沟通绝大多数在刑事领域,有必要加强两院在民事领域及民刑交叉领域的合作。首先,可以建立检、法两院日常工作机制,充分发挥两院的不同职能。对申诉中或审理中的案件情况,两院应加强沟通。法院在审理中发现该案可能存在虚假诉讼情形的,应及时告知检察机关,双方联合查证。其次,检察机关要充分行使审判监督及执行监督的职能,对易于发生虚假诉讼的领域,进行重点监控。再次,对已经查证属实的虚假诉讼案件,双方应就案件特点等相关情况作出归纳总结,在一定范围内共享,从而有效防范虚假诉讼实施者再次实施虚假诉讼行为,同时也为其他虚假诉讼案件查处提供经验。

3. 借力公安,形成合力查处机制。在查处虚假诉讼案件中,民行部门缺乏刑事侦查权及刑事案件的办理经验,所以有必要借助公安。对于疑点明确但因没有相应直接证据,公安机关无法给予立案的案件,往往需要检察机关自行侦破,对于此类案件,民行部门苦于缺乏侦查权和强制手段,常常连当事人到案都无法保证。民行部门可以借力公安,通过公安的侦查权威强化调查核实权,形成合力查处机制。在存在虚假诉讼怀疑的时候,由公安机关采取强制措施,配合民行部门突破虚假诉讼当事人的口供。

(八)改善检法之间司法解释的衔接性

司法解释,是司法机关对法律具体应用问题的说明,在我国特指最高人民法院和最高人民检察院发布的有关法律适用问题的解释。例如,2015年1月30日发布的《最高人民法院关于适用〈中华人民共和国民事诉讼法〉的解释》多达552条,是新中国成立以来篇幅最长,条文最多的司法解释。但自从1981年6月全国人大常委会《关于加强法律解释工作的决议》赋予最高人民法院和最高人民检察院司法解释权以来,大部分司法解释都是由最高人民法院主导或单独制定的,而且现实中最高人民法院的司法解释具有普遍的司法效力,而检察机关单独制定的司法解释对法院缺乏相应的影响和指导效力。这一问题一方面是由法院的审判地位造成的,另一方面也是检察机关未积极地同法院进行沟通以参与到司法解释的制定当中去。虚假诉讼的规制问题,单独依靠检察监督无疑是无法取得良好效果的,而仅依靠法院自身完善相关制度也不现实。所以要想形成合力,充分发挥法院和检察院各自的作用,必须从相关司法解释的制定开始加强双方的沟通与协作,共同维护法制的统一,使有关虚假诉讼的规制制度在实践中便于双方工作的衔接与配合,更加具有操作性。

(九)加强检务公开,利用新媒体扩大宣传

虚假诉讼案件发现难、危害大,而目前的司法实践中检察机关查处的虚假诉讼案件只是冰山一角,大量的虚假诉讼案件受害人不了解检察机关的申诉渠道或虚假诉讼行为侵害的是国家利益、社会公共利益而根本无人主张权利。要想破解这一难题,一方面要强化检察机关的监督能力,规范法院的审判和执行行为,另一方面要加强检务公开,拓宽案件线索来源,使更多的群众了解检察机关在虚假诉讼监督方面的职能与作用。

推进检务公开,既可以方便群众及时向检察机关提供案件线索,提升公民寻求检察机关救济的法律意识,也能促进检察机关自觉接受群众监督,使民事案件的检察监督工作处于阳光之下,这有利于提升检察机关的司法公信力,进而形成全社会支持检察机关依法开展民行检察工作的良好氛围。而在宣传方面,以往都是通过报纸、杂志、广播、电视等传统媒体进行宣传,但宣传效果一般。因为检察机关一般也不适合将经费大量投入到电视广告等宣传渠道中去,实践中这种一般性的传统宣传之后,检察机关的案件线索数量增长也十分有限。而随着各种新媒体的发展,继续单纯依赖这种传统的宣传媒介已经不合时宜。微信、微博等各类移动互联网软件使人人都可以成为信息的发布者、传播者,传统媒体对舆论和信息的垄断地位已不复存在,手机等移动互联网终端的普及也让信息传播得更快,互动性更强。而且,微信、微博等渠道几乎没有信息发布成本,受众面十分广泛,可以付出极少的成本,取得极佳的宣传效果。在这一形势下,检察机关必须充分利用这类平台,扩大宣传并收集社情民意、案件线索等。笔者注意到最高人民检察院也已经开始这一探索,2014 年 4 月 15 日,最高人民检察院官方微信、新闻客户端正式开通,并在人民网、新华网增开官方微博。⑦ 各地方检察机关的相关平台也在建设当中。笔者认为今后可以在"两微一端"等平台上以动画和漫画的形式发布有关虚假诉讼检察监督的相关信息,优化宣传效果。

(十)加大惩处力度,落实对虚假诉讼的责任追究机制

1. 落实对司法工作人员渎职行为的责任追究。只有把虚假诉讼的监督最终落实到责任人的追究上,才能加强震慑力、提升监督实效。虚假诉讼背后往往有审判、执行人员的共同参与,但民行部门查处的方法手段毕竟有限,对于虚假诉讼监督中发现的司法人员

---

⑦　截至 2015 年 2 月 28 日,最高人民检察院"两微一端"(官方微博、微信、新闻客户端)已发布检察信息 28034 条,粉丝数、听众数和订阅数达到 20121324。参见:徐盈雁:《最高检"两微一端"开通一年粉丝两千万》,http://news.163.com/15/0302/06/AJMBILM600014AED.html,2015 年 3 月 12 日访问。

涉嫌职务犯罪的,应建立多部门协调查处机制,由民行部门与反贪、反渎等职务犯罪侦查部门密切配合,联合开展调查侦查工作。广东省人民检察院下发的《关于完善民事行政检察与职务犯罪侦查部门协作机制的意见》(粤检发民行字〔2014〕1号)便规定了民行部门在查办虚假诉讼案件过程中发现法院审判、执行人员有贪污受贿、徇私舞弊、枉法裁判等行为,及时启动违法行为调查程序,让联合协调办案机制能够有章可依。审判、执行人员有违法行为但不构成犯罪的,检察机关应向法院纪检监察部门发检察建议要求其调查处理。审判、执行人员的违法行为已涉嫌犯罪的,检察机关应将案件线索转反贪、反渎部门立案侦查,追究其刑事责任,以此从源头上有效预防虚假诉讼案件的发生。

2. 创建全程跟踪联动查处虚假诉讼行为人责任模式。实施虚假诉讼的当事人既可能承担民事责任,亦可能承担刑事责任。检察机关在具体的查处过程中,应根据情况向法院发出检察建议,建议其依据民事诉讼法的规定,对制造虚假诉讼、妨害民事诉讼的行为人予以罚款、拘留。构成犯罪的,建议其移送公安机关依法追究刑事责任。对于移送公安机关立案侦查的案件线索,检察机关应指定专人负责动态跟踪。公安机关没有及时立案的,应启动刑事立案监督程序,提高移送线索的成案率。对公安机关立案侦查的虚假诉讼案件,可建立检察引导侦查模式,以此形成侦查合力,以有效惩戒、警示当事人不得滥用诉权。

3. 落实对其他责任人的责任追究。对于协助当事人提起或参与制造虚假诉讼的代理律师,检察机关可书面建议司法行政机关依照有关规定进行处罚。仲裁人员、公证人员、鉴定人员故意提供虚假仲裁、公证、鉴定的,检察机关可书面建议其所在行业主管部门进行调查处理,并要求及时反馈处理结果。

(十一)以司法改革为契机,加强民行虚假诉讼监督的人员配备

司法改革的一项重要任务就是推行办案专业化分工,实行案件集约化办理,健全完善一体化办案机制,针对虚假诉讼案件,建立专门的检察监督办案组,挑选优秀的民事行政检察人员配备到民行检察监督部门,为该类案件的检察监督制度化、专业化提供便捷条件。

根据中共中央办公厅印发的《从律师和法学专家中公开选拔立法工作者、法官、检察官办法》,司法改革后,将大量高水平、经验丰富的专门从事民事、行政领域案件处理的律师引入检察官队伍。这部分律师的引入将为检察民事行政监督提供新的工作技巧和监督理念。

劳动关系的认知路径

顾鲁晓*

摘　　要:无论是司法部门还是法学理论,都比较重视对劳动关系中"隶属关系"的判定。"控制标准"的隶属关系观点主要从雇主与雇员的私法关系入手来探究劳动关系;而"组织从属性"则主要从雇员与用人单位的组织结构、生产结构的中观层面对劳动关系的认定进行研究。本文认为分析劳动关系应当透视其承载的劳动权利的价值和意义,即考察劳动关系的语境和理念,劳动关系本身具有客观性和必然性,也具有历史性和主观性,而工业性是认定劳动关系的标准,维护社会利益是劳动关系的理念。在宏观层面应当原则性认定劳动关系的普遍存在,除非在微观层面和中观层面有强力的反证。

关键字:劳动关系;标准;隶属关系;理念

劳动关系是劳动法律中最为基本的概念,也是人类社会关系重要的法律关系,故无论是法学理论还是司法实践部门,都比较重视对劳动关系的认定,但我国的《劳动法》和《劳动合同法》等均未提出相关认定劳动关系的法律标准。如何认定劳动关系是困扰司法实践部门和理论界的长期课题。

一、种属差认知路径

从事物本身的特征出发对其进行界定是一般的认知方式,以特征为基准进行比较具有直观性和可操作性。劳动关系与劳务关系、承揽关系的差异定位于:(1)主体资格的差别。劳动关系的用人单位只限于劳动法规定的范围,劳务关系、承揽关系中雇主范围则包含所有民事主体。(2)隶属关系强弱差别。劳动关系中,用人单位与劳动者之间的隶属关

---

* 作者:顾鲁晓,1981 年 5 月 9 日生,汉族,籍贯江苏无锡,重庆大学法学博士研究生,重庆市江北区法院审判员。

系明显强于劳务关系、承揽关系中主体间的关系。(3)承担义务差别性。劳动关系中存在社会保险义务,而劳务关系和承揽关系中无此义务。(4)管理方面差别。劳动关系中,用人单位具有对劳动者违章违纪进行处理的管理权,在劳务关系和承揽关系中不存在管理权。(5)报酬差别。劳动关系中的用人单位对劳动者具有行使工资的分配权利,而劳务关系中雇主向雇员支付的劳动报酬由双方协商确定,雇员得到的是事先约定的报酬,承揽关系中一般为交付工作成果时支付。(6)劳动者在工作过程中造成他人伤害的对外承担责任的主体不同。劳动关系中的劳动者在工作过程中造成他人伤害,其对外民事责任由用人单位承担,而承揽人在承揽过程中的侵权行为的损害赔偿责任,通常由承揽人自己承担,劳务关系中亦如此。

从主体资格、劳动过程、双方权利义务以及承担的责任等方面的比较,这三者之间的关系,似乎比较明晰,但上述从差异角度进行认知存在如下缺陷:

(1)主体资格差别和工资待遇差别并不明显。主体资格差别基本无法成为判断的标准,除个人与个人之间的关系外,任何经济组织与个人都有建立劳动关系、劳务关系或者其他关系的可能。工资待遇问题,由于采用现金支付的方式,在司法审判中无从判定,而诉讼至法院的劳动争议纠纷往往在待遇方面存在争议,故工资标准亦无法成为司法审判中作为劳动关系判定的标准。

(2)主要是通过劳动关系成立后的区别为主,如社会保险义务、最低工资标准、劳动者在工作过程中造成他人伤害的对外承担责任的主体不同等,均是在劳动关系成立的前提下在这些方面才与劳务关系、承揽关系具有区别性,无法作为劳动关系的判定标准。

(3)从理论上而言,经济组织既可以从有机体角度进行认知,也可以从系列合同关系构架的角度认知,这种理论的差异也使得企业用所谓的承揽、承包、租赁等方式规避劳动关系成为可能,用经济激励与惩罚替代僵硬的行政管理,是市场经济必然的产物,在私营经济组织中该现象尤为明显,也使劳动关系中的管理性弱化,特征不明显。

(4)从种属差异的角度对"隶属关系"进行认知具有极强的模糊性和主观性。这种模糊性和主观性使得认定隶属关系的强弱本身具有一定的主观判断性。

二、私法角度的认知路径

种属差的认知方式存在困难是具有历史因素的,劳动关系脱胎于雇佣关系。"自由放任"的市场经济国家,一般是雇主与雇员自由决定他们之间的关系。然而,自 20 世纪以来,美国大众的观点发生变化,更倾向于依靠市场的调节和政府的调控来调整劳资关系。[1]雇佣关系的法律调整主要是私法的范畴,长期受到民法的调整。劳动关系、劳务关系、承包关系与承揽关系均蕴含使用劳动力的内容,也具有一定的相似性,历史和内容上的亲缘性导致利用种属差进行认知的范式存在困难。但也正因为雇佣关系、承包关系与承揽关系是从私法角度进行规范,故从私法角度进行界定成为认知劳动关系的一种进路。这种认知进路即将经济组织作为拟制的人,考察"人"之间的特殊关系的认知方式,而特殊关系则主要是从隶属关系进行考察。

从私人与私人的关系角度对"隶属关系"进行认知确为各国所采用。德国法律一般认为,雇员是基于私法上的劳动合同为获取工资而有义务处于从属地位为他人(雇主)提供劳动给付的人。[2]判定雇员身份的主要标准是人身依赖性而非经济依赖性。[3]即在德国的法律中,劳动关系的成立主要取决于雇员对雇主的人身依赖关系的成立。在日本,劳动者从事的劳动是具有从属性的劳动,该从属性劳动是"人的从属性"与"经济的从属性"的复合。"经济的从属性"是指"劳动者的经济社会地位以及签订契约时契约内容的被决定性等。"[4]在美国,根据《公平劳动标准法案》的规定,雇员是指被雇主雇用的任何人,雇主的定义为直接或间接地为了与雇员相对应的雇用方的利益而行事的任何人。

从私法角度对隶属关系进行认知是对人与人之间的生产关系的一种考察,有助于对隶属关系的进一步认识。但是将经济组织拟制为人是法律的拟制,将法律拟制视为现实,无疑抹杀了事物的本真,将劳动者与经济组织的关系外化于经济组织,从简单两者之间的互动关系进行考察,以否定两者之间的平等关系为基准进行论证,从而无法通过透视劳动者在组织构架中的关系,与隶属性本身的过程性、内在于组织中的特性格格不入。

三、"组织结构"的认知路径

无论在司法实践中还是在理论上,对隶属关系的认定开始向企业的经济结构方面进行探寻,即考量劳动者及其劳动过程在经济组织中的作用及地位。从经济组织的内部研究劳动关系的隶属性,是私法角度认定劳动关系的深化,是路径依赖,但其已然不完全是在私法层面进行探讨,而是将经济组织认定为"社会组织",对劳动关系的认知具有综合性和立体性。

日本多数学说认为,"劳动从属性"是基础,是核心,在其之上还应该附加"组织的从属性",即"从属于企业的组织体系中"。日本在认定劳动关系方面开始从三方面的从属性进行论证:从劳动力依附于劳动者而言,人格的属性指劳动者对于工作时间不能自由支配,且服从雇主的指挥安排,包括工作时间、地点、业务等。经济从属性是指雇员的劳动之整体系为雇主之利益目的。在美国,判定的核心标准仍然是"控制"标准。但由于该规定过于原则较为模糊,为囊括其他标准,美国在司法审判中对劳动关系的认定标准进行了拓宽,通过立法和判例产生了对雇员认定的诸多规则和原则,法院在判例中,根据普通法的原则形成了"经济现实标准",在判定雇员身份时通常需要考虑以下因素:(1)受雇主控制的程度;(2)雇员对设备和材料投资的程度;(3)雇员分享利润和承担损失的机会;(4)工作所需要的技术程度;(5)双方关系的持续时间;(6)雇员所提供的服务作为雇主业务不可分割的的程度。随着时代的发展与实践的深入,英国法院后来又提出了"组织标准",考虑产业的现实,法官认为,在劳动关系中,雇员是企业的一部分,而且雇员的工作是企业不可或缺的部分。由于单一标准均有其局限性,法院在判例中逐渐形成了"多重标准"的判断规则,该标准主要包括:第一,雇员必须统一以其技能换取工资;第二,存在雇主控制的因素;第三,合同的规定之于劳动合同的条款一致。

四、认定劳动关系的思考路径

"劳动法为关系劳动之法,详言之,劳动法为规范劳动关系及其附随一切关系之法律制度之全体。"[5]这也意味着劳动关系负载着其他的权利束。对劳动关系的认知,意义在于劳动关系负载着倾斜保护劳动者的权利束。与其说我们在认知劳动关系,毋宁说劳动者的权利在何种程度上应当被赋予,这是问题的转化,即对作为劳动权利束载体的劳动关系认知,取决于对劳动者被赋予诸多劳动权利的意义这一问题的思考。如果说权利有什么意义,那么侵犯相对重要的权利就是严重的问题。它意味着把一个人不当人来对待,或者给予他的关心少于对其他人的关心。保护权利的制度是建立在这样的信念之上的,即上述做法极其不公平,这种不公平是如此重大,因此在社会政策和社会效益上为防止这种不公平而付出额外的代价是值得的。[6]

法律规定普遍性的关系,如果这一普遍关系存在"把一个人不当人来对待,或者给予他的关心少于对其他人的关心"的情形,则不公平与在此基础上设立权利的信念也就应运而生了。不公平的具体时代状态即权利产生的语境,权利建立在挽救这一不公平的信念基础上。"语境论"是一种法律制度研究的进路和方法,这一进路坚持将法律制度和规则放置在历史中进行理解,力求综合理解其历史正当性和合理性。

德国古典哲学家黑格尔认为,要真正地把握某一事物,就必须研究它的理念。如果只讲概念,只是抽象地谈论问题,解决不了任何现实的问题;而如果只讲定在,只是就事论事,同样不能认识事物的整体,特别是不能把握事物的内在属性。[7]如果要深刻理解劳动关系,则需对关于劳动关系的法律制度进行实际考察,以求全面正确理解劳动关系的内涵。现有的对劳动关系的理解和认定,主要停留在微观层面和中观层面,而对劳动关系的社会宏观层面,并未进行深入的探讨。在劳动保障法领域中,通过对劳动关系的语境和理念研究,有助于人们认识和挖掘被遮蔽在其所使用的劳动法律具体方式背后的价值指向,正确地审视劳动法的基本问题,洞察劳动法的本质及其发展规律,在更高层次上提升劳动法的精神。

理念是基于客观事物的认识,抽象出的一种理性的精神性的普遍范型,事物应以此精神性范型为依据,不断实现完满。笔者认为,理念有两方面的含义:一是理念来源于对客观事物的理性归纳,该种理性归纳是符合自然、符合人性的事物属性和规律性的普遍的精神性范型;二是理念是对事物本身和其规律性的整体性、宏观性把握,其存在的意义和价值在于指导实践和促进事物的发展。

对劳动关系的定性认知视角转化为透视劳动关系所承载的劳动权利的价值和意义,这意味着对劳动关系的认定,不能只见树叶不见森林,陷于就事论事、就案断案的思路,更需要从其之所以产生的具体历史语境和理念层面进行认识。

五、社会利益角度的认知路径

契约自由制度仅将劳动关系看作两种被同样看待的财产利益,亦即劳动和报酬的交换,并与此相适应建构劳动关系,也就是将劳动力视为物而不是人。但是却忽视了劳动并不是一种和其他财产利益相同的财产利益,而是人整体本身。[8]契约制度在劳动关系领域调整的失灵是劳动关系产生的背景,从而劳动关系本身是社会工业化背景下契约自由制度破产的产物,所以私法领域与劳动关系的认知并没有形成直接的支撑语境。

那么劳动关系具有怎样的语境呢? 马克思主义认为,物质基础决定上层建筑,从根本上而言,是工业时代的到来改变了生产力和生产方式,从而推动着劳动关系的产生、发展和演进。而促使工业时代到来的决定性力量是科技的革命。纵观科技的发展,一条不断向纵深发展、领域不断扩展的科技发展径路展现在人们面前。科技革命以不可遏制的势头奔涌向前,其所产生的生产力前所未有,而其也深刻改变着基本的生产关系,科技的不断发展带来了社会生产的普遍工业化。

进一步从工业化、科技化深入到劳动者与劳动本身考察,马克思在《1844 年经济学哲学手稿》中提出了社会中的异化劳动理论:第一,工人同自己的劳动产品相异化。工人生产的财富越多,它就越变成廉价的商品……这一事实无非是表明:劳动所生产的对象,即劳动的产品,作为一种异己的存在物,作为不依赖于生产者的力量,同劳动相对立。[9]第二,工人与自己的劳动相异化。在马克思看来,劳动应当是人的自觉、自由的创造性的活动。但是在资本主义制度下,"劳动对工人来说就是外在的东西,也就是说,不属于他的本质;因此,它在自己的劳动中不是肯定自己,而是否定自己,不是感到幸福,而是感到不幸,不是自由地发挥自己的体力和智力,而是使自己的肉体受折磨、精神遭摧残"。[10]第三,人同自己的类本质相异化。所谓人的类本质,是指人之所以为人的一种根本特质,即自由的有意识的活动,而异化劳动把自主活动、自由活动贬低为手段,也就把人的类生活变成维持人的肉体存在的手段,这就导致人的类本质变成对人来说是异己的本质,变成维持他的个人生存的手段。[11]现代型社会化大生产、科学技术提高生产效率给劳动者带来的是劳动对人的异化,并进而否定人作为自身与社会的主体性,具有不可遏止的磨灭人性尊严倾向。

科技化、工业化的生产力极大化激化了人性之间的矛盾冲突,演化为严重社会冲突,工人阶级不断斗争,并要求争取相应的劳动权利。当这些权利种类与内容不断为社会和统治阶层妥协、认可并进入法律领域后,私法领域的雇佣关系与劳动关系逐渐分道扬镳。从中我们可以总结出:一是劳动关系为生产力所推动,生产力起着决定性作用,故劳动关系的产生和发展具有客观性和必然性;二是劳动关系并非由生产力直接产生,人性的存在、冲突和劳动者的抗争、权利要求在其中起着关键的作用,所以,劳动关系具有历史性、主观性,其内在包涵人作为主体的人性精神。

从前述劳动关系产生的历史演化来讲,社会的工业化及劳动异化、社会阶级矛盾和契约制度破产是认知劳动关系的整体语境,劳动关系不应在私法的契约层面进行论证,而应当从促进人的发展、增进社会合作这一社会共同体利益角度进行解读和认知。这也表明,劳动关系作为劳动权利的载体,其语境的内核是工业化,内涵人性和社会利益理念,社会生产普遍的工业化特性是社会利益视角之所以成立的依据。当今社会经济活动浸染工业化特性,这种工业化特性以多种形式渗透进整体经济运行中,在方法论上,对劳动关系的解读,应当更倾向于社会利益的整体主义立场,而不应当从个体主义路径进行解释。所谓社会利益是从社会生活角度出发,为维护社会秩序、社会的正常活动而提出的主张、要求和愿望。劳动异化及阶级矛盾内含于社会工业化之中,对劳动关系的立法保障是对工业化一定程度社会反制,所以对劳动关系的认知维系在工业化特性上,以社会利益为理念。科技化、工业化和市场化的弥散,使得整个社会被纳入市场经济这张无形的网中,这些语境是我们时代的人生活的基石和历史背景,谁都挣脱不得。经济组织是社会工业化和资本化的产物,为维护人性尊严和社会利益,从整体主义出发,经济组织与劳动者的关系应当普遍性地认定为劳动关系,除非从私法层面有充分的证据予以反证方可推翻。这一认知路径是具有翻转性的,从私法层面和组织结构角度认知劳动关系,是劳动者举证证明不平等关系的存在,从而否定平等关系的存在;从社会利益角度认知劳动关系,则是预设我们这个时代深刻的语境,先在性的认定经济组织与劳动者存在劳动关系,由经济组织举证证明平等关系的存在方可否定劳动关系。

论派生诉讼之原告的激励与约束：
基于利益平衡的考量

杭　佳[*]

（西南大学法学院）

摘　要: 派生诉讼是补偿公司受损利益和威慑公司管理层的有效途径,也是中小股东寻求救济的最佳途径。我国《公司法》第 151 条也确立了这一制度,一定程度上保护了公司和中小股东的利益,但立法对这一制度只规定了一个雏形,未对其深入研究,还有很多有待完善的地方。因此通过对派生诉讼制度追根溯源,探寻如何在我国的派生诉讼制度中寻求激励诉讼与防止滥诉的平衡,以实现小股东利益的衡平和股东利益平等保护的目标。

关键词: 派生诉讼;小股东利益;激励机制;制约机制

405

派生诉讼,又称为股东代表诉讼,指公司的正当权益受到侵害,而公司又怠于提起诉讼时,少数股东为救济或防止对公司的不法侵害而以自己的名义提起诉讼,追求侵害人法律责任的诉讼制度[①]。派生诉讼制度是一个维护公司利益、保护中小股东权利的制度,它既有积极的作用,也有消极的方面。积极的作用在于它可以监督公司高级管理人员的行为,保护公司利益;消极的方面表现在它可能导致股东的滥诉,因此必须平衡股东与公司、股东与经营者之间的利益,来保证派生诉讼制度的有效实施。

一、派生诉讼所表彰的利益平衡理念

法律通过调整不同主体之间的利益平衡以实现社会的稳定,而事实上,法律调整的平衡点在不同的时期有所不同,它随着社会形势的变化而变化。派生诉讼制度起源于英美

---

　*　作者简介:杭佳(1993—　),女,重庆南川区人,西南大学法学院 2015 级民商法专业研究生。
　①　曹政:《论派生诉讼制度》,载《河北法学》1997 年第 4 期。

衡平法的一种异态规则,它在某种程度上忽视了公司的人格,甚至否定了资本多数决原则,限制了公司处分自身权利的自由。表面上看这一制度与公司法的基本原则相违背,但事实上它只是对一般规则做了变通,调整了公司法基本原则中隐含的利益失衡,进一步加大了公司高级管理人员的监督力度,完善了公司治理结构。具体而言,派生诉讼表彰的利益平衡理念,主要包含以下几个方面的内容:

(1)股东与公司间的利益平衡。股东是公司存在的基础,是公司的最主要利害关系人,保护股东权益是公司法的一项基本任务。派生诉讼的基本功能就是解决公司纠纷,保护股东权利,此外,派生诉讼还保障公司内部治理结构的正常运作,调节公司运行。但是另一方面,由于派生诉讼具有特殊性,即"原告不是以属于他们个人的诉因而起诉的,他们根据属于公司的诉因而以代表人资格进行诉讼"[②],这就可能为那些企图破坏公司正常运行的不法侵害人提供诉权这一便利,使其达到侵害公司利益的目的。为此,在派生诉讼制度中维护股东利益与公司利益的平衡,一方面对原告股东提出诉讼的条件予以限制,另一方面应该在公司法中规定原告股东的权利和义务,以防止股东恶意提起诉讼。

(2)大股东与小股东之间的利益平衡。资本多数决原则作为公司法的一项决议规则,它有利于鼓励大股东投资,保护大股东权益,平衡股东之间利益,提高公司决策效率。但是公司制度发展至今,人们也越来越认识到资本多数决原则存在的一些弊端,它与政治民主有着相似的内在缺陷,容易形成"多数人的暴政"[③],会造成多数资本对少数资本的剥夺和压迫。公司运行必然会出现这样一种局面,即当大股东意志与小股东意志一致时,小股东意志会被大股东意志所同化;当大股东意志与小股东意志冲突时,小股东意志会被大股东意志所吸收,公司意志实际上是多数股东的意志,大股东操纵着公司的运营而小股东却无能为力,公司实际上由大股东控制。股东大会实际上是"大股东会",公司民主事实上是大股东的民主。为了解决资本多数决原则的弊端,保护小股东的权利,各国纷纷设计新的技术以弥补资本多数决原则的缺陷。例如,实行累积投票制度以保障小股东的代言人能进入董事会和监事会,通过表决权回避制度限制和剥夺利害关系股东和控制股东的表决权,通过委托投票机制集中小股东的力量等。在这些救济途径中,派生诉讼制度无疑是非常重要的方法之一。它赋予了小股东诉讼权利,通过代表受侵害的公司和被压迫的小股东,直接追究侵害公司利益的股东和董事的责任,派生诉讼制度避开了资本多数决原则的限制,保护了公正的秩序。它也为法院提供了一种机制,维护那些被不忠实的公司董事及多数股东控制、欺压的小股东的正义,平衡了大股东与小股东之间的利益冲突。

(3)股东提起派生诉讼通常是出于维护公司利益的目的,但也可能存在为了谋取私

---

② [美]罗伯特·W.汉密尔顿:《公司法概要》,李存捧译,中国社会科学出版社1999年版,第337页。

③ 王春婕:《利益平衡视角下的派生诉讼——兼论〈公司法〉第152条》,载《理论学刊》2009年第7期。

利、达到个人目的的情形,为了在鼓励诉讼和防止滥诉之间取得平衡,各国公司立法通常都设置一些限制性条件,使得提起诉讼的股东具有"代表性"和"正当性"。我国也借鉴其他国家和地区的经验,在持股期限、持股比例等方面限制原告股东的主体资格,甚至规定前置程序,目的就是为了约束原告的诉讼行为,防止恶意诉讼。而为了防止公司高管狼狈为奸,致使派生诉讼无法实现,美国确立了徒劳例外规则。这一规则就是前置程序的例外,它是根据公司内部客观上存在妨碍派生诉讼的因素所进行的特殊利益平衡,即如果董事会与被质疑交易的关联方达到一定程度,即可免除正式请求的要求。但是各州对如何运用这一规则的意见大相径庭。《公司治理原则:分析与建议》第7部分第1章的作者认为:"如果判定标准仅仅为是否所有的董事都被指为被告,可以料想到原告们会准确无误地按照这种方式拟定他们的主诉状,以避免正式请求之要求。这样徒劳例外就会吞噬整个正式请求规则。"④我国派生诉讼关于前置程序的例外规定是:只有在监事会或董事会收到请求拒不起诉、收到请求30日内不起诉以及情况特别紧急的情况下,原告股东可不经过前置程序,直接提起诉讼。

(4)法律规定原告股东提起派生诉讼必须是以维护公司利益为出发点,并且能够公平、充分地代表全体股东的利益,不得恶意诉讼。比如就美国而言,大约有1/3的州颁布了"费用担保"的立法。据此,在股东提起诉讼时,除非原告拥有相当于25000美元市值的股份或不低于5%的任何类别的已经发行的股票,否则公司有权要求原告为公司的合理费用(包括律师费)提供担保⑤。

二、我国派生诉讼制度存在的一些缺陷

我国《公司法》第151条规定了派生诉讼制度,对原告股东的主体资格作出了限制,即有限责任公司的股东、股份有限公司连续180日以上单独或者合计持有公司百分之一以上股份的股东才有权提起派生诉讼。为防止小股东任意提起诉讼,妨碍司法效率,法律也规定了股东诉讼的前置程序,即小股东必须先经过监事会的决议才可以提起诉讼。此外为了防止监事会包庇高级管理人员拒绝股东的诉讼提议从而不利于保护公司利益,法律也规定特殊情形下股东可以直接向法院提起诉讼。

从表面上看,我国的派生诉讼制度规定得已经十分完善。但派生诉讼矛盾的焦点应当是原告股东与作为被告的公司侵权行为人之间的冲突,就形式意义上是原告与公司之间的冲突,因为英美国家的派生诉讼中,公司往往被列为形式被告,而由于原告提起派生

④ [美]美国法律研究院:《公司治理原则:分析与建议》,楼建波等译,法律出版社,2006年版第583页。
⑤ 郭富青:《论股东派生诉讼中权利配置与利益平衡》,载《西部法学评论》2010年第5期。

诉讼的目的是使公司获得补偿或其他利益,实际上公司才是真正的原告。通过分析派生诉讼所涉及的利害关系,除了原被告之外,派生诉讼还广泛牵连着大小股东之间的利益,公司与经营者之间的利益,有利害关系的董事、高级主管和对公司享有控制权的人与公司和广大股东之间的利益。然而,立法似乎仅仅围绕着原告(股东)—形式被告(公司)的利益关系,在这一轴线进行了利益平衡,而甚少关注原告(股东)与可能对公司实施侵权的董事、高级主管和公司的控制者。也许正因为对派生诉讼的怀疑和约束态度,致使利益平衡的重心发生偏离,在我国的派生诉讼制度中几乎看不到正面支持或鼓励股东提起派生诉讼的法律规范。

(一)派生诉讼原告主体资格限制拉高了中小股东的诉讼门槛

公司法对原告持股比例作出的限制是为了防止恶意股东提起诉讼,干扰公司的正常经营,侵害公司权益。但是股份公司,特别是上市公司的股权极度分散,股东人数成千上万甚至更多,而公司法规定的1%持股比例使得绝大多数股东不具备单独提起诉讼的资格,而且即使是几位股东联合起来,达到1%的比例也是十分不容易的。例如,山东晨鸣纸业集团股份有限公司2012年12月5日在册的A股、B股前10名股东里只有4名股东持有超过1%的股份,2012年11月12日在册的H股前10大股东里只有1名股东的持股比例超过1%,第二大股东的持股比例仅为0.5%;中国南玻集团股份有限公司前10大股东里只有3名股东的持股比例超过1%;安徽水利2013年度前10大股东中只有一半的股东持股超过1%;万科A股(000002)2013年12月公告的前10大股东只有2名股东拥有超过1%的股份;交通银行2011年年末前10大股东只有4名股东持股比例超过1%;陕西省国际信托股份有限公司2008年报表明只有4名股东持股超过1%[⑥]。这些数据表明股份有限公司,特别是上市公司股东的持股比例都很小,很难达到法律规定的1%的比例,法律直接将大部分打算提起派生诉讼的中小股东拒之门外,派生诉讼制度得不到有效实施。而且由于股份公司,特别是上市公司,股权高度分散,股东持有公司总体股份比较少,同时由于信息不对称、监督收益与监督成本的不对称引发的"搭便车"行为使得股东难以监督经营管理者的行为,因此中小股东一般不会通过诉讼来维护自身的权益。对于一个理智的中小股东来说,出卖股票是一个相比派生诉讼而言更便宜、更快速的解决办法,因为出卖股票,他们最多失去他们已经支付的价款,而如果提起派生诉讼,他们不仅要承担诉讼风险,同时也可能要面临被告提出的损害赔偿责任风险。

(二)案件受理费过高

根据《人民法院收费办法规定》的收费标准,我国将民事诉讼案件分为财产案件和非

---

⑥ 杨仕兵:《论派生诉讼中的联合行使诉权》,载《政治与法律》2014年第5期。

财产案件,按照不同的标准收取案件受理费。财产案件根据案件标的额的一定比例来收取案件受理费;而非财产案件采用一个相对固定的标准来收费,一般是 50～300 元,非财产案件的收费数额比较少。虽然法律没有将派生诉讼归类于哪一种案件,但是司法实践中,大多数情况却都是将派生诉讼案件作为财产案件来受理的,派生诉讼案件的诉讼请求额都比较大,故收取的案件受理费是相当高的,这对于大多数中小股东来说是一个巨大的负担,而且高昂的收费标准直接将一大部分股东拒绝在诉讼之外,无法提起诉讼[⑦]。本来派生诉讼存在的目的是为了保护中小股东的利益,但是由于案件受理费收费过高却使得大多数中小股东望而却步。

(三)派生诉讼胜诉后的利益分配违背公平原则

在公司中,公司奉行的是资本多数决原则,大股东通过资本的表决取得对公司的实际控制权,大股东的利益并不会受到侵害,而单个中小股东由于持股比例小,在公司决策的时候不占优势,因此受到侵害的往往都是中小股东的利益,而派生诉讼是中小股东维护自身利益的一项重要手段。正如英美法学者所指出的:"任何对由市场和法院来执行大股东或者董事忠实义务的比较都必须考虑到司法程序是如何进行的。派生诉讼制度为法院提供一种机制来为那些因公司被不忠董事、管理人员及大股东所控制而投诉无门的受欺压的小股东主持正义。"[⑧]但是也由于中小股东持股比例小,在派生诉讼中真正受益的不是中小股东。通过分析派生诉讼的性质,我们发现派生诉讼制度实质上是一种公益诉讼,中小股东为了维护公司的利益而提起诉讼,在胜诉后,原告股东根据持股比例获取利润,最后由于中小股东持股比例小,他们分得的利润并不多。提起诉讼的股东与没有提起诉讼的、与其持股比例相当的股东在利润分配上并没有什么区别,原告股东只能获得正义感或心灵上的满足感。不仅如此,那些实施不法行为侵害公司利益的高级管理人员由于仍然持有公司大部分股份,在派生诉讼胜诉后,他们仍然可以根据自己的持股比例获得大部分的赔偿。这对于那些忙前忙后,提起派生诉讼的中小股东而言是十分不公平的。

三、构建派生诉讼原告激励机制

正如前面分析的,派生诉讼制度在防止公司内部权力过大的同时,也存在着一定的弊端,不利于原告股东提起诉讼,我国民众自古以来就有"厌讼"的想法,诉讼通常是不得已的最后选择。即使自己的权利收到侵害,当事人也不会首选诉讼的方式去解决纠纷,而往往穷尽了其他救济手段后,才选择民事诉讼。而派生诉讼发生的条件是公司利益受到损

---

⑦ 刘蓓:《浅谈我国股东诉权激励机制的完善》,载《湖南财经高等专科学校学报》2010 年第 6 期。
⑧ 转引自:韩凤玲、刘向林:《论派生诉讼的激励机制》,载《榆林学院学报》2004 年第 1 期。

害,提起诉讼的目的也是维护公司利益,此时,由于缺乏起诉的激励力量,一般的股东就更加不会起诉。由此,虽然我国有派生制度,但股东并不会积极寻求法律救济,而是归因于自己的投资缺乏科学预期。在设定股东代表诉讼提起权时,应侧重于方便股东起诉的考量,而不是相反。⑨因此为了能保证派生制度的有力实施,也为了鼓励原告股东的诉讼积极性,可以从以下角度来鼓励原告提起诉讼。

(一)为原告股东主体资格设置例外情形

我国股东代表诉讼制度设置了原告资格的限制条件,但原告资格之确定必须结合我国的基本国情。首先,我国仍处于社会主义初级阶段,人们的生活水平还有较大的提升空间,对原告股东持股比例的限制,使得大部分股东不具备起诉资格,将其排除在代表诉讼之外。这种状况将在诉讼门槛上否定股东代表诉讼,违背设立股东代表诉讼的初衷。对原告进行资格限制能减少滥诉的发生,但是原告资格限制过严就可能会将真正需要保护的中小股东排除在外。我国上市公司股东持有的股份比较分散,很少有股东拥有 1% 的股份,而且即使是几个股东联合起来也很难达到 1% 的比例,这不利于保护中小股东的利益,也很容易造成公司的内部权力配置不均⑩。

对此,有的学者⑪认为我国可以借鉴美国的"单独股权原则",即不要求限制持股比例,股东可以单独提起派生诉讼。笔者认为我国应当保留现有公司法对原告股东资格的限制规定,同时增加一条"上市公司股东单独持有股份的股东可以提起派生诉讼"的规定。保留股份有限公司股东 1% 股权的限制原因在于防止股东的恶意诉讼,因为股份有限公司的股东最大数额为 200 人,那么拥有最少股份的股东的持股比例事实上也不会很少,而且其经济实力也应当是挺好的,那么如果不对这类公司的股东持股比例作出限制,这些单个小股东就很有可能为干扰公司的正常运营而恶意对董事提起诉讼,侵害公司利益,所以对股份有限公司的股东限制持股比例是十分必要的。而上市公司,正如前文提到的,股东持股比例普遍不多,而且有的小股东由于持股比例太少,在公司利益受到侵害时,宁愿抛售股票也不愿意提起诉讼去承担较重的诉讼风险⑫,因此,没必要对上市公司股东的持股比例作出限制,而是应该放宽条件,给予那些真心维护公司利益的股东诉权,保护公司权益。

---

⑨ 赵万一、赵信会:《我国股东代表诉讼制度建立的法理基础和基本思路》,载《现代法学》2007 年第 3 期。

⑩ 胡宜奎:《派生诉讼诉权的权利基础辨析——兼论我国派生诉讼制度的完善》,载《政治与法律》2015 年第 9 期。

⑪ 胡滨、曹顺明:《股东派生诉讼的合理性基础与制度设计》,载《法学研究》2004 年第 4 期。

⑫ 李文华:《试析派生诉讼引入代表人诉讼制度的合理性——从上市公司派生诉讼的角度分析》,载《首都师范大学学报》2007 年第 3 期。

(二)按非财产案件来收取案件受理费

虽然现有立法没有明确规定派生诉讼案件应该按财产类案件还是非财产类案件收费,但司法实践中大多数法院却是将其归类于财产类案件收费的,这加大了原告股东的诉讼负担,打击了原告的诉讼积极性。因此在收取案件受理费方面,我们可以借鉴日本的做法,如采取案件收费的标准,一律 8200 日元。[13] 事实上,日本早在 20 世纪 50 年代就确立了派生诉讼制度,但正是由于案件受理费过高,小股东的经济水平有限,股东由于无法负担高昂的诉讼费用,不能提起诉讼,在 40 多年里,日本法院仅受理了 40 多个案件,1993 年日本针对这一情况,大幅度地修改了派生诉讼制度,其中最重要的一项便是统一案件受理费的标准,一律规定为 8200 日元,此后派生诉讼案件便逐渐增加,平均每年保持 100 个左右的案件。

如果诉讼还没开始就要求中小股东缴纳昂贵的诉讼费,这直接将没有经济能力的股东排除在外,股东畏惧诉讼风险不敢提起诉讼,派生诉讼制度得不到有效实施,所以降低案件受理费、激励原告提起诉讼是十分必要的。笔者认为可以将派生诉讼案件按照非财产类案件收取诉讼费,一律规定每个案件为 5000 元[14]。这样可以减轻中小股东的负担,使派生诉讼制度有效地发挥作用,鼓励中小股东提起诉讼。

(三)给予原告诉讼费用补偿

中小股东为了维护公司的利益提起诉讼,在胜诉后,原告股东应当获得相应的补偿。关于费用补偿的范围,虽然各国有着不同的规定,但是都遵循着同样的原则,大致可以归纳如下:首先,费用补偿的范围只限于胜诉股东因诉讼支出的合理费用,如交通费、食宿费等,且不能过多超出当地的一般标准,以避免原告股东的机会主义行为,增加不必要的费用。其次,胜诉股东因诉讼支出的合理费用应该得到完全的补偿,但是不能超过公司因诉讼所获得的收益,这既能鼓励原告股东的诉讼积极性,又能避免公司利益的损失。最后,应当赋予法院对胜诉股东费用补偿金额的自由裁量权,以免采取"一刀切"的做法,无法适应复杂的现实情况的需要。[15]

补偿胜诉股东合理费用是合情合理的,那么对于败诉的股东是否应当予以补偿呢?笔者认为是可以考虑的。只要是基于合理理由起诉,且没有明显的违背诚信原则和过错的股东,可以就案件受理费得到公司的补偿。因为这种情况下的股东是处于善意的维护公司利益的目的提起诉讼的,只是由于诉讼的风险性最终败诉,但是这不影响中小股东起

---

⑬　谢晓锋:《派生诉讼激励机制研究》,载《现代企业》2014 年第 11 期。

⑭　前引 7,谢晓峰文。

⑮　胡宜奎:《论派生诉讼中的费用补偿》,载《政治与法律》2014 年第 2 期。

诉的初心以及意图,因此为了鼓励股东的积极性可以对败诉股东支付的诉讼费作出补偿,不过由于原告最终败诉,没有为公司挽回利益,所以败诉原告股东支付的差旅费等其他费用公司就没有补偿的必要了。

(四)赋予胜诉原告特定比例的额外利益补偿

根据法律规定,在派生诉讼胜诉后,各个股东按照持股比例分取公司在诉讼中获得的利益,那么提起诉讼的中小股东由于所持比例小,最后分得的利益也就比较少,更为不公平的是,当侵害公司利益的是公司董事或监事时,最终即使他们败诉,他们也仍然持有股东多数股份,他们还能分得公司更多的利益,这实际上使得公司的利益最终又回到了不法侵害人的手里。为了避免这一情况,有的学者[16]指出,法律应该借鉴美国判例法确立的三项原则,赋予胜诉原告直接受偿权,保障原告的利益。在这三项原则下小股东享有比例性个别赔偿请求权:(1)防止在派生诉讼胜诉后获得的利益又转入到不法行为人手中;(2)在将股东分为善意或有罪的时候,应当对善意的股东予以适当的补偿;(3)公司准备清算时,将补偿金分给股份有限公司的小股东以弥补其在公司运营过程中遭受的潜在损失。笔者认为我国不宜借鉴美国的原告股东直接受偿制度。[17] 首先,原告直接受偿权这一制度需要依靠法官的自由裁量权,这对法官的职业水平要求非常高。美国的司法制度比我国相对发达,而且法官有长期积累的审理派生诉讼案件的实践经验,美国法官也许能很好地裁判原告的受偿份额,但是我们却不能保证这一制度在我国能很好地得到实施,而且也很难保证法官的中立性。其次,该制度很难成立。如果赋予原告直接受偿权,那么公司的利益不能得到很好的保护,这违背了派生诉讼的宗旨,同时也会侵害其他股东的利益,而且这也会恶意助长股东的诉讼积极性,引发不符合公司利益的代表诉讼,反而可能导致更多的公司僵局、公司经营状况严重恶化等现象。

事实上,笔者认为应当对胜诉原告股东予以适当比例的补偿。在诉讼结束后,公司所有股东会根据所持比例分取公司获得的赔偿,即使不法行为人是董事或大股东,他们在败诉后仍然可以根据他们的持股比例分取利益,这是公司法赋予他们的权利。当然这对提起诉讼的原告股东而言是不公平的,他们承担着较大的诉讼风险,耗费了大量的精力为公司提起诉讼,最终分得的利益还是没有不法行为人多。这时,笔者认为原告股东除了获得其应有的利益外,还应当多获得其所获利益的10%,来嘉奖其为公司利益作出的贡献,而且这10%应当从不法行为人分得的利益中取出。公司法的立法宗旨是为了维护公司的正常经营,促进公司收益,在公司利益受到侵害时,维护公司利益的原告股东应该得到奖

---

⑯　齐斌:《股份有限公司小股东权益保障研究》,载王保树主编:《商事法论集》(第3卷),法律出版社1999年版。

⑰　钱玉林:《〈公司法〉第151条的漏洞及其填补》,载《现代法学》2015年第3期。

励,但是这一鼓励不能由公司支付。一方面是公司已经受到重创,不足以支付;另一方面是董事、大股东等不法行为人不仅侵害了公司的利益,还违反了自身的义务即维系公司的正常运营、为公司谋利。因此,应当由不法行为人支付原告股东的额外利益。

四、构建派生诉讼原告的约束机制

由于我国派生诉讼存在的缺陷,导致原告股东诉讼积极性不高,因此应当完善法律,鼓励原告提起诉讼。但任何事物都有两面性,如果过分激励原告诉讼积极性,而不对其加以约束,那么势必会引发恶意诉讼,干扰公司的正常经营,侵害公司的利益。因此,根据公司内部客观上存在滥用派生诉讼的因素所进行的特殊利益平衡,法律也应当对原告股东的诉讼行为作出约束。

(一)对原告股东持股时间作出合理限制

我国法律只要求股份有限公司股东在提起诉讼前连续持有股份 180 天以上即可提起诉讼,没有明确限定原告在不法行为发生时必须拥有股份,笔者认为这是法律的一个漏洞。因为根据现有法律规定,原告股东可以在知道不法行为发生之后,为谋取私利故意购买公司股份继而提出派生诉讼,干扰公司运营,即称为"购买诉讼"。为了防止这一情形,有的学者[⑱]指出我国应该借鉴美国的"同时持股原则",即从侵权行为发生时起到派生诉讼结束时止股东必须持有公司股份,以防止投机行为的出现。笔者也认为我国应该借鉴"同时持有原则",在一般交易情况下,除了因继承、公司合并分立、赠与等情形下获得公司股份的股东外,其他股东即使是转让取得股份的股东,都要求从公司利益受到损害之日起即要求原告股东持有股份,以防止原告投机购买股份,侵害公司利益的行为。但是也要考虑到特殊情况,如公司成立后不久即发生了侵害公司的行为,这时股东可能不满足 180 天的限制,由此可以规定新成立不满 6 个月的公司,自公司利益受到侵害前持有股份的股东可以不受 180 天的限制,享有提起派生诉讼的权利。

(二)重新建构前置程序

派生诉讼实际上是股东"代位"行使诉权,那么如果公司自己愿意行使诉权或者采取措施制止侵害行为,股东应当尊重公司的决定。因此,各个国家的公司法都规定股东在提起诉讼前必须先向公司采取特定行动,如果公司采取措施保障了合法权益,那么股东就不得提起诉讼。一般说来,如果侵害公司权益的侵权行为人为董事、监事或高级管理人员,

413

---

⑱ 刘凯湘:《派生诉讼的司法适用与立法完善——以〈公司法〉第 152 条的解释为中心》,载《中国法学》2008 年第 4 期。

或者他们明示或默示批准过侵权行为,则可豁免原告的"前置程序"。各国公司法规定前置程序的目的在于保护和尊重公司作为一个独立的法人享有的自主决定权利。在强调"企业社会责任"的背景下,公司利益和股东利益可能会不一致,股东利益的最大化并不意味着公司利益的最大化,因此在特定情形下,如公司就不起诉决定作出了充分证据证明,那么股东和法院就应当尊重公司的不起诉决定。美国各州的公司立法就考虑了这种利益衡量[19],以特拉华州为例,该州法院认为只有股东能够提出合理的怀疑证明董事会不够独立或有利益瓜葛,则"前置程序"可以豁免。美国法律协会的建议甚至主张:除非股东能够证明事先请求董事起诉会对公司造成无法弥补的损害,否则"前置程序"不能豁免[20]。

我国《公司法》第 151 条规定:股东必须以书面形式向公司提出请求,表明请求诉讼的目的、被告的信息以及诉因等内容,在公司拒绝起诉或 30 日内未提起诉讼,或情况紧急、不立即提起诉讼会使公司利益受到难以弥补的损害的情况下,股东可以以自己的名义直接向人民法院提起诉讼。这意味着,即使董事会或监事会有充分理由证明不起诉才符合公司的最佳利益,也无法阻止股东提起诉讼。此时,那些别有用心谋取不正当利益的股东,便会利用这一法律条文恶意提起派生诉讼,侵害公司利益,增加公司讼累,同时也造成司法资源浪费。因此,为防止原告股东滥用诉权,我国应该重构前置程序,使得公司的不起诉决定也能防范股东恶意诉讼的效力。具体而言,可以借鉴美国的商业判断原则[21]。只要公司董事或监事,履行了勤勉忠实义务,基于商业判断做了决定,除非原告能充分举证合理怀疑争议事物是商业判断有效运用的产物,否则就不能提起派生诉讼。如此,只要董事会或监事会能充分证明提起诉讼将会损害公司利益,就可阻止原告的诉讼请求,防止恶意诉讼。

(三)完善诉讼担保制度

诉讼担保制度就是法院根据被告的申请责令原告提供一定金额担保的制度,这一制度有利于防止滥诉。有的学者[22]认为法律在诉讼中是否应提供担保应由法院判断,而不能任由被告申请决定,法院判断的标准是原告股东提起代表诉讼是否有恶意。事实上现有公司法并未明确规定诉讼担保制度,而我国将要出台的《公司法》司法解释四虽然在派生诉讼中确立了诉讼担保制度,但是对担保的具体数额没有作出规定。正如那些反对设

---

⑲　前引 19,刘凯湘文。

⑳　刘俊海:《论股东的代表诉讼提起权》,载王保树主编:《商事法论集》(第 1 卷),法律出版社 1997 年版,第 132～134 页。

㉑　陈群峰:《对我国股东派生诉讼的反思:保持激励与制约机制的平衡》,载《河北法学》2013 年第 11 期。

㉒　邱房贵:《论派生诉讼制度的激励与约束机制》,载《广西社会科学》2006 年第 9 期。

置诉讼担保制度的学者㉓所言,诉讼担保制度并不能达到限制恶意诉讼的目的,它实际上限制的是穷人的诉权,将那些无法提供担保费用的善意股东拒之门外,不利于保护公司的利益。基于此,笔者认为我国公司法应该在确立诉讼担保制度的基础上,设置诉讼担保的限额,这既有利于防止恶意诉讼的发生,也维护了善意无经济能力股东的诉权。国外关于担保费用制度的规定㉔主要有以下几种:(1)美国纽约州公司法模式,这种模式将原告股东的持股比例作为判断标准。根据《纽约普通公司法》第 627 条之规定,若提起代表诉讼的股东,其所持股份、表决权信托证书或受益人利益所代表的股份在公司所发行任何种类的股份总额中所占比例低于 5%,或其市值不超过 5 万美元的,法院有权根据公司的请求,责令原告股东提供诉讼费用担保。根据这种立法体例,只有小股东才有义务提供费用担保,大股东则没有义务。据统计,在纽约州修改公司法之前,只有 4% 的股东需要提供诉讼费用担保,而在诉讼费用担保制度生效后的第一年,股东诉讼案件从前一年的 50 件锐减到 2 件,由此可以看出这一制度在限诉方面的威力。(2)美国加利福尼亚州公司法模式。《加利福尼亚公司法》第 800 条规定:只要原告所在公司、作为被告的董事和经理能够证明下列两种情形之一,法院即根据其请求,责令原告股东提供费用担保:(1)原告股东对被告(原告所在公司除外)提起的诉讼请求缺乏使其所在公司或其股东受益的合理可能性。(2)被告(原告所在公司除外)根本没有参与原告追诉的行为。法院有权酌定费用担保数额,但最多不超过 5 万美元。该模式不再将原告持股数量作为提供担保的标准,而是判断代表诉讼的内在价值,同时强调被告必须举证证明原告有提供诉讼担保的必要,否则原告则没有义务提供担保,这就为善意股东减轻了诉讼负担。(3)1982 年美国标准公司法模式。美国 1982 年的《标准公司法》删除了诉讼费用担保的规定,美国法学会《公司治理原则》第 7 条第 3 项指出,"非经普遍适用于民事诉讼的成文法或司法规则的授权,不得要求原告股东提供保函、保证或其他费用担保"。也就是说美国直接将担保费用制度纳入到民事诉讼法中,不再单独区分代表诉讼担保制度与普通的担保制度,突出两者的一致性。(4)我国台湾地区"公司法"模式。我国台湾地区"公司法"第 214 条第 2 款规定:股东提起代表诉讼时,"法院因被告之申请,得命起诉之股东,提供相当担保,如因败诉,致公司受有损害时,起诉之股东,对于公司负赔偿之责"。根据这一规定,只要被告提出申请,法院即责令原告提供担保,被告无须证明原告股东是否有恶意或其他事实,这种立法体例不利于派生诉讼的正当行使,也将大部分善意、无经济能力的股东排除在诉讼在外。笔者认为我国可以借鉴美国加利福尼亚州公司法模式,对诉讼担保费用制度作出限制,将代表诉讼中的费用担保金额限制在 5 万元以内,同时被告必须证明原告有恶意诉讼的情形,法官

㉓　胡滨、曹顺明:《股东派生诉讼的合理性基础与制度设计》,载《法学研究》2004 年第 4 期。

㉔　孙光焰:《中日派生诉讼激励与约束制度安排立法比较》,载《中南民族大学学报》2009 年第 4 期。

才责令原告提供诉讼担保。

有的学者指出应当限制原告的主观目的即要求原告必须是善意的,但笔者认为没有必要对原告的主观目的作出限制[25],原因是由于原告的持股比例小,不好判断原告是否批准或默认了被告的不法行为,其次即使原告恶意提起诉讼也有诉讼担保制度对原告作出制约。还有学者[26]主张的由法院自行判断原告、被告之间的和解请求,笔者认为这不太可行。首先,法官不可能对公司的情况十分了解,作出的判断可能不适合公司;其次,这对法官的职业水平要求十分高,法官可能会作出不恰当的裁决。因此笔者认为原告被告的诉讼中和解应该交由股东大会决定,法官根据股东大会的决议再作出判决。

---

[25] 李泫永:《派生诉讼的司法实践及其完善》,载《商业时代》2011 年第 28 期。

[26] 张兆武:《浅析派生诉讼制度的完善》,载《现代经济信息》2014 年第 14 期。

类别股制度功能定位及该制度
移植的利弊探究

申晓玥

（华东政法大学）

摘　要：类别股制度将股份分为不同种类，以该形式满足投资者有所差异的偏好并实现公司融资的多样化。我国存在一部分类别股，但类别股制度并未完善，类别股的种类也受到限制，而日本的类别股制度相对比较完善，日本有九种功能不同的类别股份，分别涉及类别股的转让、取得、分配、表决和参与公司管理等主要权利义务，由这九类股份可看出类别股制度的建立和完善可实现投资者意思自治，同时促进公司融资，可以对公司有效治理并进行风险防范，并且，该制度还可充分体现股份价值。若将相关制度移植到我国，有许多好处，诸如该制度可实现股东间利益协调并提高公司治理效率，然而该制度也有不足之处，如它可能会导致公平问题，挑战"股权平等"的现有原则，同时由于信息不对称和营业进展的波动性，该制度的适用有利益输送风险，故在移植适用该制度时须结合事实，衡量利弊，进行取舍。

关键词：类别股制度；功能定位；法律移植

阿里巴巴选择在美国上市而非在中国大陆或者香港，许多媒体将其归因于公司的双层股权结构不能被大陆或香港的交易所接受（实则阿里巴巴采用可达到相似控制效果的合伙人结构，即由合伙人提名董事会的董事，再由股东根据提名投票决定董事，以此保留对公司的控制权）。采取双层股权结构的公司可发行具有不同程度表决权的两类股票，例如分为 A 股与 B 股，向外公开发行 A 类股，每股只有 1 票的投票权，而 B 类股的投票权远大于 A 股，B 类股多由创始人和管理层持有，因而他们可以获得更多的表决权，从而掌握公司决策权。

双层股权结构是建立在类别股制度下的，基于公司融资多样化与投资偏好差异，类别股将股份的经济利益与投票权分离，在一次性的"协议"中，具有不同需求的股东各自将经济权利或对企业的控制权让渡使股份类别化，从而赋予持有不同种类股份的股东与之偏好相适应的不同权利义务。本文将从日本的类别股制度入手,对类别股制度进行功能定位,同时对建立我国类别股制度的利弊进行探究分析。

一、日本类别股制度概述

(一)日本类别股制度沿革

早在 1899 年,日本制定商法典时就规定公司可设置优先股和劣后股;后在 1938 年的公司法修订时,又增加了作为企业筹资方法的无表决权股、可转化股份[①]。随着经济发展,公司的融资要求增高,人们投资需求差异扩大,对不同类别的股份需求增多,现行日本公司法规定,公司可就 9 种事项发布两个以上类别的股份,分别涉及类别股的转让、取得、分配、表决和参与公司管理等主要权利义务。

(二)现行日本类别股制度分类[②]

1. 依据盈余金分配区分

第一种股份依据对盈余金进行分配的不同区分,一般有优先股、劣后股和普通股,优先股持有者可相对其他股份先获得盈余金,反之劣后股持有者后获得,前者若加之第三种即限制表决权,则相当于中国的优先股。

2. 依据剩余财产分配区分

此种可在公司破产清算是对剩余财产分配时进行区分,也相应产生对于分配剩余财产的优先股、劣后股和普通股。

3. 限制表决权的股份

限制表决权的股份即上文已提到的限制表决权的股份,此时可以分为完全不限制表决权、完全限制表决权和部分限制表决权的股份,这可满足仅以投资为目的的股东的要求,同时不会因新股发行而稀释股份导致公司控制权外流。

4. 受让须公司承认的股份

通过使股份转让受限,股份受让时需要该股份公司承认,可以有效防止股权扩散。同时,即使有一部分股份的转让被限制,公司仍然可以成为公开公司。

5. 附取得权的类别股份

股东可请求公司以取得其需求的股份种类,即附取得权的类别股份,股东可在公司处于不同情形下时进行判断并请求,以此满足投资者需求。

---

① 刘小勇:《日本公司法上股份的类别及我国的引入》,载《商事法论集》2012 年第 01 期。
② 参见刘小勇:《日本公司法上股份的类别及我国的引入》,载《商事法论集》2012 年第 01 期。

6. 附取得条款的类别股份

公司可以基于一定事由强制性取得股份,该强制事由即取得条款,以阻止突发敌对收购或从陷入经营困境的死结中解脱。

7. 附全部取得条款的类别股份

公司可依据股东大会决议取得全部股份的类别股份,以此防止敌对收购,同时还可在濒临破产时进行减资。

8. 黄金股

黄金股,亦简称为金股。持该股者享有在重大金融决策时一票否决的权利,此股可满足部分股东对公司的限制权需求。

9. 可选解任董事、监事的类别股份

这类类别股股东组成类别股股东大会可直接选任或解任公司董事及监事,在盒子公司各方出自企业希望以出资比例或对事业的参与度选出公司的董事,可利用发行这类股份来满足实际的需求。阿里巴巴的创始人与原始股东就是利用事业的参与度较强获得提名董事会的权利来控制公司走向,而由于中国并无响应制度,阿里巴巴采用了"合伙人制度"来规避法律。

上述股份的发行受公司性质(是否公开)的限制,它们不以股东身份不同区分,仅以内容(权利义务)不同区分。

二、类别股制度功能定位

类别股制度可将股权的分固有部分类别化,较自由地让投资者根据自身的需求与偏好选择不同种类的股份,从而起到对融资的促进作用。且由于类别股的存在,对公司的控制权得被让渡,当控制权较集中,决策作出的效率可被提高;同时,管理力度较强可有效进行风险防范。在施行类别股制度时,股份的不同价值可尤为彰显,该制度也具有自身的特有价值。

(一)投资者意思自治与促进融资[③]

投资者大体可分两种,一部分投资者往往对公司的控制权并不十分在意,其所追求的多为经济利益,并且这样的投资者通常会进行分散化投资,与之相对应的是企业的创始人与原始股东,他们具有事业目的,希望维持对企业的日常控制权,同时也需要引进股权投资。随着股份的增多,创始人与原始股东的股份将被稀释,对于公司的控制权可能会分散或落入他人手中,而此时掌握控制权者并不一定有相应的事业目的。

---

③ 参见朱慈蕴、沈朝晖:《类别股与中国公司法的演进》,载《中国社会科学》2013 年第 09 期。

尽管阿里巴巴的股份并非类别股,由于较容易得到相关数据,故以阿里巴巴的股份结构为例进行分析。在首次公开募股(IPO)以前,日本软银集团和雅虎分别持有 34.4% 和 22.6% 的股份,马云仅持有 8.8%,同为创始人的蔡崇信仅持有 3.6%,其余高管持有总数约 1%,在 IPO 之后一天马云所持有股份立即被冲淡到 7.8%。[④] 在不考虑阿里巴巴现采用的合伙人制度的条件下,阿里巴巴的创始人及原有股东在软银、雅虎进行投资时股权就被大大冲淡,其股份远小于总体的 2/3,难以掌握控制权,当软银和雅虎只是单纯希望进行盈利时,投资者与创始人的目的都不能实现。

此时,若创始人选择让渡一部分金钱利益,但要求维持董事会的多数席位和对公司的控制,而仅希望盈利的投资者可处分其投票权,即间接让渡对于公司的控制,使经济利益与股份分离,则可分别满足两方的目标。在投资者进行投资选择时,可根据需求选择收益稳定或是有参与权利的股份。单一的股份并不能满足所有投资者的需求,若能设定特定的多种类别的股份,投资者和原始股东的意思都可实现,此时,投资者可仅进行获利,而对于投资者和原始股东,在招募到资金的同时控制权被最小限度冲淡,对两者都是较好选择。

(二)有效公司治理与风险防范[⑤]

通过类别股可让控制权更集中,且在对日本的类别股介绍时,我们可以看到其他可"集权"的股份,包括关于对通过受让人取得该类别股份需要该股份公司承认的类别股份、附取得权的类别股份、附取得条件的类别股份、附全部取得条款的类别股份、黄金股,以及可选解任董事、监事的类别股份。通过这些可以让公司的控制权更加集中,在进行决策时效率更高,使小股东与公司同命运,减少因个人利益之故而导致的难以决策或将决策引向眼前利益而非长远目标的情况。

类别股制度可实现股东权的"有效代理",新股东可基于信任和依赖创始人的判断而使创始人具有特别投票权。在资合公司中,股东间利益存在较大差异,难以快速得出具有代表性的意见对公司管理进行表决。且公司是不断发展的,在不同阶段公司的阶段性目标不同,创业初期的股份包含较多参与公司管理的权利义务,扩大规模时期的公司往往只想融资而不愿再分配管理权,公司面临困境时也会改革股份使之具有吸引力。再者,公司对不同投资者的要求也是不统一的,对资金雄厚的机构投资者依赖较多,明显区别于散户股东。如果一味的要求股份相同,则不能适应公司在不同发展阶段变动的需要。

此外,确立和发展类别股制度有利于防范风险,公司在发行特定股份时,不仅能保证获得资金支持的同时继续保有管理权,又可对抗或者防范敌意收购。由于部分类别股转让权利受限或公司保留了强行买回股份的权利,公司的股份不会大量流入敌对者手中,在

---

④　http://money.163.com/special/alibabaipo/,2014 年 12 月 15 日访问.

⑤　参见马一:《股权稀释过程中公司控制权保持》,载《中外法学》2014 年第 03 期.

恶意收购已经发生的情况下,公司还可以较快作出回应,以迅速回收股份等手段防止危机进一步恶化。

(三)股份价值

类别股制度使股份具有不同的价值。部分价值可以由于股东间根据自身需求进行权利的让渡而得到体现,然而在制度设计时无法将让渡的权利量化,经过类别化的权利也难以达到价值的统一,故经类别化的股份价值较未经类别化的股份而言更加复杂多样。

创始人、原始股东对于公司的控制权之取得,虽让渡可为其原因之一,而不能解释全部,创始人对于公司的决策等可作为其所获得的诸如特助投票权等溢出权利的对价。在公司成立之初,创始人对公司发展方向的策划、设计以及对于未来规划等,都可为其渴望权利的部分作为基础。

三、通过法律移植建立我国类别股制度利弊分析

(一)有利方面

1. 实现股东间利益协调

类别股份在现在的中国公司法中体现于优先分红权、优先认购权、优先购买权和优先清算权⑥,这些权利可以满足一些投资者对于利益追求和风险负担的需要,但是当股东的偏好在于控制权,而非分红权的时候,股东利益就难以协调了。同时,股东权的内容也不仅仅局限于利益的分享,若将股东权的子权利按照投资者需求相互分离再重新组合,即形成可协调股东间利益的类别股份。由于子权利的分配应以公平合理为原则,故在表观上可认为是股东让渡部分子权利来实现自己在利益、控制或是安全保障等方面的特殊追求,类别股制度的完善和发展可以是投资者和企业家灵活使用股份,各取所需。

2. 提高公司治理效率

类别股在为公司筹集资本的同时,可以有效帮助股东支配公司,维持强化其经营权。如上所述,一部分股份可以帮助原始股东和创始人掌握公司控制权,当较少人对公司进行掌控时,公司的决策可以较快作出,且往往会朝着一个大方向作出,而不会过多出现由于利益导向的问题而无法顺利或者快速对外界的变化作出回应,尤其在突发危机时,若公司控制权较松散,则公司难以快速作出决定以应对危机,可能错过危机应对的最佳时机。同时,部分股份对于敌意收购的防范或者在敌意收购发生时进行应对也有帮助,如为应对那些欲通过公开收购股份的方式收购公司的情况,可以在章程中做如下规定:"根据公开收

---

⑥ 参见沈朝晖:《公司类别股的立法规制及修法建议——以类别股股东权的法律保护机制为中心》,载《证券法苑》2011年第5卷,第563页.

购获得 30％以上股份(普通股)的,A 类别股(普通股)转化为 B 类别股",将普通股转换为无表决权股,降低收购者的投资股权比例,转换股的发行完全有可能被利用为对抗敌意收购的手段[⑦]。由此可见,类别股可以使公司控制权集中,且可有效防止敌意收购,故可提高公司的治理效率。

(二)不利方面

1. 公平问题

类别股制度的移植也有许多不利方面,其中最显而易见的是它挑战了"股权平等"的现有原则,然而,有学者将该原则解释为不同的股份之内权利平等,他们认为类别股制度恰好诠释了这种"同股同权"而"不同股不同权"的原则,股权平等的本体观念应包含多种不同对股东平等与否的标准:股东自主行为之自由的平等;股东权利形式上的平等,股东获得利益机会的平等;股东获得利益总体份额上的平等;股东之间适当的差别原则[⑧]。公司法规定多数股东在行使资本多数决时负有对公司和少数股东的信义义务,目的在于防止控股股东滥用资本多数决,要求控制股东在追求自己利益最大化时不得使其他股东利益受损,以平衡股东之间的利益。而在类别股的情境中,由于公司需要按照"不同股东、不同对待"的实质公平原则行事,当公司的决议涉及变动类别股的权利时,须单独召开类别股股东大会进行投票表决。因此,股东多数决不会对类别股股东造成利益侵害。[⑨]

2. 利益输送风险

公司的信息具有不对称性,并且公司的营业进展有波动性,掌握控制权的股东得到信息的总量和速度都比小股东快许多,公司的股东间所获得的信息天然存在不对称性,将股份类别化发行可能加大这种不对称的差距程度。在这样一种情形下,大股东的所作所为难以被小股东合理监督,大股东所作出的决议有可能有损于小股东的利益,然而小股东无从改变公司的发展趋势,这与公司法中保护小股东的精神不符。同时,大股东仅通过信赖而得到小股东让渡的控制权,且道德监督的部分大于制度监督,大股东在此情形下可能将公司的利益抽空,从而小股东所追求的利益、安全都将不复存在。

综上所述,通过对日本公司法中九种类别股的分析,我们看到类别股制度的制定和完善对公司、小股东、创始人和原始股东都有益,但是在使用过程中可能导致公平原则收到挑战,且将大股东暴露在法律真空的道德监督中有相应的风险,可能反而会损害小股东利益,故在中国适用相关制度时,应结合国情和法制程度,对其部分进行移植。

---

⑦ [日]武井一浩:《外業買収防禦戰略》,载《商事法务研究会》2004 年,第 54 页。

⑧ 参见田尧:《股东平等原则:本体及其实现》,吉林大学法学院博士学位论文,2013 年,第 62～64 页。

⑨ 参见朱慈蕴、沈朝晖:《类别股与中国公司法的演进》,载《中国社会科学》2013 年第 09 期。

网络约租车的法律规制及其竞争性嵌入

刘乃梁 *

（重庆大学法学院）

摘　要：我国网约车的发展逐渐由产品时代走向市场时代，规制主体与市场主体的理性困局引发深层次的竞争性危机。在共享经济的创新外衣之下，权利秩序的新生为网约车发展带来市场内和市场间两种风险维度。现有以"指导意见＋暂行办法"为表现的法律规制虽然形式上认可网约车的法律地位，但实质上仍未脱离出租车行业管制思维的窠臼。网约车的创新性与竞争性相辅相成，市场参与主体的权利实现与利益共享离不开充分的市场竞争。网约车法律规制的竞争性嵌入应当立足于竞争法实施和市场竞争规则建立，有效遏制不正当竞争和垄断行为，防止以新经济形式外衣复辟出租车垄断经营模式。通过整合规制资源，寻求多元参与，实现消费者、驾驶员权利和平台公司责任、出租车行业利益和网约车市场利益的法律衡平。

关键词：互联网约租车；法律规制；竞争性；权利秩序；共享经济

423

一、问题缘起：网络约租车的市场逻辑与竞争需求

"探求回应型法已成为现代法律理论的一个持续不断的关注点"，[①]在共享经济的法律回应之中，网络约租车（以下简称网约车）[②]无疑成为学界研究增长点的剑锋所指。网约车在发展之初表现为借助移动互联技术的出租车"电召平台"，它仅仅是传统出租车交

---

* 作者简介：刘乃梁（1988—　），男，天津东丽人，重庆大学法学院讲师，法学博士。

① ［美］P.诺内特，P.塞尔兹尼克：《转变中的法律与社会：迈向回应型法》，张志铭译，中国政法大学出版社 2004 年版，第 81 页。

② 关于以滴滴、Uber、神州为代表的新型互联网出行方式的称谓，我国媒体舆论在报道中多用"网约车"代指，我国学界多用"网络约租车""互联网约租车""互联网专车"指代，而我国相关法律文件中则将其界定为"网络预约出租汽车"，本文出于对法律文件用语和学界惯例的尊重，选用"网络约租车"作为核心概念。

易方式的线上匹配。眼花缭乱的补贴大战与互联网外衣下的技术革新并没有改变其第三方中介服务特征,网约车平台主要流露出一种方法维度的创新价值。在前期市场可观的客户占有量基础上,网约车平台开始推出具有共享内核的"专车""快车"和"顺风车"等特色服务门类,网约车与传统出租车行业的竞争,抑或讲网约车对出租车行业的冲击逐渐步入实质化阶段。在出租车行业特许经营的既定事实面前,鼓励拥抱新经济形式的"维新派"和秉承出租车市场正本清源的"保皇派"围绕网约车的权源合法性展开理论探讨。③毋庸置疑,网约车的新经济形式外衣迎合了诸多我国时下的经济发展战略和宏观经济话语,④而国家和有关部门对共享经济发展的"宣示性"支持又为游走于法律灰色地带的网约车注入强心剂。⑤ 据国家信息研究中心统计,"目前品牌化的出行分享平台接入汽车数量逾千万(占全国汽车总量的 6.5% 以上),覆盖用户 2.5 亿(占全国人口的 18.3%),覆盖全国约 60% 的城市,保守估计 2015 年各平台成交额约为 1000 亿元左右"。⑥ 在经历短暂的初创混沌之后,网约车逐渐进入市场竞争阶段,学界的关注重点也从理论争执转向对策建议。针对网约车引发的市场风险和社会问题,提出了诸如混合规制、回应规制和创新规制等多种规制策略。⑦ 2015 年 10 月,由交通运输部起草的《关于深化改革进一步推进出租汽车行业健康发展的指导意见(征求意见稿)》和《网络预约出租汽车经营服务管理暂行办法(征求意见稿)》公开向社会征求意见,被视为共享经济规制风向标的网约车新规因对

---

③　关于网约车合法性的讨论详见:曹炜,熊静:《行政规制视角下"应召专车"的性质、定位与前景》,载《行政法学研究》2015 年第 6 期;张冬阳:《专车服务:制度创新抑或违法行为?》,载《清华法学》2016 年第 2 期;张学军:《"专车"服务的法律属性及有限许可研究》,载《苏州大学学报(哲学社会科学版)》2016 年第 2 期。

④　据国家信息研究中心统计,2015 年中国共享经济市场规模约为 19560 亿元,预计未来五年共享经济年均增长速度在 40% 左右,到 2020 年市场规模占 GDP 比重将达到 10% 以上。坐拥万亿级市场的共享经济"中国化"适逢我国全面深化改革,创新驱动发展战略的提出,并与供给侧改革、新经济等宏观经济思路相呼应。

⑤　"在网约车发展之初,交通运输部有关部门认可其创新服务模式,在 2014 年年底网约车屡遭地方政府叫停之时,交通运输部在例行新闻发布会上表示,应对专车业务的市场创新持鼓励和包容态度"(详见林琳:《交通部为专车黑白之争定调,利益博弈倒逼差异化竞争》,载《通信信息报》2015 年 1 月 14 日,第 A04 版);2016 年《政府工作报告》明确指出,"支持分享经济发展,提高资源利用效率,让更多人参与进来、富裕起来";李克强总理出席中国大数据产业峰会指出,"共享经济不仅是在做加法,更是在做乘法,以此有效降低创业创新门槛,实现闲置资源充分利用,形成新的增长点,为经济注入强劲动力"(详见佚名:《李克强阐述共享经济:利用闲置资源,实现人人受益》,中国政府网,http://www.gov.cn/xinwen/2016-05/25/content_5076680.htm)。

⑥　国家信息中心信息化研究部,中国互联网协会分享经济工作委员会:《中国分享经济发展报告 2016》,2016 年 2 月。

⑦　关于网约车规制策略的讨论详见唐清利:《"专车"类共享经济的规制路径》,载《中国法学》2015 年第 4 期;彭岳:《共享经济的法律规制问题——以互联网专车为例》,载《行政法学研究》2016 年第 1 期;丁元竹:《推动共享经济发展的几点思考——基于对国内外互联网"专车"的调研与反思》,载《国家行政学院学报》2016 年第 2 期。

共享经济模式认知不清、市场发展逻辑不清晰、管制措施遏制模式创新、抑制消费者福利等多维因素招致学界的声讨与质疑。⑧ 2016 年 7 月,以"指导意见＋暂行办法"为表现形式的网约车新规破茧而出,"网约车合法化"一时间成为媒体舆论争相引用的新规代名词。伴随行业政策和部门规章的相继出台,我国网约车市场的法律规制逻辑越发清晰,在网约车身份得到了法律认可的欢呼背后,仍有部分学者洞察到网约车在央地权力配置、数量管制、备案登记等制度运行层面的市场发展隐忧,⑨网约车市场的竞争性和可持续性仍然需要画上一个问号。

一个确切的结论在于,我国网约车的学界探讨逐渐由宏观的、市场间的合法性讨论转向微观的、市场内的竞争问题应对;从产品时代到市场时代,网约车的市场性与竞争性应当成为回应型法律规制建构的重心。然而,目前我国网约车市场化进程面临着双重理性困境:一方面,网约车平台公司的主体理性引发市场的集体非理性,市场竞争状况堪忧。从行为的经济动机分析,通过"抱团取暖"寻求市场优势地位是一种符合理性和利益最大化的主体行为,但是市场垄断局面的形成阻断市场竞争对消费者福利的正向传导效应。笔者曾在另文中指出,"对于网约车而言,应当充分吸收其有利于市场竞争和消费者福利的一面,防范专车公司在后续的发展中利用创新的外衣复辟既有垄断体制、攫取巨额利润是未来管制的重中之重"。⑩ 2016 年 8 月,网约车市场两大巨擘滴滴与 Uber 中国的高调合并似乎正在预示着问题朝着不利于市场竞争的方向发展,⑪网约车的新经济外衣随时可能因市场竞争的失序转变为垄断经营的"羊皮"。另一方面,网约车规制主体的理性缺失不利于市场竞争机制的塑造。虽然网约车身份得到法律认可,但是市场内部竞争发展的风险罔顾、经营者集中的反垄断规制缺位、新旧权利秩序之间的冲突、央地二元结构引发的规制不确定性等都可能对网约车的市场竞争产生颠覆性影响。无独有偶,网约车驾驶员侵犯消费者合法权益的个案频发、各地钓鱼执法引发的社会争议也反映出市场化进

---

⑧ 关于网约车新规征求意见稿的质疑详见傅蔚冈:《专车立法在促进创新吗?》,载《财经法学》2016 年第 2 期;信息社会 50 人论坛:《"互联网＋"交通新业态下网络约租车的政策监管——兼评〈网络预约出租汽车经营服务管理暂行办法(征求意见稿)〉》,载《电子政务》2015 年第 11 期。

⑨ 关于网约车新规的市场竞争性质疑详见高秦伟:《竞争的市场与聪明的监管》,载《财经法学》2016 年第 2 期;陈兴杰:《网约车新规绵里藏针》,搜狐财经,http://business.sohu.com/20160730/n461802920.shtml。

⑩ 刘乃梁:《出租车特许经营的困境与变革》,载《行政法学研究》2015 年第 5 期。

⑪ 2016 年 8 月 1 日,滴滴出行宣布收购优步中国,合并后滴滴出行相关市场份额高达 90%。面对舆论垄断质疑(此前滴滴收购快的就曾遭遇垄断质疑),商务部新闻发言人沈丹阳表示,此次合并应当按照商务部相关规定进行经营者集中申报。相关媒体评论详见孙奇茹:《专车巨无霸引垄断质疑》,载《北京日报》2016 年 8 月 2 日,第 12 版;万学忠:《放任垄断将使资本独享技术进步福利》,载《法制日报》2016 年 8 月 4 日,第 6 版。

程中监管机构和经营者对市场风险的应对不及时以及对共享经济模式的认知不充分。⑫
综上所述,当网约车的发展告别免费模式、回归市场理性,市场竞争规则的建设和市场竞争精神的缔造应当成为法律规制的应有之义,与此同时这也应是评判法律规制的基本维度。有鉴于此,本文在梳理网约车法律规制的实然演进基础之上,借助欧美经验思考网约车法律规制的应然逻辑,通过竞争性规制的应用实现网约车市场竞争秩序与竞争环境的制度塑造。

二、权利秩序:网络约租车的创新本质与竞争维度

网约车的创新既可以体现在单纯的工具维度,即可以简单理解为传统线下出租车业务的线上运转;又可以理解为系统的制度维度,即以一种全新的模式颠覆出租客运的营运思维。2015 年 7 月,国务院发布《关于积极推进"互联网＋"行动的指导意见》,从文件的原则设定和目标设计来看,"互联网＋"是以互联网技术为基础,通过互联网思维运用实现创新驱动,引导经济的新常态发展。所以,"互联网＋"更多要求的是一种制度维度、发展模式维度的创新与转型升级。网约车作为"互联网＋出行"的代表产物,其发展历程也表现出从工具维度向制度维度的创新演变,共享经济无疑是为其量身定做的创新外衣。共享经济在经济学视域下表现出交易成本、社区效应、无形商品等多维度的发展优势,从法学视角审视共享经济的创新本质是一场"权利的游戏",即通过供给侧的权能分离实现需求侧消费者权利的满足。供给侧改革下的新权利秩序是法学视域下网约车的创新性解读。

(一)共享经济的创新本质:权利秩序的供给侧改革

"作为关键点的'法律权利'与法律义务决定了法律是否得以使用其强制性的资源来保障或限制私人自由,还是赋予或拒绝私人动用法律强制机制之权能。"⑬权利秩序,顾名思义是一种以权利为中心稳定的运行状态,它既可以是两种冲突型权利的协调状态,如市场中同业竞争主体之间的优胜劣汰正是对相互发展权、经营权的协调,这种权利秩序的基

---

⑫　从舆论信息披露来看,网约车驾驶员侵犯消费者权益主要表现对消费者隐私、安全和生命健康的侵犯,据 32 家消费维权单位发布的《专车服务保护消费者权益状况调查报告》指出,"无法监控驾驶员的疲劳驾驶和危险驾驶行为、驾驶员着装不统一、无投诉受理热线电话等"应当是专车公司着力完善的消费安全环节(详见佚名,《32 家消费维权单位发布〈专车服务保护消费者权益状况调查报告〉》,中国消费网,http://www.ccn.com.cn/330/555652.html,2015 年 10 月 27 日)。除此之外,在广州、杭州等多地出现的"钓鱼执法"(包括执法机关的"主动钓鱼"和出租车驾驶员的"钓鱼举报")也加剧着网约车驾驶员与执法管理者和出租车从业者之间的矛盾冲突,并多次引发社会性事件出现。

⑬　[英]哈特:《法律的概念》,许家馨,李冠宜译,法律出版社 2011 年版,第 236 页。

础在于市场竞争规则的明晰;又可以是两种同质型权利的实现状态,如在消费者权益保护的场域之下,基于弱势地位的倾斜保护成为消费者权利实现的常态;还可以是两种互利型权利的共赢状态,如基于意思自治、不违反法律强制性规定的合同履行,从形式上而言正是一种平等主体的权利共赢状态。共享经济无疑是一种互利型权利秩序,它是基于供给端的权能分离,引发所有权经济价值最大化,进而实现需求端的多元集成。

"从雇佣经济到自由经济的劳动力转移,消费者可以从所有权中发掘利益,共享经济也随着持续增长。"[14]作为网约车发展的支撑理论,共享经济的创新内涵不断诠释着最大程度发挥所有权的使用权能,以"使用权"解构"所有权",通过即时共享发挥物的最大社会价值。由此,共享经济语境下的权利秩序核心是使用权的供给侧改革,网约车的发展也充分证明了此点。使用权能的分离与价值实现为消费者出行的普遍化和多元化奠定了基础。截至2015年年底,我国省会城市出租车万人拥有量在6-35之间,根据住建部1995年发布的《城市道路交通规划设计规范》的相关标准,仅有乌鲁木齐、拉萨、北京等10个城市达标,南宁、福州、石家庄三个省会城市万人拥有量更是低于10。[15] 由此看来,我国出租车行业的整体规模仍然没有满足城市发展的一般需求,而另一个可观的数据在于,截至2015年年底全国私家车保有量已达1.24亿辆,平均每百户家庭拥有31辆。[16] 出租车行业的特许经营一方面为市场准入设定了门槛,另一方面也为私家车所有权的使用权能分离作出了限制,而共享经济正是通过一种大相径庭的做法,即通过分散的、具有庞大群体和多元层次的私家车参与到民众出行需求的多元化满足之中,提升社会资源的配置效率。在具备使用权能共享的物质基础下,如何挖掘和提升主体的共享意愿是形成权利秩序供给侧改革的关键问题。网约车驾驶员群体的纵向衍生主要源自两个部分:第一,新生的共享群体,即因共享经济发展而新兴的驾驶员群体;第二,传统运营驾驶员的转化,即出租车驾驶员群体中的剥离和黑车驾驶员的"共享化"演变。我们可以把前者称为"共享式驾驶员",后者称为"职业式驾驶员"。这两种群体虽然对出租客运需求的认知和参与共享经济的社会动机存在些许不同,但是参与网约车发展的共同意愿在于私家车使用权能经济价值的最大化。因此,网约车驾驶员群体共享意愿的激励最为直接的方式正是在于物质激励,如此也就可以理解为何补贴大战会在短时间内造就网约车平台驾驶员群体的迅速增长。因此,在所有权经济价值最大化的追逐和互联网平台的物质激励之下,出租客运的供给侧改革形成了庞大的权能共享群体和有效的权能激励制度,既可以保障"量"的充分供给,又可以实现"质"的多元需求。

---

[14] Alexander B. Traum:"Sharing Risk in the Sharing Economy:Insurance Regulation in the Age of Uber",*Cardozo Public Law*,*Policy & Ethics Journal*,Vol.14,2015-2016,p.544.

[15] 贾国强:《31个省会城市出租车现状:21城万人拥有量不达标》,载《中国经济周刊》2016年第31期。

[16] 魏哲哲:《2015年全国私家车超1.24亿辆》,《人民日报》2016年1月26日,第4版。

从供给侧来看,网约车与出租车的权利秩序差异主要体现在:其一,供给属性不同。"出租车是公共交通的重要组成部门,即便它的公共属性饱受争议",⑰但是作为一位常规武器它对城市出行系统的完善具有基础性作用,而网约车则是一种特殊性服务。虽然目前网约车市场存在着类似于出租车电召平台,具有常规性服务特征的专车服务,但是从服务的普遍性和价格的市场接受程度而言,专车仍然无法取代出租车的常规地位。即便巨大的共享经济群体使得网约车平台也可以像出租车一般提供普遍、持续的常规服务,如果我们回归到前文对网约车驾驶员群体的分类就会发现,职业式群体是追求近似于出租车的常规式服务,而共享式群体则更多是一种随机的服务供给。并且,值得一提的是,出租车的服务提供是一种义务,具有强制性。在出租车巡航过程中,其行为本身是一种要约邀请,而消费者的招停行为就会使契约开始履行,出租车不能无故拒绝提供服务,而网约车则是充分体现供给与需求两端的自主性,驾驶员群体可以自主选择在何种时间、何种地点为何种消费者提供服务,因此相对而言网约车的义务供给不具有强制性。但是在合意达成,服务契约开始履行的前提下,双方的义务在合同范围之内都是具有强制力的。其二,衍生路径差异。不同的制度衍生路径决定了两种权利秩序的禀赋不同。放眼世界各国,出租车行业的数量管制和准入限制是各国监管的常态方式,权源合法性无疑是出租车实现垄断经营的利器。网约车在发展初期面临着深层次的合法性质疑,即使在网约车合法化的今日,地方规制探索的不确定性使网约车仍然处于发展的尴尬之中。如果说出租车是规划内的权利秩序,那么网约车即使法律未能预见到的新秩序,相比如出租车的干预主导路径,网约车更体现出市场发展的内生性。

(二)网约车的比较优势:需求侧权利秩序的改造

从社会出行的"互联网+"需求来讲,特许经营背景下出租车行业的垄断经营将消费者多元化的出行需求进行单一化处理,在服务标准统一、行业准入限制的前提下消费者的多元需求被抑制。换言之,消费者的出行权利仅仅得到了基础层面的满足,而更高标准、更具个性化和更具效率的出行权利并没有得到充分的满足。按照马斯洛需求层次理论的理解,伴随经济水平与社会水平的提升,人们对出行的需求逐渐由安全层面上升到社交层面,乃至尊重层面,"高级需要的追求与满足具有有益于公众和社会的效果……它导致更伟大、更坚强以及更真实的个性"。⑱ 因此,网约车的发展并非探索出新型的消费者权利,而是通过挖掘被抑制的权利进而形成秩序。消费社会理论揭示,当"需求被可支配的财富

---

⑰ Paul Stephen Dempsey:"Taxi Industry Regulation, deregulation & Regulation: the Paradox of Market Failure", *Transportation Law Journal*, Vol.24,1996, p.116.

⑱ [美]亚拉伯罕·马斯洛:《动机与人格》,许金声等译,中国人民大学出版社2007年版,第74页。

目的化了,偏爱被市场上的产品等级所限定:实际上,这是一种有偿付能力的需求",[19]网约车通过产品、服务类型的差异化供给实现社会多元权利诉求的整合与集成。当然,这种经济模式创新下的权利秩序新生并非一蹴而就的,仍然需要市场的有效拓展。类似于供给侧一端补贴大战对驾驶员群体的物质激励,需求与消费一端的红包大战也为消费者体验新事物、熟悉新方式,最终养成消费习惯作出了有效的行为激励。无论是多元出行方式丰富了消费者的出行权利,抑或是消费者的出行权利得到了充分的满足,网约车在供需两端都以一种新的权利内涵展现出新的秩序特征。

网约车的创新不仅体现在共享经济外衣下的制度优势,更在于与传统出租车权利秩序的比较优势。识别新旧权利秩序之间的异同是我们客观认知网约车创新属性之关键。网约车与出租车权利秩序的共同点在于,两者都是基于消费者的出行需求,通过服务供给便利消费者出行,满足消费者的出行权利。消费者权利毋庸置疑是网约车与出租车权利秩序的发展重心。具体而言,网约车与出租车权利秩序的不同之处在于:一方面,权利的实现方式不同。出租车主要通过服务载体的巡航实现客运服务的不确定匹配。出租车巡航的优势在于应变灵活,其劣势也因此产生消费者权利的实现可能存在着空间与时间的不匹配。利益与人流量的时间和空间配置驱使出租车选择高峰时期和高客流地区,如此特定地区或者特殊时段的某些地区成为出租车服务的排斥场域,[20]由此消费者权利的实现存在着一定的障碍。作为一种模式的共享经济并非单纯的市场平移,它是基于移动互联技术应用,通过供给与需求的线上匹配提高交易效率,节约交易成本。网约车直面消费者对个性化和高效化出行的需求,并通过使用权意义的产品赋予,在低成本与高覆盖之间寻找到互联网思维的应对方案,即通过移动互联网平台将可提供使用权的潜在供给主体与经营权的需求主体进行结合,最终实现私人汽车共享与经济效益实现的"双赢"。网约车秩序下,消费者权利实现的方式更加便捷、畅通,移动互联技术的应用成为其发展的基础。另一方面,权利的实现层次不同。出租车行业的特殊经营不仅体现在准入门槛的高昂成本上,更体现在服务标准的区域统一化上。按照《城市出租汽车管理办法》的相关规定,出租车行业在地方交通行政部门的管理下采用统一车型、统一制式和统一的价格计算方式,出租车行业多元需求的普遍化满足进言之是一种多元需求的低标准抑或基本标准满足——它是基于多数人的普遍需求,在追求低运营成本前提下的均等化服务。因此,出租车虽然定位为公共交通的补充,其标准化往往会使其陷入公共交通的发展困境之中。网约车则是通过专车、顺风车、快车等多层次服务供给既可以满足民众出行的普遍需求,又可以满足个别群体的高档次需求。网约车权利秩序的多元需求平台整合正是表达出去

---

⑲ [法]让·鲍德里亚:《消费社会》,刘成富,全志钢译,南京大学出版社2014年版,第50页。
⑳ 出租车行业发展中的市场排斥与金融行业发展中的市场排斥道理相类似,均是出于效率与利益的追求,对低效领域选择符合利益最大化理性的放弃,进而形成市场的强势领域与弱势领域。

对消费者权利内涵的不同理解。

(三)从创新审视竞争:网约车发展的竞争场域

相比于出租车,网约车权利秩序的根本特征在于重视到供给与需求两端的权能分离与权利满足,并且在惯常的消费者权利中心之外,形成以"使用权"和"消费者权利"为代表的秩序双核。在此基础之上充分重视到出租客运市场供给侧改革的重要性,借助互联网平台实现网约车服务发展的低成本与高效率,满足社会群众的多元化需求。网约车的创新性既展现出对传统权利秩序的改造,又为其发展所面临的竞争维度作出关键性限定。"竞争被赞誉为人类的改造者,创造财富、消灭贫困、减少阶级差别和保障自由的新普罗米修斯",[21]网约车的可持续发展同样离不开有效的市场竞争。供给侧和需求侧的权利秩序改造决定了网约车发展势必面临"市场内"和"市场间"两种维度的竞争态势。

1. 供给侧创新:网约车的市场内竞争

正如波斯纳所言,"网络本身对消费者没有价值;它们是对消费者有价值的各种服务的管道",[22]网约车在工具和制度两个维度具有创新性,并且伴随网约车的市场化推进,网约车创新逐渐由工具维度推向制度维度。作为一种工具创新,网约车主要仰仗移动互联技术的应用,而作为一种制度创新,主要通过互联网思维的应用实现"互联网+出行"的产业模式改造。从我国目前移动互联技术发展的现状和我国互联网企业的运作实力来看,无论是工具维度还是制度维度,网约车市场均不存在较高的技术壁垒和市场准入限制,这恰恰印证了网约车发展之初的百家竞逐之景。从理论上讲,市场准入门槛低意味着潜在竞争者可以较为容易地进入市场,展开商品服务竞争,有利于网约车市场内部竞争态势的维持。除此之外,网约车发展的本义在于满足需求侧消费者的多元出行要求,需求侧的多元化会对供给侧的多元化产生正向的激励,换言之,网约车市场存在着诸多可竞争的市场要素,而网约车市场的发展也印证了这一点。目前,我国网约车市场主要以服务集成平台为主导,如滴滴、Uber和易到,这些平台整合了快车、专车、顺风车等多元网约车产品与服务;与此同时,也存在着嘀嗒拼车、神州专车等服务类型单一的个性化网约车品牌。可以说,网约车市场竞争的多层次具有理论可行性与实践可操作性。因此,准入门槛低与市场可竞争要素多元为网约车市场内部竞争的开展提供了客观基础,借助移动互联技术的广泛使用,网约车市场的良性竞争会带动制度创新的升级。然而,我们也必须认清的事实在于,网约车市场内的竞争同样伴随着风险。"'竞争有效可行'的界定可能在于可以依靠现

---

① [美]戴维·J.格伯尔:《二十世纪欧洲的法律与竞争》,冯克利,魏志梅译,北京:中国社会科学出版社2004年版,第18页。

② [美]理查德·A.波斯纳:《反托拉斯法》,孙秋宁译,北京:中国政法大学出版社2003年版,第292页。

存的和潜在的竞争对手,通过对获取私人收益的机会适当地做出反应,来履行自我管理的智能。"[23]虽然行业准入门槛较低,但是市场的先入者往往具有先占优势,即客户群体的先占与移动技术的成熟可以确保其享有市场优势地位。更需要注意的是,这种先占优势极有可能衍生为行业的限制竞争行为。除个体行为之外,网约车市场主体的横向结合也可能造成对市场竞争的覆灭。例如,通过横向约定产生对市场新竞争者的集体排斥,抑或通过经营者集中实现市场份额与控制力的集聚。因此,滥用市场支配地位、垄断协议和经营者集中等法定垄断行为类型在网约车市场的发展中均可能因市场主体的先占优势而得到转化。因此,供给侧的创新不仅可以为网约车市场提供充分的竞争保障,也有可能对其竞争造成摧毁。

2. 需求侧创新:网约车的市场间竞争

网约车的需求侧创新是着眼消费者的多元出行需求,通过服务的多标准、多类型实现需求的针对性供给。从需求侧而言,网约车与出租车均是以消费者权利的实现为中心,其不同则在于网约车满足的是一种被传统体制抑制的消费者权利。所以,我们并没有将这种消费者权利视为一种新型权利,它仍然是归属于原始的消费者权利内涵之中,我们不能因特许经营体制下出租车市场对此类消费者权利的忽视而对其属性的认知产生偏差。因此,需求侧相同的消费者权利属性决定了出租车与网约车市场间竞争的必然性。在网约车发展之初,出租车行业罢运、出租车驾驶员与网约车驾驶员的群体对抗等社会性事件层出不穷。虽然网约车运营方多次强调其服务类型的特殊性以及与出租车服务门类的区别,但是相同的需求侧仰仗决定了市场间的利益竞争成为一种必然。在必然之外,网约车的市场间竞争还存在着深化的可能。出租车市场在城市交通出行的系统体系之中具有不可替代的作用,如果出租车行业可以借助互联网思维,借助互联网创新对自身服务进行升级和完善,那么市场间的竞争将会演变为市场内的竞争,出租车市场的既有体量和发展积淀为其与网约车市场展开竞争提供了基础。当抑制消费者权利的出租车行业觉醒,市场间的竞争必将走向深化。因此,网约车与出租车两个市场在消费者权利实现和市场需求侧一端存在竞争的可能。这种市场间的竞争有助于两个市场主体的服务升级,最终会使消费者享受到真正的、彻底的福利。但是,决定这种市场间竞争程度的不仅仅在于出租车市场和网约车市场的竞争态度以及市场间可竞争要素的多寡,一个决定性因素还在于政府权力的介入。特许经营体制下,出租汽车的市场发展难以摆脱政府干预的发展惯性。即便网约车可以凭借共享经济外衣的掩护游走于法律地带,即使网约车业已得到合法化承认,但是政府权力的不当施加同样会对市场间的竞争造成根本性打击。并且,出租车行

431

㉓ 〔美〕奥利弗·E. 威廉姆森:《反托拉斯经济学》,张群群,黄涛译,北京:经济科学出版社 1999 年版,第 48 页。

业作为既得利益群体,在政府管制俘获成为可能的情况下,市场间竞争的不正当限制会对网约车的市场竞争产生不良影响。

三、规制评价:网络约租车的监管理路与竞争困境

"到目前为止,关于'共享战争'的参与和观察都存在着一个隐含的假设,即如果共享企业赢得了这场战斗,未来他们将会从政府管制中获取更大的自由;本地监管可能会叫停共享,也可能会放任发展,但是这一假设是错误的……政府不会放任不管。"[24]我国网约车法律规制的纵向演进体现出一种非典型、非常规的冷静与理性,在共享经济的民意翻涌和法律底线之间,监管机构选择"让创新飞一会儿",既为出行共享的"互联网+"留有衍生空间,又为适当监管政策的作出提供较为充裕的调研与论证时间。"市场竞争不是简单的价格竞争,而是看谁更有能力生产新的产品,开拓新的市场,发现新的原料,采用新的组织形态,为消费者创造更高的价值",[25]当网约车逐渐从"产品时代"走向"市场时代",从非理性的补贴大战转向市场产品、服务的全面竞争,以《关于深化改革,推进出租汽车行业健康发展的指导意见》(以下简称《出租车指导意见》)和《网络预约出租汽车经营服务管理暂行办法》(以下简称《网约车办法》)为核心内容的网约车新规为市场秩序的建构提供宏观法律规制方案,从中我们可以窥探我国网约车法律规制的逻辑导向,并对其潜在的市场竞争危机作出预判。

(一)网络约租车法律规制的导向性判断

第一,着眼功能定位,肯定新经济形式。虽然共享经济在发展之初存在着诸多"合法性质疑",但是在客观上共享经济确实满足了市场发展的需求。第三方调研结论显示,"截止到 2015 年年底仅专车客户端用户预计超过 4000 万,覆盖城市 150+……网约车对交通拥堵起到了一定的缓解作用,日均上路车辆减少 28.3 万辆,消费者私家车周出行天数减少 0.7 天",[26]共享经济的"非法性"逐渐被新经济形式和市场发展效果所消弭。在"互联网+"、创新驱动发展和供给侧结构性改革等经济战略语境下,以网约车为代表的共享经济具有可观的创新性和冲击度。在日渐成熟的互联网技术和平台运营下,借助"近乎疯狂"的免费模式网约车从产品推出到市场成型仅仅用了不到半年的时间。并且,资本市场

㉔ Daniel E. Rauch:"Like Uber, but for Local Government Law: The Future of Local Regulation of the Sharing Economy", *Ohio State Law Journal*, Vol.76,2015, p.901.

㉕ 张维迎:《市场的逻辑》,上海:上海人民出版社 2012 年版,第 38 页。

㉖ 艾瑞咨询:《中国网络约租车服务用户研究报告(2015 年)》,2015 年 12 月 17 日。

与之相关的一系列"大动作"也成为其合法、合理发展的最好注脚。㉗《出租车指导意见》和《网约车办法》区别发布的本身就证明监管者已经认识到网约车与传统出租车行业的不同,并且高品质服务和差异化经营的发展原则㉘也表现出监管者对网约车服务信息整合和互联网平台比较优势的提炼与认可。由此,网约车新规的整体导向是一种认可创新、拥抱创新的开放态度。

第二,识别市场风险,确保秩序安全。"共享经济发展的解决路径并非是迫使 Uber 遵守过时的规制,相反,监管者应当仰仗有关安全的经验规制,在消费者以自己的决策选择他们喜欢的服务之时确保他们的安全。"㉙《出租车指导意见》指出网约车发展的核心在于"规范",其目的在于"营造良好市场环境"。网约车引发的风险与问题更为确切的表达应当是网约车市场化进程中或市场化结构稳定之后引发的市场风险与社会问题。"风险能促进决策,并使得人类行为可能更加具有责任心",㉚《网约车办法》通过对市场准入条件和主体行为规范的明确,对网约车发展可能产生的消费安全、合约履行、服务质量和资金信息保障等多维度风险进行针对性的制度设计与原则规定,其根本用意在于降低网约车市场发展中的信息不对称,通过市场风险的预防,促进运营主体在法律框架内寻求竞争与发展,进而实现对创新的引导与规范。因此,风险回应成为网约车法律规制的必然标的,市场秩序是其权力规制的重要标尺。

第三,坚持属地监管,统筹规制资源。《出租车指导意见》通过属地管理原则的确立和地方人民政府主体责任的落实勾勒出在出租汽车行业的规制取向。《网约车办法》也多次通过"相应""本级""本行政区""经营区域内"等字眼明确贯彻属地监管原则。这就表明,虽然网约车是新经济形式下"互联网+出行"的共享模式,与传统出租车客运服务存在着一定的区别,但是其归根结底是出租汽车服务类别下的方法革新,网约车与出租车在客户需求满足、产品服务实体范畴和盈利模式上都存在着趋同性,更为重要的是两者都面临着消费者安全、市场秩序和社会公共利益等维度的风险问题。因此,考虑到规制成本和规制可操作性,属地监管的确立既可以避免因单设规制部门依法的高成本,又可以通过对现有

㉗　网约车的发展离不开背后资本市场的大力支撑,如从滴滴打车先后获得金沙江创投、中信产业基金、腾讯集团、淡马锡、DST 等四轮约 8 亿余美元注资,2015 年 7 月宣布完成 30 亿美元融资,而滴滴出行成立之后又达成与苹果、腾讯、阿里巴巴和中国人寿之间的战略投资;再如神州专车 A、B 两轮融资 8 亿美元创下国内互联网融资额记录;又如易到用车融资 80 亿人民币,力图实现称霸网约车及其关联产业。在资金流的导向之下,网约车企业不仅具备开展免费模式市场搏杀的底气,更为其合法性地位的获取奠定了经济基础。

㉘　《网络预约出租汽车经营服务管理暂行办法》第 3 条规定,"坚持优先发展城市公共交通、适度发展出租汽车,按照高品质服务、差异化经营的原则,有序发展网约车"。

㉙　Hannah A. Posen:"Ridesharing in the Sharing Economy: Should Regulators Impose Über Regulations on Uber", *Iowa Law Review*, Vol.101, 2015, p.432.

㉚　[英]珍妮·斯蒂尔:《风险与法律理论》,韩永强译,北京:中国政法大学出版社 2012 年版,第 4 页。

规制资源的统筹,实现共享经济创新监管的体制内消化。

第四,维护消费者权利,落实法律责任。网约车的市场运营主体、参与主体的运营行为、交易行为和消费行为构成法律的规制标的,与网约车发展相关的消费者权益、市场竞争秩序和社会公共利益成为网约车新规的立法价值所在,进而消费者、平台公司和驾驶员之间的互动构成法律规范应有的权利体系。《出租车指导意见》在肯定网约车创新的基础上明确指出应当从消费者的基本利益出发,通过法律规范"统筹消费者、驾驶员和企业的利益,循序渐进、积极稳慎地推动改革"。③ 相比而言,《出租车指导意见》更多是对网约车的法律地位的认可,而《网约车办法》虽然对企业和驾驶员的权利享有进行了一定的细化,但是从整体上看是一部义务、责任导向立法,即通过网约车平台运营公司的行为规范、监管机构权力配置的明晰和驾驶员准入条件的限制来维护消费者群体的整体利益。

(二)网络约租车法律规制的竞争危机

网约车法律规制在形式上具备诸多可供赞许的发展环节,但是以《网约车办法》为代表的法律文件并非一部以竞争为本位的法律规制。一般而言,竞争本位抑或市场竞争维护的关键之所在是整体秩序与个体权利的衡平,如反垄断法通过经营者垄断行为的规制,维护市场竞争秩序,维护消费者权利;与此同理,反不正当竞争法也是通过经营者市场竞争行为的引导与规制,维护市场竞争秩序的稳定,最终确保社会整体利益的实现。可以说,网约车法律规制在这两个方面均存在值得探讨之处:从市场秩序来看,网约车法律规制的"秩序本位"是毋庸置疑的。按照"恶法亦法"的思路,任何法律规制都会以所规制标的的秩序为本位,形成一定的法律效果传导,但是网约车法律规制的"秩序本位"更多在于一种社会秩序,或者讲是一种"市场间的秩序",即它注重出租车市场与网约车市场的竞争边界界定,防止因两个市场利益冲突引发的社会秩序混乱。这种做法本身是没有错的,在网约车发展之初出租车市场罢运、出租车驾驶员群体与网约车群体的暴利对抗一时间从一种经济利益矛盾上升为社会矛盾。有鉴于此,《出租车指导意见》明确了两种市场的发展定位,而《网约车办法》更多视为其发展设定基本的行为框架,并且在很大程度上沿袭的出租车传统规制思路。除法律地位的认可之外,并未对网约车的发展提供更多具有实质意义的市场竞争性赋予与维护。从消费者权益维护来看,网约车法律规制通过网约车公司和驾驶员的"义务—责任本位",力图实现对消费者权益,尤其是消费者安全权的保护——这又是一种传统意义静态消费者权益保护路径,并没有意识到通过网约车市场的竞争促进实现消费者权益的动态保护,即维护消费者的发展权。阿玛蒂亚·森认为,"以自由为中心的视角(对待发展)与人们对'生活质量'的普遍关切具有根本的相似性",消费

---

③ 详见《关于深化改革推进出租汽车行业健康发展的指导意见》第一部分关于"统筹兼顾"基本原则的论述。

者权利维度的发展应当"聚焦生活质量和实质性自由,而不仅仅是收入或财富"。^㉜ 对于网约车的发展而言,消费者的安全权固然是法律规制的重中之重,但是更具创新与共享精神的法律规制应当在消费安全之外寻求消费发展的维护。在传统的出租车运行体制中,消费者安全虽然得到了充分保护(但也时有侵权事件发生),但是消费者个性出行的发展权利并未得到满足,而这种满足正是建立在市场的竞争性发展之上。因此,综合市场秩序和消费者权益两个维度来观测,我国网约车的法律规制仍然是传统的秩序与权利思路,并未形成具有创新意义的竞争性思路。

在网约车规制的央地权力逻辑之下,宏观竞争本位的缺失为地方法律规制的微观探索埋下了沿袭传统规制的伏笔。在网约车发展之初的合法性争议中我们就可以发现央地规制对于创新的不同声音,加之传统出租车法律规制的央地格局,网约车的属地管理与地方主导成为一种必然。在网约车法律规制文件之中多处体现出地方权力探索的必要性,并且中央也为地方的规制秩序形成设定了截止时间。^㉝ 由此,地方性规制抑或地方权力将成为网约车发展的主导。在宏观规制未成型之前,上海、杭州业已形成具有足够创新性支撑的网约车规制模式,而广州、济南等大部分地区也因相对苛刻的执法行动受到了社会的广泛诟病,^㉞地方性探索的特色性和差异性由此显现,而其差异根本正是在于对网约车创新的正确认知。在网约车创新得到官方认可的前提下,地方性探索差异的下一个关键点正是在于市场秩序的竞争本位与传统本位:基于前者,网约车的地方法律规制应当注重市场的竞争性塑造,对经营者的行为进行竞争性引导;基于后者,网约车的地方法律规制会沿袭传统出租车思路,通过行为的条框设计实现网约车发展的"出租车化"。在宏观法律文件竞争本位缺失的前提下,或许会有个别地方性探索可以成功地实现本地网约车发展社会效益和创新支撑的融合,但是在诸多条件综合之下,地方主导下的法律规制存在着网约车发展竞争覆灭的风险,而这也是相关法律文件规定表现出的发展隐忧。首先,《出租车指导意见》对出租车市场和网约车市场的边界规定得非常清晰,并且鼓励出租车市场

㉜ [印]阿玛蒂亚·森:《以自由看待发展》,任赜,于真译,中国人民大学出版社2002年版,第18页。

㉝ 《网络预约出租汽车经营服务管理暂行办法》第40条规定,"本办法自2016年11月1日起实施。各地可根据本办法结合本地实际制定具体实施细则"。"虽然各地交通部门都没有给出实施细则具体的出台时间,但有全程参与制定暂行办法的专家向记者表示,这三个月是政策实施前的缓冲期,各地会争取在11月1日前出台细则,但也不排除有地方因为情况复杂,细则'难产'。"(详见郭超:《今年11月1日前各地出专车细则》,《新京报》2016年7月30日,第1版。)

㉞ 在网约车发展之初,上海是较早对网约车发展持肯定与支持态度的地区,2015年10月8日,上海市交委向滴滴快的颁发了网约车平台经营资格许可,这是国内首张"网约车牌照",除此之外上海市为网约车的发展提供了巨大的生存空间,并未对车辆性质、价格和驾驶员条件作出过度限定,并且对安全责任的划分给予明晰;杭州于2015年9月出台《深化出租汽车行业改革的实施意见(征求意见稿)》,明确"经营权无偿使用""有序发展网约车等新兴业态"的政策导向。对于其他大部分地区而言,将专车纳入非法营运范围进行整治是一种常态,并且存在着钓鱼执法、集中执法等激化社会矛盾的行动。

通过互联网技术的运营进入网约车市场,限制网约车市场先出租车市场的发展方向。⑤从竞争的角度来审视,常规化与个性化出行需求的客观设定不能抹杀出租车与网约车具有很大程度上竞争的同质性,因此两个场域的竞争在所难免。除去各自的单向服务探索竞争的一个关键环节,市场间的技术渗入与资金渗入同样是一种重要的竞争诉求。出租汽车市场的规制发展仅仅允许单向的竞争渗入,禁止创新领域渗入传统领域仍然反映出一种传统的局限性思维与特许经营垄断思维,对网约车市场的创新性与竞争性认知尚不充分。其次,《网约车办法》第10条规定了网约车平台公司的备案登记义务,而这种备案的相对行政主体为"经营区域内"的有关部门。虽然备案登记是一种常规的行政管理方式,但是过于狭窄的备案登记反映出法律规制对立基于互联网基础平台的共享经济地域衍生认知模糊。共享经济的平台属性虽然具有地域性特征,但是这种地域特征打破了"县域"的思维,立足省级、市级区域。传统的出租车监管思维再次表现出对共享经济创新发展的不适应。最后,网约车法律规制地方主导的重要表现在于车辆具体标准和营运要求以及车辆数量的地方化。网约车的发展仍然难逃离传统的"指标"思维,属地管理的重心仍然在于"管"而非"促"。对于共享经济的发展而言,基础服务数量是支撑共享经济发展的基础,换言之共享经济倡导人人参与,在长尾理论的应用下实现使用权的深度挖掘。过严的数量管制无疑会对网约车市场形成准入壁垒,进而回归传统出租车的垄断思维。

四、竞争本位:网络约租车的规制转型与权利实现

我国网约车法律规制亟待从广义的"社会秩序本位"向"竞争秩序本位"转型,通过市场竞争的维护,支撑和推动网约车的创新属性,进而为消费者权利的实现奠定基础。竞争本位是具有创新市场发展的一个可持续前提,"而法律将竞争成为可能,也促进和塑造竞争",⑤如何将网约车市场初创阶段的"野蛮增长"转化为理性阶段的"有效竞争",既是市场自身发展需要思考的命题,同时也是法律规制介入的重中之重。

(一)市场理性语境下的竞争发展

网约车市场的非理性一方面体现在服务市场类型化分割的不明确、服务规范性弱以

---

⑤ 虽然《出租车指导意见》明确"鼓励巡游车经营者、网络预约出租汽车经营者(以下称网约车平台公司)通过兼并、重组、吸收入股等方式,按照现代企业制度实行公司化经营,实现新老业态融合发展",但是其主导方向为"鼓励巡游车企业转型提供网约车服务",对于网约车能否向出租车市场介入语焉不详。并且在《网约车办法(征求意见稿)》中曾规定,"网络预约出租汽车不得巡游揽客……网络预约出租汽车不得同时接入两个或两个以上的网络服务平台提供运营服务",《出租车指导意见(征求意见稿)》也相应规定,"具有预约出租汽车专用标识,不得巡游揽客,只能通过预约方式提供运营服务"。由此可以看出监管部门对网约车的市场竞争力有所忌惮,对网约车市场监管的垄断思维仍然存在。

⑤ 〔美〕戴维·格伯尔:《全球竞争:法律、市场和全球化》,中国法制出版社2012年版,第3页。

及由此引发的相关社会问题上,另一方面主要体现在前期市场竞争的初级与赤裸,即在互联网免费模式的感召下,主要通过资本融资形成客户补贴,进而寻求市场占有与品牌效应。"互联网产业中的企业并不是活雷锋,完全免费无法支撑以营利为目的的企业运转",[37]在资本有限性和主体盈利性定位的前提下,网约车市场的"资本游戏"可以是永恒的,但是"补贴大战"是不可持续的,网约车的资本吸纳终究要流向更可以为平台公司带来实际利益和可持续利益的方向,因此网约车市场从非理性走向理性是一种必然的选择。从我国的发展轨迹来看,网约车市场走向理性的一个重要标志在于市场价格规律的回归,即市场价格由资本决定向成本决定转化。以作为市场中间主体的驾驶员为例,其原有盈利模式为"补贴+成本收益",而现有模式变为"成本收益—平台中介费用"。告别资本野蛮支撑下的非理性繁荣,网约车市场逐渐以价格为基准展开理性的市场竞争活动。在价格规律背后,一个更为值得深究的市场理性表现在网约车市场主体间的竞争逐渐转向对市场发展更具实质意义的服务质量、管理制度和企业文化等"软实力",一种更为符合竞争本质的市场活动逐渐扩展开来。在市场理性的自发演进之中,法律规制介入的前提在于肯定网约车的创新性,为其社会福利的产出提供必要的制度保障。从此点出发,对网约车发展最为实际的肯定莫过于其法律地位的有效认可,即在传统出租车体制之外,赋予网约车应有的市场发展空间。法律规制作为一种公权力的介入在处理政府与市场,竞争与创新关系时的一个重要导向在于明确政府与市场的边界。在市场经济可以自发衍生的领域,法律规制的角色定位应当在于一种"需要国家干预"的经济法规制,[38]即针对网约车可以产生的对社会公共利益具有全局性和重要性影响的环节进行适度规制,而对市场的合理化发展给予充分的容忍与退出。法律权力与市场权利之间形成制衡,不仅能降低权力的运作成本,也可以确保权利实现的效率。"潜在的关注经济激励和市场安全的共享经济规制应当被视为未来创新的标准",[39]在网约车市场理性竞争的前提下,法律规制的重心应当在于促进和维护市场竞争,通过宏观制度建构防范市场内的社会性风险。

437

(二)权利实现语境下的竞争必要

网约车的发展缔造了新的权利秩序,在这种权利秩序之中形成了多主体的权利实现:首先,多元化的出行服务丰富了消费者的出行选择,使用权能的分离促进了消费者权利内容的多层次实现;其次,出行供需配比的"线上化"减低了驾驶员的运行成本,在提高运行效率的同时也赋予驾驶员更多的自主与自由空间,使用权能的彻底分离和双向选择的出

㊲ 侯利阳,李剑:《免费模式下的互联网产业相关产品市场界定》,载《现代法学》2014年第6期。

㊳ 详见李昌麒:《经济法——国家干预经济的基本法律形式》,四川人民出版社1995年版,第198页。

㊴ Josh Krauss,"The Sharing Economy:How State and Local Governments are Failing and Why We Need Congress to Get Involved",*Southwestern Law Review*,Vol.44,2014,p.380.

现也是对驾驶员"劳动权利"的丰富；最后，经营者借助新经济形式，驱动新型盈利模式，在免费模式和平台营运的催动下，经营者介入出租汽车市场成为一种可能，并且存在广阔的发展空间，其市场权利得到了充分的实现。一个值得思考的问题在于，网约车引发的多主体多权利实现为何在前期没有得到充分的重视，问题的答案直指垄断。在出租车行业特许经营的前提下，市场准入限制使得出租车经营牌照成为稀缺资源，出租车营运市场壁垒森严。并且在《城市出租汽车管理办法》的场域下出租车公司具有强势地位，出租车驾驶员受制于份子钱，而公司却可坐享垄断利润。在市场垄断的背景下，服务的均等化使得消费者的多元需求满足成为一种奢望。因此，在出租车客运市场巨大的供需差面前，出租车公司可以坐享其成，并且一种潜在的道德风险在于，"承租人对运营发生的包括汽车维护、修理、置换和保险在内的可变成本漠不关心，因此他们被激励去选择低效水平的汽车维护和风险"，[40]行业服务质量的模式使得相互之间不存在实质性的市场竞争。由此看来，反垄断不仅是市场主体多元权利实现的保证，也是网约车发展可以鉴别的前车之鉴。"反垄断法'保护竞争而非竞争'的论断已被世界各国学者和反垄断法所接受，细品其味，不难感知，反垄断法保护的对象已从传统的主流法律关系主体转向对主体间互动的关系状态的保护"，[41]因此垄断的破除在维护市场主体一般权利的同时也对利益相关者的权利实现产生正向激励。反垄断与消费者权利实现、社会公共利益的实现业已是我国《反垄断法》的立法宗旨之一。因此，从权利实现出发，网约车市场法律规制的重心在于垄断的预防，从潜在的垄断类型出发，既要对垄断行为进行事后救济，也要对过程中的垄断主体进行必要的事前规制。可以讲，以反垄断法为代表的竞争法规制在网约车市场的发展中可堪大任。

（三）共享经济语境下的竞争拓展

共享经济虽然以共享精神、社会福利为价值标榜，但是种种辞藻不能掩饰其经济模式的竞争本质。在共享经济企业之间仍然存在着多层面、多层次的市场竞争。无论是 Uber 和 Lift（共享出行）、Airbnb 和 HomeAway（共享空间），还是 Prosper 和 Lending Club（共享资金），国外共享经济发展都存在着市场内的品牌竞争。我国国内网约车市场也存在着滴滴、易到、神州等品牌化服务之间的竞争。因此，共享经济发展的本身是不排斥竞争的，并且需要竞争来巩固经济模式。2015 年 10 月 16 日，英国高等法院裁定 Uber 不必遵守本地出租车管制，"Uber 软件并不是像计价器一般工作，因而不违反当地法律"；[42]2016 年 10 月 7 日，美国联邦法院第七巡回上诉法院认定网约车平台可以不接受出租车行业的价

---

⑩ Henry Schneider. "Moral Hazard in Leasing Contracts: Evidence from the New York City Taxi Industry". *Journal of Law & Economics*, 2010. Vol.53, p.784.

⑪ 刘水林：《反垄断法的观念基础和解释方法》，法律出版社 2011 年版，第 21～22 页。

⑫ A. Alexander DeMasi："Uber: Europe's Backseat Driver for the Sharing Economy", *Creighton International and Comparative Law Journal*, 2016. Vol.7. p.81.

格监管,驾驶员同样不需要"持证上岗",与此同时波斯纳等法官指出,"新技术或新商业模式的出现往往证成旧技术或旧商业模式的没落与消失……出租车牌照持有者可以拥有并运营出租车,但是不能排斥其他竞争性的交通运输服务"。㊸ 虽然共享经济品牌的合法性在欧美等国得到了认可,但是共享经济的反竞争表现同样得到了欧美等国竞争执法部门的关切。国外学者研究发现,"共享经济面临的法律难题包括法律没有预见的合作关系、法律没有考虑行动与企业背后的不同动机以及法律没有预见交换的不同形式等"。㊹ 共享经济对于竞争的挑战"一方面是由经营者有能力产生网络效应而引发的反垄断担忧,另一担忧可能因平台在一侧交易市场锁定当事人的能力而产生,从而在双边市场取得市场支配地位"㊺,而立基于数据使用的共享经济法律规制的重点应当在于"经营者集中控制程序的审慎和长期潜在的市场滥用行为"。㊻ 从网约车发展本身来讲,Uber 也面临着诸多垄断与不正当竞争归责,"在消费者诉讼一端表现为规避驾驶员责任、保险范围的不确定和价格提升的争议;在驾驶员诉讼一端表现为违法工资和工时法、酬金机制扭曲和利用不良驾驶员分类规避费用;在竞争者诉讼一端表现为虚假广告和不公平竞争"。㊼ 综上所述,在共享经济语境下,网约车市场的竞争性应当成为法律规制的重要权力导向。从共享经济市场竞争的可行性来看,市场竞争与发展应当建立在供给侧共享环节多元、需求侧共享意愿自主和共享平台规范的前提之下。因此确保共享经济市场的准入自由,维护主体的发展公平,通过法律规制形成有力的事后救济是共享经济法律规制转型的题中之义。

五、发展向度:网络约租车竞争性规制的制度要点

网约车市场的竞争性是我国法律规制开展务必要考量的回应标的。统筹竞争规制资源,运用竞争性规制对网约车市场发展中的竞争问题对症下药。在创新驱动发展战略的背景下,竞争性规制在出租车和网约车行业的变革之中具有存在的合理性和有效性。立足多元主体的权利实现,从市场竞争机制维护着手,法律规制的"软硬兼施"可以有效推动网约车创新性的发挥,最终提升社会福利。

㊸ *Illinois Transportation Trade Association*, *et al*. *v. City of Chicago and Dan Bergess*, *et al*., United States Court of Appeals for the Seventh Circuit, Nos. 16 - 2009, - 2077, & - 2980.

㊹ Jenny Kassan, Janelle Orsi:"The Legal Landscape of Sharing Economy", *Journal of Environmental Law & Litigation*, 2012. Vol.27. pp.12~17.

㊺ Stephen P. King:"Sharing Economy:What Challenges for Competition Law?",*Journal of European Competition Law & Practice*, 2015, Vol. 6. p.729.

㊻ Guy Lougher, Sammy Kalmanowicz:"EU Competition Law in the Sharing Economy", *Journal of European Competition Law & Practice*, 2015, p.1.

㊼ Erin Mitchell:"Uber's Loophole in the Regulatory System", *Houston Law Review*, 2015, Vol. 6, pp.78~93.

(一)竞争性规制的提出——基于创新驱动发展战略的回应

"尽管共享经济遭遇的法律灰色地带令人困惑,但是共享经济不能被放入传统法律框架的确切事实告诉我们一些强大和有希望的事情:这些活动与 20 世纪的做法存在着根本的不同。"[48]严格来讲,网约车的发展从灰色地带步入合法化时代的背书在于其迎合了诸多宏观发展战略,创新驱动发展战略正是这其中较具代表性的。2015 年 3 月,国务院发布《关于深化体制机制改革加快实施创新驱动发展战略的若干意见》,从打破行业垄断和市场分割、改进新技术新产品新商业模式准入管理、要素价格倒闭创新等方面着手营造激励创新的公平竞争环境成为创新驱动发展战略的重点内容之一。从文件本义来看,我国实施创新驱动战略的一个前置要件在于扫清竞争不充分引发的对创新的阻却与抑制,促进市场竞争与创新的正相关运转,最终让创新回归市场、服务于市场。网约车的发展过程中同样面临着传统市场行业分割、准入限制等发展窘境,既得利益者与传统垄断势力的抵制使得网约车的市场化演进面临着困难。与其说创新驱动发展战略为网约车的发展"保驾护航",不如说二者统一于市场竞争。在创新发展战略的大局之下,市场规制的重心自然应当在于市场竞争的维护,我们可以把这种规制转型趋势称为"竞争性规制"。从界定而言,竞争性规制是以市场竞争为本位,融合多规制主体,统筹多类型规制资源,综合运用多种规制方法实现市场竞争的促进与维护。就竞争性规制的内涵来看,我们认为它至少应当包括三个主要组成部分:第一,竞争法规制,即以反垄断法和反不正当竞争法为代表的立足市场竞争的专业规制类别。竞争法规制是新经济形式发展过程中法律底线与市场边界,换言之,我们可以为网约车的创新提供充分自主的市场衍生空间,但是这一空间的边界就在于不违反法定的市场竞争规则。"反垄断法不仅被视为实现经济性目标的工具,还包括很多社会性目标",[49]作为社会公共利益和消费者福利的"硬"保障,竞争法规制机构应当适时采取适当措施对新经济形式发展中可能产生的反竞争行为进行有效规制。第二,竞争规则生成。市场竞争规则生成是市场之所以为市场的一个关键点所在,法律规制可以容忍市场初创阶段经历混沌与混乱,但是当经济模式的创新性被认可,如何促进市场竞争规则的生成是政府与市场都需要考虑的问题。因此也就形成了市场竞争规则形成的两种路径:政府引导与内部生成。需要指出的是,本文言及的竞争规则与市场竞争相关的法律规则存在一定的差别,竞争规则主要市场竞争过程中形成的内部惯例与外部导向,政府引导的竞争规则即政府通过竞争政策或产业政策推行的与市场竞争相关的规则体系;

---

[48] Jenny Kassan, Janelle Orsi: "The Legal Landscape of Sharing Economy", *Journal of Environmental Law & Litigation*, 2012. Vol.27. p.13.

[49] Dina I. Wakde: "Antitrust Goals in Developing Countries: Policy Alternatives and Normative Choices", *Seattle University Law Review*, Vol.38, 2014—2015, p.995.

内部生成的竞争规则是指市场竞争主体自发形成的商品服务运行规范体系。竞争规则的完善是市场秩序得以稳定的一个重要前置性条件。第三,竞争环境营造。竞争环境营造是新经济形式市场竞争发展的一个长期目标。竞争环境营造不同于竞争法规制和竞争规则生成,它需要多规制主体的多元融合,从竞争文化和竞争环境的构建出发,实现市场竞争的"软"促进。从三者的关系来看,竞争法规制与竞争规则生成都是服务于竞争环境营造,而竞争环境营造在两种竞争性规制之外又包含通过竞争评估、竞争倡导等多元规制方法实现市场竞争的纵向跟踪与促进。竞争环境的有效营造不仅仅需要对市场主体进行引导,市场发展政策制定主体、监管主体、竞争规制主体都应当成为竞争环境与竞争文化塑造的引导主体。

(二)竞争性规制语境下网络约租车法律规制的发展向度

在竞争法规制、竞争规则生成和竞争环境营造的三维竞争性规制语境下,我国既有网约车法律规制均存在着不同程度的缺陷,并且在实际运行中表现出诸多的典型问题。从竞争性规制出发,依托制度建设,我国网约车法律规制转型应当着力于以下三个方面:

1. 严守市场竞争秩序法律底线,及时开展竞争法规制

自 2008 年《反垄断法》实施以来,我国反垄断法律规制体系逐渐步入成熟;2016 年 3 月,《反不正当竞争法(修订草案送审稿)》的发布也意味着我国竞争法体系逐步走入完善,我国竞争法规制的基本框架业已形成。实践发展证明,竞争法规制体系可以为市场经济的发展确保竞争基因。然而,我们也必须清楚地认识到,在垄断性行业、特许经营行业的发展中,竞争性规制仍然难以完全施展拳脚。竞争政策与产业政策、竞争执法机构与行业监管机构的博弈使得竞争法规制的领域拓展难以取得实质性效果。伴随管制放松浪潮的推进和新经济形势的发展嵌入,竞争性规制可以更多参与到垄断性行业改造的实践之中。正如霍温坎普所指出的那般,"如果政府限制产品的价格和产出水平,市场力量将不再操控这些因素,反垄断法就被抛在一边……当被规制的公司逐渐拥有越来越多的自主权时,反垄断就开始发挥作用"[50]。特许经营背景下出租车行业的发展面临垄断窘境,但竞争法规制因出租车行业权源的合法性而难以进行有效治理;在网约车的催动下出租车市场的开放成为必然,竞争法规制既要成为新经济形式发展的护航者,又应成为传统经济形式改造的推动者。市场的竞争本位决定竞争法规制应当在网约车法律规制体系中占有重要一环,然而现实发展表明,相比于舆论期待,我国网约车市场的竞争法规制并未发挥其应有的功能。无论是早期的滴滴与快的合并,还是近期的滴滴与 Uber 合并,类似具有社会性影响、对市场发展可能存在限制竞争效果的经营者集中不应当仅仅停留于主管机构发言

㊿ [美]赫伯特·霍温坎普:《反垄断事业:原理与执行》,吴绪亮等译,东北财经大学出版社 2011 年版,第 230 页。

人的宣示性话语之中,而应体现在具体的反垄断规制实践之中。又如,在网约车发展早期的资本乱象之时,竞争执法机构应当对市场价格的合理性进行必要的监控,防止市场主体的理性行为引发市场的集体非理性,以市场竞争机制促进和消费者的权利实现为主旨,对不正当竞争行为进行及时的法律矫正。因此,网约车市场竞争法规制的制度着力点一方面在于行为导向下的规制实践,即以不正当竞争行为和垄断行为为标的,适时开展竞争法规制活动,维护网约车市场竞争机制;另一方面在于确保网约车市场竞争规制的"全时性",即在尊重市场主体自主经营权的前提下,既强调事后的竞争法规制救济,又要发挥事前竞争法审查的效用,还要重视事中对网约车市场竞争动态的评估与倡导。

2. 促进市场竞争规则生成的双向互动,赋予网约车平台公司充分的自主权限

美国网约车市场发展历来主张市场主体主观能动性的发挥,"Uber 通过本地支持给予消费者便利的出行选择,很明显消费者需要 Uber 的服务和体验;作为一个结论监管者应当允许 Uber 及其类似公司的共享经济创新与发展,跟随华盛顿特区模式——即仅关注安全,不对市场准入和价格进行干预"[51]。在"指导意见+暂行办法"的网约车法律规制开展之前,我国网约车市场竞争规则基本上是由网约车平台公司主导,这些竞争规则表现在驾驶员服务规范、服务细则等方面。在网约车平台公司的主导下,网约车市场的基本竞争规则得以生成,并且实现了商品服务的类型化、趋同化和竞争化。[52] 市场发展证明,网约车平台具备生成市场竞争规则的能力,但是也存在着一定的风险,集中表现在驾驶员劳动权和消费者安全权。这些自下而上竞争规则生成的失灵之处应当成为政府介入、引导竞争规则完善的关键性环节。也就是说,政府对于网约车市场竞争规则生成的主要作用在于确保驾驶员和消费者——这两类竞争规则生成的弱势群体的权利保障。这样,市场竞争规则在内部生成和外部引导之间就会形成良性的互动。具体来看,网约车市场竞争规则双向互动的具体措施应当在于:首先,赋予网约车平台公司充分的自主权限,并强化其法律责任。网约车平台公司市场自主权享有的等价条件在于法律责任的既受,这也符合法理意义上的权利与义务相一致原则。网约车市场竞争规则的市场主导不仅有利于发挥主体创新对行业发展的支撑作用,更有利于节约监管成本,提高监管效率。其次,畅通网约车消费者权益保护路径,从消费安全入手着力引导网约车公司完善内外部风险控制机制,预防个人信息泄露、隐私权侵犯和生命健康权侵犯等违法行为的发生。在"消费者权利中心"路径之下,既需要对消费者基本权利进行一般维护,又需要对消费者发展权进

---

⑤ Hannah A. Posen: "Ridesharing in the Sharing Economy: Should Regulators Impose Über Regulations on Uber", *Iowa Law Review*, 2015, Vol.101, p.432.

⑥ 实际上在网约车发展之初,平台公司对行业服务标准和服务质量是非常重视的,并且不断寻求行业发展的整体标准化。例如,滴滴快的曾发布《互联网专车服务管理及消费者安全保障标准》,在政府公权力介入之前,通过车辆管理标准、驾驶员管理标准、消费者安全管理标准和服务质量监管的明确,力求行业发展的高效率与高质量。

行一体尊重。但是也需要避免回归出租车市场消费安全的传统监管路径,即"过度聚焦消费安全,以至于市场低效反而会形成市场准入壁垒的政策"。[53] 最后,对于职业型网约车驾驶员的劳动权利实现进行重点监管。自美国 Uber 发展以来,"法庭面临着关于 Uber驾驶员大量的保险诉讼;保险范围的误导使得 Uber 对驾驶员产生不正当竞争行为"。[54]深思大量保险诉讼的原因应当在于 Uber 试图规避应当由自己分担的法律责任。因此确保职业型驾驶员的基本劳动权利,完善网约车市场保险制度应当成为市场竞争规则发展的重要制度依托。

3. 以权利实现为导向缓和市场间矛盾,着力营造市场竞争环境

以共享经济为创新外衣的网约车在其发展中的一个瓶颈在于市场间矛盾的处理。从主体权利实现的视角而言,网约车的发展不仅仅是一种新经济形式的呈现,它是通过一种新权利秩序的建立促进传统权利秩序的改变,并且在新旧权利秩序之间不断走向融合。因此,市场间矛盾缓和的可行路径在于双方市场内的竞争充分以及市场间竞争环境的赋予:一方面,应当推进出租车行业特许经营体制的改革,以消费者和驾驶员的基本权利实现为依据,推进市场转入的开放,回归出租车公司的法人本质。"出租车司机认为他们为牌照负担了巨大的责任,而监管对 Uber 的失灵使他们陷入一种不正当竞争的窘境,对出租车运营者松绑或许是处理外在不公平和鼓励竞争的最佳路径";[55]另一方面,以权利实现和创新支持为动因,营造激励创新的网约车市场竞争环境。除此之外,出租汽车市场间矛盾缓和的关键在于行政权力的有效限制,即防止行政权力对市场发展尤其是市场竞争机制的不当干涉。通过有效的制度探索,既要预防监管部门规制俘获的发生,又要不断促进监管部门政策导向的竞争性嵌入。综上所述,我们认为网约车市场竞争性规制的制度要点在于:第一,以竞争评估为契机,探索公平竞争审查在出租汽车行业的适用,确保宏观发展导向的竞争性。"反垄断促进消费者福利,然而产业政策促进特权组织或产业的政府干预;不幸的是,在反垄断法与政策和全球竞争政策范围之中,产业政策依然盛行。"[56]竞争评估制度的适用旨在减少因政府公权不当干预引发市场竞争的不良影响。2016 年 6月,国务院发布《关于在市场体系建设中建立公平竞争审查制度的意见》,明确公平竞争审

[53] Joshua M. Mastracci:"A Case for Federal Ride-sharinig Regulations:How Protectionism and Inconsistent Lawmaking Stunt Uber-led Technological Entrepreneurship", *Tulane Journal of Technology and Intellectual Property*,2015,Vol.18,p.202.

[54] J. Davis:"Drive at Your Own Risk:Uber Violates Unfair Competition Laws by Misleading UberX Drivers about Their Insurance Coverage", *Boston College Law Review*,2015,Vol.56,p.1141.

[55] Caleb Holloway:"Uber Unsettled:How Existing Taxicab Regulations Fail to Address Transportation Network Companies and Why Local Regulators Should Embrace Uber,Lyft,and Comparable Innovators", *Wake Forest Journal of Business and Intellectual Property Law*,Vol. 16,2015,p.67.

[56] D. Daniel Sokol:"Tensions between Antitrust and Industrial Policy", *George Mason Law Review*,2015,p.1247.

查制度对我国经济发展和创新驱动的重要作用,以此为契机,网约车乃至出租汽车市场主体活力的释放具备了更好的制度选择。我国出租汽车市场的路径变迁历来受到政府干预的主导,出租汽车行业的公共性与社会性决定规制的必要性,但是如何使规制在有利于市场竞争的轨道上运行是拥抱互联网创新,提升行业整体发展水平的关键。通过公平竞争审查制度的引入,一方面可以提升竞争执法机构对出租车行业发展的介入程度,为竞争法规制的开展奠定基础;另一方面可以促进行业发展政策的竞争性导向,激发市场主体发展的积极性,稳定行业准入的开放机制,确保市场的流通性和竞争性。第二,以私人实施为激励,强化网约车市场发展的信息公开,促进市场竞争规则生成的多元参与。网约车市场竞争环境的营造并非仅仅是法律规制部门的"一家之言",更多需要市场发展利益相关主题的积极参与,提升网约车市场发展的公开化与透明度。竞争法私人实施机制的发展表明,如果对私人给予充分的制度激励,那么竞争法实施将会拥有广阔的私人资源,提高限制竞争主体的违法成本,降低竞争法规制机构的信息搜寻成本。在赋予网约车运营主体充分自主的前提下,网约车市场竞争规则的内部生成应当充分考量利益相关者的权利与利益实现,尤其是与市场标准和服务质量密切相关的市场竞争要素。通过市场竞争规则的信息公开,维护消费者的议价能力,实现实质意义上网约车创新驱动的自下而上。

余论:共享经济悖论与网约车的地方规制

网约车的发展不仅仅面临着法律规制的困境,更重要的是其创新性也面临着理论与实践两方面的质疑,中国式共享经济正在走入一种发展的悖论之中:首先,网约车发展的职业性削弱了共享经济的分享性。在网约车可供选择的服务类型之中,舆论普遍认为"顺风车"具有共享属性,是共享经济特征的集中表达,而"专车""快车"等更像是借助新经济形式外衣实现对传统垄断体制的冲击。并且,在一号专车、神州专车等标榜职业化、雇佣化服务的品牌进入市场之后,网约车的分享性更是受到了极大的质疑。其次,网约车发展背后的资本支撑及其市场初创的非理性表现使其招致资本配置低效的诟病。眼花缭乱的资本大战虽然为网约车的发展搏得了极大的关注,但是免费模式的非理性伴随市场发展回归正轨逐渐遭到批判与抨击。从消费心理学来看,价格落差容易使消费者产生抵触情绪,当网约车平台公司露出"资本家"本质、当资本的喧嚣回归发展的理性,批判与诟病似乎也显得理所应当。最后,网约车市场集中度的不断提升使其品牌化发展背负"垄断"标签,创新外衣下的垄断复辟存在极大的可能。伴随滴滴与快的、滴滴与 Uber 的两次关键性合并,网约车行业的市场集中度不断提升,而这一阶段恰巧适逢我国反垄断法实施逐渐步入实质化阶段。前赴后继的反垄断规制活动使得舆论对市场垄断的关注远超从前,因此也就可以理解当滴滴与 Uber 合并之时,舆论"反垄断"呼声的此起彼伏。2016 年 11 月

1日,我国网约车法律规制将正式展开,配合中央的宏观规制导向,地方配套政策相继出台。在央地分权逻辑之下,网约车发展的地方规制具有极大的自主空间,其权力运作导向决定了网约车发展的竞争性。网约车本地监管的自主性也决定了网约车地方发展的不确定性,在既有宏观政策竞争本位缺失的前提下,网约车的区域性发展也蒙上了阴影。实际上,从共享经济质疑和地方探索困境我们不难看出,我国网约车发展的创新性正在遭遇传统思维的禁锢,这种禁锢既表现在社会舆论对网约车回归理性的包容性不足,又表现在因网约车运行主体的不当行为阻碍网约车可持续创新的可能。究其关键,网约车作为一种新生事物,在发展中面临质疑并非一种异态,反而应当是一种常态。网约车市场的创新性不在于其对支撑理论的实现程度,而是在于它的市场效果能对主体的权利实现起到何种程度的效用。正如张维迎教授所指出的那样,"网约车发展不能漠视穷人的权利:作为服务提供者的权利(驾驶员)和作为服务接受者的权利(用户)"。⑰ 除此之外,网约车的可持续发展取决于市场内部的造血机制,即市场竞争下的服务质量与行业标准提升,而市场竞争能否有效进行的关键还在于政府权力的合理介入与有效退出。近日来,英美监管机构对网约车的肯定与支持态度与我国网约车法律规制的地方拓展不可不谓大相径庭。我们应当以权利实现标准来肯定网约车的创新,以市场竞争为准则确保其可持续性,即使网约车发展前路未卜,但是我们仍可以从其发展的过程中寻求"权利的斗争"。

---

⑰ 张维迎:《网约车监管不能漠视穷人的权利》,北京大学国家发展研究院,http://www.bimba.edu.cn/regard/news_center/2016/1018/27439.html,2016年10月18日。

论我国房地产投资信托的不足与完善

——以受益凭证的证券性质为视角

綦 磊[*]

（西南政法大学）

摘 要：美国房地产投资信托基金（Real Estate Investment Trusts，REITs）制度因其本身的建构的优势，特别是房地产证券化（Securitization）的运作模式，使其在本国金融市场上占据重要位置。我国房地产投资信托虽是在移植美国房地产投资信托基金制度基础上建立的，但因其受益凭证不属证券的范畴，使其不仅在功能上远不如美国房地产投资信托基金，而且出现了法律上的"名实不符"。将该受益凭证纳入《证券法》的调整范畴，无论是在微观经济领域抑或宏观经济领域，均具有积极意义。

关键词：房地产投资信托；证券化；证券

引言

房地产业属于国民经济的支柱产业，其平稳发展对于促进国民经济的发展、扩大内需具有十分重要的意义。同时房地产业又属于资金密集型产业，具有投资规模大、资金使用周期长等特点。保障房产企业的资金来源，对于房地产市场的平稳运行具有十分重要的意义。长期以来，我国房地产企业的资金主要依赖于银行贷款，近年来国家发布了一系列的政策，提高了银行向房地产开发企业贷款的门槛，房地产业融资变得困难。而在美国，REITs 制度十分成熟，房地产投资信托基金制度为房地产开发企业开辟了银行贷款外的新的融资渠道。我国虽移植了 REITs，但是因《证券法》及相关法律法规的滞后，使我国的房地产投资信托未能像 REITs 一样繁荣。

　＊ 綦磊（1984— ），山东高密人，西南政法大学民商法学院 2011 级博士研究生，主要从事民法、商法研究。

一、先进经验之引介与反思——美国 REITs 中房地产证券化简介

中国的房地产投资信托为舶来品,是在借鉴美国 REITs 的成熟经验的基础上发展而来的,所以了解美国的 REITs 对充分了解我国的房地产投资信托制度的不足具有重要意义。正如克茨所指出的:"接受外国法律制度的问题并不是一个国家性的问题,而是一个简单明了的符合目的和需要的问题。"①

长期以来美国房地产市场的投资者多为机构投资者,普通民众因为其资金和专业知识有限,极少涉足房地产市场。为了使得房地产企业能够向社会公开募集资金,也为了能够使得普通的民众能够分享房地产市场的收益,美国《1960 年国内税收法典》(Internal Revenue Code of 1960,I.R.C.)建构了房地产投资信托基金制度(REITs),②使得美国 19 世纪中期的马萨诸塞信托,在历经百年之后得以重新确立。③ 其基本思路是:通过发行基金份额筹集基金,为基金份额持有人的利益进行投资,以可以产生长期收入的房地产项目为投资目标,以房地产租金及其他相关经营收入为主要的收入来源,并将收入的绝大部分分配给基金份额的持有人(一般为社会上的普通投资者)。与马萨诸塞信托不同,REITs通过房地产证券化的形式实现了受益凭证的高度流通性。REITs 的受益凭证属于证券法上的证券,REITs 的基金份额同股票、债券一样可以在证券交易所公开上市交易,具有高度的变现性,普通投资者可以通过上市交易获取差价。REITs 的基金份额同样也适应证券法上的信息披露制度,美国的上市 REITs 必须按照监管部门的要求,向基金份额的持有人提供季度和年度财务报告、税务报告和总结,以达到保护投资者的目的。

就运作模式而言,REITs 是房地产证券化与信托的有机结合。如果金融资产的持有者拥有大量的金融资产而无法变现,一方面影响资金的使用效率,另一方面也带来很大的风险,为了解决这种流动的困难以及分散风险,资产证券化应运而生。资产证券化的第一步就是进行资产组合,支持证券化的资产组合要满足几个条件:资产组合属于同一种类、具有一定的价值、能够产生可预期的现金流、能够产生流动性。第二步就是将资产出售给特设的目的载体 SPV(Special Purpose Vehicle),SPV 通过发行以资产组合为支持的证券,为购买该资产提供融资。设立 SPV 的目的是实现发起人的间接融资,在发起人与投资者之间设立了一道屏障,从而切断发起人与投资者法律上的关联。

房地产的证券化,是资产的证券化的一种重要形式。房地产作为一种主要的不动产具有投资量大和流通性差的特点,一项房地产项目一旦建成,其价值就会固定在其上,所

---

① [德]K.茨威格特海因 H.克茨:《比较法总论》,潘汉典译,法律出版社 2004 年版,第 28 页。

② see Internal Revenue Code of1960,I.R.C. Sec856

③ 李智:《房地产投资信托(REITs)法律制度研究》,法律出版社 2008 年版,第 26 页。

以投资者要想获得其房地产项目的价值,就只能出售其拥有的房地产。而房地产的证券化,将房地产项目上所凝结的价值做证券化的技术处理。这个证券化的处理,是将房地产项目的财产权利划分为品质相同的若干份额,将具体的财产权利分解成由若干具有同等价值的抽象财产权利的过程。通过民事权利的证券化处理,使得具体的民事权利脱离了具体的形态,成为一个规格统一的标准化的商品。"REITs 是一种不动产投资工具,是不动产的证券形式,即将对不动产之投资转化为证券的形态,使投资者与标的物之间,由直接的物权关系,转化为持有债券性质之有价证券形态,借以结合房地产市场与资本市场,是不动产的价值由固定的资本形态转化为具有流动功能的资本性证券,以扩大投资者参与层面的过程。"④这一技术处理具有两个方面的优势:

一个方面,使得 REITs 可以向社会公众募集资金,扩大了投资者的数量,也扩大了房地产开发企业的资金来源。将单个房地产的价值划分为若干等额的标准化证券,通过专业的证券承销机构进行销售。购买证券者即为房地产的投资者,社会公众要想涉足房地产市场,不需要购买整个房地产项目,而只需购买 REITs 证券。美国法律对投资者持有 REITs 证券的数额没有限制。例如,公司型的 REITs 中,每个股东的最低持股(公司制的 REITs 中股票是一种 REITs 证券)量为一股。房地产的证券化可以使更多的中小投资者进入到房地产市场,分享其收益,REITs 的公众公司的性质主要是依靠其房地产证券化来实现的。而房地产开发企业可以通过证券化的形式,通过 REITs 向不特定的公众募集资金,解决了其资金不足和对银行贷款的依赖。

另一个方面,解决了房地产项目的弱流通性问题。房地产项目作为一种不动产,流通性差,其所有者若想将其变现,只能将其整体出售。而将房地产项目的价值做证券化的处理,使之成为证券,可以在证券交易场所公开交易,使其流通性大大增强。美国证券法,将证券定义为任何票据、股票、库藏股、债券、债权凭证……投资合同……。公司型的 REITs 的受益凭证为股票,自然属于证券的范畴。而契约型 REITs 的证券性质则是通过判例确定的,美国联邦最高法院根据"重内容轻形式"的原则提出了判断一项受益凭证是否属于证券的标准,即著名的荷威检测规则,此规则提出了四个具体的监测标准:(1)必须有资金的投入;(2)投资于共同事业;(3)盈利期望;(4)利润来自于他人的努力。按照该标准,契约型 REITs 的受益凭证被归为投资合同的范畴,从而成为一种证券。REITs 的受益凭证的证券地位的确立,使其可以在全国的证券交易场所公开上市交易,增强了其流通性。金融产品的流通性是投资者选择其投资方向时,十分看重的一项指标。投资具有较高流动性的金融产品可以减缓对交易时折价的疑虑。由于房地产交易时往往需要中介机构的参与,还要到登记机关办理权利变更登记,所以其交易成本过高。将房地产做证券化

---

④ 张金鄂、白金安:《不动产证券化》,永然文化出版股份有限公司 1999 年版,第 18 页。

的技术处理之后,证券持有人只要在证券交易机构进行交易,就可以完成权利的转移,这样有利于降低成本提高效率。REITs 的受益凭证证券地位的确立,使得 REITs 的受益凭证同样也适用证券法上的信息披露制度,美国的上市 REITs 必须按照监管部门的要求,向受益凭证的持有人提供季度和年度财务报告、税务报告和总结,以达到保护投资者的目的。这使 REITs 作为公众投资工具,具有较高的透明度在一定程度上克服了信息失灵。

REITs 的受益凭证与其他的证券有着明显的区别,其表现在三个方面:第一,REITs 的受益凭证是以房地产的实物为支持的,而其他的证券是以其所投向的企业的经营前景为支持的。所以,REITs 的受益凭证的价格最终取决于其所投向的房地产项目的价值。第二,REITs 对受益凭证持有人的分配比例无决定权。要想获得 REITs 的资格,REITs 必须将每个纳税年度的应税收入的 90% 分配给公司的股东。而普通的股份有限公司,可以通过董事会决议的方式决定利润分配的比例。第三,受益凭证的转让受"百人规则"的限制。REITs 的投资者必须在 100 人以上,否则就会失去资格。REITs 的每个投资者所持有的受益凭证的资产额不得超过总资产的 8%～9.9%。如果受益凭证的转让使受让人持有的受益凭证的数额超过这一比例,则转让行为自始无效,受让人无权获得这些受益凭证。当然,这一规定也不是绝对的,当受让人所受让的受益凭证的数额超过比例限制,但是不会危及"百人规则"时,其受让行为将被豁免。

美国 REITs 房地产证券化使得其与其他的融资工具相比具有很大的优势。从而促成了 REITs 的迅速发展。这可以用三组数据来表明:第一,日交易量的攀升。1994 年美国 REITs 的日交易量为 1 亿美元,而到了 2008 年,其日交易量已经突破了 49 亿美元,在 14 年里增长了近 50 倍(见附图)。第二,高投资回报率,从 1982 年 12 月到 2008 年 12 月,5 年期的 REITs 的平均年投资回报率为 16%～20%,在此期间没有出现负投资回报率。[⑤]第三,REITs 的受益凭证在证券市场所占的比例巨大。至 2005 年年底美国已有近 200 支上市房地产投资信托基金,市值总额 3216 亿美元,约占美国纽约证券市场值的 4%,管理的商业房地产值超过 4000 亿美元。[⑥]

449

---

⑤　美国房地产投资信托基金网 http://www.reit.com/InstitutionalInvestors/Dividends/tabid/101/Default.aspx,2011 年 8 月 9 日最后访问。

⑥　葛红玲:《房地产投融资模式创新——基于 REITs 视角的分析》,知识产权出版社 2009 年版,第77 页。

Market Capitalization vs. Average Daily Trading Volume

Note: Data as of February 28, 2009
Source: NAREIT®

附图：1992 年到 2008 年美国 REITs 的日交易量的增长情况

二、我国房地产投资信托的发展现状与制约

（一）我国房地产投资信托的发展现状

在我国，房地产投资信托公司与 REITs 不同，房地产投资信托公司主要是由房地产开发企业推动的，其主要功能是向房地产企业融资，以可以获得长期收益的房地产项目为目标，一般不参与房地产工程的建设，是典型的"代客融资"。2003 年 9 月我国第一支国内住宅产业基金——精瑞基金正式推出，该基金通过在香港注册的方式规避了我国的一些法律规定。2003 年 10 月中煤信托投资有限责任公司推出"荣丰 2008 项目财产信托优先受益权"这是国内第一支房地产信托优先受益权的转让信托。而 2003 年北京国投推出的"法国欧尚天津第一店资金信托计划"，则被业内人士认为中国内地的第一个真正意义上的准 REITs。"截止到 2004 年底，信托公司在两年多的时间内发放房地产信托计划约126 支，累计金额近 234 亿元，以权益类信托为主。它们通过向不特定的投资者发放房地产信托计划，将私募的资金在房地产项目上（企业）进行不同类型的投资，赚取回报。"[⑦]就房地产开发企业与房地产信托公司的合作方式而言我国目前房地产投资信托主要有如下三种：

第一，通过贷款类房地产投资信托，向房地产开发企业提供贷款。这类信托主要是为了帮助房地产企业达到 2003 年中国人民银行发布的《关于进一步加强房地产信贷业务管理的通知》中要求房地产企业自有资金不少于 30％的规定，或者向无法获得银行信贷支

[⑦] 葛红玲：《房地产投融资模式创新——基于 REITs 视角的分析》，知识产权出版社 2009 年版，第275 页。

持的房地产融资,是一种初期的信托产品,但也是目前发展最为完善的信托产品。其主要的运行模式是:仿效银行信贷资金的运行模式,贷款给房地产企业,用于土地或者房地产建设,以获取贷款利息为主要目的,其利率围绕银行同期贷款利率上下浮动,为了保证信托资金的安全,通常要求房地产企业进行担保。其中典型者为北京信托投资公司 2002 年的北京商务中心区的土地项目资金信托计划。这种信托产品在功能和运行上均类似于美国的抵押型 REITs(Mortgage REITs)。

第二,通过股权投资类信托进行融资。此类信托产品的具体运行模式是:信托投资公司将信托资金以股权的方式,合资成立或者入股房地产开发企业(房地产项目公司)或者直接参与房地产的开发、建设,从房地产经营中获取收益偿付投资者信托受益权权益;或者协助房地产开发企业满足银行的信贷条件,以申请银行贷款完成房地产开发,信托资金股权再择机溢价退出,并且以所获得的溢价偿付投资者的信托受益权权益。为保护投资者的权益,通常信托投资公司会要求在项目公司中占据控股地位并为股权安排好相应的退出机制,常见的情况包括项目公司的清算、原股东的回购、第三方受让等。典型的如重庆国际信托投资 2003 年的世纪星城住宅项目股权信托计划。[⑧]

第三,通过购买收益权或购买物业进行出租收益。此类信托产品是在借鉴美国权益型 REITs 的成功经验的基础上发展起来的,权益型 REITs 主要集中于房地产所有权领域,通过直接拥有、投资、收益、经营或者开发房地产,主要从租金中获取收益。我国的购买收益权或购买物业进行出租收益类信托的主要操作方式是:信托投资公司以信托资金购买房地产物业的租金受益权,或者先以信托资金买下物业,再通过出租等方式对物业加以利用,获得长期稳定的租金等收益,用于偿付投资者的信托收益权。前述欧尚信托就是这一类型的典型代表。与其他信托产品相比,此类信托能够给受益人带来长期稳定的收益,投资者一般会选择长期持有,一般不会将该类信托受益权转让,所以不必担心信托受益凭证流通性差的问题。该类信托产品使得房地产开发企业免去了偿还贷款的负担,并且其存在于物业领域,与房地产开发企业不存在利益冲突。近年来权益型投资信托的投资对象不断扩展,不仅包括商务中心、公寓、医疗中心、办公楼、工业用房、饭店、综合设施等,而且每年还会有新的房地产项目加入到该信托产品的行列,可以预见该类信托产品会是信托产品的主流。

通过投资信托方式所获得的资金,与通过银行信贷所获得的资金相比具有明显的优势。通过银行贷款所获得的资金,在财务会计上属于负债的范畴,房地产开发企业必须在债务到期之日还本付息,这使得房地产企业面临着巨大的还款压力。而且银行贷款受国家的经济政策的影响较大,贷款的投向和使用都要受到一定的限制。由于信托财产的独

---

⑧ 洪艳容:《房地产金融》,北京大学出版社 2007 年版,第 131 页。

立性,使得房地产企业通过信托所获得的财产属于其自有财产的范围。所以,房地产企业可以长期的使用,这就保证了在一个资金循环周期内的资金链的顺畅。因此可以在不提高公司资产负债率的情况下优化公司的资产结构,这对于房地产企业的长期发展是非常有利的。

(二)现行法律不承认房地产投资信托受益凭证的证券性质

我国《信托法》第48条规定:"受益人的信托受益权的凭证可以依法转让和继承,但是信托文件有限制性规定的除外。"肯定了受益凭证的流通性。但受《证券法》及其他法律的影响,我国的房地产信托并未实现房地产的证券化,这使得我国房地产投资信托在功能上远不及REITs,仅为"准REITs"。我国《证券法》规定:股票、公司债券和法律行政法规规定的其他证券为《证券法》调整的对象。由此可见我国的《证券法》对证券的类型采取法定原则,证券的种类由法律明确予以规定,非为法律所明确规定的,则非属于证券范畴。而《信托投资公司资金信托管理暂行办法》则将信托的受益凭证明确排除在证券之外,该办法第4条第2项规定:信托投资公司"不得发行债券,不得以发行委托投资凭证、代理投资凭证、受益凭证、有价证券代保管单和其他方式筹集资金,办理负债业务"。并且,证券是一种标准化权利的凭证,将价值形态相同的财产权利划分成品质相同的若干相等的份额,通过此划分使得民事权利脱离了具体的物质形态,成为规格统一的标准化商品。而《办法》则规定:信托受益凭证只能通过"一对一"协商的方式设定,每份合同的内容并不相同。按照该《办法》的规定,信托合同只能通过私募发行,不得通过报刊、电视、广播和其他的公共媒体进行营销宣传。由于受益凭证非属债券的范畴,所以不能在证券交易场所公开挂牌交易,并且在信托受益凭证上不能设定权利质权。在实践中只能是受益人自己寻找受让人。这使得交易成本过大,且受益人的视野范围有限,往往不能找到以最优的条件受让者。任何金融产品必须同时具备流通性、收益性和风险性,弱流通性必然造成低认同性,影响融资渠道的畅通。

三、《证券法》应承认房地产投资信托受益凭证的证券性质

除前述美国REITs外,大多数国家和地区也将房地产投资信托的受益凭证认定为证券。例如,澳大利亚房地产投资信托基金(ALPT)要求所有的房地产投资信托受益凭证均需在证券交易所挂牌上市,以方便其流通与监管。我国香港特别行政区承认REITs受益凭证的证券性质,香港的房地产投资信托基金由证监会负责审核与管理。由此,《证券法》及其他相关法律承认房地产投资信托受益凭证的证券性质,不仅有利于与其他国家和地区的惯例接轨,更有利于促进房地产金融市场的繁荣与监管。我国房地产投资信托的

运作的实际,使其受益凭证具有了证券之"实",然缺乏证券之"名"。这种"名""实"不符主要表现为以下两点:

第一,网上交易平台。在实践中,为了实现信托凭证的流通性,信托公司与证券公司进行合作建立了一系列的网上交易平台,其中典型的是重庆国投联合西南证券推出的"信证通"理财计划。客户可以凭借"信证通"在西南证券所开设的网络平台——"飞虎网"上出让自己的信托产品和购买他人的信托产品。西南证券"飞虎网"的网络平台作为一个开放的信息平台,可以接纳各个公司开发的信托产品,所有的转让信息集中在这里披露,各信托产品的客户可以在这里共享,通过这种方式有效地降低了信托产品转让过程中的交易成本。该产品的创新之处还在于:通过完善的撮合系统和资金安排,建立了灵活的转让变现机制,从而增强了信托的流动性,让投资者在获得信托高回报的同时,不会丧失股市投资的机会。继飞虎网之后,山东国投与山东鲁信产权交易所合作,通过产权交易所的网络平台进行信托受益凭证的交易。这些网络平台的作用已经接近或达到了证券交易场所的运作机制和功能。

第二,"公募"融资。按照《信托投资公司资金信托管理暂行办法》的规定,信托合同只能通过私募发行,不得通过报刊、电视、广播和其他的公共媒体进行营销宣传。但在实际操作中,媒体往往通过新闻报道的形式相近披露了各个信托项目的细节,许多信托公司的业务人员也通过散发广告册等手段进行暗中的营销宣传,这实际上已经突破了私募的限制。《信托投资公司资金信托管理暂行办法》第6条规定:"信托投资公司集合管理、运用、处分信托资金时,接受委托人的资金信托合同不得超过200份(含200份),每份合同金额不得低于人民币5万元(含5万元)。"但在实践中投资信托公司一般通过四种方法予以规避:方法一,构建伞形信托,在一个主信托下设立几个子信托,这样每个子信托都可以有200份合同,从而扩大主信托的规模。方法二,对一个房地产项目,同时运用几个信托计划,以扩大信托规模。方法三,在一定期限内,分期发行一个信托计划。方法四,转让房地产投资先权。与网站上的交易平台不同,房地产投资信托公司的上述行为是典型的脱法行为。该种脱法行为,使得房地产投资信托的受益凭证在实际中已脱离了私募的限制而具有了公募的性质。

名义的缺位,使得该种受益凭证不受证券法的调整,从而在实践中出现了监管方面的"空缺""虚位"。"空缺""虚位"给房地产投资信托带来了潜在的风险。这种风险主要表现为信息失灵。信息失灵是指市场主体无法掌握足够准确的信息,并对信息作出准确的分析从而得出正确的投资决策,包括:信息不充分、信息不准确与信息不对称。信息失灵主要是由两方面的原因造成的:第一,市场信息属于公共产品,往往无利可图,而市场主体作为以自己利益最大化为目的的经济人,一般只愿意获取市场信息,而不愿发布市场信息;第二,收集市场信息受到诸多方面的限制,市场主体特别是中小投资者作为一个能力有限的个体,往往不能够掌握其作出合理决策所需的充分、准确信息。

反而观之,若《证券法》作为《立法法》中的法律首先扩大其调整范围,将房地产投资信托受益凭证等纳入其调整范围,从而推动作为下位规范的法规、条例的修改。则经过证券化技术处理后房地产投资信托将在发行、监管、流通领域具备先前该制度所不具备的优势,详而言之:

第一,在受益凭证的发行方面。该受益凭证可公开发行,在微观层面为更多的社会上实力较弱的中小投资者提供了涉足房地产业的机会,从而汇集成"资金池",使得房地产企业可以通过信托基金的方式获得资金,在一定程度上克服了在宏观调控的背景下,房地产业贷款难的问题。在宏观层面,使房地产业脱离了对银行贷款的过度依赖,从而在很大程度上降低了社会经济发生系统性风险的概率。

第二,在监管层面。该种受益凭证被确立为证券,从而信托投资公司承担了信息披露义务、受证券监管机构监管的义务。上述义务克服了因信息失灵而给中小投资者带来的风险。加之,地产投资信托受益凭证的价格不是以企业的前景为基础的,而是以所投资的房地产项目的价值为基础的。虽然房地产项目所需的资金量大,投资周期长,但是其价值却因房地产的不可移动性和不易毁损性,而相对稳定,一般不会发生大的波动,具有很强的保值性。所以,房地产投资信托受益凭证的价格相对稳定,其与其他金融产品的相关性相对较低。可以在一定程度上抵御金融市场的风险。上述风险的降低,使得房地产投资信托对社会公众带来了巨大的吸引力。

第三,在流通领域。受益凭证可以在证券交易机构公开挂牌交易。持有人只要在证券交易机构进行交易,就可以完成权利的转移,这样有利于降低成本提高效率。同时,由于证券交易是采取"多对多"的方式进行的,投资者在出售其证券的过程中存在着众多的买方和卖方,可以形成竞争性价格。这比投资者采取"一对一"的方式自行寻找交易相对人更为有利。

后民法典时代对待
"司法解释之痛"的路径选择

石　娟[*]

摘　要：当前司法解释所面临的褒贬不一，进退维谷的局面，谓之"司法解释之痛"。十八届四中全会决定："加强市场法律制度建设，编纂民法典。"民法总则已完成二读，拟在2017年上半年提交全国人民代表大会审议通过，而2020年完成民法典的全部编纂。本文将重点讨论：在民法典编纂过程中，立法者如何对待司法解释，能否提出"司法解释之痛"的解决方案；后民法典时代，也是技术和社会经历快速革命性变化的时代，法的不完备性凸显，司法解释又将何去何从？

关键词：司法解释之痛；民法典编纂；后民法典时代；法的不完备性

455

一、我国独特的"司法解释之痛"

司法解释是对法律规范的概念、术语、内容、含义和目的的理解阐释和说明，本质上是对立法机关所做法律的说明。狭义的司法解释是司法机关对法律的有权解释，包括最高人民法院和最高人民检察院所做的司法解释，本文的主要研究对象为最高人民法院的审判解释。以"司法解释"作为篇名从知网上精确搜索到相关文章共2442篇，从2003年起司法解释便是学界关注的一大重点，每年研究文章过百篇。在司法改革的背景下，该问题受到越来越多的关注，近5年的平均数为187篇[2016(140)，　XX　2015(181)，　XX　2014(196)，　XX　2013(240)，　X　2012(178)]。司法解释面临着尴尬的困境，赞成意见与反对意见一直呈胶着状态，学者赞成司法解释者有之，深恶痛绝者声势浩大；最高法自身幸其发挥着统一司法的巨大便利，哀其备受争议，制释如同带着镣铐跳舞；法官对其亦是又爱又恨，爱其补充规则，提供了丰富的裁判依据，同时恨其汗牛充栋仍很难解决纠

---

*　石娟（1982—　），女，四川绵阳人，法学博士，西南政法大学与重庆市人民检察院博士后研究员，重庆市人民检察院民事行政检察处检察员。

纷。笔者将司法解释所面临的这种褒贬不一，进退维谷的局面，谓"司法解释之痛"。

表 1

赞成理由	反对理由
法的不完备性	没有合法权限，僭越立法权
弥补立法的滞后和空洞化等不足	域外少有抽象司法解释制度
宝贵的司法实践经验，应赋创制权	司解的规模过大，范围过宽
明晰法律的正确适用	程序的公开性不够
统一司法，约束法官的自由裁量	侵犯下级法院的司法独立性
基层法官总体素质有待提高	制释法官能力、信息的缺乏
法院能及时、快速地对社会变化、法律需求作出反应	过度扩张损害立法权威，加剧立法空洞化
为立法的发展提供了有利条件	侵害法官的法律解释权

（一）赞成说：聚焦合理因素

1. 目标合理性：司法解释在我国司法实践中发挥了重要作用

1955 年全国人大常委会通过的《关于解释法律问题的决议》及 1981 年 6 月全国人民代表大会常务委员会作出的《关于加强法律解释工作的决议》是最高人民法院获得司法解释工作授权的依据。2005 年全国人大常委会通过的《司法解释备案审查工作程序》、2006 年全国人大常委会通过的《中华人民共和国各级人民代表大会常务委员会监督法》对最高人民法院司法解释接受人大监督进一步明晰化。同时，1979 年通过的《人民法院组织法》、2007 年颁布的《最高人民法院关于司法解释工作的规定》都进一步明确并规范了最高人民法院司法解释工作的职责。至此，最高人民法院的司法解释规章制度基本定型，实现了解释权主体的法定化，明确了司法解释的效力。

从 1949 年最高人民法院建院至 2011 年，单独或联合制定了 3351 件司法解释和司法指导性文件，其中司法解释和司法解释性质的文件共 1600 件。[①] 司法解释充分发挥了法律适用，指导审判工作，完善司法政策，促进社会治理的重要作用。在法典外用司法解释规范裁判，是改革开放以来司法经验的总结，成为贯彻实施法律的重要途径。司法解释是一种中国特色的法律现象，也是一项富有中国特色的制度安排，其对于当代中国法治发展

---

① 郭峰：《最高法院发布〈最高人民法院司法解释汇编（1949—2013）〉》，最高人民法院网，http://www.court.gov.cn/zixun-xiangqing-14059.html，最后访问时间：2016. 12. 9。

作出的贡献尤其是在立法缺位的情形下司法解释具有的弥补法律之不足的作用得到了人们的理解，也得到了一定程度的认可。② 从功能主义的立场和路径出发，司法解释的效应毋庸置疑。目前，尚未出现任何具有说服力的文献或材料，证明司法解释的负面效应已经大于其正面效应。③

2. 价值合理性：法的不完备性及弥补现有立法制度的缺陷

第一，立法者不是万能的，法律具有不完备性。首先，立法机关供应的立法产品严重不足。吴邦国在 2010 年年底在中国社会主义法律体系座谈会上讲到，我国现行有效法律239 件。这些法律远不及司法解释的数量，不能完成为司法部门提供足够的裁判依据的任务。其次，法律粗疏需要解释，而立法解释缺位。法律总是具有一定程度的粗糙和不足，因为它必须在基于过去的同时着眼未来，否则就不可能预见未来可能发生的全部情况。正如法国著名比较法学家勒内·达维所指出的，对于成文法国家来说，"法律非经解释不能适用，法律的适用以解释过程为前提"。④ 我国大规模立法是从改革开放时起，近40 年的时间，民商事立法经验不足，技术也不够成熟，因此采取原则性与灵活性相结合的方式，法律条文更加强调简明扼要、通俗易懂，省略了很多可操作的实施性规定。按照《立法法》的规定，全国人大常委会对宪法和法律具有解释权，但到目前为止，全国人大常委会出台了宪法领域和刑法领域的立法解释，但基本未出台民商法领域的立法解释。再次，法律必然有漏洞，长久以来，大家也承认法院有填补法律漏洞的权限。⑤ 从中国的司法解释实践可以看出，几乎每一部部门法公布之后就会有一部司法解释出台，而法官在司法实践中适用最多的往往也是司法解释。

第二，弥补现有立法制度的缺陷，从操作层面修正立法权至上理论。现代法学界业已达成的一个共识是，无论立法者多么充满理性和睿智，他们都不可能像万能的上帝那样全知全觉地洞察立法所要解决的一切问题，也不可能基于语言文字的确定性和形式逻辑的完备性，而使法律文本的表述完美无缺、逻辑自足。⑥ 从多国的社会发展的实践看，立法权至上的理论正在遭受必要的修正。最高层级的司法机构执行类似立法的政治功能已成多数国家普遍存在之事实。在适用判例法制度的国家中司法解释基本上是在法院裁判文书中显现出来的，并通过判例发挥拘束效力。⑦ 在我国，司法解释，而不是判例，履行着各国高层级司法机构都要负担的通过解释发展法律的政治功能。最高法行使司法解释权，形成了一个公民、行政机关、法院、立法机关通过在诉讼中的沟通来弥合法律与社会生活

---

② 柳经纬：《当代中国进程中的民商法司法解释》，载《法学家》2012 年第 2 期。
③ 沈岿：《司法解释的民主化和最高法院的政治功能》，载《中国社会科学》2008 年第 1 期。
④ ［法］勒内·达维：《当代世界主要法律体系》，漆竹生译，法律出版社 1984 年版，第 109 页。
⑤ ［德］卡尔·拉伦茨著：《法学方法论》，陈爱娥译，商务印书馆 2003 年版，第 246 页。
⑥ 张志铭著：《法律解释操作分析》，中国检察出版社 2003 年版，第 1 页。
⑦ 沈岿：《司法解释的民主化和最高法院的政治功能》，载《中国社会科学》2008 年第 1 期。

实践的缝隙的过程,使简单的"立法—司法"的线性体系转变为法律内部自我完善、自我创生而又具有开放性的循环型法律体系。⑧ 可见,从理论上和体制上强调立法权至上不符合现实法律实践。有学者提出,从法治的要求看,立法机关既制定法律又解释法律难免任意和专断,因此建议取消立法解释,由最高人民法院统一行使规范性的法律解释权。⑨ 有学者主张诉讼程序所涉事项具有很强的专业性、技术性,因此由不直接亲历审判活动的立法者来作出细致的规定也不合适。故从维护司法的独立性与自主性出发,应赋予司法机关一定范围的规则创制权。⑩ 最高人民法院所做司法解释可以很及时地避免裁判的畸轻畸重或不公平,有助于实现司法的实质公平和正义结果。

3. 实践合理性:社会发展的现实需要

急剧变化的社会关系需要法律及时作出反应。当代中国私法立法进程缓慢,法律常常处于相对缺位的状态。⑪ 无论是突破法律的司法造法,还是数量上的爆发式增长,司法实践的需要都是主要推动力,绝大多数司法解释都是基于审判实务中的事实和问题而产生的。法院作为社会纠纷的裁决机关,最能够直接感受到社会关系的变化,加之司法解释的程序较之立法的程序相对简便这使得司法解释较之立法能够更快地适应社会变革和发展的需要。司法解释与立法之间的这种互动关系表明在私法进程中司法解释往往先行于立法司法的经验常常成为立法的良好素材,为私法制度的构建奠定了基础,足以说明司法解释的先行作用。例如,关于同一财产上抵押权与留置权并存时的清偿顺序,1995 年担保法未做规定,2007 年物权法第 239 条对此做了规定,"同一动产上已设立抵押权或者质权该动产又被留置的,留置权人优先受偿"。该规定显然是采纳了 2000 年《关于适用中华人民共和国担保法若干问题的解释》第 79 条的合理规定。又如,2007 年的侵权责任法更是吸收了人身损害赔偿司法解释,名誉权司法解释,民通意见等司法解释的大量规定。

4. 方法合理性:法官能力和解释方法的不足

在司法实践中,法官必须发挥能动性才能裁判。美国学者波斯纳认为:"解释是一个含混的、总体的甚至是没有边界的概念,'解释'是一个变色龙。"⑫如果一味把法律的解释权交给具有不同"前见"的法官,一旦法官的能动性缺乏有效的约束及事后审查标准,法院裁判的一致性和正当性必然受到巨大的挑战,特别是在法官的素质参差不齐的情形下。2002 年国家统一司法考试制度实施以前,很多的法官并不具备专业知识,基层法院的许多法官都是"杂牌军",缺乏法学理论素养或法学方法论的训练,不具备新情况、新问题下

⑧　白涛:《论我国法院司法解释权对法律形成的作用——以法的商谈理论,沟通主义法律观为进路》,载《学理论》。

⑨　陈金钊:《何谓法律解释》,载《法学论坛》2001 年第 1 期,第 24 页。

⑩　赵钢、王杏飞:《论民事司法权中的司法规则创制权》,载《中国法学》2011 年第 3 期。

⑪　柳经纬:《当代中国进程中的民商法司法解释》,载《法学家》2012 年第 2 期。

⑫　理查德·A.波斯纳:《法理学问题》,苏力译,中国政法大学出版社 2002 年版,第 341 页。

法律适用能力。在几乎所有的现代国家中,一切以文字或语言公布出来的具有约束力的司法解释,都不是单个人对法律条文解释的产物,而是一个体制或制度的产物,是一个权力结构的产物,是一项集体性智慧的产物,而不是纯粹个人性的智识追求的结果。从世界范围来看,各国最高法院基本上都享有解释宪法和法律的权力。[13] 加上我国传统观念认为,组织比个人更可靠,人们有理由相信,法院比法官更可靠,最高人民法院比基层法官更可靠。那么法律适用的抽象规则、法律漏洞的填补、超越法律的法的续造由最高人民法院统一行使具有正当性。而且司法解释满足的是法官对于抽象性法律解释的要求,并不排斥审案法官作出个案解释。由最高人民法院作出规范性、抽象性的统一的法律解释和由法官在个案中作出非规范性的法律解释相结合,更具有合理性和可行性。[14] 有人主张最高人民法院以司法解释形式对法律进行创制性解释是适当的,法官个人依主观意志针对具体案件所做的个别性司法解释是应予以否定的。[15]

(二)反对说:聚焦不合理因素

1. 定位模糊化,"司法造法"造成对立法权的蚕食

现代大多数国家及我国的权力架构上,立法和司法应当各司其职,相互制约。法律经解释才能适用,我国对法律解释的配置上,分别由立法机关进行立法解释,个案中的解释由司法机关负责。但最高人民法院作出的司法解释具有与立法类似的法律效力,不仅对各级人民法院的裁判具有法律约束效力,而且成为法院裁判案件时必须优先适用的依据,使司法解释权成为一种超越了单纯司法权范畴的准立法权性质的权力。有学者提出,最高人民法院成为除全国人大及其常委会和国务院以外的第三立法部门。[16] 司法解释的很多做法蚕食了现有立法权:

一是司法解释的内容经常会超越法律文本原有的范围。司法解释从条文内容上看无所不包,其不仅仅是解决具体法律适用的问题,而是对某些法律条文、某一类案件或某一类疑难问题作出解释,更类似于准立法,从某种意义上讲是对立法权的僭越。可以说当前的司法解释的基本路径和模式是泛立法化。例如,2015 年 8 月 6 日,最高人民法院关于审理民间借贷案件适用法律若干问题的规定出台,该规定是针对民间借贷这样一种社会现象,而不是对具体的条文进行解释。该规定开放了企业间根据生产经营需要的拆借。该规定第 26 条规定,借贷双方约定的利率未超过年利率的 24%,出借人请求借款人按照约定的利率支付利息的,人民法院应予以支持。借贷双方约定的利率超过年利率的

---

⑬　黄松有:《司法解释权:理论逻辑和制度构建》,载《中国法学》2005 年第 2 期。
⑭　魏胜强:《司法解释的错位与回归》,载《法律科学》2010 年第 3 期。
⑮　孙笑侠:《法的现象与观念》,山东人民出版社 2001 年版,第 236 页。
⑯　袁明圣:《司法解释立法化现象探微》,载《法商研究》2003 年第 2 期。

36％,超过部分的利息约定无效。借款人请求出借返还已支付的超过年利率36％的利息的,人民法院应予以支持。这一规定被称为两线三区的利率规定,引发利率规定过高或过低以及这两线是如何计算出来的质疑。有人主张该司法解释对借贷合同同时签订买卖合同的裁判规定,明显有损当事人的合同自由。可以说该司法解释成为脱离原有的法律文本甚至文件系统所指向的法律调整框架和调整范围的立法化解释的典型。再比如,对隐私权的规定,合同法司法解释中的情势变更制度、公序良俗制度,都是由司法解释率先作出创设性规范的。同时,最高人民法院司法解释规定中的"决定"最主要针对的就是这类创设性解释。

二是司法解释数量和规模过于庞大,内容无所不包,使法律形同虚设,有过分轻视法律本身的规范作用之嫌。从已有的司法解释内容和数量上看,其在一定程度上已经损害到立法权归于全国人大的宪法原则,违背《宪法》对国家权力配置的基本框架。例如,民法通则156条,而民通意见200条,合同法428条,而关于合同的司法解释林林总总有十余个:包括合同法解释一、合同法解释二、商品房买卖合同纠纷解释、建设工程施工合同纠纷解释、国有土地使用权合同纠纷解释、城镇房屋租赁合同纠纷解释、融资租赁合同纠纷解释、旅游纠纷解释、买卖合同纠纷解释、民间借贷纠纷解释。面对如此繁杂、庞大的司法解释,司法工作者及社会成员难免无所适从。

2. 有损法官的司法能动性,司法解释的再解释问题明显

没有专门的对庞杂的司法解释进行清理。司法是法官独立地凭着良知和对法律的恰当理解,审理和裁判案件。司法能动性的最大表现是司法者在个案中依照自由裁量权能动地评判证据、认定事实,并能动地解释和适用法律。现行审判中解释法律与适用法律被生硬的分开,出现审判法官"坐等"司法解释或向上级请示使审级制度虚置的现象。司法解释的大量供给形成了法官对上级司法机关解释、批复的严重依赖。如果法官过于依赖固定规则和定量规范的约束,就会存在机械司法和惰性司法的弊端。[17] 第二,在司法解释的表述方式如同成文法律,以及司法解释亦不能实现规则的无限供给时,法官仍然需要对之进行解释,能熟练地运用解释的方法论。第三,司法解释也不可避免地出现解释不当的现象,在其具有法律效力的情况下,必然导致全国性的适用法律不当,下级司法机关及时纠正司法解释中的不当规定。

其次,很多司法解释统一法律适用的效果并不明显,成为需要再度解释的对象。为了保证司法解释的普适性和周延性,制定者使用了大量模糊性、概括性术语或兜底性条款,与司法解释的适用性相悖,使其丧失了在抽象条文与个案事实之间应有的"中介"功能。面对抽象、模糊的司法解释,办案部门和人员对具体案件究竟适用哪些司法解释,或某一

---

⑰　张勇:《规范性司法解释在法律体系实施中的责任和使命》,载《法学》2011年第8期。

司法解释究竟适用于何种案情,经常出现误读、分歧和困惑。最明显的例子是合同法司法解释二关于效力性强制性规定在实践中就造成了大量的案件对何为效力性强制性规定的理解不同,相似案件的判决结果明显不同的情形。

司法解释的考虑不周全,很多司法解释有头痛医头,脚痛医脚的毛病。例如,建设工程承包纠纷司解,追究发包人的责任,但这其实只是万千司法实践中的一种情况,用其中一种作为司解的普遍性规范,难免存在偏颇。

3. 司法解释程序的欠缺

从程序上看,最高司法机关制定司法解释启动程序、制定程序和论证程序缺乏像立法程序那样的公开和透明,制定主体是相对独立、封闭的审判委员会和检察委员会,整个决策过程都是内部进行的,制作过程中都有可能面临信息或知识相对欠缺的问题。尽管最高人民法院在起草司法解释的时候往往进行了广泛的调研并征求了有关部门的意见,但司法解释的起草、制定和出台程序毕竟不如立法程序那样经过法律案的提出、法律案的审议、法律案的表决、法律的公布,以及向社会公布法律草案公开征求意见、"三读"等严谨程序。因此,这种"准立法"行为是在缺乏民主性、科学性的立法程序和没有法律监督的情况下进行的。这些问题导致有些司法解释的公正性和正确性引发非议。例如,人身损害赔偿司法解释的制定者没有考虑到不同的社会成员在同一人身损害赔偿事件中所获赔偿引起的强烈司法感官和对比。⑱ 再例如,婚姻法司法解释三的规定引发了房屋产权的加名热,出现了一些不加名即不结婚的思潮。⑲

二、民法典编纂中对待司法解释的态度

我国民法典的制定具有后发优势,但也存在过于注重比较法的移植和对其他法例的借鉴,而对时代新问题、新情况和我国特有的社会环境研究不足的问题。民法典编纂中,如何对待现有司法解释,就是我国民事法律在法典化的过程中需认真对待的问题。在具

---

⑱ 2003 年 12 月颁布的最高人民法院公布的人身损害赔偿司法解释第 29 条的规定,死亡赔偿金按照受诉法院所在地上一年度城镇居民人均可支配收入或者农村居民人均纯收入标准按 20 年计算,但 60 周岁以上的年龄每增加一岁减少一年,75 周岁以上的按 5 年计算,这一解释导致司法实践中对同一事件中死亡的受害人实行城乡差别赔偿,被称之为同命不同价,引起了社会广泛的议论。2005 年重庆何源案的出现更是将最高人民法院推上了舆论的风口浪尖。

⑲ 2011 年 8 月颁布的《婚姻法司法解释三》第 7 条规定,婚后由一方父母出资为子女购买的不动产产权登记在出资人子女名下的,可按照《婚姻法》第 18 条第 3 项的规定视为只对自己子女一方的赠与,该不动产应认定为夫妻一方的个人财产。第 10 条规定,夫妻一方婚前签订不动产买卖合同,以个人财产支付首付款并在银行贷款婚后用夫妻共同财产还贷,不动产登记于首付款支付方名下的,离婚时该不动产由双方协议处理。不能达成协议的人民法院可以判决该不动产归产权登记一方,尚未归还的贷款为产权登记一方的个人债务;双方婚后共同还贷支付的款项及其相对应财产增值部分,离婚时应根据《婚姻法》第 39 条第 1 款规定的原则由产权登记一方对另一方进行补偿。

体制度或分则的编纂中,主流的观点认为民法典制定应当积极借鉴既有司法解释的成果,尽量将成熟的规则纳入民法典中。而对司法解释在民法典中的法源安排乃至对司法解释的未来规划,仍存在较大的争议。有观点主张全面吸收有效的司法解释的规定入典,以达到消解过于繁荣的司法解释;有观点主张维持司法解释法外运行的现状,还有观点认为应实现民法典与司法解释的共存,把司法解释作为"习惯"或直接以"司法解释"作为裁判的法源,在民法典中明确司法解释在裁判中的法源地位。

1. 消解说

尽量地整合现有司法解释,改变司法解释在法典外大量存在的现状。消解说又分为两种,一种是全面消解说。有学者主张,通过"以例代释",以判例式的解释取代规范性司法解释。趁着民法典的制定把司法解释的既有规定统一收编,从此普遍性的民事司法解释寿终正寝,而将民法典编成后的相关法条漏洞的填补工作由最高法的案例制度来实现。这主要是从各国法院造法的方法、路径以及法院的任务、作用的立场出发所持的观点,是法律一元,立法至上理念的路径选择。当然,由于这次民法典编纂并非全新的制定,不可能编制出数量庞大,事无巨细的法典,全面取消说在我国当下是最难企及的。另一种是部分消解说。根据中国的立法现状和司法实践,司法解释的存在仍然存在一定的空间。《立法法》第 104 条规定,最高人民法院作出的属于审判工作中具体应用法律的解释,应当主要针对具体的法律条文,并符合立法的目的、原则和原意。同时,最高人民法院是民法典的编纂者之一,最高人民法院在民法典的编纂过程中应当尽量将制度性规范编制到民法典中去。不然将面临着渎职行为的指责,其目的被解读为自己将来规定司法解释预留空间。

2. 法源说

此种观点主张,司法解释应当成为处理民事纠纷的法源,包括显性的法典化方式和在实践中事实上发挥法源作用的方式。

一种是法典化的法源说。鉴于司法解释在裁判中的实际作用,有人建议,明确将司法解释纳入法源,很显然,此意见对立法机关正在产生影响。民法总则一审稿第 10 条规定:"处理民事纠纷,应当依照法律规定;法律没有规定的,可以使用习惯,但是不得违背公序良俗。"而民法总则二审稿第 9 条规定:"处理民事纠纷,应当依照法律以及法律解释、行政法规、地方性法规、自治条例和单行条例、司法解释。"

另一种是事实法源说。1804 年《法国民法典》第 4 条之"裁判官如以法律无规定或规定不明确、不完备为理由,不进行审判的,以拒绝审判论罪"的规定确定了法官不得拒绝裁判之规则。无论一项法律什么时候被提出来考虑,人们都没有能力预见到实际生活中可能出现的多种多样的情况。即使人们有这种预见能力,也不可能用没有任何歧义的措辞都包括进去。[20] 萨维尼重视法律的国民性和时代性,他在《论立法与法学的当代使命》中写到,法律将随着社会发展进步,绝不因制定而产生。即便我国编纂的民法典非常出色,仍然会存在法律的漏洞或规则不足的问题。如何对待法官不得拒绝裁判和明确法律依据不足的问题,瑞士民法典、中国台湾地区"民法典"编纂诉诸的法源为惯例、习惯、法理或法官经过实践所确立的学理等。即便我国民法总则采取一审稿的方案,没有将司法解释确定为法定的法源,司法解释仍然不可避免地存在,刑法典、刑事诉讼法典、民事诉讼法典外,司法解释仍然广泛地存在便可见一斑。但该意见同时主张,司法解释的内容和方法将进行较大的调整。民法典主要规定制度性问题,司法解释规定法律适用等技术性规范并以立法为限。

由此可见,民法典编纂中,司法解释创制的很多成熟有效的制度将部分有选择性地被吸收为民法典的一部分,但"司法解释之痛"这一根本问题的治愈与规制,无论是采取部分消解说还是法源说均无法在民法典编纂中完成,此一问题将是后民法典时代必须面临和解决的重大课题。

三、司法解释在后民法典时代的规制

在后民法典时代,司法解释仍将广泛存在,其表现在于:一是此次民法典编纂的定位。此次民法典并非制定全新的法律的过程,可以预见,物权法、合同法、侵权法的原有体例和法条变动有限,而民法总则、婚姻法、继承法的内容有重大修订,但体例和编制技术仍将在很大程度上援用原有法律和借鉴亲缘立法例。可以说,这次民法典编纂的着眼点在于继承原有的制度和结果,并做有限的完善。二是在移动互联时代民法典的不完备性将显著提高。2016 年诺贝尔奖的获得者哈特用不完备合同理论解释产权,我们也可以用法的不完备理论解释司法解释。法律的不完备性与技术和社会的变化及复杂性紧密相关,技术和社会越经历快速革命性变化,法越不完备。在第四次工业革命时代,新技术、新经济的飞速发展,民事活动领域,特别是商事活动领域具有明显的不恒定性,法律客体、法律关系、民事权利、调整方式等都有可能面临深刻的变革,而法典对这些内容的规定可能是原则性的,甚至采取回避的态度。例如,人格权、个人信息、网络财产、信息数据等移动互联时代重要的权利和客体在民法典中并不能制定出完善的制度,或者很多制度在法典制定后并不能适应社会现实,而这些内容有待在司法实践过程中进一步作出解释和完善。

(一)明确立法解释与司法解释的关系

消除当前司法解释之痛,首先需要明确司法解释的地位和权限,消除当前最受非议的

---

[20] [英]丹宁勋爵:《法律的训诫》,杨百揆,等,译,法律出版社 1999 年版,第 13 页。

僭越立法权的问题和选择性抽象解释的问题。在立法解释与司法解释的关系上,有两种模式供选择,一是让司法解释代替立法解释,二是限制司法解释。

1. 模式一:司法解释在补充法律中占主导或唯一地位

该模式下,可以取消立法解释,对于立法机关的尊重通过建立立法机关的司法解释审查制度、司法解释撤销制度或者司法解释立法化予以体现;由较高层级的法律对最高人民法院司法解释的地位和作用予以明确。在理由上,除前文所提到的司法实践及立法至上需要被修正外,技术上的理由是,法律条文需要明确界限的问题与具体应用法律的问题难以甚至不可能区分,它们均对法律的适用产生了重大的影响。而法律的适用乃是法院的职责,让适用法律的主体来就这些问题作出解释比法律制定的主体来作出解释更加科学。[21] 在该模式下,司法解释具有绝对的主导权,可以依照一定的立法程序制定法律适用、法律漏洞填补、法律续造等方面的权力。当然,在此模式下,司法解释的合法性能得到一劳永逸的解决,而其合理性的矛盾将进一步凸显,特别是司法解释的质量。此模式下司法解释的质量要求更高,而且必须通过一系列比当前严厉得多的配套措施进行保障。

但是此模式可能遇到权利丧失者—立法机关和权利接受者—最高人民法院的双重反抗,一则不愿让渡具有理论自洽性的权力,一则不愿接受可能导致责任过于重大的权力。故此种模式非决策机关强力推行不可为。

2. 模式二:限制司法解释的范围

在限权模式下,实行多元化的法律解释模式,在维持现有的立法解释制度的同时,通过指导性案例制度和法官个案解释权限制司法解释的作用范围。在该模式下,重点在于规制司法解释的普遍性解释的范围。

(1)尽可能明确司法解释与立法解释的界限。司法解释应当尊重立法者的权威,不涉足法律及立法解释的事项。一是明确立法解释的范围。对法律原则性条文,法律保留事项、民事基本制度或者法律制定后出现新情况,需要明确适用法律依据的,或者对同一问题的解释有重大分歧时,都需要进行立法解释。司法解释是以法律存在具体应用问题为解释的前提,且通常以具体的适用对象或案件作为载体,因此司法解释要在法律与立法解释所明确的法律框架内,针对个案作出具体解释,且不能改变法律的规定或与法律规定相冲突。第二,在厘清司法解释与立法解释界限的前提下,对于二者的边缘模糊问题,应当尽可能进行立法解释,防止司法实践因缺乏解释出现无所适从的现象。这是因为,司法解释不仅权限有限制,而且司法解释主体在各自司法活动中对所适用法律的理解难免有局限性,需要相对超脱的立法机关对立法进行及时、准确的解释。[22]

(2)尽可能地区分司法解释与指导案例的调整范围。随着世界法治文明的发展,大陆

㉑　刘峰:《论司法解释的地位和作用》,载《东方企业文化》2010 年 11 月。

㉒　胡伟新等:《中国司法解释制度的发展与完善》,载《法律适用》2014 年第 12 期。

法系与英美法系在法律渊源上呈现出相互融合互补的趋势。大陆法系国家尽管没有明确采纳遵循先例的判例法原则,但判例在解释和补充法律规定以及指导法官办案方面发挥着越来越重要的作用。例如,在1990年至1995年期间,德国联邦法院的判决被引用的比例为97.02%。㉓ 在民商法领域,新类型案件此起彼伏,在法所不及之处,适用创制性司法规范是必要而且可行的。王利明教授主张,应当使大量的司法解释通过指导性案例表现出来。㉔ 将现行创制性司法解释的内容,在来不及进行立法解释的情形下,为减少判决的不确定性和不统一性,可以考虑由指导性案例对这类新问题、新内容进行规范。2010年最高人民法院出台了《关于案例指导工作的规定》,标志着案例指导制度正式确立。再者,随着最高人民法院"法信"平台㉕等司法裁判的大数据的广泛推广和运用,指导性案例对同类案件的审判将起到越来越大的指导作用。对于新问题、新情况的法律创制问题,由指导性案例来指导司法实践,待裁判规则成熟后,再报请人大或常委会立法或进行立法解释。

(3)尽可能地明确最高法的司法解释权与法官的司法能动权之间的关系

法官不是生产判决的自动贩卖机,因为裁判过程需要法官有创造性的法律活动。一般的法律规范或抽象的司法解释关心的是法律的广泛适用性,很难顾及案件的个性。法官在个案中拥有对法律意义的最终发言权。㉖ 法官通过行使法律解释权不仅可以消除成文法固有的矛盾和缺陷,使之能与案件事实相结合,而且可以在审判过程中发挥自己的才智,通过遵守法律的精神而不是生搬硬套法律的字面意义的方式作出正义的判决。随着法官的学术训练要求越来越严格,员额制法官制度也即将推行,赋予法官更大的司法能动性的条件也基本成熟。当前很多司法解释中常识性规定,是对相关法条不必要的演绎推理,这些内容应交还法官能动司法完成。须注意的是,在立法解释、司法解释、案例指导已发挥制度补给功能的情形下,不宜再赋予法官个体法律续造权,正如丹宁勋爵所言,"如果立法者自己偶然遇到法律编织物上的这种褶皱,他们会怎样把他们弄平呢?很简单,法官必须向立法者那样去做。一个法官绝不可以改变法律织物的编织材料,但是他可以,也应该把褶皱熨平"。㉗ 对于法官对法律条文及司法解释的理解和适用,应尽可能地体现论证过程,加强论证的说理性。

465

㉓ 胡伟新等:《中国司法解释制度的发展与完善》,载《法律适用》2014年第12期。
㉔ 王利明:《法律解释学导论——以民法为视觉》,法律出版社2009年版,第191页。
㉕ 据最高法介绍,2016年3月,"法信"作为我国首个法律知识和案例大数据融合服务平台,在最高法上线试运行。该平台旨在为法官提供一站式专业知识解决方案、类案剖析同案智推服务,并向社会大众提供法律规范和裁判规则参考。该平台包括"案例要旨、法律文件、法律图书、法律期刊、司法裁判"等六大资源库,最大程度集聚法官审判时所需要的法律文献,最终实现法律大数据的整合和分析。
㉖ 陈金钊:《法治与法律方法》,山东人民出版社2003年版,第246页。
㉗ [英]丹宁勋爵:《法律的训诫》,杨百揆,等,译,法律出版社1999年版,第13页。

通过上述三个"尽可能"的努力,笔者希望明确立法解释、指导性案件、法官解释权与最高人民法院抽象司法解释权的职责分工。以破坏生态案件与无过错责任中环境污染致人损害案件的关系为例,如将破坏生态案件确立为单独的一类适用无过错原则的事项,此为法律或立法解释权限,应由立法机关确定;如果考量破坏生态的案件能否涵盖在环境污染致人损害案件中,选择将其纳入环境污染致人损害案件的话,意味着破坏生态案件虽不是单独的无过错原则事项,但被视为环境污染致人损害案件的子事项,此内容可以由指导性案例先行确定,再提请立法机关立法或作出立法解释。最高人民法院的司法解释不得对破坏生态案件作为单独的无过错原则事项或将破坏生态案件通过环境污染致人损害案件的子事项使其最终适用于无过错原则作出普遍性的司法解释。在这个事项中,最高人民法院抽象司法解释能够作为的内容是:环境污染致人损害案件赔偿的标准、责任限额、责任分担方式等内容,旨在解决人民法院的此类案件中法律已规定事项的不明确、不便于统一操作的内容。而法官始终享有个案中判断破坏生态案件是否构成了环境污染致人损害要件还是适用一般侵权责任来处理的解释权。

(二)明确抽象性司法解释的对象

司法解释的活动领域应限定在两个领域,一是诉讼中的各种程序性规定,二是对法律实体性规范的具体应用作出解释。前者是基于司法作为一种规范化和程式化的实践活动,人民法院作为最熟悉程序需求的操作机关,最高人民法院有权对司法活动的各项程式性要求制定规范。民事诉讼法(共284条)颁布后,最高法颁布了含有552个条文的《关于适用〈中华人民共和国民事诉讼法〉若干问题的意见》,其条文为诉讼法典的近2倍,基于多方面的考虑,其中很多条文确不必要或难以写进法典中,从一侧面反映出最高法在细化诉讼规则的必要性。后者是基于立法解释界限明确化,指导性案例、个案解释权强化后作用范围的自然限缩。司法解释的实体解释内容可以参照《立法法》第104条的规定,最高人民法院作出的属于审判工作中具体应用法律的解释。就如何理解"对法律的具体应用作出解释",存在两种有代表性的观点。第一种观点认为应当从严解释,即必须以法律条文的具体规定为前提,以条文的字面含义为限制,司法解释在此基础上作出合乎法律文字表述意义的解释。[28] 第二种意见主张以法律具体规定为前提,但在解释时以探求法律规定的立法本意为限制作出解释。[29] 无论如何,不能背离法律条文或置法律条文于不顾。在后民法典时代,全面性、体系化的司法解释就显得不合时宜了,必须针对某一类法律适用问题,针对法律规定的具体条款去解释,不能完全脱离法律条款而过分追求体系的

---

[28]　参见梁慧星著:《民法解释学》,中国政法大学出版社1995年版,第243页;王泽鉴著:《法律思维与民法方法》,中国政法大学出版社2001年版,第220页。

[29]　杨仁寿著:《法学方法论》,中国政法大学出版社2004年版,第139页。

完整。

（三）使司法解释的清理工作制度化

1994 年至 2012 年 8 月，最高人民法院先后共 7 批对 167 个司法解释予以废止，所清理的数量仅为所制定数量的1/10。在民法典施行后，非常有必要集中对过时的，已被法律所吸收的司法解释进行全面的清理，使继续有效的司法解释将更加有条理性和针对性。二是确保司法解释始终处于动态管理状态，实行司法解释及时清理和年度清理制度。

（四）完善司法解释的启动机制和程序

相较于当前的司法解释在启动及程序上的随意性，应进一步明确规定司法解释的对象、范围、原则、程序、效力、备案等，从而使司法解释有法可依，维护法制的统一和权威。一是司法解释的主体必须依法独立行使解释权，其他任何行政机关、社会团体以及地方司法机关均无权单独和参与制定、发布司法解释。二是严格控制非程序性司法解释的立项来源。在立项来源上，最高司法机关应主要以司法工作中遇到的具体应用法律问题以及社会各界提出的具体司法问题为立项来源。例如，中国台湾地区司法院大法官会议解释法律时遵循不告不理的原则，只能在下级法院、有关机关及其当事人向大法官会议提出解释请求并且附具理由时才能启动大法官会议的解释程序。[30] 而只有审判工作中遇到的具体适用法律问题，才能立项。三是对法律没有涉及的问题，根据"先有法律，再有司法解释"的要求，首先由指导性案例进行实践规范，再提请立法机关法律化。

（五）进一步提高司法解释质量

进一步提升司法解释质量，应从司法解释的立项、调研、论证、起草、征求意见、修改、讨论决定等环节做起，做到严格控制数量，切实提高质量。一是加强司法解释的调研论证工作，除召开论证会、座谈会等方式征求意见外，还应将网上征求意见常态化，广泛听取各方面意见，以增强司法解释的透明度、民主性和科学性，确保司法解释质量。二是加强司法解释组织协调机构建设，统一由其负责司法解释的立项、审核、备案、汇报、清理等工作。当前最高人民法院有各审判庭各自制释的工作模式应当由协调机构统一指挥，既发挥各业务庭的专业优势，又确保司法解释有专门的机构管理和清理。

---

　　[30]　魏胜强：《司法解释的错位与回归——以法律解释权的配置为切入点》，载《法律科学，2010 年第 3 期页。

巴渝法学论丛

2016

我国数字出版产业版权
利益失衡及平衡机制研究

谭　玲[*]

摘　要：数字出版产业作为文化产业的重要组成部分，以数字技术为手段、版权保护为核心、商业运作为平台，数字出版的应用与推广已经成为我国新闻出版产业发展的必然趋势和新的经济增长点。在数字出版产业迅速发展的同时，频频出现的版权纠纷现象，版权人与使用者、传播者的利益平衡被打破，版权利益失衡的现象日益凸显，迫切需要建立和进一步完善利益平衡机制。

关键词：数字出版；利益失衡；平衡机制

一、数字出版产业版权利益失衡的现状分析

2013 年我国数字出版产业创历史新高，产业整体收入规模达到 2540.35 亿元，同比增长 31.25%[1]。数字出版产业发展的同时，出现了许多利益纷争。在数字出版产业迅速发展的同时，我们从法律的视角发现了它的另一面，即版权人与使用者、传播者的利益平衡被打破，频频出现版权纠纷也影射出版权保护问题日趋严重。笔者以版权人利益受损的角度，分别从数字出版商、内容提供商、平台运营商三大主要传播者行为进行论述。

（一）传播者侵占版权人利益

1. 数字出版商侵占版权人利益

我国传统文化中版权保护意识不强，很多作品网络转载泛滥[2]，加之信息需求量大，数字出版商短时间内难以获得有效授权。实践中，数字出版商通常大多采取"先斩后奏"的策略，侵占版权人利益。主要包括直接使用、擅自将他人作品数字化后进行出版和不按

＊　作者简介：谭玲，女，1990 年 12 月生，西南政法大学经济法学院 2016 级博士研究生，主要研究方向为市场秩序法。

约定使用作品三种情形。第一种情形,关于直接使用,即未经权利人许可直接使用他人数字作品的行为。例如,2008 年影响颇大的万方数据"中国学位论文数据库"侵权案,数百名硕士、博士联名起诉万方数据,诉称万方未经权利人许可将其论文建成电子数据库,并且从中获利。由于我国《信息网络传播权保护条例》规定的在网络环境和数字出版条件下合理使用和法定许可适用范围非常有限,仅限于扶贫和教育两种情形,而数字出版商擅自使用作品通常不属于以上两种情况。未经权利人许可直接使用他人数字作品的行为,未支付作品使用对价,降低版权人原本可以获取的相应收益。第二种情形为擅自将他人作品数字化后进行出版。例如,2011 年贾平凹、韩寒等 50 位作家公开发布《中国作家声讨百度书》,指责百度文库未经权利人同意,将其出版的纸质的文字作品擅自转化为数字化形式,进行网络传播,侵犯版权人利益。《关于制作数字化制品的著作权规定》第 2 条明确指出将他人已经出版的作品数字化属于复制行为,需要经过权利人许可。未经权利人许可擅自将他人作品进行数字化传播,侵犯版权人权利,侵占版权人利益。第三种情形为不按约定使用作品,不尊重版权人利益。此种情况主要是指数字出版商向著作权集体管理机构、版权代理公司等笼统寻求授权,但却不按照具体规则使用作品,如超期使用作品、不按照约定使用作品等,侵犯版权人利益。

2. 数字出版内容提供商侵占版权人利益

内容提供商是指数字出版中,为数字出版提供作品数字内容的组织,通常为一些传统出版企业和版权代理机构等。实践中,根据取得作品信息网络传播权的方式不同,数字出版商也可能兼具内容提供商的身份。内容提供商强占版权人利益表现为以下两种情况。第一,利用模糊表述,"骗取"版权人授权。有的内容提供商在其格式合同中使用"数字版权""电子版权""数字化制品权""网络版权""多媒体版权"等非法律术语,大都没有明确具体的权利种类[3]。这一方面导致作者对作品网络信息传播权的约定出现理解上的偏差,从而作出错误意思表示签订了此类"权利模糊"的合同,可能引发纠纷。另一方面,某些单位利用此类"模糊授权"将权利转授给他人谋取利益,导致版权人利益受损。第二,传统出版商作为最为典型的内容提供商,利用其强势地位,以格式合同限定版权人利益。2001年我国《著作权法》首次将网络信息传播权纳入保护范围内。在信息网络传播权立法之前,传统出版商与著作权人并未对此权利进行明确约定。在信息网络传播权立法之后,基于对该项权利的关注,著作权人往往会与传统出版商据理力争保有该项权利[4]。而实践中,强势的内容提供商以格式合同的形式限定版权人权利,要求其将作品一系列权利打包,版权人利益得不到充分尊重。

3. 网络服务提供商规避侵权间接获得利益,侵犯版权人利益

当前网络服务提供商提供的上传、下载平台大多是免费的,以吸引更多用户点击其网页,增强网站影响力。用户通过其免费平台,上传文件的目的无非是与其他用户分享或根

469

据网站规则,增加用户积分,以方便下载该网站的其他资源。不管是网络服务提供商提供免费平台的行为还是用户上传下载文件的行为,都无侵害版权的故意,单独看来都不构成直接侵权,但结合起来就可能会产生侵犯他人著作权的消极后果。"由于文档的集聚形成了社会财富的公开集聚,这种社会财富的公开集聚使得作品处于无保护状态,进而这些被公开的财富就有可能被他人加以商业利用,因而导致作品权利的侵害。"[5]在我国当前互联网法律框架下,网络服务提供商有效地规避了直接侵权,即使涉及作品侵权,网络服务提供商在不知情的条件下同时又履行了相应的"删除加通知"义务,通常也不承担赔偿责任。

对于用户上传的作品侵犯版权人权利的案件,我国《信息网络传播权保护条例》规定了网络服务商在不知侵权的情况下,未直接获得经济利益的,并接到通知及时采取措施的,不承担赔偿责任。关于直接获利,《条例》没有给出具体的标准,但根据法理,直接获利指的是网络服务提供商以直接销售或租赁等形式利用数字出版物获得经济利益。而互联网经济是一种"注意力"经济,当前网络服务提供商的获利主要来自于因点击量带来的广告收益、服务接入费和用户信息带来的无形资产,这种间接获利的形式,使得其并不符合直接获利这一条件。网络服务提供商收到权利人发出的侵权通知后,仅仅是删除侵权作品及链接,这种删除义务对于网络服务提供商而言根本无关痛痒。网络服务提供商仍然可以通过现有的盈利模式继续间接获得利益,而各大网络服务提供商服务对象免费上传作品导致版权人利益受损的事实并没有改变,如不作出相应制度调整,利益失衡必将加重,也将引起更多的利益冲突。

(二)数字出版环境下使用者行为失范

数字环境下使用者行为失范,是当前数字出版利益失衡中尤为明显的表现。未经许可擅自复制他人作品后上传网络、刻盘用作商业用途,在网络空间里提供他人作品链接等等,这些行为不仅仅涉及侵犯作者民事权益,还可能触及刑事犯罪。

虽然我国知识产权制度较为完善,保护力度也逐渐加强,但在数字环境下知识产权保护意识还较为薄弱。一方面,使用者长期以来形成的信息资源"免费"价值观,加之数字出版物极易复制,随意下载上传的现象屡见不鲜。事实上,用户对数字作品的使用已经超出了合理使用的范围,使得数字作品的私人复制逐渐演变到"滥用"的程度。例如,用户下载作品之后上传网络与不特定多数人共享,或者在其博客、个人主页等网络空间为他人提供免费链接,由于无法确定共享对象的使用目的,有可能为数字出版免费提供内容,损害版权人利益。实践中大量O2O软件的应用,作品免费使用显得更为容易,对作品保护不利,尤其是音乐作品。利用O2O模式免费使用作品的行为有违著作权法保护原理,其并不符合合理使用的范畴,若此任由其发展,则所有作品都将进入公共领域,作品著作权财产价值丧失殆尽,有违著作权法制定初衷。另一方面,用户对作品技术保护措施的破译和进一步分享,可能会涉及侵权,加深了版权利益失衡。实际上,为了应对侵权,版权人采取技术保护措施也存在过度保护的情形,可能会限制公众接触作品的利益。因此,使用者行为失范不仅会损害版权人利益,而且反过来会影响公共利益,加剧版权利益失衡。

数字出版环境下,用户的集体行为失范,既是对版权保护的挑战,也是对数字出版产业的挑战。以上使用者行为失范,加剧了我国数字出版利益失衡局面的形成,要扭转利益失衡格局,必须正确处理权利人与使用人之间的矛盾,对合理使用、技术保护措施等相应版权制度进行相应的调整和完善。

二、数字出版产业版权利益失衡的制度检视

(一)集体管理组织利益分配存在缺陷

著作权集体管理,是指著作权集体管理组织经权利人授权,集中行使权利人的有关权利并以自己的名义进行的下列活动:一是与使用者订立著作权或者与著作权有关的权利许可使用合同;二是向使用者收取使用费;三是向权利人转付使用费;四是进行涉及著作权或者与著作权有关的权利的诉讼、仲裁等。目前我国著作权集体管理组织有:中国文字著作权协会、中国音乐著作权协会、中国音像集体管理协会、中国摄影著作权协会、中国电影著作权协会等。

在著作权集体管理的运行中还存在四大问题:一是著作权集体管理组织的代表性不强。著作权集体管理组织只代表加入组织的会员行使权利,不能代表大量的非会员行使权利。二是授权管理作品的转化率和报酬率较低。集体管理组织的非营利性使得其避开了市场竞争,一方面容易导致作品授权费用与市场价格不相当,另一方面可能导致利益分配不均衡。而授权费用分配问题作为作者考虑加入组织的重要因素,利益分配不均衡不利于吸纳更多作者登记。三是管理运作不够透明。尽管集体管理组织的官方网站设置了查询功能,事实上依然无法实现作品具体信息查询,对于作品授权的收费标准、收取费用的管理和分配,会员的满意度不高。四是缺乏监督审计机制。因此,在现有的著作权集体管理制度的授权模式下,它的作用和功能还是非常有限的,需要对著作权集体管理制度加以改造。

(二)版权登记制度存在缺陷

数字出版涉及大量作品,包括已经数字化的作品出版和其他形式的作品数字化后出版。不管哪种形式的作品,都涉及作品的权利状态,根据其权利状态寻找到权利人,以寻求授权。因此,能有效查询作品信息,成为数字出版商迫切的希望。此外,完善的版权登

记制度对维护交易安全,提高交易效率,为版权纠纷提供初始证据,妥善解决纠纷,平衡各方利益等都可起到举足轻重的作用。我国虽然已经开始尝试著作权登记,但登记制度存在一些问题。首先,我国著作权登记机关不统一。《著作权法》第 26 条规定:以著作权出质,需向著作权行政管理部门登记。《计算机软件保护条例》第 7 条规定:软件著作权人可向著作权行政管理部门认可的登记机构进行权利登记。国家版权局《作品自愿登记试行办法》第 3 条规定,各省、自治区和直辖市版权局负责本区域的作品的版权登记工作。从上述规定看,不同类型的作品的著作权登记机构不同。针对同一类型作品而言,著作权登记机构也可分为中央一级的版权保护中心和地方版权局及其认可的登记机构。著作权登记机关的不统一不利于权利人登记,也不利于使用人查询信息。其次,著作权登记的内容不完整。我国目前的著作权登记的内容主要是权属登记以及质权登记,对权利继承、转让等变动情况未做规定。事实上,著作权发生继承、转让等情况经常发生,而著作权登记内容不包括权利变动,使用人查询不到作品的明确信息,难以发挥公示作用。

(三)存在大量"孤儿作品",相关法律制度虚以待位

学界将"孤儿作品"分为真正的孤儿作品、表见的孤儿作品和假定的孤儿作品,本文的目的不在具体研究此问题,故采取广义的定义概括涉猎其授权难题。即是指经过尽力查找,仍然无法找到著作权人的作品[6]。虽然世界各国都查不到"孤儿作品"的统计数量,但不可否认其确实大量存在。我国历史上发生过巨大社会变动,大量的作品信息档案或记录因此灭失,大量作品沦为"孤儿作品"。加上我国著作权集体管理组织制度起步较晚,大多数作品未被登记,散落在"民间",寻找起来极为困难。在我国现行《著作权法》框架下,数字出版商要合法使用"孤儿作品",几乎不可能。《著作权实施条例》试图解决此问题,《条例》规定,使用者如果能找到作品原件的所有人;就可能获得授权。首先,利用这一规定解决"孤儿作品"问题需要找到原件的所有人;其次,实践中难以区分作品的原件与复制件,难以确定谁是真正的著作权人。2012 年《著作权法》草案第三稿第 26 条确立了"孤儿作品""事前查找—提存费用—自由使用"的利用模式,对"孤儿作品"的传播与利用意义重大。

三、数字出版产业版权利益平衡机制的构建

(一)利益平衡框架下的权利保护路径

1. 数字出版产业相关版权制度的完善

对世性的财产权通常需要通过特定方式的公示,使其权利归属获得公众的知悉和信赖。版权登记制度也是通过权利的公示,维护交易安全,以保护权利人的利益。同时,完

善的版权登记制度不仅可以维护交易安全,还可以提高交易效率。此外,完善的版权登记制度还能为版权纠纷提供初始证据,对妥善解决纠纷提供一定基础,进一步促进交易,平衡各方利益。但是,如文章第二部分所述,我国著作权登记相关法律法规还不完善,现行的相关部分规章存在一些矛盾和漏洞。完善版权登记制度将对我国版权保护具有重大意义,为实现数字出版利益平衡奠定良好的制度基础。法律亟须对我国版权登记制度作出相应回应。

首先,立法应体现版权登记的法律地位和明确版权登记的效力。我国现行著作权法没有对版权登记作出的专门规定,使得相关部门规章找不到法律依据。笔者认为,可以在第三次修订中增加对版权登记的一般性规定,以体现我国版权登记的法律地位。具体的可以包括作品的名称、作者姓名、首次发表或创作完成的时间。随着版权保护意识的不断提高,有关版权归属的纠纷时有发生,而资料显示进行版权登记的作品数量也呈不断增加趋势。我国应充分借鉴西方国家在著作权法方面的相关规定和经验教训,并结合我国实际情况规定版权登记的效力。日本规定版权变动登记具有对抗第三人的效力,采取版权变动登记并不强制要求当事人必须进行登记[7]。但通常情况下当事人为了确保交易安全一般都会自发自觉地向登记机关申请登记。这样一来,版权登记既不会违背当事人的自由意志,又对当事人进行了鼓励与引导。对于相关版权的交易管理也会起到一定的促进作用和保障作用。相关权利人在进行版权交易的实践中,可以根据交易风险评估和实际情况,选择是否有必要进行版权登记,就可以极大地节约交易成本,提高交易效率。

其次,统一登记机关和登记程序。著作权客体的无形特征,决定了版权公示不适合采用物权的占有公示形式。在权利诸多公示形式中,权威机关的登记是署名之外的最佳方式[8]。现实中登记机关的不统一,导致了版权登记的困难重重,不利于激励版权人进行版权登记。值得庆幸的是,我国版权行政管理部门已经清醒地认识到了版权登记问题的重要性,采纳统一版权登记的建议并明确了版权登记"五统一"要求①,但由于实践中的诸多原因,登记机关的统一仍然是难以解决的问题。在这个问题上,有人提出避免登记机关的不统一使得各地政府在版权登记行为上的不一致性,可由国家版权局统一办理全国的版权登记。但是这样一来,将会呈现出集中办理下的工作负担加重局面。这不但会给当事人申请版权登记带来极大不便,影响正常申请,同时也不符合版权产业快速发展的需要。当然分散办理版权登记,在某种程度上确实不利于统一进行规范和管理版权登记,同时在一定程度上也不利于相关权利人进行有关作品登记信息查询[9]。因此,版权登记相关的行政管理工作应由国家和地方相关版权局负责中国版权登记中心只需负责办理具体业务。此外,在登记程序方面,法律对登记的费用及需要提交的材料没有明确规定,导致在

---

① 国家版权局在 2011 年发布的《关于进一步规范作品登记程序等有关工作的通知》中提出了"五统一"的要求,即"统一登记机关、统一登记程序、统一登记编号、统一登记证书、统一查询系统"。

现实操作中出现了很多问题。因此,在统一登记机关的前提下,为了使登记进一步规范化,在建立版权登记时也应当统一登记的费用及登记时需提供的证明材料。根据我国现有版权制度,对版权登记费用没有统一的规定,只是在《作品自愿登记试行办法》第 8 条中笼统地规定了版权登记和查询必须要缴纳费用,但是没有制定具体的收费标准。笔者认为,在建立版权登记制度时,应当明确规定版权登记和查询应当缴纳相应的费用以及制定具体的收费标准。登记的费用是登记机关日常运作的所需经费之一,而且合同的登记费用配合严格的登记制度设计能够鼓励登记当事人积极申请登记,从而达到登记的目的,实现登记公示公信的效力。但是,不宜设定过高的收费标准。因为版权登记制度的建立目的在于鼓励版权交易当事人积极登记,以维护他们的合法权益,如果登记的费用过高将会增加当事人的交易成本,导致大多数交易者因节约成本而放弃登记,与建立版权登记制度的初衷相违背。版权的登记申请涉及当事人的利益归属和权利变更,也决定了登记机关的审查范围,笔者认为权利人应提交书面材料申请登记。申请采用书面申请的形式可以督促当事人在登记时谨慎行事,也可以防止登记机关滥用职权擅自改变权利的归属状态。另外,登记时还须具备其他证明文件,如申请人附带的身份证明、登记的原因证明文书(即版权变动的原因的证明,如转让合同、质押合同、遗嘱等证明文件)、登记义务人的权利证明、申请所涉及的第三人的同意证明等。

综上,笔者建议在新修订的著作权法中,明确版权登记的法律地位,统一版权登记机关。随后,国家版权局应根据新修订的著作权法,废止《作品自愿登记试行办法》中与之相冲突的规定。

(二)数字出版利益平衡框架下的权利实现方式

数字出版时代,版权人权利的实现不仅在于能够减少多少侵权,还在于能够增加多少授权。有学者主张,让权利流向市场,以市场之手来实现权利价值,是当前实现知识产权财产价值的最佳选择。权利人与其担心权利受损,一味加大技术保护措施力度,不如让权利流入市场,让权利人的"无形财产"在市场中角逐,作品使用方式和价格由权利人和使用人协商处理,作品财产价值的实现程度由市场定夺,是知识产权权利人实现作品价值的最佳方案。

我国应建立以著作权集体管理组织为主的多元化授权模式,而文学经纪人代理授权模式、授权要约模式、超星模式是对著作权集体管理授权模式的有益补充。在我国现有的诸多版权授权模式中,著作权集体管理授权方式虽然存在诸多缺陷,但根据国外经验和我国的国情,其保护作品和权利实现的综合价值较之其他方式更为有利,不可能在短时间被取代。我们现在面对的问题是,必须对著作权集体管理制度和工作机制进行创新。我国著作权集体管理组织应淡化行政色彩,完善授权系统和版权利益分配方案。

(三)利益平衡框架下的权利救济方式

数字出版时代,作品复制迅速,传播快,违法成本较低,作品版权交易属于"一锤子"买卖,权利人在作品交易完成后难以确保权利免受侵害[10]。交易完成后,使用人仍然可能侵权。例如,版权人将作品的复制权等一系列小权利授予给使用人,使用人再将该作品的其他权利转让给其他人。笔者认为在版权授权中采用交易担保,保障作品合法使用。具体而言,是在数字版权在线交易平台或集体管理组织管理的集中授权交易平台运营过程中设置担保程序,保护版权免遭侵害。交易担保既是对侵权的预防,又能及时处理纠纷,为诉讼提供证据。

1. 建立数字出版版权交易担保的保证金制度

在数字传播版权线上授权模式下,保证金的作用是担保数字出版商合法获取作品内容,支付合理对价,合法使用作品。数字出版企业是在版权交易平台注册之初缴纳基础保证金。缴纳的基础保证金的作用在于保证注册企业能遵守用户协议,合法使用平台所管理的作品,如若发生违法使用,平台管理者将冻结该笔保证金,待侵权事实核定后,平台将根据侵权的程度,根据用户协议赋予的权利将该笔保证金先行赔付给权利人,不足部分另行支付。当然,缴纳基数及赔偿比例需要科学的计算和设计。

2. 建立数字出版版权交易担保的信用评价系统

eBay首创了信用评价体系,在其评价系统下,当用户完成一起交易后,卖家和买家可以进行双向互评[11]。笔者认为,可以将信用评价系统引进到数字出版版权集中交易授权平台。数字出版商作为买方,基于获得出版内容进一步赢利的目的,需要与集中交易授权平台的多次合作,重视自身的信用度。当数字出版商在集中交易授权平台获得作品授权后,版权人可以对数字出版商对自己作品的使用情况进行评价。当数字出版商得到一个积极的评价时,它将获得相应的积分;当其得到版权人作出的消极评价时,将会失掉相应的积分。当数字出版商得到一定的积分之后,还可以参与版权集中交易平台组织的信用排名。

信用评价系统的重要功能在于,一方面它能帮助版权人对自己作品被使用的情况进行评价,使作品继续处于集中交易授权平台的保护中,保障作品合法使用;另一方面它能够传递数字出版商取得作品版权的历史信息,使版权人能够充分了解数字出版商的情况,从而选择是否参与集中交易授权。这样的信息公开实际上也为集中交易授权平台赢得了更多版权人用户。此外,信用评价系统可以帮助平台记录数字出版商的信用额度,而信用额度和使用作品保证金又有直接的关系。信用额度越高,应该缴纳的保证金就越低。从而进一步保障数字出版商合法使用作品,保护版权人利益。

网购消费者反悔权的行使规则及制度完善

王俞人

（西南政法大学国际法学院）

摘　要：近年来，我国网购市场正以破竹之势迅速发展壮大，但在网购市场规模不断扩大及其发展越加迅速的同时，也衍生出了大量的问题。其中亟须解决的就是因网购消费者和经营者严重的信息不对称而产生的消费者误导性消费、冲动消费等有损网购消费者合法权益的问题。2013 年 10 月 25 日，全国人大通过了新修订的《消费者权益保护法》，其第 25 条创造性地首次引入了消费者反悔权制度，从而开启了对网购消费者合法权益保护的新篇章。但由于消费者反悔权制度才刚刚起步，因此无论是在法律的制定上还是在其他领域相关配套制度的契合上都需要在实践中对其不断完善。本文旨在以网购消费者反悔权为研究对象，在解析网购消费者反悔权行使规则的同时，分析思考其相应制度完善的可行性方案。

关键词：网购市场；新消法第 25 条；消费者反悔权；反悔权行使规则；反悔权制度完善

引言

根据中国电子商务研究中心发布的数据显示，截止到 2013 年 6 月，全国电子商务交易额达 4.35 万亿元，同比增长 24.3%；中国网购用户规模达 2.77 亿人，同比增长 29.4%；据中国电子商务投诉与维权公共服务平台监测数据显示，2013 年（上）通过在线递交、电话、邮件、即时通信等多种形式，共接到全国各地用户的电子商务投诉近 41360 起。① 另有数据显示，2013 年上半年，全国消费者协会组织受理网络购物投诉 16408 件，同比增长 99.7%。中国消费者协会 2013 年上半年统计数据显示，在服务投诉中，以网络购物为主体的媒体购物的投诉量在服务投诉中成为"重灾区"②。

---

① 参加中国电子商务研究中心：2013 年（上）《中国电子商务市场数据报告》2013-08-28.［2014-01-03］.http://www.100ec.cn/zt/upload_data/down/2013sscsj.pdf.

② 这里"重灾区"是指在众多购物方式的服务投诉中受到大量投诉的购物方式。

通过上述数据可以看出,在网购市场规模不断扩大及其发展越加迅速的同时,也衍生出了大量的问题。网络是一种通过互联网进行的非现场远程销售。在这样的购物环境中,消费者往往仅能依靠卖家在网络平台提供的商品介绍、图片等信息来决定是否进行消费。这不免会使消费者陷入信息不对称的不利地位,增加不适用型购买、误导性购买、冲动消费等有损消费者利益的情况发生。因此,为了保护处于弱势地位的网购消费者,需要对网购消费者的利益保护进行特别研究和专门立法。

2013 年 10 月 25 日,十二届全国人大常委会第五次会议表决通过了《全国人民代表大会常务委员会关于修改〈中华人民共和国消费者权益保护法〉的决定》(以后简称新消法),其第 25 条规定"经营者采用网络、电视、电话、邮购等方式销售商品,消费者有权自收到商品之日起七日内退货,且无需说明理由,但下列商品除外:(一)消费者定作的;(二)鲜活易腐的;(三)在线下载或者消费者拆封的音像制品、计算机软件等数字化商品;(四)交付的报纸、期刊。除前款所列商品外,其他根据商品性质并经消费者在购买时确认不宜退货的商品,不适用无理由退货。消费者退货的商品应当完好。经营者应当自收到退回商品之日起七日内返还消费者支付的商品价款。退回商品的运费由消费者承担;经营者和消费者另有约定的,按照约定"。这个条文是本次《消费者权益保护法》修改的亮点之一,是我国法律对消费者反悔权制度的首次确认,是《消费者权益保护法》保护消费者权益的新制度。

新消法中消费者反悔权制度的适用范围包括远程销售(如电视购物、网络购物、报纸杂志广告邮购等)和非固定经营场所交易③(如上门推销④)⑤。本文主要分析消费者反悔权在网络购物这一非传统销售模式中的适用及完善问题。

二、网购消费者反悔权概述

(一)消费者反悔权的起源

消费者反悔权制度起源于欧美国家,也称为冷静期(Cooling-off period)制度、撤回权

---

③　非固定场所交易指在消费者住处、工作场所等推销商品或服务,包括上门推销和直销。2005 年国家工商行政管理总局《直销管理条例》中规定了消费者享有 30 天内的单方解约权,消费者可以按照这一规定直接解除合同。因此直销不属于新消法消费者反悔权的适用范围。

④　上门推销是指销售行为发生在消费者的居住或工作地点或远离卖方的正规的专业销售场所。目前,世界上多数国家以及欧盟都将上门推销纳入了消费者反悔权的适用范围并制定了相关规定。例如,欧盟于 1985 年颁布了《上门交易撤回指令》(85/577/EWG);德国于 1986 年根据欧盟的指令制定了《上门交易法》,该法第 1 条规定:"对于在上门交易(工作场所或私人住宅、由合同相对人或第三人为合同相对人利益举办的休闲活动、交通工具或公共交通场地范围内)情形下,经营者促使消费者所缔结的以有偿给付为标的的合同,消费者可以在一周之内以书面形式撤回。"

⑤　参见杨立新:《非传统销售方式购买商品的消费者反悔权及其使用》,载《法学》2014 年第 2 期。

(Right of withdrawal)制度、无条件退货权制度等。最早的关于消费者反悔权的立法出现在信用消费领域。⑥ 英国 1964 年《租赁买卖法》针对上门推销制定了冷静期条款。该法第 4 条规定，买受人自收到正式合同的副本之日起 4 日内可以随时以书面文书通知解除合同，而将物品返还。⑦ 美国在 1974 年修正的《消费者信贷保护法》第 125 条规定了消费者无条件解除合同的权利。该条规定，商品提供者一开始负有告知义务，告知消费者可以在交付交易书面文件日起至第三天止拥有取消此交易之权利。同时，在消费者行使此项取消交易权时，经营者必须在 10 天内退还之前得到的价金，消费者只需退还拿到的商品即可，不用承担费用。⑧ 日本在《分期付款销售法》中规定，消费者在缔结分期付款销售合同后的 4 日内享有后悔权。⑨ 德国也在《德国民法典》和《关于异地销售合同消费者权利的其他问题以及欧元的内国转化法》中统一规定消费者在缔约后 7 日内享有撤销合同的权利。⑩

（二）消费者反悔权的概念和性质

1. 概念。关于消费者反悔权的概念定义，虽然学界不同学者说法不一，但是中心思想大体相同。我国新消法第 25 条规定的消费者反悔权，是指经营者采用网络、电视、电话、邮购以及上门推销等方式销售商品，消费者在实际履行了合同之后的冷静期内，对完好的商品享有无须说明理由即可予以退货的合同解除权。

2. 性质。对于消费者反悔权的性质，不同的学者也有不同的看法。但通说认为，消费者反悔权是法定的合同解除权，属于形成权。

（1）消费者反悔权是法定权利，而不是约定权利。民事权利有法定权利和约定权利之分，因法律规定产生的权利是法定权利，因当事人的约定产生的权利是约定权利。新消法第 25 条明确规定了消费者反悔权的相关内容，因此消费者反悔权属于法定权利，而并非约定权利。这应当与经营者与消费者因约定无理由退货而产生的消费者约定反悔权进行区分。

另外，法定的消费者反悔权还应当与在社会商品交易实践中存在的经营者对消费者作出的单方无因退货许诺进行比较。所谓经营者无因退货许诺，也可以称为经营者无因退货制度，是指经营者单方面承诺消费者可以在购买其商品或服务后的一定时间内非因质量问题退还或退还商品或服务的一种制度。⑪ 经营者的无因退货许诺是基于私法上的

---

⑥ 参见郑曙光，胡琼：《论消费者后悔权制度——基于经营者无因退货许诺的比较分析》，载《宁波大学学报（人文科学版）》2014 年第 5 期。

⑦ 参见菊晔：《论冷静期制度在消费者权益保护领域中的构建》，载《北京交通大学学报（社会科学版）》2012 年第 1 期。

⑧ 同前注郑曙光，胡琼文，第 82 页。

⑨ 参见苏丽芳：《论消费者后悔权的引入——评新《消费者权益保护法》第 25 条》，载《法制博览》2014 年第 5 期。

⑩ Palandt / Heinrichs，BGB，2001.

⑪ 同前注郑曙光，胡琼文，第 82～83 页。

单方允诺^⑫行为所产生的一项权利义务。虽然我国立法目前并未对这类行为出台明确的法律条文进行规制,但实践中越来越多的经营者选择向消费者作出无因退货许诺,以期利用消费者的心理因素达到营销学上的良好效果。

(2)消费者反悔权是法定的合同解除权。在这里有必要对新消法第 24 条和第 25 条进行区分。新消法第 24 条和第 25 条都有 7 日内退货的规定,在性质上也都属于消费者解除合同的权利,但二者存在明显的区别。第 24 条规定的是经营者提供的商品构成质量违约的合同解除权,根据我国《合同法》第 94 条的规定,其属于该条规定的有其他违约行为致使不能实现合同目的的法定解除权,要求退货是消费者在合同缔结之后适当期间内单方解除合同的权利。^⑬ 而新消法第 25 条规定的是消费者对经营者提供的商品可以无理由退货,尽管消费者的这个反悔权也属于法定的合同解除权,但由于属于首次纳入立法的新内容,应当属于《合同法》第 94 条第 5 项表述的"法律规定的其他情形"。因此,新消法第 24 条和第 25 条规定的是两种不同的法定合同解除权。

(3)消费者反悔权属于形成权。形成权是指依权利人一方的意思表示而使法律关系发生、内容变更或消灭的权利。^⑭ 只要符合法定条件,消费者可以单方行使解除合同的反悔权。经营者依法负有受气拘束的义务,必须容忍反悔权形成的解除合同的法律后果。

(三)网购消费者反悔权的适用范围

我国首次在《消费者权益保护法》中纳入消费者反悔权的相关规定,实施这项规定的经验还很不充足。同时,我国目前的消费市场水平以及消费者的整体素质都有待提高。立法者在设计制定该条款之时便考虑到目前在我国所有消费领域全面实施消费者反悔权的条件还不成熟,不宜对反悔权的适用范围做较宽的规定,因此只能采取循序渐进的推进方式,首先在亟须建立消费者反悔权制度的领域内实施该条款。新消法第 25 条所规定的适用范围,不仅从正面列举了消费者可以行使反悔权的领域,还从反面列举了反悔权排除使用的商品范围,而且在第 2 款中还明确了消费者和经营者可以约定不适用反悔权的补充规定。

1. 反悔权适用于网购商品

经营者采用网络方式销售商品的,消费者可以依法行使反悔权。立法者如此设计,旨在保护消费者非现场销售情况下的合法权益。

---

⑫ 单方允诺,是指表意人向相对人作出的为自己设定某种义务,使相对人取得某种权利的意思表示。我国民法并未对此作出明确规定,但其他国家已存在相关的立法实践,如《意大利民法典》将"单方允诺"单列一章,与契约、不当得利、无因管理并列作为债的发生根据;《德国民法典》第二编"债的关系法"中第 657 条至第 661 条也对单方允诺的典型形式悬赏广告做了相关规定。

⑬ 参见贾东明主编:《中华人民共和国消费者权益保护法解读》,中国法制出版社 2013 年版,第 101 页。

⑭ 参见王泽鉴:《民法总则》,三民书局 2008 年版,第 105 页。

在这里,需要对是否属于"网购商品"进行判断。首先,网购商品是以通过互联网订立的销售合同为基础的;其次,消费者在与经营者订立网上销售合同之前,并不能实现对商品实物本身的挑选、检查或试用。有一个值得讨论的问题是,如果消费者在网上订立了买卖合同,但需要消费者到经营者实体店自提货物,且在收货前消费者有机会仔细检验合同标的物而未检验的,消费者是否还能够行使反悔权。笔者认为,因订立网购合同发生在验货可能之前,因此这种情况依然应当属于网购商品反悔权的适用范围。最后,网购消费者反悔权只适用于网购商品,不适用于网购服务。

2. 网购反悔权适用的四种法定例外

(1)消费者定作的商品

经营者依据消费者对商品在规格、颜色、装饰等方面的特殊要求而加工制作的商品往往具有特定性和特殊性,失去了可以普遍销售的商品特性。因此不宜适用消费者反悔权。

(2)鲜活易腐的商品

鲜活易腐的商品,是指在运输、储存过程中需要采取制冷、加温、保温、通风、上水、加冰等特殊措施,以防止出现腐烂、变质、冻损、生理病害、病残死亡等问题的商品。[15] 常见的鲜活易腐品主要有海鲜类、肉类、蔬菜类、水果类、乳制品、冰冻食物、医疗用品(如血清、血浆等)等。由于鲜活易腐的商品保质期短,运输成本较高,因此若允许消费者行使反悔权,退货商品有可能在退货期间就会产生腐败变质、残损死亡等问题而无法再次销售。这会使经营者的利益遭受巨大的损失,所以应排除消费者对该类商品的反悔权。

(3)在线下载或者消费者拆封的音像制品、计算机软件等数字化商品

数字化商品具有一次性或短期消费的特点,一经试用就等同于消费。例如,在线下载购买的电影视频,一经观看消费者就实现了对该商品的消费。再例如,未采取技术控制版权措施的软件商品,一经消费者复制或安装到电脑上后,即使退货,经营者也无法确定用户是否卸载或者删除了该商品。可见,消费者对于在此类商品上获取的利益是无法退回的,或者即使退回也无法恢复经营者对商品的控制。在这种情况下,消费者反悔权的行使会造成经营者利益不可估量的损失,因此应予以排除。

(4)交付的报纸、期刊

报纸、期刊也属于一次性或短期消费商品,具有很强的时效性,如日报在某种程度上仅在当天具有价值。因此同样不宜适用消费者反悔权。但值得注意的是,如果报纸、期刊是预定的、未交付的,那么仍然应该属于消费者反悔权的适用范围。

3. 网购反悔权适用的约定例外

网购环境是十分复杂的,网购商品的明目种类也数不胜数,加之不同商品的性质以及

---

⑮　参见 2009 年《铁路鲜活货物运输规则》。

交易实践情况的复杂多变性,立法时无法做到将所有不宜退货的商品一一列举。这就决定了制定补充的兜底条款,给意思自治留下一定空间的必要性。

新消法第 25 条第 2 款在规定反悔权适用的约定例外的同时,也规定了约定适用须具备的两个要件:

(1)所购商品必须在性质上属于不宜退货的商品。依照交易习惯,诸如贴身内衣、卫生用品、图书、化妆品、药品、食品、婚纱等婚庆用品等都属于不宜退货的商品。

(2)消费者在购买时已经确认所购商品不宜退货,即消费者在购买商品时应确认了所购商品具有不宜退货的性质。法律并没有明确规定消费者进行这种确认的形式和方式,但可以肯定的是,消费者必须作出明示的同意,且同意的时间是在商品购买时,才能排除反悔权的适用。比如,网购经营者以刊登声明或者弹窗提示等其他方式在消费者购买某种商品时提示、告知该商品不能无理由退货,或者网购经营者仅在用户注册时的协议或退换条件中规定法定四种以外的某类商品不能无理由退货,不应产生排除消费者反悔权适用的效果。[16]

二、网购消费者行使反悔权的规则

(一)行使前提

网购消费者反悔权是法定的合同解除权,亦是形成权的一种。因此网购消费者一行使该权利,作出单方面解除合同的意思表示,即发生改变网购消费者与经营者双方成立并且已经履行的商品买卖合同效力状态的后果,不需要经营者作出同意或者不同意的意思表示即可生效。[17] 但是,对于反悔权具体应当如何行使,法律并没有明确的规定。一般认为,由于网购消费合同并非网购消费者与经营者当面达成,因此网购消费者反悔权不应以形成书面形式的文件为必要条件。只要网购消费者向经营者退回所购商品,就承认其反悔权的行使。这样会使网购消费者的合法权益得到更好的保护。[18]

(二)行使期限

从性质上来说,消费者反悔权的行使期间属于除斥期间,该期间届满,权利即消灭。在修改《消费者权益保护法》之初,其征求意见稿将反悔权的期限规定为 30 日。欧盟对不同的交易类型对消费者冷静期规定了不少于 7 日的期间;美国则在其法律中规定了 3 日

---

[16] 参见王丹霞:《网购消费者的后悔权研究——评新〈消费者权益保护法〉第二十五条》,载《消费经济》2014 年第 1 期。

[17] 参见汪渊智:《形成权理论初探》,载《中国法学》2003 年第 3 期。

[18] 杨立新文,第 35 页。

的冷静期间。考虑到消费者反悔权行使期间过长会产生影响效率的不良后果,过短也会引发对消费者权益的不充足保护。因此,新消法最终确定了长度适中的 7 日退货期。

在这里应当注意期间的起算时间。法律规定消费者反悔期限应当从消费者实际收到商品之日起算。这与其他除斥期间起始日的计算方式有所不同,不是自行为之次日起算,而是自收到商品之日当日起算。网购中商品多以邮寄方式送达消费者,反悔权行使期间应当以消费者实际收到包裹当日起算。消费者仅仅收到了包裹单而未实际收到所购商品的包裹,并不属于"实际收到商品",因此不能起算反悔期间。

另外,这里的 7 日指的是自然日。由于互联网具有随时开放的特点,一般为 365 天、24 小时一直开放的消费市场,不受时间和空间的限制。加之目前在网购市场中,经营者使用的网站系统一般可以自动受理消费者的退换货申请,因此在网购环境下,消费者在收到货物后第 7 日的 24 时之前均可行使反悔权。一般无须考虑反悔期间的终止日或终止日后仍然为休假日,而将终止日顺延至休假日后的第一个工作日的情形。但是实践中也确实存在一部分网站需要人工受理消费者的退单申请后才能根据退单或者退单号办理退货邮寄。[19] 在此情况下,网购消费者行使反悔权时就要考虑到网站工作人员的实际工作时间,从而避免未在反悔权期间内行使权利而导致权利的消灭。

(三)行使要件

网购消费者行使反悔权的要件应包括以下几个方面:

1. 网购商品买卖合同须有效成立并且已经履行完毕

网购消费者反悔权虽属于法定的合同解除权,但是与《合同法》第 94 条第 1 款至第 4 款规定的合同解除权有很大的不同。权利人依第 1 款至第 4 款的规定可以在合同生效之后至履行完毕之前行使合同解除权,一旦合同履行完毕即丧失该权利。而网购消费者和经营者订立的商品买卖合同已经依法成立、生效并且实际履行完毕,是反悔权产生的基础。其最本质的要求是网购商品买卖合同已经实际履行。[20]

2. 网购商品属于法律规定的消费者反悔权的适用范围

如前述网购消费者反悔权适用范围的论述,网购商品必须既不属于法定排除适用反悔权的四种商品,也不属于双方当事人约定的不宜退货的商品,网购消费者才能行使该无理由退货的权利。

3. 网购商品须完好

虽然法律规定,网购消费者行使反悔权无须说明理由,但是同时规定了网购商品须完好的行使要件。但是,我国法律并没有对"商品应当完好"所应达到的标准进行细化规定,

---

⑲　同前注 16,王丹霞文,第 67 页。

⑳　同前注⑤,杨立新文,第 36 页。

这不免会极大的影响该法条在实践中的应用。

（四）行使后果

根据新消法的规定，网购消费者依照法律的规定行使反悔权的，即发生解除网购商品买卖合同的后果。网购消费者应退还所购商品，经营者应返还消费者支付的价款。具体而言，网购消费者反悔权行使的法律后果主要体现在以下几个方面：

1. 经营者接受消费者退回的商品并退回商品价款

网购消费者按照法律规定行使反悔权退回商品的，经营者必须接受所退商品而不得拒绝，并且新消法第25条规定，经营者"应当自收到退回商品之日起七日内返还消费者支付的商品价款"。

2. 费用分担

（1）网购消费者购买商品时的运输费用

依据新消法第25条的规定，经营者在网购消费者行使反悔权之后应当返还消费者支付的商品价款，但是并没有规定还应返还网购消费者购买商品时一并支付的商品运费。因此这里应理解为，经营者将网购消费者所购商品寄送至消费者处产生的首次运费，多数应由消费者承担，但经营者承诺包邮的除外。[21] 若经营者没有作出包邮承诺，按照法律规定以及平衡双方当事人利益关系的立法精神，不应把网购消费者网购商品的首次运费包含到经营者的返还义务当中，这部分费用应当由网购消费者自己承担。[22]

（2）网购消费者退回商品时的运输费用

新消法第25条明确规定，对于网购消费者退回商品所产生的运输费用，应当由消费者自己承担。这里的运输费用也包括运输包装费用等。但同时，该条还赋予了消费者和经营者意思自治的空间。即如果网购消费者和经营者对退货运费的承担另有约定的，则首先按照约定的方式解决退货运费的承担问题。

（3）其他费用

消费者通过网络购买商品并行使反悔权所产生的其他费用主要包括发货的包装费、货款支付费用、货款退回费用以及货款、货物的利息等。由于法律并没有明确规定对这些费用的承担方式，因此实践中只能按照习惯以及当事人之间的约定来分摊上述费用。比如，习惯做法是由经营者承担网购商品的发货包装费，货款、货物的利息损失由网购消费者和经营者自负，由消费者承担货款支付费用。而关于货款退回费用的承担实践中做法不一，有的是由经营者承担，但也存在消费者承担的情况。[23]

483

㉑ 同前注13，贾东明主编书，第109页。

㉒ 同前注⑤，杨立新文，第38页。

㉓ 同前注16，王丹霞文，第69页。

三、网购消费者反悔权制度的完善

网购消费者反悔权作为刚纳入我国法律的新制度,其适用仍处于探索阶段。就法律规定而言,目前仅新消法第 25 条对此进行了规定,且对很多实施细节尚未规定或规定尚不完善。同时,该条款与其他法律规定也还没有实现很好的配合。因此需要对条文本身或者出台相应的司法解释来完善法律的规定。另外,保障网购消费者反悔权行使的一系列配套制度也没有形成一定的体系。因此,为了真正将该制度在我国得到很好的实施,尚需要对其进行多方面的完善。

(一)法律内完善

1. 新消法第 25 条的完善

(1)网购消费者"退货"的含义

新消法第 25 条中有"消费者有权自收到商品之日起七日内退货",但这里的"退货"是指网购消费者向经营者提出了退货申请,还是指将退货商品交付运输第三方,抑或是经营者已经收到了网购消费者退回的商品,立法并没有明确规定其含义,这在实践中不免会引发很多争议。首先,若理解为网购消费者向经营者提出了退货申请,由于消费者素质的良莠不齐,难免出现网购消费者提出申请后有意无意地拖延付运时间的情况,导致经营者长时间接收不到所退商品而产生损失;其次,若理解为退货商品交付运输第三方,则可能发生经营者有意无意拖延审核或办理退货手续,导致消费者无法在法定退货期间内将退货商品付运而无法退货的情况;最后,若理解为经营者已经收到退回商品,由于消费者无法掌握或预期退回商品的在途时间,因此也显得不够合理。可见,三种理解都存在一定的弊端。但相比起来,将"退货"理解为"网购消费者向经营者提出了退货申请"更加便利消费者且操作性更强。但是如果采取这种理解,就必须同时以规定消费者将退货商品交付运输的时间限制作为辅助规定,监督消费者及时行使反悔权,从而在一定程度上也对经营者的利益进行保护。

(2)网购消费者反悔权适用的法定例外的完善

首先,针对"鲜活易腐商品"。由于在网购实践中出现了通过纸质或电子的商品交货凭证、提货券、礼券等形式销售鲜活易腐商品的情况,因此应具体情况具体分析,不应一概否定网购鲜活易腐商品的消费者反悔权的适用。消费者通过纸质或电子的商品交货凭证、提货券、礼券等形式在网上购买鲜活易腐商品的,往往需要在指定日期前往指定地点凭证换取相应的鲜活易腐商品。在此种情况下,对该鲜活易腐商品的换取凭证进行退货,并不会造成商品来不及处理而腐烂、变质而影响商品再次销售的情况,也不涉及鲜活易腐商品高额的运费,在符合法定其他条件后,消费者是有理由适用反悔权的。因此,法律应将法条予以明确,如将第 25 条第 1 款第 2 项完善为"直接销售的鲜活易腐商品",从而排除网购鲜活易腐商品换取凭证的交易情况。[24]

其次,针对"数字化商品"的范围。新消法第 25 条第 1 款第 3 项仅明确规定了音像制品、计算机软件两类数字化商品排除适用消费者反悔权。实践中,网购数字化商品种类繁多,如点卡、礼券、充值卡、图片、文字作品、Flash 动画等。因此法律也有必要对这些常见的数字化商品交易内容进行解释。在这一方面,有学者认为应对上述数字化商品区别对待:点卡、礼券、充值卡等,由于在性质上应属于网购的服务,而网购消费者的反悔权又只能适用于商品不适用于服务,所以消费者是否能对其行使反悔权应按照网购服务的交易规定或惯例来处理;数字化的图片、文字,以及不属于音像制品的视频、音频、Flash 动画等商品的情况则与音像制品相似,也具有一次性或短期消费商品的性质,因此消费者不宜对其行使反悔权。[25]

(3)网购消费者以何种方式在约定不适用反悔权的商品时确认所购商品不宜退货

新消法除了明确列出了四种不适用反悔权的商品外,还规定"其他根据性质不宜退货并经消费者在购买时确认不宜退货的商品"也不适用反悔权制度。虽然法律对这一约定排除反悔权适用的制度规定了必须具备的两个条件,即一是所购商品在性质上应属于不宜退货的商品,二是消费者在购买时已经确认所购商品不宜退货。但是消费者应该采取何种方式进行确认,法律并没有规定。笔者认为,由于网购具有特殊性,交易双方不会实际碰面进行磋商或沟通,因此网购消费者采取书面形式进行确认并不现实。现实中,往往是网购经营者比较方便在其销售商品的窗口界面声明"该商品不得主张退货"等。在这种情况下,应当认为经营者已经通过设置专门的提示程序明确某件商品不宜退货。若消费者明知而仍然点击购买了该商品,即视为该商品已"经消费者确认"为不宜退货的商品,消费者不得再对该商品主张反悔权。[26]

(4)关于网购消费者反悔权生效的时间

根据上文对反悔权行使后果的论述,网购消费者行使反悔权会产生解除合同的效力。但是这一效力应当发生在何时,法律并没有规定。由于反悔权属于形成权,因此应当认为当网购消费者退回的商品到达经营者时就发生合同解除的法律后果。但现实情况具有复杂多变性,因此还需要进行更细致的考虑。比如,若发生商品在退回给经营者的运输途中意外灭失,经营者没有收到该退回商品的,应当认为不能发生解除合同的法律后果;若商品在退回途中损毁,经营者收到的退回商品是不完好的,也应当认为不能发生合同解除的

---

[24] 同前注 16,王丹霞文,第 68 页。

[25] 同上注。

[26] 同前注 21。

法律后果。㉗ 这是在一定程度上对经营者利益的适当保护，符合立法的精神。因此这类损失应当由退回商品的网购消费者根据标的物意外灭失、损毁的风险负担规则进行处理。网购消费者为了避免这种情况的发生也应当注意退货时对商品进行相应的保价或者保险，以防止或减轻自己的损失。

（5）"商品应当完好"要件的标准

新消法第25条虽然规定了消费者反悔权的行使条件是"商品应当完好"，但对于"完好"的标准过于模糊，不同人士对此众说纷纭。阿里巴巴集团人士表示，商品是否完好主要看是否影响二次消费，无理由退货都是商家与消费者自行沟通决定。腾讯公司则认为，商品"完好"在实践中需要进一步具体完善，应该有一个细致、具有操作性的标准和机制。国家工商总局法规司副司长朱剑桥受中国政府网采访时强调，商品完好，指的是商品本身，消费者准备退货时的商品本身没有产生毁损，就是完好的，就可以无理由退货，包装拆了和商品完好是不违背的。鉴于"商品应当完好"的标准的模糊性，为了避免实践中引发更多的纠纷，需要立法进一步作出明确的解释。

学界对于"商品应当完好"的标准主要有三种理解：高标准说、中等标准说和低标准说。高标准说所要求的商品完好，是指商品本身及其包装、装潢等全都完好，没有任何开拆、使用的痕迹。中等标准说要求商品本身完好，认为包装不属于商品本身，因此即使商品的包装被拆封或者包装不完好了，"但只要商品本身是完好的，并且附属于商品的标识、标牌等也保持完好"㉘，就认为商品是完好的。低标准说认为商品完好是指商品"只要没有特别的改变，即使类似于标识、标牌等附属部分不完好，也属于商品完好"㉙。具体举例来看，对于依附于服装类商品的标识、标牌，如果按照中等标准其属于商品本身，若将其剪掉，应当视为商品不完好；如果按照低标准，则其不属于商品本身，因此即使被剪掉或损毁了，只要服装本身完好就是商品完好。

笔者认为，新消法第25条规定的商品完好采纳中等标准说较为妥当。按照中等标准说的思想，固定在服装类商品上的标识、标牌等也应属于商品本身。若网购消费者在对商品进行拆封、试用、检查时造成了附属标识、标牌等的损毁，则不能视为商品完好，网购消费者便不能再行使反悔权。

2. 与其他法条的契合

我国法律目前对消费者反悔权的规定只存在于新修订的《消费者权益保护法》中，十分缺乏与其他法律的相互契合，不免会影响该制度的实施效率。因此需要同时对相关法律进行修订，充实消费者反悔权制度以保障其实施。

㉗　同前注⑤，杨立新文，第35页。

㉘　同前注⑤，杨立新文，第37页。

㉙　同上注。

比如,有学者指出,消费者反悔权制度的出台会引发不法经营者滥用该制度进行不正当竞争的情况。因此将消费者反悔权的有关内容纳入《反不正当竞争法》的规制范畴,对现行的《反不正当竞争法》进行修订,也是有重要意义的,有利于更有效地保障消费者反悔权的顺利实施。㉚

(二)法律外完善

保障网购消费者反悔权制度有效实施,仅靠相应的法律规定是不够的,相应完整配套体系的辅助也是十分必要的。

1. 提高网购消费者自身素质

消费者反悔权制度虽说主要目的是为了保护消费者的合法权益,但这并不是就意味着不需要对消费者的行为进行一定的规制。实际上,目前我国消费者的诚信水平良莠不齐,有一些消费者行使反悔权确实是由于商品不合适或者属于冲动消费,但也确实存在一些消费者抱着"蹭用""恶意使用"等不正当心态滥用反悔权的情况,从而造成对经营者合法利益的损害。因此,不仅应当从法律的角度对网购消费者行使反悔权规定一定的限制,而且还要从道德等其他层面约束消费者滥用反悔权的行为。

2. 加强网购市场监管

消费者反悔权写入《消费者权益保护法》,可以更好地实现对网购消费者合法权益的保护,在一定程度上平衡网购消费者和经营者之间的信息不对称的问题。同样的,法律的规定仅是保障网购消费者反悔权制度贯彻落实的一种方式,除此之外其他能有效监督网购经营者和消费者诚实守信进行交易的方式也是至关重要的,如进行相应的网购市场监管。在加强网购市场监管时,一方面应该限制经营者对于网购商品进行的夸大宣传、虚构原价或折扣、使用非实物商品图片混淆消费者、故意对商品做模糊性或简略性描述误导消费者等,从而对消费者形成一定的保护,并在一定程度上促使网购经营者切实提高产品质量,如实描述商品特性,诚信经营。另一方面,可以设立必要的网购商品检验中心对网购消费者提出退货的有问题的商品进行检验,从而在一定程度上避免消费者滥用反悔权而损害经营者利益的情况发生。

总之,网购消费者反悔权制度才刚刚起步,无论是在法律制定上还是在其他领域相关配套制度的契合上都需要在实践中不断完善。

㉚　同前注⑨,苏丽芳文,第 75 页。

能扣？不能扣？

——抵押关系中挂靠船舶的问题研究

王月茜

（西南政法大学国际法学院）

摘　要:船舶扣押是海事法院执行案件中最关键的程序,扣押抵押关系中的挂靠船舶因涉及的法律关系多重复杂,给法院执行造成了很大困难。本文通过挂靠人对扣押挂靠船舶提出的异议主张进行法律梳理,为法院支持或驳回其异议申请提供理论依据,谨希望能够对我国扣押抵押关系中挂靠船舶问题有所裨益。

关键字:挂靠船舶;抵押关系;异议理由;善意第三人

一、挂靠船舶的定义

　　船舶挂靠是指公民、合伙或法人购买船舶后,出于营运资质、税费缴纳、交易信用等方面的考虑,将船舶所有权登记于有相关水上运输经营资格的企业名下,向其缴纳管理费,并以该水上运输企业的名义独立经营运输活动的一种经营方式。通过分析目前普遍存在的挂靠经营程度、目的等等,挂靠行为主要分为以下两种情况:(1)个体运输船舶的实际所有人(即挂靠人)将船舶所有权登记在具有运营资质的企业(即被挂靠人)名下,向被挂靠人支付管理费或其他费用,并以被挂靠人的名义对外从事水路运输经营活动,是半挂靠形式,即暗挂;(2)个体运输船舶的所有人将被挂靠人登记为船舶经营人或管理人,向被挂靠人支付管理费或者其他费用,并以被挂靠人的名义对外从事水路运输经营活动,是纯挂靠形式,即明挂。

　　本文研究的挂靠船舶仅指无法从登记机关知悉真正物权权属的暗挂形式中的船舶,因在执行中若遇到明挂形式船舶,一般将船舶视为共有而不予扣押,继而不需考虑是否可以扣押涉案船舶的问题,因此文中的挂靠船舶指《最高人民法院关于国内水路货物运输纠纷案件法律问题的指导意见》(后简称《指导意见》)所定义的船舶:"没有运营资质的个体运输船舶的实际所有人,为了进入国内水路货物运输市场,规避国家有关水路运输经营资质的管理规定,将船舶所有权登记在具有水路运输经营资质的船舶运输企业名下,向该运输企业交纳管理费,并以该运输企业的名义从事国内水路货物运输活动,是国内水路货物运输中普遍存在的一种挂靠经营方式。"根据最高人民法院民事审判第四庭法官胡方对《指导意见》的解读可知,《指导意见》中定义的挂靠船舶仅指暗挂形式中的船舶。

二、抵押关系中扣押挂靠船舶的常见问题

船舶挂靠经营法律关系中存在两个所有人,作为登记所有人的被挂靠人和作为实际所有人的挂靠人。我国《物权法》第 24 条规定,船舶物权的设立、变更、转让和消灭,未经登记,不得对抗善意第三人,意味着船舶物权变动采登记对抗主义立法模式,当事人的意思船舶物权变动的首要和决定因素,合意即可导致船舶物权变动,登记只是公示方法,即将已经发生的物权变动加以彰显的一种手段。只有经过登记的物权变动才具有对抗第三人的效力,在第三人的权利与登记权利人的权利发生冲突时,登记权利人的权利受法律保护,而未登记的物权变动不得对抗第三人,这意味着在当事人之间有效成立的物权变动,不能向外主张。

本文探讨的是作为登记所有人的被挂靠人在作为实际所有人挂靠人不知情的情况下,违反双方签订的挂靠协议,在新的抵押关系中将挂靠船舶作为抵押物(此时被挂靠人在抵押关系中为抵押人)向申请执行人(在抵押关系中为抵押权人)申请借款,后无力清偿债务而在抵押借款纠纷中败诉被申请执行挂靠船舶的情形。

当抵押借款纠纷案进入执行程序时,法院将对作为抵押物的挂靠船舶进行扣押,因涉案船舶为挂靠人实际所有,扣押将直接损害其经济利益,而扣押行为并不影响被挂靠人的营运情况,因此通常对扣押行为提出执行异议的仅为挂靠人。本文将对挂靠人提出的异议理由进行列举和分析。

异议理由一

挂靠人最直接和常用的异议理由是主张申请执行人与被执行人之间的经济纠纷其无关,涉案船舶仅是为了经营需要才被挂靠在被执行人名下,2013 年 6 月 22 日最高人民法院执行局就湖北省高级人民法院《关于人民法院能否对挂靠且登记在被执行人名下营运的船舶予以强制执行的请示》(简称《最高院执行局的回复》)的回复明确要求"对有证据证明登记在被执行人名下的船舶系基于船舶实际所有人与被执行人的挂靠经营关系,实际所有人与船舶登记所有人即被执行人不一致的,不宜对该船舶采取强制执行措施",因此法院不得扣押实际所有权人的船舶。

针对第一个理由,法院在实践中的一般做法是要求挂靠人提供充分证据(主要是生效的确权判决书),证明其为船舶实际所有权人,法院原则上依据最高人民法院执行局的回

复不对涉案船舶进行扣押。笔者认为,虽然法院的这种做法尊重和保护了实际所有权人的经济利益,是为了实现法律追求公平正义的目的,但有倾向于保护弱者而违背法律原理的嫌疑,且另一方面也为被挂靠人逃脱法律制裁提供了可乘之机,增加了市场交易风险,不利于维护市场经济秩序。北海海事法院自 2011 年到 2013 年间审理的针对船舶执行提出异议的案件仅一起,而在 2014 年 1 月到 8 月中,针对船舶扣押的执行异议案件激增到 8 起,异议理由也都是异议人为挂靠船舶实际物权人,最高人民法院执行局的回复已成为本院船舶执行异议人适用的第一异议理由。

在《最高院执行局的回复》施行之前,通过对以往法院处理挂靠船舶抵押法律关系时判决的研究可知,法院在审理阶段对三者间的两种法律关系分别进行处理。在处理抵押人(被挂靠人)和抵押权人(申请执行人)之间的挂靠船舶抵押法律关系时,依据船舶登记状况来判断抵押人是否适格,并据此认定船舶抵押行为合法有效;在处理被挂靠人与挂靠人的内部关系时,法院认定,就船舶所有权的约定对双方当事人具有约束力,挂靠人是挂靠船舶所有人,被挂靠人应就其在挂靠船舶上设定抵押的行为对挂靠人承担侵权责任,这种处理方式符合民法公平原则的要求。由此可以看出,船舶挂靠作为一种并无明确法律依据的经营方式,挂靠人在将自己的船舶所有权自愿登记在被挂靠人名下以换取经营便利条件的同时,也为自己的船舶所有权预设了一种风险,即被挂靠人有可能利用其船舶登记所有人的身份对船舶设定抵押权,甚至将船舶出售。根据有关抵押的法律规定,抵押物应当是"债务人或第三人享有所有权或经营权的财产",而船舶被挂靠人不是船舶的实际所有人,本无权也不可能对挂靠船舶设定抵押权,但问题是双方基于挂靠关系的需要而将船舶所有权做了与实际不符的登记,使挂靠船舶独立于挂靠关系之外的公示情况,对社会作出了某种法律承诺,并产生了社会公信力,使第三人认为该船舶被挂靠人就是船舶所有权人。这种情况下,船舶被挂靠人与他人签订船舶抵押借款合同,对船舶设定抵押权,尽管他不是船舶实际所有权人,但法律却推定其享有这项权利,除非被告知船舶的实际情况,否则借款人按正常交易习惯没有义务去核实船舶所有权人的登记与实际是否一致。因此,根据物权法的基本原则,对基于登记公示而与船舶被挂靠人签订船舶抵押借款合同,且经登记公示取得挂靠船舶抵押权的债权人来说,法律应当认定其船舶抵押权有效,而且其船舶抵押权可以对抗作为船舶实际所有权人的挂靠人。如此一来,申请执行人的权益得到了应有的保护,也促使缺乏资质的船舶所有人(即挂靠人)谨慎选择船舶经营方式,从而自另一方面规范了船舶挂靠经营活动。同理,被挂靠人作为具有民事权利能力和民事行为能力的独立个体,要以自己的财产对其违反民事义务的行为承担法律责任。这就会造成登记于被挂靠人名下的挂靠船舶也不可避免地成为权利人行使权利的标的,此时挂靠人很难向善意第三人主张自己对挂靠船舶的所有权,通常只能要求被挂靠人按照挂靠船舶价值赔偿损失。

笔者认为,《最高院执行局的回复》的施行使得后续的案件在执行中出现了与审理结果明显不一致的地方,但此回复也有其产生的现实原因。在实践中,挂靠关系普遍而广泛地存在着,以广西省贵港市为例,全市仅一家企业无挂靠现象,而挂靠关系也在一定程度上推动着中国航运业的发展。考虑到挂靠人在现实生活中往往是三者之中经济实力最为欠缺,最需要帮助的一方,挂靠船舶往往是挂靠人的唯一财产,且挂靠人并不知晓被挂靠人无权处分其船舶的行为。因此最高人民法院执行局为在执行中保护暗挂关系中处于劣势的无过错的挂靠人,即以回复的形式保护在此类案件中的实际物权人。

笔者认为,《最高院执行局的回复》考虑的现实因素的确存在,但据此作出的回复也存在一定问题。第一,被挂靠人和挂靠人在建立船舶挂靠关系之初,双方当事人均可预知各自存在的风险。即被挂靠人作为法律上的船舶所有人,极易被卷入挂靠船舶造成的民事责任中,存在要为与自己无直接关联的索赔买单的经营风险,而挂靠人的船舶作为被挂靠人名下的财产,存在发生针对被挂靠人的索赔时,不可避免地成为执行对象的风险,在已知法律风险存在的前提下仍然签订违法协议的行为本身存在重大过失。第二,申请执行人为完全不知挂靠关系存在的善意第三人,但在面对没有过错的申请执行人时,《最高院执行局的回复》选择倾向于保护挂靠人的权利,使得原本正确适用法律得出的判决结果在执行中受到人为阻碍。船舶挂靠行为忽视了水路运输许可背后所蕴含的公共利益、国家利益,放任市场主体不顾经营资质、营运范围的行政许可而签订合同并且能够收到法律保护,可能会助长非法经营的不良势头,危及水域安全。据此,交通部于2001年颁布《国内船舶运输经营资质管理规定》禁止船舶挂靠经营、推行船舶公司化经营,《最高院执行局的回复》这种倾向性保护弱化了交通部规定的目的。第三,更进一步来讲,这条回复中存在重大的司法欺诈隐患:挂靠人在得知船舶因被挂靠人原因可能被执行之后,即使原本知悉甚至参与被挂靠人过错的挂靠人也可完善证据证明实际所有权人身份,从而规避执行;或船舶本为被挂靠人财产,但为逃避执行,其可通过制造虚假挂靠协议,伪造证据获取生效确权判决,立即建立虚假船舶挂靠关系,制造虚假挂靠人主张实际所有人权利以保存涉案船舶。

异议理由二

挂靠人提出的第二个执行异议理由是,如果不能成功援引理由一,则根据《最高人民法院关于人民法院民事执行中查封、扣押、冻结财产的规定》(以下简称《查扣冻规定》),强调执行中要"切实保护第三人的合法权益"。特别是依据《查扣冻规定》第17条的规定"被执行人将其所有的需要办理过户登记的财产出卖给第三人,第三人已经支付部分或者全部价款并实际占有该财产,但尚未办理产权过户登记手续的,人民法院可以查封、扣押、冻结;第三人已经支付全部价款并实际占有,但未办理过户登记手续的,如果第三人对此没有过错,人民法院不得查封、扣押、冻结",挂靠人主张其对执行案件中所依据的抵押关系当事人间发生的法律纠纷并不知情,是该条法规中所称的第三人,应参照该条规定受到法律保护,法院不得扣押其船舶。

笔者首先对《查扣冻规定》第 17 条的法律构成要件进行解析,再将挂靠船舶的案件事实与法条构成要件加以对比,得出抵押关系中的挂靠船舶不能适用该条的结论。根据《查扣冻规定》第 17 条的规定可知,人民法院不得扣押涉案船舶的要件为:一是被执行人出卖财产给第三人;二是第三人支付全部价款并实际占有船舶;三是未办理过户登记手续;四是第三人对未过户行为没有过错。笔者认为,本法条的核心为第三人,需对第三人范围进行准确定义才能正确地适用法律。

在抵押关系中,被挂靠人和申请执行人为合同当事人,互为权利义务人,挂靠人不参与这个法律关系,但是与当事人的法律关系的结果有密切利害关系的人,是抵押关系的第三人。那么挂靠人是否能作为《查扣冻规定》第 17 条中提到的第三人呢?

根据《中华人民共和国海商法》(以下简称《海商法》)第 9 条的规定"船舶所有权的取得、转让和消灭,应当向船舶登记机关登记;未经登记的,不得对抗第三人",第 13 条规定"设定船舶抵押权,由抵押权人和抵押人共同向船舶登记机关办理抵押权登记;未经登记的,不得对抗第三人",可知我国对船舶物权采取"登记对抗主义"。

"登记对抗主义"是由以法国法、日本法为代表的"意思主义物权变动模式"发展而来的,具体指当事人通过意思表示就物权的变动达成合意即发生物权变动的法律效力,除此之外无须任何形式要件。与其对应的登记对抗制度至少包含以下内涵:(1)当事人合意即产生物权变动的效果;(2)立法目的在于维护交易的安全性和稳定性;(3)未经登记的物权虽在合意当事人之间产生物权变动的效果,但此变动对不知当事人之间合意的"善意"第三人不发生物权变动的效力。

值得注意的是,我国对船舶物权的"登记对抗主义"限定第三人范围的意图体现在《物权法》中,该法第 24 条明确表示"船舶、航空器和机动车等物权的设立、变更、转让和消灭,未经登记,不得对抗善意第三人"。

《物权法》由人大制定,《海商法》由人大常委会制定,《查扣冻规定》由最高人民法院审判委员会制定,就法的效力位阶而言,前者优于后者;《物权法》2007 年颁布,海商法 1992 年颁布,《查扣冻规定》2004 年颁布,新法优于旧法,表明我国在社会发展的过程中,随着我国法律实践与理论的进步,对第三人的保护仅针对"善意"第三人,《查扣冻规定》提到的第三人也仅指"善意"第三人。那么如何定义"善意"第三人呢?

"善意"第三人通常指并不知悉双方法律关系的第三人。在此笔者认为应对登记对抗中的"善意"第三人进行分析,首先明确善意的主体与客体,即哪些法律关系中的人需要用"善意"来衡量,以及"善意"的对象究竟是物权关系或是债权关系;其次,"善意"应当如何界定,即何谓知悉。

　　登记对抗中的对抗不仅限于物权取得者之间的权利优先性判断问题，也包括未登记的物权变动能否对抗一般债权人、不法行为人以及无权利人。有学者认为，未登记的物权变动即使能够得到承认，但是该权利是否能够得到即时保护或者其应当承担的责任是否能够即时得到免除，也属于未登记不得对抗需要解决的问题，因此，善意第三人包括除物权关系相关人以外的其他一切与物权变动有利害关系之人。但笔者认为，这种定义过于宽泛，容易侵害到实际物权所有人的权利，笔者倾向于胡康生给出的定义，即不知道也不应当知道物权发生变动的物权关系相对人，即将"善意"第三人的范围缩小到物权相对关系人中。

　　所谓善意的客体，指的就是第三人未能知悉的对象。登记对抗体制下，所有权变动的时间因物权合意的形成而定，物权合意可能表现为当事人间的约定，也可能通过交付、价金受偿、登记予以实现。无论物权变动何时发生，不得对抗"善意"第三人，指的均是物权变动的发生。所以，判断第三人是否为"善意"的前提是物权变动已经现实的发生。

　　何谓知悉，笔者认为，在登记对抗制度中，第三人知悉的途径不仅仅局限于法定的公示方式。法定公示方式是对抗的要件，但是第三人对于物权变动知悉的途径却不仅仅限于登记。因此，对于第三人的知悉可分为法律上的知悉与事实上的知悉。法律上的知悉只要指在先的权利取得具备法定的对抗要件时，无论在后购买人是否对此进行审查，均被认定为知悉。最为典型的即为登记知悉。登记知悉也可称为推定知悉，指通过调查与交易标的物有关的登记簿就可以发现在先权利取得的知悉。在后购买人负有通过这种途径知悉在前权益的义务。无论其是否进行此项调查，只要在先的物权变动已经登记，则推定在后购买人知悉。事实上的知悉指在先的权利取得虽然不具备法定的对抗要件，但是在后购买人明知或者是通过对一定的外部事实的调查即可知悉，主要包括实际知悉、调查知悉、转移知悉三种情形。

　　根据上述对第三人的分析，挂靠人能否主张适用《查扣冻规定》第17条要求法院不扣押涉案船舶？笔者认为是不可以的。参照法规，虽然挂靠人"全部支付价款"和"实际占有"涉案船舶，也未进行"过户登记"，而且也是原案件的"第三人"，但是《查扣冻规定》第17条中规定的是第三人在知悉船舶登记人后向被挂靠人购买涉案船舶的情形，而挂靠关系中的船舶是由挂靠人先于船舶登记前购买，以被挂靠人名义揽客，但独立运营的情形；"部分或全部支付价款"和"实际占有"也发生在船舶登记之前，因此与相关条款描述不符；而条款中第三人未进行"过户登记"的原因是其未有"过户登记"的主观意图，未进行"过户登记"也并非客观不能。事实要件与法律构成要件并不能一一对应，因此，挂靠人不能参照《查扣冻规定》主张法院不能扣押涉案船舶。

　　虽然案件事实不能与可得适用的法律规范构成要件建立一一对应的关系，挂靠人能否以其为"善意"第三人为由，主张保护其利益与《查扣冻规定》第17条追求公平正义的立法意图一致而适用第 17 条呢？笔者认为同样不可。

挂靠人提出其为善意第三人的主要依据是其对于被挂靠人和申请执行人之间发生的抵押关系来说是其债权关系的第三人，挂靠人被挂靠人单方违反挂靠协议的约定将挂靠船舶抵押给申请执行人以获取资金的行为并不知晓，因此挂靠人为并不知悉挂靠船舶物权变动的善意第三人。笔者认为《物权法》中的善意应理解为主观上不知情且无重大过失，即不知或非因重大过失不知交易的动产上设定动产抵押权者属于善意第三人。之所以设置重大过失的情形，是因为往往相关信息足以引起对处分人的合理怀疑，而第三人却仍置之不顾。第三人过于懈怠而贸然行事，其自应承担不利后果。在此类案件中，挂靠人是已知挂靠关系中的船舶存在被视为被挂靠人财产而被扣押拍卖的风险的，在签订挂靠协议之后，其也未积极维护自己的合法权益，即使在知悉船舶涉及被挂靠人案件时仍未主张权利，却在执行阶段提出异议，阻碍申请执行人维护自身合法权益。笔者认为，挂靠人在签订挂靠协议之初已存在重大过失，在维护自身合法权益时存在不作为或消极作为的情况，且在船舶涉诉后仍怠于主张权利而在执行阶段提出异议的行为，足以说明虽然挂靠人并不知悉被挂靠人的无权处分行为，但其对扣押船舶的后果存在重大过失，使其被排除在"善意"第三人范围之外。因此，挂靠人仍然不能根据立法意图适用该条规定。

但退一步讲，我国对于重大过失的认定没有一个客观的标准，更多是依赖法官自由裁量权的行使，根据案件的不同和法官对案情判断的差异，并不一定一概认为挂靠人存在重大过失。那么，如果挂靠人可以主张其为"善意"第三人而适用《查扣冻规定》第 17 条，认为法院不得扣押涉案船舶吗？

笔者认为，依据双方签订的挂靠协议，被挂靠人并不能设立在船舶上的任何物权，挂靠人对被挂靠人无权处分的行为并不知悉也不存在足够程度的重大过失，那么因被挂靠人的过错而惩罚挂靠人，虽可依据法律规定强行扣押船舶，但难免有违背公平正义之嫌，而通过上述论证，此处假设挂靠人可主张其为"善意"第三人。申请执行人因善意相信船舶登记所有人即船舶实际所有人，依照合法有效的程序取得了对船舶的物上权利，同样为"善意"第三人。那么这时候，挂靠人主张不予扣押涉案船舶，申请执行人主张扣押申请船舶，二者同为"善意"第三人，但二者的主张形成对抗，法院将如何平衡？

笔者认为，保护善意第三人的法理基础可以用"比较过失"（comparative negligence）的原理予以分析。在两个善意当事人中必有一个要承受损失的情形下，法律通常把损失分配给最有机会首先避免出现这个问题的当事人。在扣押挂靠船舶的案件中，被执行人因善意信任登记所有权人对船舶享有物权，依照法定程序取得而对挂靠船舶的物权并支付对价，行为并无任何过错，而挂靠人通过挂靠规避国家有关水路运输经营资质的管理规定，将船舶所有权登记在具有水路运输经营资质的被挂靠人名下的行为存在重大过失，发生时间节点远早于申请执行人与被挂靠人纠纷之前，相较之下，最有机会首先避免问题的出现,因此笔者认为,即使从保护善意第三人的法理基础出发,挂靠人仍不能参照《查扣冻》第 17 条的规定,要求法院不予执行涉案船舶。

异议理由三

挂靠人提出的第三个异议理由是如果不能适用上述两条理由,那么挂靠人进一步主张,申请执行人在执行申请中主张的权利为债权,而挂靠人作为船舶实际所有权人对船舶享有实际物权,在申请执行人和挂靠人均无过错的情况下,申请执行人的债权不能对抗挂靠人享有的实际物权,因此法院也不得扣押其船舶。

第三种抗辩理由试图避开执行申请人是根据抵押权等物上权利提出执行请求的背景,将申请执行人的执行依据解释为建立在一般债务合同之上的根据一般债权提起的执行申请。

根据《物权法》第 24 条、第 188 条的规定,船舶的物权变动未经登记不得对抗善意第三人的规定可知,船舶实际所有人的物权不得对抗执行申请人的已登记物权,即如果申请执行人依据已登记的物权提出执行申请,则人民法院当然可依法扣押涉案船舶。那么,申请执行人的请求依据如果是已登记的抵押物权或担保物权,那么法院当然可以扣押挂靠船舶。

但如果执行申请人的请求依据是未登记的物权呢? 一般债权呢? 是否也能对抗船舶所有人享有的物权呢?

笔者认为,如果请求依据为未登记的物权,则会出现两个未登记的物权间的对抗,根据物权合意发生物权变动的规则,在后的善意受让人在符合对善意的保护要件时,即使未登记也能取得与第一受让人并存的物权。只是,两者未登记时,彼此都不得对抗。此时仍可参照"比较过失"(comparative negligence)的原理予以分析得出应支持申请执行人的主张扣押涉案船舶的结论。

一般债权是无担保债权的债权,对于未登记不得对抗的善意第三人中是否包括一般债权人,学界与实务界分歧较大,主要有三种观点:其一,肯定说,该说认为第三人既包括对于标的物享有物权之人,也包括一般债权人。其二,否定说,该说认为第三人应为对同一标的物享有物权之人,一般债权人并不包括在内。其三,折中说,该说认为特定部分的一般债权人应属于善意第三人。如未登记的抵押权人在受领抵押标的物为代物清偿时,便可能对一般债权人构成诈害行为,此时为保障一般债权人的利益,应允许一般债权人行使登记欠缺的抗辩。

笔者认为,根据物权的优先性,在同一标的物上物权与债权并存时,物权优先于债权。已变动但未登记的物权(如所有权、抵押权)只是没有对抗效力,但其本质上仍具有物权性,因而应优先于一般债权。此种情形下,物权与债权的效力冲突依物权的优先性就已经解决,不存在实质上的利益冲突问题,进而无登记对抗制度适用的必要。如果在具体问题上要否定物权的优先性，则必须有足够正当的理由，如买卖不破租赁等，使得立法政策上作出倾斜，而笔者在扣押挂靠船舶的案件中未能发现足够正当的理由，因此，当执行申请人的请求依据是一般债权的时候，其请求不能对抗船舶实际所有人享有的船舶物权。

结论

在海事法院的执行案件中，船舶往往是最重要的执行标的物，也是当事人维护自身权益最重要的财产线索甚至唯一线索，而船舶扣押是船舶执行的第一阶段也是最重要的阶段，因而对案件的执行有重要意义。船舶挂靠作为一种特殊的产权不清、责任混乱的经营管理方式，给法院的执行造成了一定难度。各海事法院在实践的过程中对于哪些挂靠船舶可以扣押，哪些挂靠船舶不可扣押的问题也并未形成统一的意见，虽然 2013 年高院执行局对能否扣押挂靠船舶作出了一份个案批复，但并无普遍适用的意义，也引发了实践中的种种疑问。本文通过对挂靠人提出的执行异议理由进行分析认为，在扣押抵押关系中的挂靠船舶时，只要申请执行人提出扣押船舶的请求的依据为物权，那么无论登记与否，法院都可以扣押登记在被挂靠人名下的挂靠船舶。

工伤救济与侵权救济的关系

吴晓静[*]

职工因工作原因受伤构成工伤,将享受工伤待遇,由其工作单位以及工伤保险基金按《工伤保险条例》相关规定承担支付责任,是为工伤救济;与此同时,职工受伤如果是侵权行为的结果,则该职工作为受害人将依民法(侵权责任法)的规定与致害人之间形成人身损害赔偿责任关系,致害人应对其承担赔偿责任,是为侵权救济。关于这两种责任、两种救济之间的关系如何处理,法律法规未予明确,最高人民法院相关指导意见态度似有摇摆,各地司法实践也不一致。第八次全国法院民事商事审判工作会议(民事部分)纪要对这个问题有新的表述,笔者读来,感觉仍有讨论必要。

一、规则流变与实践分歧

《民法通则》及《侵权责任法》均未明确规定侵权救济与工伤救济之间的关系。但该两法相关法条无疑有"有侵权就有责任"之意旨。

其他少数几部法律以及最高人民法院的几则指导意见涉及这个问题,但前后立场不尽一致,各地实践随之而各异,主要的差别在于是否认可工伤救济与侵权救济兼得,以及允许兼得的范围如何确定。

2001年《职业病防治法》第52条规定:"职业病病人除依法享有工伤社会保险外,依照有关民事法律,尚有获得赔偿的权利的,有权向用人单位提出赔偿要求。"2002年《安全生产法》第48条规定:"因生产安全事故受到损害的从业人员,除依法享有工伤社会保险外,依照有关民事法律尚有获得赔偿的权利的,有权向本单位提出赔偿要求。"

2004年4月起施行的《最高人民法院关于审理人身损害赔偿案件适用法律若干问题

---

* 吴晓静,法学博士,重庆市南岸区人民法院副院长。

的解释》（以下简称"人赔司法解释"）第 11 条规定："雇员在从事雇佣活动中遭受人身损害，雇主应当承担赔偿责任。雇佣关系以外的第三人造成雇员人身损害的，赔偿权利人可以请求第三人承担赔偿责任，也可以请求雇主承担赔偿责任。雇主承担赔偿责任后，可以向第三人追偿。雇员在从事雇佣活动中因安全生产事故遭受人身损害，发包人、分包人知道或者应当知道接受发包或者分包业务的雇主没有相应资质或者安全生产条件的，应当与雇主承担连带赔偿责任。属于《工伤保险条例》调整的劳动关系和工伤保险范围的，不适用本条规定。"其第 12 条规定："依法应当参加工伤保险统筹的用人单位的劳动者，因工伤事故遭受人身损害，劳动者或者其近亲属向人民法院起诉请求用人单位承担民事赔偿责任的，告知其按《工伤保险条例》的规定处理。因用人单位以外的第三人侵权造成劳动者人身损害，赔偿权利人请求第三人承担民事赔偿责任的，人民法院应予支持。""人赔司法解释"采取了一种"二分法"：在劳动关系中，以工伤救济取代用人单位的侵权责任，在认定为工伤的情况下，不再确定用人单位的侵权责任；在雇佣关系中，雇主的侵权责任不能由工伤救济来取代。按该司法解释的第 11 条和第 12 条，无论用工主体（用人单位/雇主）的侵权责任是否因《工伤保险条例》之适用而被替代，均不影响受害职工向第三人主张侵权责任。

《职业病防治法》《安全生产法》的前述规定，并未指明在工伤保险救济与单位的民事赔偿责任之间究竟是采兼得模式（即两种救济均可全额主张、互不抵扣）还是采补充模式（以两种救济间数额高者为限），而"人赔司法解释"的前述条文由于明确规定了追偿权，应当解读为否定兼得，这种解读与人们对侵权责任以填补损失为足够的普遍认知相吻合，反过来对于前述两法的解读发生了作用，于是在工伤待遇与侵权责任关系设置和处理问题上，补充模式开始大行其道。例如，《四川省人民政府关于贯彻〈工伤保险条例〉的实施意见》（川府发〔2003〕42 号）、2004 年发布的《武汉市工伤保险实施办法》、重庆市高级人民法院 2005 年《关于审理工伤赔偿案件若干问题的意见》等都采纳了补充模式。

2006 年最高人民法院《关于因第三人造成工伤的职工或其亲属在获得民事赔偿后是否还可以获得工伤保险补偿问题的答复》（〔2006〕行他字第 12 号）使情况发生了很大变化。该"答复"指出："因第三人造成工伤的职工或近亲属，从第三人处获得民事赔偿后，可以按照《工伤保险条例》的规定，向工伤保险机构申请工伤保险待遇补偿。"该"答复"显然认可全面兼得，即侵权救济与工伤救济互不相干、互不抵扣。这是否反映了最高人民法院新的立场？各地对此理解不一，实践中做法于是多样。

2011 年施行的《社会保险法》首次以法律形式对第三人侵权损害赔偿与工伤保险救济之间的关系进行了调整。该法第 42 条规定："由于第三人的原因造成工伤，第三人不支付工伤医疗费用或者无法确定第三人的，由工伤保险基金先行支付。工伤保险基金先行支付后，有权向第三人追偿。"该条明确提到了追偿，可以追偿的项目当然就不能兼得；

但追偿须以先行支付为条件,而该条提到的先行支付究竟是仅限于医疗费用还是包括其他项目,不太清楚,因此,可以追偿的是哪些项目也理解不一。《社会保险法》颁行后,各地实践中普遍否定或抛弃了全面兼得的做法,对于因工伤而生的医疗费用,均禁止兼得,但在除医疗费用之外的其他项目上是否允许兼得,各地迄今仍然处于莫衷一是的总体状态,大体有以下三种做法。

1. 仅"医疗费用"禁止兼得。《重庆市人力资源和社会保障局关于涉及第三方责任工伤保险待遇支付问题的通知》(渝人社发〔2013〕77 号)仅将"医疗费用"排除在可以兼得的范围之外,为与之相呼应,重庆市高级人民法院于 2013 年 8 月印发《关于因第三人侵权造成工伤的劳动者或者工亡的劳动者遗属是否既有权获得工伤保险待遇又有权获得侵权损害赔偿问题的解答》,允许受害职工在除医疗费用之外的其他请求项目上既可向工伤保险基金或者用人单位依法索偿,也可向侵权的第三人依法索偿,二者可以兼得,唯医疗费用不能兼得。

2. 全面禁止兼得。《武汉市工伤保险实施办法》第 42 条规定:"因交通事故引起工伤或者从业人员工伤涉及其他民事伤害赔偿的,应当按规定索取伤害赔偿。用人单位或者工伤保险基金按照本办法规定的工伤保险待遇先期支付的,工伤人员或者其直系亲属在获得民事赔偿后,应当予以相应偿还。"这意味着就所有的"工伤保险待遇先期支付"均不认可兼得。该《办法》公布于 2004 年年底,但施行至今没有修改过。

3. 多项禁止兼得。2012 年《上海市工伤保险实施办法》第 45 条第 1 款规定:"由于第三人的原因造成工伤的,由第三人支付工伤医疗费用。第三人不支付工伤医疗费用或者无法确定第三人的,由工伤保险基金先行支付。工伤保险基金先行支付后,社保经办机构有权按照规定向第三人追偿。"其第 2 款又规定:"由用人单位或者工伤保险基金先行支付的停工留薪期工资福利待遇、一次性伤残补助金、一次性工亡补助金等其他工伤保险待遇的费用,工伤人员或者其近亲属在获得第三人赔偿后,应当予以相应偿还。"

二、"八民会纪要"的提法

2015 年 12 月第八次全国法院民事商事审判工作会议(以下简称"八民会")会议纪要民事部分征求意见稿(以下简称纪要稿)中对工伤救济与侵权救济之间关系表述为:"用人单位未依法缴纳工伤保险费,劳动者因第三人侵权造成人身损害并构成工伤,如果已经获得侵权赔偿,用人单位承担的工伤保险责任应扣除第三人已支付的医疗费、护理费、营养费、交通费、住院伙食补助费、残疾器具辅助费和丧葬费等实际发生的费用。用人单位先行支付工伤保险赔偿的,可以就上述费用在第三人应承担的赔偿责任范围内向其追偿。"在 2016 年 11 月公布的纪要正式文本[即《第八次全国法院民事商事审判工作会议(民事部分）纪要》，以下简称"八民会纪要"]中，对这个问题表述为两个条文："9. 被侵权人有权获得工伤保险待遇或者其他社会保险待遇的，侵权人的侵权责任不因受害人获得社会保险而减轻或者免除。根据社会保险法第三十条和第四十二条的规定，被侵权人有权请求工伤保险基金或者其他社会保险支付工伤保险待遇或者其他保险待遇。10. 用人单位未依法缴纳工伤保险费，劳动者因第三人侵权造成人身损害并构成工伤，侵权人已经赔偿的，劳动者有权请求用人单位支付除医疗费之外的工伤保险待遇。用人单位先行支付工伤保险待遇的，可以就医疗费用在第三人应承担的赔偿责任范围内向其追偿。"显然，"八民会纪要"正式文本与纪要稿有相当大的差异，一方面增加规定了社会保险与侵权救济的关系；另一方面就用人单位责任与侵权人责任而言，将用人单位可以追偿因而禁止劳动者兼得的救济限缩为医疗费用，纪要稿中允许追偿的其余多项费用都不再允许追偿，因而劳动者可以兼得。"八民会纪要"第9条没有提及追偿与兼得，但根据整体解释规则以及该条引致的社会保险法条文，可以推断其意思是说工伤保险基金或其他社会保险对于侵权人的追偿也限于医疗费用。这与前述2013年重庆做法基本一致。

鉴于实践中对相关问题长期存在争议，通过"纪要"或者更有权威性的文件规范相关问题很有必要。但从"纪要"前述条文来看，还存在一些需要进一步斟酌的问题。

首先，"纪要"将禁止兼得的项目局限于医疗费用是否恰当，尚值讨论。

其次，用人单位自身对职工所受损害也有过错或者也成立侵权责任的，其侵权责任与工伤救济之间关系如何，"纪要"中没有提及。

最后，工伤救济与侵权救济这两个渠道之间的程序适用关系问题，实践中也感疑惑，"纪要"也没有提及。

本文以下部分即对上列问题阐述笔者愚见。

三、本文的观点

（一）支持全额追偿，全面排斥兼得

本文认为，在禁止兼得的适用范围上，需要旗帜鲜明地采取全面禁止兼得的立场。理由如下。

首先，《社会保险法》第42条的本意并不是说只有"医疗费用"才可追偿并因而仅就"医疗费用"排斥兼得。该法第41条已规定，职工所在用人单位未依法缴纳工伤保险费，发生工伤事故的，由用人单位支付工伤保险待遇，用人单位不支付的，社保经办机构从工伤保险基金中先行支付，并有权向用人单位追偿。可见"先行支付"并不以医疗费用为限而是包括整个工伤保险待遇，即使用人单位未缴工伤保险费也是如此，基金承担的是兜底性（全项目、全额度的）垫付责任。按照举重明轻的法理，第42条中所称的第三人不支付

的"工伤医疗费用"也应当与前一条相应而解释为实指"工伤保险待遇",不可能不论用人单位缴纳保险费与否,仅仅因为插入了第三人侵权因素,就缩减工伤保险基金对工伤职工的兜底保护职能;该条之所以不使用"工伤保险待遇"而使用"工伤医疗费用"提法,应该是考虑到后者与第三人这一责任主体之间更为协调,而不是为了在项目与范围上与"工伤保险待遇"相区分。既然明确了先行支付的项目不限于医疗费用,那么第42条的追偿权适用范围当然也应是已经支付的全部工伤保险待遇而不仅是医疗费用,不可能仅允许基金对用人单位追偿全部工伤保险待遇而对第三人只能追偿医疗费用。简言之,社保法要求社保基金兜底垫付并全面追偿侵权责任人。实际上,2011年人力资源和社会保障部《社会保险基金先行支付暂行办法》第11条已经清楚写明所有工伤保险待遇均不得与侵权救济兼得,这可以说是相关行政部门对于其参与制定的《社会保险法》相关条文的一种解释,"八民会纪要"与此冲突,遗憾。

其次,无法找到一条区分能否追偿、能否兼得的合适的界线。无论是重庆式的仅禁止医疗费用兼得,还是上海式的列举多项禁止其兼得的做法,再抑或"八民会纪要"对禁止兼得项目的"大换血"式的另行选择,均未见有人成功论证过区分各项目可否兼得的充分理由。

再次,只要采用部分项目允许兼得、其余项目排斥兼得的做法,都会存在扣除、追偿部分项目时操作上的巨大困难。工伤待遇各个项目与侵权赔偿的各个项目,其支付基础与计算方式并非一一对应,而是有所交叉但又有所不同的,如果要按项目分别计算如何扣除与追偿,计算上非常麻烦、极易出错,而且在具体理由上也极难说明。

最重要的是,任何认可兼得或者部分兼得的观点,都没有正确理解侵权救济、工伤救济二者各自的制度价值及其相互关系。在因侵权而导致工伤的场合,侵权责任是根本性的救济("救本"),工伤待遇是辅助性的救济("救急"),因此制度上应将侵权责任设置为最终责任、终局责任,工伤待遇支付责任则设定为起支撑、辅助作用的中间责任、替代责任,其支付人对于终局责任人有追偿权。《社会保险法》确认了这种格局,实际上,我国现行法上找不到任何依据来支撑"工伤救济有必要超出侵权救济项目及数额范围而存在"的结论;这种格局显然应当覆盖于工伤救济与侵权救济二者关系的全局,而不应当仅在部分项目上体现。笔者注意到,各地现有的允许兼得或者部分兼得的所有做法,其"制度依据"似都缘起于2006年最高人民法院《关于因第三人造成工伤的职工或其亲属在获得民事赔偿后是否还可以获得工伤保险补偿问题的答复》,但是该"答复"本身存在严重问题。细看该"答复"原文及其附件,可知其系就新疆高院兵团分院的请示所做的答复,写明"原则同意你院审判委员会的倾向性意见",而该请示报告中的倾向性意见主要以最高人民法院时任副院长黄松有2003年12月就"人赔司法解释"答记者问时的讲话为支撑,但笔者检索发现,黄松有当时只说到"如果劳动者受工伤是第三人的侵权行为造成,第三人不能免除民事赔偿责任。例如职工因公出差遭遇交通事故,工伤职工虽依法享有工伤保险待遇,但对交通肇事负有责任的第三人仍应承担民事赔偿责任",并未明说肇事者的侵权赔偿以及工伤保险待遇二者可以兼得,并未排除追偿与返还,何况其同一讲话中对于用人单位的侵权责任与工伤保险待遇也明确讲到"不能获得双重赔偿"。① 可见,2003 年最高人民法院出台该"答复"时理由不充足,很可能是误解了黄松有的说法。

在因侵权导致工伤的场合,将侵权责任设定为终局责任而将工伤救济责任设定为中间责任是符合民法理论的(工伤救济未必属于民法范畴,但工伤救济与侵权救济之间的关系肯定属于民法需要处理的问题)。在此类场合,侵权才是损害的原因,工伤不是损害的原因而只是对损害从特定角度加以政策评价的结果,工伤待遇支付责任之承担,实际上也是侵权行为之结果,因此,工伤待遇支付责任虽不因侵权存在而免除,但其支付责任者就其支付这一不利益事实(与损害无异)有权向原因责任者索赔,此即其追偿权的民法上由来。

综上所述,本文主张工伤救济支付者(无论工伤保险基金还是用人单位,在此没有区分的必要)就其依据工伤保险相关制度向职工所做的支付之全额,不分项目,均有权向侵权责任人追偿;同时,侵权人已经向受害职工支付过的赔偿额,不分项目,均应从工伤救济支付者的应付额中扣除,不许兼得,如有重复领取,应当退还工伤救济支付者。

(二)工伤救济支付不应替代用人单位自己的侵权责任

"人赔司法解释"第 12 条将用人单位的工伤侵权责任规定为仅按《工伤保险条例》处理,实际上就排除了单位的侵权责任。这种规定在法理上不通,在实践中有害。

首先,工伤救济与侵权责任之间在数额上的落差将会长期存在,至少很难预期侵权责任中的精神损害赔偿会纳入工伤赔付项目。这是由两种救济渠道各自的基本职能与相互关系决定的。因此,若以工伤救济替代(排斥)侵权责任,将直接导致救济水平上限拉低,影响救济充分性,从而导致"有工伤保险反而不如没有工伤保险"的悖谬。

其次,所谓用人单位支付了工伤保险费,因此有理由不再承担侵权赔偿责任之说,并不成立。用人单位并不能因支付了工伤保险费而换来一种可以降低对职工的注意义务和保护水平以至于可以免除自己对职工的侵权责任的法律地位,我们的工伤保险制度显然也无意于赋予用人单位此种地位,我国《职业病防治法》《安全生产法》关于"除依法享有工伤保险外,依照有关民事法律尚有获得赔偿的权利的,有权向本单位提出赔偿要求"的规定,更是明确地否定了这种所谓"工伤保险免除用人单位的侵权责任"之说;实际上,我国现行法中没有任何条文可以直接或者间接地解读出这种意思。

---

① 最高人民法院民一庭编著:《最高人民法院人身损害赔偿司法解释的理解与适用》,人民法院出版社 2004 年版,第 447~448 页。

综上所述，"人赔司法解释"第 12 条的规定应予修正，应当在工伤待遇政策方面抛弃用人单位侵权与第三人侵权的二分法，统一适用以侵权责任与工伤救济总额高者为上限，由工伤救济对侵权救济就该上限而言未实际支付部分予以补充，并赋予工伤救济支付者对于侵权责任人全额追偿权的规则体系。当工伤救济支付者与侵权责任人为同一人时，两种责任之间的补充关系仍在，但追偿自然无须实施。在用人单位与第三人均对受伤职工存在侵权责任的场合，用人单位及该第三人均为最终责任人，其各自的最终责任额应根据侵权责任法予以确定，并以此作为各自接受追偿的限额，工伤保险基金支付了工伤救济款后，有权向用人单位及该第三人在前述限额内分别追偿；用人单位自身支付工伤救济款（工伤待遇）超过其侵权责任数额的，就其超过部分，也有权在第三人应当承担侵权责任的限额内向该第三人追偿。

（三）关于工伤救济与侵权救济的程序关系

工伤救济与侵权救济这两个途径在程序实施上何者为先？能否同时并进甚至合并实施？二者之间如何协调？

对《社会保险法》第 42 条的表述，有人解释为确定了先应向侵权责任人索赔（即侵权救济前置）的规则，只有在第三人不支付工伤医疗费用或者无法确定第三人的情况下方可请求工伤救济。笔者不赞同这种理解。因为第一，不能从语义上简单反推适用该条规定。例如，第三人无财力支付，或者因第三人逃逸等原因无法及时向该第三人索偿，均不属于"第三人不支付"，这两种情形下都不能简单反推而得出工伤保险基金不应先行支付的结论。第二，这种理解实际上肯定了工伤保险基金的"先索抗辩权"，但这种抗辩权在《工伤保险条例》中并无规定，《社会保险法》也没理由新设此种抗辩权。第三，基于工伤救济与侵权救济的基本关系设定，工伤救济应突出及时性、便捷性，不应将其安排为后顺位救济。

立法论上，有学者反过来主张工伤救济前置："劳动者执行职务过程中因第三人的行为受到人身伤害，应当先请求工伤保险补偿，再就工伤保险补偿与实际财产损失之间的差额以及精神损害不足的部分请求行为人承担侵权损害赔偿责任。"[2]

笔者既不赞成侵权救济前置，也不赞成工伤救济前置，因为侵权救济与工伤救济对不同情况的当事人各有不同的吸引力，又各有不同的障碍与不利因素，无论规定侵权救济前置还是工伤救济前置，都难以避免在具体情形下会成为当事人索偿的障碍，适得其反。

因此，任由当事人选择先寻求工伤救济还是侵权救济是相对合适的安排。当然，这几乎必然导致当事人同时寻求两种救济、两边的程序同时推进的情况可能会出现。但这种情况并无害处，不值得排斥，值得注意的只是要尽量防止权利人重复受偿，导致不必要的

---

[2] 王利明主编：《中国民法典草案建议稿及说明》，中国法制出版社 2004 年版，第 257 页。

追偿。为此,需要做的主要有两点:其一,在工伤救济程序以及侵权救济程序中,公权力者(人民法院、劳动争议仲裁机构、工伤保险机构)应当注意提醒权利人披露利害相关者(工伤救济支付者与侵权责任人互为利害相关者),对利害相关者做程序告知,允许其作为第三人参加到程序中来,以便使利害相关者互相知道平行程序的进展情况,协调赔付操作,避免重复支付;其二,权利人(原告、诉方)经提醒未予披露利害相关者,最终因重复受偿导致追偿的,工伤救济支付者(工伤保险基金和用人单位)有权向该权利人主张一定的追偿成本赔偿,人民法院对此应予支持。

至于程序合并问题,宜区分审理程序(审判及仲裁)与执行程序。审理程序方面,工伤救济与侵权救济渠道殊异,合并难度过大,暂时不必考虑。执行程序方面,因作为执行依据的生效法律文书已经确定了侵权责任与工伤支付责任,情况相对简单,需要注意的是尽量避免重复受偿和追偿,故适合合并执行,并尽可能优先执行侵权责任人。

行政主导到公益诉讼：
食品安全事件大规模侵权的救济之道

叶 卓

（西南大学法学院）

摘 要：食品安全事件的处理通常是以行政机关为主导的模式进行的，司法力量在其中很少起作用。行政主导的处理模式有其优点，但却有着利益代表机制不完善的问题，难以最大化救济当事人。我国新修订的《民事诉讼法》规定了公益诉讼制度，但是条文过于概括，公益诉讼的提起也存在不少的困难，需要进一步完善其规定，以更好地运用于实践。

关键词：公益诉讼；食品安全；大规模侵权

505

　　大规模的食品安全事件近年来频频爆发，公众对食品安全的信赖越来越低。三鹿奶粉事件后，我国制定了《食品安全法》，但是社会中的大规模食品安全事件仍然不断发生，社会各界都在为此担忧，提出了许多想法。经济法学界一直主张公益诉讼，把公益诉讼作为经济法责任的一种承担机制，把公益诉讼作为经济法的"内部生命的表现"有效体现了经济法规范所内涵的强制约束力，维护了经济法的切实实施。[①] 2012 年 8 月 31 日第十一届全国人民代表大会常务委员会第二十八次会议通过了新的《民事诉讼法修正案》，在第 55 条规定了公益诉讼："对环境污染、侵害众多消费者合法权益等损害社会公共利益的行为，法律规定的机关和有关组织可以向人民法院提起诉讼。"《中华人民共和国民事诉讼法》（以下简称《民诉法》）第 55 条对公益诉讼的规定为公益诉讼的开展扫清了立法上的障碍，但是第 55 条规定得过于概括，对公益诉讼的立案标准及其受案范围不明确，容易变成口袋诉讼或者很少被运用。对"公共利益"的不同理解会导致各级法院审案的极大差异，导致适用的混乱；而我国作为法规出发型国家，模糊的规定不利于法官运用，也不利于公正的审理。

[①]　颜运秋：《经济法与公益诉讼的契合性分析》，载《北方法学》2007 年第 3 期。

一、食品安全事件大规模侵权的厘定与分析

(一)食品安全事件大规模侵权的现状

所谓大规模侵权就是指,基于一个不法行为或者多个具有同质性的事由,如瑕疵产品,给大量的受害人造成人身损害、财产损害或者同时造成上述两种损害。[②] 食品安全事件大规模侵权也具有这样的表征,就这个概念而言,食品安全事件大规模侵权第一必须达到一定的数量;第二是侵权事件发生的原因是基于同一个侵权行为;第三必须造成大范围的损害。

食品安全事件大规模侵权之所以不同于普通侵权在于其具有自己的特殊性。第一,在一定历史阶段食品安全事故可能会大量存在。我国现在正处于社会转型期,经济发展方式在转变,对食品行业的监管也在完善,但是商人的逐利性使一些人用不到道德的手段去赚取利润,这种情况在现阶段无法避免。第二,食品安全事件大规模侵权存在人数众多的受害人,食品是日常生活不可缺少的,一旦食品出现问题,涉及的受害人数量往往比较多,甚至是跨地域的大数量人群。第三,食品安全事件大规模侵权容易引发严重的社会问题,用一些学者的观点也叫作大规模侵权事件私害的公害化。就每个被侵害人而言,其所受到的损害当属私害无疑,然而,在大规模侵权事件中,被侵害人众多。如此众多的人在同一侵权事件中受到损害,就其实质而言,此种大规模侵权侵害的是众多的、不特定的人的利益,换言之,其侵害的是一种公共利益和公共安全。另一方面,如果大规模的被侵害人的损害不能得到及时救济,合法权益不能得到维护,一定程度上可能会影响到公共安全和社会稳定。[③]

食品安全事件大规模侵权大量在我国发生的原因主要有以下几点:

第一是现代生产的社会化。传统社会,城市化不高、工业不发达、交通不便利、人与人之间是简单的平面交往,或者可以说是一种熟人社会,大家的信息量比较对等。到了现代社会,工业革命的基本完成,信息革命的腾飞,加上高度的城市化,人与人之间的交往变得立体、复杂,大型食品企业等经济主体的产生使弱势的个体在信息占有上不再均等。消费者对一个食品的判断不能再基于"买着当心"(caveat emptor)的古法去轻易判断食品这类商品的好坏。

第二是现代社会对科学技术的依赖以及科学技术的不确定性。科学技术是现代文明发展的武器,工业和信息化的社会靠的就是科学技术,在食品领域,全球人口暴涨,为了解

---

② 朱岩:《大规模侵权的实体法问题初探》,载《法律适用》2006年第10期。

③ 曹昌伟:《大规模侵权损害救济的政府介入及其规制》,载《河南师范大学学报(社会科学版)》2010年第3期。

决粮食问题,"低成本,高产量农业"不断增加和发展,但导致的问题是大量食品被用工业化的方式生产出来,这当然得益于科学技术。但是在用工业化方式生产食品时,我们对科学技术的掌握有时候又不全面,有些潜在的危险因素具有不确定性,也就是潜伏性。

另外,食品企业以赚取最大化的利润为目标,为了盲目追求高额利润,会不顾食品消费者的健康与安全去从事违法行为。尤其在当下经济利益至上成了一些企业甚至社会的主流风气时,更导致这种为了经济利益不顾情、理、法情况的频繁发生。同时我国在食品安全监管方面存在一些问题,如多重监管、法律不适应等问题。这些都是导致食品安全事件大规模侵权大量发生的原因。

(二)食品安全事件大规模侵权救济的困难

上面指出了食品安全事件大规模侵权的特点与成因,这些导致了食品侵权事件的大规模发生。但无论在研究还是在实践中,人们更多关注的是食品安全的监管,而忽视了对受害人的救济,这两者本来应该是并行不悖的。食品安全事件大规模侵权与传统侵权相比,对受害人的救济更为困难。

首先,食品安全大规模侵权与传统侵权法关注的对象有很大的不同,在主体方面有更复杂的情况。传统侵权法解决的是单一个体对单一个体的纠纷,即使一方人数不是单一的,那也是可确定的少量的,但在食品安全事件大规模侵权中受害人的人数具有多数性和复杂性。另外食品侵权中造成的后果具有潜伏性给因果关系的认定和损害后果的确定都带来了困难。侵权法规范设计的基本前提,在于解决个人之间发生的损害事故,即侵权法功能的实现,以一(一个侵权行为人)对一(一个受害人)以及一或多(一个或多个侵权行为人)对一或多(一个或多个受害人)的当事人数量作为前提。随着受害人人数的增加,侵权法功能实现的有效性就会递减。因此,在一(一个侵权行为人)对巨大数量受害人的大规模侵权事故责任,包括大规模食品责任问题中,仅仅通过侵权责任的方式显然无法给社会公众一个可以接受的解决方案,三聚氰胺问题就是一个例子。[④]

其次,因为食品安全事件大规模侵权往往对社会造成巨大影响。从经济学上来说有一个概念叫作负外部性,对一次食品安全事件大规模侵权事件的发生来说,涉及众多受害人,导致了消费者人身、财产及精神损失,而此时供应者获得了一定收益,放大到整个社会,消费群体的总损失,显然要高于供应者的总获益。[⑤]负外部性会导致市场的无效率。而就社会稳定来讲,长期大规模的食品侵权事件发生,如果没有很好地解决赔偿问题所引起的不仅仅是私人间的纠纷,可能还会导致严重的社会问题,甚至群体性事件。所以跟一般侵权比较起来,对食品安全事件大规模侵权的救济更困难也更重要。

---

④ 王成:《大规模侵权事故综合救济体系的构建》,载《社会科学战线》2010 年第 9 期。
⑤ 胡金龙:《检察机关食品公益诉讼探讨》,载《西南政法大学学报》2012 年第 1 期。

二、食品安全事件大规模侵权行政主导救济的现状与尴尬

(一)行政主导救济的现状

面对食品类的大规模安全事件的发生,我国已经形成了一套非诉讼的以行政为中心的处理模式,即由政府出面参与处理,制定赔偿方案,由政府和保险公司及相关部门先行支付赔偿金,之后再根据实际情况进行责任追究和追偿。应该说,这种模式既有中国体制和传统特点也有当代通过社会保障和保险转移侵权责任赔偿、替代侵权诉讼的理念。⑥

前面谈到,这一类大规模侵权案件具有私害的公害化及公共危机属性。因此,如果不解决好突发的这种侵权事件将会对社会的稳定带来巨大影响。就这点来说政府有十足的理据进入对食品安全事件大规模侵权的处理中来。现代政府是服务政府,其任务就是保障公民的生命、财产和其他权利的安全。食品安全侵权事件涉及的是公民的最基本生活方面,而食品侵权的大规模爆发对社会的影响就更大了。另外,就食品类的大规模侵权政府行政部门确实也有相应的处理能力。首先,食品侵权事件的爆发,往往牵涉数量较多的受害人,他们需要紧急的救助,特别是医疗方面的,大规模人身损害侵权救济上的紧迫性,正需要国家应急机制的运作来保障。⑦ 政府相较于其他类型的救助而言效率更高;同时政府出面的这种方式有利于各种利益之间的协调和沟通,它也能够减少社会的成本,发挥行政机关社会公共治理的基本作用⑧。以三鹿奶粉事件为例,国家实行所谓免费诊疗政策。具体内容包括:一是对患儿实行免费诊治,所需费用由接诊医疗机构先行垫付,保证患儿得到及时诊治;二是医疗机构垫付确有困难的,可由同级财政垫付;三是事故责任查明后,医疗救治费用由相关责任主体按法律法规赔偿;四是对于医疗卫生机构开展医疗救治所需必要的设备购置等费用,同级财政要安排资金予以保障,确有困难的中央财政予以适当支持。⑨

(二)行政主导救济模式存在的缺陷

行政主导的救济模式的主动性、简捷性和高效率确实解决了受害人的应急问题,但是此类食品侵权行为的解决并不是只有行政手段就可以了,以行政为主导的模式也会带来一些问题。

首先,我们在面对这样的大规模侵权事件中很少运用司法的力量。司法是守护正义

⑥ 范愉:《〈侵权责任法〉与群体性诉讼制度的完善》,载《河北学刊》2011年第1期。
⑦ 林丹红:《大规模人身损害侵权救济中的国家责任》,载《法学》2009年第7期。
⑧ 刘道远:《大规模损害侵权行为救济模式法律问题探析》,载《河南师范大学学报(哲学社会科学版)》2011年第5期。
⑨ 王成:《大规模侵权事故综合救济体系的构建》,载《社会科学战线》2010年第9期。

508

和权利的最后防线,它所形成的效力具有最大权威性。司法并不只是保护个人利益,作为司法机关更关心的是通过司法的手段保护公益。司法权的高度权威性和公共性决定了它应当是救济所有权利包括公共权利的首选机制,而不仅仅限于私权。[10] 但在我们看到的新闻报道里,主要都是关于政府机关如何应对突发某一食品安全事件的,这种情况一方面反映了行政机关管理社会的需要,另一方面也反映了我国当前社会秩序的主要目标是"建立社会主义和谐社会",司法政策对于大规模诉讼一直采取较为消极的态度,因为"群发性事件"不仅仅是民事纠纷的事情,还涉及当地官员的执政能力和执政业绩,对于维护地方稳定有很大的负面影响。[11] 同时在人民的心中也更愿意相信和使用行政的方式而不是"打官司"的司法方式,这也跟我国传统有"厌讼"的文化习惯有关。

其次,不应该用纳税人的钱为企业买单。现代社会的发展,社会的管理越来越繁杂,作为管理机构的政府要面对的是林林总总的事件。既要管理又要惩罚,但资源总是有限的,政府运作的能力也是有限的,面对频发的食品安全侵权事件总是以政府买单结束,看似受害人得到了补偿,但却为公共服务加重了负担。本来侵权者为企业,而承担者却变成了政府,如此,在法律上变成了行为主体和责任承担主体的不一致。而在食品安全侵权频繁发生的情况下,这种方法更不应成为常态的解决之道。

再次,政府管理社会、处理事件应该以社会整体利益为考量,而现实却是很多政府以自己地方利益甚至只是个别政府自身利益为考量,忽视民众的参与性。这就涉及利益代表机制的问题,严格意义上的国家利益应该等同于社会整体利益。就社会这个大系统而言,其内部存在着个人利益、集体利益及政府利益。社会整体利益则是诸种作为社会成员和组成部分的主体利益发生整合而产生的特殊利益。[12] 国家机关应该是这种利益的代表,但国家是由其机关运行,而机关又是靠人来运作的,我们难免会遇到的情况是政府机关假公济私,用公权力满足自己的利益,社会上存在的一些徇私舞弊、滥用职权的现象就是体现。另一方面,国家的运行总会出现各种漏洞和偏差,实际结果是偏离真正的社会整体利益。[13] 即便是作为社会主义国家的我国,这种偏差仍然存在。

以责任的承担方式为例,我国的惩罚性赔偿制度很不完善,尤其是在民事领域。在相关的大规模侵权事件发生后,很少使用惩罚性赔偿制度,我国的行政上的处罚有类似于美国法上的"惩罚性赔偿",但行政处罚如工商管理部门的处罚决定的目的并不是向具体受

---

[10] 薛克鹏:《浅析经济法的适用特征》,载《山西大学学报(社会科学版)》2009年第2期。

[11] 朱岩:《大规模侵权的实体法问题初探》,载《法律适用》2006年第10期。

[12] 李友根:《社会整体利益代表机制研究——兼论公益诉讼的理论基础》,载《南京大学学报(哲学·人文科学·社会科学)》2002年第2期。

[13] 李友根:《社会整体利益代表机制研究——兼论公益诉讼的理论基础》,载《南京大学学报(哲学·人文科学·社会科学)》2002年第2期。

害人提供救济,而是直接归属于国家财政,从抑制此种严重侵权事件的角度出发。[14] 但这种惩罚性赔偿制度并不是围绕"受害者"来的,而是出于政府管理的目的,受害者的利益不是其根本目的,这也就是前面所说的社会整体利益的代表不足,就需要公益诉讼这样的途径来代表受害人的利益。公益诉讼不仅可以救济受害者使其得到赔偿,公益诉讼的判决可以适用惩罚性赔偿,具有示范性效力,在一定程度上给潜在违法者以警示,具有威慑性。

最后还有一点,以行政为主导的模式强调政府的权力,在现代法治状况下需要的是"依法行政",但是我国目前还没有达到完全的"依法行政",政府的权力十分巨大,容易产生随意性。这种随意性又会因为面对食品侵权事件的地域、影响力等的不同情况而区别处理,实质是使救济体现了不公平。

既然社会整体利益不能只靠政府,那么就需要一种多元的利益代表机制,在食品安全领域以政府为主导的行政处理模式并不能完全救济受害人。这种模式以国家利益为主导,把其他相关利益群体置于集中代表国家利益的政府部门的对立或庇护之下,忽视了他们各自所与生俱来的利益诉求以及由此所产生的利益多元性和多层次性,从而消弭了这种最具原动力的社会力量对制度生成所可能有的贡献。[15]为此应该有效运用利益产生机制与利益分配机制,实现食品安全相关主体经济性激励。[16]公益诉讼就是实现利益产生机制与利益分配机制的一种制度。

作为司法力量来说是被动应诉,但一旦受理后作出的判决就应具有权威性,这是诉讼制度应有之义。另一方面来讲,公益诉讼也是作为经济法的程序法来体现的,经济法具有克服纯粹私法和公法的优势,它追求的是社会的整体利益,在面对食品安全的大规模事件时经济法更是如此。因此便要使公益诉讼这项制度变成"活"的制度,真正起到它的作用。

三、食品安全事件大规模侵权公益诉讼的困境与矫正

公益诉讼具有如此的作用,并不是说有了公益诉讼就可以完全的完成对受害人的救济,行政机关依旧有其作用,在现代风险社会条件下,构建多元化的救济机制也十分有必要。目前公益诉讼在我国才刚刚起步,还面临很多问题。

(一)食品安全公益诉讼的困境

1. 提起诉讼的困难

根据传统的侵权法,要提起侵权诉讼需要满足侵权主体确定、具有违法性、有损害发

---

⑭ 朱岩:《大规模侵权的实体法问题初探》,载《法律适用》2006 年第 10 期。

⑮ 王虎:《利益多元化语境下的食品安全规制研究——以利益博弈为视角》,载《中国农业大学学报(社会科学)》2008 年第 3 期。

⑯ 王虎:《利益矛盾论视野下食品安全治理的一种模式变迁》,载《经济体制改革》2008 年第 5 期。

生、侵权行为与损害事实之间具有因果关系这些条件。但在食品侵权领域，这些都存在相当的困难。

首先，主体确定的复杂性。在简单的民事侵权案件中从事不法行为造成损害的便是侵权者，在认定上没有什么困难。但是在食品侵权中，损害结果具有潜伏性，这对主体的认定便造成了困难。一个有毒有害食品对身体的损害可能不是立即显现出来的，它需要很长的时间才会造成损害。三鹿奶粉事件中的婴儿的肾结石情况就是过了一段时间才显现出来的。那么在一定的时间后要确定侵权主体，受害者和家属该拿什么去证明？另外侵权主体的多元性也会对侵权主体的认定造成困难。食品是每个人每天都在持续性使用的，除了造成侵权的有毒有害物质，我们还要食用许多其他食品，而我们每天食用的食品来自不同的企业和个人，这就为确定侵权主体造成了更大困难，特别是在同一时期食用来自多个主体的含有毒有害物质的食品的情况下。

其次，认定因果关系的复杂性。传统侵权法面对的主要情况都是一因一果的简单情况，因果关系的认定也不困难。虽然在共同侵权以及共同危险行为中，传统侵权法发展出了"多因一果""多因多果"等因果关系理论，但这还是建立在有限的原因和结果的基础之上。⑰ 面对食品这类大规模侵权事件，侵权主体、损害后果等具有更大的复杂性，那么侵权的因果关系确实面临更大的挑战。人们除了食用有毒、有害物质的食物，还会食用其他东西，造成损害结果需要考虑其他原因，而要明确分辨出各种食物对我们的具体影响显然是不可能的事情，前面说到的食品侵权后果的潜伏性就更是加大了认定的难度。

另外，在结果方面也不容易。损害结果的潜伏性对损害结果本身也会造成影响，而受害人数众多且复杂的特点，使不同的人遭受同样的食品侵权行为所造成的损害有所不同，结果的确定也不容易。

2. 诉讼程序上的困难

第一是面对法条的概括，如何确定原告资格的问题。《民诉法》第55条规定的是法律规定的机关和有关组织，这里没有明确说明，也没有其他配套条款，这给提起公益诉讼造成了很大的困难，因为首先提起诉讼的主体就确定不了。法律没有规定公民个人可以提起公益诉讼，把与公益诉讼直接有关的个人排除了出去，而在食品侵权事件中的公益诉讼到底由谁来提起诉讼呢？行政机关，特别是食品监管相关的机关作为监督者是否合适？检察机关是否为合适的公共利益代表机关也是疑问。

第二是成本过高的问题，既有对法院又有对当事人的，对法院来说主要是管辖。在食品侵权案件中被侵害人人数众多、分散，由于地域管辖的限制，众多的法院因此而介入同一侵权事件的处理中，由此耗费的司法成本必然高昂。即使是由某一法院集中受理，又会

---

⑰　朱岩：《大规模侵权的实体法问题初探》，载《法律适用》2006年第10期。

给处理该案件的法院带来案件管理和诉讼程序上的极大困难,而且还会给大多数受害人带来极大的不便。[18]对受害者来说面临的是诉讼的高昂成本和权利急需救济的迫切需要,而诉讼通常耗时耗力,赔偿不及时、救济不及时则不能达到救济当事人的目的。

(二)食品安全公益诉讼困境的矫正

1. 起诉条件的完善

虽然在主体、因果关系和结果方面存在诸多困难,但并不是没有完善的措施。在主体方面存在复杂的情况阻碍侵权主体的判定,在因果关系方面,也确实存在诸多复杂因素。但对此我们可以采取多元的因果关系认定理论,针对不同的食品侵权行为适用不同的理论。对于单一的、直接的、简单的因果关系,我们要尽量应用传统必然性因果关系理论。对于某些情况复杂,无法确切认定因果关系的侵权行为,我们也要积极吸收盖然性因果关系说、疫学因果关系说以及因果关系反证理论以补充我国传统因果关系对确认此类因果关系的不足。[19]并且随着科学技术的进步,要逐步加大对科技的运用。同时,加强举证责任倒置的运用。按理来说举证责任倒置不能随便使用,但是面对我国长期存在的食品安全事件大规模侵权,我们应该更多的基于对受害人的考虑,而不能完全按照传统私法的行为方式。按一位学者的说法便是传统私法将受害人视为自立、自强,能够依靠自身力量来实现自我发展的强而智者,剥离了现实个体的外衣,不从现实情况去考虑主体的生存境遇,强弱不分,放任形式平等给普通人带来伤害。[20]对损害后果方面,应该按照有利于受害人的原则,确定相关的制度程序,同时运用在法院监督下的和解机制,既节约成本又能更好地为受害人争取利益。另外,可以扩大惩罚性赔偿的适用,惩罚性赔偿的主要作用本来就不是填补损害,而是警示潜在施害者,加大违法成本,杜绝食品安全事件大规模侵权的发生,毕竟事前预防是比事后救济更好的方法。

2. 诉讼程序的完善

首先,在成本方面,既包括相关主体的成本也包括社会成本。就普通诉讼而言,当事人提起诉讼所消耗的成本也不小,而涉及人数众多、关乎社会整体利益的公益诉讼自然也需要相当大的成本,只怀着一颗维护社会公益的美好良心恐怕难以支撑公益诉讼的提起。我国《民诉法》规定的起诉主体为国家机关和法律规定的组织,虽然国家拥有较多资源,但是面对频发的食品安全事件大规模侵权,不能都用公益诉讼制度来解决,因此要制定公益

---

⑱ 曹昌伟:《大规模侵权损害救济的政府介入及其规制》,载《河南师范大学学报(社会科学版)》2010年第3期。

⑲ 管洪博:《食品侵权损害多元化救济机制研究》,博士学位论文,吉林大学法学院,2013年,第100页。

⑳ 吴元国:《矫正正义观现代转向的法理学司考——以食品大规模侵权行为为背景》,载《学术交流》2013年第1期。

诉讼起诉的相关标准,严格控制受案范围,不能让公益诉讼制度变成一个什么都可以装进来的"口袋"。对于食品安全事件大规模侵权达到什么样的情形、符合哪些条件才能适用公益诉讼需要明确。而对于非公权主体而言,应尽可能地减少他们提起诉讼的成本,主要来说就是费用方面的机制,设立特殊的诉讼费用制度及激励措施并且设立赔偿金的分配。

在提起诉讼的原告方面,才公布的《中华人民共和国消费者权益保护法》(以下简称《消法》)规定的原告主体为相关消费者协会。《消法》第47条规定:"对侵害消费者合法权益的行为,中国消费者协会以及在省、自治区、直辖市设立的消费者协会,可以向人民法院提起诉讼。"这是在新的《民诉法》生效后,首次有其他法律对公益诉讼作出规定。该条的规定把侵害消费者合法权益有关的诉讼提出主体限定为中国消费者协会以及在省、自治区、直辖市设立的消费者协会。食品安全大规模侵权诉讼就其特征来说属于侵害众多消费者合法权益的范围,未来生效的《消法》自然可以适用。这是对相关组织的法律具体化,从国外来看,很多公益诉讼就是由相关的团体组织发起的,而且协会组织介于私人主体和国家机关之间的特点,相对个人其实力会更强大,相对国家机关其行为也会更中立。除了组织,个人其实才是相关侵权事件的直接受害者,但法律还是排除了个人作为起诉主体的可能性。如此规定不太合理,毕竟个人是与食品安全侵权最直接相关的,甚至有时候对其生命产生威胁,面对由食品造成的损害,要是规定的组织没有提起诉讼,个人又没有足够能力提起单独诉讼或单独提起诉讼效益不高,受害人便得不到救济。公益诉讼制度的重要意义在于鼓励公民参与到法律实施中来,这是法治的应有之义。[21] 但法律已经这样规定,个人认为折中的办法是建立公民同相关机关和组织的反映程序,赋予公民间接的诉权,让有关机关和组织代公民提起诉讼。食品安全事件爆发后,就公权力而言有一些部门能够第一时间掌握和搜集食品安全事件大规模侵权的情况,这些机关可以作为诉讼的主体。但国家机关作为主体应该采取更慎重的态度。就相关国家机关来说,检察机关应该是普遍没有争议的起诉主体。我国的检察机关是法律监督机关,其应该具有起诉资格。至于行政机关特别是食品相关的监管机关,其作为这一行业的监管者担负着监管的职责,再让其作为相关的诉讼主体似乎不太合适。

其次,就管辖来讲完全可以借鉴意大利的做法,对有管辖权的法院进行限制,使诉讼更为集中,这样既节约司法资源,也能提高审理的专业性。这里同样可以借鉴《消法》的规定,原告既然只能是在省级及以上的组织提起,那么管辖就应该尽量提高,减少低级法院的工作量。而就责任制度而言应设计举证责任倒置和相关的诉讼激约机制等。[22]

食品安全公益诉讼或许还存在很多需要完善的问题,现有的理论与实践也许一时不

㉑ 颜运秋:《公益诉讼制度比较研究——兼论我国公益诉讼制度的建立》,载《法治研究》2011年第11期。

㉒ 详见颜运秋:《消费者权益对公益诉讼的呼唤》,载《消费经济》2004年第5期。

能完全解决存在的困难。但食品安全公益诉讼的目的除了完善对受害者的救济外，还具有在一定程度上弥补行政救济的不足，作为社会公共利益的一种代表机制存在，不仅是直接救济受害者，还在于通过公益诉讼产生的对社会的影响，警示违法者，同时给公众对食品安全的信心。

结语

《民诉法》为公益诉讼扫清了立法上的障碍，而更大的障碍是如何去实际的运用这项制度。食品安全事故频发，使民众对食品安全的信心不断降低，除了加强监管，在我国现阶段社会转型期背景下需要其他的制度配合，使受害人得到更好的救济，同时推进食品安全不断发展。公益诉讼能够在一定程度上表达民众的利益诉求，同时也能从司法的角度推动食品安全的发展。在未来一段时间需要做的就是在行政模式主导的救济之外真正把公益诉讼制度利用起来，同时不断完善其具体制度，发挥其应有的社会效应。

双重劳动关系的司法认定和责任承担

尹　琳

摘　要：双重劳动关系的司法认定和双重劳动关系下用人单位的责任承担问题是司法实践中的重点、难点和热点问题。当前因立法滞后、"一重劳动关系"理念根深蒂固等原因，大量双重劳动关系在司法认定中得不到承认，对于相关责任的承担各个用人单位之间相互推诿，劳动者的权益难以落到实处。应当构建一个开放性的判断标准，科学合理分配各用人单位应当承担的责任，切实有效保障劳动者的合法权益。

关键词：双重劳动关系；司法认定；责任承担

515

一、问题的提出

近年来，涉及"双重劳动关系"确认及维权的纠纷案件频发，且呈逐年上升之趋势，然而除了法律明确规定为"双重劳动关系"的情形，真正被司法裁判者判定为"双重劳动关系"的案件却少之甚少。在"魏淑君.王凯冬诉山东三融环保有限公司劳动争议一案"中[①]，上诉人亲属王某自 1990 年 7 月于东北电力第×工程有限公司（下称"甲公司"）参加工作。2011 年 7 月 4 日，王某与 A 省××环保工程有限公司（下称"乙公司"）签订了为期三年的劳动合同。王某在与乙公司签订劳动合同时出具了本人签字的声明，声明内容为："王某与甲公司存在劳动关系和社会保险关系……因此致使乙公司不能按规定为本人办理社会保险（包括工伤、医疗保险）或其他任何相关手续而产生的任何损失与后果，由王某本人承担。"2011 年 10 月王某向甲公司请病假，期间甲公司按照病假工资标准支付工资并交纳各类社会保险。2012 年 3 月 19 日，王某在准备乙公司会议时猝死。王某亲属向当地仲裁委申请裁决王某与乙公司之间存在劳动关系，该申请被驳回。王某亲属不服仲裁裁决，

---

① 参见山东省冠县人民法院〔2014〕冠民初字第 42 号民事判决书、山东省聊城市中级人民法院〔2014〕聊民一终字第 399 号民事判决书

认为乙公司在明知王某与甲公司存在劳动关系的情况下仍与之签订劳动合同并实际用工,二者因生产要素之结合已经形成劳动关系,遂起诉到法院。乙公司辩称王某与甲公司存在劳动关系,其与王某签订的劳动关系应当认定为无效。该案一审和二审法院均以王某与甲、乙公司之间形成的关系不属于现行法律规定的任何一种双重劳动关系为由驳回其诉讼请求。该案折射出我国司法实务界处理双重劳动关系纠纷案件的困境——未被纳入劳动法律规范调整的其他双重劳动关系游走在现行劳动法律保护的边缘,劳动者的合法权益难以得到切实有效保障。

二、双重劳动关系的内涵及其实践表现

历史地看,从工业化经济发展到全球化经济,传统的、标准的劳动关系已经逐渐弱化,整个世界进入了弹性劳动和经济不稳定、工作不稳定的时代。"只有一个雇主的长期工作已经成为过去,工作稳定性的时代已经一去不复返……标准劳动关系已成为历史。"双重劳动关系是传统标准劳动关系发生"自我异化"后,从"标准"走向"非标准"过程中衍生出来的一种特殊形态。通说认为,"双重劳动关系"②是指一个劳动者在同一时间段内与两个不同的用人单位建立的劳动关系,或者事实上存在两个劳动关系,每个关系都符合劳动关系的构成要件。

起源于 20 世纪 80 年代中期的国企改制和社会主义市场经济的飞速发展使得拥有双重劳动关系的劳动者大量涌现。2008 年颁布实施的《劳动合同法》突破了原劳动法禁止建立双重劳动关系的限制,明确允许非全日制用工下的劳动者建立两重及两重以上的劳动关系。③紧接着 2010 年出台的《最高人民法院关于审理劳动争议案件适用法律若干问题的解释(三)》(以下简称《解释三》)又规定国企改制过程中出现的停薪留职、内退、下岗待岗以及企业经营性停产放长假情形下的人员与新的用人单位之间构成劳动关系,由于这四类人员与原用人单位仍保留着劳动关系,因此法律实际上是间接承认了这四种情形下双重劳动关系的合法性。然而,双重劳动关系在实践中的表现形式是纷繁复杂的,除了《劳动合同法》规定的非全日制用工和《解释三》列举的停薪留职、内退、下岗待岗、经营性停产放长假四种形式外,司法实践中还存在以下几种常见形式:一是劳动者在发生工伤或病休后重新就业;二是劳动者与原用人单位未办理或未及时办理离职手续便被其他用人单位聘用并实际用工;三是劳动者在原企业季节性停产放长假期间外出谋职;四是兼职情形;五是某些劳动者在同一时间段内为多家用人单位提供劳动服务,如互联网时代催生的

---

② 本文中所指的双重劳动关系涵盖双重及双重以上的多重劳动关系。

③ 我国《劳动合同法》第 69 条第 2 款规定:从事非全日制用工的劳动者可以与一个或者一个以上用人单位订立劳动合同;但是,后订立的劳动合同不得影响先订立的劳动合同的履行。

网络管理人员同时为几家企业提供网络维护服务。

当然,双重劳动关系在实践中的表现形式千变万化,在这里不可能将其所有的表现形式一一列举,但我们可按照特定的标准对之做进一步的归类和划分。依据两个劳动关系有无劳动关系的实质内容,双重劳动关系可以被划分为"实实并存"和"虚实并存"两种情形。前一种情况是指劳动者的前后两重劳动关系都处于正常的履行状态,劳动者按照劳动合同的约定向每个用人单位提供劳动、获取双份劳动报酬并同时接受两个或两个以上用人单位的管理和约束。非全日制用工是典型的"实实并存"的双重劳动关系。此外,上述列举的后两种情形也属于"实实并存"双重劳动关系。"虚实并存"的双重劳动关系是指劳动者的前一劳动关系仅有劳动关系之形式而无劳动关系之实质内容,后一个劳动关系则正好相反。除《解释三》列举的四种情形外,上述列举的前三种情形也属于"虚实并存"双重劳动关系。无劳动关系的实质内容指的是劳动者虽与原用人单位保留了劳动关系,但劳动者实际上已经不在原单位工作,也不受原单位的实际管理和支配的情形。劳动者与原单位有劳动关系之形式而无实质内容,与后一用人单位有劳动关系之实而无劳动关系之名,因而被称作"虚实并存"的劳动关系。

三、"双重劳动关系"的判断标准

为找出"双重劳动关系"司法认定困境之出路、解决实践中大量双重劳动关系得不到承认的问题和统一司法裁判标准和尺度,有必要对双重劳动关系构建一个开放性的判断标准。根据 2005 年原劳动和社会保障部发布的《关于确立劳动关系有关事项的通知》第 1 条,实践中相当一部分双重劳动关系纠纷当中的第二重关系完全符合其提出的三大标准,但还是会被不当地判定为劳务关系,究其原因,"双重劳动关系"在我国仍未得到广泛的认可与承认。因而,构建"双重劳动关系"的判断标准必须以承认双重劳动关系为前提,即必须认可一个劳动者在同一时间段内可以与两个或者两个以上的用人单位建立起劳动关系。

(一)"双重劳动关系"的构成要件

在认可了一个劳动者可以同时与两个用人单位建立劳动关系后,接下来需要做的就是给尚未纳入法律调整范围的双重劳动关系的界定设置一个可以参照的标准,在此过程中要始终坚持从劳动者权益保护立场来判定劳动过程中所形成的法律关系。结合双重劳动关系的定义和在实践中的表现形式,笔者认为构成双重劳动关系需满足以下条件:

1. 存在两个不同的用人单位

双重劳动关系下的劳动者往往对应着两个用人单位,但不是只要劳动者对应两个用人单位就应当将其判定为双重劳动关系。双重劳动关系下的用人单位一定指的是两个不同的用人单位。

这里的"不同"有两层含义：一是指两个单位之间不能存在"功能上"的衔接，意思是两个用人单位不能一个专门负责聘用劳动者，另一个专门负责使用管理劳动者，如"劳务派遣"；二是指两个单位之间不能存在用工上的借用关系，如"指派"；三是指两个单位之间不能存在法律上的关联，如母子公司、总分公司。

2. 第二重关系于第一重关系存续期间建立

双重劳动关系一定是指在前一个劳动关系存续期间，劳动者又去其他单位建立起新的劳动关系。举个例子：甲于 2012 年在 A 公司上班，2014 年甲从 A 公司辞职，办完离职手续后又与 B 公司签订劳动合同。甲在与 B 公司签订劳动合同时与 A 公司的劳动关系已经合法解除，因而此种情况下只存在一重劳动关系。

第二重关系于第一重关系存续期间建立在实践中的常见情形是：甲先与 A 公司签订劳动合同，为提高收入或其他各种原因，甲又到 B 公司提供劳动获取报酬。此种情况下因甲未与 A 公司解除劳动关系，因而第一重劳动关系是否存续判断起来相对容易，但如果换一种情形：甲于 2012 年开始在 A 公司上班，2014 年 5 月 9 日甲向 A 公司提出辞职申请，但离职手续一直拖到 2014 年 7 月 9 日才办完，期间 A 公司依然定期为甲缴纳社会保险，甲于提出辞职申请的第二天，即 2014 年 5 月 10 日与 B 公司签订劳动合同。此种情况下应当认定 2014 年 5 月 9 日至 2014 年 7 月 9 日甲与 A 公司依然存在劳动关系，由于甲与 B 公司签订劳动合同时甲与 A 公司的劳动关系依然合法存续，因此甲于 2014 年 5 月 10 日至 2014 年 7 月 9 日之间存在双重劳动关系。

3. 两重关系均符合劳动关系的构成要件

判断双重劳动关系是否构成，实际上是判断前后两重关系是否都符合劳动关系的构成要件。2005 年，原劳动和社会保障部发布的《关于确立劳动关系有关事项的通知》提出了判断劳动关系成立的三大标准：一是用人单位与劳动者属于法律限定的主体资格范畴；二是劳动者适用用人单位依据法律制定的各种劳动规章制度，劳动者为用人单位提供有报酬的劳动，工作内容由用人单位决定且接受用人单位的日常管理；三是劳动者提供的劳动属于用人单位业务之组成部分。笔者认为此标准在当今依然适用。

双重劳动关系中的劳动关系既可能表现为劳动合同关系，也可能表现为事实劳动关系。实践中以"劳动合同关系和事实劳动关系组合"之情形最为常见；二者均表现为劳动合同关系的情形比较少见，其典型代表是非全日制用工形成的双重劳动关系；实践中也存在前后两个劳动关系均表现为事实劳动关系的情形。笔者认为，不管其表现形式如何，只要符合劳动关系的判断标准和本文论述的其他要件，就应当将之判定为双重劳动关系。

4. 不违反法律禁止性规定

竞业禁止又被称为竞业回避，是依据法律规定或劳动双方当事人之约定，用人单位对劳动者在与其保持劳动关系或结束劳动关系后的一定期限内,限制并禁止本单位劳动者外出从事与本单位有业务竞争关系的用人单位。依据大陆法系的一般规定,劳动者在与原用人单位保持劳动关系期间一般不得以获取报酬为目的为第三人提供劳动,但如若为第三人提供的劳动并没有违反法律规定的忠诚义务,或者没有违反竞业限制义务,那么劳动者是可以与第二家用人单位建立起劳动关系的。即,法律不支持劳动者违反忠诚义务、从事与原单位有竞争关系的兼职所形成的"双重劳动关系"。

2008 年颁布施行的《劳动合同法》对劳动者权益的保护力度有了非常明显的提升,用人单位相较于之前承担了更多的义务。但我们也应该清醒地认识到,和谐的劳动关系的构建不等于盲目地偏向劳动者,对于劳动者违反忠诚义务,从事与原单位有竞争关系的兼职所形成的"双重劳动关系",必须坚决予以否定,将之排除在法律保护范围之外。

四、"双重劳动关系"下的责任承担

如果说设计开放式的双重劳动关系判断标准是为了让更多的劳动者受到来自劳动法的"特殊保护",那么探讨"双重劳动关系"下用人单位的责任承担问题则是为了将这些劳动者的权益落实到实处。双重劳动关系下的劳动者不同于一重劳动关系下的劳动者,其同时对应着两个甚至两个以上的用人单位,此时用人单位相关责任的承担情况显然要复杂很多。比如,当双重劳动关系下的劳动者因工受伤时,如何确定工伤责任的承担主体?与工伤无关的其他用人单位是否需要承担相应的责任?双重劳动关系下,如果出现《劳动合同法》第 46 条规定的七种情况,用人单位需不需要承担相应的经济补偿责任?双重劳动关系下的用人单位拒绝和劳动者签订劳动合同的时候要不要承担双倍工资责任?个中情形错综复杂,需要细细梳理。

(一)工伤保险责任承担

工伤保险是一种对劳动者职业伤害进行经济补偿及物质帮助的社会保障兼救济制度,对劳动者合法权益的有效保护起着不可替代的作用。伴随着中国经济高速发展而来的是工伤事故的"井喷式"增长。即使在一重劳动关系中,劳动者的权益尚不能得到有效救济,对于双重劳动关系下对应着两个甚至两个以上用人单位的劳动者来说,情况更不容乐观。一旦劳动者发生工伤,如何确定工伤责任的承担主体?与工伤无关的其他用人单位是否需要承担相应的责任?为使论述更加简明易懂,本部分采用案例分析法来说明双重劳动关系下用人单位的工伤责任承担问题。前文引用的"魏淑君.王凯冬诉山东三融环保有限公司劳动争议案"是一个 2014 年刚刚裁判结案的实例,其中王某在其本人签字的声明当中写道:"因我与甲公司存在劳动关系和社会保险关系而致使乙公司不能按规定为我办理社会保险(包括工伤、医疗保险)或其他任何相关手续而产生的任何损失与后果,由我本人承担"。后王某在为乙公司提供劳动过程中因工伤亡。

1. 工伤保险费缴纳主体

暂不论上述声明的效力如何,笔者对于其中"因王某与甲公司存在劳动关系而致使乙公司不能为王某办理工伤保险"这一因果关系持怀疑态度。原劳动和社会保障部早在2004年发布的《关于实施〈工伤保险条例〉若干问题的意见》(以下简称《意见》)第1条中就明确指出:"职工在两个或两个以上用人单位同时就业的,各用人单位应当分别为职工缴纳工伤保险费。"因此,在我国根本就不存在前一个用人单位为劳动者办理了工伤保险、后一个用人单位就无法为其办理第二份工伤保险的问题。然而,该案的一审法院和二审法院均未对之提出异议,反而以"王某的该声明是与乙公司在自愿的基础上签订的"的拙劣理由对声明的内容做了完全的认可。《意见》实施至今已满11年整,实践中司法裁判者仍然会出现这样的低级错误,着实让人汗颜,因此,笔者认为在此有必要重申"双重劳动关系下的工伤保险费缴纳主体为所有用人单位"这一明文规定。

2. 工伤保险责任承担主体

根据2014年最新发布的《规定》第3条第1款之规定,劳动者与两个及两个以上用人单位建立劳动关系,发生工伤事故时由劳动者为其提供劳动的用人单位承担工伤保险责任。此案中的工伤保险责任显然应当由乙公司来承担。[④] 需要指出的是,该规定实际上确立了双重劳动关系下工伤认定应当遵循的原则,即"谁受益,谁负责",因此,只要严格恪守工伤认定条件就能确定双重劳动关系下工伤责任的承担主体。

3. 其他用人单位责任承担问题

双重劳动关系下与工伤无关的其他用人单位是否需要承担相应的责任?在上述案例当中,王某的死亡对甲公司来说属于职工非因工死亡之情形,如若王某仅与甲公司存在劳动关系,那么根据《劳动保险条例》的相关规定,"由劳动保险基金项下付丧葬补助费,另由劳动保险基金项下按其供养直系亲属人数付给供养直系亲属救济费"是没有争议的。但问题的关键是王某拥有双重劳动关系,其死亡对乙公司来说属于因工伤亡,按照2010年新修订的《工伤保险条例》第39条的规定,王某的近亲属可以按照相关规定领取到丧葬补助金、供养亲属抚恤金以及一次性工亡补助金。如果规定甲公司此时也应当承担职工非因工伤亡责任,那么王某的近亲属将获得两份丧葬补助金、供养亲属抚恤金以及一次性工亡补助金,笔者认为这样规定有违法律之公平正义原则,实践中应当按照"双重关系,一重权利"的方法处理,即与工伤无关的其他用人单位在此情形下不需承担责任。

---

④ 前文已交代该部分以承认双重劳动关系合法性为前提。根据案件实际情况分析判断,王某与乙公司之间事实上已经建立起劳动关系,因而在此默认"王某与甲乙两个用人单位建立起劳动关系"这一大前提。

（二）经济补偿责任承担

经济补偿是劳动合同制度中的一项重要内容，是国家调节劳动关系的一种经济手段——防止用人单位滥用合同解除和终止权，引导用人单位长期使用劳动者以达到稳定劳动关系之目的。《劳动合同法》第46条详细规定了用人单位应当向劳动者支付经济补偿金的情形。对于一重劳动关系下的用人单位和劳动者来说，只要出现《劳动合同法》第46条列举的情形之一，用人单位就必须向劳动者足额支付经济补偿金。那么对于双重劳动关系下的劳动者和用人单位来讲，如果出现《劳动合同法》第46条列举的情形之一，用人单位是否也必须承担起相应的经济补偿责任？有无回旋之余地？笔者认为，要合理地解决这个问题必须首先明确经济补偿的性质。经济补偿与经济赔偿的性质不同，并不是为了惩罚用人单位而设立。考虑到企业应当承担相应的社会责任，为解决劳动者在失业后的实际生活困难、尽可能缓解劳动者因失业而产生的焦虑情绪，稳定劳资关系以及促进社会互助良好氛围之形式，我国立法规定用人单位在特定情境下应当承担经济补偿责任。

由于双重劳动关系在实践中的表现形式错综复杂，以下对双重劳动关系下用人单位的经济补偿责任承担问题做类型化分析[5]：

1. "实实并存"双重劳动关系下的责任承担

全日制和非全日制是我国常见的用工形式划分。首先，对于"非全日制和非全日制组合"的双重劳动关系来说，由于我国《劳动合同法》第71条明确规定非全日制用工当中的劳动者和用人单位均可以随时通知对方终止用工且"终止用工用人单位无需向劳动者支付经济补偿"。因此，此种情形下无论哪个用人单位与劳动者终止用工均无须承担经济补偿责任。

对于"全日制和全日制组合"这种"实实并存"的双重劳动关系，笔者认为用人单位无须承担经济补偿责任。依据《劳动法》第48条之规定，我国实行最低工资保障制度，即用人单位支付给劳动者的工资薪酬不得低于当地最低工资标准。又根据2012年发布的《国务院关于进一步加强和改进最低生活保障工作的意见》，当地最低工资标准应当高于最低生活保障标准。因此，当任何一家用人单位与劳动者解除或终止劳动合同时，劳动者依然和其他的用人单位保持着劳动关系并且有着高于当地最低生活保障标准的薪酬待遇，即双重劳动关系下的劳动者并未因与其中任何一家用人单位解除或终止劳动关系而陷入失业、生活窘迫的状态，故用人单位在此情况下无须承担经济补偿责任。

对于"全日制和非全日制组合"这种"实实并存"的双重劳动关系，笔者认为还需再分情况讨论。如果是非全日制用人单位与劳动者解除或终止劳动合同，则用人单位显然无

521

---

[5] 为简化论述，以下所有类型化分析都以劳动者仅存在两重劳动关系（不包括两重以上）为前提。

须向劳动者支付经济补偿金;如果是全日制用人单位与劳动者解除或终止劳动合同,劳动者虽然仍与非全日制用人单位保留着劳动关系,但非全日制用工属于极为灵活的用工方式,法律规定用人单位可以随时通知劳动者终止用工且无须向劳动者支付经济补偿金,基于此种情形下劳动者的非全日制劳动关系处于一种极为不稳定的状态且最低小时工资标准很难维系劳动者及其家庭成员的正常生活需要,笔者认为全日制用人单位应当支付经济补偿金。

2."虚实并存"双重劳动关系下的责任承担⑥

对于《解释三》规定的停薪留职、内退、下岗待岗以及经营性停产放长假四种情形来说,劳动者和原用人单位徒具劳动关系的空壳,其赖以生存的所有经济收入几乎全部来源于后一个用人单位,此时如果发生《劳动合同法》第46条列举的情形,二者解除或者终止劳动关系后,劳动者实际上已经陷入一种断绝经济来源的失业状态,能否迅速找到一份新的工作存在一定的不确定性,因此,为使此种情形下的劳动者在与用人单位解除劳动合同后、找到新的工作前这段期间内的基本生活开支有必要的保障,后一个用人单位应当向劳动者支付相应的经济补偿。

对于企业季节性停产放假这种情形来说,劳动者在生产淡季外出自谋职业,在生产旺季又重回原用人单位上班。一般来讲,原企业在季节性停产放假期间会继续为劳动者缴纳相应的社会保险费;对于放假期间的工资待遇,有的企业予以发放,有的企业不予发放。但不论何种情形,如果后一用人单位与劳动者解除或终止劳动关系,劳动者仍与原用人单位保留着劳动关系,且对何时重回工作岗位具有可预测性,劳动者不会因此陷入失业下的焦虑情绪或实际生活上的困难。对于此种情形,笔者认为后一用人单位无须向劳动者支付相应的经济补偿。

对于工伤或病休情形来说,《工伤保险条例》的相关规定,劳动者在发生工伤或患上职业病时,企业应当对其采取停工留薪的待遇,即劳动者无须上班,但原工资福利待遇不变,由单位按月支付。且过了12个月的停工留薪期后,还可以按照有关规定享受较为丰厚的伤残待遇。因此笔者认为,劳动者在发生工伤或病休后重新就业,后一用人单位与劳动者解除或终止劳动合同无须向劳动者支付经济补偿金。

对于未办理或未及时办理离职手续形成的双重劳动关系来说,不管是劳动者的过错还是用人单位的过错致使离职手续未办理或未及时办理,应当指出的是,这种状态不会持续很久——基于劳动者的过错未办理,用人单位可以在一定期限后与劳动者解除劳动合同;基于用人单位过错未办理,由于社保费的缴纳问题,劳动者通常会采取各种方法从中协调促成离职手续的办理;基于其他各种原因未及时办理,也不是无期限地延迟办理,因

---

⑥ 为简化情形,默认"虚实并存"双重劳动关系下的后一用人单位与劳动者建立的是全日制用工方式。

而劳动者所处的双重劳动关系状态不会持续很久。一旦离职手续办妥、档案和社会保险转移,劳动者又重回"一重劳动关系"状态。那么对于在这种较为短暂的双重劳动关系存续期间,如果实际用人单位与劳动者解除或终止劳动合同关系,用人单位是否需要承担双重劳动关系?笔者认为,在劳动者未与用人单位办完离职手续之前,原用人单位通常会为职工继续缴纳社会保险并发放基本生活费,因此后一用人单位则无须支付经济补偿金。

双重劳动关系下用人单位是否承担经济补偿责任情形错综复杂(见表1),但总的来说,判断用人单位是否需要承担经济补偿责任时应当秉持"不使劳动者陷入实际生活困难"之原则。

表1 双重劳动关系下用人单位经济补偿责任承担情况一览表

双重劳动关系类型	具体情形	用人单位	是否承担经济补偿责任
"虚实并存"	停薪留职	实际用人单位	是
	内退		
	下岗待岗		
	企业经营性停产放长假		
	企业季节性停产放假	实际用人单位	否
	工伤或病休	实际用人单位	否
	未办或未及时办理离职手续	实际用人单位	否
"实实并存"	非全日制和非全日制	任意	否
	全日制和全日制	任意	否
	全日制和非全日制	非全日制用人单位	否
		全日制用人单位	是

(三)双倍工资责任承担

与经济补偿金的性质不同,"双倍工资"属于一种惩罚性的赔偿制度。劳动合同是劳动者与用人单位建立劳动合同关系、明确双方权利和义务的协议。口头劳动合同由于没有证据加以证明,实践中极易引发争议;而书面劳动合同不仅能证明劳动关系存在,而且非常清楚地记载了劳动合同双方当事人各自的权利和义务,在发生争议时可以作为主要的证据使用,有利于纠纷的公平合理解决,因而劳动合同法明确规定建立劳动关系应当订立书面的劳动合同。对于用人单位故意不与劳动者签订书面劳动合同,逃避其应当承担的相关责任与义务,法律设置了"双倍工资"制度来遏制这一现象。

1."实实并存"双重劳动关系下的责任承担

国家为了更好地保证非全日制用工形式的灵活性以促就业,在合同的订立上采取了最为宽松的模式——双方当事人可以订立口头协议。另一方面,由于非全日制用工本身具有灵活、弹性化的特点,双方当事人之间也不可能签订无固定期限合同,因此很显然,"实实并存"双重劳动关系下的非全日制用人单位均无须承担未签订书面合同的双重工资责任。"实实并存"双重劳动关系下的全日制用人单位来讲,笔者认为用人单位是否需要承担双倍工资责任应当考量未签订书面劳动合同的原因:如果由于用人单位的过错而导致书面劳动合同未签订,则用人单位应当支付两倍工资;如果出于其他的原因(包括劳动者自身的原因),则用人单位无须支付两倍工资。

2."虚实并存"双重劳动关系下的责任承担

一般来说,"虚实并存"双重劳动关系下的劳动者在离开原单位后一般从事的是全日制用工,且只和一家用人单位建立起事实上的劳动关系,为简化情形,方便论述,本文仅以劳动者与两家用人单位(不包括两家以上)保持劳动关系。

劳动者与后一个用人单位建立起全日制用工劳动合同关系,此时对于用人单位是否需要承担双倍工资责任这一问题同样应当考虑未签订书面劳动合同的原因。如前所述,如果由于用人单位的过错而导致书面劳动合同未签订,则用人单位应当支付两倍工资;如果出于其他的原因(包括劳动者自身的原因),则用人单位无须支付两倍工资。

一言以蔽之,双重劳动关系的非全日制用工单位无须承担双倍工资责任,全日制用工单位根据其是否为过错方承担双倍工资责任(见表2)。

表 2 双重劳动关系下用人单位双倍工资责任承担情况一览表

双重劳动关系类型	用人单位	用人单位是否为过错方	是否承担双倍工资责任
"虚实并存"	实际用人单位(全日制用人单位)	是	是
		否	否
"实实并存"	非全日制用人单位	不考虑	否
	全日制用人单位	是	是
		否	否

结语

波斯纳在《法官如何思考》一书中说,虽然大多数司法判例看起来似乎都是受法条主义所驱动的,但是法官绝对不是"自动售货机"——只会机械地适用已有的规则或按照既定法理的推理模式决策。司法本应该是一个充盈着司法官能动性的过程,然而我国有相当一部分司法裁判者在面临法律未做规定的双重劳动关系纠纷时却一味扮演着十足"呆板的人物",固守"一重劳动关系"理念、缺乏创新意识、机械适用法律,致使实践中相当一部分双重劳动关系得不到承认,劳动者的合法权益难以得到有效保障。为此,笔者认为应当秉持倾斜保护劳动者合法权益之理念,构建一个开放性的判断标准,即司法裁判者在面对双重劳动关系确认纠纷时,只要其符合"存在两个不同的用人单位、第二重关系于第一重关系存续期间建立、两重关系均符合劳动关系的构成要件、不违反法律禁止性规定"这四个要件并且不属于"劳务派遣"和"指派"这两种情形时,就应当将之判定为双重劳动关系。然而,将更多的双重劳动关系纳入劳动法律调整范围并不意味着无限制地加重用人单位的义务,劳动者的权益亦不宜超出"一重劳动关系"下劳动者所享有的权益。当双重劳动关系下的劳动者因工受伤时,应当坚持"谁受益,谁承担"之原则,对于其他与工伤发生无关的用人单位来说既不需要承担工伤保险责任,也不需要承担职工非因公伤亡的责任;当用人单位与劳动者解除或终止劳动合同时,除非全日制用工下的用人单位基于法律规定无须承担经济补偿责任外,应当秉持"不使劳动者陷入实际生活困难"之原则;对于双重劳动关系下的双倍工资责任承担,除非全日制用工单位基于法律规定无须支付双倍工资外,对于其他情形则应当以用人单位是否存在过错作为考量因素,即未能签订书面劳动合同的过错在用人单位,那么其应当承担双倍工资责任,如果用人单位不存在过错,那么其自然不用承担双倍工资责任。

相 关 法
XIANGGUANFA

论编制生态功能
红线规划管理的问题与对策

曾文革* 李轩锋**

摘 要:随着经济社会的不断发展,我国生态安全问题也日益凸显。生态红线的建立和完善是解决生态安全问题的关键。编制生态功能红线是明确生态功能区域划分、合理配置生态资源、保护生态功能和合理有效管理生态功能区域的重要工作。编制工作的顺利展开有利于生态红线制度的建成,但在编制工作中还存在着诸多的模糊之处。需要对编制工作的原则和关键问题进行思考和讨论,以明晰这些问题并寻求有针对性的对策。

关键词:生态红线;编制;生态安全

一、编制生态功能红线规划管理的原则

(一)维护国家生态安全

习近平同志在主持召开的中央政治局第六次集体学习会时强调要严格按照主体功能定位,划定并严守生态红线,要牢固树立生态红线的观念,凡越过生态红线的,必须追究其责任,而且应该终身追究在整体谋划国土空间开发布局时,要牢固树立生态 红线的观念,划定并严守生态红线。① 这为我国今后的国土资源保护和国土空间科学利用指明了方向。

要保护我国生态安全,就必须建立稳固可靠的生态安全机制。做好国土空间优化利用,合理展开保护和开发工作,保证生态系统的完整性和功能性。生态功能红线相关的编制问题应该围绕我国生态安全展开,以生态提升生态区域功能性和服务性为目的,建立完

---

* 曾文革,男,1966 年生,重庆大学法学院教授。
** 李轩锋,男,1992 年生,重庆大学法学院硕士生。

① 习近平在中共中央政治局第六次集体学习时强调,坚持节约资源和保护环境基本国策,努力走向社会主义生态文明新时代。人民日报,2013 年 05 月 25 日。

备的生态安全机制。

(二)改善环境质量、增强经济社会可持续发展

当前我国环境污染问题复杂,资源环境形势日益严峻,资源约束压力持续增大,环境污染仍在加重,生态系统退化依然严重,生态问题更加复杂,资源环境与生态恶化趋势尚未得到逆转。[②] 划定并严守生态保护红线,将环境污染控制、环境质量改善和环境风险防范有机衔接起来,才能确保环境质量不降级,并逐步得到改善,从源头上扭转生态环境恶化的趋势,建设天蓝、地绿、水净的美好家园。党的十八届三中全会更明确提出要划定生态保护红线。[③] 因此,我们必须坚持改善环境质量、增强经济社会可持续发展为生态功能红线规划编制管理的基本立法理念,同时将基本理念贯穿编制生态功能红线规划管理的始终,为政府立法提供科学依据和有价值的立法参考。

(三)坚持可持续发展和生态保护优先

划定生态保护红线,引导人口分布、经济布局与资源环境承载能力相适应,促进各类资源集约节约利用,有利于增强我国经济社会可持续发展的生态支持能力。生态保护是优先把保护放在首位,加大生态保护力度,防范生态风险,明显改善环境质量。编制生态功能红线规划管理应秉承"可持续发展"和"生态保护优先"相结合的基本原则,促进我国生态功能区域保护工作有序展开,推进资源节约型和环境友好型社会的建成。

(四)切实结合地方生态保护实际情况

编制生态功能红线规划管理是生态保护工作的重要配置环节,应该结合地区特点实行具体化和特殊化。编制工作应立足于各地方生态红线划定的现状,着眼于地方生态红线域内文化遗产、自然资源和生态系统多样性等的管理工作,切实结合地方的实际情况,着力为解决地方生态功能规划管理中可能遇到的具体问题作出安排。生态功能红线规划管理的编制应在充分调研的基础上,以《国家生态保护红线——生态功能基线划定技术指南(试行)》和《中华人民共和国环境保护法》(修订版)等相关法律法规为基础,结合生态功能红线划定工作,借鉴国内外相关领域的立法和研究,在生态功能红线的特定化问题和优先领域上,为地方生态功能红线的规划管理量身定制。率先完成和完善生态功能红线编制工作的地区对国内其他区域生态功能红线系列工作起到了积极的示范作用。

---

② 杨邦杰,高吉喜,邹长新:《划定生态保护红线的战略意义》,载《中国发展》2014 年第 2 期。

③ 《中共中央关于全面深化改革若干重大问题的决定》,人民出版社 2013 年版。

二、编制生态功能红线规划管理面临的主要问题

(一)编制管理工作的逻辑性和科学性

生态功能红线规划管理的组成部分、具体内容的构思和编写是建立整体架构的重要工作。合理的部分划分和内容填充,是生态功能红线规划管理科学性和可操作性的重要保证。在整体架构的基础上,对比例分配,各章节之间的逻辑衔接关系,以及具体条文的实际定位和措辞用语等考量和确定的具体有效工作,使整个立法体例趋于成熟。

管理内容中技术层面问题影响整体结构的设立,编制工作中应该考虑自然科学的研究成果。生态功能红线规划管理的编制涉及地区特殊情况,这些问题关联具体的自然科学知识。对生态功能红线规划管理的编制应该由自然科学来保证内容中关于技术层面的科学性和可操作性。这些技术问题将直接关系到生态功能红线管理内部条文的逻辑方式,并作用于整个生态功能红线规划管理的结构划分和内容编制。将符合各个地区特点的技术规范纳入其中,并制定相对应合理的立法体例也是一大重要工作。

(二)编制管理方式的具体性和执法机制的协调性

我国幅员辽阔,地质状态复杂多变,各省市地理状态相差甚远,地貌迥然不同。各个地方的实际自然环境的影响加上经济发展和工业开发的程度不同,具体也导致了气候、水文、矿产,动植物种群的不同。实际生态状况影响到各个地方生态功能红线规划编制管理的方式应该不同。

对于各地区重点生态功能区、生态敏感区、脆弱区、禁止开发区的规划编制管理工作,应该做到因地制宜,就地取材。使用唯一标准对生态功能红线区域进行划分,会导致地区环境保护工作展开的遭遇难以与中心接轨、保护力度难以同周边同步等困境,对整体生态功能红线区域的保护弊大于利。

生态功能红线规划管理的管理范围和方式必须在深入生态功能红线划定的基础上,充分考虑更符合各个地方的管理方式。列举多套方案供各级政府选择,以及作出差别管理的制度等,以适应地方实际的生态资源复杂多变的情况。在具体制定时,应对各个地方不同的地理因素和社会状态是重要工作。

在监管的问题上,单靠行政监管难以奏效,必须借助最严厉、最具威慑力的刑罚手段,加强环境执法与司法联动。然而,这种联合监管的具体施行也是一大难点。应当在威慑力、执行力和落实力三方面予以规定,且贯穿生态功能红线规划管理的"法律责任"始终,这就需要从执法监管机制、信息互通机制、正当程序机制、联合督查巡查机制、责任考核机制等方面来考虑。

（三）编制管理部门分工的合理性

由于生态功能红线规划的编制管理涉及政府、环保部门、农林业、财政等多个职能部门的共同参与。在编制管理过程中，涉及牵头负责、协调工作、职责划分、责任承担等问题。

在牵头负责的问题上，应解决在辖区内环境保护质量应由政府还是环保部门来牵头负责。明确牵头人的目的在于促进编制管理工作中各方顺利展开合作，交流渠道畅通开放。在协调工作的问题上，应解决政府如何设立能够将多部门职能顺利结合到生态功能红线区域生态保护的工作上来。设立协调机制是牵头负责的具体内容，也是编制管理工作展开的有效保障之一。但涉及各个不同职能的部门，以及具体的各地区现状，如何设立一套完善的协调机制是一个较难的问题。在职能划分的问题上，应该注意明确划分各部门职能，避免管理机制和追责机制的重复，对于保护职能的划分应避免遗漏。对各部门应具体承担什么规划编制责任也应当明确合理的分配。在责任承担的问题上，需要确定各个部门在编制管理工作中应负的责任，和相应的处理和弥补办法。使生态资源保护问题有错可追责，追责有依据。但如何做好职责划分和责任分配仍然需要多方面的讨论和研究。

生态功能红线规划编制管理的实施将会涉及较多其他行政主体和受托单位。有些设定的措施在很大程度上依赖除了环境保护行政主管部门外的其他行政主管部门。这些部门能否积极配合或实施相关措施，以及受托单位是否积极履行办法的相关规定，在于生态功能红线规划管理的制定是否考虑到这些部门的基本职能和协调方式。也正是因为利益冲突与部门协调问题，我国自然保护区域的统一立法迟迟无法出台。[④] 促使行政主体和受托单位行使职能还应考虑到这些单位的利益诉求。如何做好调动各方积极性参与工作是生态功能红线规划管理制定过程中的又一难点。

因此，如何理顺各部门在生态功能红线规划、编制和管理中的关系，科学划分和整合各部门间的职责和分工，是生态功能红线规划管理制定中的难点。

（四）编制管理基本制度的完整性

编制完善的红线各项基本制度是我国生态功能红线规划管理得以开展和保障的基础。划定工作作为生态功能红线规划编制的第一步，对后续工作的展开有着重要的指导作用。划定工作的管理制度建立是基础。对于建立完善划定工作管理制度，要把握多部门合作的协调性、对后续管理工作的指导性。

---

④　刘晓星：《自然保护地法究竟怎么立更好》，载《中国环境报》，2013 -03 -15(08)。

实施、调整和修改的管理工作要着重做到稳扎稳打，切实有效，灵活变动。保证生态功能红线区域保护机制正常运行，就必须完善管理机制，做到公正公开，程序正当。各地区因地理因素影响、生态环境，应在编写调整和修改制度时，考虑区域变化和灵活变动的问题。

这些制度要相互关联、相互协调。并且其规定条文的内容必须具有可操作性，防止制度设定过大或过小，同时保证人力、物力和财力的资源优化配置。

在生态功能红线编制上确需予以修改的情况下，有关部门可在审查实质性问题的基础上予以批复，并采取一定的程序进行调整。但是要明确需修改的节点在哪里，细化规定满足的具体条件，并且将具体条件落实到具体的地方上。在规定修改条件时，不仅要考虑地方自然生态环境特点和地区特点，也要制定普遍适用的条例，这是工作的一个难点。另外对利益相关者合法权益造成损害后的补偿方案和标准应如何确定，调整的限度和范围如何重新确定等问题都是亟待解决的。

生态功能红线主要包括三类，即重点生态功能区保护红线、生态环境敏感区脆弱区保护红线和生物多样性保护红线，这三条红线在划定过程中，部分区域范围将出现重叠或模糊现象。如何合理划分各个区域，妥善处理好各个区域之间的关系，直接影响着生态功能红线的保护措施和补偿机制的构建和运行。这是本办法制定过程中需要着重考虑但难度较大的一个问题。

生态红线监管体制的建立应克服当前环境保护监管体制分散无序的弊端，打破分割式、分块式管理的方式。"触线"法律责任相关管理规定是保护和修复生态功能红线区域的必要手段。详细编写好法律责任问题的认定、分担、处罚、免除等问题，并完善相关程序，才能做到对划定、实施、调整和修改工作的法律保障和法理支持。

对水资源、土地资源、产业发展等进行管理是生态功能红线规划管理的核心问题。对自然环境的保护和管理是生态功能红线规划和管制的目的，也是生态功能红线规划管理着重解决的实际问题。为了实现保护目的，生态功能红线规划管理应对违反管理的行为作出明确合理的责任规则。

明确对违反生态功能红线规划管理行为的惩罚性措施。对管理人员、社会大众予以分别规定。区分管理人员和社会大众的责任，有利于限制管理人员权力，监督管理工作实施情况，并有利于督促管理人员在调整和修改生态功能红线区域时作出积极的工作。区分责任也是在保护社会大众免于遭受不合情理的责任追究，敦促社会大众在生态资源保护中不越雷池。在执法过程中，严格区分刑事责任、行政责任、行政处罚，做到程序合理，程序正当。将一系列"越线"责任细化是保障生态资源有效管理的重要前提，也是编制生态功能红线规划管理应做到的重要工作。

三、编制生态功能红线规划管理的对策

(一)改革部门合作方式,整合行政力量

我国环境保护现状是多部门分职能对环境保护问题进行管理,并且按照环境要素进行了划分。环保、土地、水利、农业、林业等多部门对生态环境问题都有管辖职权,这样导致了生态功能红线的管理缺失了整体性和协调性。在牵头问题上,各个部门由地方政府领导,受到政治影响导致可能失去真正的保护职能。目前的部门职能划分已经显示出一定的劣势,不适应于当今的生态文明建设和可持续发展战略。在部门职能编制方面和工作牵头的安排上需要进行一定的改良和重组。或由多部门会议以及地方政府共同协商,结合地方实际情况选出牵头的部门。牵头部门对地方所有环保事务负担监督和指导责任,对其他部门的工作进行规划和统筹。也可以新成立"大环境部",将多个职能统一到一起。在成立大环境部的同时,要辅以地方政府机构配套改革,实现环境监管治理部门的垂直管理,才能使大环境部的相关政策真正落地。⑤

设立差异化的管控制度,以解决单位参与程度和积极性的问题。由于不同地区、不同类型生态系统提供的服务功能不同,应实行差异性管控措施,有针对性地确定哪些活动允许进入、哪些活动不能进入以及明确活动强度的控制等。⑥ 针对不同地方产业状况,还应当为地方的单位"私人订制"合理的活动范围。对于盈利性的公司企业参与生态功能区保护问题,应当因地制宜的编制合理的开发活动计划,并与红线区域严格分离开来,并且加之相对应的保护和补偿义务。通过对不可侵犯的红线区域和自由合理开发区域的区分,既保证生态安全,也没有放弃经济发展。对于政府其他单位,在涉及红线内活动的情况,应该在资源配置上给与便利和支持。但在单位拥有特定的权利的同时,应该尽到保护活动范围内环境和听从牵头单位调动安排的义务。通过对地方实际情况的了解,进行适当的疏导和限制,方能够调整好单位的参与程度和调动积极性。

(二)完善生态功能红线法律法规

编制生态功能红线规划管理的工作应做好法律制度建设,确定好实际工作中的法律关系,明确各方权利义务和越线责任是保障生态保护工作顺利进行的重要条件,也是解决如何合理合法管理红线,有效高效配置资源的关键。首先应当建立生态功能红线规划管理的政绩考核制度。通过建立考核制度,将生态功能区域的各项指标划入经济社会发展的评价体系,从而使得生态文明建设管理工作成为政府和各部门单位的重要目标。考核

---

⑤ 王颖春:《自然资源产权制度待明晰生态红线或明年划定》,载《中国证券报》,2013-11-13(A03)。

⑥ 赵娜:《生态红线划得出更要守得住》,载《中国环境报》,2013-12-25(07)。

体系的建立,有效地成为重要的工作风向标和约束力,对于不同的地方,应该根据各地实际情况和不同生态功能区域特征确定不同的管理指标体系和考核标准。对于生态红线区域范围内的政绩考核体系,应侧重衡量提供绿色 GDP、综合提升环境承载力和改善生态环境的测评等方面绩效。[⑦] 绩效考核制度的建立能够有效保障生态功能区域管理的有效进行,解决了一定的管理监督问题,也起到了积极的引导作用。

对于生态功能红线编制的修改问题,应该着力建立相关的法律法规。目前主要因为滥用权力和怠于行使权力造成的生态环境保护工作的实际失效。而原《国家级自然保护区范围调整和功能区调整及更改名称管理规定》存在着调整程序不健全、规定不完善等问题,未能有效遏制上述乱象。[⑧] 修善目前存在修改方面的不足,应当做到对修改编制内容的理由进行严格的审查。通过程序手段,建立专家会议、公示、部门讨论、上级审批等一系列方式,控制滥用修改权限的发生。另一方面,通过内部定期汇报和审查,外界信息收集和民意反馈,建立一套及时了解生态环境状态的机制,严格做好生态功能红线编制的定期合理调整和修改或者维持现状的决定。进一步通过法律体系的建立,管控好调整和修改的范围、内容和期限等具体问题,加上各个地方的实际状况做相应的程序和实体立法调整。通过调整和修改生态功能红线的法律体系建立来解决存在的各类实际问题是有效而且必须的。

534

(三)增加社会各层面的参与途径和程度

宣传手段是辅助完成生态功能红线编制的方法之一,能够为编制工作解决大量的实际问题。在编制生态功能红线规划管理中,应当设立宣传制度。通过加大宣传力度,增加社会公众对生态功能红线的了解,普及生态保护的相关知识,开放社会公众对生态红线保护问题的反映渠道,增加社会公众对保护生态区域的参与度。宣传可以将社会公众很好地纳入生态红线规划管理的制度之中,并由此可以加大对政府职能部门和单位的监督,也能够通过民间的反馈了解到当前编制工作的疏漏和需要修改的细节。

要实际地增加民众的参与度,就应该进一步完善生态功能红线的程序立法工作,因为尽管《国家环境保护标准制修订工作管理办法》中提到了向公众和单位收集意见,但实际的参与途径的缺失和反馈机制的空白造成了公众意见没有被采纳。[⑨] 通过建立程序立法工作,将民众反馈的信息集中到相关部门处理,结合专家讨论、部门联合会议的方式,将民众的意见归纳总结,从简单的意见到系统的草案,最后到实际的实体规范。建立这样的一套程序规则,是实际增加民众的参与度的要求。

---

⑦　陆鹏:《划定并严守生态红线的三个问题》,载《广西日报》,2013-06-27(10)。

⑧　陈海嵩:《"生态红线"的规范效力与法治化路径》,载《现代法学》2014,(07):85-97。

⑨　张晏,汪劲:《我国环境标准制度存在的问题及对策》,载《中国环境科学》2012年。

（四）完善责任制度建设

应该做好对政府责任的区分和认定工作，并且完善对越线责任的法律规章制定。对于责任的划分可以分为考核责任、行政责任、经济责任、名誉责任。按照上述绩效考核的方案来说，考核不合格，规划编制的管理未达到相应标准，应该受到升职任职的考核中的负面评价。对于违反相应的生态功能红线行政规定的人员，应该行政处分，通过开除、撤职和降级等行政处分体现责任的承担。对于考核未完成的地方政府，通过经济管理权力的剥夺和中止体现经济上的责任承担，督促其进一步完成相应的工作。最后名誉责任应当建立"红黑榜"，对消极怠慢的地方政府公开点名批评，负担名誉上的责任。通过各项责任的承担和处罚的实施，进一步完善生态功能红线规划编制管理的法治化，解决政府工作的各项问题。

对于越线责任的认定，应当主要涉及刑事责任。生态功能红线是触不得的"高压线"，越线是绝对不能容忍的，对于越线必须追究责任。但是如果将民事责任纳入越线责任的范畴，就会造成红线的意义的丧失。划定生态功能红线是预防为目的，通过阻止越线行为，保护生态功能区。而民事责任主要分为侵权和违约责任，都属于事后补偿的责任形式，不能够防范于未然，显然与生态功能红线的基调不合。另外现行的民事法律体系无法对生态功能红线的越线行为作出很好的吸纳。破坏生态红线是对国家安全的综合性危害，不属于对国家和集体财产的一般侵权，更不是平等主体间的违约责任。综合来说，对于越线责任的认定，应当建立一套刑事责任追究体系。通过刑事责任方式完善对生态功能红线规划编制管理的法治建设。

审判权运行机制的实践逻辑与改革展望

——以案件审批制改革为起点

颜　倩* 李雄飞**

这些年来,群众对"司法不公"的意见比较集中,司法公信力不足很大程度上与司法体制和工作机制不合理有关,理论界和实务界多认为"审判权运行行政化倾向"、"司法裁判的行政决策模式"是主要因素。人民法院作为输送"公平正义"的国家专门审判机关,必须以法官为主体、审判为中心、裁判为产品,因此,人民法院的权力运行结构必须紧紧围绕依法独立公正行使审判权来谋划和设定。"让审理者裁判,由裁判者负责",这是审判权力运行机制改革中的核心问题,也是多年来备受争议的法院审判权"去行政化"的问题。

一、问题争辩:案件审批制、审判委员会制度的废存

(一)理论的鼓动与实务的跟进

1979 年《人民法院组织法》和《刑事诉讼法》对法院内部审判组织及其权限作出具体规定,1980 年刘春茂在《法律科学》上发表了《对法院院长、庭长审批案件制度的探讨》,一石激起千层浪,引起了司法界对院庭长审批案件制度是否符合法律规定问题进行了激烈的探讨。此后争论不断,到 1997 年有学者比较系统且尖锐地提出当代中国法院司法管理制度问题,将"去行政化"推向一个新的高潮。实际上,该问题具体表现在两个方面:一是院、庭长审批案件制度,指在法院审理案件过程中,院长、庭长对独任审判员、合议庭评议案件的结论或意见进行审查、核定和监督。二是审判委员会决定制度,即合议庭意见不一致或有重大问题时,必须经审判委员会讨论决定,合议庭必须服从并以合议庭的名义作出判决。根据法理上的直接言词原则,有权作出裁判的法官应当以当面倾听当事人的诉辩

---

　*　颜倩,浙江省高级人民法院。
　**　李雄飞,杭州市公安局。

为必要条件,也即亲历性原则。长期以来,我们在审判实践中形成的层层审批制,导致"判审分离,审者不判、判者不审",裁判错误的责任不清,审判的效率不高,司法的行政化趋势不断加剧,已成为审判权力运行过程中亟待解决的难题。

审判权运行"去行政化"历来是法院改革重点。回顾改革的历程,从 1999 年"一五"改革纲要规定"强化合议庭和法官职责,推行审判长和独任审判员选任制度。"到 2002 年最高人民法院颁布了《关于人民法院合议庭工作的若干规定》;从 2003 年"二五"改革纲要提出"建立法官依法独立判案责任制,强化合议庭和独任法官的审判职责。院长、副院长、庭长、副庭长应当参加合议庭审理案件。逐步实现合议庭、独任法官负责制。"之后,2007 年3 月最高人民法院又颁布了《关于完善院长、副院长、庭长、副庭长参加合议庭审理案件制度的若干意见》;从 2009 年中央部署和"三五"改革纲要提出"加强合议庭和主审法官职责"之后,2010 年 2 月 1 日公布实施《关于进一步加强合议庭职责的若干规定》,基本上五年出台一个文件,足见最高法院的改革决策者们也早就意识到审批案件制度的缺陷和问题,并对这一制度做出了一系列的改革努力。同时,地方各级法院在实践中不断探索着审判权运行机制改革,如大连中院的"1411"合议庭模式、山东法院合议庭法官随机分案制度、上海法院的专业化合议庭模式、深圳福田法院审判团队模式、佛山中院审判长模式等等,这些改革探索增添了很多实践基础。

(二)审判权运行"行政化"的实践演绎

法院司法裁判的行政化最典型地体现在庭长审批法官的裁决结论、院长审批某一合议庭的裁决意见、审判委员会讨论决定合议庭对某一重大疑难案件的裁判意见。

1.案件审批制

院庭长审批案件的做法虽然没有任何成文法上的依据,但与法院内部的司法管理体系紧密相关。法院像行政机关一样,构建一套院长、庭长、法官及其他工作人员的金字塔式的行政管理体制。同样的,在审判权运行上也因循金字塔模式,院长是负责法院日常行政管理工作的行政首长,同时也对案件裁判拥有最终审批权的法官。对于院长、主管副院长审批的裁判意见,无论是庭长还是合议庭成员,一般都会予以接受和服从。

在实践中,案件审批制度也存在着多种形态。比如,在呈批层级方面,有些法院要求法官将案件逐级呈报给庭长、分管院长审批后返回法官作出判决;而有些法院仅要求向上一级呈批,即法官把案件呈报给庭长批示,庭长把自己办的案件呈报给院长批示。在呈批案件范围方面,有些法院要求所有案件一律呈批,有些法院要求满足一定条件(比如诉讼标的、案由、疑难程度、适用缓刑)的案件才呈批。在呈批材料方面,有些法院要求呈批审理报告,有些法院要求呈批判决书。

中国各类案件收案的数量（1978—2009）

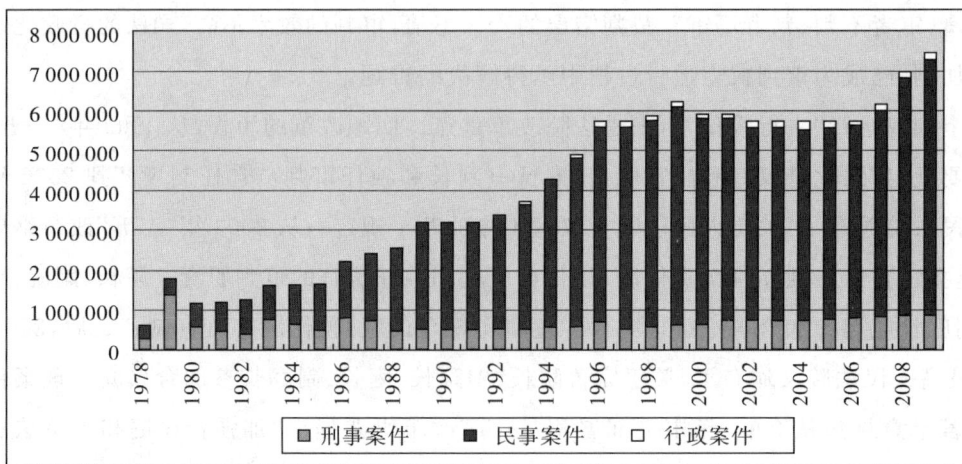

2.主审法官制

案件日益增多与基层法院力量不足之间矛盾日益突出，1991年新民事诉讼法颁布实施后进行了审判方式改革，追求"高效率"迫切需求选任一批高素质的法官和下放"判权"，催生了另一种审判权运行模式——主审法官制（也称审判长资格或独任审判员选任制，但与承办法官不同），相对于案件审批制而言，主审法官原则上无需将案件呈批庭长、院长，自己有权"按照规定权限"直接签发裁判文书，也相应地对案件质量承担所有责任。具有主审法官资格才能进行独任审判；在合议庭中，主审法官才具有审判长资格，而承办法官负责庭前准备程序、主持调解程序、查阅研读案卷材料、进行庭外调查核实证据，而且仅负责起草审理报告、草拟裁判文书。

但有学者认为，提请免除不称职、不合格法官的职务不仅是院长的权力，同时也是其职责。院长不依法履行此项职责，而另外创设主审法官制，通过"二次筛选"来淘汰低水平的法官，不仅多此一举，而且有悖于现行法律，更根本无法淘汰低水平法官，无法改良现行法官队伍的素质和结构。法院内部对基层法院主审法官制最大的诟病是，即使组成合议庭以普通程序审理案件，合议庭也是"合而不议"流于形式，基本还是由主审法官大包大揽，其他合议庭成员只是陪坐走过场，在合议时附和主审法官意见或者最多提出问题供主审法官斟酌，最后还是以主审法官的意见为准形成一致意见。

当理论界还在争论"法院独立审判还是法官独立审判"的时候，在经济比较发达、案件数量高企不下的地区（浙江一线办案法官年人均结案185件，是全国平均数的2.3倍），自审自批案件的法官已经享有了高度的独立审判权。这也许并非制度创制者的原意，但其结果却让"法官独立审判"理念在许多经济发达地区的基层法院根深蒂固。

3.审判委员会决定制度

一般认为，审判委员会作为法院内部对重大疑难案件拥有决定权的权威审判组织，单靠听取承办法官口头汇报的方式,就对案件事实认定和法律适用问题做出最终的决定,且可以强行改变合议庭的裁决意见。《人民法院组织法》第十条及三大诉讼法是审判委员会行使"讨论重大的或者疑难的案件"职权的法律依据,无论理论界和实务界如何批判和否定,但这是我国法定的审判权运行制度。当然,我们必须正视违背司法规律具体运行机制:讨论决定案件的程序是不公开的,使得法庭审判的诉讼原则和制度形同虚设;由于缺乏庭审的亲历性,审判委员会委员获取案件事实信息可能是不完整的;审判委员会委员无法对所讨论的全部案件拥有法律专业上的优势,经常出现外行委员讨论一个专门法律问题的局面(中级法院尤为突出),这些显然也影响了审判委员会所作司法决策的科学性和可靠性。

最高法院在"二五"改革纲要中将改革审判委员会制度列为重要课题。无论是地方法院还是最高法院,都是将加强专业化、减弱行政层级化、确保委员组成合议庭等作为改革审判委员会制度的方向。但是,审判委员会职能除了对部分案件行使讨论决定权,还有权总结审判经验、制定规范性文件以及决定审判管理事项。"审判委员会委员"不仅是一种专业称号,更作为一种具有较高行政级别的象征。无论审判委员会怎样变革,只要组成结构仍然保留院长、庭长行政层级职务,那么,审判委员会就不可能变成一种具有合议庭属性的审判组织,而注定保持其法院内部行政会议的基本特征(因不少学者对审判委员会的问题已发表了许多真知灼见,故本文不再赘述)。

二、厘清逻辑:案件审批制的实践基础

尽管历经十多年的司法改革,迄今为止,法院以行政审批为基础的司法决策模式并没有发生根本的变化,支撑院长、庭长审批案件制度长期存在的实践逻辑基础到底是什么?对法院案件审判到底发挥着什么样的功效,以至于其在法院内部得以久存?

(一)行政、人事与审判管理的交错角色

法院内部纵横交错的等级结构管理延伸至审判权运行的管理。一是法官的等级管理。《法官法》第 18 条规定,法官分为首席大法官、大法官、高级法官、法官共十二级,本身就是带有一种较强行政化色彩的管理制度。法官的提拔、任免都是由法院党组或者院长决定提起动议,法官行使审判权时或多或少都会受到干预。当然,法官的等级还涉及工资福利待遇、与法院外党政机关沟通联系时的对应关系,不是简单的人事管理就可以概括的。二是法院行政的等级管理。院长、庭长作为院务会以及审判委员会的主要成员,既要进行组织行政管理,又要进行审判管理。虽然法院审判部门没有了厅长、处长、科长(非审判部门依然存在),却有着相同行政级别的院长、庭长与之相对应,这种管理机制在规范法

院内部管理的同时逐渐形成类行政化的决策模式。三是审判组织的等级管理。以审判权行使为中心依法设置的审判组织有两类：审判委员会是法院内部最高级别的审判组织，合议庭和独任庭是以法官为主体的基本审判组织。在审判权能上，法律规定合议庭或独任庭必须服从审判委员会关于案件的处理决议，其实质就是一种行政化的权力运行方式。1981 年通过的《最高人民法院审批案件的办法（试行）》以制度形式确立了案件审批的依据，各级法院当然会上行下仿，制定了各类案件签发、签阅制度。

法院行政管理、人事管理、审判管理的角色交错，极易产生职责混同。受法院内部管理权力和审判权力这种双重的支配与影响，法院在内部建立起以院长、庭长、审判长、审判员、代理审判员为身份象征意义的上命下从的金字塔式权力结构体系，为院长、庭长审批制度的存在提供了制度条件。

（二）指导、帮助、监督的制度功效

"建国初期，由于我国法制极不完善，加之当时审判人员绝大多数来自工农出身的干部，文化水平与业务水平不高。在这种情况下，实行院长、庭长审批案件的制度，是适合当时情况的，也曾起过一定的积极作用。"1983 年《人民法院组织法》修订后，最高法在 1985 年和 1987 年分别创办了全国法院干部业余法律大学和中国高级法官培训中心，并先后在全国各地设立了业大分校，绝大多数法官进入业大学习，补充法律专业培训。1995 年《法官法》颁布并开始法官任职资格考试，吸收专业法律人才进入法院开始成为主流。此前，面对法律专业人才的匮乏以及重重腐败风险的现实，院长、庭长通过审批案件对审判活动进行指导、帮助、监督，就成为实现公正和效率的现实需要。所衍生的审判指导、帮助、监督功能，仍然决定着该项制度在审判活动中保有旺盛的生命力。

同时，在当前的制度环境中，院长与庭长对法官办案的直接支持不但必要，而且必须。现实中，法官遇到疑难问题或者"外部压力"求助于庭长、院长也是常事。如果不允许法官向庭长院长呈批案件，一方面架空了庭长院长的权力；另一方面，合议庭、法官办案失去了本可依赖的坚强后盾。

（三）类行政化首长负责制的追责方式

长期以来，我国法院内部责任承担方式并不明确。对外，院长代表人民法院向国家权力机关负责并报告工作；对内，除《法官法》对法官个人违反职业操守的行为追究责任有一定的规定外，法院系统内部责任追究机制一直依循行政首长负责制的思路。2001 年最高法院在《地方各级人民法院及专门人民法院院长、副院长引咎辞职规定（试行）》确立了"法官枉法、院长辞职"的做法，这"本质上是一种类行政化的首长负责制，它必将强化我国法院内部管理体制中的行政化色彩，使法院院长对下级法官的监督、控制能力加强，因为

根据权责一致的一般原则,法院院长既然对下级法官的裁判行为承担直接责任,那么法院院长就有权在法官审理案件时,按照自己的意志作出指示和命令"。

从法官角度来看,为妥善处理某些疑难复杂纠纷或抵制不当干预,请示汇报或审批制度成为法官依托单位,实现风险转移的一种机制。随着一些地方推行的错案责任追究制度趋于极端,法官由于惧怕所谓"错案"而事事必汇报,不但没有维护法官的独立审判,反而助长了请示汇报之风,简单、粗放的责任评定机制成为支撑着行政化倾向的基础。苏力在《送法下乡:中国基层司法制度研究》这样描述"他/她希望有一个制度在中国的特定社会环境中来分担自己的责任。事实上,他/她也在或正面(例如抵制说情)或负面(例如在实行错案追究制后更多地将一些矛盾上交)地依赖了这一制度。"

很显然,这是法院内部与外部一系列复杂因素相互交织,共同催生的结果。一句"法院的管理呈现出行政化色彩"仅从概念层面、原则层面完全"清洗"或"隔离"法院的行政管理,但是无法"清洗"或"隔离"院长、庭长审批案件制度的现实存在。

三、改革展望:审判权的回归

十八届三中全会通过的《中共中央关于全面深化改革若干重大问题的决定》对司法改革提出了具体细致的要求,从机制到体制对司法改革的内容进行了进一步的明确和部署,使得司法改革的路径和目标更加清晰。但是,短暂的兴奋过后,法律人固有的审慎随之而来。从当初的"一五"司改启程,到即将来临的"四五"改革纲要,司法砥砺前行之路早已昭示,改革无捷径,画图容易躬行难。如何才能真正破除藩篱"让梦想照进现实"?

"人民法院受理的案件80%在基层,80%的法官和其他工作人员(书记员、法警)也在基层。"我国"司法系统的基础是3100多个基层人民法院。"因此,从我国法院系统的设置来看,处于行政县域层级的基层法院在审理级别、案件类型、程序主体以及信息来源等具有特殊性,"明断是非定纷止争"的职能定位越来越清晰,基层法院审判权运行机制改革更具现实性和紧迫性。

按照责权利有机统一的原理,所有的管理活动中都贯穿了责权利关系。而所有管理活动的成败,都折射出责权利关系的平衡与失衡。因为所有的管理活动,都必然是透过人来实现,由人来驾驭各种生产力要素进而驱动目标的达成。同样,法官的责权利关系的平衡和失衡决定着是否输送"公平正义"。这些年来的合议庭改革之所以出现反弹,始终走不出怪圈,重要原因就是受到法官职业保障、人财物管理、司法责任等配套机制的制约。以审判权运行机制、合议庭制度作为突破口带动其他配套措施的实施,切实维护当事人的诉讼权利,最大程度上实现司法公正。

（一）还审判权于合议庭、独任庭

第一，审判员独任审理的案件，裁判文书由独任审判员直接签署。合议庭审理案件的裁判文书，由案件承办法官、合议庭其他法官、审判长依次签署。院、庭长不得签发未参加合议审理案件的裁判文书。裁判文书的制作和宣告是一个重要的诉讼环节。我国三大诉讼法中未曾出现过裁判文书的"签发"一词，而只有合议庭成员"签名"之说。这一本符合司法规律的制度在实践中却被改造为行政性的"签发"。合议庭成员行使裁判权进行合议时实行民主集中制，没有高低大小之分，只有先后之序，其决定性的签名均不具有"签发"功能。

第二，一个审判庭内设有多个合议庭的，将副院长、审判委员会委员、庭长、副庭长直接编入合议庭并担任审判长。其他合议庭的审判长应当从优秀资深法官中选任。通常，一个法院院长、副院长、审委会委员、庭长、副庭长都是素质较高、能力较强、经验丰富的法官。由于法院内部行政化的层级结构和管理模式，这些优秀法官担任了司法行政职务后，其中绝大部分便由原来的主持审判的审判长，变为管理审判的管理者。把院庭长编入固定合议庭后，就把法院内最优质的司法资源从办公室搬回法庭，从审核把关转移到直接审判。减少管理层级，将审判组织扁平化。

在改革设计时必须注意到，基层法院 80% 的案件适用简易程序；在适用普通程序的案件中，又接近 80% 是因为当事人下落不明需要公告等程序性原因从简易程序转入普通程序（见下表）。意味着在基层法院必须适度扩张独任制适用范围，需要更多的有"判权"的"独任法官"；也意味着审判长主审、把关该类普通程序案件的意义不大。

浙江省基层法院 2011—2013 年刑民商事一审案件适用程序情况

年份 件类型 /%	2011 年			2012 年			2013 年		
	结案数	普通程序 比例	简易程序 比例	结案数	普通程序 比例	简易程序 比例	结案数	普通程序 比例	简易程序 比例
刑事	64635	44.53	55.47	85729	38.94	61.06	85163	25.77	74.23
民事	211481	10.88	89.12	221219	10.29	89.71	235854	9.3	90.7
商事	178994	27.25	72.75	219185	28.05	71.95	234762	25.77	71.66

第三，院长、庭长的审判管理职责与审判权不得超越界限，不得涉及案件的实体裁判事项。所谓审判管理，是指人民法院通过组织、领导、指导、评价、监督、制约等方法，对审判工作进行合理安排，对司法过程进行严格规范，对审判质效进行科学考评，对司法资源进行有效整合，确保司法公正、廉洁、高效。其实质是对审判工作的程序性事项、办案质效的监督和管理，对于属于法官"判权"范围内的裁量内容不得干涉；若属在合议庭担任审判

长,也只能投平等的一票。

第四,建立委员组成的合议庭审理重大案件,大大压缩讨论案件范围。根据现行法院组织法,审委会是法定审判组织,且现行审委会讨论决定案件制度是符合目前法官队伍现状的,取消该制度并非务实之举。对于承担"事实审"功能的基层法院,可以建立提交审委会案件过滤机制,仅对案件适用法律具有典型、普遍意义的案件进行讨论决定。先由初审法官进行分类筛选,符合审委会讨论决定的疑难复杂案件条件的,由相关专业委员组成合议庭共同进行审理,初审法官作为成员之一,逐步解决审委会委员"亲历性"和"司法责任"问题。

(二)建立司法责任的科学体系

在赋予法官独立裁判权的同时,要求法官接受严格的职业道德、纪律、法律、业绩考评、案件评查、上级法院评价、外部评价等方面的监督和约束,即承担相应的司法责任。我国现有《国家赔偿法》第15、16条、《法官法》第30条及《人民法院工作人员处分条例》、《人民法院审判人员违法审判责任追究办法(试行)》等规范,但过于笼统、原则,缺乏可操作性、系统性。

如何建立司法责任的科学体系,具体来说有以下几点:

第一,设立法官惩戒委员会,按照"省以下地方法院人财物统一管理"的方向,可以在省一级设立法官惩戒委员会(由人大代表、法官、检察官、律师等选任组成),把对法官的惩戒权交给法官惩戒委员会,由惩戒委员会以民主型、职业型决策机制行使对违法违纪或者腐败法官的惩戒权。

第二,确定司法责任程序在制裁责任时应该尽可能的"法律化"、"司法化",授予纪律机构(如惩戒委员会)制裁权,并就这种制裁受到处分的法官可以向任免的国家权力机构申诉。对于法官的司法责任的追究,程序启动不应以损害法院判决的公信力为条件。例如,司法责任追究的程序启动由法院内部的纪检监察部门对信访、投诉进行初审,人大内务司法委员会集体讨论决定是否启动,再提交临时或常设的法官惩戒委员会对法官的司法行为进行专业评断并作出处分决定。

第三,细化司法责任的认定标准,如何明确错案的标准,是当前这一制度的最大难题,防止像"错案追究制"以结果来论证过程的非正当性。例如,上诉被驳回的、被检察机关抗诉的、被提起再审的、当事人上访等不是司法责任启动的标准,即使是"错案"也要区分冤案错案与办案瑕疵,还要区分法官的行为规范、程序适用和实体裁量等。

(三)加强法官职业保障

如果法官职业保障配套机制不建立,审判权运行机制改革则难以进行下去,即使改革成功也难以维持持久的效果,可能会使各项改革措施的效果被"对冲"。

根据法官职业保障的理论,职业保障主要包括几项内容:一是职业能力保障,是其他各种保障机制得以建立的基础,其中最基本的一项是规定法官选任的严格条件;二是身份保障(又称职务保障),即法官依法独立审判,非因法定事实并循法定程序不得免降调职;三是薪俸待遇保障,充足的薪金保障、退休福利和其他有关的额外福利是吸引和留住合格的专职法官的必要条件;四是安全保障,法官群体承受着巨大的职业压力和风险,法官不因履行职责而受到安全威胁。

当前,社会上对于加强法官职业保障的共识仍然不高。建立符合法官职业特点的待遇保障机制,提高法官待遇的呼声,在经历了多年的喧嚣沉寂却无任何回应迹象。反对提高法官待遇的这些社会心态集中表现为对法官职业的直接或间接的不信任感,但是应当多管齐下、同时用力,把职业保障放在更高层次的循环中和更大的平台上考虑,不宜继续徘徊在法官职业保障改革与法官队伍胜任能力之间"鸡生蛋"还是"蛋生鸡"的问题。

有法院同志撰文写道,"众说纷纭中,有一种声音在泛起:以前即便有干预来袭,是集体负责,到最后就没有人负责,这未尝不是一种安全的活法。力挺审判独立的同时,如果不能回应法官们的后顾之忧,以及提高福利待遇,得失之间,一些法官可能情愿不要那么大的权力,甚至在重压之下选择以脚投票,因为权力更意味着风险。"

游离于公正与效率之间的
执行权分权改革困境与方向抉择

——以某基层法院执行权分权改革的实证分析为基点

龚箭* 覃辉**

摘　要：民事执行权改革是历次司法改革的重要内容，以最高人民法院出台的《关于进一步加强和规范执行工作的若干意见》为标志，在全国法院推开以执行权优化配置为主要内容的执行体制机制改革，执行权分权改革亦是在该思维下的实践性尝试。本文通过实证研究的方法，选取某基层法院的执行权分权改革作为调查研究的对象，在肯定执行权分权改革的实践效果基础上，解析执行权分权改革游离于公正与效率之间的困境，并提出执行权分权改革的方向抉择。

关键词：执行权分权；公正与效率；改革困境；方向抉择

545

在司法实践中，民事执行的价值取向在面对"执行难"问题下进行艰难取舍，在不同的价值理念之间游离。民事执行规范于民事实体法和程序法之中，在历次民事实体法和程序法的修改中，已将民事审判的公正理念贯穿于民事执行，表现为《民事诉讼法》的修改，忽略了民事执行与民事审判的不同价值理念、法律规范。近年来，最高人民法院通过出台民事执行司法解释、工作制度，规范民事执行的不同性质属性。最高人民法院2009年制定的加强和规范执行工作的意见要求优化执行职权配置，科学界定执行审查权和执行实施权，打破一个人负责到底的传统执行模式。后各地法院陆续推进执行权改革，形成了一些创新模式，如成都模式、绍兴模式、莆田模式、重庆模式。司法实践中，传统民事实体法和程序法司法模式中规范的民事执行，显然无法适应执行权分权改革的要求，造成执行权分权模式已经形成，但游离于司法效率与公正的价值之间，无法继续推进的司法困境。笔者从某基层法院执行权分权改革的司法实务分析，剖析执行权分权改革的价值取向，确立民事执行的价值追求，找准民事执行的法律规范方向，以期对推动司法改革、执行

---

* 龚箭：男，研究生学历，重庆市云阳县人民法院副院长。

** 覃辉：男，大学法学本科，法学学士，重庆市云阳县人民法院预备法官。

立法、提高兑现为目的解决执行难及完善相关法律制度有所裨益。

一、实践考察:执行权分权改革的现状及问题表现

考察背景:笔者以某基层法院 2008 年至 2013 年间执行工作和案件绩效变化为两条主线,以执行权分权改革为中心内容,运用各年段之间案件绩效对比和以执行兑现为思路对应执行权分权改革成效以及困境表现,将执行案件面临的司法实务问题集中呈现。背景一:该法院于 2008 年开始实行执行案件规范化管理、执行局级配置,2010 年开始进行"三权四段"执行权分权改革,2012 年完成执行权改革,实现执行权分权模式下的规范运行。背景二:该法院 2008 年开始实行执行案件的网络数据管理,执行案件信息逐步实现执行案件管理系统管理,并建立执行案件数据文档登记。背景三:笔者跟踪案件执行实地考察其全过程,从立案开始介入全程跟踪,实地考究执行权分权运行、案件分段管理,并采取查阅历年案件数据、访问执行局长、访问承办法官以及考究该院执行权分权改革的文字资料。

通过上述背景下的实证考察得出该院执行权分权改革的进程及现实运行状态如下:

1. 执行权"三权"分配。执行局设立执行综合科、审查科和实施科,实现了执行查控、实施、审查的内部分权控制。同时,构建执行权的外部控制,立案庭审查是否启动执行程序即是否立案,审监庭负责执行行为异议审查,技术室办理评估、拍卖、鉴定。将执行中的"三个"重要权力合理地分配在不同的执行程序中,权力之间相互监督、相互制约,内外监

执行局机构设置图

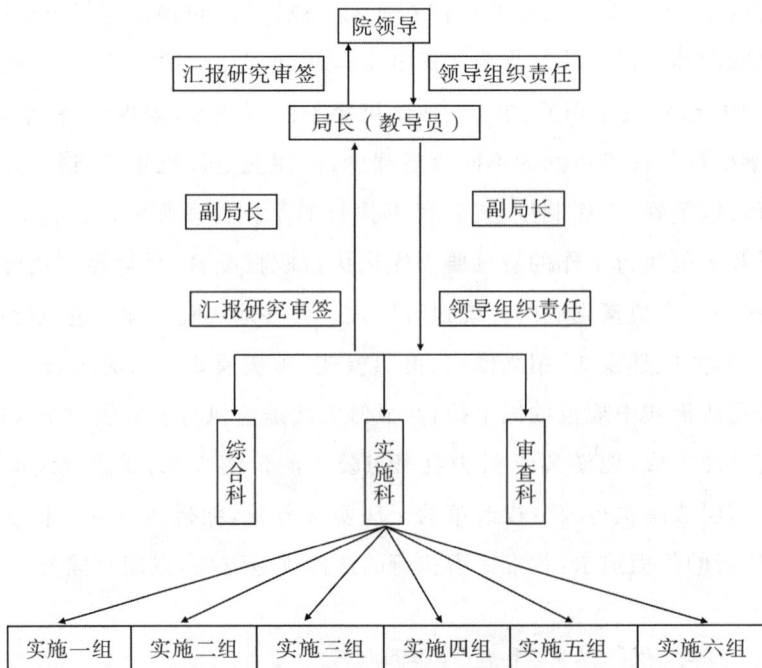

图 1　某基层法院执行局机构设置图表

控,达到分权制衡的目的。

该院将执行权分解为财产查控、执行实施和执行审查三部分。综合科实施财产查控,案件立案后移送执行局,由综合科法官对近期(2～3天)所有执行案件被执行人统一登记成册后送达银行、房管、车辆、证券、基金等协助执行单位,并同时移送该院所在的高院"点对点"查询平台①,取回结果后由综合科法官作出执行裁定控制已查明的被执行人财产。实施科依据综合科已查控到的被执行的财产,开展处置措施,如扣划、评估、拍卖等,查找被执行人下落,询问申请执行人关于被执行人下落或财产线索,对执行案件结案作出结论并移送综合科、局领导审批结案。审查科只是审查针对执行标的异议,如案外人认为法院执行的财产权属应属其所有,非被执行人的财产,法院执行财产权属错误,向法院提出执行异议,由执行局审查并作出执行裁定确定是否继续执行该财产。执行立案裁决、非诉案件是否准予执行裁决、对法官执行行为异议审查均剥离出执行局,分别由立案庭、行政庭、审监庭行使。

2. 执行案件"四段"运行。执行局将案件执行程序划分为"四段",即"启动、实施、处置、结案"。执行启动、查控、结案由执行综合科的不同人员办理,执行处置由执行实施科和本院技术室分别办理,并呈报各自部门的负责人审查批准,方可进入下一流程。具体工作中,依托网络手段,实施全程监管,层层把关案件办理,杜绝了"一人一案到底"情形,并做到各环节衔接规范有序,提升了案件质量,实现案件执行的规范、高效、公正、廉洁。

3. 执行案件数量与人员结构变化。以年度实际办理案件为基本单位,为达到与实际情况的完全一致,此次案件数量调查完全依据该院执行局案件登记文档数据,同时调取执行案件归档数据,达到两者一致,若出现个别案件偏差,以核对两者的数据为准②。2008年立案958件、结案880件、结案率91.86%;2009年立案982件、结案932件、结案率94.91%;2010年立案883件、结案824件、结案率93.32%;2011年立案997件、结案865件、结案率86.76%;2012年立案1027件、结案948件、结案率92.31%;2013年立案836件、结案764件、结案率91.39%。

该院在2008至2013年之间,基于该院所在的高级人民法院关于执行人员"五五八回

---

① 该基层法院所在的高级人民法院于2013年建立"点对点"查询平台,中、基层人民法院将所需要查询的被执行人名单通过执行案件管理系统传送高院执行局,由高院执行局统一移送给各商业银行总部,由其查询相关被执行人在其所属银行全国范围内的所有银行账户信息,且该平台已经逐步延伸到查询车辆、房管登记信息,在此之前,查询被执行人财产线索均有各执行案件所在法院自行安排法官完成。

② 调查的2008—2013年立案、结案、结案率数据,其中立案包括上一年未执行结案的案件自动累计到下一年的立案数中,准确考量一个年度内的实际执行工作量,结案数系在该年度内实际已结案案件,结案率系结案数除以立案数的百分比。

执行案件流程图

```
                              ┌──────┐      ┌──────┐
                              │ 立案 │◄─────│立案庭 │
                              └──────┘      └──────┘
        ┌──────┐                 │
        │ 审监庭│◄────────────────┤
        └──────┘                 │
           │                  ┌──────┐      ┌─────────┐
           ▼                  │ 查控 │◄─────│执行局综合科│
     ┌──────────┐             └──────┘      └─────────┘
     │执行行为异议│               │
     └──────────┘               │
           │                    │
 ┌──────┐  ┌──────────┐     ┌──────┐      ┌─────────┐
 │技术室│─►│财产评估拍卖│────►│ 实施 │◄─────│执行局实施科│
 └──────┘  └──────────┘     └──────┘      └─────────┘
     ┌──────────┐         │  │  │
     │执行标的异议│◄────────┘  │  │
     └──────────┘            │  │
           ▲                 │  │
     ┌──────────┐            │  │   ┌─────────┐
     │执行局审查科│◄──────────┘  │   │执行局综合科│
     └──────────┘               │   └─────────┘
                                │        │
                            ┌──────┐  ┌──────┐
                            │ 结案 │  │局长审签│
                            └──────┘  └──────┘
                                │     ╱      ╲
                            ┌──────┐      ┌──────┐
                            │ 符合 │      │不符合 │
                            └──────┘      └──────┘
                                │
                            ┌──────┐      ┌──────┐
                            │ 归档 │◄─────│档案室 │
                            └──────┘      └──────┘
```

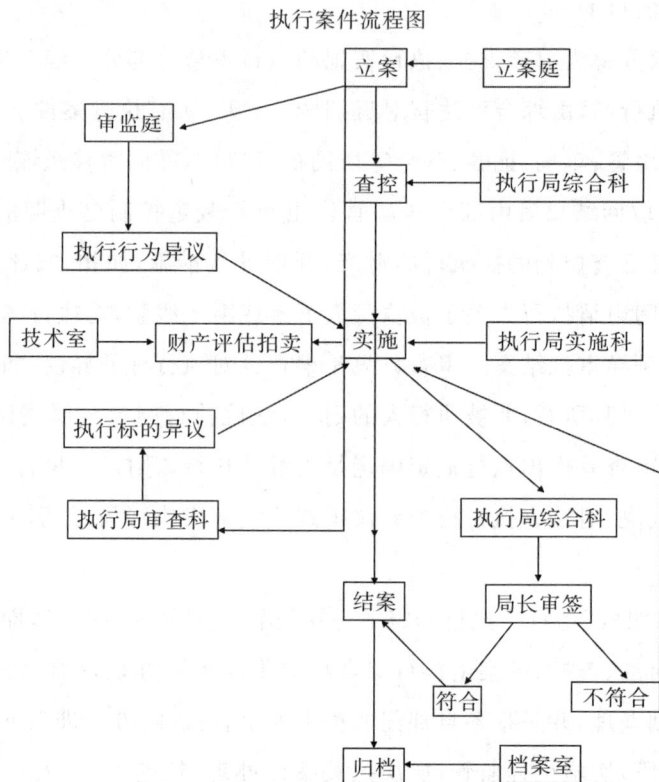

图 2 某基层法院执行案件流程图表

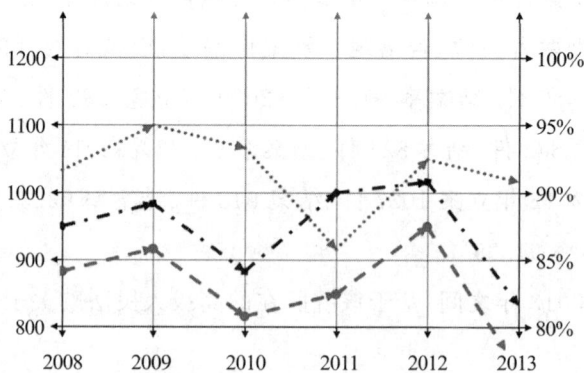

图 3 该院 2008—2013 年案件数量变化图表

（图表说明：左边为执行案件件数、右边为结案率百分比数、下边为相应年度，立案数标示：◄──►、结案数标示：┄┄►、结案率标示：●━━►）

避"③的规定,分别在 2010 年年底、2012 年年底、2013 年 6 月对执行局人员进行大面积调整,但是调整的同时坚持不大量减少或增加执行局人数的基本原则。在常规政策因素调整执行局人数外,主要依据执行权分权改革下执行工作的需要增加干警数量,并明确各干警在执行权分权模式下负责的具体工作。2008 年至 2010 年执行局人数 14 人,2011 年至 2012 年执行局人数 16 个,2013 年执行局人数 20 人。

4. 执行案件绩效变化。以执行实际兑现为主线考察执行案件的实际绩效,而非依据执行案件结案数据考察,原因在于执行案件结案后而非全部兑现,并且存在终结执行、不予执行等情形,而以案件实际执行到位额除以立案标的得出的执行兑现率进行考察实际绩效最为合理;同时结合"执行未执结案件执行持续时间与法定执行期限比"④(简称持续时间比)数据进行对比。2008 年执行兑现率 76.21%、持续时间比 1.312,2009 年执行兑现率 76.70%、持续时间比 1.214,2010 年执行兑现率 75.26%、持续时间比 1.162,2011 年执行兑现率 72.66%、持续时间比 1.016,2012 年执行兑现率 68.36%、持续时间比 0.988,2013 年执行兑现率 67.88%、持续时间比 0.853。上述两项数据可以看出执行兑现率在降低而案件持续时间比亦在降低,出现结论:执行案件效率在提升而执行案件兑现债权反而降低,即办理执行案件的速度加快,但体现公正维护权利的兑现法院裁判文书确定债权的权重降低。

笔者在对案件数据进行客观分析的同时,采取主观调查访谈方式,特别对案件执行分析出现的问题在案件实际执行中是否是现实客观表现进行调查访谈。为达到与案件实际执行相一致的客观效果,排除主观思维偏差,调查访谈对象界定为笔者跟踪执行的部分执行案件的申请执行人和承办该部分案件财产查控和财产处置的两位法官,对该案件实际举例分析的同时,注重对现行案件执行规范的认识,并原版解析其提出的异议。具体调查访谈如下:

访谈一: 笔者于 2013 年年底开始跟踪申请执行人李某某申请执行其债务人给付其债务 4.8 万元,其在 2014 年 4 月领取全部执行案款当天,笔者与李某某进行座谈,其对案件执行提出意见:一是一个执行案子几个法官办,直到执行实施阶段时法官相对固定,才对案件执行有一定的突破方向。二是查询财产复杂、时间长。案件立案后,财产查控法官要集中统一查询,需要一周左右时间才能有结果,利用高院"点对点"查询只能查询银行,且返回查询结果比基层法院自行查询的时间还要长;当财产处置法官了解到被执行人的其

549

---

③　五五八回避原则系规定法院干警在执行局工作满一定年限后必须调出执行局,再从法院其他部门调入干警接替其工作,具体如下:分管执行局工作的院领导分管五年满后不再分管,执行局局长、教导员、副局长工作满五年必须调离、普通干警工作满八年必须调离。

④　"执行未执结案件执行持续时间与法定执行期限比"指标系一定期间(一般系以年、月为计算期间)未结执行案件的执行持续时间除以该期间内已结执行案件的执行持续时间得出的比值,比值越大说明未结案件持续时间长,执行效率低;比值越小说明未结案件持续时间短,执行效率高。

他财产线索后,不能直接查控,还需要移送综合科财产查控法官进行查控。三是由于执行局干警调整,新接手执行案件的法官不熟悉案情,且不同的执行法官对案件的执行存在不同的思路和理念,不同的执行思路和理念均会直接影响案件的执行结果。

访谈二:笔者以财产查控的实际效果为主线访谈了该院执行局查控财产法官,以财产处置开展执行措施为主线访谈了财产处置法官。查控财产法官认为,执行权分权改革适应了新形势下对法院民事执行的要求,其中心目的是实现执行案件的公正,但是相反牺牲了民事执行的效率要求,财产查控公正的集中化、统一化运行减少了重复司法行为,降低司法成本的同时,牺牲了查控财产的细化要求,集中化、统一化查控只能运用于常规执行查控措施中,而无法运用于被执行人特殊财产的查控。财产处置法官认为,民事执行程序设置的烦琐在追求司法公正的理念下降低了执行效率,偏离民事执行高效保障裁判确定权利的法律目的。执行权分权改革符合法律发展规律,无监督规制的司法权力必然会产生损害司法进程的行为,怎样在执行权分权模式下寻求执行公正与权利人要求执行效率的平衡,需要民事执行在执行权分权模式下找到符合法律发展和司法实务实际的方向。

问题表现:通过解析该基层法院执行权分权改革的进程,实际分析执行权分权改革前后执行案件的表现形态,结合对执行案件实际参与主体的当事人、执行法官的现场访谈,掌握该基层法院执行权分权改革的全部现实数据。执行权分权改革适应了司法发展对民事执行的要求,符合法治国家发展的需要,但执行权分权改革对于现行民事诉讼法律体系而言具有一定的超前性,是对民事执行单独立法的一种司法实务尝试,执行权分权运行模式均能够在未来的法律规范中得到认可。从该基层法院执行权分权改革而言,已经实现了执行权的分权,并形成了一种模式,但是从该模式的实际运行而言,显现出执行公正与执行效率冲突。

表现一:公正与效率的冲突。执行权分权改革的背景在于破除执行法官"一人包案到底"的局面,挤出法官运用法律赋予的民事执行权寻求权力利益的空间,防止执行法官腐败,运用程序规制实现民事执行的程序公正和实体公正。从上文对案件的实证分析以及实地人物调查访谈而言,在实际的民事执行中已经认可并按照执行权分权模式开展民事执行行为,但在实际工作中形成了一种纠结形态,一方面认为执行权分权模式保障了民事执行的公正;另一方面又无法将民事执行效率最佳地规制到执行权分权模式下,认为一定程度上降低了民事执行效率系执行权分权改革的弊端,但同时又不能否定执行权分权模式在民事执行效率上的一定积极作用。从对基层法院案件数量、结案率、兑现率的分析而言,排除案件数量在一定程度上受制于社会发展因素的影响定会出现反复增减,在执行案件数减少的情况下,执行结案率和兑现率亦在降低,偏离了民事执行的法律精髓即实现权利人权利。对于案件持续时间比与权利人的诉求,该基层法院的执行效率在提升,反而出现执行兑现率降低与权利人的负面评价。诸多情形反映出执行权分权改革模式下公正与效率的冲突。

表现二：方向不明。在执行权分权模式已经形成的情形下，并符合现代法治进程的时代要求，怎样寻求民事执行在执行权分权模式下的进程方向已经成为其重点内容。从对该基层法院的实证分析而言，其民事执行分权模式已经形成，并将案件执行的所有司法行为均纳入到该模式下运行，怎样解决在分权模式下形成的诸多问题，始终徘徊于执行权分权模式的固有设计中，而未依据实际需要在执行权分权模式下对民事执行的相关体制、制度进行更深层次的解读，从而导致执行权分权改革始终停留在原地，而无继续推进的方向抉择。怎样发挥民事执行分权模式的固有优势？实现执行公正与效率的双向进展，需要在现行的《民事诉讼法》规制下，结合执行权分权模式的法理要求，配套执行程序设计与制度人员优配，让民事执行进入现代法治社会需求下的最优轨道。

二、追本溯源：解析执行权分权改革困境的制约因素

以分解执行权为中心的执行权改革，在法律理论界与实务界均认同执行权改革的司法行为，亦将执行权改革准确定性为执行权分权改革，并在该改革下的民事执行运行方式定性为民事执行分权模式或执行权分权模式。执行分权改革是执行体制和机制改革的重中之重，也是执行改革的难点和瓶颈⑤。执行权分权改革已经固化的基础上，其突破分权运行模式下的进程困境，解决其制约因素成为必然。从对该基层法院执行分权改革的实践而作出的实证分析，得出形成执行权分权改革困境指向于执行权分权改革在公正与效率的冲突，但其制约因素具体表现为法律缺位、价值取向不定、执行制度支撑不足、执行法官建设不够等方面。

（一）民事执行法律缺位

我国迄今为止无民事执行单独法律，仍将民事执行全部规制于《民事诉讼法》关于执行的规定中，虽然在 2007 年、2012 年《民事诉讼法》两次修改中均对民事执行进行了相应修改，一定程度上解决了民事执行司法实务中遭遇的疑难问题，但均系针对单个法律事项进行的修补，而未全面规制民事执行。民事执行法律和司法解释凌乱，未形成明确的法律规范体系，部分条款存在相互冲突或规范内容的重叠性，造成面对同样的执行情形不同法院、不同执行法官选择不同的法律规定开展执行措施。现行的法律规范仍旧将民事执行的程序规定沿用民事审判模式规制，并将民事执行的不同性因素融入到该规制中，形成法律规范与民事执行事务的偏差现象。现行关于民事执行的法律对案件具体执行行为的规

---

⑤ 肖建国：《执行分权的"重庆模式"及其制度效应》，载于 2011 年 1 月 27 日《人民法院报》第 005 版实务周刊。

定过于笼统,只对案件执行行为从司法职权角度作出工作性的原则指引,而无细化规制,更无该执行行为在实践中遭遇不同情形下的法律规制路径。民事执行法律规定内容是否应该涵括执行权分权改革取得的法律成果是民事执行单行法修改的重点课题,就民事执行司法实务而言,执行权分权模式符合民事执行的实际发展需要,法学理论而言,执行权分权模式亦在现行民事诉讼法理的规范之内,符合民事诉讼法律的理念要求,需要单行法律条文予以确认。

(二)执行权分权改革价值取向不定

公正与效率是司法行为的共同价值目标,只是依据不同法律规范需要在两者之间作出不同取舍。执行效率即及时执行或不间断执行是民事执行程序的基本价值要求,民事执行是一种与司法行为有密切联系的司法强制行为,追求效率是民事执行的最高追求[6]。执行效率价值的绝对追求来源于民事诉讼法对民事执行的立法理念,在我国早期"审执合一"的模式中,确立了审判需要公正、执行需要效率,从而延续到民事执行的法律规定。执行权分权改革的目的在于通过沿用诉讼模式来分解执行权力,突出的价值追求在于执行公正,通过多种权力形式的外在设计来制约执行法官的执行权力。执行权分权后现实民事执行的程序设计符合公正司法的法律要求,烦琐的程序设计一定程度上制约了执行行为的快速性,降低了执行措施的及时性。执行权分权改革追求的价值是否应集中于公正,是否应进行价值层面上的调整进而衔接现行民事执行法律对执行效率的最高追求等问题阐述出执行分权改革的价值取向不定。执行分权改革的价值取向不定直接影响民事执行实务的价值取舍,形成在公正与效率之间不断徘徊,无法实现民事执行分权模式下具体执行行为的统一,若无法及时解决,不但不能发挥执行权分权改革的固有效果,更会损害民事执行公正与效率的现实法律效果。

(三)执行案件数据库滞后

执行权分权模式集中体现于法院实施的执行行为集中化、统一化,如查控被执行人的财产,执行权分权模式下将查控被执行人财产集中固定在执行局内设机构与执行法官,必然形成集中、统一查控被执行人财产的实际工作局面。目前执行权分权改革集中于对执行权分权模式的框架性优化,未注重对支撑模式下所需实体内容的完善,重于对执行案件的案件网络管理,而未发挥执行案件管理系统的优势,规范构建执行案件数据库系统,未实现已有案件信息的利用。无论是执行权分权模式还是执行案件的传统模式,案件执行均依托于通过执行行为掌握被执行人的各项信息,同时配套与案件信息的规范化管理,显

---

⑥ 肖建国:《民事执行中的利益衡量与价值取向》,载于 2007 年 11 月 8 日《人民法院报》第 005 版法治纵横。

示案件执行结果依据执行行为掌握的被执行人的信息量。民事执行的被动性体现于挤压被执行人及财产的隐蔽性，为扭转该种被动性，需要民事执行自动构建与案件执行相关联的数据库，在我国个人信息数据库未全面形成的情形下，运用法院执行的天然优势形成执行案件数据库，一旦相关被执行人或执行案件参与人再次参与执行，可以直接运用数据库原有资源。

三、路径抉择：当下执行权分权改革困境的应对方向

合理的制度不仅应当在理论上具有合理性，而且应当具有现实的合理性[⑦]。执行权分权改革的实践证明已经寻求到理论合理性，并且符合民事执行司法实务要求。由现行民事执行法律规范以及机制制度设置的滞后性，导致执行权分权改革走入困境，走出该困境状态需要找准民事执行权分权改革在价值取向、机制设置等方面的应对方向，并从该方向继续推进执行权分权改革，达到其实践效果。部分学者认为执行权的优化配置应完善民事强制执行立法、明确执行审查权，在执行法或执行法律法规制定中，明确执行审查权范畴与行使，对执行之诉问题进行规范[⑧]。执行权分权改革是否能够突破困境，是否能够实现执行权的优化配置，直接涉及民事执行模式，需要破除民事执行单行立法等未来不确定规范的期待，依据现行民事执行法律规范，从明确执行权分权改革的价值取向、构建执行案件信息库、实现执行法官专业化等方面突破执行权分权改革下民事执行分权模式的运行困境。

（一）公正与效率并重

执行权分权改革的法律效果在于实现执行公正与效率的双向效果，只存公正执行过程而无高效的执行结果，或达到高效的执行效果而无公正的执行过程，无论案件执行是否已经实现了权利人的权利，必定产生法律赋予法院民事强制执行权力的滥用，反而损害民事执行的法律权威，更无法实现实行公正与效率的法律价值。在执行权分权模式下，应针对执行案件不同阶段在公正与效率的衡量中区别两者的重要程度。公正与效率并重的基础在于执行实施权、财产查控权、审查裁决权的彻底分离，从而决定了执行权分权模式下的价值原则确定为，财产查控权与执行实施权的价值追求以效率为主、公正为辅，审查裁决权的价值追求以公正为主、效率为辅。民事执行的目的在于通过法律赋予的强制手段

⑦　许威：《理论与实践的契合：民事执行权法院配置模式的重新审视、实践检讨与完善》，载于万鄂湘主编：《建设公平正义社会与刑事法律适用问题研究》，第464页。

⑧　陈亚尔：《"泾渭难以分明"——执行程序中审执关系难度与权限规制》，载于贺荣主编：《公正司法与行政法实施问题研究》，第828页。

不间断开展执行措施实现生效法律文书中所确定的债权,直接表现为及时高效掌握被执行人的下落消息与财产线索,并及时实现财产的变现,让生效裁判文书确定的权利转变为实在的财产权益,从而决定了执行实施权与财产查控权的终极目的在于对被执行人财产的及时执行变现,体现民事执行的效率要求。审查裁决权系通过司法诉讼程序的设计对执行中涉及执行案件参与人权利的一种救济途径,涉及对参与人实体权利的处置,沿用的是审判模式,体现出法律对私权利处置的公正要求。执行权分权改革的价值取向不能笼统性进行公正或效率的单一性取向,需要依据分权改革后各项执行权力的需要进行确定,始终应坚持公正与效率并重原则。

(二)构建综合性执行案件信息库系统

执行权分权模式破除个体执行法官对案件的整体思维,强调对案件执行内部单项执行行为的机械性操作,案件信息以及执行法官的开放思维无法直接运用于执行中,造成执行行为的僵化状态。构建综合性执行案件信息库系统,对于法院执行内部而言,案件信息在各执行权段交接,允许每权段执行法官对案件执行录入相应的执行思维;对于执行外部而言,将案件信息一体化管理,与国家或社会层面已建成或正在完善的个人或法人信息系统进行衔接,扭转法院执行对国家或社会层面个人或法人信息系统的被动依赖性,依托自身资源运用局域性的参与司法主体的信息系统的自动局面。

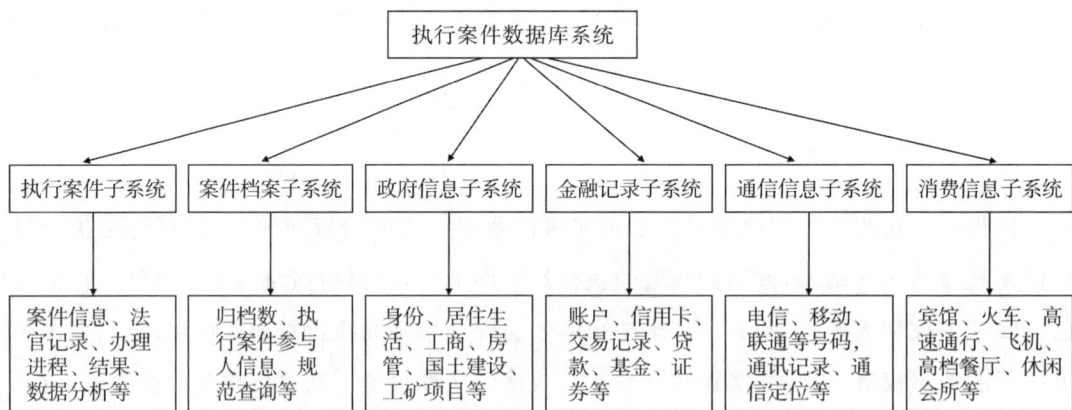

图 4　综合性执行案件数据库系统内容

综合性执行案件数据库系统是综合考量案件执行的需要,整合现有资源,形成以法院系统管理为主,集中案件执行所需的零散性信息为内容的司法实务工具。其主要包括以下内容(如图 4):(1)摆脱执行案件管理系统单纯对执行案件的管理,增加执行权分权模式下各权段法官对案件信息、执行思维记录的主动板块,在机械性运用执行案件管理系统的同时增加法官的主动意识,从而拓展案件执行局面。(2)将执行案件档案单独管理,并连接到与案件执行相关的数据库中,主要在于解决长时间未执行兑现执行案件需要,以及长时间不履行义务或一定时段内被多人起诉给付债务"老赖"信息的利用,在前案执行中的信息在后案中可以直接利用。(3)共享政府信息,与政府相关信息实现数据的直接连接,将工商、房管、车辆、户口、登记的居住地、矿产投资、招投标项目直接接入到执行案件数据库,通过数据库可以执行进入上述数据系统查询所需数据。(4)金融数据系统运行,将执行案件数据库系统与金融系统连接,在保障金融安全的情况下,通过案件数据库系统向金融系统传送所需信息,金融系统操作完成后再传送回案件数据库系统并显示到具体案件中,时刻监控被执行人的金融活动信息。(5)将被执行人在通信企业办理的通信业务全部纳入案件执行查询范围,并结合允许因民事执行需要利用公安系统的通信定位工具定位被执行人的位置,解决被执行人"躲债"行为,从而加大执行力度。(6)将被执行人住宿宾馆、高档消费信息通过不同渠道及时传输到执行案件数据库系统,并显示在具体案件中。综合性执行案件数据库系统信息容量大,同时结合了法官办案与社会信息两者的优势,并在一个系统中得到融合,在保存案件信息的同时也相续保存大量的案件执行过程中采用的信息,保障了执行权分权模式下对案件执行效率和结果的价值追求。

(三)实现执行法官专业化

执行权分权改革重于对体制机制创新,并在该体制机制下固定民事执行的优秀做法和刨除影响执行权分权改革继续深化的滞碍因素。执行权分权改革的效果与民事执行参与的法官主体具有不可分割的关系,执行干警(包括执行法官和其余干警)开展具体执行行为的公正与效率程度直接决定了执行权分权改革模式下民事执行的现实法律效应。执行权分权模式下要求执行法官对单项执行行为的精确运行,决定了执行法官与审判法官的区别,不再是案件整体的承办者,而是执行行为的具体责任者,要求在该类执行行为方面具有特别的素能,即执行法官专业化,不但要求业务能力,还要求实践素质,且需要从体制机制、人员配置、素能提升等各方面强化。(1)明确执行法官主体身份。现行《民事诉讼法》规定,执行工作由执行员进行,但近年来最高人民法院的规范性文件以及相关指导性案例均将执行员称呼成审判员,在执行权分权模式下承办执行财产查控、财产处置、审查裁决的主体均要求具有审判资格,并由审判员具体负责。执行是法院诉讼活动的一部分,无论其管理体制还是其负责民事执行的不同属性,对于当事人而言均体现司法权威,以及司法裁决诉争的司法需要。应明确执行法官主体身份,依据民事执行的不同属性在《法官法》之下制定执行法官相关规定,对执行法官的任免、考核、奖励、培训、监督和工作报酬等方面予以明确规定。(2)改执行合议庭为执行组,确立执行案件讨论制度。合议庭系建立在合议制度基础上的审判组织模式,而执行分权模式破除了依据传统审判组织模式产生的传统执行组织模式,当将执行审查裁决分离出后,合议庭在执行案件的整个案件运行中已经没有实际价值,而执行案件的各执行行为均由执行组负责,当出现相应疑难问题均依据"四段"管理提出进行讨论,依据讨论结果开展执行措施。(3)构建执行法官实务培训机制。民事执行对执行经验和技巧的依赖性强,不应在执行权分权模式下继续运行执行法官的年限制度,具有丰富执行经验和技巧的执行法官对于案件执行的效果在一定程度上具有决定作用,特别体现在疑难案件的执行中。执行法官实务培训解决了执行法官的业务需要,同时契合了民事执行受社会发展影响程度深的因素。执行法官的专业化程度决定了单个民事执行案件的执行思维和措施方向,准确的方向性行动能够高效完成财产执行和被执行人查找,正确的思维要求能够保障公正执行。

政府在中国企业海外并购中的角色问题分析

经　磊*

摘　要:"走出去"战略的实施和推进,是全面深化改革,促进社会主义市场经济发展的必然选择。在现今中资企业大举迈出国门的快速发展期,政府的角色和作用无疑成为中资企业海外并购成功与否的重要影响因素。虽然市场对中资企业海外并购的决策起主导性作用,但是作为"宏观调控者"政府还应当为中资企业的海外并购在公共服务、市场引导和救济保障等方面发挥其应有的作用。

关键词:海外并购;政府角色

557

一、中国企业海外并购的特点

2008 年金融危机后,世界各地掀起了新一轮企业并购浪潮。受全球金融危机影响,发达国家金融机构及实体经济遭受重创,资金流动性紧缺,世界范围内的产业结构调整和企业重组步伐不断加快。尤其在近年来的跨国企业并购当中,频频出现中资企业的身影,成为新一轮并购浪潮中的弄潮儿,上演了一幕幕精彩绝伦的并购大戏。根据商务部的消息披露,2013 年我国已经成为全球对外投资第三大国,全年境外投资超过千亿美元。[①] 由于中国在世界经济体系中的重要影响以及中国作为发展中国家的特殊地位,中国企业的海外并购呈现出既不同于发达国家企业也不同于其他发展中国家企业的一些特征。从近年来中国企业海外并购的现状来看,呈现出以下特点:

---

* 经磊,西南政法大学国际法学院 2013 级法律硕士,涉外经贸法律实务方向。

① 商务部对外投资和经济合作司负责人就发布新修订的《境外投资管理办法》进行解读,http://www.mofcom.gov.cn/article/ae/ag/201409/20140900724799.shtml.2014 年 10 月 18 日。

（一）限制性政策法规较多，审批程序较为复杂

在中国企业境外投资并购政策法规方面，目前仅在投资审批环节，就有多项部门法规和相关规章（详见表1），同时审批流程也较为烦琐和复杂（详见表2）。另外，境外并购类项目的投资者需根据规定履行向商务部及外管局前期报告的义务。

虽然从2013年开始国务院多次强调"简政放权"，下放审批权限，减少程序性阻碍，但是，从目前现行的政策法规和审批程序来看，仍然存在着审批制度僵化，限制政策较多等程序性障碍，延缓或者阻碍了投资并购的进行，以至于在某些海外并购案件中，中资企业由于审批程序的烦琐、复杂和较长审批期限，无法按时完成并购计划，面临违约风险，甚至在个别并购案例中由于审批期限过长，直接导致了海外并购的失败。

表1

审批部门	行政法规和相关规定
国家发展和改革委员会	《境外直接投资项目核准暂行管理办法》
	《关于完善境外投资项目管理有关问题的通知》
	《国家发展改革委关于做好境外投资项目下放核准权限工作的通知》
商务部	《境外投资管理办法》
国有资产监督管理委员会	《中央企业境外投资监督管理暂行办法》
	《中央企业境外国有产权管理暂行办法》
	《中央企业境外国有资产监督管理暂行办法》

表2

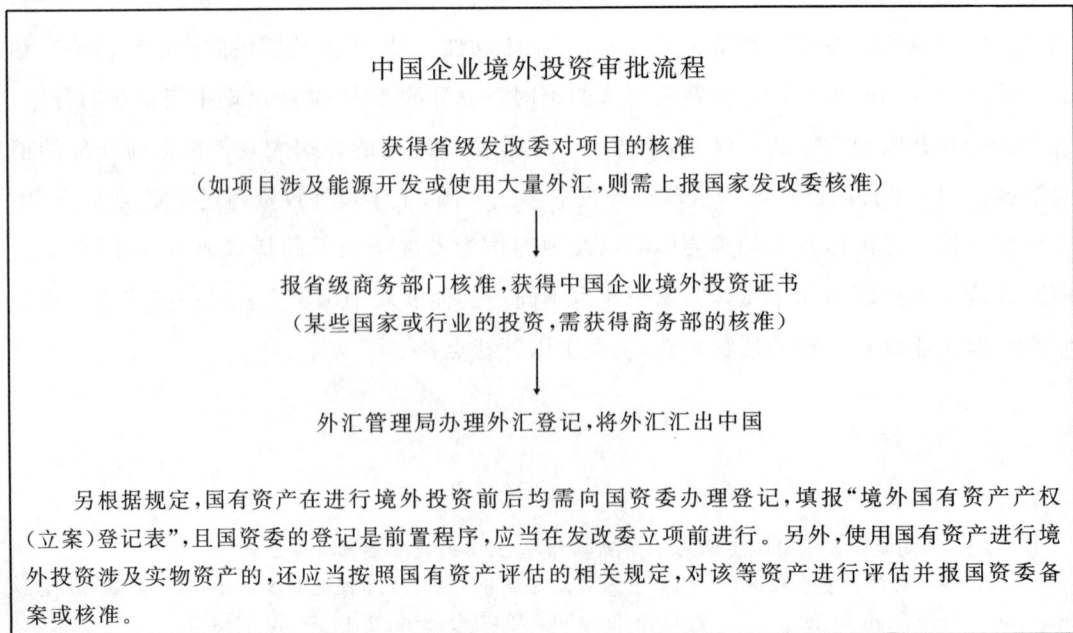

中国企业境外投资审批流程

获得省级发改委对项目的核准
（如项目涉及能源开发或使用大量外汇，则需上报国家发改委核准）

↓

报省级商务部门核准，获得中国企业境外投资证书
（某些国家或行业的投资，需获得商务部的核准）

↓

外汇管理局办理外汇登记，将外汇汇出中国

另根据规定，国有资产在进行境外投资前后均需向国资委办理登记，填报"境外国有资产产权（立案）登记表"，且国资委的登记是前置程序，应当在发改委立项前进行。另外，使用国有资产进行境外投资涉及实物资产的，还应当按照国有资产评估的相关规定，对该等资产进行评估并报国资委备案或核准。

（二）海外并购项目金额大、周期久、内容多、专业性强，国内企业缺乏相关的信息和指导

由于海外并购的标的额较大，所以海外并购过程中所涉及的风险也较高。在并购前期工作中，国内企业需要对东道国的政治制度、经济环境、法律体系、社会文化等各方面要素进行深入了解，以避免在进入实质性的并购过程以及兼并之后，面临政治化、反并购、反垄断、环境保护和劳工纠纷等诸多方面的风险，而了解上述相关信息，需要政府的商务部门和外交部门给予大力的支持。虽然商务部在其网站上给国内的投资者提供了境外投资指南、境外风险防范等部分境外投资的信息，但是仍然不能满足国内投资者对于境外东道国投资信息的需求。而我国外交部和各驻外使领馆在境外投资领域的信息服务方面仍旧处于起步阶段，无法给国内投资者以必要的指导。

（三）中国企业海外收购成功后，后期整合和经营状况参差不齐，整体状况并不理想

中国企业海外并购投资成功的案例迅速增加，尤其是近年来，世界经济复苏缓慢，中国经济快速发展，外汇储备充足，使得中国企业海外并购成功的越来越多。但是，收购成功并不能保证企业经营管理的成功，前期收购的成功并不等于海外并购的胜利。在中资企业海外收购步伐大幅向前的背后，中资企业在海外运营的道路并非都一帆风顺。既有中海油在成功并购加拿大尼克森公司后为国家的能源安全作出了重要贡献，也有上汽集团收购韩国双龙集团后无法适应东道国政策法规而最终走向破产。在企业收购成功之后如何去整合和经营管理才是更为重要的问题。尤其是以国有企业为代表的中资企业主导着中国企业海外并购活动，而国有大中型企业本身就存在着以行政领导代替企业自主经营等企业治理结构上的问题，这些都为海外并购之后的整合和经营管理增添了难度。

二、各国政府在企业海外并购中的角色对比

在企业海外并购过程中，投资国政府对本国企业赴境外并购的政策和管理是企业海外并购成功与否的重要因素之一。目前，世界各主要对外投资国政府在本国企业海外并购过程中主要扮演以下三种角色：

（一）政府作为企业海外并购的"监管者"

我国政府一直作为企业海外并购的严格"监管者"。在整个企业海外并购流程当中，从企业海外投资并购项目立项时起，就开始进行严格的审核。经发改委批准立项后，再向

商务部门申请境外投资证书,最后还要在外汇管理部门进行登记。而作为目前我国跨国并购的主力军——国企更是要经过国资委的审核和批准之后方才可以进行海外并购的立项。这使我国目前海外投资监管呈现出监管部门较多,法律文件散乱,效力等级复杂的局面。一方面,不仅研究各类文件内容需要专业人士解读,在申请审批阶段即需要消耗大量的人力、物力,给企业在海外并购的立项阶段带来较大负担。而且在当今千变万化的商业竞争中,容易使我国企业错失投资先机,无法在并购谈判当中获得优势地位;另一方面,由于国内企业海外投资并购经验甚少,严格审核会使企业过分依赖政府对跨国并购项目的审批。他们认为只要通过审批,该项目即具有很好的发展前景,容易对被收购企业的其他风险因素予以忽视。

在同样是主要海外投资国的日本,国内企业赴海外投资并购就经历了从严格的事前审查到逐步消除本国政策与法律对海外并购的限制和障碍的发展阶段。日本的并购主要受公司法、商法、禁止垄断法的调整,在 1999 年日本启动修法活动前,日本的商法、公司法"基本上属于事先管制型的法律。日本的公司法为确保交易安全,维护股东及债权人的利益设置了名目繁多的详细规则,且日本首创了企业的并购事前申报制度"[②]。但是由于国内企业赴海外投资并购的快速发展,日本在监管方面把事前审批修改为事后申报,并且修改了《外汇法》,取消了赴海外投在资外汇方面的管制,并同时出台了一系列的相关鼓励措施,为日本企业在海外并购的快速发展奠定了基础。

(二)政府作为企业海外并购的"服务者"

目前,我国为企业赴境外投资提供服务的主要是商务部和各级地方商务部门。而目前主要以信息服务即商务部在其官方网站上的"投资指南""境外风险防范""对外投资合作信息服务系统"和"国别指南"等组成。其中,由商务部国际贸易经济合作研究院、商务部投资促进事务局和驻外经商机构共同编写的《对外投资合作国别(地区)指南》[③],覆盖了全球 166 个国家和地区,较为详细全面地介绍了各国别/地区的国家概况、经贸概况、投资环境、政策法规、税收体系、投资风险与障碍、国外企业的设立和人员进入程序、生活指南、投资服务等投资信息。给国内企业赴境外投资提供了一定的信息和指导,使内投资者对东道国有了初步的认识和了解。

但是,由于我国大量的国企积极响应"走出去"的战略号召,海外并购时把投资方向特别集中在能源和矿产领域,这就需要国企对被收购企业所在东道国的外国投资法律、法规和政策十分详细和深入的了解,同时,由于国企的特殊身份还要对东道国的政治、经济、文

---

② 驻日本使馆经商处.日本企业海外并购连创新高[N]国际商报 2010-9-7(03).

③ 《对外投资合作国别(地区)指南》,详见商务部网站:http://fec.mofcom.gov.cn/gbzn/guobiezhinan.shtml? COLLCC=411094617&.

化、环境、劳工素质有全方面的认识,仅仅依靠某一个部门或者某几个部门的信息服务难以满足需求。另外,政府职能部门不仅要向国内企业提供信息服务,还应当为参与境外投资、并购的主要行业和企业提供专家培训,为行业和企业培养赴海外投资、并购的专业人才。

对比而言,美国作为海外投资的第一大国,历来重视为本国企业海外投资提供优质服务。美国各级政府机关、海外使领馆等为本国的对外投资企业提供信息情报服务,同时"帮助企业建立交流海外投资经验的平台,协助进行投资分析,把握投资机会以及负责咨询等服务,这些服务无疑都促进了企业的跨国发展"[④]。

美国政府除了提供信息咨询服务之外,还为企业海外并购提供技术援助派遣专家或培训干部,为企业提供有力的技术支持,帮助企业进行投资分析,有效地降低了企业对外投资的技术成本,提高海外并购成功率。

(三)政府作为企业海外并购的"保障者"

第一,海外并购所涉标的额一般都较大,并购方会寻求金融机构的资金支持。然而,为了保证金融体系的安全和投资者的权益,我国制定了各种限制条例管理市场的资金流动。同时我国法律对企业发行股票、债券的资格、条件和规模都作出了严格的限制,并且对通过发行股票、债券和银行贷款筹措的资金用途进行了特别规定,致使我国企业目前在海外并购中实际可用的融资方式只有银行贷款和发行股票这两种方式。目前我国进入经济高速发展期,金融市场发展活跃,过去的一些法规和政策都无法适应现在的经济发展需求。虽然,在 2004 年国务院发布第 20 号令《关于投资体制改革的决定》,对海外投资规定进行了变更,并且紧接着,国家发改委和中国进出口银行联合发布了《关于国际鼓励的境外投资重点项目给予信贷支持政策的通知》,给国企的跨国并购融资起到了一定的积极作用,但是,大量民营企业纷纷走出国门进行跨国并购,过严的金融融资监管体系已经阻碍和制约了民营资本的海外发展。

第二,海外并购成功后,企业在东道国经营过程中不仅要经历各种商业风险,还有可能面临汇兑限制、征收、战争、政治暴乱以及违约风险造成的经济损失。我国目前尚未建立海外投资保险体系,仅仅在 2005 年,由发改委和中国出口信用保险公司发布了《关于建立境外投资重点项目风险保障机制问题的通知》,该通知规定了由中国出口信用保险公司提供海外投资保险业务,但是该业务仅面向国家鼓励的重点过程,提供服务的项目也仅限于提供投资方面的咨询、特定风险评估、风险控制提示等部分海外投资风险保障服务。面对国际政治形势的风云变幻,局部地区的不稳定因素加强,我国企业海外投资需要健全的海外投资保险体系予以保障。

---

④　孙亮. 我国企业海外并购法律环境问题研究[D]. 广东:暨南大学法学研究所,2010.

在海外投资融资方面,美国政府通过设立政府基金,为企业提供贷款支持。同时,美国政府允许设立海外私人投资公司,该投资公司业务主要面向进出口银行,这使得美国企业享受多重信贷便利条件。在海外投资保险方面,美国以签订双边投资保护协定为条件,制定了《经济合作法》,建立了完善的海外投资保险制度,由美国进出口银行及海外私人投资公司向美国对外投资提供各种保险,如剥夺性保险、政治性风险保险等,为特定行为所造成美国投资人的财产收入损失给予本国企业赔偿。[5]

日本的海外投资保险制度不以东道国同日本订有双边投资保护协定为法定条件,而采取单边保险制,即只要投资者符合国内法的规定即可申请投保。同时,日本还专门设立了政府开发援助和海外经济合作基金,建立"海外投资损失准备金制度"和"海外投资保险制度"。另外,日本的贸易局也设有"海外投资保险部",专门负责海外投资保险的工作。

不同于美国与日本的制度,德国采用的是审执分立的设置模式,具有明显的官方性质。德国的投资者如果想投保,就必须按照德国的法律规定,经过专门机构的审查批准后才被允许与海外投资保险的经营机构签订保险合同。与此同时,德国的部际委员会享有对申请投保的投资进行独立审查评估的权利。这既加强了德国政府对海外投资进行宏观上的风险调控,又避免了两家同时拥有经营权的国有保险公司在市场竞争中以利益为取向而滥用保险申请的审批权力。

562

通过上述我国政府有关企业海外投资并购的政策与美、日、德等发达国家的海外投资并购审查制度的对比中不难发现,我国政府部门在海外投资并购审查的监管、服务和保障方面仍然较为滞后,效率低、监管过严、缺乏完善的海外投资保障制度,这些都在一定程度上成为制约和阻碍我国企业海外并购进一步扩大发展的不利因素。

三、对政府在企业海外并购中角色的改进建议

(一)改进和完善政府的"监管者"角色

目前的政府部门的相关审批体系较为严格和复杂,一定程度上制约了企业赴海外投资并购的规划。所以,应当借鉴发达国家的管理经验,结合我国现阶段的实际情况,明确各职能部门的职责和分工,如商务部作为政府涉外投资主管部门的角色,国有资产监督管理委员会作为国有资产出资人的角色,国家外汇管理局作为外汇管理部门的角色,各角色部门共同建立审批信息服务平台,既加强各部门间的信息沟通和资源共享,又能够及时对外公开审批进程和环节,并且制定协调、统一的配套法律、法规,明确各部门的申请流程、

---

⑤ 孙亮.我国企业海外并购法律环境问题研究 [D].广东:暨南大学研究所,2010.

办理期限等,建设公开、透明、高效的审批体系。与此同时,应当简化审批流程和手续,缩短审批办理期限,形成高效、便捷的审批程序,为企业在海外并购谈判中提供便利条件,避免因为政府的审批不及时给企业的并购谈判和收购带来阻碍。

(二)设立和加强政府对企业海外并购风险的预警机制和人才培养

由于现阶段国内企业在海外投资并购方面仍然缺乏经验,往往过分依赖政府部门的行政审批,加之国内的相关人才建设滞后,不能满足企业对于投资并购人才建设的需求。因此,政府部门应当设立企业海外并购风险的预警机制,一方面,在企业赴海外投资并购过程中为企业提供并购的风险和建议,帮助企业在谈判过程中确立优势地位,为后续海外发展经营打下基础。另一方面,要帮助高校和企业培养海外投资并购人才,提供专家教学和人才培训,为我国企业赴海外发展经营提供充足的人才储备。

(三)扩大政府职能部门的外国投资信息发布渠道

我国各驻外使、领馆作为中国政府在国外的政府机构最熟悉和了解各个国家的投资发展环境。虽然,目前少数我驻外使、领馆开通了对驻在国投资环境、国家法律等信息的发布网页,但是,绝大部分都还没有提供相关信息发布或者发布的信息较少、不能对相关信息及时更新。所以,我国外交部门和各驻外、使领馆应当加强相关的信息平台建设,为国内的投资者提供充分、及时、有效的外国投资信息,帮助我国企业及时规避未知风险因素,提高海外并购的成功率。

(四)设立和完善海外投资保险制度

"在所有政策和法规中,最重要的也是最常见的措施就是为企业的海外投资提供政治及其他风险的保障措施,即海外投资保险制度。"⑥2001年中国信保公司成立后,虽代表了我国在海外投资保险制度上的尝试,但承保的风险范围较小,无明确的操作指南,而且目前只为一些国企的重点海外并购项目提供保险。海外投资保险制度已成为一项重要的投资保证制度。我国可参考发达国家相关制度,结合我国国情设立海外投资保险体系,为承保的公司对其海外投资行为提供各种服务和保障,降低东道国政治、汇兑风险等非商业性风险给国内投资者造成的影响。

结束语

中国企业海外并购政府监管与服务,必须紧紧围绕市场经济条件下国家与社会、政府与

---

⑥ 薛求知,刘子馨.国际商务管理[M].上海:复旦大学出版社2002年版,第98页.

市场之间互动关系这一核心命题，以如何最大限度地科学提升政府监管效率，并最终实现社会经济效率为根本宗旨。政府干预过多，则市场失灵，市场失灵政府再次出手，则可能会导致进一步的"政府错位"的恶性循环。而在国内企业走出国门时，政府应当扮演好监督者、服务者和保障者的角色，在多领域发挥服务职能，支持和推动中国企业的国际化发展。

人民建议征集制度：
民意表达走向制度化的路径

凌　燕[*]

摘　要：努力构建"党委领导、政府负责、社会协同、公众参与、法治保障"的社会治理格局，是政府自上而下的管理职能同社会自下而上的自发力量的有机融合。社会治理是全社会共同参与的管理，是需要发挥人民群众的积极作用，民意表达的畅通实为社会治理的核心要件，是政府与群众实现交流互动的前提。上海市信访办近两年开展的人民建议征集制度，在探索民意表达渠道方面具有建设性的意义，其从制度建设的层面为公民实现平等表达权利、有序参政议政提供了制度保障，从而有效推进了我国的民主与法治进步。

关键词：人民建议征集制度；民意表达；制度化；法治保障

565

社会建设和社会治理需要公众参与，政府需要倾听民意。在现有体制下，民意表达的制度化是最为关键的问题。所谓民意，是指人民对国家政治、经济、社会的意见和愿望，民意表达是在一定的意愿支配下，通过一定的途径和方式，向国家权力机构提出要求，并试图对国家的决策或立法产生影响的政治行为。民意表达在政治稳定、政治监督、民主决策等方面都具有非常重要的作用，充分理性的民意表达有利于党和政府整合群众意愿、谋取社会最大共识，从而实现科学民主决策，维护社会和谐稳定。但是，就目前现状来看，民意表达的不畅却是不争的事实，而由于民意表达的受阻所引发的群体性、突发性事件也屡见不鲜，其不仅降低了党和政府的公信力，也弱化了民意表达的正面促进功能，同时也阻碍了人民群众参与社会建设和管理的途径，因此，如何保障民意表达的畅通，就不仅是方法论上的讨论，而更需要在制度的层面上对其加以保障。笔者认为，上海市信访办开展的人民建议征集制度的工作就是在制度化层面上展开的对民意表达可行性路径的探索，因此，本文将以其工作制度安排作为蓝本，分析其在推动民意表达制度上的特征，以进一步加强

---

　　*　凌燕，女，华东政法大学博士后，上海市《检察风云》杂志社记者、副主编。

对此制度的认识和思考。

一、人民建议征集制度是在体制内对民意表达制度化的规范和强化

目前我国的民意表达渠道主要是通过人民代表大会制度、政治协商会议制度、司法制度和信访制度实现的。而其中的信访制度是整个民意表达机制中人民期待值最高、利用率也最高的制度。其中一个重要的原因就是因为信访制度的设计初衷是以群众路线为基准构建的社会治理系统,其相对于间接式的民意表达的人民代表大会制度、精英阶层式的民意表达的政治协商会议制度来说,就最贴近民众,与普通群众的关系也最为紧密,也是最能把握老百姓"在想些什么、盼些什么、烦些什么"的民意表达的制度。但是,就目前信访制度的实际发展情况来看,信访制度却更侧重于强调公民救济方面的作用,是当"公民或组织的合法权利受到公权力侵害时,选择以书信、走访等形式反应事实、表达意愿、寻求补救,接受来信来访的机关通过直接或间接的各种方式予以协调、督促和帮助,促成其获得及时有效的权利救济之法律制度",(田文利 2005)而在公民有序参与政治活动、对公共权力进行监督的方面就遭遇了弱化和忽视。信访制度的功能在内涵和外延上均被窄化,变成了化解社会矛盾的单一机制。

上海市信访办在信访渠道内建立人民建议征集制度的意义就是在体制内重新使信访制度回归到最初设计的本原上来,是对民意表达的制度化的重构与规范。上海市人民建议征集处处长方敏说:"我们在对信访课题进行研究时发现,在大量的信访个案中存在着共性,从方法论的角度来说,我们没有把个案中内在的规律和关键点寻找出来,就不能很好地推动政策的完善,推动矛盾的批量化解决。这是建立人民征集制度的重要原因,对我们改进、提高信访工作效率具有重要的意义。"

我们从上海市人民建议征集制度的工作安排上来看,可知,他们主要是从管理方式和制度重构两个层面来实现民意表达的畅通。在工作管理方式上,首先由过去的"被动"变"主动"。由专人阅处人民群众建议意见类来信,通过召开职能部门会商、专家学者研讨、建议人座谈等形式主动调研,同时以《人民建议专报》《人民建议摘报》反映民意、集中民智,从而使群众信访集中反映的问题得到了批量化解,群众提出的好的意见建议得到了相关政府部门的采纳,其中一些先进的发展理念和技术方案得到了专家论证和优化,使其在经济社会发展中发挥了作用。其次,开展对信访信息的分类细化以捕获政策调整动向。比如,群众信访反映经济适用房集中交付出现的问题、普通住房标准不合时宜的问题、失地农民社会保障问题、动拆迁问题等,在通过大量、反复、同质类型的信访案件进行整理后,洞察信访问题背后的普遍性、倾向性、规律性问题,进而对群众反映的信访案件背后的政策性问题进行分析,为不断完善政策措施奠定基础。

在制度重构层面,他们建立信访信息梯次传递制度,建立基层信访集中反映问题定期上报制度,以便充分挖掘利用信访信息进行综合分析研判,促进党委和政府科学决策、民主决策,增强决策民主性,从政策源头上遏制信访问题的产生。此外,建立人民建议征集奖励制度,组建优秀建议人队伍,发放优秀建议人聘书,提高人民建议质量,增强人民建议的针对性和实效性,为民主决策、科学决策提供参考依据;同时定期评选奖励,组织有关专家对征集到的好建议进行评审,选出优秀建议,对优秀建议人给予精神和物质奖励。再次,建立人民建议跟踪督办制度,对涉及政策性问题的专报和摘报逐一跟踪督办,促进人民建议意见在经济社会发展和矛盾纠纷源头预防和批量化解中发挥实效。

通过这一系列的管理方式和制度安排,指导社会民众在利益或意见表达上逐步规范化、定型化,让政府能利用有效的制度安排来容纳和规范民意表达的社会结构,形成合法、有序、合理的民意表达秩序,从而实现民意表达的制度化,为畅通民意表达渠道奠定制度基础。

二、人民建议征集制度较目前人大制度在保障社会弱势群体权利表达方面更具操作性和可行性

根据我国宪法规定,我国的主权属于人民,人民代表大会制度是我国的政体,因此,人民代表大会制度是最具权威性的民意表达机制的主体。但是,从现状来看,人大代表与选民的关系并不紧密。第一,按我国宪法规定,人大代表是由人民选举,向人民负责,并由人民撤换,但是现实的情况是我们相当多的选民甚至不知道自己本区的人大代表情况,人大代表与选民的联系并不像设计之初所愿的那样联系紧密,再加上人大代表不是专职的,因此他们常常是除了人大会议期间外都在各自的工作岗位上奔波忙碌,既没有机会也很少有意愿深入群众开展调查研究。第二,一些人大代表将"人大代表"看成是一种荣誉的象征,当选人大代表是因为自己在某行业是佼佼者,而没有意识到有代表人民参政议政的义务,如今年两会里有些人大代表的"默默无言"就是例证。第三,从人大代表结构和现实运作来看,一般代表国营经济和政府部门,本身属于精英阶层或知识分子阶层的较多,而代表社会弱势群体的就很少。这样,在立法、政策制定或决策咨询过程中,其代表的利益更倾向于精英或知识分子阶层,社会弱势群体民意往往得不到反映。且在现行人大代表选举程序中,基层人大代表的提名往往由相关领导部门提名然后再选举,这些选出来的代表有的并没有充分为选民去谋公共利益。

也就是说,人大制度这种间接式的代议制,一定程度上形成了一种具有"精英"特征的相对来说开放程度不高的封闭型制度,而较之人大制度,信访制度下的人民建议征集制度则相对表现出了是一种"向下"的姿态,就像当记者问人民建议征集处处长方敏,政府在这

个制度中充当的角色是什么时,方敏答道:"在人民建议征集制度的关系中,政府更像是一名学生,而老百姓更像是老师。对于群众在人民建议征集中提出的批评意见,我们要进行梳理和改进。"从上海市人民建议征集制度的这种自我定位,可以看出,人民建议征集制度首先在思想上改变了传统的"官贵民贱"的思想,将自我角色回归到"人民公仆"的角色上去,也就更能表现出对社会弱势群体的权利表达的保障作用。

具体而言,目前上海市人民建议征集处在倾听民意方面已基本做到:一是通过信访渠道征集人民群众的意见和好的建议或创意;二是通过奖惩制度向人民群众、各单位召集征集工作;三是采取全程跟踪、"走出去、请进来"的方式与建议人面对面交流,对好的建议进行进一步的补充和完善。这些方式一方面激发了社会公民的主人翁精神,加强了公民的表达意识;另一方面指导了社会民众运用宪法和法律赋予的权利,在法律程序上更好地行使自己的权利,实现自己在政治上的诉求,更加强了政府与人民之间的互动交流。习近平在"十二届全国人大一次会议闭幕会上的讲话"中说,"中国梦归根到底是人民的梦,必须紧紧依靠人民来实现,必须不断为人民造福"。

因此,笔者认为,人民建议征集制度在今后的发展方向上,必须要强化对社会弱势群体权利表达的保障实现,要打破目前政治参与的精英垄断式格局,要让普通民众通过人民建议征集的制度渠道表达普遍的利益而不是精英阶层的特殊利益。

三、人民建议征集制度应在坚持合法性原则上取得长效发展

上海市人民建议征集制度在实践中,也受到了一些学者的质疑,他们主要从法治的层面上提出争议,①因此,我认为,人民建议征集制度作为社会治理的一项创新机制,必须要坚持以下原则:(1)合法性,即社会秩序和公共权威被自觉认可和服从的性质和状态。(2)法治,即法律成为公共政治管理的最高准则,在法律面前人人平等。(3)透明性,即政治信息的公开性。(4)责任性,即管理者应当对其自己的行为负责。(5)回应,即公共管理人员和管理机构必须对人民群众的要求作出及时的和负责的反应。(6)有效,即管理应当有很高的效率。(7)参与,即人民群众广泛的政治参与和社会参与。(8)稳定,即国内的和平、生活的有序、人民群众的安全、人民群众的团结、公共政策的连贯。(9)廉洁,即政府官员奉公守法,清明廉洁。(10)公正,即不同性别、阶层、种族、文化程度、宗教和政治信仰的人民群众在政治权利和经济权利上的平等。② 同时在这些原则之下,解决目前人民建议制度存在的问题。具体来说,有三个方面的内容:

---

① 关于对人民建议征集制度的争议,可参看《检察风云 创新社会管理理论专刊》2012 年第 6 期"本期话题"栏目。

② 俞可平:《中国治理变迁 30 年(1978—2008)》,载《吉林大学社会科学学报》2008 年第 3 期.

第一,完善民意表达机制,协调利益关系。民意表达的核心是利益表达,利益表达的需求产生于利益失衡或利益冲突,因此,在征集人民建议的同时,要善于兼顾各阶层不同利益群众的利益表达需求,可以成立专门小组深入基层去了解民情民意,同时建立"谈话"制度实现政府与人民的面对面交流。丁元竹曾提出谈话要实行"三不受限",即对象不受限、内容不受限、形式不受限,也就是说建议人部分年龄、职业、身份、要听就听,要讲就讲,要走就走,完全开放。笔者认为这个模式,对人民建议征集制度可供借鉴。

第二,加大政府信息公开。公民与政府之间的信息不对称也是目前导致民意表达不畅通的一个主要原因,正是由于信息的不对称,一方面会导致人民对政府的不信任,另一方面不利于公民在参与政治活动中正确表达民意。因此,人民建议征集处在处理公民建议时要加大信息公开的力度,及时准确地向社会发布信息,从而能从人民群众中获取有效的意见或建议。

第三,要根据社会发展的新形势和出现的新问题,不断创新和建立新的民意表达平台。比如,鉴于目前网络舆情的作用,可制定和规范网络民意表达的渠道,从网民中吸收相关的建议,发挥网络民意的作用。

总之,人民建议征集制度,要在法治的轨道下,以回应人民群众正当的利益诉求为基础,激发人民群众参与政治的热情,同时加强自身的制度建设,引导社会民意表达走向制度化和规范性,从而能有效应对可能形成的群体分化、意识冲突等社会问题。人民建议征集制度担任着实践民意表达、社会公平,建设和谐社会的重任,可谓任重而道远。

农产品召回法律制度初探

王晓倩

摘　要:社会主义新农村建设的目标是"生产发展、生活富裕、乡风文明、村容整洁、管理民主"。而近几年,农产品安全的警声多次被敲响,人们对以往淳朴的乡风产生质疑,社会成员之间诚信度降低。农产品的销售严重影响了农村经济的发展。农产品召回法律制度的建立,对于农产品质量安全的长效机制的建立有良好的补充作用。农产品质量安全得以保障,有助于稳定社会秩序,促进农村经济的发展,也有利于社会主义新农村的建设。本文针对农产品召回制度的法律建设进行初步探索,以求对以后的立法有所帮助。

关键词:新农村;农产品;召回

社会主义新农村建设正在如火如荼地进行,全面地推进农村的精神文明、物质文明、政治文明和生态文明这一建设目标力图从根本上解决我国现在的"三农"问题。经过近几年的发展以及各方面的共同努力,"三农"问题的解决取得了一定的成效。事关民生安全的农产品质量安全问题也相应地制定了一些法律,很多问题得到了规制。但是,几年来,"有毒牛奶"、"瘦肉精"、"吊白块"面粉、有毒农药等安全事故频发,这些都在提醒着我们农产品质量安全问题并未从根本上得到解决。随着经济的发展,人民的生活水平不断提高,人民对食品安全越来越重视,正如《国务院关于加强食品安全工作的决定》中所指出的:"全面提高食品安全保障水平,已成为我国经济社会发展中一项重大而紧迫的任务。"而农产品召回制度是进一步提高食品质量安全水平的有效措施,但是目前我国立法尚未进行明确规定,学界也少有论述,本文针对农产品召回制度的建立提出了自己的想法。

一、召回农产品范围的界定

农产品召回制度,是指农产品的生产者或者销售者对于其生产、销售或者进口的农产品,当存在系统性缺陷、可能或者已经危害消费者的人身、财产安全时,依法向主管机构报告并及时通知消费者,通过撤回、换货、退货、销毁、补充或者修正消费说明等方式,有效预防、控制和消除缺陷农产品可能导致损害的活动。[①]

结合我国农产品当前的发展状况,并不是所有的农产品都适合建立农产品召回制度,本文认为针对农产品生产企业和农民专业合作经济组织等具有一定生产规模的组织生产的初级农产品建立农产品召回制度是比较合适的,笔者将在此进行详细分析。

当前我国正在大力加强推进农业经营体制机制创新,加快农业经营方式的转变,促进家庭经营向采用先进科技和生产手段的方向转变,发展农户联合与合作,培育农民新型合作组织。但是,我国农村经济体制尚不完善,农业生产经营组织化程度低,农产品市场体系并不健全,所以本文认为农产品召回制度并不适用于所有的农产品。对于已经发展成型的农民新型合作组织等农民专业合作经济组织生产的农产品,他们的销售渠道相对比较固定,容易建立农产品质量追溯制度,对于他们的农产品可以进行"问题农产品"召回制度,这具有一定的可操作性和现实意义。但是对于家庭式生产的农产品,他们的销售渠道、销售地点和销售形式都比较分散、不固定,难以进行有效的农产品质量追溯,基于现阶段我国的发展状况而言,对此类农产品进行召回存在很大的现实困难,不具有可行性,有待于以后的发展和探索。

对农产品进行深加工就属于食品的范畴,对于它的规制应该适用《中华人民共和国食品安全法》(以下简称"《食品安全法》")。所谓初级农产品的含义,本文认为学界普遍使用是否经过加工来作为区分初级农产品和食品的界限,或有不妥。因为初级农产品要进行销售,有时进行简单的加工是必要的。这样的区分界限容易造成《食品安全法》和《中华人民共和国农产品质量安全法》(以下简称"《农产品质量安全法》")适用范围上的不清晰。所以本文认为不应该从加工的方式上来解读其含义,而是从属性和价值的角度对此进行分析。如果只是单纯地把动产加以冷冻或切断,而不是增加其新的属性,也没有增加其新的价值,即不属于加工之列,如果对动产进行加热,则改变了其属性,那么就属于加工的范畴。即不管农产品是否经过加工,只要其还是保持其原有的属性,就应该将其纳入"初级农产品"的范畴,若其属性和价值发生变化,则不属于"初级农产品"的范畴。这样的做法,一方面便于判断农产品的范围,准确定义农产品,减少争议,有利于法律的实施;另一方面也符合《农产品质量安全法》的立法宗旨,便于准确利用法律,解决具体问题。另外,从国际上的立法趋势来看,《海牙公约》《斯特拉斯堡公约》都将初级农产品列入了产品召回的范畴,美国、欧共体等其他成员国也进行了相应的立法,在此立法背景下,我国也针对农产品质量安全问题日益严峻的情况下加强了法律规制,[②]所以以其原本属性来定义初级农

---

① 刘哲:《新农村建设中农产品召回法律探索》,载《云南财经大学学报》2012年第6期。

② 刘哲:《新农村建设中农产品召回法律探索》,载《云南财经大学学报》2012年第6期。

产品是符合国际立法趋势的。

二、农产品召回制度建立的现实意义

各种农产品质量安全事故严重影响了人们的身体健康和社会稳定。各地也积极地加强了对农产品质量安全法规的补充和完善，但要从根本上建立农产品质量安全长效保障机制，农产品召回制度是其中很重要的环节。

（一）建立农产品召回制度符合国际立法的潮流

《海牙公约》《斯特拉斯堡公约》中规定的产品都包括农产品，1999 年 5 月 19 日欧盟采纳了欧洲理事会第 34 号指令，将产品范围扩大到初级农产品。与此同时，欧盟各成员国都纷纷修改自己的立法，2001 年公布生效并适用于所有成员国的《欧盟通用产品安全指令》中的"产品"同样也包括农产品，并对召回制度提出了明确的要求。③ 对农产品建立召回制度，是各国为建立食品质量安全体系的一大重要举措，有利于解决民众安全和社会稳定等民生问题。将农产品纳入召回制度的范围，已成为国际召回立法的趋势。

（二）符合社会整体利益的要求

近年来，我国农产品安全事故屡禁不止，有些农产品生产者为了追求高额利润，采取违法手段生产农产品，并大量投入市场，食品安全危机已经散布到多种农产品种类，严重危害了人们的身体健康，影响了社会秩序的稳定，同时造成了社会成员严重的信任危机。建立农产品召回制度，增加对农产品质量监管的一道有力防线，有利于减少不合格的农产品给社会和社会成员造成的危害，稳定社会秩序，切实保障公众的人身和财产安全。对于用于出口的农产品，召回制度也可以增强我国农产品在国际市场的竞争力。

三、农产品召回制度的国家和地方立法状况

（一）国家立法状况

《食品安全法》第 53 条规定了"问题食品"的召回制度，但是《食品安全法》所规定的召回制度的适用范围并不包括食用农产品，法律规定食用农产品适用《农产品质量安全法》的有关规定，但是我国现在的《农产品质量安全法》并没有规定农产品的召回制度，现有的产品召回制度也并不适用于农产品，所以，我国目前并没有明确规定农产品召回制度。

---

③　刘哲：《新农村建设中农产品召回法律探索》，载《云南财经大学学报》2012 年第 6 期。

《农产品质量安全法》第 50 条规定："农产品生产企业、农民专业合作经济组织销售的农产品有本法第三十三条第一项至第三项或者第五项所列情形之一的,责令停止销售,追回已经销售的农产品,对违法销售的农产品进行无害化处理或者予以监督销毁;没收违法所得,并处二千元以上二万元以下罚款。"这一条虽然提到了"追回已经销售的农产品",但并不是召回制度,这只是行政处罚的一种方式。而我们通常所说的召回制度是一种生产者自觉的行为,国家机关一般情况下只负责监督,在生产者应当召回而未召回缺陷产品的时候,行政机关可以责令其召回。但目前市场上实施的几乎都是生产者自主召回。

虽然我国目前的立法并没有农产品召回制度的相关规定,但是召回制度对于保障农产品的安全流通、维护市场秩序、提高生产者信誉、促进农民新型合作组织的发展等社会效果是与我国法律和社会主义新农村建设的宗旨相吻合的,所以,有地方立法对农产品召回制度进行了积极的试点。

（二）地方立法状况

近几年,相继有山东、江苏、辽宁、安徽等地方立法机关对农产品召回法律制度进行了积极的探索,也用法律条文的形式对此作出了明确的规定。

《山东省农产品质量安全条例》第 30 条规定："农产品生产企业和农民专业合作经济组织应当对其生产的农产品的质量负责,发现其已销售的农产品存在安全隐患,可能对人体健康或者生命安全造成损害的,应当立即通知销售者停止销售,告知消费者停止使用,主动召回已售的农产品,并向当地农产品质量安全监督管理部门报告。"

《江苏省农产品质量安全条例》第 33 条规定："农产品生产企业和农民专业合作经济组织发现其生产的农产品不符合农产品质量安全标准或者存在农产品质量安全隐患的,应当立即通知农产品经营者停止销售,告知消费者停止使用,主动召回其产品,并记录召回和通知的情况。农产品经营者发现其经营的农产品不符合农产品质量安全标准或者存在农产品质量安全隐患的,应当立即停止销售,并配合生产者召回已销售的农产品,通知相关生产者、经营者和消费者,并记录停止销售和通知的情况。农产品生产企业、农民专业合作经济组织、农产品经营者召回其农产品时,应当向所在地农业行政主管部门、工商行政管理部门报告,并对召回的农产品采取补救、无害化处理、销毁等措施。"

《辽宁省农产品质量安全管理办法》第 16 条规定："农产品生产企业和农民专业合作经济组织发现其生产的农产品不符合农产品质量安全标准、存在危害人体健康和生命安全危险的,应当立即通知销售者停止销售,告知消费者停止使用,实施召回,进行无害化处理或者销毁,并报告所在地农业行政主管部门。"

《安徽省农产品质量安全条例》第 24 条规定："农产品生产企业和农民专业合作经济组织发现其生产的农产品不符合农产品质量安全标准,存在危害人体健康和生命安全危险的,应当立即通知销售者停止销售,告知消费者停止使用,主动召回农产品,并报告所在地农业行政主管部门、卫生、食品药品监督行政主管部门和工商行政管理部门。"

这些省市关于农产品召回的法律规定都大相径庭,对召回主体、召回的情形、召回义务以及主管部门的责任做了概括性的规定。相对于已经成熟的"问题食品"召回制度,这些制度还是存在缺陷的。《食品安全法》第53条规定:"问题食品召回制度从生产者和经营者两个方面确立了不安全食品的召回制度,即食品生产者发现其生产的食品不符合标准应当停止生产,并召回已经上市销售的食品;食品经营者发现其经营的食品不符合标准,应当停止销售,通知生产经营者和消费者。"相比而言,江苏省对农产品召回的规定相对较详细,其在规定生产者召回义务的同时,也规定了经营者在农产品召回时的义务,而其他省都只规定了生产者具有主动召回问题农产品的义务。有待完善的是这些地方立法都没有规定政府部门在召回过程中的责任,没有规定政府责令召回的制度。但是这些有益性的探索和尝试,对于以后建立国家层面的农产品召回立法积累了丰富的经验,同时也奠定了坚实的基础,对于保障农产品的质量安全和维护社会稳定起到了巨大的作用。

四、农产品召回制度的困境

(一)地方立法的局限性

如前所述,现在关于农产品召回制度的立法仅限于地方立法,这种地方性立法的效力范围是有限的,仅限于本地区。另外,如果农产品销往其他省市,跨地区召回又会造成地方性立法局限性凸显。实行召回的前提和依据是有科学合理的农产品质量安全标准,我国现在的农产品质量安全标准虽经清理整合,仍存在政出多门、相互脱节或者矛盾的问题,标准间的衔接协调还是比较欠缺,[④]所以,农产品质量安全标准的科学性还有待提高。

此外,地方性立法也存在一定的缺陷。第一,从现在已规定的地方农产品召回立法来看,都是只规定了生产者自主召回制度,而没有规定有关部门责令召回制度。责令召回制度的缺失,会造成生产者应该召回而不召回的情况下的法律僵局,而责令召回是生产者消除产品不安全因素的最后一项措施。第二,地方性立法并没有规定召回义务人违反或者不履行召回义务时的法律责任,一项法律制度没有相应的法律责任做最后的保障,法律制度会丧失威慑力,当行为人守法的成本高于违法的成本时,法律被遵守的程度可想而知,法律也会成为一纸空文。

(二)农产品安全标准和质量追溯体系不完善

要对农产品进行召回,农产品安全标准和农产品追溯制度是实施召回的制度前提。

---

④　刘哲:《新农村建设中农产品召回法律探索》,载《云南财经大学学报》2012年第6期。

农产品安全标准和农产品追溯制度在我国虽然都已经建立,但是体系并不完善。我国现在的农产品质量认证体系大致分为三种:无公害农产品、绿色农产品和有机农产品。无公害农产品由农业部下设的农产品质量安全中心主管、省级农业主管部门分管;绿色食品由农业部下设的国家绿色食品发展中心主管,有机食品由国家环保总局下设的有机食品发展中心主管。[⑤] 这些部门分别制定了很多标准,有国家标准、行业标准、地方标准和企业标准等等,标准复杂且不统一。农产品追溯制度的平台搭建并不完善,很多信息没有做到共享。

因此,我们应该弥补和完善现有的地方性立法的不足,在探索试点的基础上,建立全国性的农产品召回的法律制度。

五、农产品召回法律制度的突破

基于前面介绍的农产品召回法律制度所面临的困境,为了更好地保障农产品的质量安全,我国应该顺应国际立法的发展趋势,在基本法律中明确建立农产品召回法律制度,对于已经投入流通的农产品,只要发现其存在系统性的缺陷,无论产品是否已经造成损害,生产者均应对其采取召回措施。在建立此制度的时候,应完善以下几个方面。

(一)完善现有的农产品质量安全标准

对农产品进行召回的前提是农产品存在缺陷,不符合农产品质量安全标准,这就需要重新整合现有国家标准、行业标准、地方标准,制定一个协调统一的农产品质量安全标准体系,提高检测和评估风险的技术水平。因此,我们还需要继续加大这方面的制度建设,使农产品质量安全标准更加科学和合理,以解决农产品质量安全认定的困境。

(二)完善农产品召回机制的设置

借鉴我国的"问题食品"召回机制,设置生产者自主召回和有关行政机关责令召回两种召回机制,明确农产品生产者和农产品经营者在召回时的义务,以便于在生产者不能自主召回的情况下有相应的补充措施。此外,将现有的地方立法中召回机制的过程进行完善和规范,增强其的可操作性和实效性。为确保召回制度的实施,应该在法律中增加违反召回义务时的法律责任,具体包括民事责任、行政责任和刑事责任。

---

⑤ 骆浩文、侯春生:《基于信息对称理论的我国农产品质量安全监管》,载《中国畜牧兽医学会信息技术分会2012年学术研讨会》论文集。

（三）确定农产品召回的主体

考虑到我国农产品生产和风险承担能力的实际情况,召回的主体确定为农产品生产企业和农民专业合作经济组织及其他经营者。具体来说,召回主体应包括典型的生产者即成品生产者,次典型的生产者即原材料的供应者,次生产者即将自己置于生产者地位的进口商、供应商、批发商和经销商等。[6]

（四）建立健全农产品质量安全追溯制度

《农产品质量安全法》对农产品的质量安全记录、包装标识、追查追溯等方面做了具体的规定,其他有关农产品追溯的法规也在制定中。据 2011 年数据,国内猪肉和蔬菜质量追溯体系建设已在 10 个城市 168 家机械化定点屠宰场和 93 个大型批发市场,在生产、屠宰、流通环节建立起了一个追溯体系。[7] 但目前农产品质量安全追溯制度并没有得到预期的重视,收效也不是很大,这就需要我们加强建立农产品质量安全追溯制度的相关立法,使其生产的各个阶段的食物来源和去向都有据可查,为发生安全隐患的农产品召回提供有效的依据和途径。另外,建立全国统一的信息平台和可追溯信息平台,努力将农村中的农民专业经济合作组织纳入到追溯制度中,为农产品召回提供可行的渠道。这些制度的实施需要政府的监督,但是不能完全依仗行政部门,在市场经济下,充分运用法律手段调动市场主体自觉建立一个有效的农产品质量安全追溯机制才能解决根本的问题,这需要全社会的共同努力。

结语

民以食为天,食以安为先,农产品质量安全关乎国计民生,关乎广大人民群众的切身利益。建立健全农产品召回制度,符合社会整体利益的需求,同时也反映了召回制度的价值取向和我国社会主义新农村建设的要求。农产品质量安全的问题得到解决,有利于城乡和谐,有利于促进农村经济的发展,更有利于促进我国三农问题的解决。

---

⑥　刘哲:《新农村建设中农产品召回法律探索》,载《云南财经大学学报》2012 年第 6 期。

⑦　刘远:《我省探索实行农产品召回制度》,载《南京日报》2011 年 3 月 24 日。

妥善解决经济纠纷，充分发挥司法指引功能

——以商业特许经营合同纠纷审理为视角

徐　华[*]

摘　要：伴随着我国商业特许经营的发展，商业特许经营在自身发展过程中产生了一系列的问题与矛盾，这些问题与矛盾集中在司法领域，给司法者提出了新的课题。本文从商业特许经营合同的基本特征、合同性质的认定、特许人的资格及对商业特许经营合同效力的影响，以及特许人信息披露义务与被特许人的合同解除权的角度对司法实践中存在的一些问题进行了梳理，以期特许经营的发展更为规范和有序，相关法律体系更加规范和完备，促进社会主义市场经济的有序发展。

关键词：商业特许经营；特许资格；信息披露

577

　　近年来，随着《商业特许经营管理条例》的出台并实施，极大地促进了特许经营这一重要商业模式的发展，但是我国的商业特许经营发展时间短，经验不足，且缺乏一系列完善配套的法律依据，因此特许经营在自身发展过程中产生了一系列的问题与矛盾。最高人民法院从 2008 年 4 月 1 日起将此类案件从一般的民商合同纠纷单列成为知识产权纠纷案件，更是凸显此类纠纷的特殊性。因此，妥善地解决商业特许经营合同纠纷作为一个新的研究课题摆在司法者面前，对此类纠纷做深入的探讨，尤其对司法实践中存在的诸多疑难问题进行厘清，不但能统一法律认识及司法裁判标准，对促进商业特许经营的发展及维持交易秩序的稳定也能发挥重要作用。

一、商业特许经营合同性质的司法认定

　　由于商业特许经营合同纠纷已由一般的民商合同纠纷单列为知识产权纠纷，涉及知

---

　　*　徐华，女，汉族，重庆市第五中级人民法院。

识产权的专属管辖,因此,正确认定商业特许经营合同的性质,不仅在实体上关系到正确适用相关法律,同时关系到法院管辖权的确定。

《商业特许经营管理条例》规定,商业特许经营是指拥有注册商标、企业标志、专利、专有技术等经营资源的企业以合同形式将其拥有的经营资源许可其他经营者使用,被特许人按照合同约定在统一的经营模式下开展经营,并向特许人支付特许经营费用的经营活动。由此,商业特许经营合同应当具有以下三个基本特征:(1)特许人与被特许人是两个独立的法律主体,独立经营,自负盈亏[①]。特许人与被特许人之间以特许合同为基础而形成的以特许权转让为中心的权利义务关系,以契约自由和意思自治作为最高准则,双方之间是平等的民事合同关系,但同时为维持统一的经营模式,特许人对被特许人的经营活动有权利也有义务进行监督指导,如在经营体系、店址选择、折扣计划等方面进行统一的管理。(2)特许人许可被特许人使用其拥有的经营资源,被特许人遵循合同约定的统一经营模式进行经营。特许人所拥有的特许权,是知识产权与特定经营模式结合的产物,其核心体现在知识产权上,如注册商标、企业标志、专有技术或者专利技术等,同时综合了特许方的管理监督等权利在内的一系列的权利整体,是一个现实的成熟的可以盈利的商业模式。特许经营合同不同于一般的产品购销关系,也不等同于单纯的知识产权许可合同。如果合同只涉及商标或者专利的许可使用,而不涉及统一经营模式等内容,则应认定为知识产权许可使用合同。如果双方仅存在产品购销关系,不存在监督管理等,则应当认定为单纯的购销合同。(3)特许人向被特许人收取特许经营费。特许人向被特许人提供了经营资源,而这些经营资源是经过特许人长期开发和维护的,一般来说在市场上享有较高的信誉,受到的市场认可度较高,授权给特许人使用,被特许人可以直接利用这些经营资源迅速打开市场。因此,被特许人取得这些经营资源的特许权应当支付相应对价,即特许经营费用,反映在合同中的名称则往往为品牌使用费、加盟费、品牌权益金、代理费、盈余提成等。

在审判实践中,由于商业特许经营合同中往往包含原料、配料的提供以及知识产权相关权利的转让,以至于往往与产品购销合同、知识产权转让合同纠纷相混淆,并且也有一些特许人为了规避相关法律,在实际经营中以代理销售、授权使用、分销代销、加盟、设立分支机构等名义签订特许经营合同,合同名称与合同内容不一致,给司法认定合同性质带来了一些难度。在司法判断涉诉合同性质是否为商业特许经营合同时,不能简单依据合同名称来判断,而应当按照合同所确定的权利与义务来确定合同性质,并根据上述特许经营合同的三个基本特征进行审查,即审查双方之间是不是独立的主体,是否存在特定经营资源的许可及遵循统一的经营模式,是否基于许可收取费用。

---

① 北京市高级人民法院知识产权庭:《对特许经营合同案件诸问题的认定》,载《人民司法》2011 年11 月。

二、特许人的特许资格与特许经营合同纠纷合同效力

特许经营合同是特许人与被特许人之间设立双方民事权利义务的行为,特许人与被特许人之间地位平等,互相独立,双方通过自愿平等协商使双方利益最大化。但是我国特许经营起步较晚,良好的特许经营秩序尚未完全建立,特许人与被特许人之间存在信息的不对称性,特许经营合同的长期性、不完全性和格式性,使得特许人与被特许人存在事实上的不平等与利益上的不平衡,特许人在特许经营体系中占有优势地位,因此有必要对特许人开展特许经营活动的资格进行规制。《商业特许经营管理条例》为规范商业特许经营活动,维护市场秩序,对特许人从事特许经营活动的市场准入条件进行了规定,主要有三个方面:(1)特许人应当为企业,企业以外的其他单位和个人不得作为特许人从事特许经营活动;(2)特许人从事特许经营活动至少应当拥有至少2个直营店,并且经营时间超过1年;(3)特许人备案制度。在审判实践中,突出的问题是特许人违反了上述规定,与被特许人所签订的特许经营合同是否有效。

(一)特许人为个人所签订的特许经营合同的效力

《商业特许经营管理条例》第3条第2款规定,特许人应当为企业,企业以外的其他单位和个人不得作为特许人从事特许经营活动。根据《中华人民共和国合同法》(以下简称《合同法》)第52条第(5)项的规定,违反法律、行政法规的强制性规定的合同无效。笔者认为,《合同法》第52条第(5)项规定的"强制性规定"是指效力性强制性规定,而《商业特许经营管理条例》第3条第2款之规定系行政法规的效力性强制性规定,因此企业以外的其他单位和个人作为特许人与他人签订的特许经营合同,可以认定为无效。

579

(二)关于特许人未进行备案以及不具备两店一年的特许经营资格所签订的特许经营合同的效力

《商业特许经营管理条例》第7条第2款规定:"特许人从事特许经营活动应当拥有至少2个直营店,并且经营时间超过1年。"第8条第1款规定:"特许人应当自首次订立特许经营合同之日起15日内,依照本条例的规定向商务主管部门备案。在省、自治区、直辖市范围内从事特许经营活动的,应当向所在地省、自治区、直辖市人民政府商务主管部门备案;跨省、自治区、直辖市范围从事特许经营活动的,应当向国务院商务主管部门备案。"特许人违反上述规定,所签订的特许经营合同是否有效,存在很大的争议。第一种观点认为,商业特许经营管理条例的上述规定是市场准入的必备条件,属于行政法规对特许人资格的强制性规定,不具备该条件而从事特许经营活动,即为违反行政法规的强制性规定,

应当认定为合同无效。第二种观点认为,上述规定属于管理性规定而不属于效力性强制规定,不应据此认定合同无效。笔者赞成第二种观点,理由是从罚则上看,与企业以外的其他单位和个人从事特许经营活动的后果不同,对于不具有"两店一年"从事特许经营活动或未经备案的特许人仅有责令改正和相应行政处罚的处罚措施,并没有责令停止的法律后果,因此上述规定仅仅是行政管理性规范,不属于对特许经营合同的效力性规定,不能据此认定双方签订的特许经营合同无效,这也是符合合同法维护交易稳定的立法精神的。

三、特许经营中的信息披露不实与合同解除

商业特许经营活动中,被特许人由于在加盟前不能充分了解特许人的相关信息,很难估算投资的成功率,甚至遭遇特许经营欺诈。为此,《商业特许经营管理条例》为特许人设定了信息披露义务,其第 22 条专门规定了特许人应当向被特许人披露的 12 个方面的信息,并规定特许人向被特许人提供的信息应当真实、准确、完整,这些规定保障了被特许人的知情权,为被特许人的商业决策提供了重要依据。从司法实践来看,被特许人以特许人未提供完整准确信息,隐瞒虚假信息为主要事实和理由,请求法院解除特许人与被特许人之间的特许经营合同的纠纷增多。信息披露不实的认定及处理,已经成为特许经营合同案件中最为突出的问题。但与此同时,立法上的冲突却造成法院判决适用法律最直接的困扰。

《商业特许经营管理条例》是当前人民法院审理特许经营合同纠纷最直接最主要的适用法律。该条例第 23 条规定"特许人隐瞒有关信息或者提供虚假信息的,被特许人可以解除特许经营合同",从保护处于弱势地位的被特许人利益的角度来讲,商业特许经营管理条例赋予被特许人法定解除权具有现实意义。但是该规定却与合同法存在重大冲突。《合同法》第 94 条的法定解除规定了"不可抗力、拒绝履行、迟延履行、不完全履行以及法律规定的其他情形"的法定解除事由,但是条例作为下位法,拓宽了作为上位法的合同法的合同法定解除制度的范畴,导致了立法体系的错乱,最现实的问题就是法院在作出判决时引用法条的困境,即据此解除合同时,在合同法上找不到依据。并且,在实践中,有些被特许人在特许经营合同履行一两年后才诉请解除合同,其理由即是特许人在合同签订前未按条例规定完整披露相关信息,如未完整披露在中国境内现有的其他特许人的数量、分布区域以及经营善评估等信息,在双方已经履行特许经营合同长达一两年,特许人并无其他违约行为时,法院仅据此判令解除合同,也是不利于维护交易安全,有悖公平原则。

笔者认为,对于商业特许经营管理条例中有关信息披露规定的理解和适用,应当在合同法的框架内进行。从法理上来讲,特许人与被特许人订立特许经营合同前向被特许人

提供信息的义务属于先合同义务。所谓先合同义务,是指在订立合同过程中,合同成立之前所发生的,应由合同双方当事人各自承担的法律义务。它是民法诚实信用、公平原则基础上的一项法律义务,是诚实信用、公平原则的具体化,主要包括合同当事人之间的互相保护、告知、保密、协作及欺诈禁止等义务②。违反先合同义务的民事责任即为缔约过失责任。我国《合同法》第 42 条规定"当事人在订立合同过程中有下列情形之一,给对方造成损失的,应当承担损害赔偿责任:(一)假借订立合同,恶意进行磋商;(二)故意隐瞒与订立合同有关的重要事实或者提供虚假情况;(三)有其他违背诚实信用原则的行为"。特许人在订立特许经营合同前未将应当披露的信息进行披露应当属于《合同法》第 42 条第 2 项规定的情形,应当依照该规定承担缔约过失责任。在具体案件处理中,对特许人不能完全履行信息披露义务时,对于商业特许经营管理条例中信息披露的相关规定,不能机械地理解和适用,应当遵循合同法的立法架构,平等保护特许人与被特许人的利益,维护交易稳定。是否适用合同解除,应当重点考虑以下三方面的内容:(1)未披露的信息应当为核心信息。只有特许人未披露的信息系对被特许人是否订立合同、合同履行以及合同目的实现发生实质性影响的信息才是核心信息③,如特许人自身的经营状况、经营资源、被特许人的数量、分布情况经营状况评估等直接关系被特许人是否订立合同及利益分配的信息。(2)合同的履行情况。特许人与被特许人之间的合同是否已经履行,合同履行中特许人有无其他违约行为造成合同目的无法实现,特许人未披露或隐瞒的信息是否影响到合同的实际履行以及造成合同目的不能实现。(3)特许人隐瞒或提供虚假信息,构成欺诈,根据《合同法》第 54 条"一方以欺诈、胁迫的手段或者乘人之危,使对方在违背真实意思的情况下订立的合同,受损害方有权请求人民法院变更或撤销"之规定,特许人隐瞒或提供虚假信息,是合同可撤销的法定事由,被特许人应当自知道或者应当知道撤销事由之日起 1 年内行使撤销权。

581

结束语

特许经营合同纠纷有其自身特有的性质和特点,而随着特许经营的发展,法律问题会越来越多,越来越复杂。我们期待,特许经营相关法律体系更加规范和完备,司法处理更加契合市场经济自身规律,给予商业特许经营者以及法律工作者以明确的法律指引,促进社会主义市场经济的有序发展。

---

② 百度百科,先合同义务。

③ 北京市高级人民法院知识产权庭:《对特许经营合同案件诸问题的认定》,载《人民司法》2011 年 11 月。

刍议违法所得没收程序的性质

杨　晓[*]

摘　要：犯罪嫌疑人、被告人逃匿、死亡案件违法所得没收程序，其性质究竟是刑事诉讼程序还是民事诉讼程序，目前，理论界和实务界仍存在诸多争议，直接影响到违法所得没收程序中程序规则和证明标准的理解与适用。对此，厘清犯罪嫌疑人、被告人逃匿、死亡案件违法所得没收程序的性质，正确把握其特征，在调查取证、案件审理、裁定、救济等方面遵循正当法律程序的基本原则，有助于权力的有效运行，有利于当事人权利的保护，有利于实现程序正义。

关键词：刍议；违法所得；没收程序；性质

582

　　违法所得没收程序，是指公安司法机关在被追诉人不在案并未就其刑事责任作出终局判决之前，追缴、没收其违法所得所适用的特别程序。《刑事诉讼法》第 280 条至第 283 条专章对犯罪嫌疑人、被告人逃匿、死亡案件违法所得没收程序作出了明确规定。[①] 司法实践中，厘清犯罪嫌疑人、被告人逃匿、死亡案件违法所得没收程序的性质，正确把握其特征，在调查取证、案件审理、裁定、救济等方面遵循正当法律程序的基本原则，针对案件的具体情况，区分具体待证事实属性采取不同的证明标准，有助于权力的有效运行，有利于实现程序正义。

一、违法所得没收程序的性质

　　目前，理论界和实务界对违法所得没收程序的性质，究竟是刑事诉讼程序还是民事诉讼程序，存在诸多争议。一种观点认为，违法所得没收程序是刑事诉讼程序，持相反观点

---

　*　杨晓，重庆市人民检察院第一分院检察员（调研员），全国检察理论研究人才。

　①　参见刘根、王义正：《简论违法所得没收程序》，载《江西科技师范大学学报》2014 年第 3 期。

的则认为,该程序是民事诉讼程序。笔者同意第一种观点,即违法所得没收程序是刑事诉讼程序而非民事诉讼程序。[②]

(一)我国违法所得没收程序始终与普通刑事诉讼程序存在紧密的联系

首先,违法所得没收程序以启动普通刑事诉讼程序为前提。只有当贪污贿赂犯罪、恐怖活动犯罪等重大犯罪案件进入刑事诉讼程序,即曾对其立案侦查乃至移送起诉或提起公诉,案件的主体成为犯罪嫌疑人或被告人时,才有可能适用该程序。其次,违法所得没收程序以普通刑事诉讼程序遇到障碍为必要条件。这个"障碍"就是犯罪嫌疑人、被告人逃匿,在通缉一年后不能到案,或者犯罪嫌疑人、被告人死亡,普通刑事诉讼程序不得不予以中止或终止。再次,违法所得没收程序服从于普通刑事诉讼程序。如果普通刑事诉讼程序的障碍消除,即"在逃的犯罪嫌疑人、被告人自动投案或者被抓获",违法所得没收程序即行终止,并转为普通刑事诉讼程序。

(二)违法所得没收程序的目标指向是犯罪

违法所得没收程序的目标指向是犯罪,而非一般的民事违法。违法所得没收程序的诉讼标的虽是"物",却是与犯罪相关的物,是对犯罪进行及时有效打击的重要组成部分。

583

(三)违法所得没收在处理措施上存在一定的惩罚性

违法所得没收在处理措施上存在一定的惩罚性,而非仅仅是补偿性。违法所得没收程序处理措施具有惩罚性还是补偿性,既是区分刑事责任与民事责任的主要标志,又是区分刑事诉讼与民事诉讼的主要标志。

二、违法所得没收程序的特征[③]

(一)违法所得没收程序是刑事审判程序

在美国等国家,违法所得没收属于民事没收,而非刑事没收。民事没收是一个针对"侵犯性"财产而进行的没收。我国将违法所得没收程序定位于刑事诉讼法中,在程序上应与一般刑事诉讼程序保持协调一致。也正是因为该程序属于刑事程序,因而适用该程序要首先在实体上解决"缺席"的犯罪嫌疑人或被告人被指控的行为是否已经构成犯罪。如果不构成犯罪,即便该行为属于违法,亦不应适用《刑法》第64条予以没收。

---

② 参见朱孝清:《违法所得没收程序的几个问题》,载《人民检察》2014年第15期。

③ 参见张旭、张洁:《检察机关适用违法所得没收程序初探》,载《云南大学学报法学版》2014年第3期。

（二）违法所得没收程序属于对物程序

违法所得没收程序的诉讼中并没有被告人，其针对的是财产的性质和用途，以及应处理方式，因而与一般刑事诉讼程序，即对人程序是明显不同的。在这样的诉讼中，要解决的事实和法律问题有三个：一是涉案财产是否属于犯罪嫌疑人或被告人所有；二是是否具有《刑事诉讼法》第 280 条第 1 款所确定的法定条件，即贪污贿赂犯罪、恐怖活动犯罪等重大犯罪案件，犯罪嫌疑人、被告人逃匿，在通缉一年后不能到案，或者犯罪嫌疑人、被告人死亡，依照刑法规定应当追缴其违法所得及其他涉案财产；三是涉案财产与犯罪嫌疑人、被告人涉嫌犯罪之间是否具有关联性。可见，该程序应解决的实体性核心问题之一就是涉案财产的权属问题。

（三）违法所得没收程序属于缺席审判程序

违法所得没收程序适用的实质条件，根据《刑事诉讼法》第 280 条的规定，是犯罪嫌疑人、被告人无法出庭接受审判，即逃匿且在通缉一年后不能到案，或是出现死亡的情况。在犯罪嫌疑人、被告人不能出庭的情况下，法院认定涉案财产属于《刑法》第 64 条应没收的财产，要达到《刑事诉讼法》第 53 条第 2 款规定所要求的"证据确实、充分"的标准，尤其是该款第 3 项所要求的"综合全案证据，对所认定事实已排除合理怀疑"的要求十分困难，也过于苛刻。考虑到这一程序具有缺席审判的特征，出于有效打击和预防犯罪的考虑，可采取优势证据标准来作为定案标准。对此，有学者也指出，在刑法中没收处于量刑环节，达到优势证据或高度可能性即可。[④] 这一见解也是符合实践需要的。

（四）违法所得没收程序属于无刑事定罪程序

在以往实践中，审判机关根据《刑法》第 64 条没收涉案违法所得，是以被告人已到案且其行为已被定罪为前提的，而刑事诉讼法规定的违法所得没收程序，因犯罪嫌疑人或被告人根本未到案或者死亡而无从定罪，这一程序也就属于无刑事定罪程序，也有学者将其称为"判决前财产没收程序"。[⑤] 我国刑事诉讼法如此规定，是履行国际公约义务的一种体现。《联合国反腐败公约》第 54 条第 1 款规定："考虑采取必要的措施，以便在因为犯罪人死亡、潜逃或者缺席而无法对其起诉的情形或者其他有关情形下，能够不经过刑事定罪而没收这类财产。"根据这一程序，没收违法所得不以对财产所有人或持有人的刑事判决为前提，只要能证明涉案财产属于通过违法行为所获得乃至进而形成收益，或者用于违法

---

④　参见陈瑞华：《量刑程序中的证据规则》，载《吉林大学社会科学学报》2011 年第 1 期。

⑤　参见陈卫东、柴煜峰：《判决前财产没收程序：不让贪利型犯罪钻法律空子》，载《检察日报》2012 年 4 月 10 日第 3 版。

用途,即应予以没收。这里的"违法"应以达到刑事不法为条件,即从事实上看,该行为已经构成犯罪,但是,从程序上看,尤其是从《刑事诉讼法》第 12 条原则出发,还未被法院认定为犯罪的情形。

三、违法所得没收程序应遵循的原则

刑事诉讼中任何程序的设置,均需妥善处理惩罚犯罪与保障人权的关系。刑事诉讼法增设犯罪嫌疑人、被告人逃匿、死亡案件违法所得没收程序,无疑有利于打击犯罪,但同时应当注意避免因此而侵犯公民合法的财产权,尤其是要防止该程序在司法实践中异化为公安司法机关"捞钱"的便利渠道,这就需要有相应的程序保障,遵循正当法律程序的基本原则。

(一)调查取证应当坚持全面调查、客观公正的原则

违法所得没收程序所针对的是犯罪嫌疑人、被告人的违法所得,检察机关在调查取证中应当坚持全面调查的原则,界定哪些财产属于违法所得,应当遵循关联性标准,对于没收范围的确定,需要遵循相当性原则,禁止过分严苛或者显失均衡的处分。检察机关在启动程序时要秉持客观公正的原则,严格遵循《刑事诉讼法》及《人民检察院刑事诉讼规则》的要求,审查犯罪事实和违法所得两方面的证据,同时,在追求形式正义的同时,更要注重实质正义。此外,还应注意保护善意第三人的利益。[⑥]

(二)案件审理应当贯彻程序正当原则

公正的诉讼程序应当遵循一些基本原则,如程序参与原则、程序中立原则、程序对等原则、程序理性原则、程序自治原则、程序及时原则、程序终结原则等应当体现在对犯罪嫌疑人、被告人逃匿、死亡案件违法所得没收程序的设计之中。《联合国反腐败公约》在序言中指出:"承认在刑事诉讼程序和判决财产权的民事或者行政诉讼程序中遵守正当法律程序的基本原则。"这就表明,不能因为没收程序属于特别程序,就忽视了正当法律程序的保障。刑事诉讼法规定,该程序由人民检察院申请、中级人民法院审理、利害关系人有权参与,此外,还设置了专门的公告程序和救济程序等,既体现了对于程序公正性的保障,也体现了司法职权的合理配置,更有助于权力的有效运行。

---

⑥ 参见熊秋红:《从特别没收程序的性质看制度完善》,载《法学》2013 年第 9 期。

585

（三）裁定应当坚持刑事处罚和民事处理兼顾适用的原则[⑦]

法院审理犯罪嫌疑人、被告人逃匿、死亡案件违法所得没收案件，与审理刑事附带民事诉讼案件具有相似之处，即这两类案件都兼具刑事程序和民事程序的特点。违法所得没收程序中，即使犯罪嫌疑人、被告人已经逃匿或者死亡，他们的近亲属，甚至包括其他利害关系人同样可以参与诉讼。而且根据《刑事诉讼法》第 282 条的规定，针对法院就案件作出的有关裁定，犯罪嫌疑人、被告人的近亲属和其他利害关系人还可以提出上诉。这明显地超越了刑事法律关系中的"罪责自负"原则，把罪与责、权利和义务关系由刑事法律关系扩展到了民事法律关系领域。

从对违法所得的处理程序看，法院的审判职能也是明显地超越了刑事审判职能而兼有民事审判的形式。在审理犯罪嫌疑人、被告人逃匿、死亡案件违法所得没收程序中，检察院如同刑事公诉程序一样提出申请，是刑事诉讼的一个组成部分，必须在刑事诉讼范围内作出实质性的裁决。这样，法院既要遵循刑事诉讼法所规定的程序要求，又必须依照民法和民事诉讼中的有关原则来具体处理案件。由于违法所得资产表现形式的复杂性和变动性，贪污贿赂犯罪嫌疑人在转移、隐匿财产过程中，有的将违法所得的资产通过变卖、交换等一定方式转换成其他形式存在，有的将违法所得与本人的合法所得或者与其近亲属或者其他关系人的财产相混同，有的通过洗钱的方式将违法所得以合法的形式出现，导致在特别没收程序的运行中可能涉及被告人的近亲属及其他利害关系人的合法财产利益，关联到物权和财产权的相关民事法律适用。[⑧] 可见，在程序问题上和实体处理原则方面，都掺杂了民事审判和刑事审判的某些规则。

（四）适用违法所得没收程序应当坚持权益救济原则

尽管有全面调查、客观公正原则和程序正当等原则，仍然不能排除损害犯罪嫌疑人、被告人以及第三人合法权益的可能性，因此，司法实践中，必须将权益救济作为构建违法所得没收程序适用的一个重要原则。[⑨]

四、违法所得没收程序的证明标准

证明标准是指法律规定的证明责任主体运用证据对待证事实加以证明所要达到的要

---

⑦　参见刘方：《违法所得特别没收程序的处理原则》，载《检察日报》2012 年 4 月 3 日第 3 版。

⑧　参见卢乐云：《我国特别没收程序与〈联合国反腐败公约〉之衔接》，载《中共中央党校学报》2012年第 5 期。

⑨　参见张书铭：《未经定罪没收制度的理论及立法评介》，载《榆林学院学报》2014 年第 5 期。

求或程度。⑩《刑事诉讼法》第 280 条第 1 款规定了犯罪嫌疑人、被告人逃匿、死亡案件违法所得没收程序,由于仅涉及财产的问题,因而在证明标准上也产生了该程序性质究竟是属于刑事程序还是属于民事程序的争议。一种观点认为,违法所得没收程序在证明标准上仍然要坚持刑事诉讼程序上"证据确实、充分"的证明标准。另一种观点则认为,违法所得没收程序在性质上类属于民事诉讼程序而适用"优势证据"的证明标准,而非刑事诉讼"排除合理怀疑"标准。

笔者认为,违法所得没收程序中有待证明的基本事实存在多个,不需要采取统一的证明标准,而且违法所得没收程序不仅要解决涉案财产的法律归属问题,犯罪嫌疑人、被告人是否实施犯罪也是不能回避的问题,一概采取刑事定罪证明标准,即"证据确实充分,排除一切合理怀疑",在犯罪嫌疑人、被告人逃匿、死亡无法取得供述的情况下不具有现实性。而一概采取民事证明标准则也不利于保护公民合法财产权利,违法所得没收程序的启动是以犯罪嫌疑人、被告人实施犯罪活动为前提的,如果该犯罪事实的证据基础不扎实,其后的追缴没收行为也欠缺正当基础。因此,在违法所得没收程序中检察机关需要达到的证明标准应当基于证明对象的不同而有所不同。作为刑事诉讼中的特殊程序,违法所得没收程序兼具了大陆法系刑事缺席判决和美国民事没收程序的特点,既涉及实体罪名的认定,也涉及相关财产的没收,这决定了在该程序中证明内容与证明责任的多层性,相应的,证明标准也不可能整齐划一,也应该分层设置。⑪ 对此,有必要区分具体待证事实属性采取不同证明标准,即对审查认定犯罪事实采取刑事证明标准,而对审查认定违法所得则采取民事证明标准。⑫

587

(一)对认定涉嫌犯罪事实采取刑事证明标准

在犯罪嫌疑人、被告人逃匿、死亡案件违法所得没收程序中,犯罪嫌疑人、被告人涉嫌犯罪活动的事实应根据《刑事诉讼法》第 172 条规定采取"犯罪事实已经查清,证据确实、充分"的刑事证明标准,这符合我国关于定罪量刑证明标准的基本要求,也能较好地保障被没收人的正当财产权益。然而,违法所得没收程序中犯罪嫌疑人、被告人未到案或者死亡,类似于一般刑事诉讼程序中的"零口供"案件。因此,定罪证明标准实现难度高,对此,可以适用我国历次"严打"斗争总结出来的"两个基本"原则作为对涉嫌犯罪事实的证明标准。由于违法所得没收程序不涉及量刑问题,与量刑有关的事实不必证明,次要罪行事实、同案犯的犯罪事实、次要罪名的犯罪事实也不必证明。例如,对受贿罪犯罪嫌疑人启

---

⑩ 陈光中主编:《证据法学》,法律出版社 2011 年版,第 352 页。

⑪ 参见林哲森:《违法所得没收程序的证据问题》,载《人民法院报》2014 年 4 月 30 日第 6 版。

⑫ 参见项谷、姜伟:《检察机关参与违法所得没收程序探讨》,载《上海政法学院学报(法治论丛)》2013 年第 5 期。

动违法所得没收程序,检察机关只要证明犯罪嫌疑人实施了受贿犯罪,至于受贿罪行的具体次数,每次的数额则不必证明。证明活动所要达到的标准是犯罪嫌疑人、被告人构成贪污贿赂犯罪或恐怖活动犯罪的问题上可以排除其他可能性。

(二)对认定违法所得及其范围采取民事证明标准

在有其他利害关系人参与诉讼,对拟没收财产产权存在争议的情况下,检察机关还必须承担该拟没收的财产系犯罪嫌疑人、被告人所有而非其他利害关系人所有的证明责任,从性质上看,这种财产的归属属于民事确权争议,证明标准只需要达到"优势证据"的程度即可。虽然违法所得没收程序规定在刑事诉讼程序中,但是其本质上属于对物诉讼程序,因此,其证明标准可以适用民事诉讼程序"优势证据"的证明标准。最高人民法院《关于民事诉讼证据的若干规定》第73条规定:"双方当事人对同一事实分别举出相反的证据,但都没有足够的依据否定对方证据的,人民法院应当结合案件情况,判断一方提供证据的证明力是否明显大于另一方提供证据的证明力,并对证明力较大的证据予以确认。"联系到没收对象为供犯罪活动使用的个人财物时,该财产与犯罪活动的实质联系应达到优势证据标准,包括不动产、机动车、船舶、机器设备等价值较高的财产、个人实际控制但是以他人、企业名义所有的财产。申请法院没收的两类个人财物可以适用优势证据标准:在贪污贿赂犯罪中,一种较为隐蔽的犯罪方式就是用他人名义注册的公司企业收受贿赂,这一类专为犯罪活动设立的企业的财产也应当是没收的对象,但是要严格把握优势证明标准,防止滥用。犯罪嫌疑人、被告人的个人财物被用于犯罪活动,并且与犯罪活动有实质联系,这一事实可能性明显大于其他可能性。如果检察机关提供的证据材料相比利害关系人提出的证据材料有优势,但是并未达到明显优势程度,仍然不能裁定没收。